Anton Gindely
Der Dreißigjährige Krieg

Geschichte des Böhmischen Aufstandes von 1618

Band 1

Die Ereignisse vor dem Kriegsbeginn ab 1613
bis zum Tod des Kaisers Matthias 1619

SEVERUS Verlag

Gindely, Anton: Der Dreißigjährige Krieg. Geschichte des Böhmischen Aufstandes von 1618. Band 1. Ereignisse vor dem Kriegsbeginn ab 1613 bis zum Tod des Kaisers Matthias 1619. 2018
Neuauflage der Ausgabe von 1869
ISBN: 978-3-96345-010-5

Korrektorat: Eva Neubert, Ksenia Skuropatova
Satz: Sarah Schwerdtfeger

Umschlaggestaltung: Annelie Lamers, SEVERUS Verlag
Umschlagmotiv: www.pixabay.com

Bibliografische Information der Deutschen Nationalbibliothek: Die Deutsche Nationalbibliothek verzeichnet diese Publikation in der Deutschen Nationalbibliografie; detaillierte bibliografische Daten sind im Internet über https://dnb.de abrufbar.

Der SEVERUS Verlag ist ein Imprint der Bedey & Thoms Media GmbH,
Hermannstal 119k, 22119 Hamburg

Anton Gindely

Der Dreißigjährige Krieg

Geschichte des Böhmischen Aufstandes von 1618
Band 1

Die Ereignisse vor dem Kriegsbeginn ab 1613
bis zum Tod des Kaisers Matthias 1619

Editorische Notiz:
Der Text der vorliegenden Edition folgt der Ausgabe: Gindely, Anton: Geschichte des
Dreissigjährigen Krieges, Verlag von F. Tempsky, Prag, 1869. Die Orthographie wurde be-
hutsam modernisiert, grammatikalische Eigenheiten bleiben gewahrt. Die Interpunktion
folgt der Druckvorlage. Der Inhalt ist im historischen Kontext zu lesen.

Inhalt

Vorrede

Es bedarf wohl keiner näheren Auseinandersetzung, dass die staatlichen Verhältnisse, welche sich in Mitteleuropa in Folge des 30jährigen Krieges entwickelten, im Ganzen und Großen ihre Geltung bis zum Ausbruche der französischen Revolution behielten. Wie viel über diesen Krieg geschrieben wurde, ist sattsam bekannt, dessen ungeachtet ist die Behauptung nur zu begründet, dass es an einer Darstellung desselben fehlt, in der das Eingreifen der verschiedenen europäischen Staaten in den großen Gang der Ereignisse mit Sachkenntnis geschildert wird, so gelehrt und vorzüglich auch einzelne Spezialarbeiten sein mögen. Dass ich mich entschloss, an die Lösung einer so umfassenden Aufgabe heranzutreten, geschah nicht aus Zufall, sondern ging naturgemäß aus meinem wissenschaftlichen Entwickelungsgange hervor. Als ich vor fast sechzehn Jahren meine archivalischen Studien über die neuere böhmische Geschichte begann, führten mich dieselben bald auf jenen Teil des 30jährigen Krieges, der vorzugsweise in diesem Lande zur Entscheidung kam. Mein Interesse für eine nicht bloß auf Böhmen sich beschränkende Durchforschung desselben wurde umso mehr angeregt, als ich bald fand, dass für die Aufhellung gerade dieses Teiles das meiste zu tun sei. Weitere Studien zeigten mir, dass auch die folgenden Perioden des schicksalsschweren Kampfes einer umfassenden Bearbeitung bedürfen, da die wichtigsten Archive bezüglich der bedeutendsten Ereignisse noch wenig durchforscht worden sind. So habe ich allmählich mein Lebensziel in der Lösung einer doppelten Aufgabe erfasst, in der Weiterführung der böhmischen Geschichte, welche trotz der vierzigjährigen Arbeiten eines berühmten Gelehrten unvollendet geblieben ist, und in der Darstellung der Geschichte des 30jährigen Krieges, der Böhmen insbesondere und Österreich überhaupt nicht minder tief berührt als Deutschland selbst.

Indem ich hier das erste Resultat meiner Studien vorlege, bemerke ich, dass meine Arbeit über den 30jährigen Krieg in vier Abteilungen zerfallen wird. Die erste umfasst den Böhmischen Aufstand von 1618 –1620, die zweite die Zeit von 1621–1629, welche als das Nachspiel des Böhmischen Krieges zu betrachten ist und hauptsächlich als die Zeit des dänischen Krieges bezeichnet wird. Die dritte Abteilung liefert die Geschichte Gustav Adolfs, Waldsteins und der großen, an diese Namen sich anschließenden Kämpfe und Bestrebungen; die vierte Abteilung endlich beginnt mit der Darstellung der Ereignisse seit dem Prager Frieden und führt bis zum Westfälischen Friedensschlusse. Jede dieser Abteilungen ist selbstverständlich ein Werk für sich. Was die erste Abteilung betrifft, so steht deren rascher Beendigung nichts im Wege, da ich die darauf bezüglichen Forschungen beendet habe.

Wenn man es versuchen will, das Ineinandergreifen aller Staaten Europas in den Verlauf der hier angedeuteten Ereignisse wahr und sachgemäß zu schildern und sich nicht eine Unzahl unrichtiger Konjekturen und falscher Urteile über die Politik einzelner Staatsmänner zu Schulden kommen lassen mag, so bleibt nichts übrig, als sich an ein Studium aller bedeutenden Archive Europas, soweit sie zugänglich sind, zu wagen und wenige Ausnahmen abgerechnet, nur die Quellenpublikationen als eine Erleichterung der großen Arbeit zuzulassen. Leicht hätte ich mich wohl verleiten lassen können, in solchen gründlichen Bearbeitungen, wie denen von Müller auf Grund des sächsischen Archivs, Wolf-Breier auf Grund der Münchner Archive, um anderer von größerem Umfange, aber von zweifelhafterem Werte zu geschweigen, eine Erleichterung meiner Mühe zu suchen, ich tat es jedoch nicht und fand den besten Lohn in dem erreichten Resultate; denn die wichtigen Aktenstücke der Münchner Archive sind von Wolf und Dreier, soweit es sich um die allgemeinen Verhältnisse handelt, nur zu einem kleinen Teile durchforscht werden und was das Dresdner Archiv betrifft, so enthält es eine große Masse von Korrespondenzen, die ein auf Sachsen sich beschränkender Historiker nicht im rechten Maße verwerten kann. Ein so umfassend angelegtes Archivstudium erscheint allerdings wie ein Wagestück, doch bebte ich vor demselben nicht zurück und der erste Band des vorliegenden Werkes kann hievon Zeugnis geben. Vielleicht dass solche Forschungen wie die von Erdmannsdörffer begonnene Publikation der Urkunden und Aktenstücke zur Geschichte des Kurfürsten Wilhelm von Brandenburg im Laufe der nächsten Jahre häufiger erscheinen und mir für die spätere Zeit des 30jährigen Krieges eine Hilfe bieten werden, deren ich für den Anfang so sehr entbehrte.

Die wichtigsten Archive, aus denen ich den Stoff für meine Arbeit geschöpft habe, sind folgende: *in Böhmen*: das böhmische Statthaltereiarchiv in Prag, das Archiv der Fürsten von Lobkowitz in Raudnitz, der Fürsten von Schwarzenberg in Wittingau, der Grafen Černín in Neuhaus, das Kuttenberger Stadtarchiv und außerdem noch zahlreiche kleine Archive, die ich nicht weiter anführen will; *in Mähren*: das Landesarchiv in Brünn; *in Österreich*: das Staatsarchiv in Wien, die Archive des Ministeriums des Innern und des Ministeriums für Kultus und Unterricht; *in Tirol*: Das Innsbrucker Statthaltereiarchiv; *in Kärnt-*

hen: Das Gräflich-Thurnische Familienarchiv in Bleiburg; *in Deutschland*: das Münchner Staatsarchiv, das Münchner Reichsarchiv, das Bamberger Archiv, das Bernburger Archiv, das Sächsische Staatsarchiv, die Weimarer Archive; *in Belgien*: das Belgische Staatsarchiv in Brüssel; *in den Niederlanden*: das Holländische Staatsarchiv im Haag; *in Frankreich*: das Archiv des Ministeriums der auswärtigen Angelegenheiten in Paris; *in Spanien*: das Archiv von Simancas. – Was Handschriftensammlungen betrifft, so boten mir die des Wiener Staatsarchivs, der Bibliothèque Impériale zu Paris, des Archivs von Raudnitz, der fürstlich Lobkowitzschen Bibliothek zu Prag, der kaiserlichen Bibliothek ebendaselbst, des Brünner Landesarchivs usw. vielfach reiche Ausbeute. Die deutschen, französischen und englischen Quellenausgaben oder Bearbeitungen, die für den Beginn des dreißigjährigen Krieges von Bedeutung sind, sind hinreichend bekannt, so dass sie nicht angeführt zu werden brauchen. Was böhmische Quellenpublikationen betrifft, so ist in dieser Beziehung in den jüngsten Zeiten einiges bedeutende zu Tage gefördert werden und zwar sind dies Paul Skalas böhmische Geschichte von 1600–23, herausgegeben von Tieftrunk und Slawatas Memoiren, publiziert von Joseph Jireček, welche beiden Werke von Zeitgenossen des Böhmischen Aufstandes herrühren und für einen wichtigen Teil der Ereignisse als die alleinige Quelle anzusehen sind. Besonders muss ich noch eines dritten Werkes gedenken, das, wiewohl seit mehr als sechs Jahren zu Ende gedruckt, doch immer noch nicht in die Öffentlichkeit gelangt ist; es ist dies ein Teil von Žerotíns Briefwechsel, dessen Drucklegung der leider zu früh verstorbene Historiker Peter Ritter von Chlumecky veranstaltet hat. Durch freundliche Vermittlung ist mir dieses Werk, das für die genauere Kenntnis des Böhmischen Aufstandes von entscheidender Wichtigkeit ist, zugänglich gemacht worden. – Von den genannten Archiven in Wien, Prag, Dresden, München, Paris und Simancas kann ich behaupten, dass sich in ihnen kaum ein auf die erste Abteilung dieses Werkes bezügliches, wichtigeres Aktenstück vorfinden dürfte, das ich nicht abgeschrieben oder exzerpiert hätte, wofern es durch andere Forscher nicht bereits publiziert und mir also ohnedies zugänglich gemacht war. Meine sämtlichen allmählich ein kleines Archiv bildenden Abschriften dürften einmal in den Besitz des böhmischen Landesarchivs gelangen und daselbst der Benützung zugänglich sein. Mit Rücksicht auf diesen Umstand, der späteren Forschern eine genaue Kenntnis meines Quellenapparates ermöglichen wird, habe ich mich auch in der Zitierung der betreffenden Aktenstücke auf das kleinste Maß beschränkt, um den Leser des Werkes nicht allzu sehr zu ermüden und dasselbe auch nicht über Gebühr zu erweitern.

Was speziell den Beginn des 30jährigen Krieges betrifft, nämlich den Aufstand in Böhmen, so ist dessen Schilderung eine Schuld, welche die böhmische Historiographie der europäischen Geschichte abzutragen hat. Die verschiedenen Fäden des Aufstandes wurzeln in den eigentümlichen kirchlichen und sozialen Zuständen meiner Heimat, ihre Auffindung und Bloßlegung ist, abgesehen von den sprachlichen Schwierigkeiten, Fremden schon deshalb nicht möglich, weil sie in Bezug auf die böhmischen Verfassungsverhältnisse vollständig im Unklaren sind und nicht leicht aus den Quellen eine Belehrung schöpfen können.

Den böhmischen Historikern darf man übrigens nicht zur Last legen, dass sie bis jetzt diese ihnen zunächst obliegende Aufgabe nicht erfüllt haben; denn die geistigen Nachwirkungen des 30jährigen Krieges haben sich in dem Kaiserstaate nicht bloß bis an das Ende des vorigen Jahrhunderts, sondern sogar bis zu dem Jahre 1848 in einer Weise geltend gemacht, dass es bis dahin nicht möglich war, ein Werk dieses Inhalts zu veröffentlichen.

Woran auch immer der österreichische Staat kranken mag, jedenfalls ist der Bann, der auf der Durchforschung der Vergangenheit ruhte, hinweggenommen.

Die Wichtigkeit, welche die inneren Verhältnisse Böhmens und der übrigen Besitzungen der deutschen Habsburger für die richtige Beurteilung der Ereignisse haben, hat mich veranlasst, auf dieselben näher einzugehen. Es geschah dies teils im dritten Kapitel, welches in der ersten Hälfte einer Erläuterung der ständischen, bäuerlichen, finanziellen und Bevölkerungsverhältnisse Böhmens gewidmet ist, sowie im zweiten und vierten, welches den Mangel einer organischen Gliederung des österreichischen Staates näher beleuchtet und die Art und Weise des Zusammenhanges der einzelnen Teile an der Hand ständischer Verhandlungen zur Anschauung bringt. Auch musste ich die ungarischen Zustände in den Rahmen meiner Darstellung einbeziehen, teils weil sie die Erklärung zu den meisten österreichischen Schwierigkeiten bieten, teils weil Ungarn auf den Verlauf des 30jährigen Krieges durch die Fürsten Bethlen Gabor und Georg Ragoczy einen hervorragenden Einfluss ausgeübt hat.

Eine Erörterung über die ideelle Grundlage und die treibenden Kräfte im 30jährigen Kriege habe ich nicht an die Spitze meines Werkes gestellt, denn sie ist nirgends anders als am Schlusse der einzelnen Abteilungen und des ganzen Werkes am Platze und wird sich also erst diesem als das Endresultat der vorausgehenden Darstellung anschließen. Ich bemerke nur noch, dass ich nicht glauben würde, meiner Aufgabe zu genügen, wenn ich bloß die politischen und religiösen Motive des Kampfes und die Stärke, mit der sich die einen oder die anderen Geltung verschafft haben, klar zu machen suchen würde, ohne dabei auch auf den sozialen Umschwung, den der Krieg auf seinem eigentlichen Schauplatze herbeiführte, im Detail einzugehen. Zwischen der Zeit vor dem 30jährigen Kriege und jener nach seiner Beendigung liegt eine ungeheure Kluft; jeder Stand und jede Beschäftigung, das öffentliche wie das private Leben gingen unter seiner Einwirkung einer so totalen Umformung entgegen, dass es geboten erscheint, die Verhältnisse beim Beginne desselben und zur Zeit seiner Beendigung zu einem Gesamtbilde zu vereinen und dadurch zu der eigentlichen Verwertung der ganzen historischen Untersuchung zu gelangen. S0 wie ich dies am Schlusse meiner ersten Abteilung bezüglich Böhmens tun werde, so am Ende der gesamten Arbeit bezüglich Deutschlands.

Schließlich bemerke ich noch, dass ich bei allen Datierungen im Texte die Zeit nach dem gregorianischen Kalender berechnet habe. Wenn unterhalb des Textes in den Quellenzitaten nur ein Datum angeführt ist, so ist damit immer der neue Stil gemeint, bei Anführung von Korrespondenzen, bei denen der alte Stil angewandt wurde, habe ich eigens noch das neue Datum hinzugefügt, um keinem Zweifel Raum zu lassen, obwohl in den Quellen nur äußerst selten solche doppelte Datierungen vorkommen. Aus Versehen und im Widerspruche mit diesen Grundsätzen ist auf Seite 2 am Rande der 3. statt des 13. Juni 1612 als Datum für die Erhebung des Mathias auf den deutschen Thron angegeben.

Prag, den 11. Mai 1869.

Der Verfasser.

Erstes Kapitel

Die Verhandlungen über die Festsetzung der Nachfolge nach dem Tode des Kaisers Mathias.

I

Jahre lang hatte Erzherzog Mathias seinen Bruder Rudolf II um die Festsetzung der deutschen Nachfolge bestürmt, damit die Feinde des habsburgischen Hauses diese Krone nach seinem Tode nicht einem Gegner auf das Haupt setzen und so das ganze Gebäude habsburgischer Größe erschüttern möchten. Die Weigerung des Kaisers, verbunden mit seiner Unfähigkeit, die Zügel der Regierung zu führen, hatte gewaltige Erschütterungen in den österreichischen Ländern zur Folge, die schließlich mit der Absetzung Rudolfs endeten. Bis an das Grab begleitete ihn nur der, zwar wesenlose, aber für die Habsburger so wichtige Glanz der deutschen Kaiserkrone. Mathias, der sich jetzt um dieselbe in Bewerbung setzte, hatte anfangs nur geringe Aussicht auf Erfolg, da sein Auftreten gegen den Bruder der Mehrzahl der Kurfürsten missliebig war. Nur der Mangel eines Kandidaten, der sich ernstlich um die Kaiserwürde bewarb, dann die überaus großen Anstrengungen, denen sich Don Balthasar Zuñiga, der spanische Gesandte in Deutschland, im Namen, Philipps III zu seinen Gunsten unterzog, verhelfen ihm nach langen Verhandlungen an das ersehnte Ziel.[1] Mathias, der dritte Sohn Kaiser Maximilians II, war im Jahre 1557 geboren und stand jetzt im Alter von 55 Jahren. In seiner Jugend hatte er sich durch einen törichten Streich bemerklich gemacht, den er sich gegen Philipp II zu Schulden kommen ließ. Der untätigen Rolle überdrüssig, zu der er von seinem Bruder verurteilt wurde, ließ er sich durch den Herzog von Arschot nach den Niederlanden verlocken und wollte in den Streitigkeiten derselben mit Spanien eine Art von Vermittler spielen. Die Folge davon war, dass er es mit beiden Parteien verdarb und, ohne besonderen Ruhm geerntet zu haben, die Heimkehr antreten musste. Eine ersprießlichere, wenn auch keine überaus hervorragende Rolle spielte er während des darauf folgenden Türkenkrieges, in dem er durch einige Zeit die kaiserlichen Truppen in Ungarn befehligte. Als er später mit seinem Bruder in den langwierigen Streit wegen der Bestimmung der Nachfolge geriet, ging er aus demselben als Sieger hervor, dankte aber den Erfolg nicht sowohl seiner eigenen staatsmännischen Begabung, als den ihn begünstigenden Verhältnissen und der großen Gewandtheit seines ersten Ratgebers, des Bischofs Khlesl. Man nimmt zwar an, dass er sich mit einer gewissen Geschicklichkeit und Unparteilichkeit zwischen den verschiedenen Religionsparteien bewegt und dadurch seine Zwecke nicht wenig gefördert habe, allein geht man der Sache näher auf den Grund, so zeigt sich, dass seine Geschicklichkeit in nichts anderem bestand, als in der Leichtigkeit, mit der er sich den Protestanten gegenüber zu großen Versprechungen hinreißen ließ, deren Erfüllung er nicht ernstlich beabsichtigte. Die Schwierigkeiten, die er auf diese Weise für den Augenblick beseitigte, oder vielmehr übertünchte, kehrten später mit 'verzehnfachter Stärke zurück und beschweren über das Ende seiner Regierung weit größere Stürme herauf, als jene waren, unter denen Rudolf II zu Grunde gegangen war. Er wusste ihnen eben so wenig wie dieser zu begegnen; das geringe Maß von Kraft und Energie, das die Natur ihm zugemessen, war bei seiner Thronbesteigung bereits aufgezehrt. In dem Augenblicke, wo er beider am meisten bedurfte, war seine Seele für die großen Aufgaben, die mit

---

1   Dass Zuñiga das meiste Verdienst um die Erhebung des. Mathias hatte, ergibt sich aus den Papieren von Simancas.

seiner Stellung verbunden waren, fast abgestorben und nur noch für Spielereien und eitle Ehrenbezeugungen empfänglich.

Kaum zur Regierung gelangt mied nämlich Mathias, gleich seinem Bruder, mit sichtlicher Ängstlichkeit jede geschäftliche Tätigkeit, seine Trägheit trat nur deshalb nicht besonders hervor, weil er nie Anstand erhob, seinen Namen, so oft es nötig war, zu unterzeichnen, was bekanntlich bei Rudolf nicht so leicht zu bewirken war. Auf die Unterzeichnung des Namens beschränkte sich aber in der Tat sein Anteil an den Geschäften; man wird kaum in den Akten einem Briefe oder einem Schriftstücke begegnen, das, seit er den Kaiserthron bestiegen, ganz aus seiner Feder hervorgegangen wäre; ebenso wenig war bei ihm von einer Teilnahme an den Beratungen der obersten Ratskollegien oder von einem direkten Einflusse auf die Regierung der einzelnen ihm untertanen Länder, die Rede, alles ging seinen gewohnten Gang oder wurde ihm von Khlesl mundgerecht gemacht, der für ihn dachte, sprach, schrieb und handelte. Machte sich irgendwo eine Neuerung geltend, sei es im Guten oder im Bösen, so ging der Anstoß sicherlich nicht von Mathias aus. Darin war er jedoch seinem Bruder, der sich scheu von der Welt zurückzog und dem kein unberufenes Auge nahen durfte, ganz und gar unähnlich, dass er sich gern zeigte und den Glanz seiner Würde entfaltete. Als er seinen ersten Reichstag nach Regensburg berief, hielt er daselbst einen glänzenden Einzug und ließ sich wiederholt bei passenden Veranlassungen mit einem prachtvollen und zahlreichen Gefolge sehen.Die Mitglieder des Reichstages, die seine Schwäche kennen mochten und die sonst mit unerbittlicher Knauserei oder mit ausgesprochen feindlichen Absichten ihre Taschen zuhielten und den Kaiser vergeblich um Subsidien flehen ließen, taten ihm wenigstens darin einen Gefallen, dass sie ab und zu sein Gefolge vermehrten und so den Schein einer Würde wahren halfen, deren Wesen sich längst verflüchtigt hatte. Fremde Gesandtschaften wurden doppelt gern gesehen, wenn sie durch die Pracht des Aufzuges ihre hohe Meinung von seiner Stellung an den Tag zu legen schienen. Seiner Freude an Äußerlichkeiten entsprach es, dass er sich bei festlichen Gelegenheiten gern im ungarischen Kostüme blicken ließ, selbst bei der Krönung als König von Böhmen war er in dieser Weise gekleidet. Er liebte es auch nicht, seine Mahlzeiten in der Zurückgezogenheit einzunehmen, im Gegenteil tat er dies mit seiner Gemahlin in Gegenwart zahlreicher Höflinge, denen so die Gunst zu Teil wurde, sich in dem kaiserlichen Antlitz zu sonnen. Große Unterhaltung fand er an den Späßen seines Hofnarren Nelli, der ihm selten von der Seite wich und ihm selbst in die inneren Gemächer folgte. Sonst gehörte auch die Musik zu den Liebhabereien des Kaisers, die größte Freude gewährten ihm jedoch die

Kunstschätze, die er von seinem Bruder geerbt hatte. Täglich brachte er einen bedeutenden Teil seiner Zeit damit zu, diese prachtvollen Sammlungen zu besichtigen, Stück für Stück in die Hand zu nehmen und in eine neue Ordnung zu bringen. Diese Neigung .begleitete ihn bis an das Ende seines Lebens. Seine letzten Anordnungen betrafen die Umarbeitung eines Kunstwerkes und seine letzte Unterhaltung die wiederholte Besichtigung tausendmal gesehener Herrlichkeiten. Von seinen Kenntnissen weiß man nur so viel, dass er sich geläufig im deutschen, lateinischen und italienischen auszudrücken wusste.

Alles in allem war Mathias ein gutmütiger alter Mann, der die Ruhe liebte und froh war, wenn man ihn in Frieden ließ. Und doch, wenn man den Verlauf seiner Regierung näher ins Auge fasst, nahmen gerade unter ihm und durch ihn die öffentlichen Angelegenheiten eine Wendung, die einen furchtbaren Kampf zur notwendigen Folge haben musste. Die Ursache lag darin, dass Mathias in seiner Friedensliebe nicht so weit ging, um den gefürchteten Gegner, und das waren im die Protestanten, ruhig gewähren zu lassen. In seiner Angst vor ihnen trug er sich Jahre lang mit der Absicht, ein Heer gegen sie auszurüsten, und sie zu Boden zu werfen. Als sich seine Mittel für diesen Zweck unzureichend erwiesen, gab er wenigstens zu allen Maßregeln seine Zustimmung, welche die Verbreitung der Protestanten beschränken und eine religiöse Restauration anbahnen sollten. Er gab sich auf diese Weise einer Politik hin, welche bei seiner Schwäche und seinen geringen Fähigkeiten das herbeiführen musste, was er vermeiden wollte: das Ende des Friedens und einen allgemeinen Umsturz.

Mathias hatte sich erst im Jahre 1611, also im Alter von 54 Jahren, verheiratet. Die Schuld dieser langen Zögerung lag nicht an ihm, sondern an seinem Bruder Rudolf, der seine Heiratspläne mehrfach durchkreuzte, so dass Mathias erst dann zur Abschließung einer Ehe schreiten konnte, als er sich von diesem bevormundenden Einflusse frei fühlte. Er wählte zu seiner Gemahlin die Erzherzogin Anna, eine Tochter seines Oheims Ferdinand von Tirol aus dessen zweiter Ehe mit einer Prinzessin von Mantua; in erster Ehe hatte der letztere die bekannte Patriziertochter Philippine Welser geheiratet. Anna war im Jahre 1585 geboren und lebte bis zu ihrer Verheiratung an der Seite ihrer verwitweten Mutter, einer frommen Dame, die ein Kloster in Innsbruck begründet und sich in dasselbe als Nonne zurückgezogen hatte. Anna war eine schöne Frau mit herrlichen Augen und blendend weißer Hautfarbe, deren ruhiges Temperament zu den Liebhabereien ihres Gemahls passte. Ihre einzigen Genüsse bestanden in der Betrachtung der rudolfinischen Schätze, denen sie in Gemeinschaft des Kaisers täglich einige Stunden widmete und in den Freuden, die eine wohlbesetzte Tafel gewährte. Sie aß gern mehr, als sie verdauen konnte und zog sich dadurch frühzeitig körperliche Leiden zu. Im übrigen lebte sie sehr zurückgezogen und trachtete für den Fall einer frühen Witwenschaft einen ausgiebigen Sparpfennig bei Seite zu legen. In Betreff der Protestanten benahm sie sich im Sinne der schärfsten Kirchengesetze, wich jedem Zusammenhang mit denselben aus und mied es in auffallender Weise, hochgestellten Personen dieser ihr antipathischen religiösen Richtung die Hand zu reichen, selbst wenn die Sitte es forderte. Bei ihrer Verheiratung war sie erst 26 Jahre alt, ihr und ihres Gemahls Alter hätte an und für sich eine fruchtbare Ehe erwarten lassen, doch knüpften sich schon von Anfang her keine Hoffnungen an dieselbe. Die Ursache suchte man in Mathias, dem man nachsagte, dass er mit keiner der Frauen, zu denen er in nähern Beziehungen gestanden war, ein Kind gehabt habe. Man faselte dabei etwas von einem Zauberknoten, durch den er an der Erfüllung ehelicher Pflichten gehindert werde, und dessen Lösung erst dann eintreten könnte, wenn ein Licht, das in einem unbekannten Kloster Tag und Nacht brenne, aus; gelöscht würde. Der Herzog Wilhelm von Bayern, der einige Jahre vordem nicht ungeneigt war, seine Tochter dem Mathias zur Ehe zu geben, erkundigte sich eifrig nach dem Kloster, wahrscheinlich um das Licht dort auslöschen zu lassen, erfuhr aber nichts Näheres. – So war das Herrscherpaar beschaffen, das im Jahre 1612 zu dem österreichischen Länderbesitz die deutsche Krone erlangte.[2] Der Kampf zwischen Rudolf und Mathias hatte in Österreich der Herrschaft der Katholiken schwere Schläge versetzt und auch in Deutschland litten sie unter der Nachwirkung derselben. Ging ihr Bestreben dahin, das verlorene Ansehen wieder zu erlangen und überhaupt ihrer erschütterten Macht eine solide Grundlage zu geben, so konnten sie beides nur dann erreichen, wenn sie an dem Haupte der deutschen Habsburger eine energische Unterstützung fanden. Es war deshalb für die Katholiken ein Gegenstand nicht geringer Betrübnis, dass sie Mathias nicht als den Mann ansehen durften, auf den sie ihre Hoffnungen begründen konnten. Seine Kraftlosigkeit ließ sie von seiner Regierung nichts hoffen, sein Alter aber ließ sie befürchten, dass die Protestanten nach seinem baldigen Ableben mit doppeltem Eifer und gesteigerter Aussicht auf Erfolg versuchen würden, einen der Ihrigen auf den deutschen, böhmischen oder ungarischen Thron zu erheben und damit den völligen Sturz des katholischen Staatswesens herbeizuführen. Allen diesen Gefahren ließ sich nur dadurch einigermaßen begegnen, wenn Mathias frühzeitig für die Bestimmung eines tüchtigen Nachfolgers gewonnen werden konnte, damit dieser das Restaurationswerk übernehme, für das er selbst weder verlässlich noch tüchtig genug schien.

---

2   Soranzo, Relation von 1614. Korrespondenz Oñates. Dohnas Bericht dd. 21/31 Jan. 1617 im Münchner Staatsarchiv. Hammer, Khlesl ll,42.

In der Tat beherrschte dieser Wunsch alle jene, deren politische Kombinationen die Herrschaft der Katholiken zur Voraussetzung hatten, oder deren kirchliche Überzeugung auf katholischer Grundlage fasste. Der erste, welcher der allgemeinen Meinung das Wort lieh, war der spanische Gesandte. Als sich Mathias, nach Beendigung des Wahlaktes in Frankfurt, aus der Domkirche nach Hause begab, erschien Zuñiga bei ihm und fügte dem Glückwunsch die Bitte bei, er möge, durch das Beispiel des Bruders gewarnt, nicht säumen, bei seinen Lebzeiten für die Nachfolge eines habsburgischen Prinzen auf dem deutschen Throne zu sorgen.[3] Am Abende, als er sich mit seiner Gemahlin allein unterhielt, fand sich auch sein Ratgeber, der Bischof Khlesl, bei ihm ein und der Mund dieses vertrauten Dieners wiederholte die Bitte Zuñigas.[4] Noch hatte Mathias sein eigenes Haupt nicht mit der deutschen Krone geschmückt, und schon baten ihn also die Seele seines Geheimrates und der Vertreter der befreundetsten Macht, dieselbe auf ein fremdes Haupt zu setzen. Verriet dies nicht ein absolutes Misstrauen in die längere Dauer seines Lebens und in die Fruchtbarkeit seiner erst vor wenigen Monaten abgeschlossenen Ehe und konnte er hoffen, fortan einen Tag erleben zu können, ohne dass ihm das Wort *„Bestimmung der Nachfolge"* aus jeder Schrift entgegenstarrte oder aus jedem Munde entgegentönte? In der Tat beherrschte diese Angelegenheit so sehr den ganzen Verlauf seiner Regierung, dass selbst der Kampf mit dem Protestantismus zeitweise in den Hintergrund trat.

Das frühzeitige Drängen Zuñigas entsprach einem tief gehegten Wunsche Philipps III von Spanien und fand dessen Billigung. Es war nicht bloß die Sorge für die Aufrechthaltung der habsburgischen Macht, die dem Könige eine solche Eile rätlich erscheinen ließ, sondern auch der Wunsch, seit langem gehegte und mehrfach vertagte Pläne endlich zur Ausführung zu bringen. Während der österreichischen Wirren der Jahre 1608–11 war im spanischen Kabinett mehrmals die Frage aufgetaucht, ob die Verhältnisse nicht für eine Erhebung Philipps III auf den deutschen Thron günstig seien. Damals hatte das konsequente Abraten Zuñigas, der die Erfolglosigkeit derartiger Bestrebungen bei den in Deutschland herrschenden Ansichten kannte, den spanischen König veranlasst, sich im Hintergrunde zu halten und die Kandidatur des Mathias energisch zu unterstützen. Jetzt tauchte dieser Plan von neuem auf und gewann in der Anschauung des Königs eine festere Gestaltung. Darnach sollte der Kaiser so frühzeitig als möglich für die Wahl eines Nachfolgers in Deutschland sorgen und hiefür den zweiten Sohn Philipps, den Infanten Don Carlos bestimmen.

---

3   Simancas 2498/215 Zuñiga an Philipp III dd. 1. Juli 1612.

4   Khlesl an Erzh. Maximilian dd. 26. Juni 1616. Archiv des k.k. Minist. des Innern.

Sollte es Mathias vorziehen, für die Erhebung seines eigenen Bruders Albrecht zu wirken, so wollte sich der König unter der Bedingung damit zufrieden geben, dass der letztere nach seiner eventuellen Thronbesteigung den Don Carlos zum Nachfolger bestimme. Da Albrecht nur um weniges jünger war als Mathias, so wurde durch seine etwaige Erhebung die des Infanten in keine viel bedeutendere Ferne gerückt.

Um die Verhandlungen in rascheren Fluss zu bringen, hielt man in Spanien die Absendung eines zweiten Gesandten an den kaiserlichen Hof für notwendig und wählte hiezu den Marques Spinola, einen berühmten Kriegsmann seiner Zeit. Er traf am Hoflager des Kaisers ein, als sich letzterer, auf der Rückreise von Frankfurt, in Prag aufhielt. Seinem Auftrage gemäß erneuerte er die frühere Bitte Zuñigas um die Bestimmung der Nachfolge in der dringendsten Weise. In wiederholten Audienzen sagte Mathias ihre Gewährung zu, nur wollte er früher das Gutachten seiner Brüder, Maximilian und Albrecht, einholen. Khlesl, der von Spinola und Zuñiga um die Beschleunigung der kaiserlichen Beschlüsse ersucht wurde, erwiderte, dass alles von den Erklärungen der beiden Erzherzoge abhänge.

Wolle Maximilian den deutschen Thron besteigen, so sprächen dieselben Gründe für ihn, wie früher für Mathias, verzichte er auf seine Erhebung, so müsse man Albrecht befragen. Gleichzeitig bemerkte Khlesl, dass die Sukzession in den österreichischen Ländern und. in Deutschland als ein Ganzes aufgefasst und auf einmal entschieden werden müsse, eine Andeutung, die für die spanischen Wünsche nicht günstig schien, denn wenn der erbliche Besitz der jüngeren habsburgischen Linie mit dem Kaiserthrone verbunden bleiben sollte, so war für einen Infanten nichts zu hoffen.[5]

Maximilian, der sich zur selben Zeit in Prag eingefunden hatte, wurde jetzt von Spinola über seine Ansichten sondiert und bereitete demselben keine geringe Überraschung. Der Erzherzog erklärte offen und ehrlich, dass er weder sich noch seinen Bruder Albrecht für taugliche Stützen halte, an denen sich die gesunkene Macht der deutschen Habsburger von neuem erheben könnte. Die Länder Rudolfs dürften nicht von einem Greise auf den andern übergeben, sondern müssten in den Besitz eines kräftigen Mannes gelangen. Indem er auf diese Weise von , vornherein auf jede Erhebung Verzicht leistete, verhehlte er auch nicht, dass er seinen Bruder Albrecht zu einer ähnlichen Resignation zu bewegen trachten werde und dass alle seine Hoffnungen und Wünsche auf seinen Vetter, den Erzherzog Ferdinand, gerichtet seien. Dieser sollte deutscher

---

5   Simancas 2498/76, Spinola an Philipp III dd. Prag 4. Oct. 1612.

Kaiser, König von Ungarn und Böhmen und Herr des übrigen österreichischen Erbes werden.

So schien also für Philipp keine Aussicht vorhanden, seinem Sohne in Deutschland eine Stellung zu verschaffen, wenn die Untrennbarkeit der Kaiserwürde von den Kronen von Ungarn und Böhmen ausgesprochen wurde. Allein nicht diese Untrennbarkeit war es, die seine Absichten durchkreuzte, sondern die Vorliebe, welche Maximilian für Ferdinand an den Tag legte.

Denn Philipp hatte sich im Verlaufe der letzten Jahre von der eigenen Selbstsucht und einigen Höflingen überreden lassen, dass er von seiner Mutter Anna, einer Tochter Maximilians II, nach dem Erlöschen der männlichen Nachkommenschaft desselben, ein näheres Anrecht auf den Thron von Ungarn und Böhmen besitze, als die Grazer Seitenlinie, von der Ferdinand abstammte.

Nun erfuhr er, dass man in Prag von Ferdinands Ansprüchen auf Ungarn und Böhmen, wie von einem zweifellosen Rechte spreche. Spinola, der sich besser auf den Degen wie auf das Erbrecht der Habsburger verstand, fühlte sich in seinem Herrn verkürzt und meinte, man müsse um jeden Preis Ferdinand vom deutschen Throne fern halten, weil sonst für Philipp auch die Aussicht auf die Erbschaft seines Schwiegervaters schwinden würde.[6] Es ist hier am Platze, vor der Erzählung über den weiteren Verlauf der Ereignisse zu berichten, aus welchen Gründen Philipp seiner Mutter und sich einen Vorrang vor Ferdinand vindizierte. Er stützte sich zunächst auf die Urkunde, mittelst welcher seine Mutter allen ihren Erbrechten auf die Länder der deutschen Habsburger für sich und ihre Nachkommen entsagt hatte. Also gerade eine Urkunde, die ihn aller Ansprüche entkleiden sollte, führte Philipp zur Behauptung derselben an und eigentümlich genug, nicht ganz mit Unrecht. Denn in dem betreffenden Aktenstücke verzichtete Anna zu Gunsten ihrer Brüder und Oheime und deren legitimer Nachkommenschaft auf alle ihre Erbrechte, *„insoweit sie hiezu durch die Rechte und Privilegien der Königreiche* (Ungarn und Böhmen) *und der übrigen Provinzen verpflichtet sei.“*[7]Jedermann, der mit dem alten Staatsrechte Ungarns und Böhmens etwas vertraut ist, weiß, dass in den genannten Ländern

---

6 Der habsburgische Stammbaum, soweit er zur Erklärung der spanischen Ansprüche dient, ist mit Hinweglassung der nicht in Betracht kommenden Personen folgender:

	Ferdinand I † 1564		
Maximilian II † 1576	Ferdinand von Tirol	Karl von Steiermark
			Gem. Maria von Baiern
Rudolf II, Mathias, Maximilian, Albrecht, Anna	Anna	Ferdinand II, Leopold, Karl
† 1612 † 1619 † 1618 † 1621 Gem. Philipp II	Gem. Mathias	geb. 1578 † 1637 † 1632 † 1624
Philipp III		

7 Simancas 2865. Copie der Verzichtleistungsurkunde Annas.

eine Prinzessin vor ihrer Verheiratung durch kein Gesetz zur Verzichtleistung auf ihre etwaigen Rechte gehalten war. Hatte also Anna nur insofern Verzicht geleistet, als sie hiezu nach dem Staatsrechte von Ungarn und Böhmen verpflichtet war, so war ihre Verzichtleistung nicht bindend, weil keine derartige Verpflichtung bestand und Philipp III konnte mit Recht, trotz der Verzichtleistungsurkunde oder gerade auf Grundlage derselben, Erbansprüche erheben.

Gewiss konnte aber Philipp von der für ihn so glücklich stilisierten Urkunde erst dann einen entscheidenden Gebrauch machen, wenn erstens die Kronen von Ungarn und Böhmen erblich waren und wenn zweitens das betreffende Erbgesetz der direkten weiblichen Linie einen Vorzug vor der männlichen Seitenlinie gab, wie das z.B. heute in England der Fall ist.

Beides behauptete Philipp natürlicherweise, weil es ihm so passte und weil sein juristischer Ratgeber, der spanische Kardinal Gabriel von Trexo ihn darin bestärkte, während tatsächlich der eine Teil seiner Behauptung sich einigermaßen schwer beweisen ließ und der andere unbedingt falsch war. Denn bezüglich der ungarischen Krone war die Erblichkeit nicht ganz ausgemacht, und selbst auf das böhmische Erbrecht hatten die Vorgänge von 1608 einigen Schatten geworfen.[8] In beiden Ländern aber hatte unter allen Umständen die männliche Nachkommenschaft ein unbestrittenes Vorrecht und schloss die weiblichen Ansprüche aus; nie war das Gegenteil behauptet worden.

Man kennt nun den ganzen Umfang der spanischen Ansprüche und ihre Begründung. Die Nachrichten Spinolas aus Prag änderten nichts an Philipps Beschlüssen, sondern beschleunigten höchstens seine Tätigkeit. Entschlossen den Erzherzog Albrecht vorläufig zu fördern und durch diesen den Infanten emporzubringen, schrieb er an ersteren nach Brüssel, forderte ihn zur Darlegung seiner etwaigen Wünsche auf und versprach ihm jegliche Unterstützung.[9] Zu Philipps Unglück hatte Albrecht für eine so verlockende Sprache nur taube Ohren, er war zwar weniger für Ferdinand eingenommen, als sein Bruder Maximilian, hatte aber allen ehrgeizigen Bestrebungen noch gründlicher entsagt wie dieser, denn der dornenvolle Besitz von Belgien hatte ihm alle Lust zu einer Herrschaft benommen, die ihm keine friedlichen Aussichten eröffnete. Er dankte also seinem Schwager für die freundlichen Anerbietungen und bat ihn, anderswo ein Haupt für Deutschland zu suchen. Seine Gemahlin Isabella, mit ihrem Manne eines Sinnes, drückte sich noch derber aus, sie schrieb ihrem Bruder, dass sie nur mit Schrecken den Gedanken einer Erhebung auf den deut-

---

8 Was vom ungarischen und böhmischen Erbrechte zu halten sei, wird umständlicher im Kapitel III und IV erörtert werden.

9 Simancas 2326. Relation in der Sukzessionsangelegenheit.

schen Thron fassen könne.[10] Da Albrecht nicht zu bewegen war, für Don Carlos die Wege zu ebnen, Maximilian sie entschieden durchkreuzte und Mathias auch keine freundlichen Absichten merken ließ, so musste sich Philipp fragen, ob er ohne Unterstützung der deutschen Habsburger auf irgend einen Erfolg rechnen könne. Die einfachste Überlegung musste ihm sagen, dass er wohl Ferdinand unendlich schaden, sich selbst aber kaum nützen würde und dass er also, wenn er etwas erreichen wollte, seinen Plänen bescheidenere Dimensionen geben müsse. Zuñiga hatte dem Könige seit jeher eine zurückhaltende Rolle empfohlen, dafür aber dessen Billigung nicht erlangen können. Als nun auch Spinola, abgekühlt durch einen längeren Aufenthalt in Deutschland, nach Spanien berichtete, dass an eine friedliche Durchführung der ursprünglichen Vergrößerungspläne nicht zu denken sei, entschloss sich Philipp zu einer Politik, die den Ratschlägen seiner Gesandten entsprach. Er beschloss, Ferdinands Erhebung nicht zu hindern, wenn dieser sich zu einer Entschädigung für das von Spanien vermeintlich gebrachte Opfer verstehen würde.

Diese Entschädigung sollte nach dem Wunsch Philipps in der Abtretung des Elsasses und Tirols bestehen, durch die er seinen Besitz arrondieren und besser verbinden wollte.

Denn Tirol mit dem Elsass und der Franche Comté verbunden bildete eine natürliche Brücke von Mailand nach Belgien, das bei der Kinderlosigkeit des dortigen Herrscherpaares bald wieder an Spanien heimfallen musste. Und wenn er mit dem neuen Erwerb sowie mit Belgien die spanische Monarchie nicht belasten wollte, so stand es ihm frei, aus Tirol, dem Elsass, der Franche Comté und Belgien den Besitz einer Sekundogenitur unter Don Carlos zu bilden. Er beschäftigte sich viel mit diesem Gedanken, doch hatte er noch keinen festen Entschluss gefasst, da er zuerst der verlangten Entschädigung gewiss sein musste.[11] Zuñiga wurde instruiert, die Verhandlungen in diesem Sinne anzubahnen.

Erzherzog Ferdinand von Steiermark, der später unter dem Namen Kaiser Ferdinand ll den wichtigsten Platz in der Geschichte von Österreich erlangte, hatte seit längerer Zeit, zu seiner nicht geringen Beunruhigung, von den spanischen Ansprüchen gehört. Schon im Jahre 1611 brachte er nämlich in Erfahrung, dass Philipp lll Ansprüche auf Böhmen und Ungarn erhebe und die Vorgänge der jüngsten Zeit bewiesen ihm, dass der König dieselben allen Ernstes behaupten wolle. Ferdinand war in der unangenehmen Lage, sich vorläufig schweigend verhalten zu müssen, denn wenn er sein Recht laut verteidigte, so verletzte er gröblich die Empfindlichkeit des jungen kaiserlichen Ehemannes,

---

10 Simancas. Brief Albrechts und Isabellas an Philipp III in der zitierten Relation.
11 Simancas, Relation in der Sukzessionsangelegenheit.

der sich der Hoffnung auf Nachkommenschaft noch nicht völlig entschlagen hatte. Auch wollte Ferdinand um jeden Preis mit Philipp auf einem guten Fuße bleiben, weil er fürchtete, den Stürmen, die seiner harrten, ohne spanische Hilfe nicht die Stirn bieten zu können. Er musste sich begnügen, dass Erzherzog Maximilian seine Interessen wahrnahm und mit diesem Vorkämpfer durfte er allerdings zufrieden sein.

Mit der Zeit wurde ihm jedoch seine Lage drückend und er beschloss aus der gezwungenen Zurückhaltung herauszutreten, um eine Verständigung mit Philipp III herbeizuführen. Hätte er gewusst, dass letzterer bereits seinen ursprünglichen Plan aufgegeben habe und selbst mit ihm Verhandlungen beginnen wolle, so hätte er sich gehütet, dieselben zu beschleunigen, denn Forderung und Angebot mussten grösser werden, je nachdem man den anderen zur Eröffnung der Verhandlungen nötigte und. ihn dadurch als Bittsteller erscheinen ließ. Ferdinand suchte nach einer möglichst natürlichen Gelegenheit zur Anbahnung der Verhandlungen und diese bot sich ihm im Jahre 1613 gleichsam von selbst. Im Juli dieses Jahres traf Mathias in Linz ein und hielt sich daselbst einige Tage auf, bevor er die Reise zum Regensburger Reichstage antrat. Gleichzeitig mit ihm fanden sich in dieser Stadt Maximilian und Ferdinand ein, mit letzterem war auch dessen vertrauter Ratgeber, der Freiherr von Eggenberg, erschienen, dem die unwandelbare Gunst seines Herrn später zu riesigem Vermögen und fürstlichem Range emporhalf. Auch Zuñiga kam nach Linz. Anfangs hoffte Ferdinand, dass dieser durch eine Anspielung auf die brennende Tagesfrage ihm die Zunge lösen werde, allein da der Spanier hartnäckig schwieg, hielt der Erzherzog nicht länger an sich und knüpfte durch Eggenberg die Verhandlungen an. Ein Kloster in Linz wurde als passender Ort hiezu gewählt, um jede Auffälligkeit zu vermeiden.

Als Eggenberg mit Zuñiga zusammentraf, äußerte er im Namen Ferdinands seine Verwunderung über die Erbansprüche Philipps. Der Gesandte bestätigte dieselben und erklärte sie für besser begründet, als die des Erzherzogs. Auf diese Unterredung folgte eine zweite zwischen Zuñiga und Ferdinand selbst; unter wiederholten Versicherungen des tiefsten Respektes und unwandelbarer Liebe gegen Philipp betonte letzterer, dass sein Recht das unanfechtbare sei und brachte dabei zum Beweise die Urkunde vor, mittelst deren Anna, die Tochter Maximilians II, bei ihrer Verheiratung mit Philipp II auf alle Erbansprüche , Verzicht geleistet hatte. Zuñiga, der von dieser Urkunde noch keine Kenntnis hatte, geriet in Verlegenheit und schien vorläufig besiegt. Als er sie aber später allein durchlas und fand, dass sie nur bedingungsweise ausgestellt sei, fühlte er sich noch sicherer als früher. Denn ohne ein Kenner des böhmischen und ungarischen Staatsrechtes zu sein, glaubte er mit Grund bezweifeln zu müssen, dass bestimmte Gesetze auszuheiratenden Prinzessinnen derartige Verzichtleistungen anbefehlen, mindestens konnte er seinen Zweifel aufrecht halten, so lange ihm nicht das Gegenteil bewiesen war. Frischen Mutes ging er zu Eggenberg, machte ihn auf die wahrscheinliche Bedeutungslosigkeit der Verzichtleistung aufmerksam und feierte nun einen vollständigen Triumph, denn letzterer wusste nichts Stichhaltiges zu entgegnen, wiewohl er sich standhaft gegen die gegnerische Auslegung verwahrte.[12] Seine Unkenntnis der Geschichte von Ungarn und Böhmen verschaffte dem Spanier einen leichten Sieg.

Zuñiga ging indessen auf diesem Wege nicht weiter vor, sondern deutete endlich an, dass Philipp seine Rechte nicht auf das Äußerste verteidigen wolle und. dass sich ein Auskunftsmittel finden lassen werde, mit dessen Hilfe Ferdinands Wünsche befriedigt werden könnten. Damit war die Entschädigungsforderung deutlich genug ausgesprochen, ohne dass die Objekte derselben schon jetzt bezeichnet wurden. Zuñiga hätte gern die Verhandlungen vor Mathias geheim gehalten, weil er von ihm in der Entschädigungsfrage durchkreuzt zu werden fürchtete, allein da Ferdinand mit Recht vor dem Kaiser kein Geheimnis haben wollte, wurde Khlesl von dem Stande der Verhandlungen in Kenntnis gesetzt. Sie fanden ihren vorläufigen Abschluss zuletzt darin, dass Ferdinand sich im Einverständnisse mit Zuñiga zur Absendung eines eigenen Gesandten nach Spanien entschloss, um mit Philipp den Streit ins Beine zu bringen.

II

Die vorläufige Unterbrechung der Verhandlungen war auch dadurch veranlasst worden, dass der Kaiser zum Reichstage nach Regensburg abreisen musste. Der Hauptgrund, der ihn zur Berufung desselben veranlasst hatte, lag in dem Wunsche nach einer Geldhilfe, um die er die Reichsstände unter dem Verwende von Rüstungen, die gegen die Türken nötig seien, ersuchen wollte. Seine eigentliche Absicht ging jedoch nicht so sehr dahin, den äußeren Feind zu bekämpfen, als vielmehr in den inneren Streitigkeiten seiner Erbländer den Ständen gegenüber eine starke und Achtung gebietende Stellung einzunehmen. Der Regensburger Reichstag von 1613 ist der letzte, der in alter Weise zusammentrat. Der unvereinbare Gegensatz zwischen dem äußerlich zu Recht bestehenden Gesamtstaate mit monarchischer Spitze und dem Streben der

---

12   Simancas 2865. Zuñiga an Spinola dd. Linz 4. Juli 1613, ferner die schon mehrfach erwähnte Relation. Zuñiga. an Philipp III dd. 6. Juli 1613. Simancas 2499.

Reichsstände nach voller Souveränität kam hier zum entscheidenden Ausbruch. Mathias ahnte wohl die Dinge, die da kommen würden, und deutete sie einige Monate vorher in einem wahren Trauerschreiben an den Kurfürsten von Sachsen an;[13] allein er konnte ihnen nicht begegnen. In herkömmlicher Weise eröffnete er den Reichstag und legte ihm mehrere Propositionen vor, unter denen das Gesuch um eine Geldhilfe wegen des nach seiner Behauptung drohenden Türkenkrieges die wichtigste war.

13. Aug. 1613

Die katholischen und protestantischen Reichsstände waren nicht in Regensburg erschienen, um der Not des Kaisers ein besonders aufmerksames Ohr zu leihen. Für beide war die in Deutschland noch immer unerledigte Religionsfrage der wichtigste Gegenstand ihrer Sorgen und Wünsche. Beide Parteien wollten dieselbe zum eigentlichen Gegenstande ihrer Verhandlungen machen und jede hatte sich deshalb, schon vor der Eröffnung des Reichstages, über ihr Verhalten geeint. Die Mitglieder der katholischen Liga waren im Februar 1613 in Frankfurt am Main zusammengekommen und hatten daselbst beschlossen, auf dem Augsburger Religionsfrieden zu beharren und die seither eingetretenen Besitzänderungen als nicht zu Recht bestehende Gewalttaten der Protestanten anzusehen. In Folge dessen wollten sie auch nicht dulden, dass jene, die sich der seit 1555 säkularisierten Güter bemächtigt hatten, zu deren Vertretung im Reichstage zugelassen würden, denn dies bedrohte sie mit der Gefahr, dass die Majorität des Fürstenrates, die noch immer katholisch war, in protestantische Hände gerate. Dagegen hatten sich die Mitglieder der Union auf dem Tage zu Rothenburg dahin geeint, nicht etwa bloß die Erweiterung des Religionsfriedens auf die Anhänger des kalvinischen Glaubensbekenntnisses und die Anerkennung der seit 1555 vielfach zu Gunsten der Protestanten geänderten Besitzverhältnisse zu verlangen, sondern dem Reichstage jede Befugnis zur Entscheidung von Glaubenssachen abzusprechen. Obwohl die religiösen Angelegenheiten in Deutschland sehr stark in materiellen Beziehungen standen, bezüglich deren dem Reiche nicht von vornherein jede Einflussnahme bestritten werden konnte, so hätte dieser Beschluss der Union für sich nicht hingereicht, das deutsche Staatsgebäude über den Haufen zu werfen, wenn dieselbe in ihrer separatistischen Richtung nicht noch weiter gegangen wäre Denn was sie außerdem der Entscheidung des Reichstages entzogen wissen wollte, war überhaupt alles, was zu den fundamentalen Befugnissen aller Reichstage und Parlamente gehört. So wollte die Union in Steuersachen keinen Majoritätsbeschluss gelten lassen, weil „keiner dem andern vorschreiben könne Geld

---

13   Mathias an Kursachsen dd. 10. Febr. 1613 im böhm. Statthaltereiarchiv.

21

auszugeben" und ebenso wenig wollte sie einen Majoritätsbeschluss in jenen Sachen für bindend ansehen. die des gemeinsamen Vaterlandes Wohlstand, Heil und Ruhe angingen. Es bedarf keiner vollständigen Aufzählung der übrigen von der Union noch angeführten Punkte, denn der letzte war weit genug, um alles Beliebige in sich aufzunehmen und der scheinbaren Einheit des deutschen Staatswesens auch äußerlich ein Ende zu machen. Mit diesen Absichten und Gesinnungen fanden sich die Katholiken und Protestanten in Regensburg ein. Der unausgleichbare Widerspruch in der Politik beider Parteien ergab sich gleich im Beginne der Verhandlungen und ließ der Hoffnung keinen Raum, dass irgendein gemeinschaftlicher Beschluss gefasst werden könnte.

Die Katholiken, die sonst auch nicht für eine kräftige Entwicklung des deutschen Staatswesens geschwärmt hatten, traten diesmal als Verteidiger desselben auf. Sie säumten nicht den Kaiser auf die Bedeutung der protestantischen Opposition aufmerksam zu machen, und forderten ihn auf, nicht zu dulden, dass „wegen einiger Partikularstände die Reichsjustiz gestört werde." In diese einfachen Worte war nichts geringeres als die Mahnung gekleidet, der Kaiser solle die Widerspenstigen mit Gewalt zur Nachgiebigkeit zwingen, damit die Verfassung des Reiches nicht in Frage gestellt werde. Um ihn bei gutem Willen zu erhalten, lehnten die Katholiken auch seine Bitte um eine Geldhilfe nicht ab, sondern bewilligten ihm 30 Römermonate, zahlbar innerhalb zweier Jahre. An dieser Geldbewilligung beteiligten sich auch einige protestantischen Stände, wogegen die Korrespondierenden, d.i. die Union und ihre Anhänger ohne Unterlass gegen dieselbe protestierten. Vergebens bemühte sich der Kaiser die Gegner dadurch zum Versprechen der Zahlung zu bewegen, dass er den Reichstag vertagen und einen eigenen Kompositionstag zu berufen versprach, an dem namentlich die religiösen Beschwerden der Korrespondierenden untersucht und wo möglich beseitigt werden sollten. Die letzteren, die am besten wussten, wie wenig der Kaiser mit Benachteiligung der katholischen Stände ernstlich an eine Befriedigung ihrer Wünsche gehen könne und wolle, ließen sich durch keine Versprechungen gewinnen, sondern beharrten bei ihrem Proteste gegen jede Beteiligung an der Türkensteuer. Der Kaiser sah sich endlich genötigt den Reichstag zu schließen, ohne die Protestierenden zur Nachgiebigkeit gebracht zu haben. Er sah sich so in der Hoffnung auf eine Unterstützung vom Reiche bitter getäuscht, denn abgesehen davon, dass die Korrespondierenden die von der Reichstagsmajorität bewilligten 30 Römermonate nicht bezahlten, war diese selbst in der Erfüllung der eingegangenen Verbindlichkeit so säumig, dass der Kaiser unseres Wissens gar nichts oder eine kaum nennenswerte Summe erhielt.[14] So kriegslustig sich auch die Katholiken in Regensburg gebärdeten, tatsächlich waren sie diejenigen, die von der meisten Furcht erfüllt waren und einen Angriff von Seite der Protestanten besorgten. Sie dachten deshalb nur mit Bangen an den Augenblick eines neuen Thronwechsels in Deutschland. Die Bischöfe und insbesondere die geistlichen Kurfürsten fürchteten, dass die Protestanten trachten würden, jemanden aus ihrer Mitte zu erheben und dass es dann um den geistlichen Besitz geschehen sein dürfte. , In den vertraulichen Unterredungen der Katholiken war sonach von keinem Kriege die Rede, sondern nur von den Mitteln, ihrer Partei den Kaiserthron zu sichern. Die wenigen Lebenstage, die nach ihrer furchtsamen Berechnung dem Kaiser noch zugemessen waren, sollte dieser zur Festsetzung der deutschen Nachfolge benützen. Die geistlichen Kurfürsten baten ihn „inständig" darum, und auch der päpstliche Nuntius schloss sich in Regensburg ihrer Bitte an.[15] Als die Personen ihres Vertrauens bezeichneten die Kurfürsten die Erzherzoge Albrecht und Ferdinand, obwohl sie sich nicht verhehlten, dass deren Erhebung mit großen Schwierigkeiten verbunden sein würde, da man den einen in Deutschland als Spanier bezeichne, den andern wegen seines dem Theatinerorden angehörigen Beichtvaters, einen Theatinermönch nenne und beide gleichmäßig verabscheue. Der Kurfürst von Köln unterschied sich in der Empfehlung beider Kandidaten von seinen Kollegen nur dadurch, dass er sich besonders für Ferdinand erklärte, wobei er von dem Nuntius nicht wenig unterstützt wurde. Erzherzog Maximilian, der sich ebenfalls in Regensburg eingefunden hatte, feuerte diesen Eifer an und die Kurfürsten waren schließlich geneigt, sich schon jetzt über eine bestimmte Person zu einigen, die nach der Sachlage nur Ferdinand gewesen wäre. Dass dies nicht geschah, daran war allein Zuñiga Schuld. Auch er war dem Kaiser nach Regensburg gefolgt und hatte hier das seinige getan, um die Kurfürsten für eine frühzeitige Bestimmung der Nachfolge zu gewinnen. Seine Absicht war es jedoch keineswegs, dass die Personenfrage früher entschieden werde, als vor Beendigung der zwischen Ferdinand und Philipp schwebenden Verhandlungen über die zu leistende Entschädigung. Denn er fürchtete, dass durch die Erhebung des ersteren die Verhandlungen ganz und gar ins Stocken geraten, wo nicht gar abgebrochen würden und deshalb bemühte er sich, die Kurfürsten dahin zu bringen, die Festsetzung des Thronkandidaten vorläufig zu vertagen. Die Kurfürsten schenkten seinen Einflüsterungen Gehör und trieben die Rücksicht auf Spanien so weit, dass sie den König baten, er möchte ihnen seine Meinung

---

14   Näheres bei Menzel und Häberlin-Senkenberg.
15   Simancas, Relation Zuñigas dd. 14 Aug. 1618.

bezüglich der deutschen Nachfolge kundtun. Damit hatten die Verhandlungen über die Sukzession auf dem Reichstage ihr Ende erreicht.

Als der König von Spanien von den Vorgängen in Regensburg Kunde erhielt, war er mit dem Benehmen seines Gesandten zufrieden. Er gab ihm die Erlaubnis, energisch für Ferdinands Erhebung zu wirken, sobald die Entschädigungsfrage geordnet sei; ziehe sich die letztere zu lange hin, so solle er für Albrecht und selbst für Maximilian eintreten, denn die Unterstützung Ferdinands ohne eine Entschädigung vertrage sich nicht mit dem spanischen Interesse. Zuñiga deutete diesem Auftrage gemäß den deutschen Habsburgern jetzt klar die Entschädigungsansprüche Philipps III an, er verlangte für denselben Tirol und Vorderösterreich, damit daraus im Verein mit Belgien eine spanische Sekundogenitur begründet würde. Er bemerkte zur Unterstützung dieser Forderung, dass seinem Herrn allzu viel Uneigennützigkeit zugemutet würde, wenn man von ihm nicht bloß die Verzichtleistung auf Ungarn und Böhmen verlange, sondern auch die künftige Verteidigung dieser Länder gegen die Ketzer, die sicherlich nicht gutwillig Ferdinands Herrschaft tragen würden. Eggenberg fühlte das Gewicht dieser letzten Bemerkung nur zu sehr, doch erklärte er sich nicht für besiegt und suchte sowohl bei dieser wie bei den späteren Unterredungen mit Zuñiga, denselben für eine bedingungslose Verzichtleistung zu gewinnen.[16] Der Gesandte, der hierüber nach Spanien berichtete, bekam die wiederholte Weisung, die zu hoch gespannten Ansprüche auf die spanische Uneigennützigkeit abzulehnen und mit Beiseitesetzung Ferdinands für Maximilians Erhebung zu wirken. Zuñiga sah wohl ein, dass die genaue Befolgung dieses Befehls unmöglich sei, da man doch nicht Maximilian gegen seinen Willen zum Kaiser machen konnte, und ließ sich desto mehr angelegen sein, mit Ferdinand ins Reine zu kommen. Ungewiss über die eigentliche Quelle der Schwierigkeit, wandte er sich an Mathias und bat ihn, er möchte doch, da die Verzögerung so viele Gefahren im Gefolge habe, den Ausgleich zwischen Philipp und Ferdinand fördern und letzteren zu einem Opfer vermögen. Mathias sagte seinen Beistand zu, tat aber nichts.

In diesem Stadium der Verhandlungen trat endlich Ferdinand mit einem Entschädigungsantrag hervor, den er vor dem Kaiser geheim hielt und durch seinen Beichtvater, den bereits erwähnten Theatinermönch, dem Gesandten mitteilen ließ. Er war erbötig, die sämtlichen ihm gehörigen Seehäfen im adriatischen Meere an Spanien abzutreten, ein Vorschlag, der von einer merkwürdigen Blindheit für die Wichtigkeit der Seegrenze zeugte. Zuñiga fand das

---

16   Simancas. Brief Zuñigas dd. 12. Dezember 1613, 6. und 21. Januar und 10. Feb. 1614.

Anerbieten zu gering und verlangte zu den Seehäfen das Hinterland, also Kärnthen, Krain, Görz und Ferdinands Anteil an Friaul. Vielleicht würde sich der Erzherzog selbst zu diesem Opfer entschlossen haben, wenn man in Spanien die angebotene Küste, als zu fern gelegen, nicht abgelehnt hätte. Spinola war es, der die Verwerfung dieses Vorschlags anriet und Philipp pflichtete ihm bei. Zuñiga wurde beauftragt, die Entschädigung jenseits der Alpen zu suchen, den Elsass zu verlangen und außerdem so viel, als er erreichen könne, und für den Fall eines befriedigenden Übereinkommens Ferdinands Kandidatur zu unterstützen.[17]

Mehrere Monate lang hatten die geistlichen Kurfürsten vergebens geharrt, dass ihnen auf ihre in Regensburg gestellte Bitte wegen der Sukzession eine definitive Antwort zu Teil werde. In der Zwischenzeit änderte sich einigermaßen ihre Ansicht über diesen Gegenstand; von der in Deutschland geläufigen Meinung ausgehend, dass die deutsche Krone mit der böhmischen eng verbunden sei, stellten sie jetzt die Bitte an den Kaiser, er möchte doch zuerst die Sukzession in Böhmen festsetzen. Damit schufen sie aber eine Schwierigkeit, welche die ganze Angelegenheit ins Stocken brachte. Sie bedachten nicht, dass Mathias leichter seine Zustimmung zur unverweilten Festsetzung der deutschen Nachfolge geben könne, als zur Wahl eines böhmischen Königs; denn so lange er noch einige Hoffnung auf eine eigene Nachkommenschaft bewahrte, konnte er doch den eigenen Sohn nicht seines Erbrechtes berauben. Dazu kamen noch besondere Schwierigkeiten von Seite der böhmischen Stände. Im Jahre 1611 hatten sie Mathias das Versprechen abgenötigt, dass bei Lebzeiten eines Königs nie dessen Nachfolger gewählt werden solle. Wenn er sich überhaupt von diesem Versprechen losmachen konnte, so war dies nur durch Verhandlungen möglich, die nicht alsogleich, sondern erst bei einem Landtage beginnen konnten, vor der Berufung eines solchen scheute sich aber Mathias aus mancherlei wichtigen Gründen.

Durch die Verschiebung der böhmischen Nachfolge wurde also von den Kurfürsten selbst der Grund zu einer unberechenbaren Verzögerung gelegt und das umso mehr, als ihre Meinung bei Philipp III Billigung fand. Die spanischen Diplomaten in Deutschland, Zuñiga und Spinola, von dem kurfürstlichen Ratschlage in Kenntnis gesetzt, trennten sich in seiner Beurteilung. Der erstere hielt die Schwierigkeiten in Böhmen für so groß, dass er den Kaiser zu ihrer Beseitigung für unfähig hielt und obwohl er die Gefahr wohl einsah, die dessen Tod für die habsburgischen Erbansprüche herbeiführen konnte, riet er doch seinem Herrn, nicht auf die unmittelbare Besetzung des böhmi-

---

17 Simancas. Spinolas Schreiben. Philipps Auftrag.

schen Thrones zu dringen, sondern des Mathias Tod abzuwarten und dann Ferdinand mit aller Macht zu unterstützen.[18] Spinola verwarf diese zögernde Haltung: gerade die Schwierigkeiten waren für ihn ein Grund auf den Rat der Kurfürsten einzugehen, er sah voraus, dass die Ungarn und Böhmen nach dem Tode des gegenwärtigen Herrschers einen fremden Prinzen auf ihren Thron berufen würden und wollte dieser unvermeidlichen Gefahr durch die frühzeitige Bestimmung der Nachfolge begegnen. Keine Schwierigkeit und kein Opfer dürfe man scheuen, so schrieb er an Philipp, um das Wahlgeschäft in Böhmen in Gang zu bringen und wenn nichts anderes helfen würde, zur Bestechung der Stände schreiten. Der König stimmte dem Rate seines vorsichtig gewordenen Generals auf das entschiedenste bei. So trat die böhmische Sukzessionsfrage in den Vordergrund.[19]

Alle Beschlüsse Philipps, den Erzherzog Ferdinand in Böhmen oder in Deutschland zu unterstützen, setzten allemal die Ordnung der Entschädigungsfrage voraus. Da er nach seinen letzten in dieser Beziehung ergangenen Weisungen lange nichts von einem befriedigenden Resultate hörte und bei den damaligen Verkehrsverhältnissen nicht hören konnte, erfasste ihn die Ungeduld in einem so bedeutenden Grade, dass er die Verhandlungen ganz abbrechen und doch noch den Versuch wagen wollte, ob er die Erbansprüche seiner Mutter nicht vollends geltend machen könnte. Zuñigas Erstaunen war nicht gering, als seine Weisungen diesen Wünschen entsprechend geändert wur-
Juli 1614 den. Er erhielt dieselben in Linz gerade zur Zeit, als Mathias die Stände seiner sämtlichen Länder zu einem Generalkonvent, dessen noch näher erwähnt werden wird, berief. Als gehorsamer Diener kam er den geänderten Befehlen nach, wie er nicht anders konnte, und bereitete damit den Erzherzogen Ferdinand und Maximilian, die gleichfalls in Linz anwesend waren, eine ebenso große, als unangenehme Überraschung. Da die geänderten Weisungen seiner eigenen Überzeugung nicht entsprachen, unterließ er es nicht, seinen Herrn mit einem gewissenhaften Freimut auf das Undurchführbare seiner Wünsche aufmerksam zu machen. Den Ketzern, die, so schrieb er nach Hause, leider in Deutschland zahlreich seien, gefalle die Inquisition zu wenig und was die Katholiken betreffe, so seien sie von „den ausgezeichneten Tugenden" Ferdinands geradezu bezaubert. – Erzherzog Maximilian wurde ganz wild und heftig, als er von den neuen Ansprüchen Philipps hörte und bemerkte, wenn er selbst zu Gunsten Ferdinands entsage, so könne dies jeder andere Prinz des

---

18 Simancas. Zuñiga an Spinola. dd. 3. April 1614.
19 Simancas 2865. Spinola an Zuñiga dd. 26. April 1614. Dann ebend. Relation in der Sukzessionsangelegenheit.

Hauses auch tun. Ohne erst von seinem Herrn eine Zustimmung zu erwarten, ließ sich Zuñiga nach diesem Intermezzo in die Wiederaufnahme der Entschädigungsverhandlungen ein. An den betreffenden Konferenzen beteiligten sich diesmal sowohl die Erzherzoge, als auch Khlesl. Zuñiga legte in denselben, zur Begründung der Rechtsansprüche seines Herrn das Gutachten des Kardinals Gabriel von Trexo vor, der aus dem Wortlaute der Verzichtleistungsurkunde Annas die Rechte Philipps ableitete.

Auf gegnerischer Seite musste man zugeben, dass die Verzichtleistung, auf die man früher nicht wenig gepocht hatte, nichts weniger als ungünstig für Philipp laute. Man hatte indessen neue Gründe für das Vorrecht Ferdinands ausfindig gemacht.

Zunächst wies man auf das Testament Ferdinands I hin, dann auf eine Urkunde, in der Karl V seinem Bruder die Investitur mit der Krone von Böhmen erteilte; in beiden Schriftstücken war ausdrücklich der männlichen Nachkommenschaft Ferdinands I der Vorzug vor der weiblichen gegeben und letztere erst nach dem Erlöschen der ersteren zur Erbschaft berufen. Dann wurde auf den Vertrag gewiesen, den Rudolf II nach dem Tode seines Vaters mit seinen Brüdern geschlossen hatte und in dem bestimmt wurde, dass Erzherzog Ernst (Rudolfs ältester frühverstorbener Bruder) auf die Regierung von Böhmen und Ungarn vor den etwaigen Töchtern Rudolfs den ersten Anspruch haben solle. Wiewohl dieser letztere Vertrag den etwaigen Rechten Annas nicht präjudizieren konnte, so hatte er doch insofern ein Gewicht, als auch er zum Beweise dienen konnte, dass die alleinige Zulassung der männlichen Sukzession in Ungarn und Böhmen eine, im habsburgischen Hause selbst, stets geübte und lange vor den jetzigen Wirren sanktionierte Rechtsgewohnheit war.

Auf alle diese Gründe blieb Zuñiga, der sich in dem Reichshofrat Strahlendorf einen Ratgeber gesucht hatte, die Antwort nicht schuldig. Da er indessen nicht mehr das ganze Erbe, sondern nur eine Entschädigung in Anspruch nehmen wollte, so lenkte er die Verhandlungen auf diesen Punkt. Khlesl schloss sich den spanischen Ansprüchen an und verlangte im Namen Zuñigas für Philipp III den Elsass und Tirol. Auf diese Weise wurde die Forderung Spaniens ganz präzis hingestellt. Wie schon die erste Andeutung derselben von den Beteiligten ungünstig aufgenommen worden war, so auch jetzt. Ferdinand lehnte mit aller Entschiedenheit die Gewährung dieser Forderung ab und fand an Maximilian selbstverständlich die eifrigste Unterstützung. Beide betonten, dass, da ihr Recht ein besseres sei, keine Entschädigung für die Abtretung eines schlechteren geleistet werden könne. Die Gründe für und gegen das Recht des einen und anderen wurden darauf nochmals erörtert, während gleichzeitig von Ferdinands Seite auf die großen Gefahren, welche die verlangte Gebiets-abtretung für die deutschen Habsburger im Gefolge haben würde, immer und immer wieder hingewiesen wurde. Als Zuñiga zuletzt die Gegenpartei selbst zu einem Vorschlage aufforderte, ergriff Ferdinand das Wort und sagte: wiewohl seine Nachkommenschaft sowohl männlicher als weiblicher Linie ein besseres Recht auf die Herrschaft in den Königreichen besitze, so wolle er doch aus Liebe und um des Wunsches willen, dem Könige von Spanien zu Diensten zu sein, der männlichen Nachkommenschaft desselben vor der eigenen weibli-chen Linie den Vorzug einräumen.

Da Ferdinand um diese Zeit bereits Vater dreier Söhne war und die Zahl derselben bei seiner verhältnismäßigen Jugend sich noch leicht vermehren konnte, so schob dies Angebot die allfällige Befriedigung der spanischen Ansprüche in eine ganz ungewisse Zukunft hinaus, abgesehen davon, dass Spanien dann noch mit den Ansprüchen von Ferdinands Brüdern zu rechten hatte. Zuñiga sprach sich in diesem Sinne aus und verlangte, dass Ferdinand sein Angebot mit einer reellen Zugabe vermehre, aber Ferdinand und Maximi-lian blieben hartnäckig bei der früheren Weigerung, Zuñiga brach zuletzt die Konferenz ab, um nach Hause zu berichten.

Bevor er dies tat, lud ihn Ferdinand zu einer vertraulichen Unterredung ein. Ohne in derselben sein früheres Anerbieten zu erweitern, versicherte der Erzherzog doch hoch und teuer, dass ihm nichts mehr am Herzen liege, als sich dem Könige dankbar zu erweisen. Indem er so die Aussicht auf irgend eine andere Entschädigung oder auf irgendwelche wichtige Dienstleistungen eröffnete, bat er den Gesandten auf das inständigste, derselbe möge doch den Abschluss des Vergleiches beschleunigen, weil die Gefahr mit der Verschlep-pung des Sukzessionsgeschäftes zunehme.[20] Gleichzeitig richtete er ein eigenes Schreiben an Philipp, erörterte umständlich die Gründe, die ihm eine weitere Nachgiebigkeit unmöglich machten und betonte namentlich, dass eine Abtre-tung des Elsasses deshalb nicht tunlich sei, weil sich die Elsässer selbst der Ein-verleibung in die spanische Monarchie am meisten widersetzen würden. Auch Mathias und Maximilian baten in besondern Schreiben um die Beschleuni-gung des Ausgleiches.[21]

Eine solche unnachgiebige Haltung der deutschen Habsburger gegen die spanischen Wünsche wurde von einigen Personen in Philipps Umgebung kaum für etwas anderes als für Anmaßung angesehen. Bevor sich der König zu einem weiteren Schritte entschloss, übergab er die Streitfrage zur nochmaligen

---

20 Simancas. Zuñiga an Philipp III dd. 3. Aug. 1614.
21 Simancas. Relation in der Sukzessionsangelegenheit.

Untersuchung einem seiner bevorzugten Ratgeber, dem Don Rodrigo Calderon. Sonst war mit derartigen wichtigen Geschäften der erste Minister, der Herzog von Lerma betraut, allein dieser erfreute sich jetzt nur noch des Titels, an seine Stelle im königlichen Vertrauen und in der königlichen Gunst war allmählich sein Sohn, der Herzog von Uçeda getreten und mit ihm auch der genannte Calderon. Der letztere stand ursprünglich im Dienste des Herzogs von Lerma als dessen Sekretär, gelangte aber durch die Gunst dieses Herrn zu hohen Würden und Ehren, bis er selbst des Königs Günstling wurde und als solcher mit; dem Titel eines Marques von Siete Iglesias eine der ersten Stellen im Staatsrate erlangte und daher mit einer so wichtigen Angelegenheit betraut wurde. Calderon, der die von Ferdinand neuerdings zur Unterstützung seiner Ansprüche beigebrachten Urkunden dem Kardinal Trexo zur Begutachtung übergeben hatte, eignete sich den absprechenden Ton der von letzterem abgegebenen Meinung dahin an, dass er die Rechte seines Herrn auf das ganze strit- **29. Okt.** tige Erbe für unantastbar erklärte und ihn in dem Begehren nach einer reellen **1614** Entschädigung ermunterte. Tirol und der Elsass sollten nach wie vor gefordert und höchstens in Bezug auf ersteres nachgegeben werden. Die Besorgnisse über die Folgen, welche die Abtretung des Elsasses haben könnte und denen Ferdinand so deutlich Ausdruck geliehen hatte, behandelte der Marques in wegwerfender Weise. „Die eigentümlichen Gesetze und Gewohnheiten des Elsasses können, meinte er, durchaus keinen Grund abgeben, weshalb dieses Gebiet der spanischen Monarchie nicht einverleibt werden dürfte, man kann ja den Elsass nach seinen Gesetzen regieren. Oder geschieht solches nicht in Aragonien, Portugal, Sizilien, Neapel, den Niederlanden und anderen Staaten Euer Majestät, deren Freiheiten und Gesetze von Euer Majestät beschworen und gehalten werden? Warum sollte dies nicht auch im Elsass der Fall sein, dessen Einwohnern das Glück zu Teil würde, fortan einem weit mächtigeren Monarchen anzugehören?"[22] Allerdings, wenn die Elsässer an die Niederlande dachten und wenn sie sich einiger für die Aragonesen so glücklich beendeten Streitigkeiten unter Philipp II erinnerten, musste ihnen vor Lust nach der spanischen Herrschaft der Mund wässrig werden.

Glücklicherweise begnügte sich der König nicht mit: Calderons Ratschlägen, sondern übergab sie dem Staatsrate zur Prüfung. Die Äußerungen desselben klangen ziemlich verschieden von denen des Günstlings; der Staatsrat **24. Jan.** wies darauf hin, dass gegen den Willen der deutschen Prinzen des Hauses **1615** die Erwerbung des Elsasses nicht möglich sei, außer wenn man einen Krieg

---

22   Simancas. Votum des Marques von Siete Iglesia dd. Lerma den 29. Okt. 1614.

begänne, dessen Resultate gewiss dem Könige nicht zu Statten kämen. Jeder andere als der friedliche Ausgleich sei unbedingt auszuschließen. Könne der König durch weitere Verhandlungen eine Entschädigung erlangen, so sei dies anzustreben, wenn nicht, so müsse er sich zufrieden geben, umso mehr als die Uneigennützigkeit des Erzherzogs Maximilian auf den König einen moralischen Druck ausübe. Es sei übrigens zu bedenken, dass es der Erzherzog Ferdinand sei, zu dessen Gunsten der König auf seine Rechte verzichte. Abgesehen davon, dass man auf seine Tatkraft die größten Hoffnungen in diesen gefahrvollen Zeiten setzen könne, sei von seiner Dankbarkeit das Beste zu erwarten. Indem der Staatsrat dem Könige auf diese Weise eine bedingungslose Verzichtleistung empfahl, wollte er ihm nicht verwehren, die Umstände zu benützen, falls er doch eine Entschädigung erlangen könnte. Zur Beschleunigung der ganzen Angelegenheit sollte der König einen eigenen Gesandten nach Deutschland abschicken, der dieselbe neben Zuñiga definitiv ordnen sollte.[23] Philipp III eignete sich die Meinung des Staatsrates an und beseitigte so das Hindernis des Ausgleiches.

Während man im spanischen Kabinette in etwas lässiger Weise die Absendung eines außerordentlichen Gesandten betrieb, vergingen darüber die Wintermonate und als das Frühjahr 1615 herannahte, trat ein Ereignis ein, welches die Absendung eines Gesandten für immer unnötig zu machen schien; von Prag verbreitete sich nämlich die Nachricht von der Schwangerschaft der Kaiserin.

Es ist im Eingange unserer Erzählung angedeutet worden, welche geringen Hoffnungen im allgemeinen an die Ehe des Kaisers geknüpft wurden; die fast unmittelbar nach deren Abschluss mit so stetem Eifer betriebenen Verhandlungen wegen der Bestimmung der Nachfolge zeigten dies auf eine handgreifliche Weise. Da mit einemmale verbreitete sich zu Anfang des Jahres 1615 das Gerücht, die Kaiserin befinde sich in gesegneten Umständen. Es war dies ein Ereignis von großer Tragweite, das zunächst allen Sukzessionsverhandlungen Einhalt tun musste. Erzherzog Maximilian, der seine Wirksamkeit zu Gunsten Ferdinands auf die erste Nachricht hin nicht gleich einstellte, sondern einige diesen Gegenstand betreffende Verhandlungen mit den geistlichen Kurfürsten weiterführte, wurde vom Kaiser gemahnt, inne zu halten, da er bei der Aussicht „auf einen Erben, die ihm seine Gemahlin gebe, der Sache tiefer nachsinnen müsse, damit nicht die Krone von seines Vaters Linie wegkomme."[24] Niemand konnte es in der Tat dem Kaiser verübeln, wenn er Anstand nahm, die Zukunft des erwarteten Erben zu beeinträchtigen. Wie schwere Sorge auch seine Brü-

---

23 Simancas. Votum des Staatsrates in der Sukzessionsangelegenheit dd. 24. Januar 1615.
24 Hurter: Ferdinand II, Bd. III S. 30.

der und die Freunde seines Hauses bei dem Gedanken überkommen mochte, dass die drohenden Gefahren von einem Kinde statt von einem Manne wie Ferdinand bekämpft werden sollten, so konnte dies Mathias nicht weiter kümmern. Sein eigener Sohn stand ihm näher, als alle Hoffnungen und Befürchtungen seiner Brüder, Vetter und Freunde.

In die Sukzessionsverhandlungen kam somit ein plötzlicher Stillstand, dagegen war die allgemeine Aufmerksamkeit auf die Schwangerschaft der Kaiserin gerichtet. Um ihr die nötige Pflege angedeihen zu lassen, wurde beschlossen, die Mutter der Kaiserin zur Reise nach Prag zu vermögen, woselbst das Wochenbett abgehalten werden sollte. Da sie seit ihrer Witwenschaft als Nonne in dem von ihr in Innsbruck begründeten Servitenkloster lebte, bedurfte es päpstlicher Erlaubnis zum Besuche ihrer Tochter. Die Erlaubnis wurde natürlich erteilt, und die fürstliche Nonne traf gegen Ende Juni in Prag ein.[25] Man erwartete die Entbindung gegen Ende Juli oder Anfang August und es gehörte bereits bei öffentlichen Anlässen zur Höflichkeit, von dem zu erwartenden Erben zu sprechen und über die Möglichkeit der Geburt einer Prinzessin stillschweigend hinwegzugehen. Auch eine türkische Botschaft, die sich um diese Zeit an dem kaiserlichen Hofe eingefunden hatte, schied mit Glückwünschen für den ersehnten Prinzen.[26] Die böhmischen Stände hatten dem Kaiser gleich bei seiner Verheiratung eine kostbare Wiege verehrt, noch hatte diese keine Verwendung gefunden, als von dem Großherzoge von Toskana ein gleiches Geschenk anlangte, das in seiner äußeren Ausstattung überaus prachtvoll war.[27] Schon wurde der 15. August 1615 als der Termin für die Geburt angesagt und da die Kaiserin an diesem Tage die Kirche wegen Unwohlsein etwas früher verlassen musste, glaubte man den entscheidenden Moment herangekommen. Allein es verging dieser und die folgenden Tage, ohne dass das erwartete Ereignis eingetreten wäre, bis sich allmählich die Kunde verbreitete, dass alle Hoffnungen vereitelt seien. Die Nachrichten, die sich über diesen Gegenstand erhalten haben, machen es wahrscheinlich, dass die Kaiserin einen krankhaften Zustand für einen hoffnungsvollen gehalten habe, wenigstens enthalten die Quellen keine Andeutung von einer Fehlgeburt.[28]

---

25   Simancas. Zuñiga an Philipp dd. 26. Juni 1615 Prag.
26   Wiener Staatsarchiv, Miscell. 491. Aus Prag dd. 21. Sept. 1615.
27   Skala I und II.
28   Skala (2, 18) erzählt, die Kaiserin habe eine Mola gehabt.

III

Die vermutete und schließlich als eitel sich erweisende Schwangerschaft der Kaiserin brachte in den Parteiverhältnissen am Hofe einen bedeutenden Umschwung hervor. Erzherzog Maximilian hatte sein Missfallen über die allfällige Geburt eines Erben in einer fast an Unanständigkeit streifenden Weise an den Tag gelegt und äußerte ohne Scheu seine Befriedigung, als seine Befürchtungen sich nicht erfüllten. Jene Warnung des Kaisers, in den Verhandlungen mit den geistlichen Kurfürsten inne zu halten, hatte er in den Wind geschlagen, ja er hatte den Bruder geradezu um seine Unterstützung für Ferdinands Erhebung auf den deutschen Thron ersucht, damit dieser dem etwaigen Erben eine kräftige Stütze und ein rechter Vormund sein könne.[29] Auch alle hervorragenden Katholiken in und außerhalb des habsburgischen Besitzes hatten unverhohlen die Geburt eines kaiserlichen Erben als ein Unglück angesehen und lebten vor Freude auf, als sie die Gefahr einer Regentschaft beseitigt sahen. Nur Khlesl mit seinem nächsten Anhange hatte eine ganz andere Stellung eingenommen. Mit einer Lebhaftigkeit, der man die freudige Genugtuung anmerken konnte, sprach er wiederholt von dem zu erwartenden Erben und zeigte sich von den Hoffnungen seines Herrn persönlich beglückt. Es war dies keine bloße Teilnahme an dem Familienglücke des Kaisers, dem er seine glänzende Stellung zu danken hatte, sondern Freude über die Folgen, welche die Geburt eines Prinzen für ihn selbst haben mussten. Denn was andere schauten und befürchteten, eine Regentschaft, war seine Hoffnung und was andere herbeiwünschten, die Regierung Ferdinands, war der Gegenstand seiner Abneigung.

In Khlesl hatte sich nämlich in Bezug auf die Sukzessionsfrage eine eigentümliche Wandlung vollzogen. Als Mathias die Kaiserkrone erlangt hatte, schien er mit allen jenen eines Sinnes zu sein, welche die Nachfolge geordnet wissen wollten; es liegt kein Grund vor, ihn der Unaufrichtigkeit zu zeihen und. seine in diesem Sinne gemachten Äußerungen für erheuchelt zu halten. Wenn trotzdem weder im Jahre 1613 noch 1614 die Sukzessionsfrage erledigt wurde, so lag die Schuld nicht an ihm, sondern an den spanischen Ansprüchen, die immer noch nicht ausgeglichen waren. Tatsache ist aber auch, dass er nichts zu ihrer rascheren Erledigung beigetragen hatte, dass er überhaupt in den genannten Jahren gar keine Vorbereitungen getroffen hatte, um, wenn die Vorfrage erledigt war, mit der Übertragung der einen oder der anderen Krone an Ferdinand den

---

29   Archiv des k.k. Minist. des Innern. Memoriale Stredels des Sekretärs Maximilians für Khlesl dd. 18. Mai 1615.

Anfang zu machen. Seine gleichgültige Lässigkeit blieb nicht unbemerkt und fand an Erzherzog Maximilian einen herben Tadler. Je mehr dieser Prinz sich in Uneigennützigkeit und Anstrengungen für Ferdinand überbot, desto mehr verlangte er eine gleiche Hingebung von jenen, die dazu verpflichtet waren. Hinter der Untätigkeit Khlesls vermutete er heimtückische Nichtswürdigkeit, und er begann fortan den Bischof als einen Feind seiner, auf das Wohl der Habsburger, abzielenden Pläne und als einen Feind der Dynastie überhaupt anzusehen. Nun war Khlesls ungewohnte Lässigkeit bei einem so wichtigen Gegenstande in der Tat nicht zufällig und nicht unverschuldet und hatte ihren Grund in der Besorgnis, durch die frühzeitige Bestimmung der Nachfolge um seinen Einfluss zu kommen. Die Schwäche und Arbeitsscheu des Kaisers hatte ihn in den Besitz aller Macht gebracht, über die der letztere zu gebieten hatte. Ehrgeizig und von Natur tätig, hatte der Bischof von dieser Macht mit Eifer Besitz ergriffen und Niemanden zu einer gleichen Teilnahme an derselben zugelassen.

Er hatte es erreicht, dass sich der ehemalige Präsident des Geheimrates unter Rudolf II, der reiche und mächtige Karl von Liechtenstein, der lange mit ihm nicht um die erste, sondern nur um eine ebenbürtige Stelle im Vertrauen des Kaisers gerungen hatte, besiegt zurückziehen musste. Seitdem hatte es keiner unter den kaiserlichen Räten mit dem ehrgeizigen Bischof aufzunehmen gewagt, er war der wahre Herrscher, dem der Kaiser nur zur notwendigen Folie diente. Diese hervorragende Stellung war bedroht, wenn der Nachfolger des Kaisers bestimmt war; denn dieser musste als eine Art Koadjutor desselben notwendig die erste Stelle am Hofe einnehmen und Khlesl sich mit einer untergeordneten begnügen. Vielleicht würde er sich trotzdem der Ordnung der Nachfolge nicht widersetzt und mit der Hoffnung beruhigt haben, bei Ferdinand denselben Einfluss zu erringen, wie bei Mathias, wäre das Vertrauen und die Gunst des Erzherzogs nicht bereits verschenkt gewesen. In Herrn von Eggenburg erkannte aber Khlesl einen unbesiegbaren Nebenbuhler.

Der Ehrgeiz war es also, der den Direktor des geheimen Kabinettes – diesen Titel führte Khlesl – in der Sukzessionsfrage lässig machte und ihn mit Freuden eine etwaige Regentschaft begrüßen ließ, da ihm durch eine Testamentsbestimmung des Kaisers in derselben ein hervorragender Platz eingeräumt werden konnte. Eine feindliche Stellung gegen die Hoffnungen Ferdinands nahm er aber noch immer nicht ein, sie machte sich erst gegen das Ende des Jahres 1615 geltend und scheint die Folge von Maximilians Heftigkeit gewesen zu sein. Als die vereitelte Schwangerschaft der Kaiserin diesen Prinzen von der erzwungenen Zurückhaltung befreite, ging er in seiner leidenschaftlichen Sprache so weit, gegen den Bischof die schwere Beschuldigung zu erheben, dass dieser „schelmische Pfaff die ganze Schwangerschaft nur ersonnen habe, um das Sukzessionsgeschäft in Verwirrung zu bringen."[30] Wenn solche Worte zur Kenntnis des Angeschuldigten kamen, wie das nur zu wahrscheinlich ist, konnte dies andere Folgen haben, als dass derselbe zuletzt dem Sukzessionsgeschäft jener heimtückische Feind wurde, für den man ihn ursprünglich mit Unrecht gehalten?

Maximilian würde übrigens seine Zunge besser im Zaume gehalten haben, wenn er bedacht hätte, dass er mit seinen Anschuldigungen nicht bloß den Minister angreife, sondern seinem eigenen Hause einen Schandfleck anhefte. Denn auf Rechnung der unüberlegten Reden des Erzherzogs ist wohl das kindische, aber seiner Zeit vielfach verbreitete und geglaubte Gerücht zu setzen, dass Mathias seiner Gemahlin einen fremden Knaben unterschieben wollte und von diesem Entschlusse nur in Folge des Misstrauens seiner Untertanen, namentlich der Oberösterreicher, abgelassen habe.[31] , Als nun Maximilian nach den vereitelten Hoffnungen entschiedener hervortreten konnte, verlangte er mit vieler Heftigkeit vom Kaiser die gleichzeitige Ordnung der österreichischen und deutschen Nachfolge. Er hatte sich die Ansicht der geistlichen Kurfürsten angeeignet, dass zuerst der Hausbesitz und namentlich Böhmen an Ferdinand übertragen werden solle, bevor man in Deutschland handelnd auftrat. Mathias wies seine Forderung nicht zurück, sondern antwortete, er könne nicht eher einen Beschluss fassen, als bis Erzherzog Albrecht seine Verzichtleistung eingeschickt habe. Maximilian ließ sich dies nicht zweimal sagen, sondern reiste im Spätherbste (1615) nach Brüssel, um den Bruder zu der verlangten Abtretung zu bewegen.

Albrecht machte keine Schwierigkeiten und knüpfte nur die eine Bedingung an dieselbe, dass Ferdinand, falls er einmal alle Besitzungen des Kaisers geerbt haben würde, seine bisherige Apanage auf 100.000 Gulden jährlich erhöhe. Die Verzichtleistung Maximilians und Albrechts sollte nichtig sein, wenn Ferdinand vor Mathias mit Tode abginge; für diesen Fall behielten sich beide Brüder ihre Rechte vor.

Auf der Reise nach Brüssel sprach Maximilian auch bei dem Erzbischof Schweikhard von Mainz vor. Der letztere hatte stets am lautesten den Wunsch nach der Bestimmung der deutschen Nachfolge ausgesprochen und da ihm der kaiserliche Hof zu langsam vorwärts ging, lud er den Erzherzog zu einem Besuche ein, um mit ihm die Wegräumung der etwaigen Hindernisse zu beraten. Bevor Maximilian, der sich beeilte der Einladung nachzukommen, bei ihm

---

30   Brüsseler Staatsarchiv. Vischer an Erzh. Albrecht dd. 10. Okt. 1615.

31   Münchner Staatsarchiv 118, Christophs von Dohna Bericht an Kurpfalz dd. 21,31. Januar 1617.

erschien, meldete sich der Reichshofrat Hegenmüller als kaiserlicher Gesandter bei dem Kurfürsten an. Khlesl, den die Ungeduld des letzteren sehr bedenklich machte, suchte ihn durch den genannten Gesandten zu überzeugen, dass die etwaige Berufung eines Kurfürstenkonvents zur Vornahme der deutschen Königswahl aus vielen Gründen vorläufig nicht angehe, der wichtigste sei der, dass sich die protestantischen Kurfürsten zu keiner Wahl überreden lassen würden.[32] Schweikhard ließ sich durch diese Vorstellungen umso weniger irre machen, als er unmittelbar darauf durch Maximilian gegen Khlesl misstrauisch gemacht wurde und zudem die Gefahren, welche den Katholiken drehten, wenn der Kaiser ohne Festsetzung der Nachfolge starb, für tausendmal bedeutender erachtete, als die Schwierigkeiten, welche mit der Berufung eines Kurfürstenkonvents verknüpft sein konnten. Der Kurfürst und der Erzherzog bestärkten sich wechselseitig in dem Entschlusse, dem Kaiser die Erhebung Ferdinands unablässig anzuraten und sich durch keine eingeschobenen Zwischenfragen irre machen zu lassen.

Die Zwischenfrage, die eingeschoben werden konnte, betraf einen zwischen den katholischen und protestantischen Reichsständen herzustellenden Vergleich. Seit der Regensburger Reichstag durch die Haltung der sogenannten „Korrespondierenden" resultatlos auseinander gegangen war, wurde vielfach auf die Notwendigkeit hingewiesen, einen Ausgleich über die Forderungen der Protestanten zuwege zu bringen, damit sich die Spaltung in Deutschland nicht ins endlose hinausspinne. Da jedoch die katholischen Stände nicht geneigt waren, den Preis des Ausgleiches zu zahlen, ließ sich nicht absehen, wie derselbe zu Stande kommen sollte. Von Seiten des kaiserlichen Hofes war die Idee eines „Kompositionstages" schon auf dem Regensburger Reichstage angeregt worden, wo die streitenden Parteien – minder beengt durch die hemmenden Reichstagsformen – über ihre Forderungen verhandeln sollten. So oft nun dessen Zustandekommen etwas ernstlicher betrieben wurde, erklärten beide Parteien, dass sie nur dann an dem Kompositionstage sich beteiligen würden, wenn ihnen in vorhinein gewisse Bedingungen zugestanden würden.[33] Bedarf es der Erwähnung, dass sich diese Bedingungen wechselseitig ausschlossen? Wenn der kaiserliche Hof die Festsetzung der Nachfolge erst nach dem Gelingen der Komposition vornehmen wollte, dann war Ferdinands Erhebung am Sankt

---

32   Hammer-Purgstall Khlesl III, Urkunden S. 266.

33   Wir haben über die Berufung des Kompositionstages zahlreiche Korrespondenzen des Wiener Staatsarchivs zur Hand, doch nahmen wir, Anstand die Phasen, welche die Verhandlungen durchmachten, im Detail zu beschreiben, weil absolut kein Resultat erzielt wurde und die späteren Ereignisse allen diesen Verhandlungen vollends ein Ende machten.

Nimmerstag zu erwarten. Maximilian und Schweikhard hatten sonach guten Grund, wenn sie die Einschiebung von Zwischenfragen abzulehnen gedachten.

Auf seiner Rheinreise kam Maximilian auch mit den anderen geistlichen Kurfürsten zusammen und begegnete bei allen einer freundlichen Gesinnung. Als er darauf nach Prag zurückkehrte. und hierüber dem Kaiser Bericht erstattete, drängte er ihn, allen weiteren Zögerungen ein Ende zu machen und trotz Khlesls Furcht vor einem für die Königswahl anzuberaumenden Kurfürstentage, die Berufung desselben in Angriff zu nehmen. Als vorbereitende Schritte empfahl er dem Bruder einen Besuch bei dem Kurfürsten Johann Georg von Sachsen, um diesen persönlich für die Vornahme der Wahl günstig zu stimmen. Die Kurfürsten von der Pfalz und von Brandenburg sollten teils durch Johann Georg, teils durch eigene an sie abzusendende Gesandte gewonnen werden. Sollte dies nicht möglich sein, dann müsse der Kaiser sich begnügen, wenn bei dem Konvente nur vier Kurfürsten sich einfinden würden und mit diesen die Wahl wagen. Maximilian riet schließlich dem Kaiser, auf alle Fälle gefasst zu sein und die nötigen Rüstungen nicht zu versäumen.[34]

19. Feb. 1616

Der Kaiser schien die Vorschläge seines Bruders zu billigen, übergab sie jedoch einer Konferenz zur Begutachtung. An derselben beteiligten sich neben Khlesl, Meggau und Harrach, auch die im Vertrauen und im Dienste der Erzherzoge stehenden Herren von Stadion und Eggenberg. Sie billigten die Vorschläge Maximilians und auch Khlesl sonderte sich nicht von der allgemeinen Meinung ab. In einem Zwiegespräche, das er in dieser Zeit mit dem Erzherzog hatte und in dem ihm letzterer eindringlich ins Gewissen redete, schien es, als ob er alle Hintergedanken bei Seite werfen und sich dem Interesse des Herrscherhauses ehrlich zuneigen wollte. Mit Wort und „Handschlag" und bei „Verlust seiner Seligkeit" verhieß er seine sorgfältigste Unterstützung. Als darauf der Kaiser seinen Bruder benachrichtigte, dass er sich den von ihm vorgeschlagenen Weg gefallen lasse und den Kurfürsten von Sachsen besuchen wolle,[35] ja gleichzeitig die Festsetzung der Nachfolge in den österreichischen Ländern selbst in Angriff zu nehmen versprach, glaubte sich Maximilian ruhig von Prag entfernen und auf den Heimweg begeben zu können. Den Abschied erleichterte ihm Khlesl mit der Zusicherung, dass Ferdinand hoffentlich bis Weihnachten 1616 im Besitz der böhmischen Krone sein werde.[36]

14. März 1616

---

34 Archiv des k.k. Minist. des Innern. Max an Mathias dd. 19. Feb. Prag 1616. – Gutachten des Erzherzogs vom selben Datum. Ebend.

35 Archiv des k.k. Minist. des Innern. Mathias an Max. dd. 14. März 1616.

36 Die Nachrichten über die von Khlesl gemachten Versprechungen in Westernachs Instruktion. Archiv des k.k. Minist. des Innern.

Woche für Woche wartete Maximilian auf die Erfüllung der ihm gemachten Zusicherungen, aber er hörte weder etwas von der Reise des Kaisers nach Dresden, noch von der versprochenen Absendung eines Gesandten nach Berlin und Heidelberg. Seine Enttäuschung verwandelte sich in Grimm, als man nachträglich am kaiserlichen Hofe die Verzichtleistungsurkunde bemängelte, über die er sich in Brüssel mit Albrecht geeint hatte. Er sah in diesen Ausstellungen, die Khlesl bei seiner Anwesenheit in Prag nicht gemacht hatte, nichts als ebenso viele Versuche, durch langwierige Korrespondenzen eine kostbare Zeit verstreichen zu lassen. Auch verlangte jetzt Khlesl, von Ferdinand einen Revers zur Sicherstellung der Rechte der noch immer möglichen Nachkommen des Mathias. Falls nämlich der Kaiser einen Sohn haben sollte, so solle sich Ferdinand, auch wenn er schon als Nachfolger in dessen ganzen Besitz anerkannt und gekrönt wäre, nur als Vormund des minderjährigen wahren Erben ansehen und diesem seiner Zeit ungeschmälert den ganzen Besitz übergeben. Sollte Mathias eine Tochter haben, so sollte diese mit Ferdinands ältestem Sohne vermählt werden. Gewiss war es nur billig, wenn Khlesl im Namen des Kaisers von Ferdinand einen derartigen Revers verlangte, allein er hätte Mai 1616 dies schon bei Maximilians Anwesenheit in Prag tun und mit: ihm den Wortlaut des so wichtigen Aktenstückes vereinbaren können. Seine Vergesslichkeit kam ihm jetzt trefflich zustatten, denn sie bahnte auch in diesem Punkte eine langwierige Korrespondenz an.[37] Alle diese Winkelzüge reizten den Erzherzog auf das Äußerste und sein Zorn begann sich in der Korrespondenz mit dem Gegner selbst Luft zu machen. Er warf ihm. vor, dass durch seine Schuld der Erfolg der so gut angebahnten Verhandlungen vereitelt werde und dass, wenn die Dinge nicht vorwärts gingen, dies nur ihm zur Last falle. Er solle sich indes hüten, denn die Verzögerung dürfte „ihm nicht wohl zu statten kommen."[38] Auf diese Drohung blieb Khlesl, der gerade den Kardinalshut empfangen hatte, die Antwort nicht schuldig. Mit eben so viel Höflichkeit als Hohn erwiderte er: wenn der Erzherzog behaupte, dass von ihm und nicht von dem Kaiser der Fortgang des Sukzessionsgeschäftes abhänge, so sei dies wohl nur figürlich gesprochen, da alle Welt den Verstand und die feste Entschlossenheit des Kaisers kenne. Ebenso müsse dem Erzherzoge bekannt sein, dass Niemand eifriger die Sukzession befördert habe, als er (Khlesl) selbst.[39] Der Kardinal begnügte sich jedoch nicht mit dieser Antwort, sondern spielte seinem Gegner den Streich, dass er den erhaltenen Drohbrief dem Kaiser mittheilte.

---

37 Die betreffende Korrespondenz samt dem Reversentwurf im Archiv des k.k. Minist. des Innern.
38 Khevenhiller VIII. 893.
39 Khevenhiller a.a.O.

Klug hatte er letzterem zu verheimlichen gewusst, dass sein eigener Ehrgeiz den Bemühungen zu Ferdinands Erhebung feindlich gegenüber stehe und geschickt dafür den Samen des Argwohns in das Gemüt seines Herrn gestreut. Bald ängstigte er ihn mit der Furcht, es könne ihm von seinen Brüdern und Vettern dasselbe geschehen, was er selbst seinem Bruder Rudolf getan, bald bedrohte er ihn mit dem Zorne der Gegner seines Hauses, die durch die eilige Betreibung der Nachfolge auf das Äußerste gereizt, gleichfalls seinen Sturz herbeiführen könnten. Auf jede Weise sollte also Mathias seinen Untergang im Anzuge sehen, wenn er die Nachfolge bestimmen würde: entweder übernahmen die Freunde oder die Feinde dieses Werk. Zugleich bezeichnete Khlesl den Erzherzog Maximilian mit seinem leidenschaftlichen Drängen als die eigentliche Ursache jenes unentwirrbaren Labyrinths von Gefahren, die den Kaiser bedrohten. So suchte er das Misstrauen seines Herrn allseitig rege zu machen und hielt es durch Einstreuungen und Gerüchte, die er geschickt unter dem ganzen Hofstaate zu verbreiten wusste, wach. Mathias war wie von einem undurchdringlichen Nebel von Angst und Lüge umgeben, der ihm keinen freien Blick gestattete und das Absurde der Anschuldigung, als könnten die Erzherzoge einen Anschlag gegen ihn im Sinne führen, nicht erkennen ließ. Maximilian sah sich zuletzt genötigt, in einem Briefe an die Kaiserin den zu seiner Kenntnis gekommenen verleumderischen Gerüchten zu widersprechen.[40] Die Verhandlungen über die Sukzession waren darüber völlig ins Stocken geraten, so dass selbst Erzherzog Albrecht ungeduldig wurde und den Kaiser zu

11. Aug.
1616 mehr Eile mahnte. „Juden und Türken, schrieb er ihm, in- und ausländische Feinde, heuchlerische Freunde scharen sich gegen uns, es ist demnach Zeit, dass wir uns selbst helfen. Zwiespalt und Empörung sind sicher, wenn Euer Majestät nicht bei Lebzeiten denselben vorbeugen."

Schon war indessen eine neue Bombe geplatzt, welche Maximilians Werk ganz und gar zu zerstören drohte, ohne dass Khlesl sich zu bemühen brauchte. Die Denkschrift, welche der Erzherzog im Februar (1616) überreicht hatte und in der er zur Vornahme der römischen Königswahl, selbst gegen den Willen der Kurfürsten von der Pfalz und von Brandenburg und zugleich zu Rüstungen riet, war nicht länger ein Geheimnis des kaiserlichen Kabinetts, sondern allgemein bekannt geworden. Die erste Nachricht scheint sich der Graf Thurn verschafft zu haben, auf welchem Wege er zu ihr gelangte, ist nicht bekannt. Er zog die Häupter der böhmischen Opposition ins Vertrauen und rief bei diesen keinen geringen Schrecken hervor, als er ihnen mitteilte, dass es

---

40   Archiv des k.k. Min. des Innern.

sich auch um die vorsorgliche Bestimmung der Nachfolge in Böhmen handle. Durch Thurn mag das Heidelberger Kabinett zur Kenntnis des betreffenden Memorials gekommen sein. Eine Abschrift hievon suchte sich auch der sächsische Agent Zeidler für seinen Herrn zu verschaffen, aber Thurn verweigerte die Herausgabe einer solchen. Zeidler wandte sich darauf an den Reichshofrat, Freiherrn von Limburg, mit der Bitte um eine Abschrift und scheint sie ohne Schwierigkeit erhalten zu haben. So war auch Kursachsen und allmählich ganz Deutschland von dem Inhalte dieses Schriftstückes in Kenntnis gesetzt.[41]

Das Aufsehen, welches das Bekanntwerden des Memorials in Deutschland machte, war ungeheuer; für das pfälzische Kabinett, welches sich seit Jahren an die Spitze der protestantischen Bewegung gestellt hatte, bot es eine willkommene Gelegenheit, um mit einem schlagenden Beweise in der Hand, die oft erhobenen Anschuldigungen gegen die Habsburger zu wiederholen. Es durfte ihnen die Anklage ins Gesicht schleudern, dass die Vergewaltigung der Fürsten, die Annullierung der kurfürstlichen Wahlrechte und die Erblichmachung des Reiches im Sinne führten, dass sie ungeheure Rüstungen in Aussicht genommen hätten, um jedwede Freiheit zu vernichten und was sonst mehr. Von Heidelberg aus wurde Kurbrandenburg gewarnt, nach Sachsen wurde ein eigener Gesandte in der Person des kurfürstlichen Rates Camerarius abgeschickt, um Johann Georg vor den gewaltsamen Plänen der Habsburger in Angst zu versetzen. Letzterer schenkte jedoch bei seiner bekannten, freundlichen Gesinnung für den kaiserlichen Hof- den Warnungen umso weniger ein besonders aufmerksames Ohr, als er der Erhebung Ferdinands nicht feindlich gesinnt und durch seinen Agenten in Prag zu wohl über die österreichischen Verhältnisse unterrichtet war, um von Seite des Kaisers die Angriffnahme von Rüstungen zu befürchten. Er hielt die Ratschläge Maximilians, in ihrem auf gewaltsame Maßregeln hindeutenden Teile, mehr für das Ergebnis einer augenblicklichen Aufregung des Erzherzogs, hervorgerufen durch Khlesls Machinationen, als für das Resultat reifer Erwägung; kurz er ließ sich in seinem Vertrauen zu der kaiserlichen Politik nicht stören. Das Memorial machte nur bei jenen einen bleibenden Eindruck, bei welchen für die Habsburger nichts mehr zu gewinnen und zu verlieren war.

Als Maximilian die Nachricht von der Veröffentlichung seines Memorials erhielt, steigerte dies seinen Grimm gegen den Kardinal auf die höchste Stufe, denn er hielt denselben für den Urheber des Verrats, eine Vermutung, für die keine entscheidenden Beweise vorliegen. Dieser Verdacht, so wie die über seine

---

41   Die Erzählung dieser Vorgänge geben wir nach Zeidler: Schreiben an Kursachsen dd. 1/11. Juli Prag
      1616, Sächs. Staatsarchiv. Es ist damit zum ersten Mal Licht in diese Sache gebracht, die ihrer Zeit viel
      Aufsehen machte.

Absichten am Hofe ausgestreuten Verleumdungen bewogen ihn zur Absendung eines Gesandten nach Prag in der Person des Herrn von Westernach, eines der hohen Würdenträger im deutschen Orden, dessen Großmeister der Erzherzog selbst war. Westernach sollte dem Kaiser sagen, dass es nur ehrvergessene, falsche und betrügerische Leute sein könnten, die Misstrauen in sein Gemüt säten und andeuteten, als ob die Erzherzoge mit der Festsetzung der Nachfolge etwas anderes als das Wohl des Hauses bezweckten. Dem Kardinal sollte Westernach zu verstehen geben, man achte ihn als einen gewandten Redner und vortrefflichen Stilisten und erwarte von seiner Verwendung in der Sukzessionsfrage das Beste. Es sei aber einmal Zeit, dass er die Versprechungen erfülle, die er dem Erzherzog unaufgefordert mit Wort und Handschlag und bei Verlust seiner Seligkeit getan. Täte er dies, so könne er auf Dankbarkeit rechnen, wenn nicht, so werde man ihn für den „Feind und Verderber des Hauses halten" und „auf Mittel und Wege sinnen", wie man sich „eines solchen Feindes erwehren" könnte.[42]

Westernach kam dem ihm gewordenen Auftrage nach und machte in einer Audienz dem Kaiser und darauf dem Kardinal die anbefohlenen Mitteilungen. Die Antwort, die er von Mathias erhielt, war voll Höflichkeit, ließ aber der Hoffnung wenig Raum, dass er fortan die gewünschte Eile betätigen werde. Was den Kardinal betrifft, so kann man sich denken, in welcher Weise er die Komplimente und unverhüllten Drohungen des Gesandten aufnahm und wie der Zorn des ehrgeizigen und herrschsüchtigen Emporkömmlings aufloderte; nichtsdestoweniger wusste er sich zu beherrschen und dem Gesandten einige Phrasen von seinem Eifer und guten Willen, sowie von der Notwendigkeit eines wechselseitigen Vertrauens vorzureden. Doch war er selbst in seinen Versprechungen karger, als sonst, denn er erwähnte nichts mehr von der bevorstehenden Königskrönung in Böhmen, die er noch im Frühjahre 1616 dem Erzherzog Ferdinand für das Weihnachtsfest als eine Art Christgeschenk in Aussicht gestellt hatte. Mit Khlesls Versprechungen verhielt es sich wie mit einem Irrlichte, man jagt und müht sich ab, es zu erreichen und sieht sich stets durch einen gleich weiten Raum von demselben getrennt.

Von Prag begab sich Westernach nach Dresden, um bei dem Kurfürsten das etwa noch bestehende Missbehagen über den kundgewordenen Ratschlag Maximilians zu verscheuchen.

Er hatte den Auftrag, das Memorial nicht abzuleugnen, sondern seinem vollen Inhalte nach, soweit dasselbe durch die zahlreichen seither verfertigten Abschriften nicht absichtlich entsteht war, zuzugeben und sogar zu bemerken,

---

42   Archiv des k.k.. Minist. des Innern. Korrespondenz mit Westernach Instruktion für denselben dd. 12. Sept. 1616.

dass schließlich wohl nichts anders übrig bleiben werde, als zu den Waffen zu greifen.[43] Der Kurfürst nahm den Gesandten sehr wohlwollend auf und erklärte, dass er nie jenem kriegerischen Ratschlage des Erzherzogs ein unverdientes Gewicht beigelegt habe und dass seine freundschaftliche Gesinnung gegen denselben, so wie gegen sein Haus keinen Abbruch erlitten habe. So blieb also Sachsens Stellung gegen Ferdinand und seinen Beschützer eine freundliche.

Maximilian hatte an die Sendung Westernachs nach Prag keine Hoffnung geknüpft, er glaubte nicht mehr, dass sich der Kardinal durch Versprechungen oder Drohungen zu einer anderen Haltung bestimmen lassen werde und begann deshalb gleichzeitig in seinem Gemüte die Mittel zu erwägen, wie er diesen Gegner mit einem Schlage unschädlich machen könnte. Nach mancherlei Nachdenken bot sich ihm ein dreifaches Auskunftsmittel dar. Das erste bestand darin, dass sich die Erzherzoge an den Kaiser mit einer Klage gegen Khlesl wenden, dessen Falschheiten nachweisen und seine Entfernung verlangen sollten. Als ein zweites Mittel empfahl sich eine Klage bei dem Papste, auf dass er Khlesl wegen seiner die katholischen Interessen gefährdenden Haltung exkommuniziere. Das dritte und allerdings wirksamste Mittel war die Ermordung des Kardinals, sei es durch Gift oder auf andere heimliche Weise. Letzteres Mittel wollte der Erzherzog jedoch nur dann angewendet wissen, wenn einige Theologen, denen die kirchenfeindliche Haltung des Kardinals zur Begutachtung vorgelegt werden sollte, demselben beistimmen würden. Von diesen seinen Absichten setzte er den Erzherzog Ferdinand in Kenntnis und bat ihn um seine Meinung. Letzterer, der sich weder von seinem Ehrgeize noch von dem Hasse gegen den Kardinal so beherrschen ließ, um die ruhige Überlegung zu verlieren, verwarf alle vorgeschlagenen Auskunftsmittel. Von dem ersten erwartete er keine Wirkung, weil der Kaiser von seinem Minister trotz aller Klagen nicht ablassen werde. Ebenso wenig Erfolg versprach er sich von dem zweiten, da man dem Kardinal kaum solche kirchliche Verbrechen nachweisen könne, die eine Exkommunikation rechtfertigen würden, und das dritte verwarf er, weil ein derartiger gewaltsamer Vorgang im habsburgischen Hause nicht üblich sei und kein Theolog seine Zustimmung zu demselben geben würde. Doch wollte auch Ferdinand den Kardinal nicht weiter gewähren lassen, sondern suchte nach einem Mittel, das, ohne hart zu sein, denselben unschädlich machen könnte. Er schlug vor, man solle ihn unter dem Vorwande einer Gesandtschaft von der Person des Kaisers zu entfernen suchen. Diese Trennung müsste man benützen, um dem letzteren mit Hilfe der geistlichen Kurfürsten die Überzeu-

---

43 Die Akten über die Verhandlungen mit Dresden teils im sächsischen Staatsarchiv, teils im Archiv des k.k. Minist. des Innern. Insbesondere wichtig ist Westernachs Relation aus Dresden dd. 19. Okt. 1616.

gung von Khlesls schädlicher Wirksamkeit beizubringen; sei dies geschehen, so müsste man sich rasch der Person des Kardinals bemächtigen, ihn in sichere Haft bringen und ihm alle Mittel zur Tätigkeit abschneiden. Dann habe man Zeit genug, eine ordentliche Untersuchung einzuleiten und der Gerechtigkeit freien Lauf zu lassen.[44]War also auch Ferdinand nicht geneigt seine Zwecke durch ein Verbrechen zu fördern, so war er doch herzlich gern bereit allen Maßregeln seine Zustimmung zu geben, durch die der Kardinal ohne Gefährde für sein leibliches Wohl fortan dem sündhaften Treiben der Welt entrückt werden konnte, um seine Aufmerksamkeit bloß auf höhere Dinge zu richten.

Bei der Wichtigkeit des Gegenstandes machte Maximilian nicht allein seinen Vetter zum Vertrauten der auf das Verderben des Kardinals abzielenden Pläne, auch dem Erzbischof von Mainz teilte er durch Westernach, der den Auftrag bekam von Dresden an den Rhein zu reisen, mit, dass wohl nichts übrig bleiben werde, als „den schädlichen Menschen" von der Person des Kaisers zu entfernen. Er bat ihn um die Angabe eines passenden Mittels hiefür, ohne zu verraten, wie geschäftig seine Phantasie in dieser Beziehung schon gewesen.[45] Ob eine ähnliche Mitteilung auch an Köln und Trier gemacht wurde und welche Aufnahme sie fand, darüber ist nichts Näheres bekannt. Wir wissen nur so viel, dass die drei Kurfürsten in einem Kollektivschreiben Maximilians bisherige Tätigkeit belebten und ihm ihre Unterstützung bei dem Papste verhießen, zugleich richteten sie an den vielgenannten Kardinal selbst ein Schreiben und verwarnten ihn in scharfer Weise.[46] Khlesl hatte bisher mit ziemlich freundlicher Miene die an Bitterkeit zunehmenden Ausbrüche Maximilians entgegen genommen und ebenso den Tadel, der ihn wegen seiner Haltung von verschiedener Seite traf. Er war stets bei der Hand mit süßen Worten und Entschuldigungen, gepaart mit Versprechungen; seine Sprache war nur heftig, wenn sie für den Kaiser allein bestimmt war. Dennoch erschöpften die ununterbrochenen Nadelstiche und Bedrohungen auch seine Geduld und er erwiderte den rheinischen Fürsten auf ihr Schreiben in den derbsten Ausdrücken, die nicht so wohl für sie, als für ihren Inspirator, den Erzherzog, bestimmt waren. Er bezeichnete das Benehmen jener, die ihm die Verzögerung des Sukzessionsgeschäftes zur Last legten, als boshaft, gottlos, unverschämt und verleumderisch und als hätten diese Ausdrücke die lang verhaltene Wut in ihm nicht erschöpft, schalt er auch noch seine Gegner böse Buben und rechtfertige zugleich alle seine Verschlep-

---

44 Archiv des k. k. Minist. des Innern. Erklärung Ferdinands durch den Kanzler Götz über Maximilians Vorschläge dd. 31. Oct. 1616.

45 Archiv des k.k.. Minist. des Innern. Instruktion für Westernach zur Reise nach Mainz dd. 23.Sept. 1616.

46 Archiv des k.k. Minist. des Innern.

pungen mit tausend Geschäften, mit einer Krankheit des Kaisers und ähnlichen Gründen, die wohl an sich manche Verzögerung entschuldigen mochten, den Kardinal aber doch nie verhindert hätten, in Betreff der Nachfolge vorwärts zu schreiten, wenn sie ihm ernstlich am Herzen gelegen wäre. Nachdem das hier charakterisierte Schreiben verfasst und von Khlesls Hand vielfach korrigiert worden war, legte sich sein Zorn wieder. Der schlaue Mann besann sich eines andern, hielt weitere Verstellung für besser als blind zuschlagenden Zorn und schloss das Schreiben in den Tisch ein, ohne es abzusenden.[47] Vielleicht trug zur Änderung seines Entschlusses auch das Bewusstsein bei, dass der Kaiser mit ihm völlig eines Sinnes sei, wovon er gerade in diesen Tagen einen erfreulichen Beweis erhielt. Mathias, in dessen Seele das Misstrauen gegen Brüder und Vetter tiefe Wurzeln geschlagen und sich durch Westernachs Sendung keineswegs beschwichtigt hatte, hoffte in dem Briefwechsel zwischen Maximilian, Albrecht und den geistlichen Kurfürsten die Fäden der gegen ihn gesponnenen Pläne aufzufinden, Er gab deshalb auf die Nachricht hin, dass von Wien ein eigener Courier nach Brüssel abgeschickt wurde, dem Kardinal den Befehl, denselben auf seiner Reise durch Böhmen überfallen und ihm alle Briefe abnehmen zu lassen.[48]Wenn Khlesl seinen Herrn in dieser Stimmung sah, dann durfte er es für überflüssig halten, sich mit seinen Feinden herumzuzanken.

Da während aller dieser Schreibereien das Sukzessionsgeschäft wieder in vollständige Stockung geraten und der Vorschlag zur Entfernung Khlesls nicht aus dem Stadium der Beratung getreten war, sah sich Erzherzog Maximilian genötigt nach Prag zu reisen, um durch seine mahnende Anwesenheit die Sache, die ihm so sehr am Herzen lag, in besseren Gang zu bringen. Er scheute hiebei nicht die Beschwerlichkeiten einer Winterreise, um nichts an sich ermangeln zu lassen und traf nach Neujahr (1617) am kaiserlichen Hofe ein. Von Seite des Mathias wurden ihm einige freundlichen Versicherungen zu Teil, an die sich die Aufforderung knüpfte, in einem Gutachten die Mittel und Wege zur Bestimmung der deutschen Nachfolge zu erörtern.[49] Das also, was so oftmal mündlich und schriftlich verhandelt worden war, sollte noch einmal von dem Erzherzog vorgekäuet werden. Er ließ sich nicht ermüden, sondern wiederholte nochmals, was er schon ein Jahr zuvor über die Notwendigkeit der Berufung eines Kurfürstenkonvents, die Absendung von Gesandtschaften an die Kurfürsten, die Besprechung mit Kursachsen und die Notwendigkeit, die

---

47 Archiv des k.k. Min. d.I. Die Antwort Khlesls vom 3. Dez. 1616 ist im Konzept vorhanden: auf dem Rubrum aber die Bemerkung beigefügt, dass die Antwort nicht abgeschickt wurde.

48 Innsbrucker Statthaltereiarchiv. Mathias an Khlesl dd. 5. Dez. 1616 Brandeis.

49 Archiv des k.k.. Min. d.I. Mathias an Maximilian. 10. Jan. 1617.

Erledigung der protestantischen Beschwerden bis nach der Königswahl aufzuschieben, des langen gesagt hatte, nur mit dem Unterschiede, dass er sich
diesmal noch länger und umständlicher ausließ.

10. Jan.
1617

Was diese kaiserliche Anfrage eigentlich bezweckte, wurde bald klar. Der
Kaiser billigte die Vorschläge des Erzherzogs und bat ihn nur, er möchte so
rasch als möglich an den Rhein reisen, um mit den dortigen Kurfürsten zu
beraten, was wohl zu tun wäre, wenn die Protestanten vor der Wahl die Beseitigung ihrer Beschwerden verlangen würden.[50] Die vorgeschobene Befragung
der rheinischen Kurfürsten war eine gar zu plumpe Falle, um den Erzherzog
zu entfernen, als dass sie der letztere nicht gemerkt hätte. Gereizt durch dieses
hänselnde Auftreten Khlesls und durch einen gleichzeitigen Befehl des Kai-

17. Feb.
1617

sers an Ferdinand, der nach Prag kommen wollte, die Reise zu unter lassen,[51]
erwiderte er, dass er unter keiner anderen Bedingung abreisen werde, als wenn
Mathias den entscheidenden Schritt zur Erhebung Ferdinands auf den Thron
von Böhmen tun, folglich einen Landtag hiezu berufen würde. Denn so oft er
in Deutschland gewesen sei und für die Erhebung Ferdinands gewirkt habe,
habe man ihm mit Recht erwidert, dass der Kaiser selbst die Sache mit Ernst
angreifen und mit seinem Beispiele in den Erbländern vorangehen solle. Was
den Besuch des Kaisers bei dem Kurfürsten von Sachsen betreffe, so sei es arg,
wenn man über eine Sache, die bereits vor Jahresfrist als notwendig erkannt
und vom Kaiser beschlossen worden sei, von neuem verhandeln wolle. Der
Reichsvizekanzler, Herr von Ulm, stellte sich einige Tage später in einem abgesonderten Gutachten auf die Seite des Erzherzogs und verlangte ebenfalls die
Berufung eines böhmischen Landtags, damit die Bestimmung der deutschen
Nachfolge ihm unmittelbar auf dem Fuße folgen könnte.[52]Dass Khlesl nicht
der gleichen Meinung war, bedarf wohl keiner besonderen Erwähnung. Seine
Meinung sprach sich auch ohne Worte am einfachsten und klarsten dadurch
aus, dass der Kaiser keine Anstalten zur Berufung des böhmischen Landtages
traf. Selbstverständlich unterblieb auch Maximilians Reise an den Rhein.

IV

In das unerquickliche Einerlei des Intrigenspieles am kaiserlichen Hofe kam
durch das Auftreten Philipps III neues Leben. Aus den bisherigen Mitteilun-

---

50   Ebendaselbst. Max. an den Kaiser dd. 17. Jan. 1617. – Mathias an Max. dd. 30. Jan. 1617.

51   Ebendaselbst. Mathias an Ferdinand dd. 29 Januar 1617.

52   Ebendaselbst Ulms Gutachten.

gen erhellt, dass zwischen dem letzteren und Ferdinand noch keine Einigung über die wechselseitigen Ansprüche erfolgt und namentlich die angekündigte Absendung eines außerordentlichen Gesandten ausgeblieben, war. Dem Kardinal war dieser Stand der Dinge sehr angenehm, denn ab und zu holte er sich für seine Verschleppungen ein Argument aus den Verhandlungen mit Spanien und behauptete, dass sie vor allem zu Ende gebracht werden müssten. Dass es sich selbst bei den höchst gespannten spanischen Ansprüchen nur um den Elsass und Tirol und nicht um Böhmen handle, kümmerte ihn nicht. Im Vertrauen auf die spanische Langsamkeit schrieb er sogar einmal selbst an Philipp III und bat ihn um raschere Absendung des neuen Gesandten. Was er scheinbar in dieser Beziehung gegen sich tat, das hoffte er auf andere Weise doppelt gut zu machen. Denn abgesehen davon, dass er durch seinen Brief nicht wenig Zeit gewann, da ein Schreiben aus Prag nach Madrid samt der Rückantwort 56 Tage in Anspruch nahm – und wie leicht konnte in der Antwort ein Mangel sich entdecken lassen, und zu neuen Schreibereien Anlass geben – so hatte Khlesl mit seiner Befragung Spaniens eine neue Perfidie im Sinne. Er hoffte, dass Philipp nicht ohne alle und jede Entschädigung auf seine vermeintlichen Rechte verzichten werde, und war deshalb entschlossen, mit allem Eifer und ohne Rücksicht auf etwaige Widersprüche mit seinem früheren Verhalten den Satz aufrecht zu erhalten, dass Ferdinand zu gar keiner Entschädigung verpflichtet sei. So wollte er, trotz und gegen Ferdinand, die Parteien in einen endlosen Streit verwickeln und sich mittlerweile des ungeschmälerten Genusses seiner Macht erfreuen. Seine geriebene Klugheit würde wohl ihren Zweck erreicht haben, wenn seine Gegner von dem biblischen Ausspruche: „Seid klug wie die Schlangen und einfältig wie die Tauben" nur die zweite Hälfte sich zur Richtschnur ihrer Handlungsweise genommen hätten. Ferdinand merkte aber wohl, wohin der Kardinal ziele, und beschloss deshalb, ihm die Waffe zu entwinden, mit der er ihn bekämpfen wollte.

Als man in Spanien im Anfange des J. 1615 die Absendung eines außerordentlichen Gesandten nach Deutschland beschlossen hatte, beabsichtigte man wegen der juristischen Seite der Entschädigungsfrage einen Gelehrten dazu zu wählen. Später ging man von dieser Ansicht ab und beschloss die Absendung des Grafen Oñate, nach dessen Ankunft in Deutschland sich Zuñiga nach Hause begeben sollte. Was die Ursache dieser Rückberufung war, tritt aus der spanischen Korrespondenz nicht mit Bestimmtheit hervor. Zuñiga hatte mit vielem Geschick das spanische Interesse, insofern dasselbe mit der ungeschmälerten Erhaltung der katholischen Kirche und der Macht der deutschen Habsburger zusammenhing, zu wahren gewusst. Es war fraglich, ob sein

Nachfolger von einem gleich richtigen Takte geleitet werden würde und sehr gefährlich, wenn dies nicht der Fall war.

Die Stellung eines spanischen Gesandten am kaiserlichen Hofe war nämlich keine gewöhnliche, sondern eine exzeptionelle. Als Philipp sich entschlossen hatte den Gesandtenposten anders zu besetzen, wurde Zuñiga ersucht, auf Grund des reichen Schatzes seiner Erfahrungen einen Entwurf für die Instruktion seines Nachfolgers einzusenden. Die Antwort, welche er einsandte, enthielt einen Abriss seiner bisherigen Tätigkeit und Haltung und auch eine scharfe Charakteristik seiner eigenartigen Stellung. Die Religionsfrage, erzählte er, sei gegenwärtig in Österreich die dominierenste und für den spanischen Gesandten die wichtigste. Bei jeder Gelegenheit wende man sich an ihn und frage, welche Antwort den Ketzern auf ihre Forderungen zu geben sei. Es sei sehr schwer, hiebei den rechten Weg einzuschlagen. Bei der geringen Macht der österreichischen Fürsten müsse man sich hüten, die Sachen auf das äußerste kommen zu lassen und doch dürfe der Gesandte Spaniens nicht den Schein auf sich laden, als ob er den rechten Weg verlasse. Das beste in dieser Beziehung sei, sich genau nach dem Beispiele des Nuntius zu richten, der in der Regel ein kluger und sachverständiger Mann sei, und sich vor verzweifelten Ratschlägen hüte. Außerdem müsse der spanische Gesandte stets ein offenes Ohr für die deutschen Katholiken haben; alle Bischöfe und Prälaten des Reiches wenden sich mit tausend Anliegen an ihn, er müsse ihre Vertretung bei dem Kaiser und den Ministern übernehmen, und sie auf die verschiedenste Weise unterstützen. „Denn die Gunst, welche Spanien den Katholiken zu Theil werden lässt, ist nächst Gottes Hilfe das erhaltende Lebensprincip der deutschen Kirche. Wenn man hiebei die eifrige Mitwirkung der gutgesinnten Geistlichkeit dankbar in Anschlag bringt, so darf man vor allem die Thätigkeit der Jesuiten nicht vergessen, denen der spanische Gesandte deshalb seinen besondern Schutz zukommen lassen muss." Nicht genug aber, dass der Gesandte das Centrum des kirchlichen Lebens in diesen Gegenden abzugeben habe, müsse er auch die Macht des Hauses auf der gegenwärtigen Höhe erhalten, und hiezu vor allem die Nachfolge in Deutschland wie in den Erbländern sicherzustellen helfen. – Man sieht aus dem Mitgeteilten, in wie tiefgehender Weise der spanische Gesandte am Wiener Hofe in die Leitung der deutschen und österreichischen Angelegenheiten eingriff; er war eine besondere Art von Minister, dessen Einfluss auch auf den Kaiser von Bedeutung war, da die heiß begehrten und stets nötigen spanischen Subsidien teilweise von des Gesandten Zufriedenheit und guter Meinung abhingen.

Nachdem Zuñiga in seinem Gutachten noch die wichtigsten Personen am kaiserlichen Hofe und in Deutschland aufzählt und seinem Nachfolger Winke für deren Behandlung gibt, lässt er sich über Khlesl dahin aus, dass derselbe eine schwer definierbare, eigenartige und von allen andern verschiedene Persönlichkeit sei. Seine Macht am Hofe stelle jede andere in Schatten, man sei ihm gegenüber in einer schwierigen Lage.

Er teile nicht die Meinung jener, die Khlesl für einen Verräter halten, sondern glaube ihn dem Interesse des Hauses Österreich aufrichtig ergeben. Furcht vor inneren Unruhen und großen Auslagen sei es, die ihn so zurückhaltend mache und ihn für die Interessen des habsburgischen Hauses nicht immer mit dem wünschenswerten Eifer auftreten lasse.[53] – Dieses maßvolle und gewichtige Urteil über Khlesl gab Zuñiga im Februar 1616 ab; es ist wahrscheinlich, dass er sich nach den Vorgängen des genannten Jahres der Beurteilung Maximilians um ein beträchtliches genähert haben mag. Wenigstens war dies bei dem nicht minder umsichtigen Oñate bald der Fall.

Als Oñate von Spanien abreiste, bekam er von seinem Herrn den Auftrag, auf den frühern Entschädigungsforderungen zu beharren, sollte jedoch nichts zu erreichen sein, sich mit allfälligen dankbaren Versicherungen Ferdinands zu begnügen.[54] Obgleich damit die Möglichkeit eines raschen Abschlusses gegeben war, so stand doch zu befürchten, dass Oñate nur langsam nachgehen, sich lange mit Ferdinand herumstreiten und dadurch Khlesls Hoffnungen, der nämlich das Odium der Verschleppung auf spanische Schultern zu wälzen wünschte, erfüllen würde. Allein Ferdinands Klugheit beugte der weiteren Zeitversplitterung vor. Da Oñate seinen Weg nach Prag über Graz nehmen musste, wollte der Erzherzog dies Zusammentreffen mit dem Gesandten dazu benützen, um sich mit ihm hinter dem Rücken Khlesls zu einigen, in welcher Absicht er nicht wenig durch den Sekretär der spanischen Gesandtschaft in Prag, Bruneau, bestärkt wurde. Letzterer kam noch vor Oñate in Graz an und bat den Erzherzog auf das inständigste, er möchte in seinem eigenen Interesse dem Könige nicht jede Entschädigung abschlagen.[55] Er wies auf Italien, das in seinen, vom deutschen Kaisertum abhängigen und von Zeit zu Zeit vakanten Lehen, ein vortreffliches Kompensationsmaterial biete. Ferdinand könne sich verpflichten, wenn er einmal den Kaiserthron bestiegen haben würde, den König von Spanien mit allen vakanten italienischen Lehen zu beteilen. Auf diesen Ausweg war Ferdinand bisher nicht verfallen, er betrat ihn umso williger, als diese Art von Entschädigung ihn nichts kostete und die Erweiterung des spanischen Einflusses in Italien dem Familieninteresse entsprach. Doch stellte

---

53   Simancas 2502/164 Zuñiga an Juan de Ciriça dd. Prag den 18. Feb. 1616.
54   Archiv von Simancas.
55   Simancas 711.

er ausdrücklich die Bedingung, dass Khlesl von seiner etwaigen Zusage nicht in Kenntnis gesetzt werde, da er befürchtete, dass sich derselbe auch dieser Entschädigung widersetzen würde.

31. Jan. 1617 Als der Graf Oñate in Graz anlangte, stellte ihm der Erzherzog in tiefem Geheimnis eine Urkunde aus, in der er sich verpflichtete, sobald er den Kaiserthron inne haben würde, dem Könige von Spanien jedes deutsche Lehen in Italien, das vakant würde, namentlich aber Finale und Piombino zu übertragen.[56] Oñate verlangte noch die Abtretung des Elsasses, darüber wurde aber vorläufig keine Einigung erzielt, sondern dieselbe bis zur Ankunft des Erzherzogs Ferdinand in Prag, wohin der Gesandte voraus reisen sollte, verschoben. Letzterer verpflichtete sich, unmittelbar nach seiner Ankunft die Sukzessionsfrage bei dem Kaiser anzuregen.

In Prag langte Oñate am 8. Februar 1617 an und suchte seinem Versprechen unverweilt nachzukommen. Es war dies gerade zur Zeit, als man am kaiserlichen Hofe unter einem plausiblen Vorwande den lästigen Besuch des Erzherzogs Maximilian abkürzen und den alten Mahner an den Rhein schicken wollte.

Oñate blieb sonach nicht lange im Zweifel, wo das Hindernis einer raschen Lösung liege, und er fasste in Folge dessen bald einen so heftigen Groll gegen Khlesl, dass er hierin nur von Maximilian überboten wurde. Trotz des frühern Verbotes langte auch Ferdinand in Prag an. Khlesl sah einen Sturm gegen sich im Anzuge, in dem die beiden Erzherzoge samt Oñate die Rolle von Wetterwolken übernahmen. Ferdinand gab als Grund seiner Ankunft die Absicht an, die spanischen Entschädigungsforderungen ins Reine zu bringen; tatsächlich war er aber mit seinen beiden Gesinnungsgenossen entschlossen, den Kaiser um die Festsetzung eines Termine, bis zu welchem der böhmische Wahllandtag berufen werden sollte, zu ersuchen und nicht vom Platze zu weichen, bis sich der Kaiser unwiderruflich gebunden haben würde.[57] Khlesl, gute Miene zum bösen Spiele machend, zögerte nicht, die Verhandlungen mit Spanien zu beginnen. Eine Konferenz, an der sich neben dem Kardinal und einigen Geheimräten auch Oñate und Eggenberg beteiligten, erörterte von neuem die spanischen Forderungen. Oñate verlangte die Abtretung des Elsasses und das Zugeständnis, dass der männlichen Nachkommenschaft Philipps III vor der weiblichen

---

56 Simancas 2502/164. Der Staatsrat an Philipp III dd. 1. Juni 1617. – Hurter erzählt in Ferd. II, Bd. VII., S. 74, Oñate habe in Graz von dem Erzherzog Ferdinand das schriftliche Versprechen erhalten, dereinst den Elsass abzutreten. Aus obigen Angaben, die den zweifellosen Dokumenten von Simancas entnommen sind, ist ersichtlich, dass dies nicht der Fall war. Weiter unten wird sich zeigen, dass Ferdinand sich erst in Prag zur Abtretung des Elsasses verstand.

57 Simancas 2326/27 Briefe Oñates vom 13. und 14. März 1617 im Staatsratsbericht dd. 9. April 1617.

Deszendenz Ferdinands ein Vorrecht zugestanden werde.[58] Die zweite Forderung wurde bereitwillig zugegeben, dagegen die erste allseitig bekämpft.

Um alle weitern Verhandlungen abzuschneiden, griff Ferdinand mit Vorwissen Eggenbergs, der allein ins Vertrauen gezogen wurde,[59] zu dem schon in Graz betretenen Ausweg eines geheimen Vertrags. Er stellte dem Grafen Oñate eine zweite Urkunde aus, in der er der männlichen Nachkommenschaft des Königs den Vorzug vor der eigenen weiblichen einräumte und den Anerbietungen, die er in Graz getan, noch das Versprechen zufügte, den Elsass samt den dazu gehörigen Dependenzen nach seinem Regierungsantritte abtreten zu wollen; somit entschloss er sich zu dem früher so standhaft abgelehnten Opfer. Die heimlich ausgestellte Urkunde schickte Oñate nach Spanien mit dem Beisatze, dass es Ferdinand dem Könige überlasse, zwischen dem geringeren Anbote von Graz oder dem um fangreicheren von Prag zu wählen. Zu allen diesen Anerbietungen fügte der Erzherzog bald darauf noch das Versprechen, er werde später in Ungarn und Böhmen dafür sorgen, dass daselbst die eventuelle Nachfolge der spanischen Prinzen auf gesetzliche Weise sichergestellt werde. Alle diese Verabredungen und Erklärungen blieben dem Kaiser

---

58   Unwillkürliche drängt sich bei der Erwägung dieser Erbschaftsverhandlungen die Frage auf, in wie fern der Vertrag zwischen Ferdinand und Philipp die Rechte der Brüder des genannten Erzherzogs, Leopold und Karl berührte. Von diesen Brüdern war keiner zu den Verhandlungen herbeigezogen worden und keiner hatte zu ihrem Resultate seine Zustimmung gegeben. Was wäre nun rechtens gewesen für den Fall, als Ferdinands männliche Nachkommenschaft erloschen wäre? Unzweifelhaft hätten nun Philipps männliche Nachkommen Ungarn und Böhmen gegen eine allfällige männliche Deszendenz Leopolds und Karls in Anspruch genommen und der Streit, der eben zwischen Ferdinand und Philipp III beigelegt worden war, wäre von neuem ausgebrochen. Unserer Ansicht nach waren die österreichischen Erzherzoge gegen die spanischen Prätensionen immer im Rechte und jeder Streit hätte also mit dem Aufgeben der spanischen Ansprüche , enden müssen. Die österreichischen Prinzen selbst waren aber nicht so ganz von ihrem Rechte überzeugt, denn als im Jahre 1623 Ferdinand II mit Leopold wegen der Errichtung einer Primogeniturerbfolge verhandelte, verlangte letzterer, dass nach Erlöschen der männlichen Linie seines ältern Bruders ihm und seinen männlichen Nachkommen die Erbfolge in Gesamtösterreich (also auch in Böhmen und Ungarn) förmlich zuerkannt werde. Ferdinand entschuldigte sich, dass er dies Zugeständnis wegen seines Vertrages mit Spanien nicht machen könne. So kam der Vertrag zur Kenntnis Leopolds und dieser, statt über die anmaßenden Ansprüche Spaniens aufzufahren, schwieg einfach zu denselben und ließ die Sache auf sich beruhen. (Erbschaftsverhandlungen zwischen Ferdinand II und Leopold im Archiv des k.k.. Minist. des Innern). – Nach dieser Seite ist indessen der Vertrag nicht praktisch geworden. Bekanntlich starb die männliche Nachkommenschaft Philipps III schon im Jahre 1700 aus, während die Ferdinands II erst im Jahre 1740 erlosch. Von Seite der in Spanien regierenden Bourbonen konnten füglich keine Ansprüche auf die österreichische Sukzession erhoben werden und doch geschah solches auf Grund des Vertrags von 1617. Spanien behauptete im Jahre 1740, dass der Vertrag von 1617 auch der weiblichen Nachkommenschaft Philipps III einen Vorzug vor der weiblichen Ferdinands II einräume, eine Behauptung, die einfach unwahr ist. Wir fügen dies hier deshalb hinzu, um zu zeigen, welchen Gehalt die im Jahre 1740 aufgetauchte Streitfrage hatte.

59   Simancas. Oñates Schreiben dd. 14. Febr. 1620.

und dem Kardinal gegenüber ein Geheimnis. Die Verhandlungen mit Spanien nahmen zum Schein für diese mit der Erklärung Oñates ein Ende, dass er sich im Namen seines Herrn mit dem Vorzuge begnüge, welcher der männlichen Nachkommenschaft Philipps III vor der weiblichen Nachkommenschaft Ferdinands eingeräumt wurde.[60] Die Frage wegen einer weitern Entschädigung wurde in dem für Mathias und Khlesl bestimmten Ausgleichsvertrage ausdrücklich auf eine gelegene Zeit verschoben, wodurch Ferdinand scheinbar zu nichts verpflichtet wurde. Khlesl musste es geschehen lassen, dass hiemit die Verhandlungen mit Spanien als beendet angesehen wurden.

Ein so großes Gewicht man den geheimen Verträgen beilegte, so blieben sie doch ohne praktische Folgen. Als Ferdinand nach der Schlacht am weißen Berge in den Vollbesitz seines Erbes und des Kaisertitels gelangte und an Spanien den so sehr begehrten Elsass abtreten konnte, war es Philipp IV selbst, der freiwillig auf die Erfüllung des Versprechens verzichtete, weil er wohl einsah, dass diese Gebietsvermehrung auf den größten Widerstand von Seite Frankreichs und wohl auch Deutschlands stoßen würde, und eben so wenig gelangten die übrigen Bestimmungen des Vertrags zwischen Ferdinand II und Philipp III im Geräusche des 30jährigen Krieges zur Verwirklichung. Ferdinand blieb dauernd im Gesamtbesitz des bestrittenen Erbes und die geheimnisvollen und weitaussehenden Verhandlungen über die österreichische Sukzession hatten tatsächlich kein nennenswertes Resultat.[61]

Nach Beseitigung der spanischen Ansprüche war Khlesl aus seinem letzten Schlupfwinkel herausgetrieben. Die Erzherzoge verlangten nun kategorisch eine definitive Sicherstellung des Tages, an welchem mit der Übertragung der Nachfolge an Ferdinand Ernst gemacht werden sollte. Die Ausflüchte, welche der Kardinal hiebei gebrauchte, bestimmten sie, ihm ins Angesicht mit dem Schicksale zu drohen, das sie ihm heimlich zugedacht hatten. Auch Oñate, ihr nunmehriger Vertrauensmann, fand sich bei Khlesl ein, um ihn zu einem festen Versprechen für die Einberufung des Wahllandtages zu veranlassen. Als er trotz aller Argumente nicht zum Ziele gelangen konnte, drohte auch er dem Kardinal, und zwar mit einer Klage beim Papste, die seine Entfernung zum Zwecke haben sollte. Erschreckt durch die mehrfachen Drohungen, gab der Kardinal nach und. bestimmte den Monat August für die Einberufung des Landtags und für die Erhebung Ferdinands auf den böhmischen Thron. Die Erzherzoge gaben sich mit diesem ziemlich langen Aufschub zufrieden, erklär-

---

60 Oñate an Kaiser Mathias dd. 3. Juni 1617 Prag. Archiv von Raudnitz – Simancas 2326/35 El Consejo de Estado al Rey dd. 1. Jan. 1617.

61 Die Akten dieser spanischen Verzichtleistung im Archive von Simancas.

ten aber zugleich vor Oñate, dass sie entschlossen seien, sich der Person des Kardinals zu bemächtigen, wenn der Termin nicht eingehalten würde. Oñate missbilligte diesen Entschluss nicht und berichtete hierüber nach Spanien.[62]

Khlesl würde vielleicht dennoch Mittel und Wege gefunden haben, seinem Versprechen zu entgehen, wenn nicht ein für ihn sehr widriger Zwischenfall dies unmöglich gemacht und den Termin sogar abgekürzt hätte. Der Kaiser erkrankte gegen Ende April in der bedenklichsten Weise, so dass man seinem Tode entgegensah. Die Kaiserin, auf das äußerste besorgt, wollte den Erzherzog Maximilian, der sich mittlerweile mit Ferdinand von Prag entfernt hatte, zurückberufen, aber Khlesl verbot es geradezu, weil er mit Recht von der Ankunft des Erzherzogs unter solchen Umständen nichts Gutes für sich prophezeien konnte. Die Gefahr verschlimmerte sich indessen so, dass der katholische Teil der böhmischen Oberstlandoffiziere den Kaiser trotz seines deutlichen Widerwillens um die unverweilte Festsetzung der böhmischen Nachfolge bestürmte. Ihre Mahnungen wurden von dem obersten Kämmerer, Herrn von Meggau, erfolgreich unterstützt, so dass sich Mathias, unter dem doppelten Eindrucke dieses Drängens und der nahen Todesgefahr, zur Einberufung des böhmischen Landtages auf den 5. Juni 1617 bereit erklärte.

Khlesl war in dem entscheidenden Augenblicke nicht in dem Krankenzimmer, sondern in dem anstoßenden Gemache, wo er seiner tiefen Herzensangst in frommen Betrachtungen über den Unterschied der Stände Luft machte, wie z. B. der Kaiser vor Gott viel weniger bedeute als der geringste Mensch vor dem Kaiser, wobei er sich zeitweise mit Jammern und Wehklagen unterbrach.[63] Schon am ersten Mai 1617 wurden die königlichen Patente, welche den böhmischen Landtag zur Bestimmung der Nachfolge beriefen, veröffentlicht.

In dem Befinden des Kaisers trat darauf eine Besserung ein, für Khlesl leider viel zu spät. Man schrieb die glückliche Wendung der Krankheit einem besonderen Medikamente zu, welches einer der kaiserlichen Ärzte, Dr. Scato, verordnet hatte. Mathias weigerte sich anfangs hartnäckig, dasselbe einzunehmen, da man sich aber davon in voraus eine große Wirkung versprach, so übernahm es Khlesl selbst, den Patienten nachgiebiger zu stimmen. Er trat vor ihn hin, erinnerte ihn an die Feldzüge in Ungarn und an mancherlei überstandene Gefahren, , in denen er sich mutvoll benommen, und knüpfte daran die Nutzanwendung, dass er auch jetzt das Medikament einnehmen solle. Mathias ließ sich überreden und sein Zustand besserte sich so bedeutend, dass er im Laufe des Monats Mai das Krankenlager verlassen konnte. – In den Tagen der

---

62 Simancas 711. Oñats Briefe vom 19. und 20. April 1617.
63 Sachs. Staatsarchiv 10676 Wahlakten Ferdinands. Zeidler an Kursachsen dd. 21.Juni/22.Mai 1617.

Gefahr besprach sich Erzherzog Maximilian mit dem Herrn von Harrach über die nach dem etwaigen Tode des Kaisers zu ergreifenden Maßregeln und gab demselben bei seiner Abreise nach Prag die weitgehendsten Vollmachten. Er wollte ihm auch den Auftrag geben, auf die erste Kunde von dem Tode des Kaisers den Kardinal zu verhaften, ließ aber auf die Mahnung des vorsichtigern Ferdinand davon ab.[64]

Die Krankheit war gewichen, aber zum Verdrusse für Mathias und seinen Ratgeber blieb die Landtagsausschreibung mit der ausdrücklichen Hinweisung auf die Bestimmung der Nachfolge eine unvertilgbare Tatsache. Dagegen überraschte die so frühzeitige Berufung des Landtages die Erzherzoge auf das angenehmste, doch verminderte die Freude nicht ihre Wachsamkeit, denn Maximilian fürchtete beständig des Kaisers Schwäche oder irgendeine neue Tücke des Kardinals. Um letzterer vorzubeugen, verfiel er auf eine eigentümliche List. Er sandte den Herrn von Wolkenstein nach Prag, angeblich um dem Bruder zu seiner Genesung Glück zu wünschen, tatsächlich aber um den Kardinal zu überwachen. Zugleich sollte der Gesandte an mehreren Orten unter dem Siegel tiefster Verschwiegenheit das Gerücht verbreiten, dass der Papst gegen Khlesl ebenso erbittert sei, wie die beiden Erzherzoge und den letzteren eine Vollmacht gegeben habe, gegen denselben ohne Rücksicht auf seine Würde vorzugehen, wenn er der Sukzessionsangelegenheit noch weiter hinderlich sein werde. Diese Vollmacht existierte, wie man leicht begreifen kann, nur im Reiche der Phantasie und die geheimnisvollen Mitteilungen Wolkensteins waren darauf berechnet, durch Zwischenträger zur Kenntnis des Kardinals zu gelangen, damit die Angst ihn abhalte, das gegebene Wort zu brechen.

Die Wirkung war fast zu stark, denn es hieß, dass Khlesl plötzlich seine sämtliche Habe in Prag zusammenpacken lasse und an einen sichern Ort absende. Indessen dauerte seine Befangenheit nicht lange, denn schon nach einigen Tagen verbreitete sich das Gerücht, Khlesl habe ein neues Mittel gefunden, um noch in der letzten Stunde Ferdinands Erhebung zu hindern. Er schlug nämlich dem Kaiser vor, statt Ferdinand dessen Sohn Johann Karl, einen damals kaum 12 jährigen schwächlichen Prinzen – er starb im J. 1619 – für die Nachfolge zu bestimmen. Dieser Plan zerfloss jedoch gleich einer Seifenblase, da es zu derartigen künstlichen Verzögerungen an Zeit gebrach. Der 5. Juni stand vor der Tür und der Adel von Böhmen so wie die königlichen Städte rüsteten sich zu ihrer Beteiligung an dem unaufschiebbaren und unvermeidlichen Landtage. Auch Ferdinand war abermals in Prag eingetroffen und

---

64   Archiv des k.k. Minist. des Innern. Ferdinand an Max. dd. 17. Mai 1617

er war nicht der Mann, der zu Gunsten eines dritten, auch wenn es sein eigener Sohn war, auf seine Rechte verzichtet hätte. Doch erreichte er sein Ziel nicht, ohne noch eine bittere Pille verschlucken zu müssen, die ihm wahrscheinlich Khlesls wohlwollendes Gemüt gedreht hatte. Bei einer Hoftafel, der Ferdinand einige Tage vor der Landtagseröffnung beiwohnte, erlustigte der Hofnarr Nelli die Tischgesellschaft durch mancherlei Schwänke, als er plötzlich dem Kaiser mit lauter, allen Anwesenden vernehmlicher Stimme zurief: „Alter, Alter, lege du das Haupt nicht nieder, sonst werden diese Beiden sich zusammenfinden!" Dabei wies er auf die noch jugendliche tief errötende Kaiserin und den vor kurzem verwitweten Erzherzog hin. Diese Anspielung, deren Sinn Niemandem entging, war mehr als ein Scherz, sie war eine Verleumdung, die keine Berechtigung hatte, da sich die Kaiserin den Ansprüchen Ferdinands gegenüber stets abweisend oder mindestens gleichgültig benommen und sie bei ihrem phlegmatischen Temperamente, ihrer zurückgezogenen und frommen Lebensweise eine derartige Verdächtigung in Gegenwart ihres Gatten nicht verdient hatte. Man darf es bezweifeln, dass Nelli sich einen so frechen Scherz erlaubt hätte, wenn er von dem Kardinal nicht dazu aufgemuntert worden wäre und an ihm nicht einen Rückhalt gefunden hätte. Der Zweck des Angriffes war aber erreicht, wenn des Kaisers Gemüt mit Misstrauen und heimlichem Groll gegen Ferdinand erfüllt wurde.[65]

---

65   Sachs. Staatsarchiv. Zeidler an Kursachsen dd. 22.Mai/1.Juni 1617.

Zweites Kapitel

Die religiösen und politischen Zerwürfnisse zwischen Mathias und seinen Untertanen, insbesondere den Böhmen, vor dem Ausbruche des 30jährigen Krieges.

I

Die Erzählung über die Verhandlungen in der Sukzessionsfrage zwischen dem kaiserlichen Hofe, Spanien und den geistlichen Kurfürsten zeigte, dass Furcht bei denselben die treibende Ursache war. In Deutschland besorgten die Habsburger, dass die Protestanten ihnen um jeden Preis die Reichskrone entziehen wollten, in Böhmen und Ungarn, ja selbst in dem Erzherzogtume Österreich fürchteten die Anhänger dieser Dynastie einen allgemeinen Aufstand und damit im Zusammenhange die völlige Veränderung der Besitzverhältnisse. War diese Sorge in der Tat so tief begründet oder heuchelte man sie bloß, um auf leichtere Weise zu einem ersehnten Ziele zu gelangen und die besorgten Gemüter zu Konzessionen zu bewegen, welche eine Erweiterung und Befestigung der habsburgischen Herrschaft zur Folge haben mussten? Nein, die Sorge hatte mehr Begründung, als die Bedrohten selbst glauben mochten. Sie hatte erstens ihren Grund in der tiefen Kluft, welche die religiösen Wirren zwischen den Habsburgern und ihren Untertanen geschaffen hatten, zweitens in der damit in Zusammenhang stehenden Zersetzung des staatlichen Lebens in Österreich und endlich drittens in der Entschlossenheit der von dem Heidelberger Kabinette geleiteten protestantischen Fürsten, welche den morschen deutschen Zuständen ein Ende machen und sie durch neue ersetzen wollten. Die Gefahr für die Habsburger bestand nicht so sehr in einer einzigen dieser Ursachen, sondern in ihrem Zusammentreffen und ihrer Zusammenwirkung. Die einander verwandten Elemente hatten sich kennen gelernt und waren zu einem gemeinschaftlichen Angriffe gegen den gemeinsamen Gegner entschlossen. Es fehlte nur an einem tüchtigen Führer.

Wir haben an die Spitze der die habsburgische Herrschaft untergrabenden Elemente die religiösen Zerwürfnisse zwischen diesem Hause und seinen protestantischen Untertanen gesetzt. Man dürfte wohl fragen, ob die großen Bewegungen von 1608 und 1609 diese Wirren nicht beigelegt hatten. In Ungarn, in Österreich und Mähren hatte sich Mathias zu den bedeutendsten Konzessionen an die Protestanten verstanden, in Böhmen wurde ihnen von Rudolf II der Majestätsbrief gegeben und nach dem Muster desselben den übrigen böhmischen Nebenländern gleiche Privilegien erteilt. Weshalb haben diese Gesetze nicht genügt, um ein erträgliches Zusammenleben der Katholiken und Protestanten herbeizuführen und den letztern die Ursache zu Klagen gegen ihre Herrscher zu benehmen? Wie kam es, dass alle die Konzessionen die alten Wunden nicht schlossen, sondern ununterbrochen eitern ließen?

Der Grund liegt darin, dass alle die Konzessionen und Majestätsbriefe nur durch Gewalt abgerungen und von den Herrschern wider ihre Neigung und bessere Überzeugung gegeben worden waren, dass die Katholiken die neuen Gesetze als einen Angriff auf ihre Rechte betrachteten und verabscheuten und dass sie bei ihren Herrschern, zu denen sie allein in vertraulichen Beziehungen standen, eine ähnliche Gesinnung wachhielten. Am selben Tage, an dem die neuen Religionsgesetze gegeben wurden, dachten die Katholiken auch schon an ihre Beseitigung. Es ist eine lange Geschichte, wie sie Schritt für Schritt diesem Ziele nachstrebten, wie sie, trotz manches erzwungenen Rückzuges, immer wieder auf diesem Wege weiter gingen, bis der wechselseitige Hass der Gegner so arg wurde, dass er nur mit dem Untergange der einen Partei enden konnte.

In Böhmen war die Scheidung der Gegner am schroffsten, hier bekam der Kampf seine größte Ausdehnung und wurde mit höchster Erbitterung geführt, bis er endlich die unmittelbare Veranlassung zu einem 30jährigen Kampfe wurde, der die Mitte von Europa zerfleischte. Die ersten Ursachen seiner Entstehung knüpfen sich fast unmittelbar an den Majestätsbrief von 1609.

Man nimmt gewöhnlich an, dass die protestantischen Beschwerden im J. 1609 durch die Erteilung des Majestätsbriefes ausgeglichen wurden. Indessen war es nicht diese Urkunde allein, welche den damaligen Streit schlichten sollte, neben und gleichzeitig mit ihr wurde ein sogenannter „Vergleich zwischen den katholischen und protestantischen Ständen" mit Zustimmung des Kaisers abgeschlossen, der einige Detailfragen über das wechselseitige Verhältnisse der beiden Religionsparteien, die durch den Majestätsbrief nicht entschieden wurden, „ordnete." Der *Majestätsbrief* und der *Vergleich* waren also die neuen religiösen Grundgesetze des Landes. Aus ihrem beiderseitigen Inhalt ging hervor, dass sich *jeder* (ob freie oder unfreie) Bewohner Böhmens fortan zu der sogenannten „Böhmischen Konfession"[66] bekennen und Niemand zum katholischen Glauben gezwungen werden durfte. Das Recht des Kirchenbaues sollte jedoch nur den drei höheren Ständen, d.i. den Herren, Rittern und königlichen Städten, überdies aber auch den Bewohnern der „königlichen Güter" freigestellt sein. Diese letztere, die königlichen Güter betreffende Bestimmung fand sich nicht im Majestätsbriefe, sondern nur im Vergleiche vor, der außerdem noch einige Verfügungen enthält, durch welche die Besitzverhältnisse der Katholiken und Protestanten in Bezug auf die Kirchen und Pfarren geregelt werden. Die weiter greifenden Bestimmungen des Vergleiches sind es, die später die bittersten Streitigkeiten hervorriefen, und schließlich mit einem unheilbaren Zerwürfnisse endeten.

Der erste Streitfall trat schon unter Rudolf II ein und betraf die Braunauer. Die Bürger dieser dem Benediktinerstift Braunau gehörigen Stadt waren schon seit Jahren in heftigen Glaubensstreitigkeiten mit dem Abte Wolfgang Selender,

---

66   Die böhmischen Protestanten erlangten durch den Majestätsbrief die Freiheit des Bekenntnisses für jene, die sich zur sogenannten *Böhmischen Konfession* bekennen würden. Dieselbe war ein Gemenge husitischer, lutherischer und kalvinischer Lehren. Die Anhänger derselben wollten sich die Bezeichnung „evangelische Christen" beilegen, Kaiser Rudolf II bewilligte dies nicht, sondern verlangte, sie sollten sich Utraquisten nennen, und. setzte diesen seinen Wunsch durch. Wir wenden die Bezeichnung „Utraquisten" nicht an, sondern bedienen uns der passenderen „Protestanten", weil man unter Utraquisten zunächst nur die Nachfolger des Hus, wie sie sich im 15. und 16. Jahrhunderte in Böhmen entwickelt haben, versteht. Diese alten Utraquisten waren nur wenig von den Katholiken verschieden, während jene, die den Majestätsbrief errungen haben, sich ausschließlich auf protestantischem Boden bewegten und sonach als Protestanten bezeichnet werden müssen.

begriffen. Mit der Erteilung des Majestätsbriefes nahm der mannigfache, von ihrem geistlichen Oberherrn gegen sie ausgeübte Zwang ein Ende, sie konnten ungehindert ihrer Meinung folgen und die Mehrzahl bekannte sich offen zum Protestantismus. Bald darauf beriefen sie, trotz des Verbotes ihres Grundherrn, einen Prediger in die Stadt und führten ihn in die Stadtkirche ein. Der Abt verklagte sie deshalb bei der böhmischen Kanzlei und diese entschied, dass die Braunauer zu einem derartigen Eingriffe in die Patronatsrechte nicht befugt seien. Die Entscheidung war völlig gesetzlich, sie schützte den durch den Vergleich gewährleisteten katholischen Besitzstand und die Patronatsrechte des Grundherrn. Die protestantischen Stände selbst, obwohl eifersüchtige Hüter ihrer neuen Freiheiten, wussten gegen ihre Gesetzmäßigkeit nichts einzuwenden.

Die Braunauer schlugen jetzt einen andern Weg zur Befriedigung ihrer geistlichen Bedürfnisse ein. Mit Hilfe von Sammlungen, die sie teils unter sich selbst, teils in der Fremde anstellten, begannen sie den Bau einer eigenen Kirche gerade zur Zeit, als Rudolf genötigt wurde, Böhmen an Mathias abzutreten. 1611 Auch gegen diesen Vorgang klagte der Abt bei Mathias als gegen eine Verletzung der bestehenden Gesetze. Bevor dieser die Entscheidung fällte, wandte er sich an die obersten Beamten um ein Gutachten, *ob den Bewohnern geistlicher Güter der Bau eigener Kirchen ohne Bewilligung ihrer Grundobrigkeit gestattet sei.* Eine Anzahl katholischer Kronbeamten antwortete auf diese Anfrage verneinend, worauf Mathias den Braunauern die Weiterführung des Baues verbot.[67] Dagegen erhoben die protestantischen Stände Einsprache als gegen eine Ver- 25. Aug. letzung der religiösen Gesetze von 1609. 1611

Der Grund, weshalb Mathias zur allgemeinen Überraschung die Entscheidung treffen konnte, dass die Bewohner geistlicher Güter nicht das Recht des Kirchenbaues hätten und weshalb wiederum die Protestanten das Gegenteil behaupteten, lag in einer verschiedenartigen Auffassung der böhmischen Verfassungsverhältnisse. Wie oben erzählt worden, erteilte der Majestätsbrief den drei Ständen das Recht des Kirchenbaues, der Vergleich überdies noch den Bewohnern der königlichen Güter.

Unter den königlichen Gütern verstanden nun die Protestanten nicht bloß das, was man gewöhnlich darunter versteht, sondern auch den geistlichen

---

67 In der anderen Apologie ist dieser Befehl des Kaisers zweimal abgedruckt N. 73 und N. 87, einmal ist er vom 25. Aug., das andere Mal vom 20. Aug. datiert. Da unter N. 86 das Gutachten der kath. Kronbeamten vom 23. Aug. datiert ist, so nehmen wir den 25. Aug. als das wahrscheinlichere Datum des kaiserlichen Befehles an. Wir sagen nur als das wahrscheinlichere Datum, weil die andere Apologie in Bezug auf Genauigkeit alles zu wünschen übrig lässt. ihre im Ganzen richtigen Angaben sind durch die geistige Beschränktheit des Zusammenstellers so konfus untereinander gemengt, dass es trotz der genauesten archivalischen Studien oft unmöglich ist, von ihnen den entsprechenden Gebrauch zu machen.

Besitz und behaupteten, im Vergleiche sei letzterer in der allgemeinen Bezeichnung „königliches Gut" mit einbegriffen. Die Katholiken und mit ihnen Mathias bestritten die Richtigkeit dieser Auslegung; jeder Teil führte für sich eine Reihe von Beweisgründen an.

Die Beweisgründe der Protestanten gipfelten in dem Satze, dass nach der Verfassung der Klerus nicht der Eigentümer der geistlichen Güter, sondern nur ihr Nutznießer sei, das wahre Eigentumsrecht stehe dem Könige zu, der die genannten Güter beliebig verschenken, verkaufen und verpfänden könne. Zur Begründung dieser den Besitzverhältnissen und Rechtsanschauungen des Mittelalters so diametral widerstreitenden Theorie, die sich in Böhmen erst nach den Husitenstürmen geltend machte, führten sie die Artikel A 11, D 49, Q 6 und. Q 11 der Landesordnung an. Im Artikel A 11 verbot die Landesordnung den Klöstern und überhaupt den geistlichen Besitzern etwas von ihrem Besitze ohne Bewilligung des Königs zu verpfänden oder zu vertauschen. In diesem wie im Artikel D 49 wird der geistliche Besitz ausdrücklich als „zur königlichen Kammer" gehörig anerkannt. Indessen dürfte sich aus diesen zwei Bestimmungen der Landesordnung nicht, wie die Protestanten wollen, ein Obereigentumsrecht des Königs ableiten lassen, sondern nur ein Oberaufsichtsrecht desselben, das allerdings für ihn mit finanziellen Vorteilen verknüpft war. Schwerer jedoch fielen in die Waagschale zu Gunsten der Protestanten zwei andere Bestimmungen der Landesordnung, nämlich die Artikel Q 6 und Q 11. Der erstere, Q 6, bezieht sich auf die Auslösung von Pfandschaften und setzt die Art und Weise fest, wie diese Auslösung geschehen dürfe. Bezüglich der geistlichen Güter wird hiebei ausdrücklich bestimmt, dass die Klöster und. alle übrigen geistlichen Besitzer die Verschreibungen zu respektieren hätten, welche die böhmischen Könige jemandem auf ihr Besitztum erteilt hätten oder in *Zukunft* erteilen würden. Diese Verschreibungen bestanden nach den weiteren Angaben des erwähnten Artikels entweder darin, dass der König geistliche Besitzungen für eine oder mehrere Lebensdauern an Laien verschenkte oder aber mit Pfandsummen belastete, deren Auszahlung den betreffenden Klöstern oder Geistlichen zur Last fiel.

Das durch diesen Artikel den böhmischen Königen ausdrücklich für die Zukunft vorbehaltene Recht, geistliche Güter zu belasten oder (für ein oder mehrere Geschlechtsfolgen) zu verschenken, wurde von den Habsburgern selbst häufig geübt, so dass diese für die Interpretation der Protestanten einen tatsächlichen Beweis lieferten. Insbesondere hatte Ferdinand I in seinen mannigfachen Bedrängnissen die geistlichen Güter in Böhmen nicht bloß verpfändet oder belastet, sondern auch geradezu verkauft und sonach von der im Artikel Q 6 ihm erteilten Befugnis den ausgedehntesten Gebrauch gemacht.

Allerdings fühlte er dabei einige Gewissensskrupel und gab ihnen den lebhaftesten Ausdruck in dem Kodizill, das er im J. 1547 zu seinem schon im J. 1543 verfassten Testamente hinzufügte.

Die für uns höchlich interessante Stelle desselben lautet wörtlich also: „Da Jedermann für ehrbar und recht erkennt, dass keiner seinem Nächsten das Seinige wider seinen Willen nehme und hingebe, so schliessen wir mit wohlbedachtem Muthe und rechter Wissenheit, dass auch weder wir, unsere Nachkommen, noch die Stände und Unterthanen Gott dem Allmächtigen, unserem Schöpfer und Erlöser, und seinen Kirchen oder den Ihm ergebenen geistlichen Personen das Ihrige nehmen, hingehen, noch entziehen sollen. Und da entgegen mag uns und die Stände unserer Krone Böhmen nicht schirmen oder fürtragen obberürte Unsere und Ihre *Freiheit, Brauch und Landesordnung* ... Darum und dieweil sich Niemand schämen soll, seinen Irrthum zu bekennen und zu bessern, so erkennen wir unseres Theils solche Freiheit, Gebrauch und. Landesordnung in dem Artikel[68] für unkräftig und unbündig und ist uns leid, dass wir darin bewilligt und. darauf mit der That etliche geistliche Güter erblich hinzugeben fürgenommen haben.“

Nach diesem Geständnisse mahnt Ferdinand seine Söhne, der Kirche den von ihm zugefügten Schaden zu ersetzen und die böhmischen Stände zu einer Änderung ihrer bisherigen Behandlung der geistlichen Güter zu vermögen. Da er nach Abfassung des Kodizills noch 17 Jahre lebte, so hätte er wohl hinreichend Gelegenheit gehabt, das gegebene Ärgernis selbst gut zu machen oder bei den Ständen eine Besserung der bisherigen rechtlichen Stellung der geistlichen Besitzer zu beantragen; allein er benützte die lange Frist, die ihm zu leben vergönnt war, sehr unvollkommen und erfüllte nur zum kleinsten Teil die Erwartungen, die man nach den frommen Worten seines Kodizills von ihm zu hegen berechtigt war. Im J. 1558 brachte er auf die Bitte des Prager Domkapitels bei dem Landtage den Vorschlag ein, dass die Güter des Kapitels und der Domkirche für alle Zukunft ihren jetzigen Nutznießern gehören und von dem Könige weder verkauft noch verpfändet werden dürften. Die Stände nahmen den Vorschlag an und so erlangte er Gesetzeskraft.

Dagegen blieb der ganze übrige geistliche Besitz auch ferner von dem Belieben des Königs abhängig, denn in dem betreffenden Landtagsbeschlusse von 1558 hieß es ausdrücklich nach der zu Gunsten des Kapitels und der Domkirche gemachten Ausnahme, dass „dieselbe der bisherigen Landesordnung betreffs der übrigen geistlichen Güter, die der Verfügung des Königs und sei-

---

68 Ferdinand kann hier speziell nur den Artikel Q. 6 im Sinne haben, in zweiter Linie mochte er wohl an A 11 und D 49 denken.

ner Nachfolger anheimgestellt seien, nicht zum Nachtheile gereichen solle." Dieser Beschluss wurde zur größeren Sicherheit der Landesordnung einverleibt und bildete fortan in derselben den Absatz Q 11. Wenn einerseits Ferdinand durch die dem Kapitel zu Teil gewordene Begünstigung einen Teil des geistlichen Besitzes von jeder willkürlichen Behandlung befreite, so war er andererseits Ursache, dass bezüglich des Bestes dem Könige die freie Verfügbarkeit entschiedener als je zugesprochen wurde. Der der Landesordnung neu einverleibte Artikel Q 11 ließ über die Frage bezüglich des Charakters des geistlichen Besitzes die für den Klerus nachtheiligste Antwort zu.

Die Protestanten führten weiter für sich an, dass die Nachfolger Ferdinands I in der Behandlung des geistlichen Eigentums in die Fußstapfen dieses Königs getreten seien und konnten aus der späteren Zeit sogar den Beweis liefern, dass die Katholiken dies Verfahren mit Rücksicht auf die böhmische Verfassung korrekt fanden. Im J. 1598 verlangte nämlich Rudolf II, als er in seinen mancherlei Nöten daran war, einige geistliche Besitztümer zu seinen Gunsten zu verwenden, von den obersten Landesbeamten ein Gutachten, ob er dazu berechtigt sei. Zdeněk von Lobkowitz, der schon damals Kanzler war, erwiderte, dass der Kaiser ohne Zustimmung des Papstes geistliche Güter verpfänden, belasten und verkaufen könne, denn der ganze geistliche Besitz in Böhmen sei nach der Verfassung des Landes königliches Eigentum und die Vorfahren des Kaisers, Ferdinand I und Maximilian II, hätten sich darnach gerichtet.[69] Dem Gutachten des Kanzlers stimmten damals die sämtlichen obersten Beamten bei, so dass sich kein Zwiespalt unter ihnen geltend machte. Nach dieser landläufigen und den Katholiken wohlbekannten Theorie deuteten also die Protestanten im J. 1609 die Bezeichnung „königliche Güter" im weiteren Umfange und stilisierten nach dieser Deutung jene Bestimmungen des Vergleichs, vermöge welcher den Bewohnern der „königlichen Güter" das Recht des Kirchenbaues zuerkannt wurde.

Slawata selbst bezeugt, dass sie ihre eigentliche Meinung bei den Verhandlungen nicht verhehlt hätten.[70] – Schließlich beriefen sich auch die Protestanten zur Bekräftigung ihrer Ansprüche auf den Wortlaut des Majestätsbriefes, den sich die Schlesier mit böhmischer Hilfe im J. 1609 errungen hatten und in dem den Bewohnern geistlicher Güter alle Freiheit der religiösen Übung zugesprochen wurde. Wenn sich die Schlesier – argumentierten die Böhmen – durch unsere Hilfe diese Freiheit errungen haben, um viel eher hätten auch wir in unseren Glaubensprivilegien den Zusatz betreffs der geistlichen Güter einführen können, wenn er uns nötig erschienen wäre.

---

69 Slawatas Memoiren Teil VIII.
70 Andere Apologie, Gutachten des Kanzlers. S. 350

Gegen diese Auffassung argumentierten die Katholiken und namentlich das von den obersten Landesbeamten dem Mathias im J. 1611 übergebene Gutachten in folgender Weise. Sie fanden den Hauptmangel in der Berechtigung der protestantischen Forderung vor allem darin, dass der Majestätsbrief und der Vergleich von den Bewohnern der geistlichen Güter schwiegen; ein so wichtiges, einem Teile der unfreien Bevölkerung erteiltes Recht hätte klar und deutlich, nicht aber stillschweigend festgesetzt ,werden sollen. Ferner bestritten sie, .dass durch die Artikel A 11 und D 49, in welchen die geistlichen Güter als zur königlichen Kammer gehörig bezeichnet werden, den Königen ein Obereigentumsrecht über dieselben zugesprochen werde. Die genannten Artikel seien nur dahin zu deuten, dass sie den König zum obersten Schutzherrn des geistlichen Besitzes machen. Die Artikel Q 6 und 11 übergingen sie entweder mit Stillschweigen, weil sich ihre den Katholiken ungünstige Deutung nicht hinwegläugnen ließ, oder sie bekämpften geradezu die Rechtsgültigkeit derselben. Kein Katholik, sagten sie, könne je zugeben, dass Bestimmungen, die so sehr gegen alle kirchlichen Gesetze und gegen die Heiligkeit des geistlichen Besitzes verstoßen, Gültigkeit haben könnten; auch sei Artikel Q 6 unter Wladislaw II von den utraquistisch gesinnten Ständen beschlossen und schon von Ferdinand in seinem Testament als im höchsten Grade verwerflich bezeichnet werden. Sie vergaßen dabei, dass Ferdinand trotzdem den Artikel Q 6 nicht umstieß, sondern durch den noch gefährlicheren Artikel Q 11 vervollständigte. – Mit mehr Recht verwahrten sich die Katholiken gegen die Herbeiziehung des schlesischen Majestätsbriefes, um damit die in den böhmischen Glaubensprivilegien vorhandene Lücke zu ergänzen. Aber selbst für den Fall, dass die Subsumtion der geistlichen Güter unter den Begriff des königlichen Besitzes Gültigkeit habe, verwahrten sie sich gegen die daraus gezogenen Konsequenzen. Die Eigentumsfrage sei nämlich verschieden von der, welche gutsherrlichen Rechte der geistliche Besitzer auf seinen Gütern auszuüben befugt sei. Das allfällige Recht der Könige, geistliche Güter in Beschlag zu nehmen, sei nie so weit gegangen, dass die geistlichen Besitzer, so lange sie dieselben inne hatten, nicht alle herrschaftlichen Rechte genossen hätten, wie ein jeder Edelmann auf seinen Gütern. Stets hätten die Untertanen geistlicher Herren diesen die Untertänigkeit und Leibeigenschaft angelobt, wie einem weltlichen Herrn, und wenn also ein geistlicher Besitzer bis auf den heutigen Tag alle Rechte eines weltlichen ausgeübt habe, so könne er eines derselben nicht willkürlich entkleidet werden. Darf auf dem Besitze eines Laien ein Untertan ohne Erlaubnis seiner Herren sich keine Kirche bauen, so darf er dies auch nicht auf einem geistlichen Gute ohne Erlaubnis seiner Obrigkeit tun.

Fasst man die Argumente beider Parteien zusammen, so lässt sich nicht in Abrede stellen, dass die Protestanten für ihre Behauptung bezüglich der üblichen Subsumtion des geistlichen Besitzes unter die Bezeichnung „königliche Güter" gewichtige Beweise aus der Geschichte und der Landesordnung beibringen konnten. Am Schlusse aller dieser Beweise und Gegenbeweise kommt man allemal zu der Frage: Wie hat man im J. 1609 bei Abfassung des Vergleiches die Bezeichnung „königliche Güter" verstanden? Und hier lautet die Antwort zu Gunsten der Protestanten. Sie hatten damals mit dem Ausdruck „königliche Güter" sowohl den königlichen als den geistlichen Besitz bezeichnet, sie hatten damit vor den Katholiken kein Hehl gemacht und letztere hatten also kein Recht, die Worte „königliche Güter" jetzt in einer engeren, ihnen zusagenden Weise zu deuten. Wer hätte übrigens die Protestanten im J. 1609 hindern können, in die betreffenden Glaubensgesetze jene Bestimmungen einzutragen, die ihnen gut dünkten?

Und schließlich, warum setzten die Protestanten im Vergleiche fest, dass den Bewohnern der königlichen Güter das Recht des Kirchenbaues zustehen solle? Offenbar aus dem Grunde, damit denselben nicht für immer die Aussicht benommen werde, ihren religiösen Bedürfnissen in aller Bequemlichkeit zu genügen und in passender Nähe die nötigen Kirchen zu besitzen. Denn von den Königen als Katholiken konnte nie angenommen werden, dass sie freiwillig auf ihren Gütern den Protestanten Kirchen zu bauen gestatten würden, wenn die letzteren nicht durch ein Gesetz in Schutz genommen wurden. Machte sich aber nicht derselbe Grund auch bei den geistlichen Besitzern geltend? Waren diese bezüglich ihres Glaubensbekenntnisses nicht noch unwandelbarer als der König? Weshalb sollten die Protestanten mehr Bedenken getragen haben, den geistlichen Besitzern eine Fessel anzulegen, die sie ohne alle Skrupel dem Könige angelegt hatten? Ob es übrigens für die Protestanten nicht ein Gebot gewöhnlicher Klugheit gewesen wäre, sich in ihren von ihnen selbst entworfenen Glaubensgesetzen einer ausführlicheren Sprache zu bedienen, ist eine andere Frage und kann allerdings, mit: Rücksicht auf die folgenden Ereignisse und in Betracht gleichzeitiger ähnlicher Vorgänge, unbedingt bejaht werden.[71]

---

71 Unwillkürlich stellt man auch die Frage, wie es kam, dass die Protestanten nicht auch für ihre Glaubensgenossen auf den Gütern katholischer Herren sorgten und nicht auch ihnen das Recht des Kirchenhauses erwirkten. Die Antwort darauf lautet, dass sie dies mit merkwürdiger Naivität für überflüssig ansahen und glaubten, dass, wenn den Bauern das Recht des protestantischen Bekenntnisses gewahrt würde, katholische Gutsherren ihnen von selbst den Bau von Kirchen gestatten würden. Die beste Illustration hiezu liefert Slawata. Als die Verhandlungen über den Majestätsbrief im J. 1609 im Gange waren und dessen Bestätigung schon nahe bevorstand, fand sich bei ihm in Prag eine Deputation seiner Neuhauser Untertanen ein und hat. ihn um die Erlaubnis für den Bau einer protestantischen Kirche. Budo-

Gegen die Entscheidung des Kaisers in der Braunauer Streitfrage erheben sich zuerst die Defensoren. Die Entstehung ihres Amtes datierte aus dem J. 1609; damals hatten es die Protestanten durchgesetzt, dass der Schutz ihrer Glaubensinteressen fortan einem Kollegium, dessen Mitglieder den drei Ständen angehörten, anvertraut wurde. Die Mitglieder dieses Kollegiums führten den Namen Defensoren. Bei der ungeheuern Tragweite der Braunauer Angelegenheit getrauten sich die letzteren nicht selbständig vorzugehen, sondern hielten es für ihre Pflicht, die Entscheidung einer zahlreicheren Versammlung zu überlassen. Nach den von Rudolf sanktionierten Beschlüssen des J. 1609 durften sie in wichtigen Fällen alle protestantischen Landesbeamten und königlichen Räte sowie sechs ständische Vertreter aus jedem Kreise des Landes zu einer gemeinsamen Beratung einladen. Sie machten von ihrer Befugnis Gebrauch und. kam am 11. November 1611 in Prag eine an 100 Teilnehmer zählende Versammlung zu Stande, in der Glaubenseifer, Entschlossenheit und Erbitterung die Herrschaft führten. – In einer Sitzung, die im Karolingebäude stattfand, wurde beschlossen, die Braunauer zum Weiterbau ihrer Kirche aufzufordern und sich dabei weder durch geistliche noch weltliche Verbote stören zu lassen.[72] Zugleich wurde den Statthaltern, die seit des Mathias Abreise von Prag die Regierung führten – es waren dies die Inhaber der obersten Ämter – angezeigt, dass die Protestanten nicht geneigt seien, sich mit Jemandem über den Sinn der Religionsgesetze in einen Streit einzulassen, sondern dass sie sich an den klaren und unzweifelhaften Inhalt derselben halten würden.

Von diesen Beschlüssen setzten die Defensoren auch Mathias in Kenntnis und verwahrten sich energisch gegen die vom Braunauer Abte in Anspruch genommenen obrigkeitlichen Rechte, „Alle Aebte, Pröpste und in Summa der ganze Klerus in Böhmen sind Euer Majestät Kammer, d.h. ihre Besitzungen sind königliches Eigenthum, sie sind nur aus königlicher Gnade Nutzniesser gewisser Besitzungen, so lange es Euer Majestät gefällt."[73] Das Auftreten der Defensoren hatte den Erfolg, dass die Braunauer eifrig im Bau ihrer Kirche fortfuhren und dieselbe im Laufe des Jahres 1612 ihrer Vollendung entgegen brachten; worauf ein Prediger unverweilt die geistlichen Funktionen in dersel-

---

wec selbst empfahl das Anliegen der Deputation. Slawata entschuldigte sich, dass er die Erlaubnis nicht eher geben werde, als bis das neue Religionsgesetz in der Landtafel eingetragen sei und damit Gesetzeskraft erlangt habe, bis dahin möchten sich die Bittsteller gedulden. Als sie später ihre Bitte wiederholten, wies er sie einfach ab, weil den Untertanen auf den Gütern des Adels das Recht des Kirchenbaues nicht zustehe. Hätte er ihnen früher alle Hoffnung benommen, so würde Budowec wahrscheinlich für die Erweiterung des Majestätsbriefes Sorge getragen haben. (Slawatas Memoiren Teil VIII.)

72 Andere Apologie Nr. 72.
73 Andere Apologie Nr. 74.

ben zu verrichten anfing. Die königliche Autorität erlitt durch das entschlossene Vorgehen einiger Klosteruntertanen eine Schlappe, wie sie nicht grösser sein konnte. Mathias beschränkte sich während des Weiterbaues darauf, den Braunauer Streitfall von einigen Personen seines Vertrauens nochmals untersuchen zu lassen. Ihr Gutachten erörterte die rechtliche Seite des Streites, stützte sich meist auf die oben angeführten katholischen Argumente und empfahl dem Kaiser keinen Schritt breit ' nachzugeben.[74] Diesem ausschließlich juristischen Gutachten schloss sich ziemlich bald ein anderes, mehr politisches an, dessen Verfasser uns unbekannt, wahrscheinlich aber unter den Mitgliedern des kaiserlichen Geheimrates zu suchen sind und das die Mittel und Wege angab, wie der Kaiser in dem ausgebrochenen Streite Recht behalten könnte.[75] Da sich manche Stimmen erhoben hatten, welche zur Schlichtung des Braunauer Streites dem Kaiser eine gütliche Verhandlung zwischen den katholischen und protestantischen Ständen oder die Abforderung eines neuen Gutachtens von Seite der obersten Landesbeamten anrichten, so erörterten die kaiserlichen Ratgeber das passende dieser Ratschläge und verwarfen schließlich beide, weil eine gütliche Verhandlung höchst wahrscheinlich zum Nachteile der .Katholiken enden und eine Aufforderung an die Landesbeamten zur abermaligen Meinungsäußerung leicht einen oder den andern wankend machen könnte. Aus diesen Gründen solle der Kaiser den ganzen Streit selbständig entscheiden, den Braunauern den Befehl überschicken, ihre Kirche niederzureißen und einige ihrer Rädelsführer ins Gefängnis abzuliefern, den Defensoren aber verbieten, die Untertanen einer fremden Obrigkeit gegen dieselbe aufzuwiegeln. Diese Entscheidung sollte der Kaiser den Defensoren in Gegenwart der obersten Beamten durch den Kanzler zustellen lassen. Im Falle Jemand an dem kaiserlichen Ausspruche rütteln wollte, so müsste mit aller Strenge gegen ihn vorgegangen werden. – Das Gutachten sah der Möglichkeit eines Aufstandes kühn entgegen und. hielt die Bewältigung desselben für keine besonders schwierige Sache. Diese entschlossenen Vorschläge, deren Befolgung die Entscheidung in Böhmen rasch herbeigeführt hätte, fanden vorläufig nicht die Billigung des Kaisers. Die Braunauer Angelegenheit ruhte durch zwei Jahre, während welcher Zeit sich die Protestanten daselbst im tatsächlichen Genusse ihrer Kirche befanden. Erst im J. 1615 trat dieser Streitpunkt, im Verein mit einem zweiten, wieder in den Vordergrund.

---

74 Archiv des k.k. Unterrichtsministeriums in Wien. Gutachten einiger Räte an Mathias.

75 Das zweite Gutachten im obgenannten Archiv des k.k. Unterrichtsministeriums – Zu welcher Zeit dies Gutachten übergeben wurde, ist sehr schwer zu bestimmen, da es undatiert ist; wir halten aus innern Gründen dafür, dass es in den ersten Tagen des Jahres 1612 verfasst wurde.

Das lange Schweigen und damit verbundene scheinbare Zurückweichen des Kaisers war nicht die Folge eines den Protestanten, günstigen Beschlusses, sondern nur die einer veränderten Taktik. Des Mathias bisheriges Vorgehen litt an einer Inkonsequenz, er wollte dem Kirchenbesitz in Böhmen den katholischen Charakter wahren, während er auf den ihm unmittelbar gehörigen Gütern den Protestanten völlige Freiheit gewährte. In seinem Rate wurde, offenbar unter dem Einflusse der böhmischen Katholiken, beschlossen, dieser Inkonsequenz ein Ende zu machen und auf dem eigentlich königlichen Besitze eine religiöse Reformation vorzunehmen. Man zählte auf demselben im J. 1605 132 teils katholische teils utraquistische Pfarren, während sich in ganz Böhmen ihre Zahl damals auf 1366 belief.

Die Reformation wurde auf den ausgedehnten Territorien des königlichen Besitzes dadurch eingeleitet, dass Mathias dem Erzbischof von Prag, Johann Lohelius, die geistliche Oberaufsicht über seine Güter auftrug. Er sollte bezüglich der Besetzung der Benefizien alle Rechte des Königs ausüben, „doch innerhalb der Schranken, welche durch den Majestätsbrief und den Vergleich" gezogen seien.[76] – Das Normaljahr 1609 traf auf dem königlichen Besitz zahlreiche utraquistische Pfarren, die damals die Böhmische Konfession als ihr Symbol annahmen und von da an dem protestantischen Konsistorium in Prag unterstanden. Es war jedenfalls eine sonderbare Sache, wenn der Erzbischof fortan die Besetzung nicht bloß der katholischen, sondern auch der protestantischen Pfarren in seine Hand nahm, allein es ließ sich gesetzlich nichts dagegen einwenden, wenn.er sich genau an die Schranken hielt, welche Mathias angedeutet hatte. 24. Okt. 1612

Es dauerte jedoch nicht lange, so zeigte sich, dass der Erzbischof sich so bewegte, als ob keine Schranken beständen. Kaum waren im Laufe des Jahres 1613 mehrere protestantische Pfarren erledigt werden, so besetzte er sie mit katholischen Priestern. Da jedoch auf diesem Wege die Neubesetzung aller protestantischen Pfarren zu lange gedauert hätte, so beschloss er die angestrebte Reformation durch die Entfernung der missliebigen Prediger zu beschleunigen. Den Anfang machte er mit dem Städtchen Neustraschitz, das zu dem damals königlichen Gute Pürglitz gehörte. Er erwirkte bei dem böhmischen Kammerpräsidenten Slawata, der dies Amt neben dem eines Obersthoflehenrichters versah, einen Befehl an die Bürger des genannten Städtchens, in dem ihnen die Entfernung ihres bisherigen Seelsorgers aufgetragen wurde. Die Neustraschitzer weigerten sich dem Befehle nachzukommen und wiesen darauf hin, dass ihre Kirche schon im 16. Jahrhunderte eine utraquistische gewesen. Ihre Einwendung fand kein Gehör; 21. Sep. 1614

---

76   Andere Apologie Nr. 85.

auf Befehl des Erzbischofs wurde ihre Kirche in Beschlag genommen und einem katholischen Priester, der ihnen als ihr künftiger Seelsorger zugeschickt wurde, eingeräumt. Dieser entfernte sofort alles aus dem Innern des Gebäudes, was an die frühere Benützung mahnte und beeilte sich darauf, eine gleiche Umgestaltung in den religiösen Überzeugungen der ihm zugewiesenen Gemeinde zu bewirken.[77]

Diese keineswegs auf Neustraschitz allein beschränkten Maßregeln zeigen zur Genüge, dass Mathias, obgleich er die Benützung der protestantischen Kirche in Braunau duldete, an ein Gewährenlassen der Protestanten nicht dachte und dass seine Weisung an den Erzbischof, sich an den Majestätsbrief und den Vergleich zu halten, nicht ernst gemeint war. Nachdem er in solcher Weise die Reformation auf seinen Gütern angebahnt hatte, wandte er der Kirchengüter-Frage die frühere Aufmerksamkeit zu. Die Braunauer Angelegenheit war mittlerweile nicht vereinzelt geblieben, sondern hatte ein Seitenstück in Klostergrab bekommen. Die Bürger dieses in der Nähe des Klosters Ossegg gelegenen Städtchens hatten nach der Erteilung des Majestätsbriefes ebenfalls den Aufbau einer eigenen protestantischen Kirche in Angriff genommen, dazu Beiträge selbst in Deutschland und namentlich bei dem Kurfürsten von Sachsen gesammelt und das begonnene Werk glücklich zu Ende gebracht.

Sie entgingen den Hindernissen, die sich den Braunauern anfänglich entgegenstellten, dadurch, dass es nicht sicher stand, wem die Gutsherrlichkeit in Klostergrab zustehe. Die Bürger selbst behaupteten, sie seien eine freie Bergstadt und wollten sich zu dem Range einer königlichen Stadt aufschwingen. Diese Ansprüche mögen einmal begründet gewesen sein, jetzt waren sie seit langem vergessen und das Stift Ossegg übte unbestritten seine Herrschaft über Klostergrab aus. Seit dem J. 1609 ward jedoch dieser Streit wieder aufgeregt und bei der damaligen bis nach Rudolfs Tode dauernden Niedergeschlagenheit der Katholiken geschah es, dass die Klostergraber ihren Bau aufführen und einen Prediger anstellen konnten, ohne sich um ihren ° Grundherrn zu kümmern. Nun wandte aber der Erzbischof von Prag, der als Nutzniesser der Güter des ossegger Klosters auch die Gutsherrlichkeit über Kloster-grab in Anspruch nahm, seine Aufmerksamkeit dieser Stadt zu. Die Bürger wurden durch alle Mittel, die zu jener Zeit in der Hand eines Gutsherrn lagen, zum Besuche des katholischen Gottesdienstes genötigt, der Prediger entfernt und die Kirche durch Anlegung von Siegeln der ferneren Benützung entzogen.[78] – Jetzt erhob sich auch der Abt von Braunau und hinderte die protestantischen Bürger der genannten Stadt ebenfalls an dem weiteren Besuche ihrer Kirche.

Ende 1614

---

77   Andere Apologie Nr. 64 u. folg.

78   Andere Apologie Nr. 75 –79 und 82.

66

Man darf nicht glauben, dass die Defensoren den immer weiter gehenden Angriffen gegen die protestantischen Glaubensinteressen gleichgültig zusahen. Kaum hatte die Reformation auf den königlichen Gütern begonnen, als sie auch gegen diese Vorgänge protestierten.[79] Ihr Protest erhielt jedoch keine andere Antwort, als dass der Erzbischof seine Reformation, namentlich in Neustraschitz und Klostergrab, mit größerem Eifer betrieb und der Abt von Braunau Mut zu dem angedeuteten Schritte bekam. In dem Generallandtage, der im Jahre 1615 in Prag zusammenkam, glaubten die Protestanten endlich die Gelegenheit gefunden zu haben, dem Kaiser selbst ihre Beschwerden vorzulegen und. mit Nachdruck eine Änderung der Regierungspolitik zu verlangen.

Es ist hier am Orte anzudeuten, welche Stellung Mathias persönlich zu den kirchlichen Streitigkeiten einnahm, wann er sich der religiösen Restaurationspolitik, die seit 1613 aller Welt klar vor Augen lag, zuerst hingab und ob er die Stürme, die sich im Jahre 1615 in Böhmen gegen ihn vorbereiteten, nicht ahnte und fürchtete? Diese Untersuchungen nötigen uns auf die gesamtösterreichischen Verhältnisse und den bisherigen Verlauf der kaiserlichen Regierung näher einzugehen.

II

Mathias hatte trotz seiner Neigung zur Ruhe, vom Anfange seiner Regierung an, keine andere Ansicht von seiner Aufgabe, als dass dieselbe in einer möglichst weit gehenden Schmälerung der neuen Religionsgesetze bestehen müsse. In Wahrheit stand er also auf demselben Boden wie Ferdinand II, er unterschied sich von demselben nicht in seiner Überzeugung und seinen Wünschen, sondern nur in der Entschlossenheit seiner Regierungsmaßregeln. Wie weit der vorsichtige Khlesl zu dieser Überzeugung des Kaisers beigetragen hatte, ist am Ende gleichgültig, Herr und Diener befanden sich stets in voller Übereinstimmung. Beide waren nicht blind für die Gefahren einer, wenn auch nur bedächtigen Restaurati0nspolitik; aber da sie dieselbe für ein zwingendes Gebot gewöhnlicher Klugheit hielten, so wiesen sie dieselbe nicht zurück, sondern suchten sich nur vor den Folgen sicher zu stellen. Aus diesem Grunde hielten beide frühzeitig die Aufstellung eines Heeres innerhalb Österreich für eine gebieterische Notwendigkeit und suchten seit Jahren nach den hiezu nötigen Mitteln. Gleich von Frankfurt aus schickte Mathias, unmittelbar nach dem 1612

---

79 Supplik der Defensoren in der andern Apologie. Ausgabe Schubert S.293.

Empfange der Kaiserkrone, einen Gesandten nach Madrid und ersuchte Philipp III um Geld zur Ausrüstung eines Heeres gegen seine ketzerischen Untertanen. Der König war selbst in zu große Schwierigkeiten verwickelt, um diese Bitte befriedigen und neben dem niederländischen Heere auch noch ein österreichisches sich auf den Hals laden zu können. Hunderttausend Gulden jährlich und die Unterhaltung von 3000 Mann für den Kriegsfall war alles, wozu er sich verbindlich machen wollte.[80]

1613   Etwas später schickte der Kaiser den Grafen Colalto nach Rom und ließ den Papst um eine Unterstützung gegen die Türken, von denen er mit einem Kriege bedroht werde, ersuchen. In der Audienz, die Paul V dem Gesandten gewährte, erzählte derselbe, die Anmaßungen der Türken gingen so weit, dass sie sich Siebenbürgens zu bemächtigen suchten, und dadurch den Kaiser zu Rüstungen nötigten. Es komme nun Alles darauf an, ob er mit eigenen Mitteln ein Heer zu Stande bringen werde, oder ob er sich deshalb an seine protestantischen Untertanen wenden müsse. Im ersten Falle stehe das Heer in seiner Macht, im zweiten Falle seien die Ketzer die Herren der Armee und er vollständig in ihrer Gewalt. Von dem Beistande Seiner Heiligkeit und anderer christlicher Fürsten hänge es ab, ob Mathias den einen oder den anderen Weg betreten werde. Sei der Kaiser im Stande, sich auf die eigenen Mittel und die seiner Freunde zu stützen, so könne er den Türken nicht nur besser widerstehen, sondern sich auch seines Heeres gegen die einheimischen Feinde bedienen und ganz „wunderbare" Wirkungen mit demselben hervorbringen. Alles dies sei so leicht ausführbar und zugleich so folgenreich, dass der Kaiser in gewisser Beziehung den Türken für ihre Anmaßung dankbar sein müsse, weil sie ihm Gelegenheit zu Rüstungen gäben, ohne dass die Ketzer einen Argwohn schöpfen könnten. Vergebens malte jedoch Colaltos Beredsamkeit dieses Zauberbild aus; Paul V, obwohl ein Sparmeister, hatte keine so großen Summen zur Verfügung, um die Kosten einer Restaurationspolitik zu tragen, wenn die Endziele ihm auch noch so sehr gefielen und wenn er überhaupt geneigt gewesen wäre, seine Ersparnisse andern Personen als seinen Verwandten zuzuwenden.[81] So waren die Bitten des Kaisers in Madrid und in Rom auf unfruchtbaren Boden gefallen. Sein letzter Ausweg war der Reichstag von Regensburg: wir wissen, wie wenig es ihm auch da gelang, ein günstiges Resultat zu erreichen.

Fast anderthalb Jahre waren so für Mathias unter der Bemühung verflossen, mit fremdem Gelde Rüstungen anzustellen. Die Verhältnisse hatten sich mitt-

---

80   Simancas., Korrespondenz Zuñigas in den J. 1612 u. 1613.

81   Simancas. El Conde de Castro a Felipe III dd. Roma 16. Nov. 1613. Dieser Brief enthält einen umständlichen Bericht über Colaltos Sendung.

lerweile derart zu seinen Ungunsten verschlechtert, dass er die Armee, deren er ursprünglich zum Angriffe bedurfte, bald zu seiner Verteidigung nötig haben konnte. Seine anderthalbjährige Restaurationspolitik trug endlich ihre Früchte. Obgleich dieselbe sich überall nur zögernd und tappend geltend gemacht hatte und nur in einzelnen Streitfällen den Protestanten auf den Leib gerückt war, so waren die letzteren doch überall und namentlich in Böhmen auf das heftigste gereizt. Im Frühjahr 1613 berichtete der bairische Agent Viepeckh nach Hause, dass es in diesem Lande wie bei einem herannahenden Sturme aussehe und man daselbst überzeugt sei, dass der Kaiser seinen Zusagen in Betreff der Religion nicht nachkommen wolle.[82] Und so wie man in Böhmen dachte, so war dies auch in den andern Ländern der habsburgischen Monarchie der Fall.

Für Mathias war diese Stimmung kein Geheimnis, er wusste recht wohl, dass er das Vertrauen, welches die Protestanten überall zu ihm gefasst, gründlich zerstört habe und dass der Zustand sämtlicher ihm untertanen Länder im höchsten Grade bedenklich sei. Man kann die gefährliche Sachlage nicht mit kräftigeren Farben schildern, als er es selbst in einem Schreiben an Ferdinand gegen Ende des J. 1613, also zu einer Zeit tat, in der das gute Einvernehmen zwischen beiden noch nicht gestört war. Als er vom Regensburger Reichstage nur die ungewissen Versprechungen der Majorität nach Hause brachte, und den Versuch, sich mit Hilfe des Reiches zu rüsten, als eitel aufgeben musste, öffnete er sein, man kann sagen, bis in den Tod betrübtes Gemüt rückhaltlos dem Vetter und zeigte ihm alle die Schwierigkeiten, unter denen er leide. Er sei, sagte er am Ende seiner Hilfsmittel, um die Herrschaft seines Hauses unversehrt zu erhalten. So lange er lebe, werde der Bau noch zusammenhalten, aber nach seinem Tode werde wohl alles aus den Fugen gehen und, was die Ahnen erworben, auf die Nachkommenschaft nicht vererbt werden. Er ließ hierauf die einzelnen Länder vor seinen Augen die Revue passieren und schilderte dem Erzherzog in wenigen, aber treffenden Zügen sein Verhältnis zu denselben. Was das Erzherzogtum Österreich betraf, so war er im Zweifel, ob er den Ständen von Ober- oder denen von Niederösterreich schlechtere Absichten zutrauen solle. Er habe durch die äußerste Nachgiebigkeit bisher eine offene Empörung derselben zu verhüten getrachtet, aber die Stände harrten doch nur der Gelegenheit, sich seiner Herrschaft zu entwinden und konspirierten mit den Ungarn und mit der Union. Den Zustand der Dinge in Ungarn schilderte er einfach damit, dass er sich für völlig machtlos daselbst erklärte. Der Palatin – so ungefähr ließ er sich aus – tut, was er will, und kümmert sich weder um meine Befehle, noch um

10. Nov.
1613

---

82 Münchner Staatsarchiv. Viepeckh an H. Max. dd. 21. April 1613, Prag.

meine Verbote. Wenn es sich darum handelt, dass die Ungarn mich gegen die Türken unterstützen sollen, rührt sich kein Mensch, sucht aber der Fürst von Siebenbürgen bei ihnen um Hilfe an, so wird in allen Komitaten die Sturmglocke geläutet. Ihr Plan geht auf die Absetzung unseres Hauses, der Palatin selbst äußerte sich darüber beifällig in einer Gesellschaft. Da er keine Deutschen in den Festungen dulden mag, sich die königliche Gewalt auf alle Weise aneignet, die Komitate und den Adel auf seine Seite zieht und überhaupt nichts tut, als die Mittel vorzubereiten, selbst oder durch seinen Nachfolger im Palatinate Uns die Krone zu entreißen, was bleibt Uns übrig, als Tag und Nacht auf Mittel zu sinnen, diesem Übel zu begegnen? – Was Böhmen betrifft, so wissen Euer Liebden, wie es damit steht, ich kann daselbst keinen Landtag berufen, wenn ich nicht die ständischen Konföderationen zugeben (d.i. die im Jahre 1611 den Protestanten gemachten Versprechungen einlösen) will, und berufe ich keinen Landtag, so habe ich auf keine Steuern aus diesem Lande zu rechnen. In Schlesien zettelt der Markgraf von Jägerndorf schändliche Umtriebe wider Unser Haus an. Mit Mähren steht es wie mit Ungarn. Der Landeshauptmann Karl von Žerotin regiert im Lande, als ob er der Herrscher wäre und knüpft mit dem Auslande Verbindungen an, wo und wie es ihm gefällt. Kein Befehl von mir langt in Mähren an, ohne dass er seine Ausführung an Bedingungen knüpfen würde.[83]

Es wurde bemerkt, dass die Gefahren, welche die habsburgische Herrschaft bedrohten und die Mathias selbst in dem eben angeführten Vertrauensergusse so zutreffend schilderte, auf die Rechnung seiner kirchlichen Restaurationspolitik zu setzen waren. Ungarn machte indessen hierin eine wesentliche Ausnahme. Die Schwierigkeiten, denen der Kaiser daselbst begegnete, hatten zum geringen Teile in den religiösen Zwistigkeiten ihren Grund und wurzelten hauptsächlich in den politischen Bestrebungen der Magnaten und diesmal (1613) insbesondere in den ehrgeizigen Plänen des Palatins Thurzo und in den Bewegungen, von denen Siebenbürgen seit mehreren Jahren zerrüttet wurde. Durch den Frieden von Wien (1606) war Stephan Bocskay von Rudolf und Mathias als Fürst von Siebenbürgen anerkannt und ihm zugleich der Besitz einiger ungarischen Komitate unter der Bedingung eingeräumt worden, dass nach seinem Tode alles an die ungarische Krone heimfallen solle. Bocskay starb noch im Jahre 1606, worauf die Siebenbürger an seine Stelle den Sigmund Ragoczy wählten. Obwohl diese Wahl nach der Bestimmung des Wiener Vertrags nicht hätte vorgenommen werden sollen, so wurde sie doch von Rudolf II anerkannt, denn er besaß keine Mittel, um sich Siebenbürgens zu bemächtigen. Schon 1608 ent-

---

83   Mathias an Ferdinand dd. 10. Nov. 1613 Linz. Archiv des k. k. Min. des Innern.

sagte Ragoczy seiner Würde, worauf Gabriel Bathory an seine Stelle trat. Auch diese zweite Verletzung des Wiener Vertrags musste Mathias, der jetzt den ungarischen Thron einnahm, dulden und. Bathory im Besitze Siebenbürgens und der angrenzenden ungarischen Komitate lassen. Der neue Fürst, ein ver- ächtlicher Wüstling, vermochte sich nicht lange in seiner Würde zu behaupten. Bethlen Gabor, sein ehemaliger Feldoberster, erhob sich gegen ihn und diesem gelang es mit türkischer Hilfe nach einem längeren Kampfe, der einen Teil des Jahres 1613 ausfüllte, sich der Herrschaft von Siebenbürgen zu bemächtigen.

Der Streit der beiden Nebenbuhler wäre für den Kaiser eine günstige Gele- genheit gewesen, seine Rechte auf Siebenbürgen geltend zu machen. Allein abgesehen davon, dass ihm die Mittel fehlten, waren die Ungarn selbst einer solchen Machtvergrößerung keineswegs gewogen. Bethlen Gabors Auftreten begegnete bei ihnen den wärmsten Sympathien und der Palatin Thurzo blieb in ihrer Kundgebung hinter anderen nicht zurück. Es war nicht der Kaiser allein, dessen Furchtsamkeit den Palatin um dieses und. anderer Gründe wil- len verwegener Absicht beschuldigte, auch unbeteiligte, aber wohl unterrich- tete Beobachter urteilten nicht anders. Der venezianische Botschafter Soranzo, der bis zum Jahre 1614 am kaiserlichen Hofe weilte, erzählte in seinem an den Senat von Venedig erstatteten Schlussberichte, dass Thurzo, dessen überaus große Klugheit er rühmt, nur auf eine passende Gelegenheit harre, um die Herrschaft in Ungarn an sich zu reißen.[84] Der Kaiser kenne seine Absichten wohl, da er aber zu schwach sei, um seinen ehrgeizigen Gegner zu unterdrü- cken, müsse er vorläufig Vertrauen heucheln. Auch Soranzo findet die Ursache der ungarischen Gefahren nicht in der religiösen Restaurationspolitik des Kai- sers, sondern in dem allgemeinen Hasse gegen die habsburgische Herrschaft. Die Ungarn gewöhnten sich sogar im Geiste an die Herrschaft der Türken, von denen sie sich ohnedies in Kleidung und Sitten nur wenig unterschieden.[85]

Indem der Kaiser alle Gefahren, die ihn zu erdrücken drohten, in dem Schreiben an Ferdinand richtig würdigte, dachte er doch keineswegs an eine Änderung seiner inneren Politik. Er blieb bei seinem Frankfurter Entschlusse; wie er damals den künftigen Gefahren durch ein Heer begegnen wollte, so jetzt den gegenwärtigen. Die bisherigen Misserfolge in Madrid, Rom und Regens-

---

84   Fiedler: Soranzos Bericht im XXVI Band der Fontes rerum Austriacarum.
85   Soranzo sagt, dass die Ungarn odiano naturalmente la casa. d'Austria, et si come nelli habiti et'nelle lor maniere poco discostano da Turchi: così van accomodando il lor animo et li lor pensieri à rendersi soggetti alle leggi et alla tirannide Mahomettana, massime che il popolo viene tenuto da quei Baroni come veri schiavi in tanto che molti d' essi desiderano sottrarsi da tanta barbarie e render si atfatto soggetti à Turchi.

burg hatten ihn nicht auf andere Gedanken gebracht, sondern sein Verlangen nach einem Heere nur gesteigert und Ferdinand sollte ihm nun Rat erteilen, wie die nötigen Mittel herbeizuschaffen seien. Als habe er diese Mittel schon in den Händen, äußerte er auch in dem Schreiben an den Erzherzog seine Freude über Bethlen Gabors Auftreten, da ihm dies eine passende Gelegenheit biete, ohne allzu großes Aufsehen die nötigen Rüstungen anzustellen und mit einem Schlage nicht bloß die Gegner in Ungarn niederzuwerfen, sondern auch seine übrigen Provinzen an einen größeren Gehorsam zu gewöhnen. Denn das gestand er dem Erzherzoge zum Troste ein, dass der Krieg gegen die Türken und Bethlen Gabor nur „der Schein" (d.i. der scheinbare Vorwand) sei, das „Fundament aber, um dessentwillen er das Schwert ziehen wolle, ist Gottes und unseres Hauses Erhaltung." Wie sehr Ferdinand die Befürchtungen und Wünsche des Kaisers teilen mochte, Geld konnte er ihm keines geben. So konnte es scheinen, als sei Mathias am Ende seiner Kombinationen angelangt, allein das war nicht der Fall. Mit einer eigentümlich raschen Biegsamkeit des Willens beschloss er jetzt, von seinen Untertanen selbst zu verlangen, was er zu ihrer Bekämpfung von fremden Fürsten nicht erlangen konnte: ein Entschluss, der von keiner größeren Voraussicht zeigte, als jener, der ihn in Rom und Regensburg um ein Almosen bitten ließ. Zu diesem Ende wollte er die verschiedenen Landtage berufen und von den Ständen neben den gewöhnlichen Steuern auch noch einen entsprechenden Beitrag für die Ausrüstung eines Heeres verlangen, dessen Zweck in den offiziellen Ansprachen natürlich nur der Marsch nach Siebenbürgen sein sollte. Der Anfang sollte mit Böhmen gemacht werden. Mathias wollte sich den größten Schwierigkeiten zuerst entgegenstellen, denn er musste erwarten, dass sich die böhmischen Stände nicht einfach in eine Verhandlung seiner Forderungen, sondern in eine Erörterung seiner religiösen Restaurationspolitik einlassen würden, dass sie ihn namentlich an seine Versprechungen von 1611 erinnern und deren Einlösung von ihm verlangen würden.

Die Versprechungen von 1611 hatten ihre nächste Veranlassung in den Vorgängen zur Zeit des Passauer Einfalls. Als in Folge desselben Rudolf abgesetzt und Mathias hauptsächlich durch Zutun der Protestanten auf den böhmischen Thron erhoben wurde, verlangten die letzteren Garantien, um für die Zukunft vor einer gewaltsamen Unterdrückung sicher zu sein. Mit vier Schlagworten: *Konföderation, Defension, Kreistage* und *Erbeinigung* wurden diese Garantien bezeichnet. Die böhmischen Stände wünschten nämlich den Abschluss eines Bündnisses (Konföderation genannt) mit den Ständen sämtlicher übrigen unter des Mathias Zepter vereinten Länder, zum wechselseitigen Schutze ihrer Rechte und Freiheiten. Zur Grundlage dieses Bündnisses sollte eine Organisierung

der gemeinsamen Wehrkräfte, oder wie man es nannte, eine neue Defensionsordnung dienen. Ferner verlangten die böhmischen Stände für sich das ihnen
von Ferdinand I entrissene Recht, sich beliebig in den einzelnen Kreisen, in die
Böhmen zerfiel, auf sogenannten Kreistagen versammeln und ihre Angelegenheiten beraten zu dürfen. Endlich wünschten sie die Erneuerung der Bündnisse,
die in alten Zeiten mit Kursachsen, Kurbrandenburg, Polen usw. abgeschlossen
worden waren. Mathias war im Jahre 1611 den böhmischen Ständen gegenüber
das bindende Versprechen eingegangen, wegen dieser vier Punkte seiner Zeit
einen Generallandtag einberufen und zu den betreffenden Beratungen auch
die Stände von Ungarn und Österreich einladen zu wollen. Er gab das Versprechen nicht gern, denn er sah recht gut ein, welche Gefahr darin liege, wenn bei
einem gemeinsamen Bündnisse sämtlicher österreichischen Länder die Stände
allein zu bestimmen hatten, ob ihre Rechte und Freiheiten verletzt worden seien
oder nicht, und sie demgemäß auch *allein* über anzustellende Rüstungen entscheiden sollten. In einer; so beschaffenen allgemeinen Konföderation lag die
Möglichkeit, dass die Stände auf gesetzlichem Wege sich der ganzen Executive
bemächtigen und ihren Herrscher ohne Mühe beseitigen konnten.

Trotz der augenscheinlichen Gefahr, welche selbst bei normalen Verhältnissen in der Konföderation lag, gab indessen Mathias nicht nur das Versprechen ab, über diesen und. die andern Punkte gleich den ersten böhmischen
Landtag im Verein mit den Deputationen der übrigen Provinzen beraten zu
lassen, sondern auch die voraussichtlichen Beschlüsse der Stände bestätigen
zu wollen. So außerordentliche Versprechungen konnten nur gemacht werden,
wenn ihre Erfüllung nicht ernstlich beabsichtigt wurde, und in der Tat war dies
bei Mathias der Fall.

Deshalb mied er im Jahre 1612 und 1613 die Berufung eines böhmischen
Landtages und zog es trotz seiner finanziellen Not vor, Böhmen in den beiden genannten Jahren unbesteuert zu lassen! Die böhmischen Protestanten,
die sich im Jahre 1611 großen Hoffnungen hingegeben hatten und die in der
künftig abzuschließenden Konföderation den ausgiebigsten Schutz für ihre
religiöse Sicherheit zu finden hofften, bemerkten mit steigendem Misstrauen
die lange Zögerung in der Berufung des Generallandtages. Über die wahren
Ursachen derselben konnten sie nicht im Zweifel bleiben, wenn sie die gleichzeitig sich entfaltende religiöse Restaurationspolitik betrachteten. Und wenn
bei ihnen noch eine Täuschung über das Fahrwasser, in dem sich das Regie-
rungsschiff bewegte, obwaltete, so wurden sie darüber durch zahlreiche vertrauliche Mitteilungen über die kriegerischen Absichten des Kaisers vollends
belehrt; denn die an alle Welt gerichteten Bitten des kaiserlichen Kabinettes

um Geld zur Anstellung von Rüstungen gegen die Türken, die dabei hie und da im Vertrauen gemachten Mitteilungen, dass dies eigentlich mehr den Protestanten als den Türken gelte, waren auch zur Kenntnis der Bedrohten gekommen und ergänzten dadurch jene Vermutungen, denen sich ihr Misstrauen ohnedies hingegeben hatte.

Gegen Ende des Jahres 1613 reiste Mathias nach Tabor und berief die obersten Beamten von Böhmen dahin. Er teilte ihnen seinen Entschluss wegen Berufung eines Landtages mit und bestimmte dessen Zusammenkunft, unter dem Vorwande einer in Prag wütenden Pest, nach Budweis auf den 29. Januar 1614. Rasch verbreitete sich im Lande die Nachricht, dass der Kaiser weder einen Generallandtag berufen, noch die vier Punkte des Jahres 1611 beraten lassen wolle. Die Aufregung über diesen Wortbruch war groß, fast der gesamte Adel erklärte im ersten Augenblick, sich in Budweis nicht einfinden zu wollen.[86] Das größte Aufsehen erregte hiebei die Nachricht, dass der Kaiser den obersten Beamten erklärt habe, der Landtag müsse sich mit der Bewaffnung beschäftigen, damit ein Feldzug gegen Bethlen Gabor unternommen werden könne.

So hatten die Befürchtungen vor den kaiserlichen Rüstungen eine greifbare Gestalt bekommen. Als die Zeit der Eröffnung des Landtages heranrückte, wurde jedoch die Opposition in einem Punkte nachgiebiger, nämlich in Betreff der Beschickung; es fanden sich zwar die Vertreter des Landes minder zahlreich in Budweis ein, als sonst, doch tat dies der Vollständigkeit des Landtages keinen Abbruch. Insbesondere erschienen die Häupter der Opposition vollzählig auf dem parlamentarischen Kampfplatze.

Der Kaiser fand sich bei der Eröffnung des Landtages mit einem stattlichen Gefolge in Budweis ein. In seiner Begleitung erschien auch Graf Buquoy, der sich im Kampfe gegen die Holländer nicht wenig ausgezeichnet hatte und von dem man sich in die Ohren raunte, dass er zum Kommandanten über die künftige österreichische Armee ausersehen sei. Da sämtlichen in spanischen Diensten geschulten Generalen etwas von der Inquisition anzukleben schien, so wurde seine Erscheinung in Böhmen als eine Art Drohung aufgenommen und das Betragen der Katholiken selbst gab hierzu nicht geringe Veranlassung. Die Jesuiten, welche man, obwohl mit Unrecht, als die Mitwisser aller Geheimnisse des kaiserlichen Kabinetts ansah, beurkundeten doch ein richtiges Ahnungsvermögen, als sie dem General zu Ehren ein Schauspiel in Budweis aufführen ließen, welches verblümt und unverblümt andeutete, was die Katholiken in Bezug auf die österreichischen Länder von ihm hofften und erwarteten.

---

86   Sächs. Staatsarchiv 8239. Zeidlers Avisen dd. 18/28 Dez. 1613.

Am 29. Januar wurde der Landtag in Budweis eröffnet. In der königlichen Proposition wurde die bedrohliche Lage der Dinge in Ungarn auseinandergesetzt und daran die Forderung geknüpft, die Stände sollten die Kosten zur Unterhaltung von 6000 Mann zu Fuß und 2000 Reitern tragen, einen Beitrag zur Instandhaltung der ungarischen Grenzfestungen leisten und endlich die Bezahlung eines Teiles der königlichen Schulden auf sich nehmen. Wenn die übrigen Länder nach gleichem Maßstabe das Heer vergrößerten, wie dies jetzt den Böhmen zugemutet wurde, so musste, selbst mit Ausschluss der inner- und vorderösterreichischen Länder, eine Armee von 30,000 Mann zu Stande kommen, ungerechnet jene Mannschaft, die Mathias entweder auf eigene Kosten ausrüstete oder die mit spanischem Gelde bezahlt wurde. Dies konnte eine Armee werden, wie man sie seit Menschengedenken in Österreich nicht gesehen hatte. Die Opposition machte sich gleich im Beginne der Verhandlungen geltend, statt auf die Beratung der königlichen Proposition einzugehen, beschlossen die Stände vorerst die Angelegenheit der vier Punkte zu erörtern. Da sich diesem oppositionellen Schritte alle Räte des Hof- und Kammergerichtes anschlossen, so wurden sie deshalb vor den Kaiser berufen, und von diesem persönlich wegen ihrer Haltung zur Rede gestellt. Die Mehrzahl der Getadelten schwieg, einige entschuldigten sich und erklärten, sie hätten nicht die Absicht gehabt, ihrem Könige entgegenzutreten, Wenzel von Ruppa blieb aber fest und erwiderte: er sei durch sein Amt nicht bloß dem Könige, sondern auch dem Lande verpflichtet. – Jedenfalls erzielte die persönliche Intervention des Kaisers kein günstiges Resultat, denn die Stände lehnten nach wie vor die Beratung über die königliche Proposition ab und verlangten die Auflösung des Landtages, sowie die Berufung des versprochenen Generallandtages. Ihre Gereiztheit gab sich in öffentlichen und privaten Zusammenkünften in den verwegensten Reden kund. Fremde diplomatische Agenten, die die öffentliche Stimmung sorgfältig studierten, empfanden den Eindruck, als ob die Böhmen schon jetzt die Absetzung des Kaisers im Schilde führten, und berichteten in dieser Weise an ihre Herren. Die loyalen Anhänger des Erzhauses befanden sich dieser Stimmung gegenüber in großer Verlegenheit. Jaroslaw von Martinitz entfernte sich in Budweis aus einer Versammlung seiner Standesgenossen, weil er ihre revolutionären Ausbrüche nicht länger anhören zu dürfen glaubte.[87]

---

87 Die Akten über den Budweiser Landtag teils im böhmischen Landesarchiv, teils im sächsischen Staatsarchiv (Ander Buch Relationum Num. 8239, Zeidlers Berichte an den Kurfürsten von Sachsen über die Böhmischen Angelegenheiten enthaltend, dd. 6.Feb./27.Januar und 16./26. Feb. 1614). Ferner MS Bibl. Strah. Der Landtag von Budweis – Wiener Staatsarchiv Cod. Misc. 491 und God. 21. und Münchner Reichsarchiv. Bodenius an H. Maximilian dd. 16. Feb. 1614.

Mathias zögerte nicht lange mit einem zweiten Versuche zur Beschwörung des Sturmes. Er lud die Herren Wenzel von Ruppa, Wilhelm von Lobkowitz und den Grafen Andreas Schlick zu einer abermaligen Besprechung ein und suchte sie seinen Wünschen günstiger zu stimmen. Das nahezu bittweise Auftreten des Monarchen besänftigte die Häupter der Opposition und. der Landtag ließ darauf in seiner schroffen Haltung etwas nach. Die Stände verlangten nicht mehr die Auflösung des Landtages, zeigten sich erbötig, dem Kaiser in seinen dringendsten Bedürfnissen zu helfen und bewilligten für das laufende Jahr die Erhebung der gewöhnlichen Steuern. Aber damit hatte auch ihre Nachgiebigkeit ein Ende, weder wollten sie von einer Übernahme der Schulden, am allerwenigsten aber von der Ausrüstung der ihnen zugemuteten 8000 Mann etwas wissen. Dafür musste Mathias den Ständen einen Revers ausstellen, dass er nunmehr sicher einen Generallandtag bis zum Monat Januar 1615 berufen und demselben die Beratung der vier Punkte vorlegen werde.

Diesen verhältnismäßig glimpflichen Abschluss sollte jedoch der Budweiser Landtag nicht haben. Was die Wortführer der Opposition hier sahen und hörten, bestärkte sie in ihrer Überzeugung von den gewalttätigen Absichten des Hofes und von dem wahren Zwecke der angestrebten Rüstungen; sie bezweifelten nicht, dass die religiöse Frage unter solchen Umständen keine Lösung erhalten, sondern nur noch schärfer zugespitzt werden würde. Am passendsten wäre es gewesen, wenn sie durch ihren Einfluss den Landtag vermocht hätten, in einer Art von Adresse seine gesamten Beschwerden und Befürchtungen zusammenzufassen und Mathias zu überreichen. In der Abfassung derartiger Aktenstücke herrschte jedoch in jener Zeit eine gewisse Schwerfälligkeit und Unaufrichtigkeit, vielleicht beschlich auch den Landtag einige Zaghaftigkeit und hielt ihn von der Beratung einer Schrift zurück, die ein Libell zu werden drohte.[88] Was der Landtag nicht tun wollte oder sich nicht zu tun getraute, und wovor selbst die bewährten Mitglieder der Opposition zurückschraken, wagten schließlich auf eigene Faust zwei Männer vom Schwerte, die in Böhmen kaum als Eingeborne, sondern als Gäste zu betrachten waren. Es waren dies Freiherr Leonhard Colonna von Fels und Graf Heinrich Mathias von Thurn.

Die Freiherren von *Fels* waren ein Tiroler Geschlecht, das erst im 16. Jahrhunderte nach Böhmen gekommen war. Unter Ferdinand I zeichnete sich ein Colonna von Fels als einer der Anführer der kaiserlichen Truppen in Ungarn aus. Königliche Gnadenbezeugungen bahnten ihm und seinen Nachkommen

---

88 Dass in der Tat die böhmischen Stände trotz aller Opposition nicht frei von Furcht waren, ersieht man aus Zeidles Avisen aus Prag dd. 18./28. Dez. 1613.

den Weg nach Böhmen und veranlassten sie, daselbst ihren bleibenden Sitz aufzuschlagen.

Auch die Grafen von *Thurn* waren kein heimisches, sondern erst seit wenigen Jahrzehnten in Böhmen und. Mähren ansässiges Geschlecht. Der Glanz, der später das Reichsfürstengeschlecht der Thurn und Taxis über diese Familie verbreitete, hatte mannigfache Forschungen über die eigentliche Heimat derselben zur Folge, deren Resultat in beleibten Foliobänden aufgespeichert ist.[89] Nach diesen waren die Thurn Nachkommen Karls des Großen, die sich am Schlusse des 10. Jahrhunderts nach dem Falle des letzten karolingischen Herrschers aus Frankreich nach Italien geflüchtet hatten. Es ist indessen nicht nötig, beiden Grafen Thurn nach so nebelhaften Ahnen zu suchen, um ihnen eine berühmte Vergangenheit zu geben; denn ihre, wie es scheint, zweifellose Abstammung von den della Torre, die im 13. Jahrhunderte in Mailand die hervorragendste Rolle spielten und. bis zum Beginne des 14. Jahrhunderts, also noch vor den Viscontis, die Herrschaft inne hatten, stellt sie in gleiche Linie mit den berühmtesten Geschlechtern Italiens, deren Namen nur deshalb bekannter ist, weil ihr Ruhm ein jüngerer ist. Nach ihrem Falle in Mailand finden wir die Thurn in Aquileja, Kärnthen, Görz und den angrenzenden Gegenden begütert und sehen sie unter dem Adel dieser Länder eine bedeutende Rolle spielen. Im 16. Jahrhunderte gelangten verschiedene Zweige dieses Geschlechtes in den Besitz des Grafentitels. Graf Franz Thurn kam wahrscheinlich in Folge von Kriegsdiensten, die er den habsburgischen Herrschern in Ungarn geleistet, in den Besitz mehrerer Güter in Böhmen und Mähren und trat so in die Reihe der böhmischen Landstände ein.[90] An die neue Heimat fesselten ihn bald umso stärkere Bande, als seine beiden Frauen, die er nacheinander heiratete, böhmischen Geschlechtern angehörten. Seine erste Gemahlin war Ludmilla von Berka, seine zweite Barbara Gräfin von Schlick. Aus der ersten Ehe hatte er vier Kinder, aus der zweiten elf und unter diesen Heinrich Mathias, die Seele und den Urheber des Böhmischen Aufstandes.

Aus den ersten Lebensschicksalen des jungen Heinrich Mathias hätte man wohl nicht auf seine spätere Rolle schließen können. Er wurde nicht im Hause des Vaters, der schon im Jahre 1586 starb, erzogen, sondern in frühester Jugend nach Krain geschickt und wuchs da bei seinem Vetter, dem Landeshauptmann von Krain, Grafen Hans Ambrosius Thurn, der gleichfalls mit

---

89   Flacchio: Généalogie de la trés-illustre maison de la Tour.
90   Aus einem im Gräflich- Thurnschen Archiv in Bleiburg aufbewahrten Teilungsvertrage von 1584 zwischen den Kindern des G. Franz Thurn ist ersichtlich, dass derselbe außer seinen Kärnthner Besitzungen noch die Güter Pürschitz und Wlasatic in Mähren und Lipnice in Böhmen besaß.

einer Gräfin Schlick verheiratet war, auf.[91] Hans Ambrosius war ein eifriger Katholik und was noch mehr ist, einer der vertrautesten Diener und Ratgeber der Mutter Ferdinands II, der Bayrischen Prinzessin Maria. Im Archive von Bleiburg, dem Stammsitze der heutigen Kärnthner Linie der Grafen Thurn, werden eine beträchtliche Anzahl Briefe dieser Dame an Ambrosius Thurn aufbewahrt, die in jeder Zeile ein sprechender Beweis von der hohen Achtung, dem unbegrenzten Vertrauen und der innigen Freundschaft der Erzherzogin für den genannten Grafen sind. Man darf wohl annehmen, dass in Folge dieser persönlichen und so äußerst freundlichen Beziehungen im Hause des Grafen Ambrosius von der Steirischen Linie der Habsburger nur mit Achtung und Liebe gesprochen wurde und dass also die ersten Jugendeindrücke des Mathias Thurn keine für die Habsburger und speziell für Ferdinand II feindselige gewesen sein können. Auch Ferdinand erwies dem vertrauten Diener seiner Mutter eine hohe Achtung und wandte sich in seinen späteren Nöten, selbst nach dem Ausbruche des Böhmischen Aufstandes, an den bereits über 80 Jahre alten Haus Ambros mit mancherlei Bitten. – Es liegen Beweise vor, dass Mathias sich die Neigung seiner Pflegeeltern gewonnen habe. Ob er, der von seinem Vater her ein Protestant war, sich ihnen während seiner Erziehung im Glauben angeschlossen hatte, darüber liegen zwar keine Andeutungen vor, dürfte aber immerhin möglich sein. Doch kennt man ihn von seinem ersten öffentlichen Auftreten an nur als einen Protestanten. Die Erziehung außerhalb der väterlichen Heimat machte, dass Thurn im Gegensatze zu den Brüdern und Schwestern, die in Mähren lebten und das Böhmische wie ihre Muttersprache verstanden, vorzugsweise nur deutsch sprach, von dem Böhmischen nie mehr als eine mangelhafte Kenntnis erlangte und sich desselben nur im Notfalle bediente. Als junger Mann trat er in kaiserliche Kriegsdienste, kämpfte gegen die Türken in Ungarn und befehligte schließlich ein Reiterregiment. Nach dem Abschlusse des Friedens von Zsitva-Torok nahm er in Böhmen seinen Aufenthalt. Mit seinen Brüdern hatte er schon früher das väterliche Erbe in der Weise geteilt, dass er denselben alle Besitzungen in Mähren überließ und hiefür eine Geldentschädigung nahm. Ob ihm eines oder das andere von den böhmischen Gütern des Vaters zugefallen war, ist uns nicht weiter bekannt, doch mag er in Böhmen nicht ganz besitzlos gewesen sein, weil sonst nicht begreiflich wäre, wie er an den Landtagsverhandlungen von 1609 hätte Teil nehmen können.

Sein Hauptanteil am väterlichen Erbe lag in Kärnthen, dort besaß er teils pfand-, teils lehnsweise Greifenburg, Igelsdorf, Obervellach, Stall, Kleinkirch-

---

91   Der Großvater des Hans Ambrosius Thurn und der Großvater des Heinrich Mathias Thurn waren Brüder.

heim und die Maut im Gailtale.[92] Über den Umfang und die Erträgnisse dieses Besitztums sind keine näheren Daten bekannt, jedenfalls scheint aber Thurn nicht so arm gewesen zu sein, wie man gewöhnlich annimmt. Er war zweimal verheiratet, das erste Mal mit Maria Rudolfsegg von Aspern und Lochorf, das zweite Mal mit Isabella von Teufenbach. Aus der ersten Ehe hatte er einen Sohn, Franz Bernard, der im Böhmischen Aufstand seine ersten Kriegsdienste leistete.

Seit Thurn seinen Aufenthalt in Böhmen genommen hatte, wandte er den religiösen Verhältnissen des Landes große Aufmerksamkeit zu, ohne gerade persönlich ein besonderes Interesse für die subtilen Glaubensstreitigkeiten zu besitzen. Auf dem Landtage von 1609, auf dem die Böhmen sich den Majestätsbrief erkämpften, war er in den vordersten Reihen der Opposition und übernahm das Kommando der ständischen Truppen, als die Protestanten sich bewaffneten, um den Kaiser Rudolf II zur Nachgiebigkeit zu zwingen. Obwohl das übernommene Kommando ihm keine Gelegenheit verschaffte, kriegerische Lorbeeren zu pflücken, so wurde sein Namen doch in ganz Böhmen bekannt. Seine Bereitwilligkeit, sich an ihre Spitze zu stellen, verschaffte ihm unter den Protestanten ein großes Ansehen, er wurde ebenso für deren militärisches Haupt angesehen, wie Budowec für ihr geistliches galt. In dem Kampfe zwischen Rudolf und Mathias im Jahre 1611 erklärte sich Thurn für den letzteren, half ihm zur Besteigung des böhmischen Thrones und wurde dafür mit dem reich dotierten Burggrafenamte von Karlstein, das dem durch den Passauer Einfall kompromittierten Slavata genommen wurde, belohnt. Thurn war es, der bei dieser Gelegenheit am eifrigsten von dem neuen Könige die Bewilligung der oben erwähnten vier Punkte verlangte und sich dadurch bei den entschiedenen Protestanten neue Anrechte auf ihre Dankbarkeit erwarb, so dass er je länger je mehr als ein wahrer Sohn des Landes angesehen wurde. Wenn etwas die allgemeine Sympathie, deren er sich erfreute, erhöhen konnte, so war es die Art und Weise, wie er die Stelle eines Glaubensdefensors, zu der er im J. 1609 von den protestantischen Ständen gewählt worden war, ausfüllte. Als sich in der Braunauer Kirchenfrage die katholische Restaurationspolitik geltend machte, erhob er seine Stimme gegen diese Verkürzung und gehörte überhaupt während der Jahre 1612 und 1613 zu den aufmerksamsten und unerschrockensten Vertretern seiner Partei. So hatte er sich nach und nach eine Stellung geschaffen, dass seine Stimme unter seinen Glaubensgenossen einen gewichtigen Klang hatte und seine Meinung bei einer Krise entscheidend in die Waagschale fallen musste. Wir dürfen indessen nicht unerwähnt

---

92   Aus einem Aufsatze des Kärnthner Historikers Herrmann über den Grafen Thurn.

lassen, dass seine Uneigennützigkeit nicht zweckenlos dasteht. Vor dem Passauer Einfall hatte er sich gegen Mathias erboten, den böhmischen Landtag zur Zahlung von Subsidien für die Unterhaltung der ungarischen Grenzfestungen bestimmen zu wollen und hiefür eine Herrschaft als Belohnung verlangt.

Diese zwei Männer, Thurn und Fels, wagten es in einer Schrift.[93] den Besorgnissen der Stände über die Entwicklung der kaiserlichen Politik einen rückhaltlosen Ausdruck zu geben. In einer geheimen Audienz, die ihnen am 26. Februar 1614 zu Teil wurde, überreichten sie dieselbe in ihrem beiderseitigen Namen dem Kaiser unter Versicherungen ihrer ergebensten Treue. Der Grundgedanke dieses Aktenstückes enthielt die Mahnung an den Kaiser, von der Ausrüstung einer Armee abzustehen, weil dies die größten Gefahren heraufbeschwören und möglicherweise für den Kaiser den Verlust aller Kronen zur Folge haben dürfte. Die Stände würden jedes neue Kriegsheer ebenso misstrauisch betrachten, wie ehemals das Passauische Volk; sie würden befürchten, dass es die Länder bedrücken, vor allem aber, dass es die Freiheit bei der Königswahl beeinflussen solle. Mit ironischer Schmeichelei hieß es dabei: es sei gegen das Passauer Volk nur mit höchster Anstrengung des Landes das Feld behauptet und die Freiheit der Wahl, *welcher Mathias seine Krone danke*, gesichert werden. Um alle Gründe für die beabsichtigte Werbung wegzuräumen, nahmen Thurn und Fels keinen Anstand, dem Kaiser den Rat zu erteilen, sich wegen Siebenbürgens keine Mühe zu geben, denn wegen der entfernten Lage dieses Landes habe man gar keine Hoffnung auf nachhaltige Verteidigung desselben und überhaupt sei alles verloren, sobald man sich von der „lieben Mutter", der Donau, entferne.

Die Überreichung der hier erörterten Schrift hatte keinen Erfolg, wahrscheinlich wurden beiden Verfassern statt aller Antwort nur ungnädige Blicke zu Teil. Thurn hatte sich vielleicht eingebildet, dass seine Schrift auf den Kaiser einen tiefen Eindruck machen und einen völligen Wechsel des Regierungssystems herbeiführen werde. Als er sich mit seinen Freunden von der Nichtigkeit derartiger Hoffnungen überzeugte, tat er auf der abschüssigen Bahn der Opposition einen entscheidenden Sprung. Er begnügte sich nicht mehr mit jenen verwegenen Reden, die selbst den auswärtigen Diplomaten an ihm und der böhmischen Opposition aufgefallen waren, sondern knüpfte geradezu mit einem fremden Fürsten Verhandlungen zur Beseitigung der habsburgischen Dynastie an. Wenige Tage nach dem Schlusse des Budweiser Landtages ließ er im Verein mit dem Grafen Andreas Schlick und Wenzel Kinsky dem Kurfürsten von Sachsen melden, dass die böhmische Opposition zur Absetzung der Habsbur-

---

93   Die Schrift befindet sich im Archiv des k.k. Minist. des Innern.

ger entschlossen sei und ihm (dem Kurfürsten) die Krone antragen wolle. Der sächsische Agent Khra, dem diese Mitteilung gemacht wurde, konnte gleichzeitig an seinen Herrn berichten, dass die genannten Edelleute nur die Dolmetscher der bei der böhmischen Opposition allgemein herrschenden Gesinnung seien. In einer Gesellschaft, bei der sich in diesen Tagen ein beträchtlicher Teil des böhmischen Adels versammelte, sprachen alle Anwesenden unverhohlen ihre Abneigung gegen die Habsburgische Dynastie und ihre Wünsche für eine Sächsische Herrschaft aus. Diese Äußerungen eines nahezu tödlichen Hasses gegen das Herrscherhaus blieben nur deshalb ohne unmittelbare Folgen, weil der Kurfürst von Sachsen teils zu ehrlich, teils zu schwerfällig war, um die günstige Stimmung des Nachbarlandes zu einem Wagnis auszubeuten.[94]

Der für die kaiserlichen Wünsche bezüglich der Ausrüstung einer Armee so ungünstige Verlauf des Budweiser Landtages brachte dieselben keineswegs zum Schweigen. In Budweis selbst wurde noch ein neuer Plan ersonnen, um sie zu verwirklichen, er bestand in der Berufung eines Generalkonvents nach Linz, zu dem die Stände von Gesamtösterreich eingeladen und denen insgesamt die Frage wegen der Bewaffnung vorgelegt werden sollte. Als demnach die Böhmen zu Budweis die Teilnahme an den Rüstungen ablehnten und nur zu der erwähnten Geldhilfe sich verstanden, wurden sie von Seite des Kaisers zur Wahl einer Deputation aufgefordert, die sich bei dem betreffenden Generalkonvente an den Beratungen über die Aufstellung einer Armee beteiligen sollte. Die Stände lehnten diese Forderung ab; das, was der Kaiser in Linz verhandeln lassen wolle, könne er ebenso gut am Generallandtage in Prag anbringen. Sie waren nicht absolut gegen eine gemeinschaftliche Beratung mit den ständischen Ausschüssen anderer Länder eingenommen und konnten es auch nicht sein, da ja zu dem künftigen Generallandtage in Prag nicht bloß die Länder der Krone Böhmens, sondern auch die Vertreter aller übrigen Provinzen berufen werden sollten. Ein Prager Generalkonvent war den Böhmen aber deshalb genehmer, weil der Kaiser, vermöge des in Budweis ausgestellten Reverses, genötigt war, auf demselben zuerst die vier bekannten Punkte erörtern zu lassen; in Linz war er dagegen an seinen Revers nicht gebunden und konnte seine eigenen Wünsche den Ständen zur Berücksichtigung empfehlen.

Als die Idee wegen Berufung eines Generalkonvents im kaiserlichen Kabinett auftauchte, fand dieselbe durchaus nicht die allgemeine Billigung.[95] Manche Räte schraken geradezu vor einem Generalkonvent zurück und meinten,

---

94 Sächs. Archiv. Unruhen in Böhmen XV, Khra an den Obersten Pflug dd. 10:Mai/30. April 1614 Prag.
95 Die Akten und Nachrichten über den Generalkonvent in Linz sind teils im Wiener Staatsarchiv, teils in der Korrespondenz Zuñigas mit der spanischen Regierung.

der Kaiser biete selbst Hand zu den Verschwörungen und Bündnissen der Stände, wenn er sie zusammenkommen lasse. Auch der spanische Gesandte war dieser Ansicht und glaubte, dass ein Generalkonvent die Autorität des Kaisers beeinträchtige und dass der letztere die gemeinsamen Angelegenheiten seiner Länder, sowie die Frage über Krieg und Frieden, nicht durch den Beirat der Stände, sondern allein entscheiden solle. Dennoch beschloss der Kaiser die Berufung des Generalkonvents und es mag hiebei die Meinung Khlesls den Ausschlag gegeben haben. Auf alle Fälle sollte nochmals der Versuch gemacht werden, ob nicht bei den vereinten ständischen Vertretern eine vertrauensvollere Gesinnung walte, als in den einzelnen Ländern selbst. Die Gesamtheit würde vielleicht kriegslustiger, wenn sie die Lage der Dinge im künstlichen Lichte der kaiserlichen Darstellung betrachtete. Die Gefahr vor den Türken war unbestreitbar da und wenn Siebenbürgen ins Bereich ihrer Macht gezogen wurde, so konnte dies auf die Österreicher, Steirer, Mährer usw. weder tröstlich noch beruhigend wirken. Es kam darauf an, worauf schließlich ein höherer Wert gelegt wurde, ob auf die Sicherheit vor den Türken oder auf die Bekämpfung der Habsburgischen Herrschergelüste. Wenn auf den einzelnen Landtagen vorzugsweise die letztern gefürchtet und bekämpft wurden, so konnte vielleicht auf einem Reichstage oder einem Generalkonvent der Hass gegen die Türken die Gemüter beherrschen und einen kriegerischen Beschluss hervorrufen. Auch konnten in einer zahlreicheren Versammlung mit Hilfe der kleinen Provinzen, die teilweise in Hader mit den größeren lebten, gute Erfolge erzielt werden. -Es galt also den Versuch zu machen; endete er erfolglos, so war die Lage deshalb für den Kaiser nicht schlimmer geworden.

Nach dem Schlusse des böhmischen Landtages wurden die übrigen Landtage der Monarchie schleunig berufen und ihnen gleicherweise der Wunsch des Kaisers nach einem Heere bekannt gegeben. Alle waren mehr oder weniger schwierig. An alle wurde auch das Ansuchen gestellt, Ausschüsse aus ihrer Mitte nach Linz abzuschicken, wo die Heeresfrage ihre definitive Lösung erhalten sollte. Bezüglich Böhmens befand sich der Kaiser in nicht geringer Verlegenheit, da der Landtag von Budweis jede Sendung nach Linz abgelehnt hatte. Er half sich zuletzt damit, dass er den Statthaltern, den Beisitzern des Landrechts, des Hof- und Kammergerichtes, sowie den Defensoren den Befehl erteilte, einen Ausschuss aus ihrer Mitte zu wählen und nach Linz zu schicken. Wahr ist es, dass die genannten Räte, sowie die Defensoren alle Häupter der katholischen und protestantischen Partei in sich vereinten und nahezu die Hälfte der gewöhnlichen Mitgliederzahl des Landtages umfassten, aber trotz ihres moralischen Ansehens und ihrer Anzahl waren sie doch nicht der Landtag. Der Kaiser erreichte indessen seinen Zweck, da auf seinen Befehl eine Deputation nach Linz abgefertigt ward; sie bestand aus sieben Personen, darunter Adam von Waldstein, Wilhelm Slawata, Thurn, Fels und Johann von Klenau. – Zu dem Linzer Generalkonvent wurden auch die Stände von Innerösterreich und Tirol eingeladen. Mathias galt, als der älteste Prinz der deutschen Linie, in diesen Ländern als der oberste Herr, es entstand sonach kein Zweifel darüber, dass auch aus Tirol, Steiermark usw. die ständischen Ausschüsse berufen werden müssten, und dies umso mehr, als man sich auf ihre dynastische Ergebenheit verlassen konnte. Der Tiroler Landtag rechtfertigte diese Vermutung nur zu sehr, denn als er, dem Wunsche des Kaisers nachkommend, eine Deputation zum Linzer Generalkonvent wählte, drückte er die Besorgnis aus, ob Mathias nicht einen großen Fehler begangen habe, dass er die Wahl der Ausschüsse den verschiedenen Landtagen überließ. Für den günstigen Verlauf der Verhandlungen würde es nämlich besser sein, wenn Mathias aus den einzelnen Ländern Vertrauenspersonen, katholische wie protestantische, berufen hätte, und einer solchen aus seiner eigenen Wahl hervorgegangenen Versammlung die Erörterung über die einzuschlagende Politik überlassen würde. Mathias hätte gern diesen wohlgemeinten, aber etwas kindischen Rat befolgt, wenn es überhaupt angegangen wäre.

Die Eröffnung des Generalkonventes sollte in Linz mit dem größten Glanze vor sich gehen. Der Kaiser berief seinen Bruder, den Erzherzog Maximilian, und seinen Vetter, den Erzherzog Ferdinand, dahin. Auch Spanien und. Belgien, weil von Mitgliedern derselben Dynastie beherrscht, waren vertreten. Für Philipp III fand sich sein Gesandte Balthasar von Zuñiga, für Erzherzog Albrecht der Graf Buquoy als Stellvertreter ein. Es konnte wohl nicht besser angedeutet werden, dass die Habsburger alle ihnen untertanen Länder, wenn auch mehrfach geteilt, für einen gemeinsamen und unantastbaren Besitz ansahen, als wenn sie diese Anschauung am stärksten da hervortreten ließen, wo sie am heftigsten angefeindet wurde. Ursprünglich war bestimmt, dass der Generalkonvent schon Ende Juli zusammentreten solle, doch musste die Eröffnung verschoben werden. Teils waren die Ausschüsse später erschienen, so zum Beispiel die Schlesischen erst am 9. August, teils waren unter den Erschienenen Streitigkeiten über den Vorsitz ausgebrochen, die früher geschlichtet werden mussten.

Am 11. August um ein Uhr nachmittags fand endlich die feierliche Eröffnung des, man kann sagen, ersten Österreichischen Reichstages oder, wie er offiziell genannt wurde, des *„Generalkonventes"* statt. Sämtliche Gesandten, etwa 70 an der Zahl, wurden in einen Saal beschieden, wo sie den Kaiser an einen Tisch gelehnt trafen, umgeben von den beiden Erzherzogen, von Zuñiga und Buquoy und dem Reichs-Vizekanzler Ulm. Der letztere ergriff im Namen des Kaisers zuerst das Wort, erörterte in einer längeren Rede die Gründe, welche zur Berufung der Versammlung Anlass gegeben, worauf Mathias selbst den Inhalt des Vertrages in einigen Worten wiederholte und dann die beiden Erzherzoge ersuchte, den weiteren Verhandlungen unausgesetzt beizuwohnen und den Vorsitz zu führen. Hiermit war das Zeremoniell der Eröffnung zu Ende. Der Kaiser entfernte sich und die ganze Versammlung begab sich mit ihren Präsidenten an der Spitze in den Speisesaal des Erzherzogs Maximilian, um da die Verhandlungen zu beginnen. In einem ausführlichen Vortrage wurde dem Generalkonvent der Stand der türkischen Angelegenheiten mitgeteilt. Es wurde darauf hingewiesen, dass durch den gegenwärtigen Fürsten von Siebenbürgen, Bethlen Gabor, dieses Land förmlich in türkische Botmäßigkeit gefallen sei, dass jedoch bei den Siebenbürgern selbst der Wunsch vorherrsche, sich an die Christenheit anzuschließen und dass die Türken ununterbrochen durch Streifzüge den Frieden verletzten. Diesem entsprechend wurden den Ständen mehrere Fragen vorgelegt, die sich auf folgende Punkte reduzierten: 1. Ob man den Türken ungestraft die Verletzung des Friedens hingehen lassen dürfe und ob nicht die Stände als dessen teilweise Garanten auch seine Aufrechthaltung auf sich nehmen wollten? 2. Wie es mit Siebenbürgen zu halten, ob dasselbe Bethlen Gabor überlassen werden solle oder nicht? Nach Ablesung dieser Propositionen endigte die erste Sitzung. Die Ausschüsse entfernten sich, um abgesondert über das abzugebende Gutachten zu beraten.

Einen entscheidenden Einfluss auf den Gang der Verhandlungen musste die Haltung der Ungarn nehmen. Hätten sich diese auf die Seite des Kaisers gestellt und den Krieg gegen die Türken und Bethlen Gabor befürwortet, so würden sie die andern Provinzen vielleicht mitgerissen haben, denn die Beschränkung der türkischen Macht und ihrer Anhänger war die unverkennbare Lebensaufgabe der österreichischen Monarchie. Allein die Ungarn waren die letzten, welche den Kaiser unterstützen wollten: die Pläne des Palatins Thurzo gingen wahrlich nach etwas ganz anderem, als nach einer Kräftigung der königlichen Macht, für ihn war Bethlen Gabor ein willkommener Bundesgenosse und kein Gegner. Die ungarische Deputation unterstützte also die Absichten des Kaisers nicht nur gar nicht, sondern sie machte sogar in Linz den Versuch seiner Macht in Ungarn den Todesstoß zu versetzen. Sie wollte nämlich mit Hilfe des Generalkonvents die ungarischen Grenzfestungen dadurch in ihre eigene Gewalt bringen, dass sie die übrigen Länder zu bereden suchte, ihre Beiträge zur Unterhaltung der Besatzungen unmittelbar an Ungarn und nicht an den Kaiser abzuführen.

Diesen Wünschen entsprach ihre Antwort auf die kaiserliche Proposition. In höchst blumenreicher Sprache erzählten sie zuerst alle ihre Leiden seit dem

Abschlusse des Friedens von Zsitvarorok und gaben zu, dass derselbe von den Türken unablässig gebrochen werde. Nichtsdestoweniger rieten sie nicht zum Kriege, sondern nur zur Absendung einer Gesandtschaft an den Sultan behufs neuer Friedensverhandlungen. Bezüglich Siebenbürgens mahnten sie den Kaiser von jedem Schritte ab, der die Türken reizen könnte. Die Hauptsache aber war, dass sie offen erklärten, sie wollten in ihren Grenzhäusern weder deutsche Soldaten, noch deutsche Befehlshaber dulden, überhaupt keine Volkssondern nur eine Geldhilfe haben. Es sei nicht ihre Absicht die Deutschen dadurch zu beleidigen, da sie deren Tapferkeit in vielen Schlachten, die sie vereint mit ihnen geschlagen, kennen gelernt hätten, aber gewiss sei es, dass die Unbilden arg seien, welche die Umwohner der Grenzfestungen täglich von den fremden Soldaten erfahren müssten. – Die Bitte der Ungarn fand indessen keinen Anklang bei den übrigen Ländern, da diese nicht Lust hatten, sich geradezu zu einer Tributleistung zu verpflichten und den Ungarn so leichthin zu bewilligen, was sie sich vom Kaiser nur mühsam abringen ließen.

Das Auftreten der Ungarn, welche nichts von einem Kriege wissen wollten, entschied über die Haltung des Generalkonvents.

Einige Provinzen zwar, wie Steiermark, Kärnthen, Krain und Tirol wollten den Kaiser unterstützen, auch die Oberlausitzer sprachen sich hiefür aus und zwar letztere unter allen am eifrigsten, indem sie zugleich versicherten, dass sie solchen „liederlichen und falschen Suspitionen", als beabsichtige der Kaiser sich des Heeres mehr gegen die Protestanten als gegen die Türken zu bedienen, nicht „nachhingen." Ein derartiger Verdacht sei gewiss vom Teufel eingegeben. – Alle übrigen Deputationen hingen jedoch diesem Verdacht nur zu sehr nach und lehnten unter verschiedenen Vorwänden jede Unterstützung des Kaisers ab, entweder weil sie nicht bevollmächtigt seien, wie namentlich die Böhmen, oder weil sie den Frieden vor allem für nötig hielten. Am 20. August erstatteten die Erzherzoge dem Kaiser Bericht über die schriftlichen Voten des gesamten Generalkonventes. Da dieselben mit sehr geringer Ausnahme alle kriegerischen Rüstungen ablehnten, so rieten die Erzherzoge selbst, Mathias möge die Erneuerung des Friedens mit dem Sultan auf Grundlage des Vertrages von Zsitvatorok weiter verhandeln und Bethlen Gabor als Fürsten von Siebenbürgen anerkennen. Fünf Tage später berief der Kaiser selbst , die Ausschüsse vor sich, dankte ihnen für ihre Bemühungen und versprach, sich an die einzelnen Landtage wegen der türkischen Angelegenheiten wenden zu wollen, wenn die Verhältnisse es nötig machten. Unmittelbar darauf reisten die Deputierten nach Hause. – Die Kosten des vierzehn Tage dauernden Reichstages beliefen sich auf 200.000 Gulden. Um diesen Preis war der Kaiser um die

Einsicht reicher geworden, dass die Armee, welche er weder mit spanisch-römischer noch mit deutscher Hilfe aufstellen konnte, auch nicht dem naiven Vertrauen der ihm untertanen Länder abzuringen sei.

III

Die nächste Sorge des Kaisers war nun der Prager Generallandtag, der im Januar 1615 zusammentreten sollte. Es verging kaum eine Woche, ohne dass dieser Gegenstand in Form von Anfragen und Gutachten von Seite des kaiserlichen Kabinetts erörtert werden wäre, und man sah es den Beteiligten an, wie die Angst ihre Ratlosigkeit steigerte. Der letzte Notanker, an den man sich klammerte, war der, dass man die ersten Monate des Jahres 1615 vorübergehen ließ, ohne das Versprechen einzulösen. Da aber durch diesen Kunstgriff der Generallandtag doch nicht in die Ewigkeit hinausgeschoben werden konnte, so wurde dessen Berufung ernstlich ins Auge gefasst und der Monat Juni hiezu bestimmt. Khlesl war es, der schließlich Muth genug fühlte, um der gefürchteten Versammlung entgegenzutreten. Er hatte sich mit diesem Gegenstande vielfach beschäftigt und bei böhmischen Staatsmännern, wie Lobkowitz und. dem aus der Dunkelheit hervortretenden Sekretär Michna, Raths erholt und auf Grund dieser Information und seiner eigenen Einsicht dem Kaiser ein Gutachten über die einzuschlagende Politik erteilt, das, wenn man den kaiserlichen Standpunkt als den maßgebenden ansehen würde, von seltener Klarheit und Richtigkeit der Auffassung zeigte.[96] Khlesl riet nämlich seinem Herrn, den Stier bei den Hörnern anzufassen, den Generallandtag zu berufen und nicht durch kleinliche Maßregeln die Beratung der vier Punkte aufschieben und vereiteln zu wollen. Doch sollte sich der Kaiser nur mit einer nackten Aufzählung der Punkte begnügen und. nicht den Versuch machen, die Bedingungen anzugeben, unter denen er den einen oder den anderen zu bewilligen geneigt wäre. Das Schweigen würde den Vorteil haben, dass die Stände ihr wahres Endziel entschleiern müssten, denn vergebens habe man sie bisher gedrängt, ihre Absicht bezüglich der Konföderation auseinanderzusetzen, obwohl man darüber nicht im Dunkeln sein könne. Dann setzte der Bischof seinem Herrn auseinander, was er selbst von den vier Punkten halte und welche Politik bei ihrer Beratung den Ständen gegenüber zu befolgen sei. Sobald dieselben mit der Wahrheit herausrücken und erklären würden, dass die Konföderation zum

---

96   Khlesls Gutachten im Archiv des k.k. Minist. des Innern.

Schutze ihrer Freiheiten gemeint sei, solle der Kaiser erklären, dass er dieselbe nie zugeben würde, weil derartige ständische Bündnisse, wie die Erfahrung lehre, stets zu Unruhen führten und weil er nie im Sinne gehabt, die ständischen Freiheiten anzutasten. Es sei übrigens, solle er sagen, keine Konföderation zwischen Ländern nötig, die bereits durch das stärkste Band verbunden seien, nämlich durch die Vereinigung unter einem Herrscher, dessen Nachfolger dieselbe nie zu lösen gedächten. Und wenn doch eine Konföderation abgeschlossen werden solle, so gebe sie der Kaiser nur in diesen drei Fällen zu: 1. wenn sie gegen die Türken, 2. wenn sie gegen einen äußern Feind, der irgendeines der ihm untertanen Länder angreifen würde, und 3. wenn sie zur Unterdrückung jeder Rebellion in allen Teilen seines Gebietes abgeschlossen würde.

Khlesl hatte hiemit eine Achillesferse des österreichischen Staates berührt. Für die einzelnen Theile bestand keine Pflicht einer gemeinsamen Verteidigung; wenn die Österreicher und Böhmen in Ungarn sich gegen die Türken schlugen, so taten sie es aus gutem Willen, und ebenso wenig waren die Ungarn verpflichtet, allfällige Angriffe des Kurfürsten von Sachsen gegen Böhmen zurückzuschlagen. Ebenso war auch keines der Länder zur Hilfeleistung behufs Unterdrückung eines die Habsburgischen Rechte bedrohenden Aufstandes verpflichtet. Die gemeinsame Verteidigung gegen jeden äußeren Feind oder gegen einen die Integrität bedrohenden Aufstand wurde erst durch die pragmatische Sanktion im 18. Jahrhunderte zu einem allgemein gültigen Staatsgrundgesetz erhoben. So lange dieses Gesetz fehlte, war die österreichische Monarchie nur eine Ländermasse, die durch kein organisches Band zusammengehalten war. Khlesl bewies seine staatsmännische Einsicht, indem er den Mangel entfernen und das Band knüpfen wollte. Allein mit dem politischen Scharfblick, den dieser Staatsmann bei der Definierung der für Österreich nötigen Konföderation bewies, war es nicht abgetan, es stand nicht zu erwarten, dass die Stände ihrem Begriffe von Konföderation den khleslischen würden unterschieben lassen und aus einem Bündnisse zum Schutze ihrer Freiheiten ein Bündnis für die Rechte ihres Herrschers nach Außen und Innen machen würden. Doch hatte der Kaiser eine Debatte nicht geradezu zu scheuen, wenn er auf Khlesls Meinung einging. War der Wunsch der Stände nach Sicherung ihrer Freiheiten gerechtfertigt, so war es nicht minder der des Kaisers, wenn er sich für die Zukunft gegen äußere und innere Feinde sichern wollte. Konnte der Konföderation kein solcher Inhalt gegeben werden, dass er den Kaiser und die Stände befriedigte, dann konnte es ersterer immerhin wagen, einer einseitigen Beschlussfassung der Stände seine Sanktion zu versagen, dann konnte er verhüten, dass sich die Stände förmlich unter seiner Ägide gegen ihn oder seinen Nachfolger erhoben.

Im weiteren Verlauf seines Gutachtens ging Khlesl auf die zweite ständische Forderung, die Defension, ein. Unter der Voraussetzung, dass die Konföderation nur zur Abwehr des äußeren Feindes oder zur Unterdrückung etwaiger Aufstände dienen dürfe, hatte er gegen die Beratung einer neuen Defensionsordnung nichts einzuwenden. In der Skizze, die er von derselben entwarf, zeigte er auch für diesen Gegenstand ein kluges Verständnis. Die Mangelhaftigkeit und Unbehilflichkeit des bisherigen mittelalterlichen Heerwesens in allen österreichischen Ländern wohl erkennend verlangte er, dass solche Vorbereitungen getroffen würden, vermöge deren im Kriegsfalle jedes Land binnen vier Wochen sein Truppenkontingent auf den Beinen hätte. Zu diesem Behufe sollte von vornherein die Größe des gesamtösterreichischen Heeres auf etwa 40000 Mann bestimmt und das Kontingent für jedes einzelne Land festgesetzt werden. Zugleich sollten die Waffen, die Munition, die Mannschaft und die Officierscadres stets in Bereitschaft und Evidenz gehalten werden, um diese Truppenzahl in der genannten kurzen Frist marschfähig zu machen. Wer merkt nicht, dass ihm das Bild einer Armeeorganisation vorschwebte, welche modernen Zeiten entspricht.

Abermals traf Khlesl in einer außerordentlich wichtigen Sache das Rechte. Der Mangel einer vernünftigen Heeresorganisation in dem doch ziemlich umfangreichen Österreich war die Hauptursache, dass der Türkenjammer unsere Vorfahren so hart drückte. Wie viel Wehe wäre ihnen erspart werden, wenn sich die verschiedenen Länder über einen umfassenden und dauernden Verteidigungsplan selbst geeint hätten, wie vielen Streitigkeiten wäre man auf den ungarischen Reichstagen entgangen, die stets mit Klagen gegen die fremden Truppen bei der Hand waren und doch ihr Land nicht verteidigen konnten? Eine Konföderation im Sinne Khlesls und eine auf dieselbe begründete Defensionsordnung hätte den Österreichischen Staat als ein Ganzes erscheinen lassen und. ihm Achtung und Frieden verschafft.[97] – Wohl dürfte mancher ungarische und böhmische Kavalier Khlesls Ideen gebilligt haben, wenn er sich vergegenwärtigte, dass die österreichischen Länder in ihrer Vereinigung den einzigen, wenn auch schwachen Schutz gegen das Türkenjoch abgaben. Allein wenn diese eine Aufgabe ihn mit Wünschen für den Bestand Österreichs beseelte und die Mittel hiezu gutheißen ließ, so fühlte er sich in der Regel wegen der religiösen Zerwürfnisse diesem Staatengebilde entfremdet.

---

97 Im 16. Jahrhunderte wurden wiederholt auf Anregung Ferdinands I Anläufe zur Beratung einer gemeinsamen Verteidigung zwischen Ungarn und den übrigen Besitzungen dieses Fürsten gemacht, man kam aber zu keinem Resultate, denn man hatte nur die Not des Augenblickes vor Augen und dachte nicht daran, etwas dauerndes zu schaffen.

In konsequenter Durchführung seiner Ansichten war Khlesl auch nicht gegen eine Erneuerung der Erbeinigungen, die er als ein Bündnis gegen äußere Feinde betrachtete. Auf ständischer Seite war man natürlich anderer Meinung, die Erbeinigungen sollten in Verbindung mit den ständischen Konföderationen treten und ihre Spitze gegen den Monarchen richten. Was endlich die Kreistage betrifft, so wusste ihnen Khlesl keine ungefährliche Wendung zu geben und deshalb riet er dem Kaiser ihre Ablehnung an.

Mathias übergab Khlesls Gutachten einigen vertrauten Personen zur-Beurteilung. Es waren dies der Kardinal Dietrichstein, der Oberstburggraf von Böhmen, Adam von Sternberg, und mehrere andere nicht näher benannte Herren, unter denen aber offenbar der Kanzler Lobkowitz, dann Slawata und Martinitz zu vermuten sind. Sie alle billigten Khlesls Ansichten bis auf einen Punkt. Sie verlangten nämlich, der Kaiser solle in der Aufforderung an den Generallandtag zur Beratung der vier Artikel angeben, wie er sie (in khleslischer Weise) verstehe und zu bewilligen gedenke. Diese Erklärung werde für die Gutgesinnten ein Leitstern sein, die Schlechtgesinnten aber einschüchtern.[98] Khlesl missbilligte die abweichende Meinung aus vielfachen Gründen, der wichtigste darunter war der, dass man vor allem die Absichten der Böhmen kennen müsse und deshalb möge man sie zuerst reden lassen. Es würden sich dann Mittel und Wege genug finden, sie zu bekämpfen, sei es durch die Österreicher und Ungarn, deren man sich versichern müsse, sei es durch das Verschleppen der Verhandlungen. Er habe letzteres Mittel mehrfach versucht und tüchtig befunden; der Adel, müde der langen Abwesenheit vom Hause und der damit verbundenen bedeutenden Auslagen, betreibe dann die Beendigung der Verhandlungen und begnüge sich mit dem ersten Beschlusse. Welche Ansicht schließlich die Oberhand behalten, ist uns nicht bekannt. In den offiziellen Akten finden sich zwei Propositionsentwürfe, der eine nach Khlesls Ratschlage abgefasst, der andere im Sinne der böhmischen Ratgeber; welcher von beiden zur Geltung kam, ist ungewiss. Nach dem Verlaufe der Verhandlungen zu urteilen, dürfte die Meinung der letzteren durchgedrungen sein.[99]

Auf Seite der böhmischen Opposition scheint man keine Vorbereitungen getroffen zu haben, um sich des Sieges auf dem Generallandtage zu versichern, namentlich wurden keine vertraulichen Verhandlungen mit den angesehenen Personen der Nachbarländer eingeleitet, um das wechselseitige Verhalten nach einem gemeinsamen Plane zu regeln. Die uns zugänglichen Nachrichten legen die Vermutung nahe, dass diese Saumseligkeit die Folge eines in der

---

98 Beide Entwürfe undatiert im Archiv des k.k. Minist. des Innern.
99 Die Korrespondenz hierüber im Archiv des k.k. Minist. des Innern.

Opposition eingetretenen Zwiespaltes gewesen sei. Denn als der Generallandtag vor der Türe war, erschienen von den Häuptern derselben nur Thurn, Fels, Budowec und Ruppa in Prag und berieten sich mit den nächsten Anhängern über die einzuschlagende Politik. Dagegen hielten sich Schlick, Wilhelm von Lobkowitz und Stephan von Sternberg nicht nur jetzt, sondern auch zur Zeit der Generallandtagsverhandlungen von der Hauptstadt fern, während man sie sonst, namentlich die beiden ersten, stets in der vordersten Reihe der Opposition gesehen hatte. Mochten sie vielleicht nicht mehr die Wege Thurns wandeln? Wie die Abwesenheit dieser Männer jenen, welche die politische Sachlage kannten, nicht wenig auffiel, so erregte wiederum die Ankunft einer pfälzischen Gesandtschaft, die gerade in diesen Tagen am kaiserlichen Hofe eintraf und für ihren Herrn um die Belehnung mit; den böhmischen Lehen ansuchte, nicht wenig Aufsehen. Man hatte sie in dem allerdings nur zu begründeten Verdacht, dass sie die Protestanten bei den kommenden Verhandlungen heimlich beeinflussen und zur Ausdauer mahnen wolle. Einigermaßen günstig schien es für die Sache der Opposition zu sein, dass sich der Obersthofmeister Adam von Waldstein, obwohl er katholisch war, auf ihre Seite stellte und bei den kommenden Verhandlungen für die Gewährung der vier Punkte im Sinne der Protestanten eintreten wollte.[100] Inzwischen hatte Mathias den Ständen seiner verschiedenen Länder kundgetan, dass der Generallandtag am 15. Juni 1615 eröffnet werden solle und sie aufgefordert, ihre Deputationen rechtzeitig nach Prag abzusenden. Als am 15. Juni der Generallandtag wirklich eröffnet wurde, waren außer den böhmischen Ständen nur die Deputationen aus Mähren, Schlesien und den beiden Lausitzen anwesend. Die Vertreter aus Ober- und Niederösterreich fanden sich erst im Anfange Juli ein, von den Ungarn ließ sich aber Niemand blicken, nur von Seite der königlich-ungarischen Räte lief an die Stände in Prag ein Schreiben ein, das eine Bitte um böhmische Subsidien für die Instandhaltung der ungarischen Festungen enthielt, des Generallandtages aber mit keinem Worte gedachte.[101] Bald war die Tatsache unzweifelhaft, dass die Ungarn sich an demselben nicht beteiligen würden. Ob der Kaiser dies durch schlaue Maßregeln herbeigeführt oder die Ungarn ihre Beteiligung selbst für unpassend gehalten, ist nicht weiter bekannt. Die Tatsache des Ausbleibens war unbestreitbar und der Bedeutung der ständischen Zusammenkunft nicht wenig nachteilig.

---

100 Münchner Staatsarchiv 28. Bodenius an Herzog Max dd. Prag 20. Juni 4, Juli, 11. Juli, 8. und 22. Aug. 1615.

101 Der königliche ungarische Rath an die böhmischen Stände dd. 17. Juni 1615. Archiv des k.k. Minist. des Innern.

Die Beratungen des Generallandtages nahmen damit ihren Anfang, dass die böhmischen Stände zuerst mit den ihrer Krone inkorporierten Ländern in Verhandlung traten, also mit der Mährischen, Schlesischen und Lausitzer Deputation. Gleich im Anfange ließen sich dieselben sehr schlecht an; statt mit Eifer an die Feststellung der Bedingungen für die Konföderation und Defension zu gehen, regten die verschiedenen Deputationen unter einander und gegen die Böhmen alte, nie ausgetragene, aber immer mit neuem Ärger erfüllende Streitigkeiten an. Die Mähren Schlesier und Lausitzer betonten zuerst, dass sie gar nicht verpflichtet seien, bei einem Generallandtage in Prag zu erscheinen, und ließen sich hierüber vom Kaiser einen Revers ausstellen[102]: in dem Augenblicke also, wo eine allgemeine Einigung beraten werden sollte, sagte man einander vorerst ins Gesicht, dass einer den anderen nichts angehe. Nach der Erledigung dieser Episode begannen die Mährer die Beratungen über die Konföderation, fast nur, um zu sagen, dass sie von ihr nichts wissen wollten. Als Grund gaben sie an, dass sie im Jahre 1608 mit den Ungarn und Österreichern ein Bündnis zum wechselseitigen Schutze ihrer Freiheiten abgeschlossen hatten und dass sie weder eine billige Ursache, noch eine Notwendigkeit sähen, von diesem Bündnisse abzulassen und zu einem neuen zu schreiten.[103]Das stammverwandte Mähren führte hier eine Sprache, die alle Rücksicht auf die böhmischen Stände bei Seite setzte. Mitglieder der Mährischen Deputation waren der Kardinal Dietrichstein und Karl von Žerotin. Dass ersterer so dachte und sprach, konnte nicht Wunder nehmen, aber dass letzterer zu diesen Sätzen schwieg, wenn er vielleicht nicht sogar an ihrer Redaktion beteiligt war, ist das erste Anzeichen jener merkwürdigen Entwicklung, welcher die Politik Žerotins in diesen Jahren entgegenging und. über die noch vielfach hier berichtet werden wird.[104] Die Schlesier[105] gingen scheinbar mit Eifer auf die Konföderationsverhandlungen ein, aber der Pferdefuß trat bei ihnen noch

---

102 Erklärung der schlesischen Deputation vor dem Kaiser dd. 15. Juni. Ansprache der Mährischen Deputation an die Böhmen dd. 26. Juni. Ansprache der schlesischen Deputation dd. 27. Juni. Ansprache der Ober- und Niederlausitzer dd. 27. Juni 1618. Ebend.

103 Bekanntlich haben die Mähren Ungarn und Österreicher im Jahre 1608 zu Pressburg und Eibenschütz ein Bündnis abgeschlossen, das zur Absetzung Rudolfs führte. Dieses ursprünglich nur zur Aufrechthaltung des Wiener und Zsitvatoroker Friedens abgeschlossene Bündnis wurde noch im selben Jahre zu Šterbohol dahin vervollständigt, dass es zum Schutze der ständischen Freiheiten in den getrennten Ländern dienen solle.

104 Ansprache der Mährischen Deputation an die Böhmen dd. 26. Juni 1618. Bericht über die Verhandlungen des Generallandtages an den Kaiser dd. 5. Aug. Beide Schriftstücke im Archiv des k.k. Minist. des Innern.

105 Zuschriften und Erklärungen der Schlesischen Deputation an die böhmischen Stände dd. 16. und 22. Juli und 5. Aug. 1618. Ebend.

91

sichtbarer hervor. Sie verlangten in einem Atem von den Böhmen die Unterstützung ihrer Ansprüche auf Troppau gegen die Mährer und eine Revision der ganzen staatsrechtlichen Stellung Schlesiens gegen Böhmen, natürlich im Sinne einer vollständigen, wechselseitigen Unabhängigkeit beider Länder, die nur in der Person des. Herrschers geeint sein sollten. Wieder wurden die Kanzleistreitigkeiten aus dem Jahre 1611 aufgefrischt und dadurch der Patriotismus der böhmischen Stände auf das empfindlichste verletzt und gereizt.[106]Wenn den Schlesiern alles nach Wunsche gewährt wurde, dann waren sie geneigt, sich in die Konföderationsverhandlungen einzulassen. Einen so hohen Preis konnten die Böhmen hiefür nicht zahlen. Denn für eine unsichere und in ihren Wirkungen noch gar nicht berechenbare Konföderation konnten und wollten sie nicht den letzten Rest jener Prärogative aufgeben, die sie für ihr Land, als für die Wiege und das Centrum des böhmischen Staates, dem Rechte und der Gewohnheit gemäß in Anspruch nahmen. Mit ihrem Preisgeben würde der böhmische Staat in der Tat den Rest seiner organischen Gliederung eingebüßt haben. So blieben die Konföderationsverhandlungen mit Schlesien ebenso erfolglos wie die mit Mähren. Welchen Verlauf die mit der Lausitz nahmen, ist nicht weiter bekannt, ein Resultat hatten sie jedenfalls nicht.

Gleichzeitig mit der Konföderationsfrage wurden auch die Defensionsverhandlungen in Angriff genommen. In dieser Beziehung machte sich ein besseres Entgegenkommen geltend, die sämtlichen Länder der böhmischen Krone erkannten die Pflicht der wechselseitigen Hilfeleistung gegen einen äußeren Feind an und. setzten die Truppenkontingente fest, mit denen sie einander unterstützen wollten. Böhmen sollte 2000 Reiter und 6000 Mann zu Fuß, Schlesien 2000 Reiter und 3000 Mann zu Fuss, Mähren 1000 Reiter und 3000 Mann zu Fuss, die beiden Lausitze zusammen 1200 Reiter und 2000 Mann zu Fuß stellen. Das gemeinsame Heer sollte also 6200 Reiter und 14000 Mann zu Fuß betragen. Mit diesen Bestimmungen endeten jedoch die Defensionsverhandlungen in einer, für die Bedürfnisse jener Zeit höchst unbefriedigenden Weise. Durch die Festsetzung der Kontingente wurde nur eine Unsicherheit beseitigt, nämlich die in Betreff der Höhe des gemeinsamen Heeres. Der eigentliche Mangel lag aber darin, dass für die Ausrüstung, Einübung und rasche Auf-

---

106 Die böhmische Kanzlei war eine Art Gesamtministerium in nuce für die Länder der böhmischen Krone. Die Schlesier, die nach möglichster Selbständigkeit strebten, setzten im Jahre 1611 die Errichtung einer eigenen Schlesisch-Lausitzer Kanzlei durch. Die Böhmen, die einen solchen Schnitt in ihr Staatswesen nicht dulden wollten, protestierten dagegen und verlangten ununterbrochen eine restitutio in integrum. Mathias fing an, sich ihnen zuzuneigen, und deshalb suchten die Schlesier jetzt selbst die Böhmen zur Nachgiebigkeit zu stimmen. Näheres darüber in meiner Geschichte Rudolfs II, Band II im Anhange

stellung dieses Heeres im Falle des Bedarfs gar keine Vorbereitungen in Friedenszeiten getroffen wurden, Hier sollte in einer Weise reformiert werden, wie dies Khlesl in seinem Gutachten angedeutet hatte. Eine solche Reform und Vorsorge für den Kriegsfall wäre tatsächlich eine Defensionsordnung gewesen, die einfache Festsetzung einer Ziffer hatte wenig oder keinen Wert.

In den ersten Tagen des August hatten die Verhandlungen zwischen den Ländern der böhmischen Krone das geschilderte Resultat erlangt. Über die Defension hatte man sich dem Scheine und nicht dem Wesen nach geeinigt; über die Konföderation war keine Einigung zu hoffen. Von dem teils positiven, teils negativen Erfolge der Verhandlungen erstattete der gesamte Generallandtag am 5. August 1615 Bericht an den Kaiser.[107] Nachdem die Beratungen zwischen den Ländern der böhmischen Krone so wenig zu dem gewünschten Ziele geführt hatten, so hätte man füglich auf böhmischer Seite die Verhandlungen mit den Österreichern fallen lassen können.

Wenn es nicht geschah, so war daran die Festigkeit der Österreicher Schuld. Sie neigten sich nächst den Böhmen am meisten einer revolutionären Umgestaltung der staatlichen Verhältnisse zu; sie waren mit den letzteren die eifrigsten Verteidiger des Konföderationsgedankens und es würde ihnen also schlecht angestanden haben, wenn sie ihr eigenes Werk so rasch preisgegeben hätten. Die Niederösterreicher hatten ausdrücklich in der Instruktion, die sie ihren Deputierten nach Prag gegeben hatten, dieselben ermächtigt, wegen der Konföderation und Defension zu verhandeln und sich solchergestalt, wie ihnen bemerkt wurde, jener Worte bedient, die der Kaiser von seinen Untertanen gar nicht hören mochte, wenn er sich ihrer auch selbst bedienen musste. Auch sonst war die Vollmacht so beschaffen, dass sie das Missfallen des Hofes erregte, das wo möglich durch die Missliebigkeit einiger Mitglieder der Deputation noch erhöht wurde und sich erst dann etwas beschwichtigte, als die unliebsamen Persönlichkeiten durch besser gesinnte ersetzt wurden. Geht man jedoch auf den Inhalt der Vollmacht ein, so muss man sagen, dass die Vorwürfe gegen dieselbe, selbst wenn man den kaiserlichen Standpunkt einnimmt, ihre Begründung mehr in der Form als im Inhalt hatten, ja dass der Inhalt dem Kaiser eigentlich hätte genehm sein sollen, denn er schloss sich einigermaßen der khleslischen Auffassung der Konföderation an. Die Niederösterreicher erklärten nämlich – ob sie dies alle mit gleicher Aufrichtigkeit taten, bleibt dahingestellt – die Konföderation und Defension solle die Art und Weise regeln, wie sich alle unter des Mathias Zepter stehenden Länder gegen die Türken zu

---

107 Dieser Bericht im Archiv des k. k. Min. des Innern. Sonstige Nachrichten auch im Wiener Staatsarchiv MS 491.

verteidigen hätten und welcher Leistung sich jedes Land zu unterziehen habe. War das nicht zum Teile der Gedanke, den Khlesl angeregt und den erst die pragmatische Sanktion zum gesetzlichen Ausdruck gebracht hatte?

Obgleich sich also der Kaiser durch das Auftreten der Niederösterreicher hätte sympathisch berührt fühlen müssen, so war dies doch gar nicht der Fall, er war zu sehr gegen die Generallandtagsverhandlungen eingenommen, als dass eine teilweise Übereinstimmung mit seinen Ansichten ihm das Unangenehme der ganzen Diskussion hätte versüßen und sein Misstrauen überhaupt stillen können. In Prag angelangt spielte die niederösterreichische Deputation während der Verhandlungen zwischen den Ländern der böhmischen Krone durch mehrere Wochen nur eine Zuschauerrolle. Erst am 8. August 1615, also drei Tage nach dem Schlusse der erwähnten Verhandlungen, wurde sie von den böhmischen Landesoffizieren zu einer Konferenz eingeladen und aufgefordert, mitzuteilen, was sie den Ständen vorzubringen und. von ihnen zu begehren habe. Diese Art des Empfanges setzte die Deputierten in ein nicht geringes Erstaunen.

Sie machten die Böhmen darauf aufmerksam, dass im J. 1611 Mathias um die Gewährung der Konföderation, Defension usw. angegangen wurde, dass damals die Verhandlung über diese Punkte aufgeschoben und bei dieser Gelegenheit die in Prag in des Königs Gefolge befindlichen Österreicher von den Böhmen ersucht worden seien, sich künftig an der allgemeinen Beratung zu beteiligen. Deshalb komme es ihnen sonderbar vor, wenn man sie jetzt frage, was sie vorzubringen oder zu begehren hätten. Allein auch jetzt gab ihnen der Oberstburggraf keine andere Antwort, sondern wiederholte die Frage nach ihrem Begehren. Auf Seite der den Konföderationsverhandlungen feindlich gesinnten und der kaiserlichen Politik ergebenen Böhmen billigte man diese Haltung des Oberstburggrafen; die Würde der Böhmischen Krone erheische es, dass die Österreicher um das Bündnis ansuchten und nicht umgekehrt. Dieses Flüchten hinter die Würde der Krone war jedoch nur eine Heuchelei, denn bei dem allgemeinen Bündnisse handelte es sich nicht um eine Gnade, welche die Österreicher von den Böhmen zu erbitten oder letztere zu erteilen hatten, sondern überhaupt um ein allen gemeinsames und gleich teures Interesse. Die obersten Beamten mit dem Oberstburggrafen an der Spitze betonten aber mit einemmale eifrig die Würde der Krone, um den Österreichern die weiteren Verhandlungen zu verleiden.

Die Niederösterreichischen Deputierten, durch die unerwartete Aufnahme verblüfft, brachen vorläufig die Verhandlung mit den Landesoffizieren ab und richteten ein oder zwei Tage später eine Zuschrift an die böhmischen Stände selbst, in der sie denselben nochmals die Vorgänge von 1611 ins Gedächtnis riefen. Sie gaben zu verstehen, dass sie die böhmischen Stände um nichts zu bitten hätten, sondern mit ihnen auf Grund ihrer Vollmacht über das verhandeln wollten, was man im Jahre 1611 unvollendet gelassen habe. Als diese Zuschrift an den Landtag gelangte, traf es sich, dass einige von den ständischen Wortführern von Prag nach Postelberg zum Besuch des Herrn Stephan von Sternberg abgereist waren; es waren dies der Graf Thurn, Karl von Žerotin, und. der Obersthofmeister Adam von Waldstein, der, wie erwähnt, trotz seines katholischen Glaubens sich in der Konföderationsfrage an die Protestanten angeschlossen hatte. Kaum waren diese Steine des Anstoßes hinweggeräumt, als Mathias dem Oberstburggrafen befahl, im Landtage die Antwort beraten zu lassen, welche den Niederösterreichern zu erteilen sei. Der Oberstburggraf kam dem Befehle nach und gewann die Majorität dafür, dass man den Niederösterreichern dieselbe Antwort zukommen lasse, welche ihnen schon von den Landesoffizieren zu Teil geworden war, dass man nämlich zuerst anhören wolle, was ihr Ansuchen sei. Umsonst protestierte Wilhelm von Ruppa gegen diese eilige Beschlussfassung, umsonst verlangte er die Vertagung der Verhandlungen bis zur Rückkehr der obgenannten Herren. Der Oberstburggraf lehnte das Begehren ab, da die Landesordnung eine Berücksichtigung abwesender Landtagsmitglieder keineswegs vorschreibe.[108] Die Niederösterreicher erhielten auf Grund dieses, durch Überraschung und Schlauheit herbeigeführten Beschlusses von dem böhmischen Landtage eine Antwort, die ihnen die Weiterführung der Verhandlungen unmöglich machte. Zur großen Freude des Kaisers entfernten auch sie sich unverrichteter Dinge von Prag.[109]

Mittlerweile hatten auch die Verhandlungen zwischen den Böhmen und. den Oberösterreichern ihren Anfang genommen. Unter den Mitgliedern ihrer Deputation befand sich Gotthard von Starhemberg, einer der bedeutendsten Vertreter jener extremen Opposition, die mit Tschernembl, Thurn und. anderen frühzeitig auf eine Vertreibung der habsburgischen Dynastie hinarbeitete. Er hatte bisher mit großer Unlust bemerkt, welchen für die Opposition beschämenden Verlauf die Konföderationsverhandlungen in Prag nahmen. In innigem Einverständnisse mit den Häuptern der böhmischen Opposition stehend suchte er heimlich und offen die Verhandlungen in einen besseren Gang zu bringen und machte daraus kein Hehl, dass das allgemeine Bündnis die ständischen Rechte gegen die Habsburger wahren solle. Als die oberösterreichische Deputation von den böhmischen Landesoffizieren empfangen wurde,

---

108   Die Vorgänge im böhmischen Landtage nach Slawata.
109   Die Korrespondenz über die Verhandlungen der Niederösterreicher in Prag samt mehrfachen Zuschriften in dieser Angelegenheit an den Kaiser während der Monate Februar bis August 1615 im Archiv des k.k. Minist. des Innern.

führte er eine so herausfordernde Sprache, dass die ihn begleitenden Prälaten das größte Ärgernis daran nahmen und. bei dem Kaiser dagegen Protest einlegten. Allerdings bedurfte es nicht viel, um die letzteren in Harnisch zu bringen; denn sie waren gekommen, um die Verhandlungen zu durchkreuzen, statt sie zu fördern. Auch der Hof nahm an Starhembergs Betragen großen Anstoß. Khlesl, der sich endlich auch in Prag eingefunden hatte, ließ ihm sagen, dass man auf sein Tun und Treiben das wachsamste Auge habe. Sollten auf seine Veranlassung hin die Länder sich von ihrem Herrscher trennen wollen, oder mit demselben in ein Zerwürfnis geraten, dann solle Starhemberg zusehen, was ihm geschehen würde. Es wäre eine „feine Sache", wenn jetzt, nachdem mit den Türken der Friede kaum geschlossen worden, „in Seiner Majestät Eigenthum und Erblanden die Unruhen anfangen sollten." Nie werde der Kaiser den Abschluss von Bündnissen dulden, die heimlich gegen ihn gerichtet seien.[110] Starhemberg fand sich auf diese drohende Botschaft persönlich bei Khlesl ein, suchte sich zu rechtfertigen und ließ es dabei an loyalen Versicherungen nicht fehlen. Der Bischof nahm die Verteidigung ziemlich freundlich auf und erging sich in gesprächiger Weise über die Ereignisse des Tages. Speziell die Verhandlungen wegen der Konföderation berührend bemerkte er, der Kaiser wolle weder dieses Wort hören, noch von der Sache etwas wissen, wenngleich er selbst genötigt gewesen sei, in seiner Proposition davon zu sprechen. Starhemberg gab nochmals die besten Versicherungen und versprach nur im Einverständnisse mit den Prälaten vorzugehen. Da sich jedoch ein solches nicht erzielen ließ, weil die Prälaten von einer Konföderation gar nichts wissen wollten, so verging eine geraume Zeit, ohne dass es zwischen den Böhmen und den Oberösterreichern zu einer zweiten Zusammenkunft gekommen wäre.[111] Nachdem sich inzwischen auch die Verhandlungen mit den Niederösterreichern zerschlagen, berief der Kaiser die oberösterreichische Deputation vor sich und forderte sie durch den Reichsvizekanzler Ulm zur Abreise auf, da ja ohnedies alle übrigen Konföderationsverhandlungen erfolglos geblieben seien. Die Prälaten verlangten nichts besseres, als diese Aufforderung, sie erklärten sich zur Abreise bereit und erlangten hiefür die Zustimmung des Kaisers. Starhemberg und seine weltlichen Kollegen waren über diesen Schluss nicht wenig verblüfft. Sie machten anfangs Miene, als ob sie in Prag bleiben und die Verhandlungen fortsetzen wollten, zuletzt gaben sie sich aber auch zufrieden und reisten ab, ohne von den böhmischen Ständen

---

110   Verzeichnis, was Khlesl dem Herrn Gotthard Starhemberg sagen lassen dd. 9. Aug. 1615. Ebend.
111   Khlesls Unterredung mit Starhemberg dd. 10. Aug. Archiv von Wittingau. Die Berichte über die Vorgänge dd. 11., 12. und 13. August im Archiv des k.k. Minist. des Innern und im Archive von Wittingau.

einen förmlichen Abschied zu nehmen.[112] Dies war das Ende der von den Böhmen mit; so viel Beharrlichkeit angestrebten, von dem Kaiser so gefürchteten Konföderationsverhandlungen. In dem böhmischen Landtagsbeschlusse von 1615 wurde die Erfolglosigkeit derselben in sehr lakonischer Weise berichtet. Es heißt darin: da das Königreich Ungarn keine Gesandten nach Böhmen abgeschickt und die Gesandten aus Österreich weder bei seiner Majestät, noch bei den böhmischen Ständen um ein Bündnis angesucht hätten, so sei die Verhandlung über die Konföderation bei Seite gelegt worden. – In den Gemütern der Zeitgenossen ist jedoch dieser Gegenstand nicht bei Seite gelegt worden. Die Opposition schöpfte aus ihrer totalen Niederlage nur neuen und unversöhnlichen Groll gegen ihr Herrscherhaus.

Nachdem von den oft erwähnten vier Punkten die ersten zwei durch die Abreise der verschiedenen Deputationen erledigt waren, verhandelte der Landtag über die letzten zwei, die ihn allein betrafen, nämlich über die Kreistage und Erbeinigungen.

Bezüglich der Kreistage ist zu erinnern, dass die Böhmischen Stände bis zum J. 1547 das Recht besaßen, sich auch ohne königliche Erlaubnis versammeln zu dürfen und von diesem Rechte mannigfachen Gebrauch machten. In Folge des Aufstandes, der im Jahre 1547 ausbrach und den Ferdinand I glücklich besiegte, nahm dasselbe ein Ende und in die Landesordnung wurde der Zusatzartikel eingetragen, dass fortan jede ständische Versammlung ohne vorhergehende königliche Erlaubnis verboten sei. Thurn mit seinen Anhängern machte die größten Anstrengungen, um wenigstens diesen Artikeln die Majorität im Landtage zu sichern. Es war ein öffentliches Geheimnis, dass die Opposition durch die Kreistage ihre Zwecke im Lande fördern und nötigenfalls selbst eine allgemeine Bewaffnung organisieren wolle. Merkwürdigerweise schlug sich auch in dieser Frage der Obersthofmeister Adam von Waldstein auf die Seite Thurns. Der Zwiespalt unter den Protestanten, auf den oben hingedeutet worden, scheint indessen auch hier bei den Beratungen des Landtags den Ausschlag gegeben zu haben. In Folge der allerdings großen Anstrengungen von Seite der Regierung entschied sich die ständische Majorität für die Verwerfung der beantragten Kreistage. Als Thurn und seine Anhänger sich dieser letzten Hoffnung beraubt sahen, waren sie förmlich entsetzt und verließen den Landtagssaal, ohne sich an der Schlussberatung zu beteiligen.[113] Das Schicksal des letzten Artikels war nach diesen Vorgängen vorauszusehen. Böhmen stand seit

---

112 Bericht über die Audienz am 21. August. Konzept im Archiv des k.k. Minist. des Innern.
113 Münchner Staatsarchiv 28. Bodenius an H. Max von Bayern dd. 17. und 29. Aug. 1615, Prag. – Simancas 2501. Zuñiga an Philipp III dd. 24. Aug. 1615, Prag.

langer Zeit in einem Bündnis mit den weltlichen Kurfürsten und den Königen von Polen, dessen hauptsächliche Grundlage die gegenseitige Hilfeleistung war. Durch die Wiederauffrischung dieser längst vergessenen Bündnisse wollte Thurn die fremden Fürsten zu Garanten der Böhmischen Verfassungsrechte machen und dadurch namentlich den Kurfürsten einen Einfluss auf die inneren Angelegenheiten des Landes zum Nachtheile der Habsburger verschaffen. Diese Absicht wurde jedoch dadurch vereitelt, dass die Verhandlungen über die Erbeinigung wohl zugelassen wurden, sich aber nicht über den eigentlichen und ungefährlichen Inhalt des Gegenstandes erstrecken durften.

So hatte schließlich die kaiserliche Politik über alle von Seite der Opposition versuchten Angriffe einen Sieg davon getragen. Aber diese Erfolge waren nicht die einzigen, deren sich die Regierung rühmen konnte. Nachdem die politischen Fragen erledigt waren, gelangten die königlichen Steuerforderungen an die Stände und diese zeigten sich bei denselben von einer Nachgiebigkeit beseelt, wie nie zuvor; es war, als ob sich ein goldener Regen über die königlichen Gassen ergießen sollte. Denn die Stände entschlossen sich nicht nur durch reichliche Steuern die laufenden königlichen Bedürfnisse zu decken, sondern auch einen Teil der königlichen Schuldenlast abzutragen. Das, was man eine Österreichische Staatsschuld nennen kann, belief sich um diese Zeit auf etwa 14,000.000 Taler, von denen der größte Teil auf den einzelnen Ländern hypotheziert war, ein Teil aber nur als eine persönliche Schuld des Gesamtherrschers galt, die derselbe auf die einzelnen Länder zu repartieren sich bemühte. Die böhmischen Stände übernahmen nun eine Schuldenlast von 2,700.000 Taler und beschlossen deren möglichst rasche Tilgung durch eine hohe und in voraus für mehrere Jahre geregelte Besteuerung. Sämtliche Steuern wurden für die nächsten fünf Jahre in einer Höhe festgesetzt, wie sie nur von dem Kriegsjahre 1596 überboten worden war. Darnach war zu erwarten, dass sich die Steuerleistungen des Landes – ungerechnet das ordentliche Einkommen des Königs aus seinen Gütern und einigen ständigen Einnahmsquellen – jährlich auf etwa 800.000 Taler belaufen würde. Nach dem gleichzeitig festgesetzten Tilgungsplan sollte im J. 1620 von den 2,700.000 Talern der von Böhmen übernommenen Staatsschuld 1,633.616 Taler getilgt sein, so dass der Rest sich auf etwa 1,100.000 Taler belaufen haben würde. Die Opferwilligkeit der böhmischen Stände machte sich in diesem Punkte auf eine glänzende Weise geltend und übertraf alles, was Mathias von seinen übrigen Untertanen erreichte. Solche tatsächlichen Beweise eines Entgegenkommens gegen die königlichen Bedürfnisse hätten wohl eine Annäherung zwischen dem Herrscher und den Untertanen herbeiführen und namentlich von Seite des erstem eine größere Berücksichtigung der Wünsche des Landes bewirken sollen, wie wenig dies jedoch der Fall war, wird die folgende Erzählung lehren.

Wir können den Bericht über die böhmischen Landtagsverhandlungen von 1615 nicht schließen, ohne noch eines wichtigen Beschlusses desselben zu erwähnen. Mit Rücksicht auf mancherlei Gefahren, die der politischen Stellung der böhmischen Nation zu drehen schienen, wurde vom Landtage festgesetzt, dass fortan Niemand als Einwohner des Landes oder als Bürger einer Stadt angenommen werden solle, der nicht der böhmischen Sprache mächtig sei, und dass in allen Kirchen und Schulen, in denen vor 10 Jahren noch böhmisch gelehrt werden, dies auch fernerhin geschehe. Die anderen einschlägigen Bestimmungen, die noch getroffen wurden, waren die natürlichen Konsequenzen dieser zwei Punkte.

Die Bedeutung und Tragweite dieser Beschlüsse ergibt sich aus einem näheren Eingehen in ihren Inhalt und in die Umstände, unter denen sie gefasst wurden. Was zunächst den ersten betrifft, so ist er nicht so klar, als es eben scheinen dürfte. Es wird in demselben verboten, dass Jemand zum Einwohner angenommen werde, der nicht der böhmischen Sprache kundig sei. Die gewöhnliche Erklärung ist wohl die, dass damit dem ersten besten Einwanderer das Heimatsrecht in Böhmen versagt wurde, allein dies ist mitnichten der Fall. Zum *Einwohner* jemanden annehmen (oder in lateinischer Ausdrucksweise, ihm das *Incolat* erteilen) heißt in der böhmischen Rechtsterminologie, jemanden als Landstand, sei es als Herrn oder Ritter annehmen, ihm den Kauf und Erwerb von Herrschaften gestatten und ihn dadurch zur Teilnahme am Landtage berechtigen. Solche Fälle kamen seit der Habsburgischen Herrschaft öfter und zwar zumeist dadurch vor, dass deutsche Edelleute, die sich um dies Haus verdient gemacht hatten, von den Königen Güterschenkungen in Böhmen erlangten, in deren Nutzgenuss sie erst treten konnten, wenn sie vom Landtage als Landstände angenommen und dem Böhmischen Adel eingereiht wurden. Die Fälle derartiger Schenkungen waren häufig genug, wie überhaupt die Fürsten stets von einer bedeutenden Anzahl Personen umgeben sind, die diesen Weg der Bereicherung nur zu sehr lieben. Der Böhmische Landtag von 1557 erhob über das Gebaren des Königs bittere Klage, teils fühlte er sich verkürzt, dass die Freigebigkeit des Monarchen, auf die er den ersten Anspruch zu haben glaubte, Fremden zugutekam, teils bedauerte er das Verschleudern der königlichen Güter, die er mit Recht als das Eigentum des Landes ansah. Es war schon traurig genug, wenn Ferdinand I sie um der Türken Not willen verkaufen musste, doppelt empfindlich aber, dass er sie auch verschenkte. Die Klagen und Bitten des böhmischen Landtags brachten jedoch keine radikale

Hilfe und deswegen betrachtete man die Erteilung des Incolats an Ausländer für eine Verkürzung des Landesvermögens.

Dies war jedoch nur der eine Grund, weshalb man die Aufnahme neuer „Einwohner" bedenklich fand, der andere, der im J. 1615 in den Vordergrund trat, war ein nationaler. Auch dieser erfordert einige Erklärung. Erwägt man, dass der Böhmische Landtag selten von mehr als hundert Personen besucht wurde, dass zur Teilnahme an demselben jeder Incolatsbesitzer berechtigt war, so begreift man, dass die Frage entstehen konnte, ob man Personen, die aus Österreich, Steiermark, ja selbst aus Italien und. Spanien kamen, ohne weiteres zu einer so hervorragend privilegierten Stellung zulassen solle. Denn zehn bis zwanzig Fremde, die den Landtag regelmäßig besuchten, konnten auf die Beschlüsse desselben einen entscheidenden Einfluss ausüben, der durch nichts gerechtfertigt war. Die heutigen Staaten sind sehr freigebig mit Erteilung des Bürgerrechtes, so weit geht aber bei den wenigsten der Liberalismus, dass sie Fremden auch den Zutritt in ihre parlamentarischen Körperschaften gestatten würden. Man kann Jahrzehnte in Frankreich gelebt haben, sich wie ein Franzose der Sprache dieses Landes bedienen können und doch ersetzt dies alles nicht den Mangel französischer Abstammung, wenn man sich um einen Deputiertensitz bewerben wollte.

Tiefer einschneidend war jener Beschluss des Landtages, der für die Zukunft die Aufnahme solcher Personen in den Bürgerverband verbot, die nicht die böhmische Sprache verstanden. Auch bezüglich dieses Beschlusses ist es wichtig, die Verhältnisse näher ins Auge zu fassen. Er bezog sich einzig und allein auf die königlichen Städte, deren Gesamtzahl damals 42 betrug. Nach Zählungen, die dem Beginne des 17. Jahrhunderts angehören, betrug die Gesamtsumme ihrer Häuser an 14.000, wovon etwas weniger als 4000 auf Prag kamen. Die Zahl der Bürger war kaum größer (wenigstens nicht auf dem Lande) als die der Häuser, im Durchschnitte zählte also eine Landstadt 250 Bürger ja viele von ihnen kaum 80 bis 100. Auch durch das einfache Bürgertum gelangte man zu großen Rechten, hatte nicht bloß auf die städtische Verwaltung einen Einfluss, sondern auch auf das Gerichtswesen, man bestimmte die Amtssprache, gewann einen Antheil an dem bedeutenden Gemeindevermögen und erfreute sich überhaupt einer privilegierten Stellung. Nahm man bei der Aufnahme in den Bürgerverband auf die Abstammung keine Rücksicht, so konnte es bei den an Sachsen grenzenden und mit Deutschland im regsten Verkehre stehenden Städten geschehen, dass die Majorität der Bürgerschaft deutsch wurde und mit ihr auch das Stadtregiment. Es musste dies bedauerliche Gegensätze hervorrufen, wenn das ärmere Volk, das zehn- bis zwanzigmal die Bürgerschaft an Zahl übertraf, an seiner Nationalität festhielt.

Vom Standpunkt der Gegenwart erscheinen allerdings derartige Sprachengesetze teils verwerflich, teils nutzlos. Verwerflich sind sie, wenn sie nichts anderes bezwecken, als die Ausschließung alles Fremden, die Unterbindung jedes Verkehres mit der Außenwelt, die Isolierung des heimischen Lebens und eine künstliche Sicherstellung desselben. Sie sind auch, wie die Erfahrung lehrt, nutzlos. Denn wenn in dem Leben eines Volkes ein Umwandlungsprozess im Gange ist und eine Umstaltung seiner nationalen Verhältnisse durch innere Ursachen begründet ist, so kann dieser Prozess durch irgendeine gesetzliche Anordnung weder rückgängig gemacht, noch aufgehalten werden. Doch sind die Verhältnisse in der Gegenwart auch anders beschaffen: durch die Aufnahme als Einwohner und Bürger erlangt ein Fremder keine andern Rechte, als jene, deren sich die Gesamtheit der Eingebornen erfreut. Die Waffen, mit denen sich Fremde und Eingeborne heute bekämpfen, sind auf beiden Seiten gleich und letztere haben noch den Vorteil der Überzahl. So war es aber nicht früher; Incolat und Bürgertum waren in Böhmen im J. 1615 nicht bedeutungslose, sondern wie ersichtlich hervorragend einflussreiche, mit einem Worte, privilegierte Stellungen. Sie konnten einen künstlichen Umstaltungsprozess hervorrufen, der vielleicht sonst nicht eingetreten wäre, und einer unverhältnismäßig kleinen Minorität zu einer Bedeutung verhelfen, die ihre natürliche Berechtigung weitaus überstieg. In diesem Umstande haben die Sprachengesetze von 1615 ihre teilweise Begründung. Übrigens machte sich eine ängstliche Fernhaltung Fremder vom Bürgertume nicht allein in Böhmen geltend, wo doch gewichtigere Interessen auf dem Spiele standen, auch die deutschen Reichsstädte und die Schweizer Städte waren nicht minder exklusiv in der Erteilung von Bürgerrechten und schlossen Fremde entweder ganz davon aus oder ließen sie nur gegen Zahlung einer großen Geldsumme zu, die als eine Art Einkauf betrachtet werden kann.

Da die Gesetze von 1615 bezüglich des Incolats und Bürgertums vornehmlich ihre Spitze gegen Deutschland kehrten, so kann man fragen, ob sie nicht auf die deutsche Bevölkerung Böhmens einen Druck ausübten oder von ihr als ein solcher empfunden wurden. Hätten sie sich auf die schon im Beginne des 17. Jahrhunderts rein deutschen Gebiete von Eger und Elbogen bezogen, so wäre dies zweifellos der Fall gewesen und Adel und Bürgerschaft dieser Gegenden hätten dagegen Einsprache erhoben. Allein die genannten Gebiete waren in ihrer Verfassung, Verwaltung und Gerichtsorganisation nicht bloß auf deutschem Fuße eingerichtet, sondern auch von Böhmen vollständig getrennt. Die Beschlüsse von 1615 bezogen sich auf ein kleineres Gebiet, als welches heute mit dem Namen Böhmen bezeichnet wird, und galten für eine Bevölkerung, in der das Slawische Element zehnmal grösser war, als das Deutsche.

Denn dies mag vor dem 30jährigen Kriege das Verhältnis zwischen den beiden Nationalitäten gewesen sein, die Böhmen innerhalb der Grenzen von 1615 bewohnten.

Selbst bei diesen Bevölkerungsverhältnissen unterliegt es natürlich keinem Zweifel, dass die Beschlüsse von 1615 für die Minorität die größten Nachteile in sich schlossen. Sie übten schon dadurch eine unverkennbare Härte aus, dass ihnen eine rückwirkende Kraft wenigstens in Bezug auf das Erbrecht gegeben wurde. Tief haben sie aber auf keinen Fall in die sozialen Verhältnisse Böhmens eingeschnitten, hätten sie dies getan und die im Lande ansässige deutsche Bevölkerung mächtig gereizt, so müssten die historischen Quellen hierüber einigen Aufschluss bieten. Die nahezu völlige Schweigsamkeit derselben deutet jedoch darauf hin, dass man den Beschluss teils für selbstverständlich, teils für bedeutungslos gehalten habe. Gewiss ist es, dass sich auf dem Landtage selbst auch nicht der Schatten einer Opposition erhob. Die gleichzeitigen Berichte über die böhmischen Landtagsverhandlungen, die aus deutscher Feder flossen und nach Wien gingen, erwähnen des Sprachenbeschlusses gar nicht oder führen ihn in einer Weise an, die fast eine Billigung in sich schließt. Ebenso wenig tadelte einer der diplomatischen Agenten, die damals von den deutschen Fürsten in Prag unterhalten wurden und deren Korrespondenzen sich erhalten haben, das Bestreben des böhmischen Landtags, den Schwerpunkt der politischen Herrschaft im Lande nicht verrücken zu lassen. Auch von Seite des kaiserlichen Hofes, von Seite der benachbarten deutschen Länder und ihrer ständischen Vertreter fand der mehr erwähnte Beschluss nicht die leiseste Anfeindung, waren doch die deutschen Österreicher und Schlesier die treuesten Bundesgenossen der Böhmen in dem folgenden Aufstande. Alles dies ist wohl begreiflich, wenn man sich die oben erwähnten Bevölkerungsverhältnisse Böhmens vor dem 30jährigen Kriege vor Augen hält und nicht spätere Zustände zum Maßstabe nimmt.

Was die Anordnung betraf, dass in Kirchen und Schulen, in denen der Gottesdienst noch vor zehn Jahren böhmisch gelehrt werden, dies neuerdings stattfinden solle, so ist zu bemerken, dass diese Bestimmung weder die Errichtung neuer deutscher Kirchen und Schulen hinderte, noch solche, die länger als zehn Jahre existierten, in ihrem Bestände verkümmern wollte. Wir kennen den Grund nicht genau, weshalb in der Zeit von 1605–15 einzelne Kirchen mit Benachteiligung der eingepfarrten slawischen Bevölkerung in deutsche Hände kamen, doch scheint er zunächst bei den Gutsherrn gesucht werden zu müssen. Einige von ihnen, deren Auftreten das Sprachengesetz von 1615 ins Leben rief, mögen es vorgezogen haben, die mit ihrem Schlosse verbundene

Pfarre mit einem deutschen statt mit einem böhmischen Geistlichen zu besetzen, ohne auf die untertänige Bevölkerung die mindeste Rücksicht zu nehmen. Mitunter mögen jedoch mehr religiöse als sprachliche Gründe entschieden haben; mancher Gutsherr fühlte sich dem Luthertum inniger verwandt, als der Böhmischen Konfession, wollte er aber einen Prediger nach der Augsburger Konfession, so musste er ihn aus Deutschland holen.[114]

Die nächste Veranlassung zu dem Landtagsbeschlusse von 1615 dürfte übrigens ebenso die Abneigung gegen das welsche als gegen das deutsche Wesen abgegeben haben. In den gleichzeitigen Berichten wird geklagt, dass sich manche Edelleute, die das Böhmische gut verstanden, das Wort gegeben hätten, öffentlich nur in einer andern als der böhmischen Sprache zu reden. Bei Gesellschaften und Trinkgelagen hielten sie ihr Wort und ärgerten durch diese Art von Vornehmtun die alten Herren.

Es mögen das Personen gewesen sein, die dem Hofadel angehörten, der sich seit Rudolf II in Prag entwickelt hatte und die sich mehr als Italiener und Spanier und weniger als Deutsche benahmen. Sie gehörten zum Teile der strengen katholischen Richtung an und wurden deshalb im Lande doppelt scheel angesehen. In der Tat waren durch sie erst vor wenigen Jahren die ersten Kapuziner aus Italien nach Prag gekommen, die weder deutsch noch böhmisch verstanden und unter ihrer Mithilfe hatte sich auch das Kloster bei Maria Schnee mit italienischen Franziskanern bevölkert.[115] Während der Generallandtagsverhandlungen in Prag bequemte sich der Kaiser zum definitiven Aufgeben seiner ungarischen Pläne, indem er sich mit Bethlen Gabor und mit den Türken in Verhandlungen einließ. Mit Bethlen Gabor nahmen sie damit ein Ende, dass er ihn als Fürsten von Siebenbürgen anerkannte und ihm jene ungarischen Komitate abtrat, die früher die Bathorys inne gehabt. Doch dauerte es noch einige Zeit, bevor sich Mathias zur Erfüllung der Friedensbedingungen bequemte. Mit den Türken wurde der Friede von Zsitvatorok auf weitere 20 Jahre erneuert. Eine türkische Gesandtschaft, welche zur Begrüßung des Kaisers nach Prag kam, wurde mit reichen Geschenken, deren Kosten die böhmischen Stände trugen, entlassen.

---

114   Dies deutet ausdrücklich eine Wiener Korrespondenz an. Wiener Staatsarchiv MS 491.

115   Der Sprachenbeschluss von 1615 steht ganz unvermittelt da und hat auf die vorangegangenen und folgenden Streitigkeiten in Böhmen gar keinen Einfluss ausgeübt. Nur wegen seiner modernen Bedeutung sind wir näher auf ihn eingegangen, denn mit dem Böhmischen Aufstande und seinem Verlaufe hat es nichts zu schaffen.

IV

Die Protestanten Böhmens hatten die Berufung des Generallandtages für eine passende Gelegenheit angesehen, um ihre kirchlichen Beschwerden endlich in energischer Weise zur Sprache zu bringen. Es wurde beschlossen, dass nicht die Defensoren allein, sondern sämtliche auf dem Landtage anwesenden Protestanten sich mit einer schriftlichen Verstellung an den Kaiser wenden sollten. In dem Aktenstücke, das durch gemeinsame Übereinstimmung zu Stande kam, betonten sie, dass sie sich stets bemüht hätten, den Katholiken keinen Anlass zu einer Klage zu bieten, während ihnen selbst die bittersten Verletzungen widerfahren seien. Die gewaltsam geschlossenen Kirchen von Klostergrab und Braunau und die systematische Anstellung katholischer Priester auf allen königlichen Gütern seien die sprechendsten Beweise der verletzten religiösen Freiheit. Angesichts dieser Tatsachen sprachen sie ihre Entschlossenheit aus, sich gegen jeden Verletzer ihrer Rechte, – die alleinige Person des Kaisers ausgenommen – Hilfe verschaffen und nicht länger ruhig zusehen zu wollen.[116]

Der so überaus glückliche Verlauf des Generallandtages erfüllte die Regierung mit zu großer Zuversicht, als dass sie sich durch die drohende Sprache dieser Eingabe zu einer Änderung ihres bisherigen Verfahrens hätte bestimmen lassen. Waren doch die Verfasser der Klagschrift dieselben Männer, die soeben eine vollständige Niederlage auf dem parlamentarischen Kampfplatze erlitten hatten. Nichtsdestoweniger scheute sich die Regierung vor einer offenen Abweisung der Protestanten. Der Generallandtag ging zu Ende, die Mitglieder entfernten sich allmählich von Prag und noch war von Mathias keine Antwort erfolgt. Dass sie aber, wenn sie je erteilt wurde, nicht nach dem Geschmacke der Kläger sein würde, darauf deuteten stets neue Anzeichen hin und unter diesen die Behandlung der Neustraschitzer. – Durch den Zuspruch der Defensoren und. das feste Auftreten der protestantischen Stände überhaupt verleitet, hatten die Neustraschitzer beschlossen, auf dem Wege der Tat gegen die Anstellung des katholischen Priesters zu protestieren. Sie schlossen die Kirche vor demselben und hinderten ihn an der weiteren Ausübung seiner Funktionen. Als sie deshalb als Störer des Landfriedens beim Kammergericht verklagt wurden, entlud sich der kaiserliche Zorn über ihren Häuptern; die Gemeinde wurde zur Bezahlung einer bedeutenden Geldbuße an den verjagten Pfarrer und zum Verluste ihrer sämtlichen Privilegien verurteilt. Später

6. Feb. 1616

---

116 Andere Apologie. Zuschrift der protest. Stände an den Kaiser 1615.

wurden ihr die letzteren bis auf eines, wieder zurückgestellt, dies eine war aber das kostbarste, denn es betraf die Braugerechtigkeit. – Jene Bürger, die man für die Tonangeber in dem Städtchen ansah, wurden zum Verkauf ihrer Besitzungen genötigt und aus der Stadt verwiesen. Gleichzeitig wurden das Bürgermeisteramt und die Ratsstellen in die Hände verlässlicher Personen gelegt.[117]

Diese Maßregelung bildete den Vorläufer der Antwort, Ende mit der Mathias nicht länger zögern wollte. Im Sommer also ungefähr ein Jahr nach der Ende Mai ihm überreichten protestantischen Beschwerdeschrift, machte er einen Ausflug 1616 nach dem damals königlichen Jagdschlosse Brandeis an der Elbe. Als er sich zur Rückreise nach Prag anschickte, berief er nach dem genannten Schlosse eine Deputation aus der Mitte der Defensoren. Sie bestand aus dem Grafen Thurn, dem Ritter Ulrich von Gersdorf und dem Appellationsrate Simon Kohaut von Lichtenfels. Der Kaiser empfing die Genannten in Gegenwart des Kanzlers und erteilte durch dessen Mund eine Antwort auf die ständische Eingabe, die sich bei dem Mangel aller mildernden Umschweife durch ihre ungewöhnliche Strenge und Kürze auszeichnete: „Was ihr mir – sagte der Kanzler in des Kaisers Namen – wegen der Klostergraber und Braunauer fürgebracht habt und der Gegentheil darauf geantwortet, habe ich verstanden. Ich kann bei mir nicht befinden, dass den geistlichen Unterthanen Kirchen zu bauen zugelassen sei. Was die Besetzung der Pfarren auf meinen Herrschaften betrifft, so will ich nicht weniger sein, als einer von euch, welchem Priester vom Erzbischof zu nehmen zugelassen."[118] – Auf die Zuhörer wirkte diese Antwort einschüchternd. Die Art, wie der Kanzler die an sich strenge Rede durch seine Betonung und Haltung noch verschärfte, machte einen herausfordernden und verletzenden Eindruck. Graf Thurn ergriff zuerst das Wort: Er sei eigentlich ein Soldat und der Krieg sein Handwerk, er habe die Stellung eines Defensors annehmen müssen, weil die Wahl ihn getroffen. Er bat zugleich, da er eine solche abweisende Antwort seinen Glaubensgenossen nicht überbringen könne, ohne fürchten zu müssen, ein oder das andere Wort nicht richtig erfasst zu haben, der Kaiser möge ihnen dieselbe schriftlich zukommen lassen. Mathias versprach der Bitte nachzukommen

---

117 Andere Apologie. Resolution des Kaisers bezüglich der Neustraschitzer 266.

118 Über die Zeit, wann diese Szene verfiel, sind die Angaben der Quellen ziemlich unsicher, so dass man mitunter annehmen könnte, diese Szene habe sich zweimal mit geringen Variationen ereignet. Vergleicht man aber alle Daten, so muss die Vorladung nach Brandeis im Mai 1616 geschehen sein. Was den Vorgang selbst betrifft, so erzählt Skala II, 16 ausdrücklich und ausführlich, dass der Kanzler im Namen des Kaisers gesprochen habe, während nach der Aufzeichnung im Wiener Staatsarchiv Boh. XVI der Kaiser gesprochen haben soll. Wir halten Skala für den besser Unterrichteten. – Das MS 491 . des Wiener Staatsarchivs bestimmt das Datum dieser Szene durch die Angabe, dass sie vor der Abreise des Kaisers aus Brandeis nach Prag (31. Mai 1616) stattgefunden habe.

und erteilte dem Kanzler in Anwesenheit der Deputation den entsprechenden Auftrag. Von den zwei anderen bei der Audienz anwesenden Defensoren murmelte Gersdorf eine verwirrte Entschuldigung und Kohaut schwieg gänzlich.

Von Mund zu Mund wurde des Kaisers Antwort in Böhmen wiederholt und verbreitete Bestürzung unter den Protestanten. Geht man auf ihren Inhalt ein, so ergibt sich erstens, dass Mathias seine Meinung in der Klostergüterfrage gegen die protestantische Auffassung aufrecht hielt. Wir haben oben die Gründe ausführlich erörtert, um derentwillen uns die Auffassung der Protestanten in der Klostergüterfrage mehr berechtigt erscheint und weshalb die Interpretation des Kaisers als eine Verletzung des Vergleiches angesehen werden kann; es ist also über diesen Teil der kaiserlichen Antwort nichts weiter zu sagen. – Etwas anderes ist es aber mit dem zweiten Teile derselben, in dem Mathias seinen Entschluss kundgibt, an der bisherigen Behandlung seiner Güter festhalten zu wollen und denselben mit den Worten motiviert, dass „er nicht weniger sein wolle, als einer von euch (d. h. von den Herrschaftsbesitzern), welchem Priester vorn Erzbischof zu nehmen gestattet sei" (d. h. seine Pfarren mit vom Erzbischof geweihten Priestern zu besetzen.). Untersucht man den Sinn dieser Antwort, so kommt man zur Kenntnis eines eigentümlichen Widerspruches im „Vergleiche". An einer Stelle desselben wird das Jahr 1609 als Normaljahr für den konfessionellen Charakter der Kirchen und Pfarren festgesetzt. Nichts konnte wohltätiger sein, als diese Bestimmung, die einer Masse endloser Streitigkeiten den Riegel verschob. Dass dennoch diese Bestimmung auf den kaiserlichen Gütern und namentlich in Neustraschitz verletzt wurde, das war es eben, was einen Teil der ständischen Klagen ausmachte.

Aber der Vergleich enthielt noch eine andere Stelle, die schlecht zu der Festsetzung eines Normaljahrs passte. In dieser andern Stelle heißt es, dass es den katholischen und protestantischen Ständen, sowie dem Könige unbenommen bleiben solle, auf alle Pfarren, über die ihnen das Patronatsrecht zustehe, auch solche utraquistische Priester einzusetzen, die vom Erzbischof die Weihe erhalten hätten.

Diese letztere Bestimmung war zu Gunsten der Anhänger des alten Utraquismus getroffen werden, die sich im Jahre 1609 der protestantischen Bewegung nicht anschließen und die Böhmische Konfession nicht als ihr Glaubenssymbol annehmen wollten. Die utraquistischen Altgläubigen verlangten damals, dass man sie auch ferner als eine eigene Kirche ansehe, so dass es also in Böhmen „Katholiken", „Utraquisten" und „die Anhänger der Böhmischen Konfession", die sich ebenfalls Utraquisten nannten, denen wir aber die passendere Bezeichnung Protestanten beilegen, geben sollte. Die Protestanten wollten dies nicht dulden und verlangten, dass nur sie selbst und. die Katholiken als Kirche organisiert sein sollten, und besiegten den Widerstand der Altgläubigen damit, dass sie es jedem Patron, der über eine utraquistische Kirche verfügte, freistellten, an dieselbe entweder einen protestantischen Geistlichen anzustellen, oder einen solchen, den der Erzbischof geweiht hatte. Tat ein Patron das letztere, so machte er die Pfarre tatsächlich zu einer katholischen, denn wenn auch bei derselben das Abendmahl unter beiden Gestalten verteilt wurde, so geschah dies seit dem Tridentiner Konzil mit Erlaubnis des Papstes und bildete keinen Gegenstand der Trennung mehr.

Auf diese Weise stand es nach dem Vergleiche in dem Belieben eines jeden Patrons, ob er trotz des Normaljahres 1609 seine utraquistischen Pfarren katholisch oder protestantisch machen wollte. Die protestantischen Stände hatten in diese Bestimmung eingewilligt, weil sie bei ihrer überaus großen Majorität in derselben keine Gefahr sahen; war doch der mit ihnen verbundene Adel mindestens zehnmal zahlreicher, als der auf katholischer Seite stehende. Auch beschränkten sie die allgemeine Anwendung jener Bestimmung in einem wichtigen Punkte. Bezüglich der königlichen Städte wurde nämlich ausdrücklich festgesetzt, dass alle in denselben befindlichen utraquistischen Pfarren und Kirchen als protestantisches Eigentum gelten und dem betreffenden Konsistorium untergeordnet sein sollten. Fänden sich eine oder mehrere Personen in den königlichen Städten, die dem alten Utraquismus anhingen, so sollten sie für ihre geistlichen Bedürfnisse Befriedigung suchen, wo sie wollten, aber an die nunmehr protestantischen Kirchen ihrer Stadt keine Ansprüche erheben.

Da von Seite der Protestanten unmittelbar nach dem Jahre 1609 keinerlei Klagen erhoben wurden, so darf man entweder vermuten, dass die katholischen Gutsherren sich ihres Rechtes, utraquistische Pfarren katholisch zu machen, nicht bedienten und so eine neutrale Haltung bewahrten oder dass die Protestanten ein solches Vorgehen unter dem frischen Eindrucke der von ihnen verfassten Gesetze berechtigt fanden und nicht angriffen. Wahrscheinlich ist das erstere. Von entscheidender Wichtigkeit für die Zukunft musste jedoch das Beispiel des Königs sein, auf dessen Gütern sich zahlreiche utraquistische Pfarren befanden. Unmittelbar nach dem Jahre 1609 bewahrte man gegen die Protestanten auf den königlichen Gütern eine neutrale Haltung und erkannte sie als die Rechtsnachfolger der Utraquisten an. Seit jedoch Mathias seine Patronatsrechte dem Erzbischof abgetreten hatte, war es anders geworden, der letztere benützte die ihm durch den Vergleich gebotene Gelegenheit, um alle königlichen Pfarren katholisch zu machen. Es wird nun klar sein, aus welchem Grunde der Kaiser in seiner Brandeiser Antwort behaupten konnte, bei der Besetzung seiner Pfarren mit katholischen Priestern im Rechte zu sein. Wiewohl eine derartige Tatsache im Vergleiche vorbereitet war, so waren die Protestanten doch nicht wenig darüber erbittert, da sie sich von Seite des Königs einer gewissen Neutralität versehen hatten.

Erwägt man, zu welchen Streitigkeiten und Konsequenzen der vielgenannte Vergleich in der kürzesten Zeit führte, so lässt sich nicht leugnen, dass die legislatorische Befähigung der Protestanten im Jahre 1609 keine glänzende Probe abgelegt hatte. Es ist schon an und für sich ein Unsinn, dass in dem genannten Jahre zwei Gesetze, die parallel nebeneinander laufen, über einen und denselben Gegenstand gegeben wurden. Der Majestätsbrief, anscheinend das wichtigste der Gesetze, schneidet doch keineswegs so tief in die Verhältnisse ein, wie der Vergleich, dessen Bestimmungen allein zu den folgenden harten Kämpfen zwischen dem Könige und den Protestanten Anlass gaben. Von einem systematischen, lichten, die möglichen Zwistigkeiten voraussehenden und in vorhinein entscheidenden Gesetze ist bei dem vielgenannten Vergleiche, der als ein abstruses Machwerk angesehen werden muss, keine Rede. Und so haftet an den protestantischen Führern der Vorwurf, dass sie es selbst waren, die mit unglaublicher Leichtfertigkeit die schwersten Gefahren über ihre Anhänger heraufbeschworen haben.

Die Antwort, die der Kaiser den Defensoren in Brandeis gegeben, konnte als das Regierungsprogramm der nächsten Zukunft angesehen werden. Für die Protestanten eröffnete es die Aussicht auf eine derartige Schmälerung ihrer Existenz, dass sie selbst die Zustände vor 1609 als günstigere ansehen mussten. Denn war auch vor diesem Jahre ihre Sicherheit durch kein Gesetz begründet, so erfreuten sie sich doch einer tatsächlichen Freiheit, allfällige Angriffe ermangelten damals eines festen Systems und kamen nur sporadisch vor. Jetzt war dies nicht der Fall, das Vorgehen der Regierung war ein festes und hatte das nächste Ziel klar vor Augen. Es war dies die völlige Katholizisierung des königlichen und geistlichen Besitzes, soweit dies die Kirchen und. Pfarren betraf. Wenn man hiebei die Bauern im Sinne des Majestätsbriefes in ihrem Gewissen noch nicht bedrängte und ihnen den Besuch fremder protestantischer Kirchen gestattete, so war dies nur ein geringer Schutz für die Protestanten, denn der Bauer war zu sehr von seiner Obrigkeit abhängig, um nicht schließlich ihren Wünschen in Betreff der Religion nachzukommen. Auch wurde er es auf die Dauer überdrüssig, weite Tagemärsche anzustellen, um Gottes Wort zu hören, wenn er es mit größerer Bequemlichkeit in unmittelbarer Nähe vernehmen konnte. Aber selbst die Rücksicht auf den Majestätsbrief währte nicht allzu lange; einzelne Pfarrer wagten es gegen das Ende des Jahres 1616 ihren Pfarrkindern geradezu den Besuch fremder protestantischer Kirchen zu verbieten und traten so den Majestätsbrief mit Füssen. So war man endlich auf katholischer Seite dahin gekommen, das Jahr 1609 als nicht zu Recht bestehend anzusehen.

Diese wenn auch vorläufig nur sporadisch vorkommenden pfarrherrlichen Verbote steigerten die Gärung im Lande und trieben selbst solche Protestanten, die mit der Regierung auf gutem Fuße bleiben wollten, zu einem Ausdrucke des Unwillens. Sämtliche obersten Beamten und. Käthe, die dem protestantischen Bekenntnisse anhingen, vereinten sich zur Unterzeichnung einer Eingabe[119] an den Kaiser, in der sie ihn um Abhilfe ihrer notorischen Beschwerden baten, und führten als solche neben der Bedrückung der Klostergraber und Braunauer hauptsächlich die Behandlung der Untertanen auf den königlichen Gütern an. Sie ließen sich mit dem Kaiser in keine Kontroverse ein, ob die geistlichen Güter als königliche anzusehen seien oder nicht, sondern setzten ersteres als eine unbezweifelbare Tatsache voraus und sahen demnach die Brandeiser Erklärung als nicht gegeben an. Auch unterließen sie es nicht, Mathias darauf aufmerksam zu machen, dass er selbst nicht stets der Meinung gewesen sei, die er nun verfechte. Denn als er im Jahre 1612 dem Erzbischof die Besetzung seiner Pfarreien mit der Bedingung übertragen habe, dass er auf den Vergleich Rücksicht nehme, habe er gewiss den Vergleich noch nicht in dem Sinne aufgefasst, wie dies jetzt der Fall sei. – Auch diese Eingabe brachte in der Regierungspolitik eben so wenig einen Umschwung hervor, wie die zur Zeit des Generallandtages überreichte ständische Beschwerde.

Während das Land in einer Aufregung ohne Gleichen sich befand und jeder Tag eine neue Zuspitzung des religiösen Streites brachte, setzten viele ihre Hoffnung auf die Zukunft. Die einen schraken vor einem Aufstande nicht zurück und glaubten mit einem Schlage alles gewinnen zu können. Die andern sehnten den Tod des Kaisers herbei und gedachten sich durch die künftige Königswahl und den gleichzeitigen Ausschluss allfälliger habsburgischer Bewerber zu sichern. Man freute sich, Mathias im Jahre 1611 das Versprechen abgenommen zu haben, dass bei seinen Lebzeiten nicht über die Wahl eines neuen Königs verhandelt werden dürfe. So glaubte man fest und sicher, dass er seinen Einfluss nicht für seinen Vetter aufbieten könne und hoffte später völlig freie Hand zu haben. Da traf die Ausschreibung des Landtages zur Bestimmung der böhmischen Nachfolge wie ein Blitz alle diese Hoffnungen. Man sah, dass das Haus Habsburg entschlossen war, vorwärts zu gehen und der Opposition einen Kampf auf Leben und Tod anzubieten.

---

119 Archiv von Wittingau. Zuschrift an den Kaiser dd. 25. Feb. 1617.

Drittes Kapitel

Ferdinands Erhebung auf den böhmischen Thron.

V. Das Gebiet der böhmischen Krone. Die Stellung Böhmens unter den Habsburgern. Die Böhmische Verfassung. Der Adel. Die königlichen Städte. Die Bauern. Die Freibauern. Die Geistlichkeit. Die Juden. Böhmische Finanz- und Bevölkerungsverhältnisse.

VI. Stimmung im Lande bei der Ausschreibung des Landtags von 1617. Bemühungen der Regierung, Ferdinand den Thron auf Grund des Erbrechtes zu sichern. Annahme oder Wahl? Schlick. Thurn, Sieg der Regierung. Verhandlungen über die Bestätigung der Privilegien. Slawatas Opposition gegen den Majestätsbrief. Die Krönung. Das Krönungsmahl. Bestrafung der Opposition. Thurns Entfernung vom Burggrafenamte von Karlstein.

I

Das Gebiet der böhmischen Krone umfasste im Beginne des 17. Jahrhunderts außer Böhmen selbst noch Mähren, Schlesien, die Ober- und Niederlausitz. Man pflegte die letztgenannten vier Provinzen mit der Bezeichnung: die der Krone Böhmen inkorporierten Länder, zusammenzufassen. Zu Böhmen gehörten noch außerdem die Grafschaft Glatz, die Gebiete von Eger und Elbogen, welche sich in Bezug auf Steuerverhältnisse seit dem 16. Jahrhunderte dem böhmischen Landtage fügen mussten, sonst aber einer völligen Selbständigkeit sich erfreuten und ihre Angelegenheiten auf eigenen Kreistagen besorgten. Glatz und Elbogen waren Teile von Böhmen selbst, die durch Verkauf und Verpfändung von diesem Lande getrennt worden waren. Eger dagegen gehörte zu Deutschland und war durch Verpfändung im 14. Jahrhunderte an die böhmische Krone gekommen, um seitdem nimmermehr abgezweigt zu werden. Das Verhältnis der böhmischen Nebenländer zu dem Stammlande hatte im Laufe der Zeit mancherlei Wandlungen durchgemacht. Ein eng geschlossenes Staatswesen, dessen Centrum in Böhmen lag, bildete die böhmische Krone unter Karl IV und unter Georg von Poděbrad. Unmittelbar darauf empfing dasselbe einen gefährlichen Stoß durch den Krieg gegen Mathias Corvinus, in Folge dessen Mähren, Schlesien und die Lausitze in Verbindung mit Ungarn gelangten. Obwohl dieselbe durch die Erhebung Wladislaws II auf den ungarischen Thron ein Ende nehmen sollte, so war dies doch nicht ganz und gar der Fall; nur Mähren schloss sich gern und willig an das alte Stammland an, wogegen Schlesien Miene machte, als ob es die Verbindung mit Ungarn aufrecht erhalten wollte. Die gleichzeitigen anarchischen Zustände in Böhmen vernichteten die alte Bedeutung dieses Landes, lähmten seinen Einfluss auf die Nebenländer und hinderten so die Wiederherstellung enger Beziehungen.

Mit dem Regierungsantritt der Habsburger änderten sich die Verhältnisse und das böhmische Staatsgebiet machte sich wieder als ein geschlossenes Ganzes geltend. Ferdinand I wachte selbst mit Eifersucht über die Rechte der Krone Böhmen und verteidigte sie sowohl gegen Deutschland wie gegen die Unabhängigkeitsgelüste der schlesischen Fürsten. Das Institut der Generallandtage, von denen die ältere böhmische Geschichte nur schwache Anklänge bietet, gelangte jetzt zu einer größeren Entwickelung, die Habsburger begünstigten es und die Böhmen waren damit wohl zufrieden. Der Geschäftskreis der Generallandtage war übrigens sehr beschränkt und betraf fast ausschließlich die Verteidigungsfrage gegen die Türken.

Von großer Wichtigkeit für den einheitlichen Bestand der böhmischen Krone war die unter den Habsburgern sich entwickelnde Zentralisation. Die obersten böhmischen Ämter und Gerichte, wie z.B. die böhmische Kanzlei, die Kammer und das Appellationsgericht bekamen eine Wirksamkeit, die sich auf alle Länder der böhmischen Krone erstreckte , was vordem kaum bezüglich der Kanzlei der Fall war. Aber diese Zentralisation war ein zweischneidiges Schwert, sie kettete wohl die böhmischen Länder enger an einander, ließ Böhmen als das Haupt und am meisten berechtigte Glied erscheinen, aber sie bedrohte die böhmische Nation selbst mit den größten Nachteilen, denn sie fing an, eine deutsche Färbung zu bekommen, was sich insbesondere bei dem Kammerwesen geltend machte. Dazu kam noch, dass die böhmischen Zentralämter in steigende Abhängigkeit von jenen Zentralämtern gerieten, die von den Habsburgern für das ganze Reich organisiert worden waren. Die Hofkammer in Wien behandelte die böhmische Kammer nur wie eine untergeordnete Behörde, erteilte ihr Befehle und beeinflusste sogar die Anstellungen bei derselben. Die böhmische Krone lief unter dieser Einwirkung Gefahr, ihre Selbständigkeit im österreichischen Staatsorganismus einzubüßen und so das, was sie auf der einen Seite an Festigkeit gewann, auf der andern Seite doppelt zu verlieren.

Den Zeitgenossen war diese letztere Gefahr merkwürdigerweise wenig deutlich und so erhob sich nur selten von Seite Böhmens eine Opposition gegen die österreichische Zentralisation und wenn dies der Fall war, so zeigte dieselbe kein richtiges Verständnis des Gegenstandes, und. wusste nicht die passenden Gegenmittel zu finden. Dagegen wurde die böhmische Zentralisation trotz ihres halbdeutschen Gewandes von den Nebenländern ununterbrochen angefeindet. Am heftigsten gebärdete sich Schlesien in ,der Reihe der Gegner, es wollte durchaus nicht von der böhmischen Kanzlei (einer Art Ministeriums des Inneren) abhängig sein, sondern verlangte für sich die Errichtung einer eigenen Kanzlei und setzte auch diesen Wunsch bei Mathias im J. 1611 durch. Bei dieser Gelegenheit nahm Schlesien eine absolute Gleichheit mit Böhmen in Anspruch, arbeitete auf die Auflösung des böhmischen Staates hin und behauptete, dem Kaiser nur als Herzog von Schlesien und nicht als König von Böhmen zum Gehorsam verpflichtet zu sein. Mathias fand bald, dass er sich mit seiner Nachgiebigkeit gegen die Schlesier übereilt habe und dass hinter ihrer Opposition gegen den böhmischen Staat der Wunsch nach völliger Unabhängigkeit stecke. Er lenkte deshalb auf die Bitten der Böhmen, welche von ihm die Abschaffung der neu errichteten Kanzlei verlangten, ein und berief die Schlesier zu neuen Verhandlungen nach Prag. Da in denselben keine Einigung zu erzielen war, hob der Kaiser durch einen Machtspruch die schlesische Kanzlei wieder auf und stellte sich so auf die Seite der Böhmen. Mit bitterem Grolle im Herzen schieden die schlesischen Abgeordneten von Prag. Es lässt sich nicht sagen, welche Gestaltung zuletzt das böhmische Staatswesen genommen hätte und welcher Art die Bande gewesen wären, welche die Theile desselben zu einem Ganzen umschlungen hatten, wenn die Entwicklung eine normale geblieben Wäre. Die Niederwerfung des böhmischen Aufstandes machte allen Streitigkeiten zwischen den Ländern der böhmischen Krone über das wechselseitige Verhältnis ein Ende, da der Kaiser fortan ihr absoluter Herr war und dies Verhältnis nach seinem Belieben normierte.

Die Grundzüge des böhmischen Verfassungsrechtes, soweit es sich auf das gesamte Gebiet der Krone und auf das Land Böhmen allein bezog, sind zuerst in der *Wladislawischen Landesordnung*, die im J. 1500 veröffentlicht wurde, niedergelegt. Diese Landesordnung enthält neben dem öffentlichen Rechte auch das Privatrecht des Adels und die bei den Prozessen desselben geltende Gerichtsordnung. Die Anordnung der einzelnen Teile entbehrt jedes Systems, lässt eine Masse der wichtigsten Fragen des öffentlichen Rechtes unentschieden und ist kaum etwas anderes, als ein aus verschiedenen Landtagsbeschlüssen zusammengetragenes und bunt durcheinander gewürfeltes historisches

Material. Neue und wichtige Beschlüsse der Landtage machten das Bedürfnis nach einer zweiten und vollständigeren Redaktion geltend, die im J. 1530 zu Stande kam und gleichfalls durch den Druck veröffentlicht wurde. Sie unterscheidet sich von der ersten Ausgabe durch eine etwas lichtere Anordnung. Ein entschiedener .Fortschritt ist erst in jener Ausgabe bemerkbar, die im J. 1564 unmittelbar nach dem Tode Kaiser Ferdinands I veröffentlicht wurde und in der sich die Spuren der Habsburgischen Herrschaft bereits in mannigfacher Weise geltend machen. Die Bedeutung des Gegenstandes hatte zur Folge, dass bald darauf von dieser Ausgabe eine deutsche Übersetzung angefertigt und wiederholt durch den Druck verbreitet wurde.

Die Böhmische Verfassung erteilte das Recht der Gesetzgebung dem Könige und dem Landtage, an dem die drei Stände: die Herren, Ritter und die königlichen Städte Teil nahmen. Die Geistlichkeit, die sonst überall und selbst in dem benachbarten Mähren die privilegierteste Stellung einnahm und in alle gesetzgebenden Versammlungen Eingang fand, hatte in Böhmen seit den Husitenstürmen das Recht der Teilnahme an den Landtagen eingebüßt und bildete keinen eigenen Stand. Die Berufung des Landtags, ehedem nicht bloß ein Recht des Königs, sondern auch der Stände, hing seit der Herrschaft der Habsburger allein von dem ersteren ab. Der Landtag bildete bei der Entgegennahme der königlichen Proposition und bei ihrer Beantwortung nur eine Körperschaft; streng genommen bestand er jedoch aus drei gesonderten Abteilungen, so vielen nämlich, als es Stände gab. Die einzelnen Stände berieten getrennt über die Proposition und zwar die höheren Stände in der Burg, die Abgeordneten der Städte dagegen auf dem Altstädter Rathause, doch geschah es mitunter auch, dass manche Gegenstände von dem gesamten Landtage beraten wurden. Die Einigung der Mitglieder eines Standes über den zu fassenden Beschluss ging auf dem Wege der Unterredung vor sich; eine Abstimmung im modernen Sinne fand nicht statt. Waren einzelne Personen anderer Meinung, so fügten sie sich der sichtlichen Mehrheit; durch die Landesordnung war übrigens bestimmt, dass die abweichende Ansicht eines oder mehrerer Mitglieder einer Kurie die Gültigkeit eines Majoritätsbeschlusses nicht in Frage stellen könne. In den Gesamtsitzungen des Landtages wurde von jeder Kurie ein gemeinsames Votum abgegeben. Waren dieselben übereinstimmend, so kam ein gültiger Landtagsbeschluss zustande, sonst nicht, denn die Majorisierung einer Kurie durch die beiden anderen konnte nicht stattfinden. Ein derartiger Zwiespalt trat unter der Habsburgischen Herrschaft äußerst selten ein, gewöhnlich endete er auf glimpfliche Weise durch Vertagung der Streitfrage oder die schließliche Nachgiebigkeit jenes Standes, der sich in der Minorität befand. Das Übergewicht, welches der Herrnstand durch seine Stellung und seinen Reichtum ausübte, bewirkte, dass er die leitende Rolle auf dem Landtage spielte.

Die Verhandlungen auf dem Landtage bezogen sich in erster Reihe auf die königlichen Propositionen. Nahmen die Stände dieselben an, so ergab sich der Landtagsbeschluss von selbst, in der Regel trat aber zwischen dem Gesamtlandtage und dem Könige ein Schriftenwechsel ein; drei bis vier Antworten und Entgegnungen wurden ausgetauscht, bevor die Einigung zu Stande kam, worauf die vereinbarten Beschlüsse in die Landtafel eingetragen wurden und dadurch Gesetzeskraft erlangten. Eine Initiative von Seite der Stände in Bezug auf die Gesetzgebung war nicht untersagt, äußerte sich aber gewöhnlich darin, dass die Stände den König baten, er möchte einen gewissen Gegenstand in die Reihe seiner Propositionen aufnehmen. Auf dem Landtage von 1609–10 wurde das Recht der Initiative von den Mitgliedern desselben entschieden in Anspruch genommen und zuletzt für die Zukunft dahin bestimmt, dass es ihnen unbenommen bleiben solle, nach der Beratung über die königlichen Propositionen ihre eigenen Anträge zu stellen. Die Dauer der Landtage, die mit seltenen Ausnahmen jährlich berufen wurden, währte im Durchschnitt ungefähr 14 Tage; bei dringenden Anlässen, wenn nämlich der Türkenkrieg in Ungarn neue Steuerforderungen von Seite des Königs erheischte, kam der Landtag zwei und selbst dreimal im Jahre zusammen.

Der *Adel* in Böhmen teilte sich in zwei Rangklassen: in die der Herrn und Ritter. Eifersüchtig wachten sie darüber, dass keine neuen Abstufungen nach Art des deutschen Adels eingeführt würden; bezüglich der Fürsten von Plauen, die in Böhmen begütert waren, bestimmte ein eigener Landtagsbeschluss, dass sie sich zwar ihres Fürstentitels bedienen dürften, dies aber keine Vermehrung der Adelsklassen und Stände in Böhmen zur Folge haben solle. Die Herrn von Rosenberg, denen das Herkommen außerhalb Böhmens überall fürstlichen Rang zuerkannte, führten in der Heimat keinen anderen als den Herrntitel und waren Mitglieder des Herrnstandes. Im Anfange des 17. Jahrhunderts begegnete man in den Landtagen häufig den Grafen Schlick und Thurn, auch sie waren dem Herrnstande eingereiht, doch blieb es ihnen unbenommen, den Grafentitel zu führen. Andererseits gab es auch keine geringere Adelsklasse in Böhmen als die der Ritter, sogenannte einfach Adelige gab es in Böhmen nicht. – Die Erteilung des Adels war keineswegs alleinige Suche des Königs. Ein Ritter, der in den Herrnstand aufgenommen werden wollte, musste sowohl bei dem Könige wie bei den Herrn um diese Standeserhöhung bitten, und nur ihre beiderseitige Zustimmung konnte ihm dieselbe verschaffen, dagegen erteilte der König den Rittergrad selbständig. Die neu Geadelten oder neu in den Herrnstand Aufgenommenen genossen nicht unmittelbar alle Auszeichnungen ihres Standes, sie waren gehalten den älteren Geschlechtern einen Vorrang einzuräumen, erst nach drei Generationen trat das neue Ritter- oder Herrngeschlecht in die Rechte der alten Geschlechter ein.

Die Zahl der Adelsfamilien in Böhmen war in der Zeit vor dem 30jähhrigen Kriege im Vergleich zum Mittelalter in Abnahme begriffen. Es scheint, dass der Adel nur von jenen behauptet wurde, die sich im Besitz von Grund und Boden befanden. Familien, deren Glücksumstände sich bedeutend verschlechtertem, gingen im Volke auf. Nach einer Zählung aus dem Jahre 1605 waren 254 Familien des Herrnstandes und 1128 Familien des Ritterstandes im Besitz von Gütern, man kann darnach mit großer Wahrscheinlichkeit behaupten, dass die Gesamtzahl der adeligen Familien in dieser Zeit nicht viel über 1400 betragen habe.

Unter diesen Adelsgeschlechtern fehlen bereits viele von jenen, die im 15. und 16. Jahrhunderte ihren Namen mit Ehre oder Schmach bedeckt und so demselben eine Bedeutung in der Geschichte ihres Volkes verschafft haben; die Landsteine, die Ptáček von Pirkstein, die Krajíř von Krajek, die Kostka von Postupic, die Lew von Rožmital waren ausgestorben, die Nachkommen Georgs von Poděbrad waren nur noch in Schlesien begütert, die Křineckys nach Polen ausgewandert, der letzte Herr von Neuhaus wurde im Jahre 1596 begraben. Der letzte Rosenberg endete in einer Art von Harem im Jahre 1611 sein Leben in einer Zurückgezogenheit, die wenig zu der geräuschvollen Tätigkeit seiner Vorfahren passte. Der letzte Sprössling aus dem Hause Bernstein, dessen Haupt sich im 16. Jahrhunderte königlicher Einkünfte erfreute,[120] war in seinen Vermögensverhältnissen so herabgekommen, dass er sein armseliges Dasein nur mit Hilfe einer Pension fristete, die er von Spanien kurz vor Beginn des 30jährigen Krieges empfing. Im höchsten Glanze standen vor dem Beginne des 30jährigen Krieges die Familien Lobkowitz, Schwamberg, Smiřický, Sternberg, Waldstein, Slawata, Berka, Kolowrat und Kinský. Hervorragend durch seinen Reichtum war das alte Rittergeschlecht der Trčka, es hatte denselben seit der Herrschaft der Jagellonischen Könige ungeschmälert behauptet.

Dem Herkommen gemäß beteiligten sich nur jene Mitglieder des Adels an den Landtagsverhandlungen, welche mit Grundbesitz ausgestattet waren. Würden alle, denen es zukam, von diesem Rechte Gebrauch gemacht haben, so hätten sich im Landtage allein an 1400 Vertreter des Adels eingefunden. So viele kamen jedoch nie zusammen, in der Regel fanden sich mit Einschluss

---

120 Venezianische Berichterstatter berechneten dasselbe auf 160000 Taler jährlich. Nicht viel mehr betrugen die gesamten direkten Steuern von Böhmen in der ersten Hälfte des 16. Jahrhunderts.

der städtischen Deputierten, nicht viel über 100 Personen in Prag ein; der Landtag von 1609, der unter einer langen Reihe von Vorgängern und Nachfolgern einzig dastand, zählte nur an 200 Mitglieder. Diese Zahlen beweisen, dass der Besuch des Landtags vor dem 30jährigen Kriege ebenso sehr als eine Last, wie als ein Vorrecht angesehen wurde. Die Ursache lag darin, dass für den Ritterstand die Kosten in die Waagschale fielen, welche mit einer Reise nach Prag und mit einem Aufenthalte von ungewisser Dauer daselbst verbunden waren. Aus diesem Grunde verfiel derselbe schon im 15. Jahrhundert auf ein Auskunftsmittel, das den böhmischen Landtag mit der Zeit zu einem repräsentativen hätte umstalten können; die Ritterschaft jedes Kreises sandte nämlich aus ihrer Mitte Vertreter nach Prag ab. Dieser Ausweg wurde während des 16. Jahrhunderts beharrlich benützt und dahin vervollkommt, dass den Kreisdeputierten von ihren Wählern eine Entschädigung für die Landtagskosten bewilligt und die Einzahlung dieser Entschädigung mit derselben Strenge wie eine Steuer betrieben wurde. Der einzelne Ritter, der kein solches Wahlmandat erhielt, verlor deshalb nicht das Recht auf dem Landtage zu erscheinen, er konnte dahin gehen, wann und wie es ihm beliebte, aber es verstand sich von selbst, dass er dies auf eigene Kosten tun musste. Der Herrnstand, der verhältnismäßig über ein größeres Vermögen gebot, griff nicht zu dem Mittel der Stellvertretung, wer von den Herrn auf dem Landtage erscheinen wollte, erschien Kraft eigenen Rechtes und nicht als Vertreter.

Was die Vermögensverhältnisse des Böhmischen Adels betrifft, so war der Großgrundbesitz in frühern Zeiten nicht in so wenigen Händen konzentriert, wie das heute der Fall ist. Gegenwärtig ist derselbe ungefähr unter 680 Besitzer verteilt, von denen viele auch außerhalb Böhmens begütert sind, während sich im 16. Jahrhundert der Großgrundbesitz unter fast 1400 Familien verteilte, von denen kaum eine oder die andere auch in der Fremde ein Besitztum hatte. Dabei ist noch in Anschlag zu bringen, dass auch der König große und. zahlreiche Güter besaß, die vielleicht den 10. Teil des Landes ausmachten, die jetzt gleichfalls nur in Privathänden sind. Der heutige Adel ist demnach, soweit er am Großgrundbesitz partizipiert, viel reicher als seine Ahnen.

Die Einkünfte, die der Adel aus seinem Besitze bezog, flossen ihm teils aus den Zahlungen und Naturallieferungen seiner Bauern, teils aus dem Ertrage seiner unmittelbaren Besitztümer zu. Die Art und Weise, wie der Adel seinen eigenen Grundbesitz verwaltete, war verschieden, einen Teil ließ er durch die Robotleistungen seiner Untertanen bearbeiten, für den anderen Teil wurden entweder Arbeiter gedungen oder derselbe den Bauern in Pacht gegeben, der in kurzen Zwischenräumen wieder erneuert wurde. Die Administration der

Güter war auf das pünktlichste geregelt und hatte das Stadium roher Empirie bereits weit hinter sich gelassen. War der Besitz eines Edelmannes umfangreich, so pflegte er einen Hauptmann an dessen Spitze zu stellen, der gewöhnlich den ärmern Adelsfamilien entnommen war. Bei minder umfangreichen Besitzungen wurde ein bloßer Amtmann (ouředník) mit der Verwaltung betraut, ihnen zur Seite standen einige Unterbeamten mit verschiedenen Titeln. Für jedes Gut wurde ein eigenes Grundbuch angelegt, in dem sämtliche Bauernansässigkeiten nach der herkömmlichen Bezeichnung angeführt und dabei die im einzelnen hundertfach verschiedenen Leistungen derselben eingetragen waren, um die Kontrolle über deren richtige Abstattung zu ermöglichen. In der eigenen Verwaltung der Gutsobrigkeit und nicht in Pacht befanden sich stets die Teiche und Wälder. Die Teichwirtschaft wurde ehedem in Böhmen schwunghaft betrieben, es gab nicht leicht ein Gut, wo der Fischhandel nicht eine ansehnliche Rente abgeworfen hätte. Heute sind bekanntlich die Teiche aus dem mittleren und nördlichen Böhmen fast ganz verschwunden und haben einer andern Benützung des Bodens Platz gemacht.

Bei der Wichtigkeit der Verwertung von Grund und Boden hat sich frühzeitig die Literatur dieses Gegenstandes bemächtigt. Ein dem 16. Jahrhunderte angehöriges Werk (hospodář) entwirft die Grundzüge für die Bewirtschaftung und Verwaltung großer Landgüter und macht uns in dieser Beziehung mit den interessantesten Details bekannt. Nicht minder wichtig für die Beleuchtung der gutsherrlichen und bäuerlichen Verhältnisse und für die Kenntnis der ältern wirtschaftlichen Grundsätze sind die sogenannten „Mandate", in denen die Herrschaftsbesitzer die Pflichten und Rechte ihrer Untertanen festsetzten und namentlich das Gerichtswesen auf ihren Gütern regelten. Solche Mandate wurden wohl überall herausgegeben, zeitweise erneuert und den Gemeinden mitgeteilt, doch haben sich von diesen interessanten Dokumenten nur äußerst wenige erhalten. In der Zeit nach dem 30jährigen Kriege wurden die Herrn schweigsamer und übten ihre Herrschaft aus, ohne es der Mühe wert zu finden, viele Worte deshalb zu machen. Doch finden sich auch aus dieser späteren Zeit einzelne Mandate vor.

Nächst dem Adel nahmen die *königlichen Städte*, deren Zahl sich auf 42 belief, im Lande die hervorragendste Stellung ein. Alle waren zur Teilnahme am Landtage berechtigt und die bedeutenderen gewöhnlich durch zwei bis drei Deputierte, die der Stadtrat wählte, vertreten. Nicht alle sandten jedoch ihre Deputierten auf den Landtag, da dieses Recht mit bedeutenderen Auslagen verbunden war. Selten erschien mehr, als ein Drittel der Berechtigten, die Ausbleibenden überließen ihnen die Sorge für die gemeinsamen Interessen. Die Prager, die sich nach den Städten, aus denen die Hauptstadt ehedem bestand, in die Abgeordneten der Altstadt, Neustadt und Kleinseite teilten, übten auf die Verhandlungen der Städtekurie den maßgebendsten Einfluss aus.

Die königlichen Städte hatten in ihrer Entwicklung während der letzten 120 Jahre vor dem 30jährigen Kriege mancherlei Schicksale durchgemacht. Unter der Regierung Wladislaws II mussten sie mit den höhern Ständen einen harten Kampf wegen ihrer Teilnahme an den Landtagen bestehen, der Adel wandte alle Mittel an, um die Städte von denselben fern zu halten, musste aber schließlich nachgehen und sie für die Zukunft als die dritte Kurie desselben anerkennen. Unter der Habsburgischen Herrschaft gingen die Städte einem neuen Aufblühen entgegen, bis das Jahr 1547 ihrer Autonomie einen gewaltigen Stoß versetzte. Von den höheren Ständen waren sie damals in einen Aufstand gegen Ferdinand I verwickelt worden und hiefür von letzterem nicht nur mit großen Geldbußen, sondern auch mit einer Einschränkung ihrer Freiheit bestraft werden. In jeder königlichen Stadt wurde ein sogenannter Königsrichter ernannt, der nicht nur die Aufsicht über die Justizpflege führte, sondern auch über die königlichen Gerechtsamen wachte und dabei eine Art oberster Polizeigewalt ausübte. Zu gleicher Zeit wurde den Städten, die bisher nach Deutschland, namentlich nach Magdeburg übliche Appellation verboten und für die königlichen Städte der gesamten Krone ein Appellationsgericht in Prag errichtet, zu dessen erstem Präsidenten Ladislaw Popel von Lobkowitz ernannt wurde.

Die Grundlage der Böhmischen Städteverfassungen bildeten die sogenannten Stadtrechte, die bekanntlich deutschen Ursprungs waren. Im nördlichen und nordöstlichen Böhmen gelangte das Magdeburger Recht in Aufnahme, Leitmeritz bildete hier den Mittelpunkt, an dessen Schöppenstuhl andere Stadtgerichte appellierten, während dieses selbst seine Belehrungen von Magdeburg holte. Die in der Mitte und dem südöstlichen Teile des Landes gelegenen Städte schlossen sich dem Prager Stadtrecht an, dessen Elemente gleichfalls deutschen Ursprungs sind. Die Appellationen dieser Städte gingen nach Prag. Den Westen des Landes beherrschte das Nürnberger Stadtrecht und namentlich jene Umformung desselben, die in Eger zur Geltung gelangt war und die sich über eine beträchtliche Anzahl von Städten, welche in dessen Nachbarschaft lagen, ausdehnte. Die Appellationen dieser Städte gingen nach Eger, während dieses selbst seine Belehrungen aus Nürnberg schöpfte.

Von Seite der böhmischen Könige wurde schon frühzeitig darauf hingearbeitet, den Appellationen an die Gerichte deutscher Reichsstädte ein Ende zu machen, und namentlich befahl Wenzel IV, dass nur nach Prag und Leitmeritz appelliert werden solle. Er erreichte nicht seinen Zweck, bis Ferdinand I durch die Errichtung des Appellationsgerichtes entscheidend eingriff. Doch hörten selbst jetzt noch nicht alle Appellationen nach Nürnberg und Magdeburg auf, einzelne Fälle kommen noch nach dem Jahre 1548 vor, werden aber immer seltener, bis sie ganz aufhörten.

Seit der Errichtung des Appellationsgerichtes in Prag empfand man es übrigens als einen Übelstand, dass in Böhmen verschiedene Stadtrechte Geltung hatten und dass dieselben nicht mit der Landesordnung im Einklange standen. Von Seite der Landtage wurde deshalb auf die Unifikation der Stadtrechte und ihre Übereinstimmung mit der Landesordnung gedrungen. Mehrfache Kommissionen, die zu diesem Ende von den Ständen gewählt worden waren, gingen erfolglos auseinander, bis endlich im Jahre 1610 vom Landtage angeordnet wurde, dass die Prager Stadtrechte allein in Böhmen gelten sollten. Leitmeritz, der letzte Hort des Magdeburger Rechtes, musste sich fügen, Eger, das in einem besondern Verhältnisse zu Böhmen stand, wurde durch diese Bestimmung nicht betroffen. Gleichzeitig wurde beschlossen, dass das nun allgemein gültige Prager Stadtrecht mit der Landesordnung in vollen Einklang gebracht werden solle. Die sich überstürzenden Ereignisse der nächsten Jahre vereitelten die Durchführung dieses Beschlusses, obwohl derselbe im Jahre 1615 erneuert wurde.

Die Mitglieder des Stadtrates, in deren Händen die Gemeindeverwaltung ruhte und die zum Teil auch als Beisitzer der Stadtgerichte fungierten, wurden seit jeher nicht von der Bürgerschaft gewählt, sondern von dem Könige durch den Landesunterkämmerer oder den Hofrichter ernannt und gewöhnlich jährlich, oft auch in längeren Zwischenräumen erneuert. Da sie stets aus den angesehensten Mitgliedern der Gemeinde gewählt wurden, so repräsentierten sie in der Tat die öffentliche Meinung in derselben. Es war einer der stärksten Vorwürfe, die man gegen die Regierung vor dem Ausbruche des 30jährigen Krieges erhob, dass sie die frühere Unparteilichkeit außer Acht lasse und in die Ratsstellen politische Parteigänger und vorzugsweise Katholiken einsetze, wenn auch die Stadt überwiegend protestantisch sei. Von den königlichen Städten waren nur Pilsen und Budweis katholisch, alle übrigen waren protestantisch, doch fand sich fast in allen eine, wenn auch wenig zahlreiche katholische Partei vor. Am bedeutendsten war diese Minorität in Prag und zwar auf der Kleinseite.

Über die Größe der städtischen Bevölkerung haben sich keinerlei direkte Daten erhalten. Wir wissen nur, wie hoch sich die gesamte Häuserzahl in denselben belaufen habe. Aus einer Zählung von 1567 ergab sich, dass dieselbe in allen königlichen Städten 12053 Häuser betrug. Seitdem war sie im Wachsen begriffen und stieg vor dem 30jährigen Kriege auf mehr als 14000. Aus einer Zählung von 1605 ist ersichtlich, dass es in Prag (den Hradschin und Wyschehrad mit eingeschlossen) 3974 Häuser gegeben habe, wovon über 900 dem Adel gehörten. Die Prager Häuser beherbergten gerade so wie heute neben dem Hausherrn zahlreiche Mieter, auf dem Lande war dies seltener der Fall, die 14000 Häuser lassen demnach auf keine besonders zahlreiche städtische Bevölkerung schließen. Der Reichtum der königlichen Städte bestand in ihren Kapitalien, den Erträgnissen ihres Handels und Gewerbefleißes und den Einkünften aus ihrem Güterbesitz, auf dem sich im Jahre 1605 5236 Bauernansässigkeiten befanden. Die Abschätzungen über das Vermögen der Städte und ihrer Insassen ergaben im Jahre 1542 eine Summe von 2,880.000 Talern, während zur selben Zeit der Adel (Herrn und Ritter) sein Vermögen auf etwa 8,000.000 Taler berechnete. Die Städte besaßen also etwas mehr als den dritten Teil der letzteren Summe. Der Kapitalienbesitz war erweislich zum größern Teile in den Händen der städtischen Bevölkerung.

Der böhmische *Bauernstand* befand sich während des Mittelalters' bis auf den 30jährigen Krieg materiell in einer weit besseren Lage, als dies in den folgenden zwei Jahrhunderten selbst unmittelbar nach der Aufhebung der Leibeigenschaft der Fall war. Vergleicht man nämlich die Summe der Abgaben und Robotleistungen, die im 16. Jahrhunderte auf einem Bauerngrund lasteten, so erschrickt man beinahe über die ungünstige Wendung, die in dieser Beziehung später eintrat. Der böhmische Bauer, dessen Besitztum etwa 40 Strich umfasste, musste im Beginne des 17. Jahrhunderts dem Grundherrn 8–10 Tage arbeiten und in Geld und Naturalien etwa 3 Taler zahlen, eine Summe, welche die an den Staat abzuliefernden Steuern um den dritten oder vierten Teil überstieg. Im 18. Jahrhunderte waren die an die Gutsherrn zu leistenden Geldzahlungen und Naturallieferungen in Abnahme gekommen, ein großer Teil der Bauernschaft war davon gänzlich befreit, allein die Erleichterung, die in dieser Beziehung der ländlichen Bevölkerung zu Teil geworden, wurde durch die nahezu entsetzliche Steigerung, welche die Robot erfahren hatte, mehr als aufgewogen. Derselbe Bauer, der sonst 8–10 Tage gezwungene Arbeit geleistet hatte, wurde jetzt mindestens zu 75 Tagen angehalten, so dass man nicht fehlgehen wird, wenn man annimmt, dass seine Last allmählich fast verdoppelt wurde.

Die Naturallieferungen, zu denen die Bauern ehedem verpflichtet waren, waren von der mannigfachsten Natur, sie bestanden in Getreide (selten mehr als ein halber Metzen von einer oder der anderen Sorte), in Hühnern, Enten, Eiern, Gänsen, in der Fütterung eines Schweines bis Weihnachten, eines Ochsen während des Winters usw. Letztere beiden Bestimmungen waren jedoch äußerst selten und kamen nur ab und zu bei Müllern vor. Was die Zeit für ihre

Ablieferung betrifft, so war sie teils von dem Belieben des Bauers abhängig, teils an gewisse Feiertage geknüpft. Der Geldzins wurde nur zweimal im Jahre entrichtet und zwar regelmäßig zu Georgi und Galli. Zwei Wochen vor dem Termin erinnerten die obrigkeitlichen Beamten an die bevorstehende Zahlung, war der betreffende Zeitpunkt herangekommen, so zogen die Bauern samt und sonders wie eine Prozession unter der Anführung , der Dorfrichter in das Schloss und zahlten den Zins. Die Leibeigenschaft drückte den böhmischen Bauernstand im 16. Jahrhunderte nicht ärger als zu der Zeit, wo sie ihrem Ende entgegenging. Die Hauptsache für ihn war, dass ihm Eigentumsrechte nicht abgesprochen wurden. Der Grundherr wurde allerdings als eine Art Obereigentümer aller auf seiner Herrschaft befindlichen Ansässigkeiten angesehen, in der Praxis verfügte jedoch der Bauer ziemlich frei über seinen Erwerb und Besitz. Er durfte mit Zustimmung des Herrn seine Wirtschaft verkaufen und sich anderswo ansiedeln, er konnte einen Teil seiner Äcker veräußern und verpfänden, wenn ihm irgend ein Unglücksfall diese Maßregel empfahl; doch behielt die Gutsverwaltung ein sorgsames Auge darauf, dass die Bauern in ihren Vermögensumständen nicht herabkamen, und wandte dabei die dem patriarchalischen Zeitalter entsprechenden Mittel an. Sie unterstützte deshalb nur die Bezahlung jener Schulden, die ein Bauer mit ihrem Vorwissen kontrahiert hatte, sie beschränkte die testamentarische Verfügung der Untertanen über ihren Besitz in der Weise, dass sie Legate an fremde Untertanen nicht gestattete und wachte darüber, dass der Viehstand in den Bauernwirtschaften eine entsprechende Höhe behauptete. Diese letzte Bevormundung artete hie und da so weit aus, dass es dem Bauer verwehrt wurde, sein Vieh an Fremde zu veräußern, die Gutsobrigkeit nahm das Vorkaufsrecht in Anspruch und bestimmte den Preis, wobei sie sich gewiss keinen Nachtheil zufügte.

Für die bessere Lage des böhmischen Bauernstandes vor dem 30jährigen Kriege spricht auch eine Gewohnheit, die nun beinahe gänzlich in Abnahme gekommen ist. Der Gebrauch warmer Bäder zu jeder Jahreszeit war in Böhmen ehedem ein unentbehrlicher Genuss, dem sich nicht bloß die höhern Stände, sondern auch die Bauern, ja. selbst die Taglöhner hingaben. In einer Gesindeordnung vom Jahre 1549 wurde die Arbeitszeit der Taglöhner am Samstag ausdrücklich deshalb herabgesetzt, damit sie, wie es ihre Gewohnheit sei, ein Bad nehmen könnten. So kam es, dass fast jedes Dorf sein Badehaus hatte. Die Benützung desselben setzt einen gewissen Wohlstand bei der niederen Bevölkerung voraus, weil der Eigentümer sonst nicht seine Rechnung gefunden hätte. Auch die Luxusgesetze, mit denen sich die Böhmischen Landtage ab und zu beschäftigten, lassen den Bauer nicht arm erscheinen, da ihren

Frauen das Tragen kostbarer Kleidungen, goldener Hauben und ähnlicher Luxusgegenstände verboten wurde. Das beste Kriterium für den Wohlstand des Bauernstandes liefern aber die Vermögensabschätzungen des 16. Jahrhunderts. Diese häufig sich wiederholenden Abschätzungen, welche sich auf alle Stände erstreckten und sich sowohl auf die Güter wie auf die Häuser bezogen, zeigen, dass der Gesamtwert des bäuerlichen Besitzes mehr als die Hälfte von dem betrug, was die drei höheren Stände als den Gesamtwert des ihrigen angaben. So z.B. gaben die drei Stände im Jahre 1541 den Wert ihres Besitzes mit 10,977.090 Talern, die Bauern mit 6,220.350 Talern an und dieses Verhältnis blieb sich auch später ziemlich gleich. Diese Zahlen beweisen deutlicher als alles andere, dass der böhmische Bauer sich einer erträglichen Lage erfreute.

Aber nicht bloß die materielle Lage des Bauernstandes war vor dem 30jährigen Kriege eine günstigere als später, seine menschliche Würde wurde auch höher geachtet. Im 18. Jahrhunderte wurde den Bauern einzig und allein von ihrer Obrigkeit und in deren Namen von den herrschaftlichen Beamten Recht gesprochen, dies war aber im 16. Jahrhunderte keineswegs der Fall. Damals befand sich die Rechtsprechung in den Händen von Bauerngerichten, deren Beisitzer teils aus den Bürgern kleiner untertäniger Städte, teils aus Bauern bestanden. Solche Gerichte wurden zwei- bis dreimal im Jahre zu einer Zeit, in der die Feldarbeiten ruhten, abgehalten und von Seite des obrigkeitlichen Beamten mit Feierlichkeit eröffnet. Sie bestanden aus dem Vorsitzenden, der den Titel Richter (sudí) führte, und 12 Geschworenen (konšel), deren Auswahl und Ernennung von der Obrigkeit ausging Bei den offiziellen Ansprachen gab man diesen Gerichtsbeisitzern den für jene Zeiten ganz außerordentlichen Titel „Herr". Der Beamte selbst beteiligte sich nicht an der Urteilsfällung, seine Einwirkung beschränkte sich nur darauf, dass er den Geschworenen in schwierigen Fällen Auskunft und Belehrung erteilte. Die Jurisdiktion der Bauerngerichte erstreckte sich auf Zivil- und Kriminalfälle, sie hatten das Recht, Geldstrafen zu verhängen und ihre Verwendung zu bestimmen. Das schließlich Urteil wurde von dem Gerichtshofe selbst ausgesprochen, nur wenn den Mitgliedern die Fähigkeit mangelte, dasselbe in einem verwickelten Falle zu formulieren, durften sie mit Darlegung ihrer Ansicht den Beamten ersuchen, statt ihrer den Ausspruch zu tun. Die Jurisdiktion eines solchen Bauerngerichtes dehnte sich gewöhnlich über mehrere Dörfer aus, häufig gehörten in ihren Amtssprengel auch kleinere untertänige Städte, die dann auch unter den Geschworenen vertreten waren. Die Amtsdauer der Geschworenen dauerte ein Jahr und beschränkte sich nicht auf die eben geschilderte Tätigkeit. Sie führten während ihres Amtsjahres eine Art Sittenaufsicht in den betreffenden Dörfern, sie hatten die Faulen zum Fleiße zu mahnen, die Verschwender zur Mäßigkeit anzuhalten und strafend aufzutreten, wenn die Mahnung nichts fruchtete.[121] Die Berechtigung der Bauernschaft beschränkte sich nicht auf die Teilnahme an der Rechtsprechung, sondern erstreckte sich noch auf die Verwaltung des Kirchenvermögens. Aus den zu einer Pfarre gehörigen Bauern wurden eine Anzahl (wahrscheinlich 12) Kirchenväter (kostelníci) von der Obrigkeit ernannt und denselben nicht bloß die Aufsicht über die Kirchenschätze und Gerätschaften, sondern auch über das Einkommen und. die Ausgaben der betreffenden Kirche anvertraut. Die Kirchenväter wurden jährlich neu ernannt, die abtretenden mussten über ihre Amtsführung Rechnung ablegen. Auch hatten sie die Verpflichtung, über den ordentlichen Kirchenbesuch zu wachen und die Strafen, die auf die Vernachlässigung dieser Pflicht festgesetzt waren, einzuheben. Nach einer Instruktion, welche Herr Florian Griespeck im Jahre 1588 seiner Gutsverwaltung erteilte, wurde eine solche Versäumnis bei jedem Bauer mit der ungemein hohen Summe von 10 Talern gestraft.[122]Die Zahl der Bauernansässigkeiten betrug vor dem Ausbruche des 30jährigen Krieges in Böhmen etwas über 150.000.

Hievon befanden sich nach einer Zählung von 1605 auf den Gütern des Königs 14.375 Ansässigkeiten, auf denen der Herrn 67.125, auf denen der Ritter 54.413, auf den Gütern der königlichen Städte 5326, auf den geistlichen Gütern 7339, auf denen der Freisassen 72, endlich auf denen einiger nicht königlichen Städte, die trotz ihrer Untertänigkeit mit Güterbesitz ausgestattet waren, 2282. Die furchtbare Entvölkerung, die in Folge des 30jährigen Krieges in Böhmen eintrat, und der ganze Umfang der Leiden, die dieses Land ertragen musste, zeigt sich am besten in der Abnahme der Bauernschaft. Aus den amtlichen Registern ersieht man, dass um das Jahr 1627 nur noch etwa 90.000 Bauerngründe besetzt waren, 60.000 Ansässigkeiten waren binnen 9 Jahren zu brachliegenden Feldern herabgesunken, die Niemanden nährten. Der Gräuel der Verwüstung schritt unaufhaltsam weiter, denn dieselben amtlichen Daten weisen nach, dass um das Jahr 1650 nur etwas mehr als 50.000 Bauerngründe besetzt waren. So hat die Behauptung jener, welche die Bevölkerung Böhmens in Folge des 30jährigen Krieges auf den vierten Teil ihrer ehemaligen Größe reduziert sein lassen, viel Wahrscheinlichkeit für sich.

Eine bevorzugte Stellung unter der ackerbautreibenden Bevölkerung Böhmens nahmen die sogenannten *Freibauern* ein. In ihren Besitzverhältnissen erfreuten sie sich derselben Freiheit wie der Adel, sie hatten keine andern Zah-

---

121 Nähere Details über die Bauerngerichte in dem 1587 gedruckten Werke „Hospodář", außerdem in einzelnen Mandaten.

122 In der Musealzeitschrift.

lungen zu leisten, als jene, die ihnen vom Landtage als Beitrag zu den öffentlichen Lasten festgesetzt wurden. Man zählte in Böhmen vor dem Ausbruche des 30jährigen Krieges ungefähr 450 Freibauern-oder Freisassengründe, von denen die meisten im Südwesten des Landes lagen. Im Landtage waren die Freisassen als solche nicht vertreten, denn wiewohl nicht in die Kategorie von Untertanen gehörig, wurden sie doch auch keinem der drei berechtigten Stände beigezählt.

Die *Geistlichkeit* in Böhmen zerfiel in zwei große Abteilungen, die katholische und die *utraquistische*, oder wie wir letztere seit dem J. 1609 nennen, die protestantische. Die Mitglieder der protestantischen Geistlichkeit waren einfache Pfarrer oder Kapläne, selbst die Oberbehörde, das sogenannte „untere Konsistorium", war nur aus Pfarrern zusammengesetzt, so dass also bei ihr von einer mannigfachen Abstufung, von Titeln und Würden keine Rede war. Ihr Einkommen entsprach auch dieser minder hervorragenden Stellung, es bestand teils in Erbzinsen, teils in dem Ertrage des mit einer Pfarre verbundenen Grundbesitzes, der an Ausdehnung einer oder mehreren Bauernansässigkeiten gleichkam. Nur die Prager Universität, die in den Händen der Utraquisten war, erfreute sich ausgedehnter, in der Landtafel eingetragener Besitzungen, aus denen der Unterhalt der Lehrer und Stipendiaten bestritten wurde. Auf die Zusammensetzung des unteren Konsistoriums nahm die Regierung keinen Einfluss, dieselbe lag nach den Gesetzen von 1609 einzig und allein in den Händen der protestantischen Stände.

Der katholische Klerus behauptete gegenüber dem utraquistischen noch immer etwas von seiner glänzenden mittelalterlichen Stellung. Der Pfarrklerus war zwar weder schlechter noch besser dotiert, als der protestantische, dagegen hatten die Klöster, die den Angriffen der Husiten glücklich entgangen waren, einen Teil ihres Reichtums gerettet. Auch die Kapitel von Prag, Wyschehrad und Altbunzlau hatten sich behauptet, zu ihnen war das seit 1561 wiedererrichtete Erzbistum getreten und seit einiger Zeit fingen die Jesuiten an, bedeutende Reichtümer zu sammeln. Aus amtlichen Angaben des Jahres 1608 ersehen wir, dass man auf dem geistlichen Großgrundbesitz 7425 Bauernansässigkeiten zählte. Dieses Vermögen war fast ausschließlich in den Händen der katholischen Klöster und Kapitel, nur weniges ist davon für die Prager Universität und einige besonders gut dotierte katholische und protestantische Pfarrkirchen abzurechnen. Die Leitung des katholischen Klerus ging von dem sogenannten obern Konsistorium aus, an dessen Spitze der Erzbischof stand.

Aus amtlichen Zählungen ist die Zahl sämtlicher Pfarrkirchen in Böhmen vor dem 30jährigen Kriege ziemlich genau bekannt und dürfte etwas mehr als 1300 betragen haben. Wüsste man, wie viele davon katholisch, wie viele protestantisch waren, so ließe sich daraus auch über das Verhältnis der beiden Glaubensparteien ein sicherer Schluss ziehen; dies ist jedoch nicht der Fall und wir können nur Vermutungen darüber anstellen. Sicher ist, dass sich die Katholiken den Protestanten gegenüber in der entschiedensten Minorität befanden und kaum den fünften Teil, vielleicht aber auch erst den zehnten oder fünfzehnten Teil der Bevölkerung ausmachten. Die genaue Bestimmung des Verhältnisses ist von der Auffindung neuer Quellen abhängig. Würde man vom Adel auf die niedere Bevölkerung schließen, so gäbe dies ein für die Katholiken sehr ungünstiges Resultat. Denn nach einer Zählung vom Jahre 1609 gab es unter dem Adel nur ungefähr 130 Personen männlichen Geschlechtes, die das zwanzigste Lebensjahr überschritten hatten und der katholischen Kirche angehörten. Da es im Ganzen gegen 1400 Adelsfamilien gab, so dürfte die obige, nur auf Personen (nicht Familien) bezügliche Zahl 130 vielleicht nur -den zwanzigsten Teil des Adels repräsentieren.

Wenn man es versucht, sich von dem böhmischen Klerus vor dem 30jährigen Kriege ein anschauliches Bild zu machen, so ist dasselbe nicht frei von mancherlei Schatten. Größere Tüchtigkeit und ein höheres moralisches Ansehen waren um diese Zeit auf Seite des katholischen Klerus und der Vorstände der Bruderunität. Diese Erscheinung lässt eine sehr natürliche Erklärung zu; die Katholiken und Brüder wussten, was sie wollten, die böhmischen Protestanten befanden sich dagegen in einem Umstaltungsprozesse. Auch die katholische Geistlichkeit war in der ersten Hälfte des 16. Jahrhunderts in einem solchen Umstaltungsprozesse begriffen, damals schien sie der Auflösung entgegenzugehen, da die Disziplin und Rechtgläubigkeit bei den meisten abhandengekommen war. Jetzt war dies anders geworden, seit dem Tridentiner Konzil und dem Auftreten der Jesuiten hatte sie sich zu neuem Leben aufgerafft. Der Zölibat erfuhr keine weitere Anfechtung, die Disziplin wurde strammer und im Dogma fanden keine Transaktionen mit dem Luthertume statt, da das Tridentiner Konzil vorgeschrieben hatte, was zu glauben war. So trat die katholische Geistlichkeit wieder mit mehr Sicherheit auf und erreichte Erfolge, die man bereits für unmöglich gehalten hatte.

Eines ebenfalls großen Ansehens erfreuten sich die Vorsteher der Brüdergemeinde, weil in ihnen die protestantische Anschauung zum klaren und ungetrübten Ausdruck gelangt war. Die böhmische Brüderunität, die seit dem Jahre 1609 als besondere Eigenart des böhmischen Protestantismus aufhören sollte, aber trotzdem fortbestand, hatte sich seit 150 Jahren mit Bewusstsein von der katholischen Kirche getrennt und nie mit derselben über eine neue Verbindung verhandelt. Dieses stets gleiche Auftreten schloss bei ihren Vorstehern jede schwankende Haltung aus und erhöhte der Gemeinde gegenüber nicht wenig ihr Ansehen. Da ihnen das Heiraten gestattet war, so traten bei ihnen sittliche Gebrechen fast nie zu Tage, auch dies hob sie in den Augen ihrer Anhänger, die während der für den Klerus so gefährlichen Übergangsperiode des 16. Jahrhunderts nur zu häufig Zeugen der mannigfachsten Unordnungen waren.

Der eigentliche utraquistische Klerus, der später die große Masse des protestantischen bildete, zeigte sich deshalb in einem minder günstigen Lichte, weil er seit fast 100 Jahren in steter Gärung begriffen war. Die neue geistige Strömung, die Deutschland überflutete, hatte ihn von Anfang an sympathisch berührt.

Er machte vielfache Anläufe, sich ihr anzuschließen, ward aber immer daran gehindert, zur Beobachtung der Basler Kompaktaten und zum Wiederanschluss an die katholische Kirche gedrängt. Einzelne versuchten nun auf eigene Faust, was die Gesamtheit nicht bewirken konnte, und bekämpften das alte Lehrgebäude bald in diesem, bald in jenem Punkte. Ohne Unterlass liefen Klagen bei dem unteren Konsistorium ein, dass ein oder der andere Geistliche die Siebenzahl der Sakramente verwerfe, an die Transsubstantiation nicht glaube, die Messe abkürze und ähnliches mehr. Strafte man den Beklagten, so hielt er sich einige Wochen ruhig, um dann wieder ins alte Geleise zurückzukehren. Ein derartiger Zustand, der durch das ganze 16. Jahrhundert unmittelbar bis zum Jahre 1609 währte, musste die Zucht und Ordnung bei dem utraquistischen Klerus auf das äußerste gefährden. In der Tat wurde die Kanzel nicht bloß zu religiösen Auseinandersetzungen, sondern auch zu Angriffen gegen geistliche Gegner benützt; es war nichts außergewöhnliches, wenn ein Pfarrer in seiner Predigt den andern einen Lügner schimpfte oder sonst seine Privatangelegenheiten mit einigen derben Äußerungen vor das Forum seiner Zuhörer brachte. Was den Zölibat betraf, so war die Regellosigkeit an der Tagesordnung. Eine große Anzahl von Geistlichen heiratete, aber es war ungewiss, ob man ihre Ehe als eine ordentliche ansehen solle oder als ein Konkubinat, da ein anderer Teil des Klerus sich gegen die Beweibtheit erklärte. War eine Gemeinde den geistlichen Ehen günstig gesinnt, so ruhte sie nicht eher, als bis ihr Pfarrer geheiratet hatte, war die Gemeinde anders gesinnt, so erfuhr der beweibte Priester nicht mindere Bedrängnis. In diesem Streite der Meinung waren vielfache Liederlichkeiten an der Tagesordnung. Das Konsistorium musste Jahr aus Jahr ein zahlreiche Priester, die eine gefährliche Mitte zwischen dem Zölibat und der Beweibtheit einhalten wollten, wegen mannigfacher Ärgernisse bestrafen. Das Jahr 1609 mit seinen neuen Religionsgesetzen sollte den utraquistischen Klerus aus seiner Halbheit herausreißen und geordnete Zustände bei demselben herbeiführen. Friedliche Zeiten hätten dies wohl zuwege gebracht, vor dem

Ausbruche des 30jährigen Krieges war dies aber noch nicht der Fall und der protestantische Klerus litt unter den Nachwirkungen der früheren Periode.

Daher kam es auch, dass er nach der Schlacht am weißen Berge dem Volke nicht die Kraft zu einem ausreichenden Widerstand gegen die Ferdinandeische Reformation einflößen konnte.

Wenn von den verschiedenen Klassen der Bevölkerung die Rede ist, die Böhmen beherbergte, so dürfen schließlich die *Juden* nicht übergangen werden. Mit Rücksicht auf die außerordentlich frühe Zeit, seit der sie sich im Lande befanden, war ihre Zahl im Anfange des 17. Jahrhunderts ziemlich gering. Sie waren vorzugsweise in Prag und in den. königlichen Städten angesiedelt, die Zahl ihrer Wohnhäuser daselbst wird in der genannten Zeit auf 242 angegeben. Auf dem Lande zählte man teils auf den Gütern des Königs, teils auf denen der Städte gleichzeitig 140 Judenhäuser, so dass also deren Gesamtzahl in ganz Böhmen nur 382 betrug. Was die-Zahl ihrer Bewohner betrifft, so dürfte dieselbe mit Rücksicht auf die Erträgnisse der jüdischen Kopfsteuern kaum 4000 betragen haben. Die ausschließliche Beschäftigung der Juden vor dem 30jährigen Kriege war der Handel. Er wurde von ihnen in so schwunghafter Weise betrieben, dass man nach den vorliegenden Daten wohl behaupten darf, der Handel mit dem Auslande sei größtenteils in ihren Händen gewesen. Die Besteuerung, der sie unterlagen, war sehr bedeutend, mag sie aber mit Rücksicht auf ihre gewinnbringende Beschäftigung nicht unverhältnismäßig getroffen haben.

Von der *Entwicklung* Böhmens im Vergleich zu den andern Ländern der österreichischen Monarchie geben dessen Steuerleistungen einen Begriff. Als das Haus Habsburg in Böhmen zur Herrschaft gelangte, belief sich daselbst der Ertrag der Steuern, wenn man sie hoch anspannte, auf etwa 210.000 Taler; so groß war derselbe wenigstens im Jahre 1527. Die Einkünfte aus den königlichen Gütern und den Regalien, die dieser Summe nahe kamen oder sie überstiegen, die uns aber zu berechnen unmöglich ist, sind in dem obigen Erträgnisse nicht mit eingerechnet. Bezüglich der weiteren Entwicklung des Finanzwesens ist bekannt, dass der Steuerertrag in den ersten 30 Jahren der Regierung Ferdinands I vielfach schwankte, im Ganzen aber zunahm und jedenfalls immer mehr und mehr die Einkünfte aus den Regalien und königlichen Gütern hinter sich zurückließ. Eine große und zugleich dauernde Steigerung zeigte sich erst gegen den Schluss des 16. Jahrhunderts. Das ehedem noch rohe Steuersystem nahm eine komplizierte Ausbildung an und suchte so viel als möglich jeglichen Besitz und Erwerb zu treffen. Ursprünglich wurde zumeist nur eine Vermögenssteuer erhoben; jedermann musste sein Vermögen abschätzen und hievon einen bestimmten Prozentsatz als Steuer bezahlen. Der Abschätzung unterlagen jedweder Grundbesitz, die städtischen Häuser und die Warenlager der Kaufleute und Handwerker. Die Einrichtungsstücke und das. bare Geld wurden in das. zu besteuerende Vermögen nicht eingerechnet. Aus den Schätzungslisten, die sich erhalten haben, ersieht man, dass im Jahre 1541 das Gesamtvermögen des Landes auf 17,197,390 Taler berechnet wurde. Es ist dies kaum viel mehr, als heute eine kurze Eisenbahnstrecke kostet, und nur der kleinere Teil des Wertes, den heute allein die Häuser Prags repräsentieren. In Folge der steten Türkenkriege ergaben die folgenden Abschätzungen eine bedeutende Abnahme des Gesamtvermögens. Erst seit Maximilian II hob sich dasselbe wieder, doch lässt sich der Aufschwung nicht genau angeben, da in der spätern Zeit keine Abschätzungen mehr vorgenommen wurden.

Seit dem Jahre 1567 gaben nämlich die Stände definitiv die Besteuerung nach dem Vermögen auf und führten die sogenannte Haussteuer ein, die in den königlichen Städten von jedem Hause, auf dem Lande von jeder Bauernansässigkeit erhoben wurde. Die neue Besteuerungsart wurde vorzüglich auf Verlangen des Adels eingeführt, der sich auf diese Weise fast von jeder Steuerleistung befreite. Als jedoch unter Rudolf II der Türkenkrieg von neuem ausbrach, hörte die Begünstigung des Adels wieder auf und derselbe musste seit dem J. 1593 nach Anzahl der Bauernansässigkeiten, die sich auf seinen Gütern befanden, zu den öffentlichen Lasten beisteuern. An die Haussteuer schlossen sich teils früher, teils später Kapitalsteuern, Judensteuern, Mühlsteuern, Kaminsteuern, Erwerbsteuern bei gewissen Gewerben, Tranksteuern (namentlich beim Bier) und Zuschläge zu jenen Zollsätzen, die von den Königen seit jeher als ein Regale erhoben wurden. So entwickelte sich ein weites Steuernetz, dessen höchster Ertrag vor dem 30jährigen Kriege in das Jahr 1596 fällt, er belief sich auf mehr als 986.000 Taler.

Diese Summe war durch eine hohe Anspannung der Steuerkräfte des Landes zu Stande gekommen, weil der herrschende Türkenkrieg ein solches Opfer nötig machte; indessen zeigte sich bald, dass diese Leistung die Steuer-fähigkeit der Einwohner nicht bedeutend übersteige. Im Jahre 1615 beschloss nämlich der Landtag auf die Bitte des Kaisers die Bezahlung eines Teiles seiner Schulden auf sich zu nehmen und setzte deshalb die gesamten Steuern für eine fünfjährige Periode fest, um mit ihrem Ertrage die übernommenen Schulden zu tilgen. Das jährliche Ertrágnis belief sich auf etwa 840.000 Taler und muss als eine ziemlich normale Belastung angesehen werden, weil die Stände sich sonst nicht so willig für fünf Jahre gebunden hätten. Zu dieser Gesamtsumme steuerte der Adel, insoweit er mit Grundbesitz ausgestattet war, 188.000 Taler, die königlichen Städte 81.200, die Kapitalisten 28.000, die Bauern 326.000, die Freisassen 3150, die Pfarrer 4852, die Schafmeister und Schafknechte 1820, die Juden 18.000; der Ertrag der Mühlsteuer belief sich auf 8470, der Biersteuer auf etwa 120.000, der übrigen Trank- und. Verkaufssteuern auf etwa 60.000 Taler. – Der Ertrag der Regalien und königlichen Güter ist auch für die Zeit von 1615 nicht bekannt, nur von dem Zollregale wissen wir, dass der Ausfuhrzoll nach Abzug der Regiekosten jährlich etwas über 25000 Taler betrug.[123]

Für die habsburgischen Herrscher waren die böhmischen Steuerleistungen von größter Bedeutung, denn ihre Einnahmen aus der Gesamtmonarchie betrugen nach verlässlichen Nachrichten selten mehr als 2 Millionen Taler.[124] Dass Böhmen auf diese Weise für die österreichischen Herrscher eine wahre Geldquelle war, entging auch fremden Beobachtern nicht. In einer Beschreibung, die Soranzo, der venezianische Gesandte am 1514 kaiserlichen Hofe, von Böhmen gibt, und in der er die Fruchtbarkeit des Landes nicht wenig hervorhebt, bemerkt er, dass es für den Kaiser eine wahre Goldgrube sei, aus der er mit derselben Leichtigkeit Geld schöpfe, wie aus Ungarn Rekruten.

Gern würden wir über die *Größe* der *Einwohnerzahl* in Böhmen etwas sicheres berichten, doch ist dies nicht leicht möglich. In Tausenden von Berechnungen über einzelne Güter, Städte und über das Land, die durch unsere Hände gegangen sind, finden sich detaillierte und zweifellose Angaben über die Zahl der Häuser und bäuerlichen Ansässigkeiten, aber nie haben wir eine ausfindig gemacht, in der die Gesamtsumme der Bevölkerung auf einem Gute oder in einer Stadt angegeben worden wäre. Woher dieses absolute Schweigen? Den Böhmen fehlte es nicht an Sinn für statistische Daten, davon zeugen die erhaltenen Trümmer eines überaus reichen statistischen Materials. Es scheint aber, als ob man sich um Volkszählungen nie gekümmert oder deren Resultate als Geheimnis betrachtet habe, wenigstens war letzteres mit einer im Jahre 1518 in Prag angestellten Zählung der Fall.

Fehlt es nun auch an einer Angabe über die Bevölkerung einer Stadt und einer Herrschaft, so fehlt es dagegen nicht an Angaben, wie groß die gesamte Bevölkerung des Landes gewesen und in wie viel Dörfern und Städten sie untergebracht war. Die Zahl der königlichen und untertänigen Städte und Städtchen wird auf 782 angegeben und dies hat seine volle Richtigkeit. Was die Angaben über die Zahl der Dörfer betrifft, so reichen sie in die zweite

---

123 Die hier angeführten Ziffern sind zum Teile aktenmäßig sichergestellt. Näheres über diesen Gegenstand in meiner „Geschichte der böhm. Finanzen von 1526 – 1618.“

124 Soranzo berechnet um 1614 das jährliche Einkommen auf 3,400.000 Gulden, darunter 600.000 aus dem Reiche. Letztere Summe kann nur auf einer unbegründeten Vermutung des venezianischen Berichterstatters beruhen.

Hälfte des 15. Jahrhunderts zurück und geben als Gesamtsumme 30.367 an. In allen späteren und im 16. und 17. Jahrhunderte in zahlreichen Handschriften vorkommenden Berechnungen ist diese Ziffer noch um einige Tausend überboten. Der venezianische Gesandte Contarini gibt in seinem Berichte[125] welcher dem Jahre 1548 angehört, die Zahl der böhmischen Dörfer auf 36.000 an, er findet die Größe derselben kaum glaubwürdig, setzt aber hinzu, dass Ferdinand I selbst dies behauptete; vielleicht unterhielt sich der Gesandte einmal über diesen Gegenstand mit dem Könige. Eine auf amtliche Richtigkeit Anspruch machende Angabe von 1582 gibt die Zahl „der Dörfer und Höfe" auf 36.364 an. Diese letzte Angabe kann uns als Schlüssel dienen nur wenn man die Summe von 36.364 auf die Dörfer *und Höfe* bezieht und hiebei jeden herrschaftlichen Maierhof und alle abseits gelegenen Wirtschaftshöfe besonders rechnet, dann mag die Zahl von 36.364 richtig sein, sonst ist sie eine Übertreibung, denn Böhmen zählt heute gewiss eine größere Bevölkerung, als dies je der Fall war, und trotzdem befinden sich im Lande nur ungefähr 12.000 Dörfer. Wenn im Laufe des 30jährigen Krieges Tausende von Dörfern zu Grunde gegangen sind, so sind sie später wieder aufgebaut worden, oder es sind andere an ihre Stelle getreten. Man sieht dies, wenn man die Verzeichnisse der zu einer Herrschaft gehörigen Dörfer aus dem 16. Jahrhunderte mit jenen aus der Zeit vor 1848 vergleicht. Die meisten Vergleiche liefern das Resultat, dass die Zahl der Dörfer in der Gegenwart grösser ist, als vor dem 30jährigen Kriege. Die Ziffer 36.000 hat also nur dann eine annähernde Richtigkeit, wenn nicht die Dörfer im heutigen Sinne allein, sondern neben diesen die Höfe und sämtliche Einschichten mitgezählt werden.

Die Andeutungen, welche sich über die Größe der Gesamtbevölkerung erhalten haben, lassen leider keine vernünftige Deutung zu. Dieselben geben übereinstimmend die Zahl der Hauswirte (hospodář) auf mehr als 3 Millionen an, die Angabe von 1562 auf 3,361.100. Wie unrichtig diese Angabe ist, ergibt sich daraus, dass die Zahl der Bauernfamilien, von denen je eine einen Bauerngrund bewohnte, vor dem 30jährigen Kriege ungefähr 150.000 betrug, eine Berechnung, die über allen Zweifel erhaben ist. Wollte man die Zahl von 3,361.100 einfach als die Gesamtzahl der Einwohner ansehen und die Angabe, dass sie sich auf Hauswirte beziehe, als einen stets wiederkehrenden Irrtum ansehen, so ist damit nur zum Teile geholfen. Denn die Bevölkerung Böhmens erreichte vor dem 30jährigen Kriege sicherlich nicht diese Höhe, alles in allem wird sie kaum mehr als 2Millionen betragen haben.[126] Zur Zeit Karls IV ist

125   Alberti Relationen Ser. I Vol. I.
126   Näheres über diese Berechnung in meiner Geschichte der böhmischen Finanzen von 1526–1618.

die Zahl gewiss weit übertroffen werden, wie sich überhaupt das Land damals einer höhern Blüte erfreute.

Vor dem 30jährigen Kriege waren aber die Spuren jener Kämpfe, von denen Böhmen durch das ganze 15. Jahrhundert zerfleischt wurde, noch immer nicht verwischt, wenn gleich die Wunden im Vernarben begriffen waren.

II

Die Ausschreibung des Landtags zur Bestimmung der Nachfolge erregte im Lande großes Aufsehen und rief eine mächtige Bewegung unter den Parteien hervor. Die Katholiken legten eine unverhohlene Freude an den Tag und erflehten in Prozessionen und Gebeten, die im Monate Mai täglich wiederholt wurden, die Erhebung Ferdinands, der ihnen das Muster eines wahrhaft katholischen Königs zu werden versprach. Von den Jesuiten hieß es bereits, dass sie ein neues Kollegium in unmittelbarer Nähe der Burg begründen wollten, damit die Dienerschaft des künftigen Königs, sowie deren Kinder, die insgesamt katholisch sein würden, ihre Kirche und Schule besuchen könnten. Bei der protestantischen Bevölkerung machte sich dagegen eine dumpfe Niedergeschlagenheit und bittere Überraschung geltend. – Was die obersten Landesbeamten und die Stände betraf, so waren dieselben in ihren Ansichten geteilt.

Die obersten Beamten waren der Mehrzahl nach Katholiken und als solche die entschiedensten Anhänger Ferdinands, namentlich trat der Kanzler Zdeněk von Lobkowitz mit einem wahren Feuereifer zu seinen Gunsten auf. Desto weniger mochte die protestantische Minorität diesen obersten Würdenträger etwas von dem Erzherzoge wissen, und. insbesondere war das der Fall bei Thurn, Wilhelm von Lobkowitz, Wenzel von Ruppa, Wenzel Budowec und Colonna von Fels, denen noch überdies der in keinem Amte stehende Graf Andreas Schlick beigezählt werden muss.

Unter den Ständen war der Herrnstand, weil er verhältnismäßig die meisten Katholiken in seiner Mitte zählte und diese mit dem protestantischen Rest vielfach durch verwandtschaftliche Bande verknüpft waren, für die Übertragung der Krone an Ferdinand ziemlich günstig, oder genauer gesagt, am wenigsten feindselig gestimmt. Dagegen war die weitaus größere Mehrheit des Ritterstandes, in dem man den tonangebenden Teil der Bevölkerung des Landes erblicken muss, für die Nichtbesetzung des Thrones und für die Vertagung der Wahl bis nach des Mathias Tode. Hinter dieser Meinung bargen sich die Absichten jener, die eine Vertreibung der habsburgischen Dynastie im Sinne hatten. Was die Städte betraf, so waren sie mit geringer Ausnahme gleicher Gesinnung mit dem Ritterstande, aber da die Besetzung des Stadtrates von dem Könige abhing und die Deputierten bei den Landtagen aus der Wahl des letzteren hervorgingen, so machte sich die eigentliche Stimmung der Bürgerschaft auf dem Landtage in der vorliegenden Frage nicht recht geltend, sondern folgte dem Impulse der zur Hofpartei gehörigen Landesbeamten.

Wenn man die Verhältnisse in- und außerhalb des Landtages nüchtern beurteilte, so konnte man nicht zweifeln, dass sich nur eine fingierte Majorität für Ferdinands Erhebung werde zusammenbringen lassen, da im Lande ein tiefes und wohlberechtigtes Misstrauen gegen ihn feste Wurzeln gefasst hatte. Auf Seite der Hofpartei musste man sich sagen, dass es einer besonders geschickten Leitung des Landtages bedürfen würde, um die Opposition, die mit rücksichtsloser Entschlossenheit aufzutreten entschlossen war, niederzuhalten. Die größte Verlegenheit bereiteten den kaiserlich Gesinnten die Erinnerungen an die Jahre 1608 und 1611. Damals war Mathias zum Nachfolger seines Bruders Rudolf auf den böhmischen Thron „gewählt" worden und er hatte dies auch ausdrücklich anerkannt. Die wenigen Jahre, die seitdem verflossen waren, hatten diese Vorgänge nicht in Vergessenheit gebracht, sie bildeten eine nicht hinweg zu streitende gesetzliche Grundlage, wenn die Stände auch jetzt einer Erhebung Ferdinands nur auf Grund der Wahl ihre Zustimmung geben wollten. Der Regierungspartei war es aber nicht bloß darum zu tun, Ferdinand um jeden Preis auf den Thron zu setzen und so die Nachfolge zu sichern; sie wünschte dem ständischen Wahlrecht zugleich den Todesstoß zu geben und die Erblichkeit des böhmischen Thrones in der habsburgischen Dynastie zur anerkannten Geltung zu bringen. Nicht die Verteidigung, sondern der Angriff war sonach ihr Losungswort und dies zu einer Zeit, wo die Verhältnisse für so ungünstig als möglich standen.

Bevor man sich von Seite der Regierungspartei in den gefährlichen Landtagskampf einließ, beschloss man den Boden dadurch vorzubereiten, dass man den Versuch zur Gewinnung oder Einschüchterung der Opposition machte, wozu sich als das passendste Mittel vertraute Verhandlungen vor dem Beginne des Landtags empfahlen. Unter dem Scheine, dass eine Beratung wegen Tilgung der königlichen Schulden stattfinden solle, wurden die angesehensten Mitglieder des Adels, die ein Amt inne hatten, zu einer Besprechung in die böhmische Kanzlei eingeladen.[127] Nachdem über die Schulden, hin und her verhandelt worden war, wurde das Gespräch auf die bevorstehende Erhebung

---

127 Skala II 127.

Ferdinands gerichtet und diese von den Freunden des Erzherzogs als eine selbstverständliche Sache hingestellt. Die Mehrzahl der Anwesenden wurde durch die mit Zuversicht ausgesprochene Erwartung, so wie durch die Rücksicht auf den Ort, wo sie sich befanden, teils gewonnen, teils eingeschüchtert. Einige jedoch, die unser Berichterstatter zwar nicht nennt, die aber unschwer zu erraten sind, ließen sich nicht überrumpeln; sie merkten jetzt wohl, was man mit ihrer Berufung beabsichtigt hatte, und lehnten es ab, ihre Meinung über einen Gegenstand abzugeben, über den nur auf dem Landtage verhandelt werden solle. Da sie in ihren Äußerungen die Absicht durchblicken ließen, gegen Ferdinands Erhebung zu wirken, wurde ihnen von dessen Anhängern bedeutet, dass es alsdann gut für sie wäre, zwei Köpfe zu haben.[128] Ein und der andere von den Opponenten ließ sich durch diese starke Drohung einschüchtern und hielt sich selbst von den Landtagsverhandlungen fern, da es ihm an Mut zur Aufrechthaltung der Opposition gebrach.

Der gleich von vornherein sich geltend machende Widerstand ließ die katholischen Landesbeamten ihr Ziel nur umso eifriger verfolgen. Unter den Mitgliedern der Opposition war der Graf Andreas Schlick ebenso tätig als einflussreich; ihn zu gewinnen, schien nicht möglich, dagegen konnte er, wie man aus Erfahrung wusste, leicht eingeschüchtert werden. Er wurde deshalb auf die Kanzlei berufen und persönlich wegen seiner Haltung verwarnt. Der Kanzler bemerkte ihm drohend, dass der Kaiser noch nicht vergessen habe, welche feindselige Rolle der Graf vor vier Jahren auf dem Budweiser Landtage gespielt habe. Schlick ließ sich nicht einschüchtern, sondern erwiderte, dass er unter denselben Verhältnissen dieselbe Rolle spielen werde; man sei in Böhmen in einem freien Staats und die Stände keine Sklaven. Was speziell seine gegenwärtige Haltung betreffe, so gab er zu, dass er allerdings nichts von einer Bestimmung der Nachfolge wissen wolle, erinnerte aber daran, dass er vermöge der Landesordnung seine Meinung frei äußern könne. Die versuchte Einschüchterung gelang also nicht und Schlick schien gereizter als je.[129]

Am fünften Juni 1617 wurde der Landtag eröffnet. Noch vor der ersten feierlichen Sitzung, bei der sich Mathias selbst einfinden sollte, wurden sämtliche oberste Beamte und Räte in früher Morgenstunde nach der Kanzlei beschieden und ihnen hier der Wortlaut der den Ständen vorzulegenden königlichen Proposition mitgeteilt. Mit Ausnahme Thurns waren alle Geladenen erschienen. Der Oberstburggraf Adam von Sternberg hielt an die Anwesenden eine freundliche Ansprache, die insbesondere auf die Beschwichtigung der Protes-

128   Skala II 28.
129   Sachs. Staatsarchiv. Zeidler an Kursachsen dd.27.Mai/6.Juni 1617, Prag.

tanten berechnet war. Die. Feststellung der Sukzession, so ließ er sich vernehmen, sei eine beschlossene und unvermeidliche Tatsache, es dürfte demnach wohl besser sein, dieselbe ruhig und gutwillig hinzunehmen und dadurch den künftigen König zum Danke zu verpflichten, als ihn durch eine nutzlose Opposition zu erbittern. Hierauf forderte er die Anwesenden auf, ihre Meinung über die Proposition nach Amt und Pflicht abzugeben. Der erste, der es ablehnte, dieser Aufforderung nachzukommen war Wilhelm von Lobkowitz; er erwiderte, dass er erst im Landtage seine Meinung abgeben werde und beharrte auf seiner Weigerung, trotzdem dass der Kanzler ihm als einem Rat des Königs und des Landes zu sprechen befahl. Seinem Beispiele folgte Ruppa, der seine Verwunderung darüber ausdrückte, dass nur von der „Annahme" und nicht der „Wahl" eines Königs die Rede sei; er protestierte dagegen in seinem eigenen und mehrerer Freunde Namen. Der Oberstburggraf erwiderte hierauf: „Bewahre mich der Himmel vor der Vertretung einer solchen Ansicht, ich hätte denn zwei Köpfe." Der Oberstlandrichter, Herr von Talmberg, der zur königlichen Partei gehörte, entgegnete nichtsdestoweniger, er habe von Jugend auf gehört, dass den Ständen von Böhmen das Recht zustehe, ihren König frei zu wählen. „Es ist wohl richtig, lieber Freund, erwiderte hierauf der Kanzler, dass wir uns vor andern Völkern besonderer Privilegien rühmen und insbesondere des Rechtes, unsere Könige wählen zu dürfen, allein wenn wir dies Recht beweisen sollten, so dürften wir übel daran sein, denn es findet sich unter unseren Privilegien keines, das für unser Wahlrecht einen Beweis abgäbe."

Nach diesen Worten begann der Kanzler, der auf Ruppas Einwendung wohl vorbereitet war, eine umständliche Erörterung der böhmischen Sukzessionsverhältnisse. Er wies nach, dass die böhmische Krone, seit das Haus Habsburg im J. 1526 zur Regierung gelangt sei, nicht durch Wahl, sondern durch Erbrecht von einem Besitzer auf den andern übergehe und dass die Beweise hiefür in Urkunden und Vorgängen des 16. Jahrhunderts, in deren Erörterung er sich umständlich einließ,zu finden seien. Aus seiner Argumentation ergab sich die natürliche Schlussfolgerung, dass die anomalen Vorgänge und Bestimmungen der Jahre 1608 und 1611 Neuerungen gewesen seien und keine Rechtsgültigkeit in Anspruch nehmen könnten. Die Auseinandersetzungen des Kanzlers übten eine sichtliche Wirkung aus. Herr von Talmberg war der erste, der erklärte, dass er seine Überzeugung geändert habe und dass man in Böhmen nur von einer Erbkrone sprechen könne; auch jene Mitglieder des Adels, die für ihre Opposition nur in Urkunden und deren zweifelhafter Interpretation, und nicht in den Verhältnissen der Gegenwart Ursache und Nahrung gefunden hatten, wurden durch diese Argumente bedenklich gemacht und ließen von weitern Einwendungen ab. Selbst Budowec schwieg und Ruppa wiederholte nicht mehr seine frühere Behauptung.[130]

Was die Beweise anbetrifft, die der Kanzler für die Habsburgischen Erbrechte verbrachte, so ist ihre Richtigkeit unangreifbar.[131] Es ist Tatsache, dass die böhmischen Stände im Jahre 1526 erklärten, das für die Luxemburger in der goldenen Bulle festgesetzte Erbrecht gelte hinfort auch für das Haus Habsburg, und es ist ebenfalls Tatsache, dass Maximilian II und Rudolf II von den böhmischen Ständen nicht zu Königen *gewählt*, sondern als solche *angenommen* wurden. Die nach der damaligen Auffassung in dem Worte „annehmen" liegende Anerkennung des Erbrechtes wurde also zweimal von den böhmischen Ständen anstandslos zugegeben. Ebenso wahr ist es aber auch, dass das Jahr 1608 eine Änderung zuwege brachte. Damals hatte Rudolf die Stände eingeladen, seinen Bruder zum Könige zu *wählen* und die Stände nahmen die Wahl vor. Wenn die Anhänger der Habsburgischen Dynastie die Vorgänge in den Jahren 1608 nicht als gültig anerkennen wollten, weil sie eine Neuerung waren und nicht mit dem bis 1607 gültigen Staatsrecht in Einklang standen, so hatten sie mit ihrer Behauptung bezüglich der Neuerung Recht, ob aber die Neuerung an und für sich eine Rechtsungültigkeit in sich schloss, ist eine andere Frage.

Kehren wir zum bessern Verständnis der Sache den Fall um. Angenommen, die böhmische Krone wäre bis zum Jahre 1607 eine Wahlkrone gewesen und im Jahre 1608 hätten sich die Stände stillschweigend des Wahlrechts begeben und Mathias als Erbkönig anerkannt. Konnte mit dieser Neuerung nicht ein neues Rechtsverhältnis beginnen und war es deshalb ungültig, weil es den frühern Rechtsverhältnissen widersprach? Dürfen der König und die Stände nicht gemeinsam das öffentliche Recht eines Landes ändern? Diese Einwendung hätte man von Seite der Protestanten den Katholiken machen, auf diese Weise die Rechtsgültigkeit der Vorgänge von 1608 und 1611 behaupten und die Konsequenzen daraus ziehen können. Es geschah dies aber nicht und der Grund ist nicht schwer zu finden. Alle mittelalterlichen Verfassungen sind schließlich auf einer Summe von Privilegien, welche die einzelnen Stände und namentlich der Adel sich erworben hatten, aufgebaut werden. Den Ständen musste die Achtung vor dem Privilegium oder dem historischen Rechte

---

130 Alles dies nach Skala, Slawata und dem Sächsischen Staatsarchiv.
131 In der Zuschrift an Ferdinand im J. 1526 verlangten die böhmischen Stände, er solle die goldene Bulle dahin bestätigen: quod post SM^{ten} filius haeres est et a SM^{te} haeredes masculi procedentes, sin vero nemo masculini sexus haeredum remanserit, ex tunc. filia Regis Bohemiae ultimi, quae non nnpsisset et provisa cum dote fuisset debet haeres remanere. Das Erbrecht der gesamten männlichen Nachkommenschaft Ferdinands wird durch diese Stelle zweifellos festgestellt. Näheres noch in einer Abhandlung des Verfassers in den Sitzungsberichten der k. Akad. d. Wiss. 1859.

angeboren sein, sie konnten nicht bei andern verletzen, was für sie selbst die Grundlage der Existenz war. So kam es, dass selbst die Opposition in Böhmen im Jahre 1617 nicht wagte, die Rechtsbeständigkeit einer Neuerung zu verteidigen, wenn sie mit dem älteren Rechte im Widerspruche stand.

Die Opposition hatte behauptet, dass das Wahlrecht das alte Recht sei, geübt im Jahre 1608 nach einem ununterbrochenen Herkommen. Als der Kanzler das Gegenteil bewies, war ihr der historische Boden entzogen und sie mit ihrer Behauptung geschlagen. Zdeněk von Lobkowitz feierte einen parlamentarischen Triumph und. zeigte sich so als jene überlegene geistige Kraft unter den katholischen Kronbeamten, für die er seit jeher von den fremden Diplomaten gehalten wurde. Von Seite derjenigen Räte, die noch nicht ihre Meinung abgegeben hatten, wurde kein Widerstand gegen die Proposition mehr erhoben.

Mittlerweile hatten sich die Stände im Landtagssaale versammelt. Um die neunte Morgenstunde entbot ihnen der Kaiser, dass er sich in ihre Mitte begeben wolle. Auf diese Botschaft gingen ihm die obersten Beamten entgegen und führten ihn in den Landtag ein. Mathias nahm auf dem Throne Platz, ihm zu beiden Seiten die Erzherzoge Maximilian und Ferdinand, während alle übrigen Anwesenden standen. Der Vizelandschreiber las zuerst die königliche Proposition vor, deren Inhalt dahin ging, dass der Kaiser wegen herannahenden Alters die Notwendigkeit fühle, die Nachfolge in Böhmen zu bestimmen, und da seine Brüder aus dem gleichen Grunde des vorgerückten Alters auf jede Erhebung Verzicht geleistet hätten, so habe er seine Aufmerksamkeit auf seinen lieben und teuern Vetter, den Erzherzog Ferdinand gelenkt, und bitte die Stände, denselben zum Könige „anzunehmen, auszurufen und *zu krönen.*" Am Schlusse wurde die Urkunde vorgelesen, mittelst deren die Erzherzoge Maximilian und Albrecht ihren Rechten zu Gunsten ihres Vetters entsagten.[132] Die feierliche Sitzung hatte damit ein Ende.

Um ein gemeinschaftliches Verfahren zu regeln, versammelten sich die Mitglieder der Opposition nach der Landtagseröffnung im Karolingebäude zur Beratung. Es wurde beschlossen, der bloßen „Annahme" gegenüber „das Wahlrecht" zu verteidigen, außerdem aber die Vertagung der Wahl zu beantragen, „weil man zuerst mit den böhmischen Nebenländern diesen Gegenstand berathen müsse." – Zu allen Zeiten haben die verschiedenen Parteien in Böhmen das Recht, über den Thron zu verfügen, für ihr Land allein in Anspruch genommen, am lautesten geschah dies von dem Grafen Thurn selbst im Jahre 1611. Jetzt wollte die Opposition dieses Recht aufgeben und die Nebenländer

---

132 Die Renuntiationsurkunde bei Slawata.

zur Wahl berufen, um einen stichhaltigen Vorwand für die zu beantragende Vertagung zu besitzen. Schließlich besprach man sich über die Wahl eines gemeinsamen Sprechers im Landtage. Wiewohl der Graf Thurn die Seele der Opposition war, berief man ihn doch nicht dazu, da er als einer der Landesbeamten ohnedies zu sprechen hatte; der Sprecher wurde unter jenen gewählt, die kein Amt bekleideten und deshalb beschlossen, dass der Graf Schlick im Namen der gleichgesinnten Mitglieder des Herrenstandes im Landtage das Wort ergreifen solle. Die fast ausschließlich protestantisch gesinnten Ritter sollten sich seiner Meinung anschließen und auch von den Städten erwartete man zum Teile dasselbe. So schmeichelte man sich mit der Hoffnung, die Majorität erringen zu können.

Allein die Hoffnung auf Schlicks mannhaftes Auftreten zeigte sich als trügerisch. Der Graf hatte sich seit dem Jahre 1609 in den Tagen der Kämpfe um den Majestätsbrief auf die politische Arena gewagt, hatte damals einigen Einfluss erlangt, aber bei dieser Gelegenheit einen eigentümlichen Mangel an Ausdauer und ein geringes Verständnis für die Konsequenzen der einmal angenommenen Haltung beurkundet. Diese Schwächen seines Charakters und Verstandes waren es, welche die Katholiken nicht an seiner Gewinnung verzweifeln ließen. Der Versuch sollte diesmal von dem Erzherzog Ferdinand ausgehen, der den Grafen zu einer eigenen Unterredung einlud. Seine Gegner hatten richtig gerechnet, dem Zauber einer derartigen Einwirkung vermochte Schlick nicht zu widerstehen, er wurde gewonnen und ließ seine Opposition gegen Ferdinands Erhebung vollständig fallen.

Die entscheidenden Verhandlungen im Landtage begannen am 6. Juni damit, dass die Kronbeamten, dem Herkommen gemäß, aufgefordert wurden, ihre Ansicht über Ferdinands Erhebung auf den böhmischen Königsthron auszusprechen. Sie taten dies in der durch die Rangordnung bestimmten Folge. Der Oberstburggraf stimmte für Ferdinands Annahme und ihm folgten sämtliche Kollegen bis auf den letzten in der Reihe, den Burggrafen von Karlstein, Grafen Thurn. In einer ausführlichen Rede protestierte dieser gemäß den Beschlüssen der gestrigen Versammlung gegen die Substituierung der „Wahl" durch die „Annahme" und gegen die Ausschließung der Nebenländer; der Erzherzog Ferdinand, so fügte er gleichsam mildernd hinzu, werde es wohl vorziehen, dass seine künftige Regierung eine friedliche sei, und daher nicht wollen, dass durch Missachtung der Nebenländer Misstrauen und Unzufriedenheit entstehe.

Statt die Stimmenabgabe weiter fortgehen zu lassen, erhob sich der Oberstburggraf und suchte Thurns Meinung mit den Argumenten des Kanzlers zu entkräften. In schlagender Weise wies er nach, dass sich die böhmischen Stände nie um die Zustimmung der Nebenländer gekümmert hätten, wenn es sich um die Besetzung des Thrones gehandelt habe und zum Beweise führte er die Vorgänge bei sämtlichen Thronerledigungen unter dem Hause Habsburg an. Thurn entgegnete auf diese Auseinandersetzung, dass es ihm wie jedem andern freistehe, seine Meinung abzugeben und dass er noch immer bei derselben beharre. Die Beisitzer des Landrechtes, die nach den Landesoffizieren an die Reihe kamen, stimmten mit Ausnahme Colonnas von Fels, der mit Thurn gleicher Meinung war, für Ferdinand. Einer derselben, Heinrich von Kolowrat, begnügte sich nicht mit der einfachen Zustimmung, sondern stellte an den Grafen Thurn die Frage, wie er seine gegenwärtige Haltung mit der im J. 1611 vereinigen könne, da er doch in jenem Jahre die Schlesier am schärfsten mit ihren Ansprüchen auf Beteiligung an der böhmischen Königswahl abgewiesen habe. – Unter den Mitgliedern des Kammer- und Hoflehengerichtes, die darauf ihre Stimmen abgaben, befanden sich Ruppa, Budowec und Wilhelm von Lobkowitz, keiner wagte es, sich der Meinung Thurns anzuschließen, alle gaben ihre Zustimmung für Ferdinands Erhebung; Wilhelm von Lobkowitz tat es jedoch mit der verletzenden Bemerkung, er bedaure, dass Maximilian auf den Thron resigniert habe.

Nun folgten die Stände. Dem Herkommen gemäß pflegten die einzelnen Kurien, also die Herren, Ritter und Städte nach vorausgegangener abgesonderter Beratung ihre Stimme gemeinschaftlich durch einen Sprecher abzugeben. Eben deshalb war Tags vorher Schlick zum Sprecher des Herrnstandes gewählt werden, allein diesmal forderte der Oberstburggraf die Kurien nicht in ihrer Gesamtheit zur Abstimmung auf, sondern jedes einzelne Mitglied der Stände. Diese Maßregel war darauf berechnet, die Opposition zu schwächen; man hoffte von der geringen Redegewandtheit der meisten Mitglieder des Landtags, von der Rücksicht, die der Einzelne gegen die herrschende Dynastie nicht so leicht aus den Augen setzen wollte, und von dem Gewichte der zu Gunsten des Erbrechtes vorgebrachten Argumente, dass nur wenige es wagen würden, ihre Opposition persönlich aufrecht zu erhalten. Jene, die es dennoch taten, ließen sich dann leicht zusammenzählen und. verloren ihrer geringeren Anzahl wegen an Bedeutung. Diese Berechnung täuschte nicht, sämtliche anwesende Mitglieder des Herrnstandes stimmten einfach für die Erhebung Ferdinands. Schlick äußerte sich, er habe ursprünglich die Absicht gehabt, auf die Berufung der Nebenländer und. die Vertagung der Wahl anzutragen, nachdem er sich aber durch die hier vorgebrachten Beweise von dem Erbrechte des Hauses Habsburg überzeugt habe, fühle er sich als treuer Untertan desselben verpflichtet, für Ferdinands Erhebung zu stimmen und die Berufung eines Generallandtages, weil dieser nur Gefahren und Unordnungen im Gefolge haben könnte, zu verwerfen. So zerrann die Opposition des Grafen in diesen, man kann sagen, hyperloyalen Worten.[133]

Die Ritter und Vertreter der Städte, die ebenfalls einzeln ihre Stimme abgaben, befolgten sämtlich das gegebene Beispiel loyaler Ergebenheit und nach wenigen Minuten der namentlichen Befragung konnte der Oberstburggraf dem Landtage verkünden, dass Ferdinand beinahe einstimmig von allen drei Ständen des Königreichs zum Könige nicht „gewählt", sondern „angenommen" werden sei. Das Erbrecht der Habsburger, von diesen selbst vor wenigen Jahren fast aufgegeben, lebte in vollem Glanze wieder auf und sein nunmehriger Repräsentant war Erzherzog Ferdinand von Graz, jetzt König von Böhmen.

.Von dem Resultate der Sitzung wurde der Kaiser durch den Kanzler benachrichtigt. Zu dem Erzherzog verfügte sich eine zahlreiche Deputati0n, an deren Spitze sich der Oberstburggraf befand und. wünschte ihm zu seiner Erhebung Glück. Ferdinand freudig überrascht und ergriffen von der Bedeutung des Momentes dankte auf das angelegentlichste für den guten Willen der Stände und versprach dessen in aller Zukunft zu gedenken. Leider waren dies nur Worte, nicht einen Augenblick kam ihm in den Sinn, dass er dem ganzen Lande je ein Vater sein werde und sein wolle. Seine aufrichtigen Wünsche bezogen sich nur auf die Katholiken, für die Protestanten hatte er nur Misstrauen in seinem Herzen, das jeden Augenblick in offene Feindschaft zu übergeben bereit war. Da ihm mit gleicher Münze von den Bedrohten gezahlt wurde, so durfte man sich mit bangem Entsetzen fragen, welche Zukunft einem Lande bevorstehe, wo König und Volk einander mit heimlichen Verwünschungen entgegentraten.

Gleich die nächsten Tage lieferten die Beweise für die Entfremdung zwischen dem künftigen König und der Mehrzahl seiner neuen Untertanen. Nach dem gesetzlichen Herkommen musste jeder König vor seiner Krönung die Rechte und Freiheiten des Landes bestätigen und versprechen, ihnen gemäß zu regieren. Da Ferdinand vorläufig nur ein „designierter" und kein regierender König sein sollte, so wurde nach dem Formalismus jener Zeit vor der Krönung von ihm nicht die unmittelbare Bestätigung der Privilegien verlangt, sondern nur das Versprechen. dass er nach dem Tode des Mathias vor dem wirklichen Regierungsantritte diese Bestätigung erteilen werde. Der designierte König

---

133 Über die Haltung des, Grafen Schlick berichten wir nach Slawatas Aufzeichnungen, der bei dieser Szene im Landtage zugegen war. Skala erzählt nichts näheres. – Der Bericht des sächsischen Gesandten (im sächs. Staatsarchiv) aus Prag dd. 29.Mai/8.Juni1617 gibt der Rede des Grafen keinen so loyalen Anstrich wie Slawata, sondern mehr den einer resignierten Opposition. Wir verlassen uns auf den Bericht des Ohrenzeugen Slawata umso mehr, da der Protestant Skala von keiner oppositionellen Rede des Grafen erzählt, was er sonst kaum unterlassen hätte, und da wir uns wohl vorstellen können, dass Ferdinands persönliche Einwirkung auf Schlick nicht resultatlos geblieben sei.

gab also ein Versprechen, künftig die Privilegien bestätigen zu wollen, der wirklich die Regierung antretende König musste sie in der Tat bestätigen.

Die nun folgenden Unterhandlungen des Landtags drehten sich um die Frage, wie dieses Versprechen einer künftigen Bestätigung beschaffen sein solle. In ähnlichen Präzedenzfällen hatten sich die Stände stets mit der allgemeinen Versicherung, dass alle Rechte und Freiheiten bestätigt werden würden, begnügt. Diesmal fand es die Majorität des Landtags nicht genügend; hatte sie in der Sukzessionsfrage so kleinmütig beigegeben, so raffte sie jetzt allen Mut zusammen und forderte die Einschiebung einer den künftigen König stärker verpflichtenden Formel. Darnach sollte sich Ferdinand anheischig machen, alle Rechte und Privilegien „in allen Punkten und Klauseln, so wie dies der gegenwärtige Kaiser und. seine Vorfahren, die Könige von Böhmen, gethan haben," zu bestätigen. Ausdrücklich betonten die Protestanten, dass ihre ängstliche Fürsorge dem Majestätsbrief gelte und dass sie in diesem Zusatze eine stärkere Sicherheit sahen: namentlich taten sich in ihrem Namen Wilhelm von Lobkowitz und der Saazer Deputierte Hošfálek durch leidenschaftliche Erregtheit hervor. Bei der Stimmenabgabe erhoben sich alle Protestanten wie ein Mann für die Einrückung des Zusatzes nicht bloß in den von Ferdinand zu unterzeichnenden Revers, sondern auch in die Landtagsartikel.

Die Katholiken traten ihnen diesmal nicht entgegen, nur die Herrn Slawata und Martinitz, die keine Gelegenheit vorübergehen ließen, wo sie die Protestanten angreifen konnten, stimmten gegen den Zusatz. Slawata äußerte sich, dass ihm die Sicherstellung des Majestätsbriefes keineswegs am Herzen liege, eine Erklärung, die keinen anderen Sinn haben konnte, als den, dass der Redner das seinige zur Vernichtung desselben zu tun bereit sei. Die dreiste Herausforderung verhallte nicht unbemerkt in den Ereignissen des Tages. Mehrere von den Protestanten prägten sich Slawatas Worte tief ins Gedächtnis ein und erinnerten ihn daran einige Monate später in dem Augenblicke, als derselbe an das Fenster der Kanzlei gedrängt mit seinen Widersachern um sein Leben stritt. Ihre Wiederholung wurde die Besiegelung seines Todesurteils, dessen tatsächlicher Durchführung er wie durch ein Wunder entging.

Es kam nun die Reihe an Ferdinand zu zeigen, ob er in der Tat seine Erhebung den Ständen in Gnaden gedenken und den Rechtszustand des Landes ohne Hinter-gedanken anerkennen wolle oder nicht. Vor einigen Jahren, noch bei Lebzeiten Rudolfs, hatte er sich einmal in einem Privatgespräch gegen den Fürsten Karl von Liechtenstein dahin geäußert, dass man vor allem auf die e des Majestätsbriefes hinarbeiten müsse. Jetzt bot sich ihm die Gelegenheit, er musste sich entscheiden, ob er schon jetzt seine Ansichten zur Geltung bringen wolle oder nicht. Noch war er kaum dazu gekommen, diese Frage in einer bestimmten Formel seinem Gewissen vorzulegen, als er sich schon zu einem den Protestanten feindlichen Entschlusse gedrängt sah. Slawata erschien nämlich bei Khlesl und bemerkte gegen ihn, dass jetzt die Zeit gekommen sei, mit dem Majestätsbrief aufzuräumen. Erzherzog Ferdinand solle dessen künftige Bestätigung ausdrücklich verweigern, die Stände müssten nachgehen. Der Kardinal handelte diesmal als ehrlicher Mann, indem er mit dem ganzen Gewichte seines Ansehens Slawatas Ratschläge zurückwies. Wolle der Erzherzog, fügte er zur Begründung seiner abweisenden Meinung hinzu, auf die deutsche Krone Verzicht leisten, so möge er immerhin das Beispiel eines solchen Glaubenseifers geben.

Ferdinand konnte bei einer vernünftigen Erwägung der Sachlage nicht in Zweifel sein, dass der Kardinal Recht habe. Die Nichtbestätigung des Majestätsbriefes hatte von seiner Seite nur dann einen Sinn, wenn er zu gleicher Zeit eine solche religiöse Reformation in Böhmen mit Güte oder Gewalt vornehmen konnte, wie er dies in Steiermark getan. Konnte er dies aber tun, so lange Mathias lebte und die Regierung führte? Die Nichtbestätigung des Majestätsbriefes hätte den Protestanten nur zur Warnung gedient und von vornherein einen Aufstand derselben gerechtfertigt. So töricht konnte Ferdinand nicht handeln. Dennoch entschied er sich nicht ohne weiteres zur Ausstellung des verlangten Reverses, sondern legte im Geheimen den Vätern des Prager Jesuitenkollegiums die Frage vor, ob er den Majestätsbrief ohne Gewissensbisse bestätigen könne. Die Antwort war einstimmig bejahend und die Motivierung lautete dahin, dass Ferdinand den Majestätsbrief nicht hätte erteilen dürfen, aber den erteilten bestätigen möge, wenn er nicht anders zur Regierung gelangen könne. Das günstige Gutachten beruhigte den Erzherzog bei dem Empfange der Krone, vielleicht würde er bei einem minder günstigen die Opportunitätsgründe Khlesls noch mehr gewürdigt haben. Der Revers wurde nach dem Wunsche des Landtages ausgestellt.[134]

Zur Vornahme der Krönung wurde der 19. Juni anberaumt. Während des feierlichen Zuges aus dem Schlosse nach dem Dome geschah es, dass Slawata an Ferdinands Seite einherschritt. Die wenigen Augenblicke, die der kurze Weg beiden zur Unterhaltung frei ließ, benützte der letztere und wandte sich an den glaubensstrengen Nachbar mit den Worten: „Ich bin doch froh, dass ich die Krone Böhmens ohne Gewissensbisse erlangt habe." Statt aller Antwort zuckte Slawata mit den Achseln. Ferdinand, der wohl wusste, dass jener

---

134 Archiv von Neuhaus. Slawata an Martinitz dd. 24. Sept. 1646. In diesem Briefe erinnert Slawata den Martinitz umständlich an die Vorgänge von 1609 und 1617.

die stillschweigende Bestätigung des Majestätsbriefes durch den Revers miss-billige, verteidigte sich mit dem theologischen Gutachten. Die Konversation brach hiemit ab, denn man näherte sich der Kirche.[135]

Es folgte jetzt die letzte Krönung eines böhmischen Königs, welche unter Beobachtung des alten Zeremoniells stattfand. Der Eidleistung der Stände ent-sprach die des Königs, beide traten zu einander in bestimmte Verpflichtungen. Wenige Jahre später und welcher Wechsel! Der königliche Eid blasste zu einer mageren Versicherung ab, die eigentlich mehr zu Gunsten des Monarchen als der Stände lautete, ja die Könige fanden die Quelle ihrer Macht in ihrem angebornen Rechte und lehnten es sogar ab, sich die Krone aufs Haupt zu setzen. – Die Krönung Ferdinands würde nichts Außergewöhnliches geboten haben, wenn die anwesenden Kardinäle Dietrichstein und Khlesl nicht etwas zur Unterhaltung der Zuschauer beigetragen hätten. Beide eifersüchtig auf den Vorsitz hatten sich dahin geeinigt, bei der Krönung mehrere Male die Sitze zu wechseln, um so gegenseitig die gleiche Stellung anzuerkennen. Der Vergleich wurde pünktlich eingehalten.

Die Krönungstafel verlief mit Anstand und, wie behauptet wurde, mit Hei-terkeit, wozu der Oberstburggraf als Dilettant im Fache der Komik einiges bei-trug. Zum letzten Male fand man hier das alte Böhmen friedlich geeint; würde ein Seher unter die Anwesenden getreten sein, so hätte er dem fröhlichen Gelage ein schreckliches Bild von der nächsten Zukunft enrollen 113: kön-nen. Es gab Niemanden unter den Gästen, der in der folgenden Tragödie nicht eine Rolle gespielt hätte. An der kaiserlichen Tafel saß Ferdinand neben Mat-hias, und Dietrichstein neben Khlesl. Der letztere, jetzt der eigentliche Besitzer jener Macht, von der Mathias den Titel inne hatte, wurde wenige Monate spä-ter als Gefangener von Wien weggeschleppt und für alle Zukunft auf die ihm wenig zusagenden Pflichten seines Standes beschränkt. Ferdinand selbst war bald darauf in Gefahr, seine königlichen, erzherzoglichen und sonstigen Titel mit demselben Rechte zu tragen, mit dem er sich den eines Königs von Jeru-salem beilegen durfte. Die übrigen Gäste waren an zwölf Tafeln verteilt. Kaum gab es einen unter ihnen, dem nicht harte Unfälle bevorstanden. Die Katholi-ken mussten beim Ausbruch des Aufstandes größtenteils im Exil ihre Sicher-heit suchen und fristeten drei Jahre lang kümmerlich ihr Dasein. Als sie nach der Niederwerfung des Aufstandes in die Heimat zurückkehrten, fanden sie dieselbe überall verwüstet, ein Drittel der Bevölkerung ausgerottet, während Verzweiflung sich des Restes bemächtigte. Ihre Gegner, an die nun die Reihe

135   Aus dem oben erwähnten Briefe Slawatas an Martinitz im Archiv von Neuhaus.

der Vergeltung kam, waren für ein gesteigertes Elend vorbehalten. Einige endeten ihr Leben durch Henkershand, die übrigen waren noch schlimmer daran, denn sie mussten sich in ein aussichtsloses Exil begeben, an das sich die Qual der Nahrungssorgen knüpfte. Und um den Kummer voll zu machen, mussten sich die Flüchtlinge, die in der Heimat für ihre Überzeugung gekämpft und um ihretwillen heimatlos geworden waren, in der Fremde an den ersten besten Abenteurer für Sold verdingen. Zu dieser Tragödie bildete der Krönungstag die schimmernde EingangsSzene.

Als die Tafel aufgehoben war und der Kaiser sich entfernt hatte, hielt sich der König noch einige Zeit bei den Gästen auf und teilte die allgemeine Heiterkeit. Er gewann es über sich, einem jeden der Gäste ein Weinglas zuzutrinken und lieferte, wenn der Berichterstatter nicht übertreibt, damit einen Beweis, dass selbst Männer von so notorischer Mäßigkeit wie Ferdinand in der Trinkperiode des 17. Jahrhunderts etwas zu leisten wussten.[136] Die folgenden Tage wurden durch mancherlei ritterliche Spiele verherrlicht, an die sich zuletzt die Aufführung einer Komödie im Jesuitenkollegium schloss. An allen diesen Festlichkeiten nahm Ferdinand teil und benahm sich dabei stets mit zuvorkommender Freundlichkeit. Viele Protestanten, die derartigen Äußerlichkeiten nicht unzugänglich waren, begannen sich im Vertrauen günstiger über ihren König zu äußern, sie bedauerten die Ausbrüche der vorangegangenen Opposition: man habe sie, so hieß es, bezüglich des Erbrechtes des Hauses Habsburg getäuscht, dasselbe sei „stattlich fundirt" und nur ihre Unwissenheit habe sie verleitet daran zu zweifeln. Eine ähnliche Sprache führten die Gäste aus den böhmischen Nebenländern. Khlesl säumte nicht, die gegenwärtige Haltung Ferdinands und das etwaige Verdienst der künftigen auf seine Rechnung zu setzen. Dem sächsischen Gesandten erzählte er, er habe seit 14 Tagen dem Könige so „gute Lehren gegeben, dass, wenn sie dieser befolgen werde, man sagen müsse, Ferdinand habe sich umgekehrt."[137]

Das freundliche Lächeln, welches Ferdinands Lippen in der Öffentlichkeit umschwebte, stand jedoch keineswegs im Einklang mit seinen wahren Gefühlen. In seinem Inneren fühlte er sich durch das Auftreten der Opposition tief beleidigt und selbst die Freude über die erlangte Krone konnte die Bitterkeit aus seinem Herzen nicht verscheuchen. Bei dem Empfange, den er in diesen Tagen einer ihn beglückwünschenden Deputation, unter deren Mitgliedern er einige seiner Gegner erblickte, zu Teil werden ließ, trat seine eigentliche Gesinnung offener hervor. Er wandte sich an den vor ihm stehenden Thurn

136 Sächs. Staatsarchiv. Zeidler an Kursachsen dd. 20/30. Juni 1617 Prag.
137 Zeidler an Kursachsen dd. Prag 25.Juni/5.Juli 1617.

und fragte ihn, weshalb er und seine Gesinnungsgenossen eine feindselige Haltung gegen ihn angenommen hätten. Es versteht sich, dass diese Frage nur mit einem trotzigen oder verlegenen Schweigen beantwortet wurde. Dabei blieb es aber nicht, Thurn, Fels, Budowec, Ruppa, Kapliř von Sulewic, der Primas von Saaz, Hoštálek und der Altstädter Ratschreiber Kochan wurden in die königliche Kanzlei beschieden und ihnen hier eine Rüge erteilt, an die sich die Drohung schloss, dass sie das Schicksal Georgs von Lobkowitz ereilen könnte. Dieser hatte im Jahre 1593 den Landtag zu einer oppositionellen Haltung verleitet, um Rudolf II zu nötigen, ihm das Amt eines obersten Burggrafen zu erteilen. Letzterer nahm die ihm gespielte Intrige so übel, dass er gegen Lobkowitz einen Prozess anstrengte, ihn gefangen nehmen und nach jahrelanger Haft im J. 1606 heimlich hinrichten ließ. Die Drohung mit dem Schicksale Georgs von Lobkowitz musste die Betreffenden entweder auf das Äußerste reizen oder einschüchtern. Unmittelbar nach dieser bedeutsamen Szene wurden Hoštálek und Kochan ihrer Ämter entsetzt.

Die bloße Absetzung der zwei bürgerlichen Opponenten war nicht etwa ein Beweis, dass des Königs Zorn sich damit vorläufig beruhigen wolle. Gern hätte er und die Regierung des Mathias, die mit ihm diesmal eines Sinnes war, auch den genannten Adeligen ihre Ämter entzogen, wenn dies nach der Verfassung zulässig gewesen wäre. Aber sowohl der Graf Thurn als Burggraf von Karlstein, wie die andern Herrn als Käthe bei den verschiedenen obersten Ämtern, waren unabsetzbar. Eine Ausnahme von dieser Regel trat nur in zwei Fällen ein, bei einem Thronwechsel oder einer Beförderung. Im Jahre 1611 wurde aus einem früheren, etwas zweifelhaften Vorgange von Seite der Protestanten gefolgert, dass sämtliche obersten Beamten bei einem Thronwechsel verpflichtet seien, ihre Ämter in die Hände des neuen Königs niederzulegen. Diese Theorie sollte ihnen damals den Weg zu den fast ausschließlich von Katholiken bekleideten höchsten Würden bahnen und in der Tat gelangte Graf Thurn auf diese Weise zu dem Burggrafenamte von Karlstein, aus dem Slawata verdrängt wurde. Die zweite Möglichkeit, einen Landesbeamten von seinem Posten zu entfernen, ergab sich durch die Beförderung. Unter Maximilian II war deshalb ein Streit ausgebrochen. Damals hatte der Kaiser den Oberstlandrichter Johann von Waldstein zu dem höheren Posten eines Oberstlandkämmerers befördert, um ihn von seinem Amte zu entfernen, und Waldstein musste sich gegen seinen Willen die Beförderung gefallen lassen. Seitdem galt die Entfernung von einem Amte durch das Mittel der Beförderung für gesetzlich.

Da Ferdinands Erhebung auf den böhmischen Thron nicht als ein Regierungswechsel angesehen werden konnte, so blieb nur der zweite Ausweg übrig, wenn man die Mitglieder der Opposition von ihren gegenwärtigen Ämtern entfernen wollte. Eine derartige Bestrafung aber, die eine Begünstigung in sich geschlossen hätte, konnte natürlich nicht im Sinne der Regierung liegen und so durften die Opponenten dem königlichen Zorne gegenüber auf ihre Unabsetzbarkeit pochen. Am bittersten empfand man diese Ohnmacht bezüglich des Grafen Thurn. Derselbe hatte als Burggraf von Karlstein die Aufsicht über die Reichskleinodien und über die Privilegien zu führen. So harmlos dieses Amt in gewöhnlichen Zeiten war, so bedeutend könnte es in außergewöhnlichen werden. Konnte nicht nach des Mathias Tode ein Thronprätendent auftreten und Thurn diesem die Krone ausliefern? Dass dies bei einem Manne wie der Graf keine eitle Befürchtung war, bewiesen die folgenden Ereignisse am besten und somit war es nicht der Wunsch allein, den Opponenten zu bestrafen, der Ferdinand die Entfernung desselben von seinem Amte ersehnen ließ, sondern auch die wohl begründete Furcht vor dessen künftigen Taten.[138]

Ein Zufall half der Regierung einige Monate später aus dieser Verlegenheit und befreite Ferdinand von seiner Furcht, indem er zugleich eine empfindliche Bestrafung Thurns herbeiführte. Obwohl das Amt der zwei Burggrafen von Karlstein in der Beamtenhierarchie sehr niedrig stand, so gehörte es dennoch zu den am reichsten dotierten, namentlich trug die Stelle eines Burggrafen aus dem Herrnstande, die Thurn-versah, jährlich an 8000 Taler ein. In der Regel blieben die Burggrafen lebenslänglich auf ihrem Posten und sehnten sich nach keiner Beförderung, da sie durch dieselbe nur verlieren kennten. Nun traf es sich, dass der Oberstkämmerer Herr Johann Sezima starb, wodurch eine der höchsten Landeswürden vakant wurde. Damit war die Gelegenheit geboten, den Grafen Thurn durch die zulässige Beförderung von Karlstein zu entfernen und so am empfindlichsten zu treffen. Durch die Ernennung des Oberstlandrichters zum Oberstlandkämmerer wurde die Stelle des ersteren frei und man beschloss bei Hofe, sie dem Obersthoflehnrichter Slawata zu übertragen. Die vakante Stelle eines Obersthoflehnrichters, die im Range über dem Burggrafenamte von Karlstein stand, deren Erträgnis sich jedoch im Jahre auf etwa 400 Taler belief, sollte nun auf Thurn übergehen.

Am 5. Oktober 1617 wurden die Inhaber sämtlicher obersten Ämter in die Burg berufen, wo der Kaiser ihnen seinen Willen bezüglich der Besetzung derselben kund machen wollte. Thurn hatte indessen in Erfahrung gebracht, dass man etwas gegen ihn im Schilde führe und ihn unter dem Scheine einer Beförderung um seine Stelle bringen wolle. Er geriet darüber so in Wut und

---

138   Skala II.

Schrecken, dass er, ohne zu bedenken, was er tat, sich an Slawata wandte und. ihn um seine Vermittlung bei dem Oberstburggrafen bat. Wie wenig überlegt – gelinde ausgedrückt – dieser Schritt war, ergibt sich daraus, dass Thurn es war, der im J. 1611 Slawata vom Karlsteiner Burggrafenamte verdrängt hatte. Letzterer ließ die ihm gebotene Gelegenheit nicht vorübergehen, ohne seinen Gegner in feiner Weise zu demütigen; er tröstete ihn mit frommen Worten, legte beim Oberstburggrafen seine Fürsprache für ihn ein, da er wohl wusste, dass diese vergeblich sein würde, und. erschöpfte sich überhaupt in Beweisen des Mitgefühls für seinen Gegner. Wenn Thurn diese Szene später bei ruhigem Blute überdachte, musste er sich seiner selbst schämen und etwas anderes als Dankbarkeit für seinen christlich-milden Kollegen empfinden.[139]

Während Thurn von Angst und Zorn gefoltert sein Ohr bald den Tröstungen Slawatas lieh und bald sich an den Oberstburggrafen mit Bitten wandte, von diesem aber vernehmen musste, dass der Kaiser das Recht habe, Beförderungen bei den obersten Beamten auch gegen deren Willen vorzunehmen, erschien der Kanzler und befahl den Versammelten, in das kaiserliche Gemach einzutreten. Im Namen des anwesenden Mathias eröffnete er ihnen hierauf, dass das durch den Tod Sezimas erledigte Amt eines Oberstlandkämmerers dem Oberstlandrichter Georg von Talmberg verliehen werde, dass in Folge dessen der Obersthoflehnrichter Slawata zum Oberstlandrichter, der Karlsteiner Burggraf Thurn zum Obersthoflehnrichter befördert und der erledigte Burggrafenposten dem Jaroslaw von Martinitz verliehen werde. Talmberg dankte dem Kaiser in böhmischer Sprache für seine Gnade, der Kanzler übernahm hiebei das Amt eines Dolmetschers. Slawata, im Deutschen wohl bewandert, sprach seinen Dank deutsch aus.

Thurn, der nun an die Reihe kam, machte einen letzten Versuch zur Rettung seiner Stellung. „Seit jeher," so sprach er Mathias an, „war das Kriegshandwerk meine Beschäftigung und zu diesem passt das Amt eines Burggrafen von Karlstein am besten; ich habe es bisher in einer Weise verwaltet, dass Niemand eine Klage gegen mich erheben kann, und. bitte daher Eure Majestät, mich in meinem Amte zu belassen, umsomehr, als ich in den Gesetzen und Rechten des Landes wenig bewandert, zu dem höhern Amte eines Obersthoflehnrichters keine Befähigung besitze." Um dem Kaiser bei seiner Entscheidung freie Hand zu lassen, trat Martinitz hervor und verzichtete auf die Beförderung zum Burggrafen, wenn Thurns Bitte berücksichtigt werden sollte. Mathias erwiderte jedoch durch den Kanzler, dass er nicht die Absicht habe, seinen Entschluss

---

139 Der Bericht hierüber bei Slawata II.

zu ändern. Jetzt war die Reihe an Thurn gekommen, eine früher ausgestoßene Drohung auszuführen und auf jede amtliche Stellung zu verzichten, er besann sich jedoch eines andern und leistete den in der Landesordnung vorgeschriebenen Eid für sein neues Amt. Als er später dem Slawata begegnete, dankte er ihm für die gegebenen Ratschläge, die ihn von der übereilten Resignation zurückgehalten hätten. „Auf welche Weise er mir seinen Dank beim Fenstersturze abgetragen," bemerkte Slawata in seinen Memoiren, „mag Jeder selbst beurtheilen!" Gewiss waren die Worte: „Meine Herren, hier habt ihr den Zweiten!" mit denen Thurn nach dem Sturze des Martinitz den Slawata zur gleichen Behandlung empfahl, nicht der Ausdruck einer besondern Dankbarkeit.

Fast gleichzeitig mit dieser Absetzung bekam Thurn eine warnende Mitteilung. Khlesl schrieb unter dem Scheine des Mitgefühls an eine dem Grafen befreundete Dame, die Gräfin Mansfeld und tadelte ihn in diesem Briefe, dass er als General sein Vergnügen daran finde, Prediger und Superintendenten anzustellen und zu visitieren. Er ließ dabei die Warnung einfließen, dass, wenn Thurn nicht seiner Defensoren würde entsage, der Kaiser, der ihm sonst alles Gute erweisen möchte, plötzlich zu einem feindseligen Entschlusse getrieben werden dürfte, von dem ihn selbst der Kardinal nicht zurückhalten könnte.[140] Dieses Schreiben, zur Mitteilung an Thurn bestimmt, zeigte ihm, dass er sich fortan nur des Schlimmsten zu versehen habe, wenn er sich nicht durch eine völlige Umkehr Verzeihung und neue Gnadenbezeugungen erwerben wolle. Er hatte seit Jahren den Bruch mit der Dynastie in das Bereich seiner Kombinationen gezogen, seine „Beförderung" und diese Warnung konnten ihn in diesem Beschlusse nur bestärken. Das einzige, was er zu bedenken hatte, war die Art und Weise, wie er die Gesamtheit der Stände zu einem Schritte hinreißen sollte, der für sie alle einen unheilbaren Bruch mit den Habsburgern zur Folge haben konnte.

Um der Erhebung Ferdinands auf den böhmischen Thron einen formalen Abschluss zu geben, mussten auch die Landtage von Mähren, Schlesien und den Lausitzen berufen und von diesen der neue König von Böhmen als Herr der böhmischen Nebenländer anerkannt werden. Es geschah dies noch im Laufe des Sommers (1617) ohne irgendwelche Schwierigkeit. Ferdinands Anwartschaft auf die böhmische Krone wurde allgemein anerkannt.

---

140 Skala II, 13 – 15.

Viertes Kapitel

Verhandlungen über die Erhebung Ferdinands auf den deutschen und ungarischen Thron.

I. Der Kaiser in Dresden (4. Aug. 1617). Verhandlungen wegen Berufung eines Kurfürstenkoventes. Bestrebungen des Heidelberger Kabinetts zur Benachteiligung Ferdinands. Dohna und Camerarius in Prag (1617). Bemühungen des Kurfürsten Friedrich, neue Bewerber um die deutsche Krone aufzustellen. Haltung Maximilians von Bayern. Zusammenkunft der weltlichen Kurfürsten (Nov. 1617). Friedrich V in München (6. Feb. 1618). Das Heidelberger Kabinett in seinen Bestrebungen isoliert. Khlesls Bemühungen zur Verschiebung des Kurfürstenkonvents.

II. Erbansprüche der Habsburger auf den ungarischen Thron. Absicht. sie mit Gewalt durchzusetzen. Eröffnung des Pressburger Reichstages (27. März 1618). Ansprüche der Opposition auf ein Wahlrecht. Untersuchung, ob die ungarische Krone eine Erb- oder Wahlkrone sei. Die „Erläuterung" des Reichstags. Die Diplomsverhandlungen. Ablehnung des Diploms. Die neue Wahlformel. Das Krönungsdiplom. Die Wahl (16. Mai 1618). Die Reichstagsgravamina. Krönung Ferdinands.

III. Neue Verzögerung betreffs der Berufung des Kurfürstentags. Mangel an Geld bei der Hofkammer. Steigende Erbitterung Maximilians gegen Khlesl. Oñates Haltung. Bitte um spanische Subsidien. Khlesls Versuch einer Aussöhnung mit Maximilian.

I

Kaum war Ferdinands Krönung in Prag vollzogen, als der so oft besprochene und so vielfach aufgeschobene Besuch des Kaisers bei dem Kurfürsten Johann Georg von Sachsen ernstlich in Erwägung gezogen wurde. Alle Argumente, die man ehedem dafür geltend gemacht hatte, wurden wieder hervorgeholt, neu aufgeputzt und erweitert, so dass Mathias endlich keinen anderen Ausweg vor sich sah, als die Reise wirklich anzutreten.

Am 4. August 1617 langte er in Begleitung seines Bruders Maximilian, des Königs Ferdinand, Khlesls und mehrerer Mitglieder des geheimen Rates in Dresden an. Der Besuch hatte einen doppelten Zweck, er sollte zuerst eine besondere Auszeichnung für den Kurfürsten sein und ihn dadurch für die folgenden Mitteilungen freundlich stimmen, dann aber, und das war die Hauptsache, wollte man von Johann Georg eine bindende Erklärung bezüglich der deutschen Nachfolge erlangen. Mathias selbst nahm an den politischen Verhandlungen keinen Antheil und empfahl bloß mit einigen allgemeinen Lobeserhebungen dem Kurfürsten seinen Vetter Ferdinand für die deutsche Krone. Auch der König und Maximilian hielten sich in Dresden von den politischen Beratungen fern; nur entschuldigte sich letzterer nochmals wegen seines vorjährigen, den Kaiser zu Rüstungen mahnenden Gutachtens, welche Entschuldigung der Kurfürst als minder nötig bezeichnete und sonach freundlich entgegennahm. Die politischen Fragen wurden allein zwischen dem Kardinal und den übrigen kaiserlichen Räten einerseits und den kurfürstlichen Räten, an deren Spitze Kaspar von Schönberg stand, andererseits besprochen.

In den Konferenzen dieser Diplomaten berichtete Khlesl, dass der Kaiser die Absicht habe, einen Kurfürstentag zur Bestimmung der deutschen Nachfolge zu berufen. Nur andeutungsweise bemerkte er, dass auf dieser Zusammenkunft noch andere Gegenstände, namentlich der Ausgleich zwischen den Protestanten und Katholiken beraten werden könnte. Khlesl ersuchte darauf um die Mitteilung, ob der Kurfürst auf die Berufung des Kurfürstentages und seinen Zweck eingehen und ihn persönlich besuchen wolle, so wie um sein Gutachten, wohin und wann man denselben berufen und auf welche Weise man die beiden anderen protestantischen Kurfürsten einladen solle. Die Antwort, welche die sächsischen Räte im Namen ihres Herrn abgaben, lautete, dass derselbe erbötig sei den Kurfürstentag, wann und wo der Kaiser wolle, persönlich zu besuchen und sich an der Bestimmung der deutschen Nachfolge zu beteiligen. Bezüglich der Komposition wünschte der Kurfürst, dass dieselbe nicht als ein nebensächlicher, sondern als ein Hauptpunkt in den Beratungen des Kurfürstentages angesehen werde, machte jedoch keineswegs seine Zustimmung zur Erhebung Ferdinands von ihrem Gelingen abhängig. Alles wohl erwogen waren sonach die sächsischen Erklärungen den habsburgischen Wünschen günstig und sie wurden auch in diesem Sinne von Ferdinand aufgefasst. Khlesl erklärte zuletzt, dass der Kaiser die Kurfürsten auf Lichtmess 1618 nach Regensburg zu berufen gedenke.[141]

Ferdinand, dessen ganze Persönlichkeit, Lebens- und Ausdrucksweise man nach allem, was man über ihn weiß, für überaus gemessen, ruhig und zurück-

---

141   Die Nachrichten über diese Verhandlungen entnehmen wir dem sächsischen Staatsarchiv: Sukzession im röm. Reich 10676 fol. 569–583. dann dem ehemaligen Reichsarchiv in Wien (Wahl- und Krönungsakten Fasc. 9.)

gezogen halten muss, entwickelte in Dresden mehr gesellschaftliches Talent, als man ihm zutrauen würde. Bei den Hoffestlichkeiten erwies er der Witwe des früheren Kurfürsten und Schwester des dänischen Königs Christian IV, einer noch jungen Dame, eine ungewöhnliche Aufmerksamkeit, tanzte mit ihr, so dass man von einer Neigung zwischen dem heiratsfähigen Paar munkelte. Manchen Katholiken am kaiserlichen Hofe war der Gedanke einer Vermählung Ferdinands mit einer Protestantin nicht antipathisch, da man durch eine nähere Verbindung mit dem sächsischen Fürstengeschlechte über die vielen Schwierigkeiten der gegenwärtigen Lage hinüberzukommen hoffte. Vor allem war es Khlesl selbst, welcher den Gedanken der Heirat mit gewohnter Rührigkeit auffasste und während mehrerer Monate Ferdinand zu derselben zu bereden suchte. Er wies auf das Zutrauen hin, das man bei den Protestanten gewinnen würde, wenn die Prinzessin am kaiserlichen Hofe frei ihrer Religion leben und ihren Prediger zur Seite haben dürfte. Dies war aber gerade der Grund, der Ferdinand von der Heirat abhielt, denn ihm war es nicht darum zu tun, das Zutrauen der Protestanten um den Preis zu gewinnen, dass er ihre Existenz nicht antastete. Er musste sich sagen, dass durch die Vermählung mit einer Protestantin das Werk seines Lebens – die steirische Reformation – zu einem tyrannischen Gewaltakt oder einem schweren Irrtum gestempelt würde und dass er damit jedem weiteren Schritte auf der betretenen Bahn die Grundlage entziehen würde. Nicht bloß seine gesamten Erinnerungen und Wünsche, sowie seine Überzeugung, sondern auch die unumgänglich notwendige Rücksicht auf seine bisherige Politik und auf das Gedeihen jener, die er in Zukunft einzuhalten gedachte, stemmten sich gebieterisch gegen diese Heirat. Um jedoch durch eine schroffe Abweisung der khleslischen Anträge in Dresden nicht allzu sehr anzustoßen, erklärte er, dass er eine Vermählung mit der kurfürstlichen Witwe nicht von der Hand weise, falls er die Gewissheit hätte, dass sie in kürzester Zeit katholisch würde. Da unter diesen Bedingungen eine Verhandlung mit Kursachsen nicht angebahnt werden konnte, so blieben die in Dresden ausgetauschten Komplimente ohne Folgen.[142]

Da die Berufung des Kurfürstentages von Khlesl auf Lichtmess (2. Febr. 1618) festgesetzt wurde, so mussten jetzt die nötigen Verhandlungen eingeleitet werden, um von allen übrigen Kurfürsten eine formelle Zusage für ihre persönliche Teilnahme an demselben zu erlangen. Zu diesem Behufe wurde der nur Reichshofrat Hegenmüller gegen Ende September 1617 an den Rhein abgeschickt, damit er von den drei geistlichen Kurfürsten die betreffende Zusage erbitte. Sie wurde ihm ohne jede Schwierigkeit zu Teil, die drei Erz-

---

142   Archiv von Simancas. Oñate an Philipp III dd. 7. März 1618.

bischöfe tadelten nur, dass der Kaiser in dem Einladungsschreiben zum Kurfürstentage sich zu allgemein fasse und nicht ausdrücklich betone, dass auf demselben vor allem die deutsche Nachfolge bestimmt werden solle. Sie waren sonach kaiserlicher als der Kaiser selbst. Von den drei Erzbischöfen begab sich Hegenmüller in Begleitung des Bischofs von Speier, eines leidenschaftlichen Anhängers der kaiserlichen und spanischen Politik, der er später noch große Dienste, allerdings nicht ohne klingende Entschädigung, leisten sollte, nach Kurpfalz. Ihrer Instruktion gemäß ersuchten sie den jungen Pfalzgrafen Friedrich um seine Teilnahme am Kurfürstenkonvent, weil es sich daselbst um die Beilegung der leidigen Zwistigkeiten in Deutschland handeln werde. Diese Ansprache sollte dem Kurfürsten Hoffnung machen, dass das Kompositionsgeschäft der alleinige oder doch vorzügliche Gegenstand der Beratungen sein werde. Friedrich konnte auf dies hin nichts anderes tun, als seine Teilnahme zusagen, als aber die Gesandten so nebenhin auch bemerkten, dass das Sukzessionsgeschäft in Verhandlung kommen dürfte, wurde er bedenklich und lehnte die Abgabe einer festen Zusage für sein Erscheinen ab.[143]

9. Okt. 1617

Es bedurfte übrigens bei dem Kurfürsten von der Pfalz nicht der Mitteilung des kaiserlichen Gesandten, um ihm klar zu machen, worauf es eigentlich mit dem Kurfürstentage abgesehen sei, und seine Bedenken gegen denselben datierten nicht erst von dem schüchternen Geständnisse Hegenmüllers. Der pfälzische Hof war mit jedem denkenden Politiker in Deutschland überzeugt, dass dem Hause Habsburg nichts mehr am Herzen liegen müsse, als die deutsche Nachfolge, und wenn die österreichische Politik ihnen eine Überraschung bereitete, so war es die, dass sie dies ihr natürliches Ziel mit einer so unerhörten Langsamkeit und Lässigkeit betrieb. Der Kurfürst von der Pfalz und seine Räte waren also von der gewordenen Mitteilung nicht überrascht, weil sie dieselbe längst erwartet hatten. Was ihre eigene Stellung zur Sukzessionsfrage betrifft, so war sie, kurz gesagt, die der äußersten Feindseligkeit gegen die habsburgischen Wünsche.[144]

Die ersten Äußerungen dieser Feindschaft reichen bekanntlich in die Zeit von 1606 –1611. Damals hatte sich der Fürst Christian von Anhalt im eigenen Namen und in dem des Kurfürsten Friedrich IV in die Streitigkeiten zwischen Rudolf II und Mathias gemischt und dieselben zum Nutzen seiner Partei und zum Verderben der Habsburger auszubeuten gesucht. Obwohl seine

---

143   Die Korrespondenzen über Hegenmüllers Sendung an den Rhein im Archive des k.k. Min. des Innern. Daselbst auch die pfälzische Erklärung dd. 9. Oktober 1617.

144   Die Beweise für diese Behauptung finden sich in dem früheren Werke des Verfassers: Rudolf II und seine Zeit.

Bestrebungen ohne Erfolg geblieben waren, so hatte er deshalb seine Pläne nicht aufgegeben, sondern nur vertagt und hoffte entweder von dem Tode des Kaisers oder von dessen Restaurationspolitik das Herannahen einer besseren Gelegenheit. Er pflegte mit Eifer die Bekanntschaften, die er im Jahre 1608 angeknüpft hatte und sorgte dafür, dass die Union in steter Fühlung mit ihren Anhängern in Österreich, Böhmen, Mähren und. Schlesien blieb. Auch auf einzelnen Unionstagen war die Art und Weise, wie die Verbindung mit Böhmen warmzuhalten sei, ein Gegenstand sorgfältiger Beratung.[145] Man lebte in Heidelberg so sehr der Überzeugung, dass über kurz oder lang die Krone von Böhmen dem Pfalzgrafen in den Schoß fallen würde, dass man sich mit diesen Hoffnungen in London bei Gelegenheit der Werbung um die Hand der englischen Königstochter förmlich brüstete, um damit den Bräutigam der Braut mehr gleichzustellen. Selbst Jacob I, der später zum Ruine seines Schwiegersohnes nicht wenig beitrug, fing damals Feuer und meinte, Friedrich werde binnen wenigen Jahren König von Böhmen werden.[146]

Als die Nachrichten aus Böhmen im Jahre 1616 nicht bloß von der Gärung unter den Protestanten, sondern auch von den Bestrebungen der Regierung, die Nachfolge zu Gunsten Ferdinands sicher zu stellen, berichteten, regte dies das Heidelberger Kabinett zu doppelter Tätigkeit auf und es wurde deshalb die Absendung zweier Gesandten beschlossen, die in Böhmen die Sachlage untersuchen sollten. Der erste war Christoph von Dohna, der im Beginne des Jahres 1617 Böhmen und vielleicht auch Österreich bereiste und hierüber nach seiner Rückkunft in Amberg an den Fürsten von Anhalt einen umständlichen Bericht erstattete. Nach seiner Angabe war die österreichische Monarchie in voller Zersetzung, jedes einzelne Land habe seinen Prätendenten, der nur den Tod des Kaisers abwarte, um sein Haupt zu erheben. Ungarn sei unberechenbar. Ein Prinz, der Geld hätte und die ungarische Sprache ein wenig verstände, könnte sich mit Aussicht auf Erfolg um die ungarische Krone bewerben; sei dieselbe doch ein Gegenstand der Spekulation für eine so untergeordnete Persönlichkeit, wie der Graf von Althan.(!) Übrigens stehe ein Teil des Landes auf Seite Bethlen Gabors. Die Herrschaft über Mähren und Österreich wolle der Fürst von Liechtenstein an sich reißen; wenn ihm die Protestanten hierin behilflich sein würden, so werde er die Messe fahren lassen. Auch Herr von Khuen, der

145 Münchner Staatsarchiv 548/4 Nebenmemorial, was zu Nürnberg zu verhandeln dd. 16./26. Januar 1615 Heidelberg.

146 Simancas 2325. Der Staatsrat an Philipp III dd. 24. April 1618. El Embaxador Don Alonso de Velasco escribe, que haviendo entendido, .que aquel Rey (Jakob I) decia, que su yerno tendria titulo de Rey dentro pocos años, procure descubrir en que lo fundava, y es en lo de Bohemia.

ein großes Vermögen gesammelt, trage sich mit ehrgeizigen Plänen. Die Union genieße überall ein hohes Ansehen und man sei ihr besonders deshalb gewogen, weil sie dem Kaiser auf dem Reichstage von Regensburg jede Geldunterstützung rundweg abgeschlagen habe. Man wünsche, sie möchte mit ihren Mitteln sparsam umgehen, damit, wenn sie einmal das Schwert aus der Scheide ziehe, sie es nicht eher einzustecken brauche, als bis alles gewonnen sei. Über die Mittel, die dem Kaiser für den Fall eines Krieges zu Gebote ständen, ließ sich Dohna nur mit Verachtung aus: die Zeughäuser seien leer, die gesamten Staatsschulden beliefen sich auf 25 Millionen Gulden und häuften sich durch die Nichtzahlung der Interessen,- die ungarischen Grenzfestungen seien fast ohne Besatzung.[147]

Noch war Dohna von seiner Reise nicht zurückgekehrt, als der pfälzische Ratscamerarius von seinem Kurfürsten mit einer doppelten Mission nach Prag und nach Dresden betraut wurde. In Dresden sollte er den Kurfürsten von Sachsen gegen die Herrschaft der Habsburger misstrauisch machen, in Prag die Stimmung Böhmens erforschen und sich mit Thurn und dessen Genossen in Verbindung setzen, um die Bestimmung der böhmischen Nachfolge zu durchkreuzen.[148]Den Deckmantel zu diesen Machinationen Angesichts des in Prag residierenden kaiserlichen Hofes sollte eine vom Camerarius mit Khlesl wegen des Kompositionstages anzuknüpfende Verhandlung bieten. Der pfeilzische Agent kam seinem Auftrage getreulich nach, frischte mit den protestantischen Häuptern in Böhmen die frühern Beziehungen auf und nahm von ihnen die Versicherung mit, dass sie zur Übertragung der Krone an Ferdinand auf keinen Fall die Hand bieten würden. So viel vertraute er der Feder an und bestätigte auf diese Weise zunächst Dohnas Berichte bezüglich Böhmens; einige ganz besonders wichtige Besprechungen mit Thurn und seinen Freunden deutete er leider in seinen Briefen nur an und vertröstete auf den folgenden mündlichen Bericht, weil es zu gefährlich sei, mehreres der Feder zu vertrauen. Man wird wohl in der Annahme nicht irre gehen, dass diese so geheimnisvollen Mitteilungen sich auf die böhmische Krone bezogen und dass von Seite der thurnischen Partei dem Camerarius ähnliche Eröffnungen und Hoffnungen gemacht wurden, wie im Jahre 1614 dem sächsischen Agenten Khra.

Während seines Aufenthaltes in Prag machte Camerarius einen Ausflug nach Dresden und suchte den Kurfürsten in seiner allzu großen Hinneigung zu den Habsburgern dadurch wankend zu machen, dass er ihn auf die Missstimmung unter den Böhmen aufmerksam machte und ihm mit der Aussicht auf den böhmischen Thron einen Köder hinwarf. War Camerarius zu dieser

---

147 Münchner Staatsarchiv. Dohnas Bericht dd. Amberg 21/31 Jan. 1617.
148 Münchner Staatsa. 118/1 Nebenpunkte zu des Camerarius Instruktion dd. 10/20 Januar 1617.

Sprache von Thurn bevollmächtigt oder war dies eine bloße diplomatische Finte? Wir glauben das letztere, denn Camerarius wollte gewiss nur für seinen eigenen Herrn ernten, was seit Jahren mit Emsigkeit von der Union und dem Fürsten von Anhalt gesät worden war. Der Kurfürst von Sachsen schien in den dargereichten Köder beißen zu wollen, er meinte zwar, „die Böhmen seien seltsame Leute, unbeständig und hielten nicht an ihrem Herrn, wenn Noth vorhanden, er selbst besitze genug und wolle das Seinige nicht hazardiren. Wenn indessen eine rechte Wahl ihn treffen sollte und es Gottes Wille wäre, so würde er auch die Mittel dazu schicken.“[149]

Die Berichte Dohnas und Camerarius über die Stimmung in Böhmen erfüllten das Heidelberger Kabinett mit der Hoffnung, dass die böhmische Krone vorläufig dem Erzherzoge Ferdinand nicht zufallen werde. Die gute Laune der pfälzischen Politiker wurde auch durch die Nachrichten des Camerarius über die Verhältnisse am kaiserlichen Hofe bedeutend erhöht. Der Gesandte hatte seine ostensible Mission wegen des zwischen den Religionsparteien in Deutschland herzustellenden Ausgleiches mit Eifer betrieben, dem Kaiser seine Aufwartung gemacht, alle hervorragenden kaiserlichen Räte besucht und namentlich mit Khlesl stundenlange Unterhaltungen gepflogen. Mit Genugtuung bemerkte er selbst und durch ihn das pfälzische Kabinett, welche tiefe Kluft in der kaiserlichen Familie wegen der Bestimmung der Nachfolge entstanden sei, wie der Kaiser davon nicht gerne reden höre und Khlesl mit beiden Händen dagegen arbeite. Camerarius hatte auch den Auftrag erhalten, in den Verhandlungen mit Mathias, demselben von der Wahl eines römischen Königs abzuraten; als er nun merkte, wie wenig eine solche Abmahnung nötig sei, beobachtete er darüber sowohl gegen Mathias wie gegen Khlesl ein vollständiges Schweigen. So fing man an in Heidelberg zu hoffen, dass vorläufig nicht viel zu besorgen sei, dass die böhmische Opposition vereint mit dem persönlichen Widerwillen des Kaisers gegen einen Nachfolger einen unübersteiglichen Damm für Ferdinands Hoffnungen bilden würden.

Es ist interessant zu sehen. wie die Einsicht in die Parteiverhältnisse am kaiserlichen Hofe die pfälzischen Staatsmänner in ihrer Beurteilung einzelner Persönlichkeiten beeinflusste. Seit sie glaubten, von Mathias und Khlesl nichts befürchten zu müssen, sondern in beiden ihre, wenn auch unfreiwilligen Bundesgenossen sahen, hatten sie für sie, eine Art von Neigung. Camerarius sprach sich über beide recht anerkennend und freundlich aus, Dohna verstieg sich sogar bis zu ihrem Lobe. Er bezeichnete den Kaiser als einen guten alten Herrn, der

---

149 Münchner Staatsarchiv 158/16 Camerarius an Kurpfalz dd. 8./18. Febr. 1617 Prag. Ebenderselbe dd. 3./13 Febr. – Ebenderselbe dd. 13/23 Febr. – Ebenderselbe dd. 18/28 Febr. Prag.

eigentlich an allen Beschwerden seiner Untertanen unschuldig sei, seine Schuld bestehe höchstens darin, dass er andere in tadelnswerter Weise regieren lasse. Den Kardinal Khlesl lobte er wegen seiner Arbeitsamkeit und Furchtsamkeit, wegen letzterer nämlich deshalb, weil er sich scheue, die Protestanten anzugreifen, was diesen sehr zu Statten käme. War dieses Urteil berechtigt? Wenn die pfälzischen Staatsmänner über die religiöse Tyrannei der kaiserlichen Regierung schimpften, wenn die Böhmen durch die religiöse Restaurationspolitik in die Arme der Revolution getrieben wurden, konnte man hiefür die, wenn auch eifrigen Werkzeuge der Ausführung verantwortlicher machen, als den Kaiser und seinen Minister? Haben sich dieselben nicht, bevor der Welt noch etwas von der Richtung ihrer Politik bekannt war, nach einer Armee umgesehen, um sie zu verteidigen? Es ist wahr, der Kaiser war ein gutmütiger Mann, auch ruheliebend, und Khlesl furchtsam und gern mit aller Welt auf gutem Fuße, wenn man nur seine Macht nicht antastete. Trotzdem müssen sie allein für die unter ihren Auspizien sich geltend machende Regierungspolitik verantwortlich gemacht und getadelt werden, wenn etwas zu tadeln war. Die beiden Gesandten sahen aber jetzt nicht mehr auf das, was Mathias und Khlesl in der Vergangenheit verbrochen, sondern auf das, was sie in der Zukunft durch Bekämpfung Ferdinands Gutes tun würden. Es war nur eine weitere Konsequenz ihrer neuen Anschauung, dass sie nicht sowohl auf Ferdinand, der als drohendes Gespenst im Hintergrunde stand, ihren Hass warfen, sondern auf den Erzherzog Maximilian. An den Vorgängen in Böhmen und überhaupt an dem, was sie die Tyrannei der kaiserlichen Herrschaft nannten, war dieser Prinz so unschuldig als möglich, allein dass derselbe mit solcher Beharrlichkeit für die Erhebung Ferdinands arbeitete, verschaffte ihm von Seite Dohnas das Prädikat „des allergefährlichsten Menschen", ihn traf jetzt in erster Reihe das Misstrauen und der Hass der Pfälzer.

Man kann sich nun denken, welche bittere Enttäuschung und qualvolle Sorgen es in Heidelberg hervorrief, als Ferdinand allen Erwartungen zum Trotz den böhmischen Thron bestieg und zwar unter Umständen, die eine so gründliche Niederlage der Opposition in sich schlossen. Man sah nun den Kurfürstentag im Anzuge und mit diesem die Ordnung der deutschen Nachfolge und so eine zweite Niederlage, die den Kurfürsten in Böhmen um allen Kredit bringen musste. Es war keine Zeit zu versäumen, wenn die Ansprüche des Erzherzogs Ferdinand auf die deutsche Krone vereitelt werden sollten. Lange bevor Hegenmüller in Heidelberg sich einfand, wurde daselbst die Aufstellung eines Gegenkandidaten für die Kaiserwürde beschlossen und hiezu der Herzog von Lothringen ausersehen. Da ein solcher Plan ohne französische Unterstützung nicht durchführbar war, so reiste der junge Kurfürst Friedrich gegen Ende Juli zu dem alten Hugenottenführer, dem Herzog von Bouillon nach Sedan, um die Mittel und Wege hiezu zu besprechen. Beide einigten sich über das gemeinsame Verhalten und da ein so großes Werk ohne Rüstungen nicht durchführbar schien, machten sie die einleitenden Schritte hiezu durch die vorläufige Berufung mehrerer kriegstüchtiger Offiziere, denen später die Werbungen anvertraut werden konnten. Darauf schickte der Pfalzgraf einen Gesandten nach Nancy, um den Herzog von Lothringen für seinen Plan zu gewinnen. Er hatte den Auftrag, demselben die Mithilfe der deutschen Union, der Generalstaaten, des Königs von England und des Herzogs von Savoyen anzubieten und zu erklären, dass man im entscheidenden Augenblicke entschlossen auftreten und sich der Wahlstadt Frankfurt bemächtigen würde. Der Herzog wies jedoch alle darauf bezüglichen Anerbietungen zurück und ließ den Pfalzgrafen von solchen Unternehmungen warnen, da ihm im Notfall kaum die Bundesgenossen zu Gebote stehen würden, über die er jetzt zu verfügen glaube.[150]

Friedrich und sein Ratgeber ließen sich umso weniger in dem gefassten Beschlusse irre machen, als ihnen die Hoffnung winkte, für den Herzog von Lothringen einen viel passenderen Ersatzmann zu finden. Als sich Mathias im Jahre 1612 um den deutschen Thron bewarb, suchte ihm das Heidelberger Kabinett den Herzog Maximilian von Bayern entgegenzustellen und scheiterte damals mit seiner Absicht nur deshalb, weil der letztere von einer Erhebung nichts wissen wollte. Jetzt gestaltete sich die Suche anders. Friedrich bekam nämlich in den Tagen, als er vergeblich an den Ehrgeiz des Herzogs von Lothringen appellierte, von Sedan die Nachricht, dass der Kurfürst von Köln in Paris für seinen Bruder Maximilian von Bayern um die deutsche Krone werbe.[151] Diese Nachricht erfüllte den Hof von Heidelberg mit der größten Freude, denn man hatte daselbst nur deshalb nicht an Bayern gedacht, weil man von München eine neue Ablehnung befürchtet hatte. Der Kurfürst ersuchte den Fürsten von Anhalt, nach München zu reisen, um die Gelegenheit rasch zu ergreifen. Da der Fürst den Auftrag wegen Kränklichkeit ablehnte, stellte Friedrich dieselbe Bitte an den Markgrafen Joachim Ernst von Brandenburg-Anspach.[152] Es scheint jedoch auch dieser abgelehnt und seinen Sekretär Neu vorgeschlagen zu haben, tatsächlich unternahm der letztere die gewünschte Reise.

Von den nun angebahnten Verhandlungen hoffte man in Heidelberg einen umso besseren Erfolg, als man sich daselbst mit Wohlgefallen eines Vorfalls aus dem vorigen Jahre erinnerte. Im Jahre 1616 war nämlich der Markgraf

5. Sept.
1617

---

150 Die betreffende Korrespondenz im Archiv des k.k. Min. des Innern.
151 Bamberger Archiv, Henry de la Tour an Kurpfalz dd. 6. Aug. 1617.
152 Bamberger Archiv. Kurpfalz an Joachim Ernst von Brandenburg.

Johann Georg von Brandenburg mit dem Kurfürsten von Köln zusammengekommen und hatte als ein Anhänger der pfälzischen Politik diese Gelegenheit benutzt, um dem Kurfürsten die günstigen Aussichten Maximilians auf die deutsche Krone anzupreisen. Er wollte, wie man zu sagen pflegt, auf den Strauch schlagen und glaubte aus den Worten und Mienen des Kurfürsten entnehmen zu können, dass demselben die dem Bruder gemachten Hoffnungen angenehm seien. Dass das etwaige Schmunzeln des Erzbischofs das Gegenteil bedeuten und seine Freude anzeigen konnte, so nebenbei die neuen Anschläge der Union kennen zu lernen, fiel dem Markgrafen nicht im Traume ein. Neu bekam nun den Auftrag, abermals den Erzbischof auszuholen und dann erst nach München zu reisen. Als der Sekretär mit Ferdinand von Köln zusammentraf und vor diesem eine ähnliche, wenn auch durch die Umstände modifizierte Sprache führte, wie sie vor kurzem vor dem Herzoge von Lothringen geführt worden war, behielt der Angesprochene seine frühere Zurückhaltung bei; er dankte dem Gesandten für die gute Meinung seiner Auftraggeber, verwies ihn aber auf seinen Bruder, welchen die Sache zunächst angehe.[153]

Neu reiste nach München, um seinem Auftrage bei dem Herzoge nachzukommen, was er aber da erfuhr, war für ihn niederschlagend und bestätigte keineswegs die Entdeckungen, welche der Herzog von Bouillon betreffs der Bemühungen von Kurköln in Paris gemacht haben wollte. Die ganze Haltung Maximilians ließ keinen Zweifel darüber aufkommen, dass er jener Verhandlung in Paris ganz fernstand, und dass dieselbe, wenn sie ja von seinem Bruder ausgegangen war, von demselben ganz eigenmächtig begonnen worden. Da jedoch letzteres nicht wahrscheinlich ist, so dürfte die Annahme richtig sein, dass der Herzog von Bouillon durch eine falsche Nachricht mystifiziert wurde und durch deren Mitteilung an Kurpfalz letzteren gleicherweise irreführte. Denn Maximilian erklärte zuerst dem Sekretär selbst, dass er sich durchaus nicht um die deutsche Krone bewerben wolle und verwies ihn behufs weiterer Mitteilungen an seinen Rat Jocher. Neu bemühte sich, dem letzteren mit allen möglichen Gründen die Erhebung Maximilians zu empfehlen und ließ sich durch keine Weigerung zurückweisen. Der Herzog, der von Jocher von dieser Beharrlichkeit in Kenntnis gesetzt wurde, verlor endlich über das, was er für Zudringlichkeit ansah, die Geduld und schickte seinem Rat ein kurzes Handbillet zu, dessen Inhalt keinem Zweifel Raum ließ. Es lautete: „Lieber Jocher, ich bin je länger, je mehr der Meinung, man solle diesen Leuten die Sache etwas deutscher zu verstehen geben. Ich bin ein für allemal nicht bedacht, mich

31. Okt.
1617

---

153 Bamberger Archiv. Neus Bericht über seine Reise zu Kurköln dd. 10. Okt. 1617.

mit dem Hause Oesterreich wegen der Succession in Irrung oder gar in eine Weiterung zu begeben, auch finde ich, dass es mir und meinem Hause mehr schädlich als nützlich sein würde, mir eine so schwere Bürde (wie die deutsche Krone) aufzulasten." Mit Ausnahme des Eingangssatzes teilte Jocher wörtlich die Meinung seines Herrn dem Sekretär mit und dieser bequemte sich endlich zur Abreise.[154] Die offene Sprache Maximilians war umso redlicher, als sie dem Pfalzgrafen keinerlei zweideutige Hoffnungen machte und ihn nicht veranlassen konnte, bei gewagten Unternehmungen auf die Hilfe Bayerns zu rechnen. Von Seite Maximilians selbst war diese Erklärung nur die konsequente Fortsetzung der in den deutschen Angelegenheiten seit dem Jahre 1609 eingenommenen Haltung. Ohne sich gerade für die habsburgischen Prinzen zu begeistern und seine Kräfte und seine Schätze für sie bereit zu halten, wies er doch standhaft und ohne alles Schwanken jede Gelegenheit ihren Interessen zu schaden von sich ab und war sonach in seinen Freundschaftsversicherungen für dieselben so wahr und lauter wie Gold. Seine Antwort an Kurpfalz, welche diese Gesinnung von neuem bestätigte, bekam wenige Tage später eine Bekräftigung. Da die pfälzische Partei durch geschickte Verbreitung des Gerüchtes, als ob Maximilian ein Bewerber um die deutsche Krone sei, von vornherein Misstrauen und Kälte zwischen Bayern und Österreich erzeugen wollte, so begegnete er

7. Nov.
1617 demselben durch eine direkte Botschaft an König Ferdinand. Er schickte seinen Kanzler Donnersberg zu demselben, und ließ ihm die Versicherung geben, dass er sich um die deutsche Krone nicht bewerbe und diese Sprache konsequent allen pfälzischen Zumutungen gegenüber führen werde.[155] Charakteristisch ist die Bitte, welche Maximilian an diese Botschaft knüpfte. Bekanntlich hatte er mit Ferdinand einige Zeit zusammen an der Universität von Ingolstadt studiert, beide hatten daselbst trotz größerer Verschiedenheit des Alters (Maximilian war um 5 Jahre älter) eine brüderliche Freundschaft geschlossen und sich seither geduzt. Als Ferdinand die böhmische Königskrone erlangte, ließ ihm der Herzog sagen, dass das Duzen jetzt aufhören müsse, weil er sich einem Könige gegenüber eine solche Vertraulichkeit nicht gestatten könne.

Ferdinand verbot ihm jede Neuerung und Maximilian fügte sich mit dem Vorbehalte, dass dies nicht länger dauern dürfe, als bis zur Erhebung Ferdinands auf den erlauchtesten Thron der Christenheit, den Kaiserthron. Dann müsse er ihm die gebührende Ehre geben, bitte jedoch den künftigen Kaiser, derselbe möge ihn wie früher duzen. Das Verlangen wurde später pünktlich

---

154 Ebendaselbst. Neus Bericht über seine Reise dd.3. Nov./24. Okt. 1617. Münchner Staatsarchiv. Handbillet Maximilians an Jocher.

155 Münchner Staatsarchiv. Instruktion für den Kanzler Donnersberg dd. 17. Nov. 1617.

erfüllt; Ferdinand duzte den Herzog, während sich derselbe ehrfurchtsvoll vor dem Haupte der Christenheit neigte.

Dieser Zug neidloser Selbstverleugnung liefert einen der wichtigsten Beiträge zur Charakteristik des merkwürdigen Mannes.

Der schlechte Erfolg von Neus Mission nach München machte im pfälzischen Lager einen unangenehmen Eindruck, noch gab man jedoch nicht alle Hoffnung auf, weil man fest an die Verhandlungen Kölns in Paris glaubte und den Herzog Maximilian für einen heuchlerischen Schelm hielt, der erst bei einem gewissen Erfolge seine Maske fallen lassen werde. Um dem Herzog allen Grund zu weiterem Schweigen zu benehmen, wollte man ihn merken lassen, dass man um seines Bruders Schliche in Paris wisse; auch beabsichtigte Friedrich von der Pfalz selbst nach München zu gehen und dem Herzog nochmals die deutsche Krone und mit ihr die Unterstützung Englands und aller sonstigen Verbündeten anzutragen. Christian von Anhalt, um seine Meinung befragt, gab zu der Reise seine Zustimmung, doch konnte er sich banger Sorge nicht erwehren. Er meinte, man könne nur schwer auf Bayerns Zustimmung rechnen, denn „thatsächlich seien doch die pfeilzischen Rathschläge zum Nachtheil der Katholiken und darauf berechnet, sie unter einander uneinig zu machen." Dies werde der Herzog wohl einsehen und sich deshalb besinnen, in die gelegte Falle zu gehen. Habe doch „der alte Fuchs Villeroy" in Paris auch gemerkt, wohinaus es mit den pfälzischen Anschlägen gemeint sei und mache im Rate des Königs gegen dieselben Opposition. Trotz allem dem müsse man jedoch die Sache versuchen, denn wenn man jetzt nicht dem Hause Habsburg die deutsche Krone entreiße, so müsse man ein für alle Mal „das desperate Werk aufgeben."[156]

Bevor Friedrich seine Münchner Reise antrat, suchte er sich über die Stimmung der weltlichen Kurfürsten zu belebten und verabredete deshalb zuerst eine Zusammenkunft mit dem Kurfürsten von Brandenburg, den der Kaiser gleicherweise zur persönlichen Beteiligung am Kurfürstenkonvente eingeladen hatte. Der Pfalzgraf war mit dem Resultate der mit seinem Kollegen angeknüpften Verhandlung recht zufrieden, denn er fand, dass sich ihre beiderseitigen Wünsche und Absichten begegneten und eine Allianz zwischen ihnen gegen die Habsburger leicht herzustellen sei. Beide Kurfürsten reisten nach gehabter Unterredung nach Dresden, um mit Johann Georg die Sachlage zu besprechen.

Am kaiserlichen Hofe war man rechtzeitig von diesem in Dresden beabsichtigten Besuche unterrichtet. Da man darüber nicht in Zweifel sein konnte, dass die beiden erstgenannten Kurfürsten ihren sächsischen Kollegen nicht zuguns-

---

156 Bamberger Archiv. Anhalt an den Markgrafen Joachim Ernst von Brandenburg dd. 9./19. Nov. 1617.

ten der kaiserlichen Politik stimmen würden, so schickte man von Prag noch im letzten Augenblicke den Grafen Zollern an Johann Georg ab, um ihm die Haltung gegen seine hohen Gäste vorzuzeichnen. Man bat ihn, er möge dieselben erstens für die persönliche Teilnahme am Kurfürstenkonvent und zweitens für die Vornahme der römischen Königswahl vor Beginn der übrigen Verhandlungen zu gewinnen suchen. Der Kurfürst würde gern den kaiserlichen Wünschen entsprochen haben, allein bei der Gesinnung seiner Besucher war dies unmöglich. Beide waren gekommen, um Kursachsen gegen den Kaiser einzunehmen, wie ließ sich erwarten, dass sie selbst ganz und gar für denselben gewonnen werden könnten? Johann Georg leistete das höchste, was unter solchen Umständen geleistet werden konnte, er ließ sich nicht nur in seiner Freundschaft für den Kaiserhof nicht wankend machen, sondern bemühte sich auf. das Äußerste seinen Amtsbrüdern die Verpflichtung zur Teilnahme am Kurfürstenkonvente klar zu machen. Er betonte, dass dort einzig und allein die Komposition gelingen könne, wenn sie überhaupt je zu Stande kommen würde und hütete sich wohl zu sagen, dass der Kaiser den Convent vor allem wegen der Königswahl berufe und sobald diese vollzogen sei, für die Komposition keinen besonderen Eifer entwickeln werde. Seiner Bemühung, so wie seiner hervorragenden Stellung gelang es, die beiden Kurfürsten zu einiger Nachgiebigkeit zu bewegen. Sie versprachen zum Konvente zu kommen, nur verlangte Brandenburg, dass der Termin bis zum April 1618 hinausgeschoben werde, weil seine persönlichen Verhältnisse ihm eine frühere Abreise nicht gestatteten. Der Graf Zollern konnte in seinem Berichte an den Kaiser die Bemühungen Johann Georgs nicht genug rühmen: wenn derselbe nicht alles bewirkt habe, was der Kaiser wünsche, so sei das Mehr platterdings nicht zu erreichen gewesen.[157]

Wenn man indessen die von Johann Georg erlangten Erfolge näher ansieht, so kann man nicht umhin, sie sehr mäßig zu nennen. Auf die mehrfachen schriftlichen Mahnungen und auf die Absendung außerordentlicher Gesandten von Seite des Kaisers, sowie auf die inständigen Bitten Kursachsens war von den beiden anderen weltlichen Kurfürsten so viel erlangt worden, dass sie sich zu einer Beratung mit dem Kaiser einfinden wollten. Um dieses Versprechen von ihnen zu erlangen, musste aber der eigentliche Beratungsgegenstand, nämlich die Königswahl, in dem offiziellen Einladungsschreiben ausgelassen und. die Komposition vorgeschoben werden. Dadurch behielten Pfalz und Brandenburg immer die Entscheidung in der Hand, an dem Convente teilzunehmen oder nicht, falls der Kaiser etwas anderes als die Komposition aufs

157 Die Korrespondenzen über die Zusammenkunft in Dresden im Archiv des k.k. Min. des Innern. Daselbst auch der Bericht Zollerns an den Kaiser dd. 2. Dez. 1617.

Tapet bringen wollte. Friedrich von der Pfalz machte wenigstens kein Hehl daraus, dass er sich alsogleich vom Konvente zurückziehen werde, wenn die Sukzession zur Verhandlung kommen sollte, weil er sich über eine „so schwere und hochwichtige Frage" ohne genügende Vorbereitung und ohne das Studium früherer Vorgänge nicht entscheiden könne.

Die Sachlage war also so beschaffen: Lud der Kaiser den Kurfürsten von der Pfalz und von Brandenburg zum Konvente ein mit der ausdrücklichen Angabe, es solle über die Sukzession verhandelt werden, so lehnten sie ihr Erscheinen ab; lud er sie ein, ohne diesen Gegenstand speziell anzugeben, so waren sie berechtigt, den Konvent zu verlassen, falls eine Frage zur Verhandlung kam, auf die sie sich nicht gehörig vorbereitet hatten. So klar und scharf war übrigens nur bei dem Pfalzgrafen die Stellung zugespitzt, bei dem Kurfürsten von Brandenburg war ein Eingehen in die Wünsche des Kaisers nicht absolut ausgeschlossen. – Die Erfolge Johann Georgs reichten also nicht weit, sie waren nur dann höher anzuschlagen, wenn es gelang Pfalz und Brandenburg auf dem Konvente gewissermaßen zu überrumpeln. Es blieb jedoch dem Hause Habsburg nichts übrig, als diese Schwierigkeiten und leidigen Verhandlungen auf sich zu nehmen, denn eine Niederlage in der deutschen Nachfolge drohte mit dem größten Verderben. Mathias ließ sich den von Brandenburg begehrten Aufschub gefallen und so wurde vorläufig bestimmt, dass der Konvent im April 1618 zu Regensburg zusammentreten solle. Die Absendung der definitiven Einladungsschreiben wurde auf spätere Zeit verschoben.

Das pfälzische Kabinett war mit dem Aufschub sehr zufrieden, weil es die Zwischenzeit zur Organisierung einer kurfürstlichen Opposition benützen wollte. Die Reise des Pfalzgrafen Friedrich nach München, die schon im November 1617 beschlossen worden, sollte gegen Ende Januar 1618 ins Werk gesetzt werden. Der junge Mann war zwar kein besonders geschickter Unterhändler und in seiner Unerfahrenheit dem klugen und vorsichtigen Herzog nicht gewachsen, allein man mag in Heidelberg gefühlt haben, dass sein frisches, ehrliches Gesicht wirksamer sein konnte, als die Schlauheit der alten Diplomaten, denen man in München von vornherein misstraute. Als Friedrich in München ankam, suchte er gleich bei dem ersten Besuche den Herzog für die Kandidatur um die deutsche Krone zu gewinnen. Er verhieß ihm seine eigene und die brandenburgische Stimme, bemerkte, dass ihm die kölnische nicht fehlen könne und stellte es als leicht hin, eine vierte und mit ihr die Majorität gewinnen zu können, denn sowohl auf Sachsen wie auf Trier könnte einige Hoffnung gesetzt werden. Um Maximilian noch mehr Lust zu machen, zeigte der Pfalzgraf einen Brief seines Schwiegervaters Jakobs I von England

6. Feb. 1618

vor, in dem der letztere sich höchlich über eine etwaige Kandidatur Bayerns freute und seine Unterstützung, sowie seine diplomatischen Dienste in Frankreich verhieß. Der Herzog ließ sich jedoch durch nichts irre machen; sowohl bei dem ersten Zusammentreffen, wie bei jedem folgenden, in dem der Pfalzgraf stets von neuem seine ungeübten Verführungskünste versuchte, lehnte er mit aller Bestimmtheit die gemachten Anträge ab und erklärte, dem Hause Habsburg die abermalige Erlangung der deutschen Krone nicht missgönnen zu wollen. So musste Friedrich unverrichteter Dinge abreisen und konnte später in seinem Unglück nie den Vorwurf gegen Maximilian erheben, dass er ihn je einen Augenblick über seine wahre Gesinnung in Zweifel gelassen habe.[158]

Alle Anstrengungen des Heidelberger Kabinetts dem Kaiser in der Sukzessionsfrage von vornherein eine Niederlage zu bereiten, waren sonach gescheitert. Der König von England selbst mahnte in einem späteren Schreiben seinen Schwiegersohn zwar nichts unversucht zu lassen, um das angestrebte Ziel zu erreichen, wenn aber die Majorität der Kurfürsten nicht zu gewinnen sei, sich in das unvermeidliche zu fügen und sich seine Stimme von Ferdinand so teuer als möglich bezahlen zu lassen.[159] Der Herzog von Lothringen hatte also Recht, wenn er von der tätigen Mithilfe Englands nicht viel erwartete, denn Jakobs Ratschläge lauteten sehr friedlich. Auch die Bemühungen in Frankreich ließen dem Pfalzgrafen keine Hoffnung; Villeroy war zwar gestorben, dennoch wollte man auch jetzt im Französischen Kabinette die Feindschaft gegen Österreich nicht zum Prinzipe der auswärtigen Politik machen. Der König selbst war den Ansprüchen Ferdinands so günstig gestimmt, als dies vernünftigerweise erwartet werden konnte. Man wird nicht irre gehen, hiebei den Anstrengungen Pauls V einiges Verdienst zuzuerkennen; tatsächlich gab er seinem Nuntius in Paris wiederholt den Auftrag dahin zu wirken, dass sich Frankreich nicht zum Nachteile Ferdinands in die deutschen Angelegenheiten mische. Beide Mal gab Ludwig XIII die besten Versicherungen, zuletzt versprach er sogar seine guten Dienste bei Kurpfalz.[160] Ist auch von der Verwirklichung dieses Versprechens in den Akten nichts zu finden und darf man gleichfalls annehmen, dass der König keinen besonderen Eifer bewiesen, so ist doch gewiss, dass er die Bestrebungen des Pfalzgrafen weder wachrief, noch sich an ihnen beteiligte.

Im Beginne des Frühjahres 1618 standen also die Sachen für Ferdinand nicht gerade ungünstig. Das Zustandekommen des Kurfürstenkonvents war

---

158 Münchner Staatsarchiv 400/151. Summarischer Vergriff, was Pfalzgraf Kurfürst F. G. in puncto successionis mit Herzog Maximilians F. D mündlich traktiert und höchstgedacht F. D. sich darauf resolviert.

159 Wiener Staatsarchiv. Jakob an Kurpfalz dd. 28. März/ 7. April 1618.

160 Archiv von Simancas 1866. Der Kardinal Borja an Philipp III dd. Rom 16. Feb. 1618.

gesichert und bei einer Wahl waren fünf Stimmen auf seiner Seite. Ob Brandenburg und. Pfalz gegen die Vornahme der Wahl protestieren und sich in diesem Falle vom Konvente entfernen würden, war nicht mehr ganz gewiss, denn wenn sie keine Stütze im Auslande fanden und im Reiche selbst die überwiegende Majorität gegen sich hatten, so war es möglich, dass sie sich, wenn auch mit Widerwillen, fügten und die Wahl guthießen. Die Schwierigkeiten, die jetzt auftauchten, kamen vom kaiserlichen Hofe selbst und von seinen ewigen Zögerungen. Khlesl hatte ursprünglich die Berufung des Kurfürstenkonvents auf Lichtmess 1618, also für die ersten Februartage bestimmt; die Erklärung des Kurfürsten von Brandenburg, dass er erst im April kommen könne, hatte den kaiserlichen Hof zu einer Prorogation bis zu diesem Zeitpunkte vermocht, und als endlich die Einladungsschreiben zum Konvente aus der kaiserlichen Kanzlei expediert wurden, wurde der 28. Mai 1618 als Eröffnungstag und Regensburg als Ort der Zusammenkunft festgesetzt. Der Kardinal hatte dafür gesorgt, dass es ihm an Gründen für diesen neuen Aufschub nicht fehlte. Mit Bedacht hatte er den ungarischen Wahlreichstag erst im März 1618, statt zwei Monate früher, berufen, um in dessen voraussichtlich bis in den Monat Mai hineinreichenden Verhandlungen einen passenden Rechtfertigungsgrund für die spätere Reise des Kaisers nach Regensburg zu haben. Aber auch mit dem 28. Mai hatte er nicht sein letztes Wort gesprochen, schon suchte er nach neuen Ursachen für eine weitere Fristerstreckung, die scheinbar außer dem Bereiche seiner Einwirkung liegen sollten. Als die Hofkammer von ihm beauftragt wurde, die Mittel für die Auslagen der kaiserlichen Reise bereit zu halten, ergoss sie sich als Antwort darauf in Klagen, dass sie wegen tausendfach verschiedener Auslagen keine größere Summe zur Verfügung stellen könne. Von Seite Ferdinands und seiner Anhänger wurde behauptet, dass die Klagen erlogen seien und Khlesl hinter der Zahlungsunfähigkeit der Kammer stecke, und es scheint, dass diese Behauptung nicht ohne Grund war. Der Kardinal schlug jedoch durch seine Organe den Satz breit, dass ohne Geld keine Reise möglich sei und dass, wenn sie möglich gemacht werden solle, Spanien eine Aushilfe leisten müsse. Der Vizekanzler Herr von Ulm fand sich zum Besuche bei Oñate ein und stellte an ihn formell das Verlangen um eine Subvention.[161]

Die teils vorgeschützte, teils nur zu wahre Armut der Hofkammer blieb nicht die einzige Waffe Khlesls, denn sie konnte ihm durch eine rechtzeitige Subsidienzahlung Spaniens entwunden werden. Er verfiel auch auf die Absicht, die Landtage von Ober- und Niederösterreich zu berufen, um die

---

161 Archiv von Simancas 2503/54. Erster Brief Oñates an Philipp III vom 7. März 1618.

Nachfolge Ferdinands im Erzherzogtum festsetzen zu lassen. Da diese Landtage nicht füglich vor dem Schlusse des ungarischen Reichstages zusammentreten konnten, so war der Zeitpunkt ihrer Eröffnung unberechenbar, jedenfalls aber würden sie den Kurfürstenkonvent neuerdings verzögert haben. Das war es aber, was Khlesl wollte, und deshalb trug er dem Könige Ferdinand die Huldigung des Erzherzogtums an. Dieser, von dem Wunsche beseelt, so bald als möglich alle Ansprüche auf den Besitz der österreichischen Monarchie in seiner Hand zu vereinen, war im Begriffe, in die Falle zu gehen, wenn Oñate ihn nicht rechtzeitig gewarnt hätte. War einmal die Sukzession in Ungarn und Böhmen bestimmt, so hatte es mit der in Österreich keine Schwierigkeit mehr und jedenfalls war ihre unmittelbare Festsetzung nicht von so hoher Bedeutung, um deshalb den Kurfürstenkonvent zu vertagen. Aber es machte sich noch ein anderer und wichtigerer Grund geltend. Ließ sich Ferdinand jetzt in Österreich huldigen, so musste er alle jene Privilegien, die Mathias den Ständen gegeben oder bestätigt hatte, auch bestätigen und unter diesen das Glaubensprivilegium von 1609, die sogenannte Konzession, die ihrem Inhalte nach Ähnlichkeit mit dem böhmischen Majestätsbriefe hatte. Nun hatte Ferdinand den letztem in Böhmen nur im Drange der Umstände bestätigt, er wollte das Gleiche in Österreich gern vermeiden, wenn es nur halbwegs möglich war. Oñate machte ihn darauf aufmerksam, dass er bei seinem unzweifelhaften Erbrechte im Erzherzogtum die Huldigung bis nach dem Tode des Kaisers verschieben, deren Leistung dann bedingungslos verlangen könne und die Konzession nicht zu bestätigen brauche. Dieses leuchtete Ferdinand und seinem Vetter Maximilian wohl ein, beide ließen sich den Grund gefallen und ersterer lehnte darauf die österreichische Huldigung ab. Dem Kardinal war somit ein Behelf entwunden.[162] Als jedoch ein Jahr nach des Mathias Tode die Österreicher unter verschiedenen Vorwänden Ferdinand die Huldigung verweigerten und seine Lage zu einer verzweifelten machten, hätte derselbe viel darum gegeben, wenn er diesmal weniger zuversichtlich und kühn gewesen wäre.

Die Verhandlungen wegen des Kurfürstenkonvents und der Herbeischaffung des nötigen Geldes traten jetzt in Folge der Eröffnung des ungarischen Reichstages für einige Zeit in den Hintergrund.

---

162 Simancas 2503/50. Oñate an Philipp III dd. 7. März 1618. Wir können nicht umhin, bei dieser Gelegenheit eine Bemerkung gegen Hammer-Purgstall zu machen. Er behauptet in Khlesl, Bd. IV S. 39, Ferdinand habe im Vereine mit Maximilian Hochverrat gegen Mathias gebraut, beide hätten ihm das Erzherzogtum Österreich entreißen und ihn bei dieser Gelegenheit entthronen wollen. Diese Beschuldigung ist einfach aus der Luft gegriffen und steht mir Wirklichkeit, wie aus unserer Erzählung er sichtlich, in geradem Gegensatz.

II

Mit vielem Bangen hatten die Freunde Ferdinands der Berufung des ungarischen Reichstages entgegengesehen, weil sie auf demselben große Schwierigkeiten von Seite der Protestanten zu begegnen fürchteten. Die Absicht des Hofes und vor allem Ferdinands ging dahin, die Übertragung der Krone von Ungarn unter ähnlichen Bedingungen zu erlangen, wie die der böhmischen Königskrone; hatte sich der Landtag in Böhmen schließlich zur Anerken Proposition damit ein, dass er vom Kaiser verlangte, er möge zuvor für die Besetzung nung des Erbrechtes bequemt, so sollte dies auch in Ungarn geschehen. Da jedoch für das habsburgische Linearerbrecht in Ungarn nicht so entscheidende Gründe sprachen, wie in Böhmen und man von den Ungarn auch nicht hoffen konnte, dass sie sich durch Verhandlungen zur Nachgiebigkeit bewegen lassen würden, so dachte man am kaiserlichen Hofe schon frühzeitig daran, andere Mittel in Bewegung zu setzen. Gegen Ende des J. 1617, nachdem der Krieg zwischen Ferdinand und den Venezianern beendigt war, suchte Graf Khevenhiller um eine Audienz bei. Philipp III nach, und überreichte ihm ein Memorandum, in dem er den König hat, jene Truppen, die bisher im spanischen Solde in Friaul gegen Venedig gedient hatten, noch länger im Dienste zu behalten und sie dem Kaiser für den Notfall gegen Ungarn zur Verfügung zu stellen.[163] Man beabsichtigte also in Wien den Reichstag durch eine bedeutendere Truppenentfaltung an der ungarischen Grenze im Zaume zu halten und von demselben die Annahme Ferdinands als erblichen Königs zu erzwingen. Die Umstände waren der Durchführung dieses Planes insofern etwas günstiger, als der von Mathias ebenso gehasste wie gefürchtete Palatin Thurzo vor mehr als Jahresfrist gestorben war. Dadurch fehlte der ungarischen Opposition nicht nur der natürliche Mittelpunkt, sondern es konnte auch ein oder das andere einflussreiche Parteihaupt mit der Aussicht auf diese Würde geködert werden.[164]

Die Antwort aus Spanien ließ lange auf sich warten, so dass mittlerweile zur Eröffnung des Reichstages geschritten werden musste. Mathias, wie gewöhn-

---

163 Archiv von Simancas. Relacion de lo que ha passado en quanto a la gente, que pidió el Emperador para la dieta de Ungria 1618. – Ebendaselbst: Zuschrift des Staatsrats an Philipp III dd. 9 Sept. 1617.

164 Alles, was hier und im folgenden über die Art und Weise, wie Ferdinand auf den ungarischen Thron gelangte, erzählt wird, ist erstens dem Berichte Oñates über die Preßburger Verhandlungen (im Archiv von Simancas2504/94) und zweitens der Originalkorrespondenz zwischen Ferdinand, Maximilian, Khlesl und dem Kaiser, die sich in ihrer Vollständigkeit im Archiv das k.k. Ministeriums des Innern in Wien erhalten hat, entnommen. Die interessanten Aufschlüsse stehen demnach im Verhältnisse zur Wichtigkeit der Quellen.

lich von seiner Gicht geplagt, ging nicht nach Preßburg; als seinen Stellvertreter sandte er den Thronkandidaten Ferdinand selbst und als Kommissar zur Leitung der Verhandlungen mit dem Reichstage den Kardinal Khlesl, den Hofkriegsratspräsidenten Herrn von Molart und den Reichsvizekanzler Freiherrn von Ulm. Von einflussreichen Persönlichkeiten fand sich unter andern auch der Freiherr von Eggenberg, Ferdinands Vertrauter, in Preßburg ein. In der Proposition, die dem Reichstage bei seiner Eröffnung am 23. März 1618 vorgelegt wurde, verlangte Mathias, dass, da er selbst kinderlos sei und seine Brüder, die bereits in vorgerücktem Alter ständen, „ihren Ansprüchen" auf die Krone freiwillig entsagt hätten, sein von ihm an Sohnes statt angenommener Vetter Ferdinand als König „ausgerufen, anerkannt und gekrönt werde."[165] Das Wort „Wahl" war sorgfältig vermieden worden. Die ungarischen Stände waren natürlich nicht im Unklaren über die Absicht, welche sich hinter dem Wortlaute der Proposition verbarg, übrigens hatte ihnen auch der Verlauf der böhmischen Verhandlungen jeden Zweifel benehmen können. Die meisten Mitglieder des Reichstags waren in Preßburg erschienen in der Erwartung, Mathias werde nichts anderes verlangen, als dass sein Vetter den ungarischen Thron durch Wahl besteige, wie er ja selbst durch Wahl auf denselben berufen worden. Gegen ein derartiges Verlangen hätte sich keine bemerkenswerte Opposition erhoben und die Sukzessionsfrage wäre rasch und ohne besondere Schwierigkeit zu Gunsten Ferdinands geregelt worden. Das völlige Umgehen des von den Ständen unzweifelhaft, ob nun in mehr oder minder beschränkter Weise ausgeübten Wahlrechts, wie sich dies aus den sorgfältig gewählten Worten der Proposition kund gab, dann die Erwähnung der von den Erzherzogen Albrecht und Maximilian ausgestellten Verzichtleistung auf ihre Thronansprüche, welche Verzichtleistung nur bei einer Linearerbfolge des habsburgischen Hauses einen Sinn hatte, das alles brachte auf dem Reichstage eine große Bewegung hervor und steigerte die bei den Ungarn ohnedies stets vorhandene Neigung zur Opposition.

27. März 1618   Der Reichstag leitete den Kampf gegen die königliche Proposition damit ein, dass er vom Kaiser verlangte, er möge zuvor für die Besetzung des Palatinats Sorge tragen, da die gesetzliche Frist eines Jahres seit dem Tode Thurzos bereits lange verstrichen sei. Diese Forderung war zu berechtigt, als dass sie hätte abge-

28. März lehnt werden können; Mathias gab daher in seiner Antwort dem Reichstage das Versprechen, die Palatinswahl unmittelbar nach der Thronbesetzung vornehmen zu lassen, und begründete den vorläufigen Aufschub nur damit, dass

---

165   Im Originale heißt es: Am besten werde für Ungarn vorgesorgt werden, si … Ferdinandus in Regem Hungariae proclametur, agnoscatur et coronetur.

166

„es sich nicht schicke, den Diener dem Herrn vorangehen zu lassen." Ferdinand und. die königlichen Kommissare in Preßburg hofften damit der Opposition die Spitze abgebrochen zu haben, umso mehr als sich die königlich gesinnte Partei im Reichstag rührig und tätig benahm. Zu derselben gehörten sämtliche Bischöfe und die Mehrzahl der Magnaten; sie zeigte sich für Ferdinand günstig gestimmt und ließ wiederholt ihre Neigung durchblicken, ihn im Sinne der königlichen Proposition als König „annehmen" zu wollen. Die Haltung der Prälaten und Magnaten reizte aber gerade die übrigen Mitglieder des Reichstags und trieb sie zu einer immer schärferen Opposition; das Zugeständnis der bevorstehenden Palatinswahl fand geringe Beachtung und die Debatten nahmen rasch einen leidenschaftlichen Charakter an. Die Vorwürfe und Kritiken bezüglich des Wortlautes der königlichen Proposition verschafften der Opposition einen wenigstens teilweisen Sieg, denn es scheint, dass die Anhänger der Dynastie sich bereits damit zufrieden geben wollten, wenn der Reichstag ohne weiteres Zögern Ferdinand zum König in der Weise „ wählen" würde, wie dies mit Mathias und anderen Habsburgern geschehen war.

So trat das von kaiserlicher Seite so sorgfältig vermiedene Wort „Wahl" in den Vordergrund und beherrschte die Debatte. Die' königlichen Kommissare gelangten im Laufe der Verhandlung bald zur Einsicht, dass dasselbe nicht umgangen werden könne, und trachteten fortan nur seine Bedeutung durch passende Zusätze zu schmälern. Sie hofften von Stunde zu Stunde, dass der Reichstag sich über eine Wahlformel einigen werde, und Ferdinand selbst war dessen so gewiss, dass er in einem Schreiben an Maximilian einen der ersten 1. April
1918 Apriltage als Wahltag bezeichnete. Die königliche Partei im Reichstage hielt diese Hoffnungen aufrecht, ja die Prälaten und. Magnaten verstiegen sich sogar zur Drohung einer abgesonderten Wahl, wenn der niedere Adel in seiner Opposition zu weit gehen würde.[166] Der letztere ließ sich jedoch nicht einschüchtern, sondern verlangte, Mathias solle vor der Wahl ein Diplom ausstellen und in demselben anerkennen, dass den Ständen ein unbeschränkt freies Wahlrecht (mera et libera electio) bei der Besetzung des Thrones zustehe. Dieses Diplom solle nach vollzogener Wahl in die Reichstagsartikel aufgenommen werden und nicht nur das ständische Wahlrecht für alle Zukunft zu einer zweifellosen Tatsache machen, sondern auch dem Hause Habsburg die Möglichkeit abschneiden, irgendwelche Erbrechte in Anspruch zu nehmen. In Betreff der Palatinswahl wollte die Opposition nachgehen und diese nach der Königswahl vornehmen, doch knüpfte sie eine Bedingung daran. Nach dem

---

166 Archiv des Minist. des Innern. Molart an Maximilian dd. 1. April. – Ebend. Ferd. an Max dd. 1. April. 1618.

Gesetze hatte der König den Ständen bei einer Palatinswahl vier Kandidaten vorzuschlagen, aus denen diese den Palatin wählten. Die Opposition verlangte nun, Mathias solle seinen Vorschlag schriftlich vor der Königswahl übergeben, damit man unmittelbar nach derselben zur Wahl des Palatins schreiten könne.[167] Aus den eben skizzierten Forderungen ergibt sich, dass die ungarische Opposition im Gegensatze zu der königlichen Proposition, in der Mathias eine Linearerbfolge für das Haus Habsburg in Anspruch nahm, nach einem absolut freien Wahlrechte strebte, welches die Krone Ungarn dem Belieben des Adels ebenso preisgeben sollte, wie dies in Polen bereits der Fall war. Es machte sich hiebei der eigentümliche Umstand geltend, dass der König und die Reichstagsopposition ihre entgegengesetzten Ansprüche in der Geschichte begründet glaubten; was antwortet nun die Geschichte auf diese doppelte Berufung?

Die habsburgischen Prinzen oder deren Anhänger machten vor allem drei Gründe für sich geltend. Sie behaupteten erstens, dass die ungarische Krone seit Stephans Zeiten in der Primogenitur erblich gewesen, und die Erblichkeit sich zu einem durch das Herkommen geheiligten Fundamentalgesetz des Landes entwickelt habe. Wenn der Thron durch Wahl je besetzt worden, so sei dies ein Verstoß gegen die Gewohnheit gewesen, den man nicht bald genug wieder gut machen könne. Nach dieser Theorie war jede Dynastie, die einmal den Thron von Ungarn inne hatte, erbliche Besitzerin desselben. Der zweite Grund, den die Verteidiger des Erbrechts geltend machten, lautete insbesondere zu Gunsten des Hauses Habsburg und wurde aus den Verträgen von Oedenburg (1463) und Preßburg (1491) hergeleitet, durch welche diesem Hause mit Zustimmung des Reichstags Erbansprüche auf Ungarn, im Falle des Erlöschens des Königsgeschlechtes, zugesichert wurden. Der dritte Grund wurde in einer Erklärung des ungarischen Reichstags von 1547 gesucht, auf dem die Stände von Ferdinand verlangten, er solle seinen Sohn Maximilian als seinen Statthalter nach Ungarn schicken, bei welcher Gelegenheit sie die Äußerung taten: „sie hätten nicht blos Ferdinand allein zu ihrem Könige erkoren, sondern sich für alle Zukunft seinen Erben als ihren Herren unterworfen."[168] So sprachen also nach der Ansicht der kaiserlich Gesinnten das *Herkommen*, alle *Verträge* und *neuere bindende Äußerungen der Stände* für die Erbfolge des Hauses Habsburg überhaupt und zum Teil auch für die Primogeniturerbfolge.

Die Gegner des habsburgischen Erbrechtes, und diese bildeten die Majorität auf dem Reichstage von 1618, behaupteten dagegen, dass die Stände seit

---

167   Responsum Statuum et Ordinum ad literas S. M^{tis}. Posonii. 2. Apr. Archiv der k.k. Min. des Innern.

168   Die betreffenden Worte lauten: die Stände haben sich non solum Majestati Suae sed etiam suorum haeredum imperio in omne tempus subsiderunt.

undenklichen Zeiten den Thron durch Wahl besetzt hätten und verlangten auch jetzt die Aufrechthaltung ihres Wahlrechtes.

Man sollte denken, dass es bei einem so wichtigen Gegenstande nicht schwer sein durfte, dem eigentlichen Rechtsverhältnisse auf den Grund zu kommen. Wenn man von der grauen Vergangenheit absah, musste ja die Geschichte des Hauses Habsburg einen genügenden Aufschluss bieten, denn vier Fürsten aus dieser Familie hatten bereits den ungarischen Thron bestiegen und es konnte ja nicht unbekannt sein, unter welchen Bedingungen dies geschehen war. Die seit 100 Jahren beobachtete Ordnung musste in dem Streite den Ausschlag geben. So möchten wir allerdings vermuten, allein gerade die Geschichte der letzten 100 Jahre war nicht darnach angetan, Klarheit in den strittigen Fall zu bringen, denn tatsächlich hatte jeder der vier ersten habsburgischen Prinzen den ungarischen Thron auf Grund eines andern Rechtstitels bestiegen.

Ferdinand I war durch Wahl auf den Thron gelangt und erkannte dies auch ursprünglich an, später suchte er jedoch aus dem im Jahre 1526 vernachlässigten Erbrechte seiner Frau, aus dem ungarischen Herkommen, aus dem obengenannten ödenburger und preßburger Vertrag ein Erbrecht für sein Haus herzuleiten und machte daraus bei verschiedenen Anlässen kein Hehl.[169] Am deutlichsten traten seine Ansprüche in dem Frieden hervor, den er im Jahre 1538 mit Johann Zapolya zu Grosswardein abschloss. In dem Friedensvertrage wurde nämlich festgesetzt, dass Johann Zapolya und seine Nachkommen erst dann zum erblichen Besitz von Ungarn gelangen sollten, wenn Ferdinands I und Karls V Nachkommenschaft erloschen sein würde. Dieser Vertrag, in dem Ferdinand für sich und seinen Bruder und ihre beiderseitige Deszendenz das Erbrecht auf den ungarischen Thron festsetzt und außerdem noch zu Gunsten eines Dritten über denselben verfügt, gelangte zur Kenntnis der Stände, sei es einzelner oder der Gesamtheit, ohne dass dagegen ein Protest erhoben werden wäre. Sie gaben im Gegenteile wenige Jahre später (1547) die für die Ansprüche der Habsburger so günstig lautende oben erwähnte Erklärung ab.

Nichtsdestoweniger beruhigte sich Ferdinand weder mit dieser Erklärung, noch mit seiner mehrfach an den Tag gelegten Überzeugung von dem Erbrechte seines Hauses, sondern bemühte sich sorgfältig, allen etwaigen, Schwierigkeiten

---

169   Eine nähere Auseinandersetzung der Anlässe, bei denen Ferdinand seine Erbansprüche behauptete, ist hier nicht am Orte. Unsere Behauptungen über die verschiedene Art und Weise, wie die Habsburger in Ungarn zur Regierung gelangt sind, haben wir übrigens in einem eigenen Aufsatze erörtert, den wir unmittelbar nach der Veröffentlichung dieses Werkes zu publizieren gedenken. Aufgrund bisher unbenützter, im Archiv des k.k. Minist. des Innern befindlicher Akten wird in dem betreffenden Aufsatz dieser Gegenstand untersucht werden.

dadurch zu begegnen, dass er noch bei seinen Lebzeiten seinen Sohn Maximilian als König von Ungarn anerkannt wissen wollte. Er verlangte, dass dies ohne jede vorhergehende Wahl von Seite der Stände geschehe und Maximilian vermöge des ihm angeborenen Rechtes, als sein ältester Sohn, zum Könige angenommen und gekrönt werde. Die Mitglieder des königlichen Rates, um ihre Meinung befragt, missbilligten diese Forderung und behaupteten im weiteren Verlaufe des Streites, dass bei Maximilian nicht eine einfache Annahme, sondern eine Wahl stattfinden müsse, und dass dem Reichstage das Recht zustehe, zwischen den Söhnen Ferdinands zu wählen, wobei es allerdings keinem Zweifel unterliege, dass die Stände sich dem Herkommen gemäß für den ältesten entscheiden würden. In der Entwicklung ihrer Ansichten kamen die Räte dahin, dem Hause Habsburg in seiner Gesamtheit ein Erbrecht zuzuerkennen, dem Reichstage aber das Recht einzuräumen, unter den Erzherzogen jenen zu bezeichnen, den sie zum Könige haben wollten. Ferdinand verwarf diese Theorie und setzte es schließlich durch, dass der Reichstag von Preßburg im Jahre 1563 Maximilians Krönung ohne vorausgegangene Wahl zuließ. Ferdinand betrachtete dies als einen Sieg nicht bloß des allgemeinen habsburgischen Erbrechtes, sondern auch der Primogeniturerbfolge; es war aber nur ein halber Sieg, denn eine ausdrückliche Anerkennung seiner Erbrechtstheorie setzte er bei dem Reichstage nicht durch.

Schon bei der Thronbesteigung Rudolfs II waren die Vorgänge etwas verschieden. Die ungarischen Stände warteten diesmal nicht ab, dass sie von Maximilian II zur Krönung seines ältesten Sohnes aufgefordert würden, sondern baten (postulaverunt) ihn schon früher, er möge ihnen denselben zum Könige geben. Diese Postulierung wurde als eine Art Wahl gedeutet und mag vielleicht in schlauer Weise von dem dem habsburgischen Erbrechte nicht geneigten Teile der Stände angeregt worden sein. Diese Partei ist es wohl auch gewesen, welche in die Reichstagsbeschlüsse über die Erhebung Rudolfs II die Worte einzufügen wusste, dass letzterer zuerst von den Ständen verlangt und gewählt (postulatus antea electusque) und dann gekrönt werden sei. So gelangte das von Ferdinand I so sehr verabscheute Wort „Wahl" in die offiziellen Schriftstücke eines Reichstages und konnte in der Zukunft auf mancherlei Weise ausgebeutet werden und alle Bemühungen Ferdinands I zunichtemachen. .

Bei Mathias machten sich neue Verhältnisse geltend. Er hatte durch seine, wenn auch gerechtfertigte Auflehnung gegen seinen Bruder die ungarische Krone der Gunst der Aufständischen zu danken und musste sich daher die hiebei gestellten Bedingungen gefallen lassen. So geschah es denn, dass die Stände diesmal entschieden ein Wahlrecht in Anspruch nahmen und dasselbe ausübten, ohne dass Mathias eine Einsprache erhoben oder seine Erbrechte geltend gemacht hätte.

Man sieht, dass es schwer war, die Vorgänge bei der Erhebung der genannten vier Fürsten in ein System zu bringen. Jede neue Thronbesteigung hatte neue Verhandlungen zur Folge gehabt, bei denen zwischen den Parteien keine offene Auseinandersetzung stattfand, sondern der weniger Mächtige sich stets mit einem Hintergedanken den Umständen fügte. In den hin- und herschwankenden Verhältnissen ist sonach der Grund zu suchen, weshalb man schließlich auf kaiserlicher wie auf ungarischer Seite auf die Vorgänge seit 100 Jahren nicht mit überzeugender Sicherheit zurückweisen konnte, sondern auf eine ältere Zeit zurückging. Auf kaiserlicher Seite fand man das Primogeniturerbrecht in dem Herkommen seit der Arpadenzeit begründet und hielt die Ausnahmen für unberechtigte Unterbrechungen, die Stände sahen dagegen die von ihnen frei vorgenommenen Wahlen eines Albrecht, Wladislaw I, Mathias Corvinus, Wladislaw II und Ferdinand I, als unantastbare Beweise ihres Rechtes und des von ihnen behaupteten Herkommens an. Indem sich die Majorität des Reichstags die absolut freie Wahl durch ein königliches Diplom für die Zukunft sichern wollte, lag es in ihrer Absicht, das Ungewisse in der ungarischen Thronfolge ein für alle Mal und natürlich auf Kosten der Dynastie zu beseitigen.

Von der schlimmen Wendung, welche die Verhandlungen des Reichstags nahmen, wurde Khlesl von dem Erzbischof von Gran, Pazman und dem Judex Curiae Forgach, einem Katholiken benachrichtigt. Der Kardinal bemühte sich den beiden Herren das Unberechtigte in dem Auftreten der Majorität nachzuweisen und hatte damit keine große Mühe, da dieselben von vornherein seiner Meinung waren. Unter den vielen Gründen, die er für das Erbrecht der Habsburger vorbrachte, war einer, der zwar nicht juristischer Natur war, deshalb aber nicht minder schwer in die Waagschale fiel. Er wies nämlich auf die unermesslichen Opfer hin, die das Haus Habsburg zur Behauptung der Krone Ungarn gegen die Türken gebracht habe, und wie es die darauf begründeten Ansprüche durch die Zulassung des Wahlrechts nicht so leichten Kaufes aufgeben könne. Es war zwar nicht das Haus Habsburg, das diese Opfer gebracht hatte, sondern die Untertanen desselben, die Krone Böhmen und die österreichischen Herzogtümer, die seit 100 Jahren in der Bekämpfung der Türken ihren ganzen Wohlstand eingebüßt hatten, aber Ungarn gegenüber waren es jedenfalls die Habsburger, die sich das Verdienst hievon zuschreiben konnten. Die in der Tat beispiellosen Opfer ihrer Erbländer konnten das Erzhaus berechtigen, von Ungarn die Anerkennung des Erbrechtes zu verlangen, auch wenn selbes weder in der Geschichte noch in einer Urkunde begründet war. In Erwägung dieses Sachverhalts sahen die deutschen Staatsmänner am kaiserlichen Hofe eine gewaltsame Zurechtweisung der ungarischen Wahlansprüche für eine vor Gott und Menschen gerechtfertigte Handlung an.

2. April 1618

Am Schlusse seiner Argumente bemerkte Khlesl, dass es aus diesem Laby-
rinthe nur einen Weg gebe, die Prälaten und Magnaten sollten bei ihren guten
Gesinnungen verharren, sich von dem niedern Adel absondern und Ferdinand
als König „proclamiren." Er mied also das Wort „Wahl" und mit Recht, denn die
Wahl eines Königs, die von den Prälaten und Magnaten allein ausging, entbehrte
jeder rechtlichen Basis, wenn Ungarn ein Wahlreich war. War es aber ein Erbreich, so war die Proklamation des rechtmäßigen Königs durch die eine Hälfte
des Reichstags ein Akt der Notwehr gegen die andere gesetzbrüchige Hälfte. Pazman und Forgach schienen dem Vorschlage Khlesls beizustimmen, sie bemerkten, dass die Prälaten und Magnaten im Falle einer Trennung von den Komitats-
vertretern nicht isoliert dastehen würden, sondern dass sie auf den Anschluss von
etwa 36 Personen aus den Reihen derselben rechnen könnten.[170] Beide stellten
nur die Frage, ob der Kaiser es auch auf einen Kampf ankommen lassen wolle.
Khlesl gab ihnen die tapfersten Versicherungen, seine Meinung wurde von Ulm
und Molart geteilt und letzterer berichtete dem Erzherzog Maximilian, dass es
in Ungarn zu einem gewaltigen Kampfe kommen werde, auf dessen glücklichen
Ausgang er hoffe, da man sich auf eine Partei im Lande stützen könne.

Schon einen Tag nach dieser Konferenz bei Khlesl trat ein wichtiger
Umschwung im ungarischen Reichstage ein. Am 3. April 1618 versammelten
sich die Prälaten und Magneten in einer abgesonderten Sitzung und hier entwickelte Forgach in einer mit großem Beifall aufgenommenen Rede, dass man
standhaft die bisherige Meinung verfechten und den Komitaten in nichts nachgehen dürfe. Er wurde darauf von seinen dankbaren Zuhörern ersucht, den niederen Adel durch eine ähnliche Rede doch noch zum Anschluss an die Magneten zu vermögen. Forgach entfernte sich als Saul und kehrte als Paul zurück.
Ob er früher bloß eine andere Meinung geheuchelt hatte, oder ob er sich von
den Gegnern bekehren ließ, wissen wir nicht, gewiss ist nur, dass er sich der
Opposition anschloss. Wahrscheinlich wurden Tags vorher große Anstrengungen von Seite der letzteren gemacht, um die Festigkeit der Magnaten zu
erschüttern, denn das Beispiel des Forgach fand so zahlreiche Nachahmer, dass
man seine Absendung an die Stände für eine abgemachte Komödie ansehen
darf. Als er nämlich von seiner fruchtlosen Mission zurückkehrte, stimmten die
Bischöfe und die obersten Reichsbeamten definitiv über ihr weiteres Verhalten
ab. Der Erzbischof Pazman und der Bau von Kroatien hielten an ihrer früheren
Meinung fest und wollten trotz der Opposition zur Proklamation des Königs
schreiten. Als die Reihe an Forgach kam, überraschte er die Uneingeweihten

---

170 Bericht über Khlesls Unterredung im Archiv des k.k. Ministeriums des Innern. – Oñates Korrespondenz in Simancas.

damit, dass er im Sinne der Opposition votierte, seinem Beispiele folgten viele, die entweder schon früher gewonnen, oder durch seinen Abfall wankend gemacht geworden waren, und dieselbe Versammlung, die kurz zuvor einhellig gegen die Opposition gestimmt hatte, stimmte jetzt ihrer Majorität nach für dieselbe. Selbst einzelne Bischöfe, darunter auch der Erzbischof von Kalocsa beteiligten sich an dem Meinungswechsel. Der Reichstag übersandte darauf den königlichen Kommissaren ein Schreiben für den Kaiser, in welchem die ungarischen Forderungen auseinandergesetzt waren.

Ohne erst eine nähere Weisung aus Wien zu erwarten, richteten Khlesl und seine beiden Kollegen eine Zuschrift an den Reichstag, in der sie dessen Hal- 6. April tung missbilligten und verlangten, dass man das Herkommen nicht verletze und zu einer Wahl ohne weitere Bedingungen, wie bei Mathias, Rudolf usw. schreite. Im Reichstag entstand hierüber eine erregte Debatte, in der die königlich gesinnte Partei ihre rasche Verbindung mit der Opposition wieder gut zu machen und die letztere zu einiger Nachgiebigkeit zu überreden suchte. Diese Bemühungen waren von bedeutendem Erfolge gekrönt; die Opposition wollte sich zufrieden geben, dass in dem Diplom nicht von einer absolut freien Wahl (mera et libera electio), sondern bloß von einer freien Wahl (libera electio) die Rede sei. Noch mehr, die Opposition ließ sich bewegen, dem Kaiser die Versicherung zu geben, dass man mit der Betonung des freien Wahlrechts keine Ausschließung des Erzhauses beabsichtige, sondern bei der Wahl „stets auf die Mitglieder desselben die *schuldige* Rücksicht" haben werde. Mit dieser Erläuterung begaben sich am 7. April die hervorragendsten Mitglieder des Reichstags im Namen desselben zu den königlichen Kommissaren und baten sie, dieselbe zur Kenntnis des Kaisers zu bringen.[171]

Die Vorgänge in Preßburg, die Verbindung der Magnaten und Bischöfe mit dem niedern Adel verursachten unter den Anhängern der kaiserlichen Politik eine bedeutende Bestürzung, die selbst durch die „Erläuterung" nicht gemindert wurde, denn welchen Wert konnte in der Zukunft eine flüchtige mündliche Erklärung dem bleibenden Diplome gegenüber haben? Molart schrieb an Maximilian, man müsse den Reichstag auflösen und einen Krieg wagen; Nachgiebigkeit wäre Feigheit und sicherer Untergang der habsburgischen Herrschaft.[172] – Um den Kaiser von den Vorgängen in Preßburg in genaue Kenntnis zu setzen und seine Willensmeinung einzuholen, reiste der Reichsvizekanzler Ulm nach Wien. Mathias beriet sich mit den beiden Geheimräten Trautson und Meggau

---

171 Dass diese Erklärung im Namen des Reichstages gegeben wurde, ist aus dem Konzept des königlichen Diploms dd. 21. April 1618, das im Archiv des k. k. Minist. des Innern aufbewahrt wird, ersichtlich.

172 Molart an Max dd. 4. April im Archiv des k.k. Minist. des Innern.

173

und ersuchte auch seinen Bruder Maximilian sowie den Grafen Oñate um ihre Meinung.[173] Mit Ausnahme des letzten scheuten alle genannten die Gefahr eines Bruches mit Ungarn und empfahlen eine friedliche Beilegung des Streites, wenn dies irgendwie anginge. Mathias, der ohnedies nichts anderes wollte, trug seinen Kommissaren auf, vorerst den Reichstag zu größerer Nachgiebigkeit zu mahnen, wenn dies aber nichts fruchten würde, an die Ausstellung eines Diploms zu gehen, in dem der „Erläuterung" vom 7. April Erwähnung geschehen solle.[174] Zugleich befahl Mathias, den Grafen Oñate von seiner Entscheidung in Kenntnis zu setzen. Ulm tat dies und reiste darauf nach Preßburg ab. Oñate missbilligte die Nachgiebigkeit des Kaisers und. sandte seinen Sekretär unverweilt nach Preßburg, um bei Ferdinand und Eggenberg gegen die Erfüllung der ungarischen Forderungen zu wirken. Beiden warf er vor, dass sie die Sukzessionsangelegenheit zu leicht genommen und das in Friaul liegende Volk nicht an die ungarische Grenze verlegt hätten. Eggenberg dankte für all das Wohlwollen, das in Oñates Ratschlägen lag, missbilligte aber das Heraufbeschwören eines Bruchs mit Ungarn wegen der damit verbundenen großen Gefahr.[175]

Khlesl berief nach Ulms Rückkunft eine Konferenz auf den 17. April, an der neben den Reichstagskommissaren (Khlesl, Molart und Ulm) sämtliche königlich-ungarische Räte teilnahmen. Es waren dies die Erzbischöfe von Gran und. Kalocsa, die Bischöfe von Erlau, Agram, Grosswardein und Wesprim, der Judex curiae Forgach, der Personal, der Kanzler Franz von Batthyani, Andreas Doczi, Georg Homonnay, Peter Reway, Paul Aponyi und Melchior Alaghy. Ulm eröffnete die Beratung mit einer Rede, in der er hervorhob, dass der Kaiser sich über die schweren Forderungen des Reichstags mit den Prinzen seines Hauses und dem spanischen Gesandten, als Vertreter Philipps III, beraten habe. Seine Majestät sei geneigt, das freie Wahlrecht d es Reichstags zu bestätigen, wofern auch dieser anerkennen wolle, dass er auf die Glieder des Erzhauses die schuldige Rücksicht zu nehmen habe. Die ungarischen Räte verlangten hierauf, man möchte ihnen eine separate vertraute Unterredung gestatten.

Nachdem dieselbe eine Stunde gedauert hatte, erschienen sie wieder und der Erzbischof von Gran ergriff das Wort. Er tadelte, dass dem spanischen Gesandten Mitteilungen gemacht worden seien, käme dies zur Kenntnis des Reichstags, so würde es einen Sturm verursachen, indem derselbe darin den

---

173 Ebend. Gutachten Maximilians dd. 13. April.

174 Archiv des k.k. Min. des Innern. Mathias an die Kommissare beim preßburger Reichstag dd. 14. April 1618.

175 Simancas 2503. Relaciou de lo, que ha passado en quanto a la gente qua pidió el emperador para la dieta de Ungria.

Beweis sehen würde, dass man Ungarn zu einem Erbreich machen wolle. Ferner missbilligte er, dass man vor der Ausstellung eines Diploms solche Scheu hege, die Stände hätten doch ihrerseits durch die Abgabe der „Erläuterung" und durch die Verzichtleistung auf das Wort *mera.* genug guten Willen gezeigt. Als Khlesl tadelnd bemerkte, dass die Sprache des Erzbischof eine förmliche Furcht vor dem niederen Adel an den Tag lege, wies Pazman diesen Vorwurf nicht von sich, sondern ließ sich sogar in eine Verteidigung der Opposition ein und fand deren Misstrauen gerechtfertigt. Die königliche Proposition habe das Wort „Wahl" sorgfältig vermieden, Erzherzog Maximilian habe auf seine „Rechte" verzichtet und wenn die Vertreter des Erzhauses sich jetzt auch die Wahl gefallen ließen, so suchten sie ihre Stütze doch nur im Erbrechte; alles dieses und noch anderes mehr habe die Stände zu besonderer Vorsicht gemahnt.

Nach diesem Zwischenfall und nachdem die ungarischen Räte einstimmig erklärt hatten, dass der Reichstag sich nur durch die Ausstellung des Diploms befriedigen lassen werde, begaben sich die königlichen Kommissare, unterstützt von den Erzbischöfen von Gran und Kalocsa und von dem Judex Curiae, an die Ausarbeitung desselben. Die bezeichnendste Stelle des Entwurfes, der auf diese Weise zu Stande kam, war jene, in der der Kaiser erklärte: „dass er das althergebrachte Recht der freien Königswahl, welches die Vorfahren (der gegenwärtigen ungarischen Stände) geübt und den Nachkommen hinterlassen, für diese und alle folgende Zeit bestätige, bekräftige und für unverletzbar erkläre. Ebenso werde er nach vollzogener Königswahl durch einen eigenen Reichstagsartikel bekräftigen und bestätigen, dass die Königswahl von der freien Entscheidung der gesamten Reichsstände abhänge." Im weiteren Verlaufe des Diplomsentwurfes hieß es: Der obige und andere Artikel des Diploms könnten vielleicht zu unrichtigen und. dem Hause Österreich nachteiligen Auslegungen Veranlassung bieten. Dennoch habe der Kaiser mit der Ausstellung desselben nicht gezögert, da die wichtigsten Mitglieder des Reichstags am 7. April vor den königlichen Kommissaren mündlich die Erklärung abgegeben hätten: „es sei weder gegenwärtig noch je die Absicht des Reichstages gewesen, bei der Königswahl von dem erlauchten Hause Österreich abzufallen, noch die demselben schuldige Rücksicht bei Seite zu setzen, noch endlich den königlichen Stamm und dessen außerordentliche Verdienste und Auslagen bei der Behauptung dieses Königreichs unbeachtet zu lassen."[176]

Mit diesem Entwurfe reiste Khlesl unverzüglich nach Wien. Mathias übergab den Gegenstand einer Konferenz zur Beratung, an der neben dem Kardi-

---

176 Der Bericht über die Verhandlung am 17. April so wie der Diplomsentwurf im Archiv des k.k. Min. des Innern.

nal noch Meggau, Trautson und Hegenmüller teilnahmen.[177] Sämtliche Teilnehmer derselben sprachen sich für die Annahme des Diploms aus und der Kaiser unterzeichnete dasselbe in der Tat am 21. April, nachdem er sich zuvor die Zustimmung seines Bruders Maximilian erbeten hatte. Mathias konnte dies auch ohne Bedenken tun, sobald er darauf Verzicht geleistet hatte, bei dem Reichstage etwas mehr durchzusetzen als die Anerkennung der bisherigen nicht klar zu definierenden Rechte des Erzhauses und nachdem durch die vorsichtige Einschaltung der Reichstagsdeklaration in den Wortlaut des Diploms dieses selbst eher einen Beweis für die habsburgischen Erbrechte als für die ungarischen Wahlrechte abgeben konnte.

Mit Spannung sah man indessen in Preßburg der Rückkehr des Kardinals entgegen. Jede Stunde der Verzögerung war der Reichstagsopposition willkommen; man erging sich in misstrauischen, übrigens nicht ungerechtfertigten Reden, drohte, dass man von Preßburg abreisen werde, wenn der Kardinal nicht bis zum 23. April zurückgekehrt sei. Einzelne begnügten sich mit diesem, die öffentlichen Verhandlungen gewöhnlich begleitenden Klatsch nicht mehr, sondern hatten Schlimmer-es im Sinne. Aus Ofen erhielt Molart eine Warnung, dass sich einige Edelleute an den Pascha daselbst gewendet und um seinen Beistand für den Fall einer Erhebung gegen den Kaiser angesucht hätten. Andreas Doczi, der eigentliche Vertrauensmann Ferdinands unter den ungarischen Ständen, alarmierte mit diesen und ähnlichen Nachrichten ab und zu seinen hohen Gönner.[178] Alle Aufmerksamkeit des Reichstages lenkte sich jedoch wieder nach einer Seite hin, als der Kardinal am 21. April 1618 aus Wien zurückkehrte und sich die Nachricht verbreitete, dass der Kaiser das verlangte Diplom ausgestellt habe.

Am Tage nach seiner Ankunft erstattete Khlesl dem Könige seinen Bericht über die Wiener Verhandlungen und fügte halb selbstgefällig halb spottend hinzu, der Erzherzog Maximilian habe ihn für seine Tätigkeit nicht wenig gelobt und zugleich gesagt, er habe sich damit eine Stufe in den Himmel verdient. Ferdinand war mit dem Diplome nicht ganz zufrieden, die Worte „libera electio" ärgerten ihn trotz der beigefügten Erläuterung, zudem hatte er von Oñate eine Nachricht erhalten, die ihn Besseres hoffen ließ. Aus Spanien war endlich die Antwort eingetroffen, dass Philipp bereit sei, die Erbansprüche Ferdinands mit den Waffen zu unterstützen; der Gesandte benachrichtigte ihn

---

177 Das Konferenzprotokoll im Archiv des k.k. Min. des Innern. Ebendaselbst Maximilians Zustimmung dd. 20. April. Wiener Neustadt.

178 Archiv des k.k. Minist. des Innern. Arbeissl an Maximilian dd. 20. und 21. April 1618. Preßburg. – Ebend. Molart an Maximilian dd. 21. April. Pressburg.

davon und bot für den Anfang 6000 Mann.[179] Mehr bedurfte es nicht, um den König gegen einen Ausgleich mit dem Reichstage feindselig zu stimmen, doch besann er sich nach einigem Schwanken doch eines bessern. Die Dinge waren in Preßburg zu weit vorgeschritten, die 6000 Mann standen sehr fern und so gab Ferdinand dem Diplomsentwurfe noch am selben Tage seine Zustimmung, worauf derselbe dem Reichstag zugeschickt wurde.

Was zu erwarten war, geschah jetzt; der Reichstag von nahm mit dem größten Erstaunen den Inhalt des Diploms, die eingefügte Erläuterung machte sein sogenanntes freies Wahlrecht nahezu lächerlich und die Opposition fühlte wohl, dass sie durch die Annahme desselben das in Anspruch genommene Wahlrecht nicht stützen, sondern nur untergraben würde. Die Enttäuschung und Erbitterung machte sich auf mancherlei Weise Luft, darin stimmte so ziemlich der ganze Reichstag überein, das Diplom nicht anzunehmen; selbst die ungarischen Mitarbeiter an demselben scheinen sich um seine Annahme nicht besonders bemüht zu haben. So war es wieder ganz ungewiss, welche Richtung die Verhandlungen nehmen würden. Obwohl die Anhänger des Kaiserhauses sich auf alle Weise bemühten, unter den Ständen mehr Nachgiebigkeit hervorzurufen, wobei, wie es scheint, auch Geschenke nicht gespart wurden, würde es doch nicht sobald zu einem Schluss gekommen sein, wenn der erfinderische Kardinal nicht einen Ausweg gefunden hätte. Darnach sollte das Diplom fallen gelassen werden und in den Reichstagsbeschlüssen in folgender Weise über die Erhebung Ferdinands berichtet werden: auf Unsere (des Kaisers) Empfehlung hin haben die ungarischen Stände nach mehrfachen Verhandlungen und nach ihrer alten von ihnen stets beobachteten Weise und Freiheit den Erzherzog Ferdinand einstimmig zu ihrem Könige erwählt.[180]

Die ungarischen Stände, deren Verlangen nach einem Diplom sich merklich abgekühlt hatte, seitdem sie den Inhalt eines solchen kennen gelernt hatten, gaben, von allen Seiten bearbeitet und wohl auch der langandauernden Verhandlungen über einen einzigen Gegenstand überdrüssig, nach und nahmen schon am 26. April die von Khlesl vorgeschlagene Formel an. War in derselben auch von einem freien Wahlrecht nicht die Rede, so konstatierte sie doch, dass Ferdinand auf Grund einer Wahl König geworden sei und fand daher Beifall.

---

179 Oñates Zuschrift dd. 19. April. Archiv von Simancas.

180 Das Original der Formel lautete: Ad nostram (sc. Mathiae) benignam requisitionem et paternam recommendationem Ser. Principem ac Dom. Ferdinandum Regem Bohemiae, SacriRomani Imperii Electorem, Archiducem Austriae patruelem et filium nostrum charissimum ob excellentes et heroicas quibus pollet animi ingeniique dotes Universi Status et Ordines *post plures tractatus juxit antiquam consuetudinem et libertatem eorundem semper observatam paribus votis et unanimi consensu* in Dominum et Regem ipsorum rite elegerunt, proclamarunt invocatique demum Numinis divini auxilio feliciter coronaverunt.

Andrerseits waren auch die königlichen Kommissare mit ihr nicht unzufrieden, da sie ihr vorsichtsweise das Wörtchen „stets" eingeschaltet hatten, denn die „stets beobachtete Weise" war nach ihrer Meinung die Anerkennung des Erbrechts und konnte, wenn sie auch in Zukunft bewahrt wurde, den Rechten des Erzhauses nicht abträglich sein. So verstand jeder Teil die Formel in einem andern Sinne und freute sich wahrscheinlich den Gegner überlistet zu haben.[181]

Nachdem man sich über die Art und Weise geeinigt hatte, wie die Erhebung Ferdinands in den Reichstagsakten eingetragen werden sollte, wurde das Konzept der Formel dem Kaiser zugeschickt. Dieser erhob keine Schwierigkeit bezüglich ihrer Annahme, seine Zustimmung wurde dem Reichstag übermittelt und von diesem mit lebhaften Vivatrufen auf Mathias begrüßt. Doch bedauerten der Hof wie die mit ihm gleichgesinnten ungarischen Katholiken die gänzliche Beseitigung der „Erläuterung" jetzt doppelt und ergriffen zu ihrer Rettung den einzigen Ausweg, der ihnen übrig geblieben war. Bei dem Judex Curiae wurde von Seite der königlichen Kommissare ein Protokoll oder Instrument, wie man es nannte, aufgenommen und in diesem ausführlich der Inhalt der Erläuterung und die Art ihrer Entstehung verzeichnet. Dieses vorläufig bedeutungslose Dokument konnte später großen Wert erlangen, denn es war in Gegenwart des ersten ungarischen Gerichtsbeamten und wohl auch einiger andern königlich-ungarischen Räte angefertigt und von ihnen unterzeichnet werden und musste wenigstens bezüglich seiner Glaubwürdigkeit in der Zukunft schwer in die Waagschale fallen.[182]

Obwohl hiemit die größte Schwierigkeit beseitigt war, so wurde deshalb die Königswahl noch nicht vorgenommen, denn die Beratungen des Reichstages wurden durch mehr als 14 Tage von dem sogenannten Krönungsdiplom in Anspruch genommen, wobei die Katholiken und Protestanten bezüglich der religiösen Punkte wieder hart aneinander gerieten, da die letzteren ihre Freiheiten erweitern, die ersteren aber dies nicht zugeben wollten. Nachdem zuletzt eine solche Fassung vereinbart worden war, die beide Teile zufrieden stellte, unterzeichnete Ferdinand das Krönungsdiplom.

15. Mai

So waren alle Schwierigkeiten geebnet und die feierliche Königswahl konnte nun stattfinden. Am Morgen des 16. Mai 1618 proklamierten die Stände im Reichstagssaale Ferdinand zum Könige von Ungarn und verfügten sich dann in seine Behausung, um ihm ihre Glückwünsche darzubringen. In Begleitung der Stände begab sich der König aus seinem Gemache in den Rittersaal, nahm daselbst vor einem offenen Fenster einen Sitz ein, so dass er von dem vor der

---

181 Simancas. So berichtet hierüber Oñate nach Hause.
182 Khlesl an Trautson dd. 30. April 1618. Archiv des k.k. Minist. des Innern.

178

Burg sich ausbreitenden Platze gesehen werden konnte; Khlesl stand ihm zur Seite. Zuerst hielt der Erzbischof von Gran eine Ansprache an den König, die der Reichsvizekanzler Ulm beantwortete, worauf auch Ferdinand einige Worte des Dankes hinzufügte. Während jetzt ein tausendfaches Vivat ertönte, nahten sich die Mitglieder des Reichstags, um ihrem künftigen Könige die Hand zu küssen. Als diese Zeremonie im Gange war, gab der Präsident des Hofkriegsrates, Herr von Molart, den vor dem Schlosse aufgestellten deutschen Truppen ein Zeichen, worauf diese ihre Gewehre abschossen. Da flog plötzlich eine Kugel zwischen Khlesls und Ferdinands Kopfe vorbei und schlug in die Decke des Zimmers ein. Niemand wollte an einen Zufall glauben; indessen konnte weder der Urheber erforscht, noch mit Sicherheit festgestellt werden, wem diese Kugel gelten sollte, wenn sie mit Absicht abgeschossen war. Das Wahrscheinlichste ist, dass hier ein Zufall obgewaltet hat, denn die beiden Personen in dieser Versammlung, die sich am meisten anfeindeten, waren Khlesl und Ferdinand; hätte einer dem andern den Untergang geschworen, so hätte er ihn nicht in einer Weise herbeizuführen gesucht, die dem Urheber der Untat so gefährlich werden konnte, wie dies die Tatsache lehrte und eine geringe Urteilskraft erwarten ließ. Übrigens haben wir hinreichende Beweise für die Unschuld beider Gegner. Ferdinand teilte noch am selben Tage seinem vertrauten Wohltäter, dem Erzherzog Maximilian, diesen Vorfall als ein plötzliches und unerklärliches Ereignis mit, und Khlesl, der den durch die vorbeisausende Kugel verursachten Luftdruck an seinem Gesichte verspürt hatte, schrieb einem vertrauten Freunde, er sei über seine glückliche Rettung keineswegs „lustig", sondern eher „todesbereit." Wenn man demnach nicht auf bloße Vermutung hin einen unzufriedenen Ungarn oder Böhmen für den Urheber eines beabsichtigten Mordes ansehen will, so muss man allein in einem Zufalle die Erklärung des fraglichen Ereignisses suchen.[183]

---

183 Hurter meint, der Schuss sei am Krönungstage gefallen, allein aus Ferdinands eigenem Schreiben, sowie aus anderen Briefen ersehen wir, dass dies am Tage der Proklamation geschah. Ferdinand schreibt über den Schuss an Maximilian: „und ist unter meiner wehrender acclamation und Salve ein Kugell zwischen meiner und dess Kardinal Kleseli Kopf zu dem Fenster herein gepflogen. Ob es nun mit Vleiss oder Casu beschehen, kann man nicht wissen." (Orig. im Archiv der k.k. Min. des Innern.) –Arbeissl, Maximilians vertrauter Sekretär, schrieb über denselben Gegenstand an den Erzherzog: „unter welchem Schiessen ein Muschkhetenschuss mit der Khugel geladen Zum Fenster heraufgradt dem Cardinal für die ohrn oder nasen und über des Khönigs Khopf oben in der stuben poden also gefehrlich gangen, das gemelter Cardinal den Windt empfunden und mennigkhlich, der in der stuben war, wie auch ich selbs mit meinen Augen den schuss stueben gesehen und wargenommen, sich auch Ihre Khönigliche Würden und iederman darüber nicht wenig entsetzt und entfärbt." (Arch. des k.k. Min. des Innern.) Hammer-Purgstall, der in seiner Biographie Khlesls dem König Ferdinand alle möglichen und unmöglichen Verbrechen andichtet, steht natürlich nicht an, ihn und Maximilian eines Attentates auf den Kardinal zu beschuldigen.

Am selben Tage, an dem Ferdinand zum Könige von Ungarn proklamiert wurde, wählte der Reichstag auch den neuen Palatin. Unter den von der Regierung vorgeschlagenen Kandidaten fiel die Wahl auf den Judex Curiae Forgach und somit kam diese Würde in den Besitz eines Katholiken. Die königliche Partei wünschte nun die Sukzessionsverhandlungen zu Ende zu führen und verlangte vom Reichstage die unverweilte Festsetzung des Krönungstages. Allein die Stände begannen, anstatt auf diese Forderung einzugehen, die Verhandlungen über die Reichstagsbeschwerden und brachten damit zwölf Tage zu. Am 28. Mai 1618 wurden sie Ferdinand übermittelt und ihre schleunige Abstellung verlangt. Zwei dieser Beschwerden reichten in ihrer Bedeutung weit über Ungarn hinaus und standen in engster Beziehung zu den gesamtösterreichischen Verhältnissen. Die eine betraf das Verhältnis der kaiserlichen Kriegsmacht in Ungarn, die andere die finanzielle Unterordnung dieses Landes unter die österreichische Hofkammer. Einige Andeutungen über dieselben dürften hier umso mehr am Platze sein, als sie ein grelles Licht auf die chaotischen Verhältnisse der habsburgischen Monarchie werfen.

Bezüglich des ersten Punktes klagten die Ungarn, dass der Kaiser im Widerspruche mit frühern Versprechungen in den Grenzfestungen Ausländer als Kommandanten anstelle und dass diese sowie die fremden Truppen sich die ärgsten Bedrückungen und Gesetzesübertretungen in der Umgebung ihrer Garnisonsplätze erlaubten. Sie knüpften daran die Forderung, dass die fremden Truppen entfernt und die ausländischen Kommandanten durch Ungarn ersetzt werden möchten. Dass die Klagen der Ungarn über die Truppen ihrem vollen Inhalte nach begründet sein möchten, dürfte nicht zweifelhaft sein. Indessen waren dieselben bei dem besten Willen des Königs nicht so leicht zu beseitigen, denn diese Angelegenheit hing mit den verwickelten österreichischen Heeresverhältnissen und ihrer eigentümlichen Entwicklung zusammen.

Die *Entstehung des österreichischen Heerwesens* ging unter dem Einflusse der Türkenkriege vor sich. Ferdinand I bekämpfte die Türken teils mit den ständischen Aufgeboten der ihm untertanen Länder, teils mit geworbenen Truppen, soweit dies seine Geldmittel gestatteten. Im Laufe des 16. Jahrhunderts machte sich die Überlegenheit der geworbenen, weil handwerksmäßig geschulten Truppen über die gewöhnlichen Aufgebote immer mehr geltend. Der böhmische Landtag erkannte selbst im Jahre 1572 an, dass die ständischen Reiteraufgebote nichts mehr taugten und dass nur geworbene Truppen die nötige Kampftüchtigkeit besäßen. So kam es, dass Rudolf II in Ungarn sich vorzugsweise geworbener Truppen bediente und die ständischen Aufgebote nur als einen Notbehelf zuließ. In Friedenszeiten wurden die Aufgebote ganz und gar entlassen und von den geworbenen Truppen nur so viel im Dienste belassen, als zu den Besatzungen in den Grenzfestungen nötig waren. In diesen Besatzungen und überhaupt in den geworbenen Truppen, die ihre Befehle allein von dem gemeinsamen österreichischen Herrscher empfingen und die zu den einzelnen Ländern in keinem direkten Abhängigkeitsverhältnisse standen, ist der Anfang des stehenden Heeres in Österreich zu suchen.

Die ersten Klagen gegen diese Entwicklung des Heerwesens ertönten von Seite der Ungarn. In Kriegszeiten erhoben sie natürlich keinen Einwand gegen die fremde Hilfe, da ihre Kräfte zu ihrer Verteidigung nicht ausreichten; dagegen beschwerten sie sich unaufhörlich über die Friedensgarnisonen, deren Stärke sich beiläufig auf 20.000 Mann belief, und wünschten, dass dieselben nur aus Einheimischen geworben würden. Die genannte Zahl hätte sich unzweifelhaft in ihrem Lande aufbringen lassen, doch genügte dies allein nicht, denn den Ungarn fehlte es zwar nicht an Tapferkeit, wohl aber an jener Übung, um derentwillen damals die deutschen und niederländischen Soldaten für die kriegstüchtigsten in Europa gehalten wurden. Wollte der Kaiser also erprobte Truppen haben, so musste er die Werbetrommel in seinen nichtungarischen Besitzungen oder in Deutschland ertönen lassen. Und gesetzt, die Ungarn hätten 20.000 der besten Truppen aufstellen können, so war die Schwierigkeit damit noch nicht beseitigt, da sie sie nicht zahlen konnten. Denn die übrigen habsburgischen Länder wollten die Hilfe, die sie leisten mussten, nicht in Geld, wie es die Ungarn wohl am liebsten gehabt hätten und bei dem Linzer Generalkonvent auch offen bekannten, sondern nur in Truppen leisten. Die verschiedenen Provinzen wollten den Kriegssold lieber der eigenen kriegslustigen Jugend zuwenden, als geradezu wegschenken und sich den Ungarn zu einem Tribut verpflichten. Der böhmische Landtag richtete im Laufe des 16. Jahrhunderts zu wiederholten Malen die Bitte an den König, bei den Werbungen auf das Land Rücksicht zu nehmen und einzelne Regimenter aus Böhmen zusammenzustellen. Dass ähnliche Bitten auch von den österreichischen, steirischen und anderen Landtagen an die Könige gestellt wurden, möchten wir nicht bezweifeln; einerseits wollte man die Kriegstüchtigkeit nicht einbüßen, andererseits den damals sehr bedeutenden Sold dem eigenen Lande zu Gute kommen lassen. Ferdinand I und seine Nachfolger mussten diese Bitte billig finden und so kamen deutsche und böhmische Truppen nach Ungarn. Was sollte man nun beginnen, um die Militärfrage auf eine den Ungarn zusagende Weise zu lösen? Die deutschen und böhmischen Garnisonen konnten leicht aus diesem Lande entfernt werden, wer aber sollte dann die Grenzfestungen verteidigen, und wenn es die Ungarn selbst taten, wer sollte sie bezahlen?

Die ganze Streitfrage ließ nur dann eine befriedigende Lösung zu, wenn die Stände der einzelnen Länder die Angelegenheit ihrer Verteidigung gegen die Türken im Einverständnisse mit den Ungarn in die Hand genommen und gelöst hätten. Ferdinand I hatte sie mehrfach dazu aufgefordert, allein fast immer ohne Erfolg. Die Stände hüteten sich, die ganze Last der Verteidigung auf die eigenen Schultern zu wälzen und fanden es bequemer, ihre Herrscher mit dieser Sorge zu belasten und sie in halb Europa um Unterstützung herumbetteln zu lassen. Auch hätte die Bemühung der Stände um eine ausreichende gemeinsame Verteidigung den Entschluss vorausgesetzt, den neu erstandenen österreichischen Staat für die Dauer aufrecht erhalten zu wollen; dieser Entschluss war weder vorhanden, noch durchführbar, so lange in einzelnen Teilen des Gesamtstaates der Dynastie ihre erblichen Ansprüche auf die Regierung bestritten wurden. Die Klagen der Ungarn über die fremden Garnisonen konnten demnach zu keiner befriedigenden Lösung gelangen und alle Versprechungen der Könige, ihnen abzuhelfen, mussten den Vorbehalt in sich schließen, alles beim Alten zu lassen. So war es auch diesmal mit der Antwort, welche den Ungarn zu Teil wurde.

Die zweite wichtige Beschwerde betraf die Finanzfrage. Die Klage der Ungarn lief darauf hinaus, dass das ungarische Finanzwesen in Abhängigkeit von der Wiener Hofkammer gebracht worden sei; sie verlangten, es solle unabhängig gemacht und ein Ungar an die Spitze desselben gestellt werden. Diese Forderung deckt uns bei näherem Eingehen sonderbare Seiten der österreichischen Finanzentwicklung auf.

Bekanntlich lag es den mittelalterlichen Fürsten ob, die Würde ihrer Krone, mannigfache Regierungsanslagen und teilweise auch die Verteidigung des Landes aus den Einkünften ihres riesigen Besitzes, aus mancherlei städtischen Einnahmen und aus den sogenannten Regalien zu bestreiten; ständische Steuern waren eine Ausnahme. Wie der König seinen Besitz verwaltete, wie er die Regalien nutzbringend machte, war seine Sache, um die sich die Stände wenig oder gar nicht kümmerten und die sie selbstverständlich nicht kontrollierten. So war es auch, als Ferdinand I den Thron von Ungarn und Böhmen bestieg. Seine Einkünfte bestanden in beiden Ländern neben dem Ertrage der königlichen Güter in Zöllen, Monopolen, städtischen Gefallen, Bergwerken usw. Für das Erträgnis derselben war es von Vorteil, wenn Ferdinand ihre Administration vereinfachte, und er tat dies, indem er eine gemeinsame Verwaltung aller seiner Einkünfte aus Ungarn, Böhmen, Oesterreich, Steiermark usw. in Wien organisierte, welche oberste Finanzverwaltung unter dem Titel der Hofkammer ihr Dasein in Böhmen und Ungarn täglich fühlbarer machte. Die Verwaltung seiner ordentlichen und außerordentlichen Einkünfte, die Ausbeutung sämtlicher Regalien in Böhmen und Ungarn, vor allem aber die Ordnung des Zollwesens wurde im Laufe des 16. Jahrhunderts auf deutschem Fuße organisiert; die für sich bestehende böhmische und ungarische Kammer bekamen ihre Befehle von der Hofkammer und führten aus, was diese Behörde ihnen auftrug. Die amtliche Korrespondenz wurde in deutscher Sprache geführt, so dass z. B. böhmische Aktenstücke, selbst bei der Geschäftsführung der böhmischen Kammer, seltener zu werden anfingen. So begann schon vor dem 30jährigen Kriege auf dem Gebiete der Finanzverwaltung eine faktische, aber deshalb nicht minder tiefgreifende Zentralisation, während staatsrechtlich die Länder nur durch das Band der Personalunion verbunden waren.

Wenn man die Eifersucht der Böhmen und Ungarn auf ihre Selbständigkeit kennt, so muss man staunen, wie sich solche Zustände ohne den Widerspruch der Stände entwickeln konnten. Erst im Beginne des 17. Jahrhunderts tauchen solche Widersprüche häufiger auf und es macht sich die Tendenz nach einer Lösung dieses Verhältnisses geltend, nie aber war die Opposition so ernst gemeint, als der Gegenstand es verdiente. Welchen unglaublichen Mangel an politischer Einsicht setzt es aber bei den Ständen voraus, wenn sie die Bedeutung einer solchen finanziellen Verschmelzung nicht von vornherein begriffen und nicht einsahen, dass damit die Axt an die Wurzel ihrer Selbständigkeit gelegt war! Übrigens gewann auch die Gesamtmonarchie nichts durch eine derartige finanzielle Vereinigung, weil dieselbe vorläufig nur eine chaotische Verwirrung erzeugte. Für eine gemeinsame Entwicklung wäre eine strenge Scheidung der Finanzen zuträglicher gewesen, doch hätte dies vorausgesetzt, dass die Stände dann im wechselseitigen Einverständnisse für die Bedürfnisse des Gesamtstaates vorgesorgt hätten. Allein so wenig sie in Bezug auf das Heerwesen zu einem richtigen Verständnisse der neuen Verhältnisse und der aus ihnen hervorgehenden Pflichten gelangten, so wenig war dies auf finanziellem Gebiete der Fall. Die Stände kümmerten sich nie um den Gesamtstaat und glaubten damit ihre Selbständigkeit zu wahren, aber diese Sorglosigkeit trug für sie ihre bittern Früchte; denn der Gesamtstaat, der nicht durch sie existierte, fing an, gegen sie zu existieren. Wenn die der absoluten Gewalt dienende Unifikation des Heeres- und Finanzwesens nicht schon im 16. Jahrhundert durch die Blindheit der Stände angebahnt worden wäre, so hatten alle Gewaltmaßregeln Ferdinands II niemals die Selbständigkeit der Teile zu Grunde richten und die böhmische Entwicklung so rasch begraben können.

Welche Antwort sollte demnach die Regierung auf die Finanzbeschwerden Ungarns geben? Sollte dem Übel von Grunde aus abgeholfen werden, so konnte dies nur in wechselseitigem Einverständnisse aller österreichischen

Länder geschehen. Hiefür fehlte aber die Einsicht auf Seite der Stände und der gute Wille auf Seite der Regierung, die von einem gemeinsamen Einverständnisse nur Nachtheile besorgte. So fand auch in diesem Punkte die Beschwerde der Ungarn keine Abhilfe.

Die Verhandlungen über die Beschwerden nahmen den ganzen Monat Juni in Anspruch. Ferdinand empfand diese Verzögerung umso bitterer, als die böhmischen Angelegenheiten seine Abreise mit jedem Tage dringender erheischten, er musste sich aber die Zögerung geduldig gefallen lassen. Mittlerweile setzte der Reichstag den 1. Juli als Krönungstag fest. Es heißt, dass sich der König noch zwei Tage vor demselben mit dem Reichstage über eine neu entstandene religiöse Streitfrage nicht einigen konnte und dass die Opposition noch in der letzten Stunde mit ihrer Abreise drohte.[184] Der uns nicht näher bekannte Zwist endete mit Ferdinands Nachgiebigkeit und so fand denn endlich die Krönung am 1. Juli statt. Der Reichstag wurde geschlossen und der König konnte Ungarn verlassen.

III

Während der preßburger Reichstagsverhandlungen wurde von Seite Maximilians und Ferdinands die Berufung des Kurfürstenkonventes stets im Auge behalten, damit der für den 28. Mai anberaumte Termin nicht neuerdings überschritten werde. Im Monate April gab sich Maximilian den besten Hoffnungen hin, denn der Kaiser versicherte ihn wiederholt, dass er die Reise nach Regensburg rechtzeitig antreten werde. Aber schon Anfang Mai lauteten seine Äußerungen anders und er sprach von der Notwendigkeit einer weiteren Verschiebung derselben. Maximilian, der nach der Ursache forschte, erfuhr, dass es noch immer an den notwendigen Geldmitteln fehle. Er setzte Ferdinand hievon in Kenntnis und bekam von diesem aus Preßburg die Antwort, dass Khlesl soeben ein Mahnschreiben an den Kaiser abgeschickt und ihm die baldige Abreise zum Kurfürstentage um jeden Preis trotz Leibesungelegenheit und sonstiger Beschwerden angeraten und sich selbst zur Darleihung der allenfalls nötigen Summe erbeten habe. Ferdinand wollte an die Aufrichtigkeit dieses zuckersüßen Schreibens nicht glauben und hat Maximilian, doch nachzuforschen, ob Khlesl nicht zu gleicher Zeit ein zweites Schreiben an den Kaiser abgeschickt habe, welches das Gegenteil von dem ersten besage.[185] Der Erzher-

2. Mai 1618

---

184 So berichtet Zeidler an Kursachsen dd. 23. Juni/3. Juli 1618 im sächsischen Staatsarchiv.
185 Maximilian an Ferdinand dd. 2. Mai. Ferdinand an Max dd. 4. Mai. Archiv des k.k. Minist. des Innern.

zog kam der Bitte nach und erfuhr in der Tat von einem doppelten Schreiben des Kardinals. Das erste war an den Kaiser gerichtet und entsprach in seinem Inhalte der von Ferdinand gegebenen Analyse, ja es enthielt sogar am Schlusse den kernigen Fluch: „Der Teufel hole die Kammer, dass sie die Geldmittel zu einem so heiligen Werke (wie die Übertragung der deutschen Krone an Ferdinand) so schwer mache." Maximilian beeilte sich in Folge dieses Schreibens die Hofkammer zu mehr Eile anzuspornen und wohl auch wegen ihrer Lässigkeit zu schelten, erhielt aber von den entrüsteten Räten die Antwort: „Der Cardinal müsse wohl selbst der Teufel sein, der in der Kammer stecke, denn er sei es gewesen, der ihr gesagt habe, das Geld recht schwer zu machen.[186]

Das zweite Schreiben Khlesls war an eine vertraute Person gerichtet, die dessen Inhalt zur Kenntnis des Kaisers bringen sollte. In diesem erklärte der Kardinal jede Reise nach Deutschland vor Beendigung des Preßburger Reichstages für unbedingt verwerflich und sprach davon, dass keine Aussicht auf die baldige Beendigung der Verhandlungen sei. Khlesl hatte mit seiner Behauptung nicht Unrecht, aber sie passte schlecht zu dem feurigen Tone, mit dem er Mathias in dem ersterwähnten Briefe zur unmittelbaren Abreise drängte. Die einzig unzweideutige Tatsache, zu deren Kenntnis man bei diesem ganzen Briefwechsel gelangte, war der Mangel an dem nötigen Reisegeld. In Folge dessen wurde den Kurfürsten Anfangs Mai die offizielle Anzeige zugeschickt, dass der Kaiser den Konvent in Regensburg um einige Wochen verschieben müsse. Die Zusammenkunft der Kurfürsten war dadurch nicht vor Ende Juni in Aussicht gestellt.

Niemand war so sehr über die Doppelzüngigkeit des Kardinals und die neuerliche Vertagung des Kurfürstenkonventes erzürnt als Maximilian. Seine Erbitterung sollte indessen noch höher gesteigert werden. Durch einen vertrauten Agenten in Venedig bekam er gerade in diesen Tagen die Nachricht von einem Schreiben des venezianischen Gesandten am Wiener Hofe an die Signoria. In demselben bemerkte der Gesandte, man habe bisher allgemein die Italiener und Spanier für die rachsüchtigsten Menschen gehalten, allein sie würden darin weit von den Deutschen übertroffen. Khlesl habe, um seine Rache an Ferdinand zu kühlen, die Ungarn heimlich vor ihm als vor einem Zöglinge der Jesuiten gewarnt und. ihnen geraten, denselben nicht eher zum Könige zu wählen, als bis sie ihre Rechte wohl versichert hätten. Das Misstrauen der Ungarn sei auf das Äußerste gereizt und könnte selbst den Sturz der Dynastie zur Folge haben, wenn Mathias plötzlich sterbe.[187] Sind die Angaben des venezianischen Gesandten richtig, dann hat Khlesl in der Tat

---

186 Maximilian an Ferdinand dd. 10. Mai. Ebend.
187 Simancas 2503 Oñate an Philipp dd. 13. Mai. Als Beilage das Schreiben des venezianischen Gesandten.

als ein Verräter gehandelt, indessen sind nicht alle Zweifel an der Verlässlichkeit derselben ausgeschlossen. Vergeblich bemühte sich nämlich Maximilian durch Ferdinand, den er von dem Schreiben in Kenntnis setzte, zu erfahren, ob dasselbe auf Wahrheit beruhe und ob Khlesl mit der ungarischen Opposition unter einer Decke spiele. Ferdinand vermochte weder selbst noch durch seine Angehörigen der Sache auf den Grund zu kommen.[188] Oñate zweifelte in Folge dessen an der Richtigkeit der Anklage und war geneigt die Schuld des Kardinals weniger in einer eigentlichen Verschwörung, wie in mehr oder weniger unbedachten aber die ungarische Opposition allerdings aufstachelnden Reden zu suchen. Unzweifelhaft hat er das Richtige getroffen, denn gewiss würde Ferdinand den Kardinal einige Jahre später nicht in Gnaden aufgenommen haben, wenn er ihn dieses Verrates für schuldig gehalten hätte.

Maximilian neigte sich keineswegs Oñates milderer Erklärung zu und dies umso weniger, als der Kardinal gleichzeitig von anderen Seiten her des Verrates beschuldigt wurde. Der Obersthofmeister des Herzogs von Bayern, Graf Zollern[189], warnte in einem Schreiben vor dem Kardinal, man solle vor ihm auf der Hut sein, da er mit den deutschen Kalvinisten ein Einverständnis unterhalte. Auch der päpstliche Nuntius am kaiserlichen Hofe, der in den Streitigkeiten zwischen Khlesl und Maximilian stets eine reservierte Haltung beobachtet hatte, nahm jetzt entschieden Partei gegen den ersteren und erklärte, das Haus Österreich habe nie einen grimmigeren Feind gehabt, als den Kardinal. Der Entschluss, den gehassten Gegner auf irgendeine Weise zu entfernen, der den Erzherzog ununterbrochen beschäftigte, reifte dadurch immer mehr der Ausführung entgegen. Schon zu Anfang des preßburger Reichstages hatte er über diesen Gegenstand einige vertrauliche Äußerungen mit Oñate ausgetauscht, er war damals unschlüssig, ob er sich der Person des Kardinals bemächtigen und ihn gefangen nach Rom schicken, oder aber den Papst ersuchen solle, dass er dem, Kardinal die Entfernung von den Geschäften und die Reise nach Rom in einem eigenen Schreiben anbefehle.[190] Der Gesandte hielt diese beiden Wege für unwirksam und empfahl später selbst einen dritten. Er riet nämlich durch Khlesl die Berufung des Kurfürstenkonventes vor sich gehen zu lassen, aber seine Teilnahme an demselben zu verhindern, damit er da nicht ähnliche Intrigen wie in Ungarn anzettele. Am leichtesten ließe sich dies durch den Papst erzielen; Paul V solle ihm unter dem Vorwande, dass er seine Würde nicht

---

188 Ferdinand an Max dd. 14. Mai. Archiv des k.k. Ministerium des Innern.

189 Dieser Graf Zollern war ein Vetter des von Mathias mehrfach als Gesandten verwendeten Grafen Eitel Friedrich Zollern.

190 Simancas 2327 El consejo de Estado al Rey über Oñates Schreiben, dd. 4. April.

kompromittieren und den Kurfürsten den Vorsitz nicht gestatten dürfe, die Reise nach Regensburg verbieten. Dadurch würde weder der Kaiser beleidigt, noch dem Kardinal irgendeine Gewalt angetan werden. Maximilian wollte von diesen Winkelzügen nichts mehr wissen und teilte Oñate mit, dass er sich ohne längeres Stimmen der Person des Kardinals bemächtigen und ihn nach Tirol abführen lassen wolle. Er verlangte, dass der Gesandte sich an dem Handstreich beteilige und denselben durch die Autorität seines Königs sanktionieren solle. Oñate wollte dies nicht auf seine eigene Gefahr hin tun, missbilligte jedoch den Entschluss des Erzherzogs nicht und riet ihm nur, im Einverständnisse mit Ferdinand zu handeln.[191]

Dem Kardinal war es nicht verborgen geblieben, dass er nächst dem Erzherzog Maximilian an Oñate seinen größten Gegner besitze. Er selbst mag wohl zuerst dem Gesandten deshalb gegrollt haben, dass dieser sich mit Ferdinand über die spanischen Erbansprüche hinter dem Rücken des Kaisers geeint hatte, sodass die böhmische Krönung nicht weiter verschoben werden konnte. Denn dass eine heimliche Einigung vor sich gegangen war, die man sorgfältig verbarg, ahnte der Kardinal ohne Zweifel. Seitdem trat Oñate stets als Parteigänger der Erzherzoge auf und wurde dadurch für Khlesl umso gefährlicher, je unabhängiger er durch seine Stellung war.

Aus diesem Grunde dachte der Kardinal daran, ob er sich des Gegners nicht durch dessen Rückberufung nach Spanien entledigen könnte. Er schrieb deshalb dem kaiserlichen Gesandten in Madrid, dem Grafen Khevenhiller in Betreff Oñates: „Was soll ich von dem Conde de Oñate schreiben. Ich lege ihn hin und her, er bleibt seiner Natur nach schwarz; wer will einen Raben weiss machen. Schreibt, befehlet und instruirt ihn, wie ihr wollt, ich fürchte, er bleibt, wie er ist. Der König (Philipp) wird von dieser Gesandtschaft keinen Nutzen haben, denn der Kaiser mag den Grafen nicht und lässt ihn nur für kurze Zeit vor; großes wird derselbe hier nicht bewirken." – Khlesl erreichte aber durch diesen Brief nicht, was er wollte, Oñate wurde nicht abberufen; denn auch das spanische Kabinett eignete sich über den Kardinal stets mehr und mehr das Urteil der Erzherzoge an.

Indem Maximilian den Kardinal je eher, je lieber beseitigen wollte, bemühte er sich gleichzeitig und mit doppeltem Eifer um das Zustandekommen des Convents. Von dem Kaiser, den er wieder einmal um die Beschleunigung der regensburger Reise ersucht hatte, wurde er einfach auf die leeren Kassen gewiesen. Er ließ sich dadurch nicht mutlos machen, sondern setzte umso mehr alle

3. Mai 1618

---

191   Archiv von Simancas. Brief Oñates an Philipp III. dd. 13. Mai 1618.

seine Hoffnung auf Spanien und lud deshalb Oñate zu einem Besuche ein. Als der Gesandte bei ihm erschien, bat er ihn in der dringendsten Weise um seine Vermittlung; nie habe er von dem Könige von Spanien, fügte er schließlich hinzu, eine Gnade verlangt, jetzt zum ersten Male bitte er um eine solche und zwar um Geld für die kaiserliche Reise. Während der Gesandte sich anschickte, hierüber nach Hause zu berichten und seinem Herrn die Auszahlung der nötigen Summe zu empfehlen, bekam er zu seiner grenzenlosen Überraschung von der Hofkammer eine Berechnung über 2,000.000 Taler, die der Kaiser von Philipp zu fordern habe, mit der Bitte um deren schleunige Bezahlung. Diese respektable Summe kam dadurch zusammen, dass nach der Rechnung der Hofkammer Spanien dem Kaiser an den seit 1609 versprochenen Subsidien 200.000 Taler, an fälligen Reichssteuern für den burgundischen Kreis aber 1,800.000 schuldete.

Die Rechnungslegung der Hofkammer konnte zu keinem anderen Zwecke gemeint sein, als die Beziehungen zwischen Spanien und Österreich zu verschlechtern, und war nur ein Manöver Khlesls gegen die spanische Hilfe. Oñate blieb der Hofkammer auf ihre Berechnung die Antwort nicht schuldig. Was zunächst die 200.000 Taler Subsidien betraf, die Spanien weniger gezahlt hatte, so gab der Gesandte die Richtigkeit zu, bemerkte indessen, dass diese Subsidien Geschenke gewesen seien und wenn etwas an der ursprünglich versprochenen Summe gemangelt habe, so könne darauf keine Schuldforderung begründet werden. Er hat dagegen um eine Aufklärung, wohin man die Summen, mit denen der König den Erzherzog Ferdinand im venezianischen Kriege unterstützt habe, rechnen wolle; wenn sie nicht in des Kaisers Tasche gewandert seien, so seien sie doch mittelbar für ihn ausgelegt, dadurch aber jene 200.000 Taler mehr als ersetzt worden. Was die nicht eingezahlten burgundischen Matrikelbeiträge betraf, so gab er die Richtigkeit dieser Angabe zu, aber er bat, ihm zu sagen, womit denn das Deutsche Reich Philipp II und Philipp III gegen die rebellischen Niederlande unterstützt habe und ob nicht die unermesslichen Auslagen Spaniens in der Behauptung eines Reichslandes von der Reichskontribution abgezogen werden dürften. Endlich ersuchte er, ihm mitzuteilen, auf welche Rechnung die Gelder gesetzt werden sollten, mit denen Spanien Rudolf II in allen Türkenkriegen unterstützt habe.[192] Es ist selbstverständlich, dass Khlesl und die Hofkammer sich nicht beeilten, die Anfragen des Gesandten zu beantworten.

Nun traf mitten in diese Klatschereien und Zerwürfnisse die schlimme Nachricht vom Ausbruche des Aufstandes in Prag ein. Khlesls sonstige Leichtfertigkeit und Lust, die Erzherzoge zu hänseln und zu ärgern, war dadurch plötzlich

---

192   Simancas. Oñate an Philipp III. dd. 17. Mai.

gedämpft, er sah ein, dass die Bewältigung der neuen Schwierigkeiten eine feste Hand erfordern und seine Macht ein Ende nehmen dürfte. Dieser Einsicht darf man es zuschreiben, wenn er in den letzten Tagen des Mai andere Saiten aufzog. Sein Mund überfloss jetzt von süßen Werten für das Haus Österreich im allgemeinen und für Erzherzog Maximilian insbesondere, wobei er den Herrn von 30. Mai Eggenberg zum Vertrauten seiner Ergießungen machte und durch diesen seine Gesinnungen an die rechte Adresse gelangen ließ. Für den Kurfürstentag setzte er gleichzeitig einen nahen Termin fest: in drei bis vier Wochen werde der Kaiser sich auf die Reise begeben können, Geld werde sich auch finden, und sollte es nicht zur Hand sein, so werde er lieber darauf „betteln", als den Kurfürstentag länger verschieben. Als er mit seinen Versprechungen im rechten Zuge war, fasste er den Gegenstand, um den es sich ihm eigentlich handelte, direkt an und fragte den Herrn von Eggenberg, ob denn eine Aussöhnung zwischen ihm und Maximilian nicht möglich sei. Er wisse eigentlich nicht recht die Ursache, weshalb ihm der letztere nicht wohl wolle, sollte es etwa die Kardinalswürde sein, die ihm einen Vorrang vor demselben zu geben scheine, so versichere er „bei Gott", dass er einen solchen nicht in Anspruch nehme, lieber wolle er den Erzherzogen seinen Kopf unter die Füße legen, als sich über sie erheben. Und wenn sein Kardinalskäppchen sie hindern sollte, „ihren Fuss auf seinen Kopf zu setzen", wolle er es wegtun. Von Herzen wünsche er, dass jemand die Irrungen zwischen ihm und Erzherzog Maximilian beseitige. Habe er ihn beleidigt, so wolle er ihn abbitten und ihm Genugtuung leisten.

Eggenberg, der gewiss nicht so blöde war, um in dem Sturze des Kardinals nicht die eigene künftige Größe zu ahnen, war für den vielleicht aufrichtig gemeinten Annäherungsversuch des letzteren die am unpassendsten gewählte Persönlichkeit. Schon seine Antwort zeigte von höfischer Falschheit; er erwiderte nämlich, dass ihm von einem Hasse Maximilians gegen Khlesl nichts bekannt sei, dass letzterer sich mit eitlen Sorgen beschwere und was sonst mehr. Der Kardinal entnahm diesen Worten, dass er auf eine Aussöhnung nicht hoffen dürfe und brach das Gespräch ab, tat aber, als ob ihn Eggenbergs Versicherung beruhigt hätte und zahlte so dessen Unaufrichtigkeit mit gleicher Münze heim. Es sei ihm, meinte er, ein schwerer Stein vom Herzen gefallen und kein geringer Trost, dass seine Befürchtungen nicht begründet seien.[193]

Die Verhandlungen über die Berufung des Kurfürstentages wurden übrigens jetzt vollständig abgebrochen, da der Ausbruch des Böhmischen Aufstan-

---

193 Alle diese Angaben über die Zerwürfnisse Khlesls mit den Erzherzogen sind aus der Korrespondenz zwischen Maximilian, Ferdinand und Arbeissl im Monate Mai 1618 im Archiv des k.k. Minist. des Innern geschöpft.

des alle Aufmerksamkeit und alle Mittel in Anspruch nahm. Ferdinand und Maximilian sahen ein, dass es wichtiger sei, die Krone von Böhmen zu sichern, als sich von neuem um die deutsche in Bewerbung zu setzen. Ihre Hauptsorge war nicht mehr die Berufung des Kurfürstenkonvents, sondern die Ausrüstung einer Armee gegen Böhmen.

FÜNFTES KAPITEL

Der Fenstersturz (23. Mai 1618)

I. Schroffe Zuspitzung der Parteiverhältnisse in Böhmen, Neue Bedrückungen der Protestanten auf königlichen und geistlichen Gütern. Eingriffe in die Autonomie der Prager Gemeinde. Neues Pressgesetz. Ernennung der Statthalter vor der Abreise des Kaisers nach Wien. Die Braunauer Deputation in Pardubitz. Vorgänge in Braunau. Zerstörung der klostergraber Kirche.

II. Die Defensoren berufen einen Protestantentag nach Prag (5. März 1618). Beschlüsse desselben. Drohschreiben des Kaisers. Entschlossene Haltung der Defensoren. Versuche der Regierung zur Trennung der königlichen Städte vom Adel. Loyalitätsadressen der Städte. Michnas Bestrebungen zur Wiedererweckung des alten Utraquismus. Der Streit um die Bethlehemskirche. Der Kaiser bedient sich einer beschwichtigendern Sprache.

III. Eröffnung des zweiten Protestantentages am 21. Mai. Verhandlungen desselben. Verschwörung zur Ermordung der Statthalter. Die Teilnehmer an derselben. Die Stände in der Kanzlei. Der Fenstersturz. Merkwürdige Rettung der Statthalter und des Sekretärs Fabricius.

I

Die Konsequenzen der Erhebung Ferdinands auf den böhmischen Thron ließen nicht lange auf sich warten und die Freude jener Protestanten, die aus dem glatten Verlaufe der Krönungsfeierlichkeiten und den dabei gewechselten freundlichen Reden und Blicken Beruhigung für die Zukunft geschöpft hatten, war kaum von längerer Dauer als das Leben einer Eintagsfliege. Die erste unangenehme Enttäuschung bereitete ihnen die Verkürzung, welche einige hervorragende Mitglieder der Opposition in ihren amtlichen Stellungen erfahren hatten. Bald darauf konnte man nicht im Zweifel sein, dass die Regierung die Opposition nicht bloß in den Personen, sondern in der Sache selbst bekämpfe, denn von einer Beseitigung der mehr oder weniger begründeten protestantischen Beschwerden war nicht entfernt die Rede. Im Gegenteile zeigten die böhmischen Staatsmänner, welche die katholische Reaktion vorzugsweise gefördert hatten, mehr Entschlossenheit und Unternehmungslust, seitdem ihnen durch die Erhebung Ferdinands die Zukunft gesichert schien. Auch Khlesl, wie groß sonst seine Differenzen mit dem Könige sein mochten, wollte keineswegs die Weiterentwicklung einer ausschließlich katholischen Regierungsweise hemmen, da er zu ihrer Anbahnung nicht wenig beigetragen hatte. Im gesellschaftlichen Verkehre legten einzelne Katholiken bereits eine übermütige Zuversicht an den Tag und bedienten sich gegen ihre andersgläubigen Landsleute eines herausfordernden Tones. Der Sekretär der böhmischen Kanzlei, Michna, ein Mann, der den Protestanten außerordentlich verhasst war und der auch keine Gelegenheit vorübergehen ließ, ohne ihren Zorn zu reizen, äußerte: „es werde nun den Defensoren bald der Process gemacht werden. Wenn Ferdinand einmal die Regierung ergriffen hätte, so käme eine stehende Besatzung nach Prag und dann werde kein halbes Jahr darüber hingehen, ohne dass die Bürger sich zum katholischen Glauben bekennen müssten. Es sei bei den Prinzen des Hauses Habsburg eine beschlossene Sache, in ihren Ländern keinen anderen Glauben zu dulden als den katholischen usw." In ähnlicher Weise ließ sich auch der Hauptmann der königlichen Herrschaft Melnik, Tepenec, aus: „Sitzt nur einmal der neue König auf dem Throne, dann müssen alle einen Glauben annehmen und Petrus wird viele Nachfolger finden." Als man ihm entgegnete, der König sei durch einen Eid an einer derartigen Reformation gehindert, erwiderte Tepenec: „Hat Ferdinand seinen Erbländern den Eid nicht gehalten, so wird er es den Böhmen gegenüber auch nicht thun." – Einem Bürger, der aus Krummau nach Prag übersiedelte, weil er der Bedrückungen müde war, die er wegen seines protestantischen Bekenntnisses erdulden musste, bemerkte ein Jesuit: wenn er keinen anderen Grund für seine Übersiedelung gehabt habe, so hätte er ruhig in Krummau bleiben können, denn binnen kurzem werde auch in Prag nur der katholische Glaube geduldet werden.

Solche und ähnliche Reden konnte man überall in Böhmen hören, sie bildeten den Klatsch des Tages, wurden mehr oder weniger übertrieben, weiter erzählt und versetzten das Land in eine zunehmende Aufregung. Selbst hochgestellte Persönlichkeiten beteiligten sich an derartigen Prophezeiungen und gossen so Öl ins Feuer. Der oberste Münzmeister Wilhelm von Wřesowic, ein katholischer Polterer, unterhielt sich gern und häufig über die Bestrafung, die den Defensoren zu Teil werden würde und bezeichnete namentlich die Grafen Thurn und Schlick, dann Wilhelm von Lobkowitz und. den Ziegenbart (Budowec) als jene, denen man den Kopf abschlagen müsse, oder, wie er sich noch drastischer ausdrückte, die ihre leeren Mohnköpfe nicht von Prag fortbringen dürften. Wenn er zur Nachsicht aufgelegt war, dann begnadigte er den Grafen

Thurn, „den verfluchten Deutschen, den der Teufel nach Böhmen gebracht habe," auch dem Herrn von Lobkowitz ließ er Verzeihung angedeihen, aber Schlick und Budowec durften dem Henker nicht entgehen. Der Majestätsbrief hatte nach seiner Meinung keine Gültigkeit, weil er mit Gewalt erzwungen worden war, er habe, meinte er, ohnedies schon „ein Loch bekommen." – Auch der ruhige und billig denkende Oberstburggraf sprach die Befürchtung aus, dass Ruhe und Ordnung nicht eher in Böhmen einziehen würden, als bis einige am Leben gestraft worden wären. Überhaupt hielten tiefer denkende Katholiken, die sich vor eitlen Herausforderungen hüteten, die Lage für so ernst, dass ihnen ein Krieg auf Leben und Tod mit den Protestanten unvermeidlich schien.[194] Die Frau des Kanzlers, Polixena von Lobkowitz, unter den katholischen Edelfrauen Böhmens unbestritten die erste tonangebende Dame, äußerte nach Ferdinands Erhebung, jetzt sei die Zeit gekommen, wo entweder die Katholiken von den Protestanten oder diese von jenen niedergetreten würden.[195] Eine derartige Behauptung, welche die Möglichkeit einer Niederlage für beide kämpfenden Parteien zuließ, hatte zwar nichts beleidigendes für die Protestanten, aber ihre Wirkung war darum nicht geringer, denn von einer so hochgestellten Persönlichkeit ausgehend, glich sie dem Lauten einer Sturmglocke und war eine verschärfte Auflage der Brandeiser Erklärung.

Alle eben angedeuteten Reden ließen erwarten, dass die Regierung nicht bloß ihre bisherigen Maßregeln, welche auf die Bedrückung der Protestanten hinausliefen, aufrecht erhalten, sondern noch durch strengere überbieten würde. In der Tat zeigte sich dies in der neuen Behandlung der Untertanen auf den königlichen Gütern.

Die Gegenreformation auf den königlichen Gütern blieb nur eine unvollkommene, so lange die Pfarrer zwar katholisch waren, die Bauern aber zum Anhören derselben nicht gezwungen werden konnten. Der weitgehendste Angriff gegen dieselben datierte aus dem Jahre 1616 und bestand, wie erzählt worden[196], darin, dass hie und da den Bauern von ihren katholischen Pfarrern der Besuch benachbarter protestantischer Kirche verboten wurde. Jetzt wurde beschlossen, einen Schritt vorwärts zu tun; die Bewohner der königlichen Güter sollten geradezu entweder zur Annahme des katholischen Glaubens oder zur Auswanderung gezwungen werden. Die allgemeine Durchführung dieser Maßregel wurde vorläufig nicht versucht, denn dies hätte ohne weiteres die Revolution herbeigeführt, sie wurde auf wenige, scheinbar zufällig gewählte Orte

---

194 Andere Apologie, Ausgabe von Schubert. S. 49, 54, 59 und folgende, 400–404.
195 Skala II, 35.
196 Seite 45.

beschränkt. Es waren dies Krummau, Melnik, die Umgebung von Brüx und das zum sedlecer Kloster gehörige Malin. Aus Krummau und Melnik wurden einzelne protestantische Bürger unter mancherlei Vorwänden zur Auswanderung gezwungen; in Brüx suchte man durch den Druck einer harten Verwaltung zu demselben Ziele zu gelangen.[197] Die Zahl der Bürger aus den genannten Orten, die zur Auswanderung genötigt wurden, belief sich kaum auf zwei Dutzend Personen, aber wie gering auch diese Zahl war, die Tatsache der Vertreibung war von ungemessener Bedeutung. – Es war nur eine natürliche Konsequenz dieser Vorgänge, dass die Protestanten in den zu den königlichen Gütern gehörigen Städten nicht mehr in den Bürgerverband zugelassen wurden. Der Hauptmann der Krummauer Herrschaft rühmte sich offen, dass seit seiner anderthalbjährigen Amtsführung kein Protestant in Krummau als Bürger aufgenommen werden sei.[198] Selbstverständlich wurden auch nichtmehr Protestanten, wie früher, sondern ausschließlich Katholiken zu Hauptleuten der königlichen Herrschaften ernannt.[199] Alle diese Maßregeln bildeten das Vorspiel von Angriffen, die sich schließlich gegen die königlichen Städte selbst richteten.

Die betreffenden Angriffe begannen mit einer Reihe von Verfügungen, die zu Gunsten der Katholiken lauteten. Die königlichen Städte waren mit Ausnahme von Budweis und Pilsen fast durchaus protestantisch, von Seite der Bürgerschaften wurden die Katholiken konsequent von der Erwerbung des Bürgerrechtes ausgeschlossen. Diesem an und für sich tadelnswerten Vorgange in einem Lande wie Böhmen wurde nun durch königliche Einwirkung ein Ende gemacht und namentlich Leitmeritz und Prag zur Aufnahme von Katholiken in den Bürgerverband gezwungen. Diese Massregel sollte nicht allein dazu dienen, den Katholiken aus einer untergeordneten Stellung zu verhelfen, was nur billig gewesen wäre, sie sollte auch den Katholiken die Regierung der Städte in die Hände spielen. – Die damalige Verwaltung der königlichen Städte war ein Gemisch von Autonomie und Abhängigkeit vom Könige. Letzterer ernannte durch den Landesunterkämmerer oder den Hofrichter die Mitglieder des Stadtrates, doch war er bei deren Auswahl an die Bürgerschaft gebunden. In der Regel wurden die angesehensten Mitglieder derselben mit der städtischen Regierung betraut und. erfreuten sich des Vertrauens ihrer Mitbürger. Anders verhielt es sich aber, wenn man mit Hintansetzung der Protestanten vorzugsweise die in verschwindender Minorität sich befindenden katholischen Bürger zu den städtischen Ämtern beförderte. Man gelangte dadurch zu einem Stadt-

---

197 Die beweisenden Aktenstücke sind in der andern Apologie.
198 Andere Apologie N. 36.
199 Andere Apologie S. 42.

regiment, das vom Hofe ganz und gar abhing und sich in vollem Gegensatz zur Gemeinde befand. Kaum war die Befürchtung laut geworden, dass die von der Regierung hie und da verordnete Aufnahme von Katholiken unter die Zahl der Bürger von wichtigen Felgen für die Verwaltung einzelner Städte begleitet sein würde, als diese Folgen schon sichtbar wurden. In Leitmeritz, Kuttenberg und Brüx fing der Stadtrat an, sich in seinen Beschlüssen auf die katholische Seite zu neigen, in den drei Prager Städten war dies im Laufe des Jahres 1617 bereits so vollständig der Fall, dass man, nach dem Verhalten der Prager Gemeinderäte zu urteilen, die Hauptstadt des Landes für katholisch halten durfte. Die katholischen Feiertage wurden regelmäßig gefeiert; bei festlichen Umzügen und Prozessionen ordnete der Kleinseitner Stadtrat an, dass während ihrer Dauer mit den Glocken der protestantischen Nikolauskirche geläutet werde; auf der Neustadt mussten bei demselben Anlasse auf Befehl des dortigen Stadtrates die Zünfte ausrücken und die Ordnung aufrecht halten. Michna zeigte sich auch in dieser Angelegenheit besonders tätig, er bemühte sich, einzelne Bürger durch freundliche Worte zur Teilnahme an den Prozessionen und so zu katholischen Äußerungen zu vermögen.[200] Die steigenden Besorgnisse der Protestanten bezüglich der Städte fanden zuletzt ihre Bestätigung in einer neuen Regierungsmaßregel, die alles überbot, was bisher in der einseitigen Lösung der religiösen Frage geschehen war.

Anfangs November 1617 wurde nämlich ein Dekret, versehen mit der Unterschrift des Kaisers und des Kanzlers, veröffentlicht und den Prager Königsrichtern zugeschickt, das unter dem unscheinbaren Namen einer „Instruction" für dieselben nichts mehr und nichts weniger als eine oktroyierte Gemeindeordnung für Prag enthielt, die Autonomie dieser Stadt nahezu aufhob und die Königsrichter zu Herren derselben machte.[201] Fortan sollte nämlich der Königsrichter bei allen Versammlungen der Gemeinde den Vorsitz führen, Einsicht in alle Akten derselben nehmen, nichts sollte ohne sein Vorwissen beraten und entschieden werden und keine Sitzung des Gemeinderates ohne seine vorher eingeholte Erlaubnis stattfinden, schließlich sollten auch alle Rechnungen der Gemeinde ihm zur Prüfung und Approbation vorgelegt werden. Diese Instruktion für den Richter war zunächst nur für Prag bestimmt, allein es war nicht zweifelhaft, dass man sie auf alle königlichen Städte ausdehnen würde, sobald der Versuch in Prag gelang. Die gänzliche politische Unterordnung und Abhängigkeit der Städte von der Willkür des Königs musste das Resultat des Gelingens sein.

4. Nov. 1617

---

200   Andere Apologie N. 52 und 53.
201   Andere Apologie. Beilage 47.

So aufsehenerregend die erwähnte Instruktion an und für sich war, so enthielt sie doch noch einen Punkt, der im Augenblicke eine noch höhere Aufmerksamkeit wachrief. Die Richter wurden nämlich angewiesen, das Verzeichnis sämtlicher Stiftungen jeder einzelnen Kirche in Prag nachzusehen und zu untersuchen, ob dieselben genau im Sinne des Stiftsbriefes verwaltet würden. – Das gesamte Stiftungsvermögen der Prager Kirchen rührte, mit geringen Ausnahmen, aus der vorhusitischen Zeit her; nach dem siegreichen Auftreten des Husitismus wurde es an der Mehrzahl der Prager Kirchen für utraquistische Zwecke und seit dem Jahre 1609 für die Anhänger der Böhmischen Konfession verwendet. Wenn man jetzt nicht bloß dem Ursprunge des Prager Kirchenvermögens nachforschen, sondern dasselbe auch seinen ursprünglichen Zwecken zurückgeben wollte, so hieß das den Protestanten ihr sämtliches Kirchenvermögen entziehen. Von dem Vermögen zu den Kirchen selbst war nur ein Schritt; denn so gut die Stiftungen ursprünglich katholisch waren, so gut waren es auch fast ausnahmslos die Kirchen. Es war wohl nur eine Konsequenz der Instruktion, wenn gleichzeitig von Seite der königlichen Kammer die Leistung fundierter Zahlungen an die protestantische Geistlichkeit verweigert wurde, weil diese ursprünglich nicht für die Anhänger der Böhmischen Konfession bestimmt waren.

Der Vergleich hatte das Jahr 1609 zum Normaljahr gemacht in der Entscheidung der Frage, welche Pfarren, Stiftungen und Nutznießungen katholisch und welche protestantisch sein sollten. Hätte nicht schon dieser Umstand eine Schranke gegen eine willkürliche Reduktion der Pfarren, und des Kirchenvermögens auf den Zustand vor Hus gebildet, so konnte doch auch eine mehr als 200jährige Ersitzung nicht ohne weiteres annulliert werden. Alle diese und. andere Einwürfe hatte man ohne Zweifel auch im kaiserlichen Kabinette erwogen; wenn man trotzdem die Instruktion veröffentlichte, so darf man nicht zweifeln, dass man am Hofe fest entschlossen war, die königlichen Städte nach demselben Maßstabe zu behandeln, wie die königlichen Güter. Was jetzt in Prag allein versucht wurde, stand gewiss allen Städten bevor, wenn es gelang.

Die Lage der Protestanten war ernst geworden; die rechtfertigenden Gründe, die für des Königs Auftreten in der Behandlung der königlichen und geistlichen Güter geltend gemacht werden konnten, die Entschuldigungen, die man hie und da für die Katholizisierung der Stadtobrigkeiten verbrachte, fielen bei dem Angriffe auf die Hauptstadt des Landes weg. Umsonst protestierten die Prager gegen die oktroyierte Gemeindeordnung, eine Zurücknahme derselben wurde nicht erreicht. Die Regierung schritt im Gegenteile auf dem einmal betretenen Wege weiter und erließ für Prag ein neues Pressgesetz. Die

Religionsgesetze von 1609 hatten die Protestanten in dieser Beziehung vor einer Einflussnahme der Katholiken dadurch gesichert, dass den Defensoren die Oberaufsicht über den Druck protestantischer Bücher erteilt wurde. Diese Einrichtung war bis jetzt in Kraft geblieben; da nun zu erwarten stand, dass die Defensoren die Maßregeln der Regierung nicht schweigend hinnehmen, sondern sich in der Presse dagegen erheben würden, galt es, dieselbe mundtot zu machen. Kurze Zeit nach der Publikation der neuen Stadtordnung wurde den Pragern in einem Erlasse aufgetragen, jedes für den Druck bestimmte Manuskript vorerst dem Kanzler zur Durchsicht vorzulegen und von diesem die Erlaubnis zum Drucke einzuholen.[202]

11. Dez.1617

Alle diese Maßregeln der Regierung hatten noch dadurch eine ganz besondere Bedeutung, dass sie nicht in Abwesenheit des Kaisers, sondern zur Zeit seiner Anwesenheit im Lande getroffen wurden. So blieb den Bedrohten nicht einmal der Trost, dass die Absichten ihres Monarchen von seinen Dienern falsch verstanden würden. Schon seit vielen Wochen war übrigens beschlossen werden, dass der Kaiser nach Wien reisen solle, um Preßburg, wohin der ungarische Reichstag berufen werden musste, näher zu sein. Von Woche zu Woche verzögerte sich jedoch die Abreise, weil die Ärzte dieselbe entweder widerrieten oder Mathias, der fortwährend kränkelte, selbst dazu nur wenig Lust hatte. Endlich gab die Prophezeiung eines mantuanischen Astrologen den Ausschlag. Derselbe behauptete, in den Sternen gelesen zu haben, dass dem Kaiser ein großes Unglück bevorstehe, wenn er bis zum Februar in Prag bleiben würde. Dieses Prognostikon kam zur Kenntnis des Bedrohten und nun gab es kein Zögern mehr.[203] Vor seiner Abreise von Prag übergab Mathias die Leitung der Geschäfte, soweit sie nicht selbständig von den einzelnen Landesbeamten besorgt werden konnten, in die Hände mehrerer aus den obersten Beamten gewählten Personen, denen der Titel Statthalter beigelegt wurde. Die Zahl dieser Statthalter, deren Titel bald eine unvergängliche Berühmtheit erlangte, belief sich auf zehn; es waren dies der Oberstburggraf Adam von Sternberg, der Obersthofmeister Adam von Waldstein, der Oberstlandkämmerer Georg von Talmberg, die vielgenannten Herren Slawata und Martinitz, die Beisitzer des Landrechtes Herr Karl von Duba, Herr Diepolt von Lobkowitz (letzterer zugleich Grandprior des Malteserordens in Böhmen), der Oberstlandschreiber Johann von Klenowy, der Landesunterkämmerer Burghard Točnik und Ulrich von Gerstorf. Sieben von den Statthaltern waren katholisch, drei protestantisch. Ein wichtiger Name fehlt in der Reihe dieser kaiserlichen Vertrauenspersonen, der des Grafen Thurn,

---

202 Andere Anologie Nr. 46.
203 Sächs. Staatsarchiv, 8239, Zeidler an Kursachsen dd. 6/16. NOV., 1617.

den seine amtliche Stellung zur Teilnahme an der Statthalterschaft berufen hätte. Allein hatte der Kaiser absichtlich einige andere hochgestellte Personen von diesem ausgezeichneten Posten ferngehalten, weil sie sich nicht seines vollen Vertrauens erfreuten, um wie viel mehr das Haupt der sich bildenden Verschwörung. Der Kanzler Lobkowitz war kein Mitglied der Statthalterschaft, weil sein Dienst ihn mehr an die Person des Monarchen fesselte.

Auf dem Wege nach Wien bekam Mathias Gelegenheit, seine letzte Entscheidung in der Braunauer Kirchenfrage zu fällen. Es wurde erzählt, dass der Abt von Braunau im Jahre 1615 seine protestantischen Untertanen an der Benützung ihrer Kirche gehindert hatte. Seine Befehle hatten keine nachhaltige Wirkung gehabt, denn er klagte neuerdings über die Bürger, dass sie die Kirche wiederum benützten und sich weigerten, ihm die Schlüssel derselben auszuliefern. Daraufhin erhielten die Braunauer einen Auftrag aus der königlichen Kanzlei zur Absendung einer Deputation nach Pardubic, die sich daselbst zur Zeit der Durchreise des Kaisers nach Wien einfinden sollte, um seine Befehle entgegen zu nehmen. Die Deputation fand sich ein und erhielt vom Kanzler den Auftrag an ihre Mitbürger, die Kirche dem Abte definitiv abzutreten. Über die pünktliche Erfüllung des Auftrages sollten sie sich dann vom letzteren ein Zeugnis ausstellen lassen und. längstens binnen vier Wochen dasselbe den Statthaltern in Prag durch eine Deputation überreichen. Die Statthalter bekamen gleichzeitig den Befehl, im Falle des Ungehorsams der Braunauer die Häupter der Opposition gefänglich einziehen zu lassen.

12. Dez. 1617

Der Bescheid, den die Braunauer Deputation nach Hause brachte, versetzte die Gemeinde in die größte Bestürzung, beugte aber ihre Entschlossenheit nicht. Sie weigerte sich auch jetzt beharrlich, dem königlichen Befehle nachzukommen und die Kirche dem Abte abzutreten. Letzterer klagte abermals, worauf den Braunauern aus der königlichen Kanzlei selbst der Auftrag zur Absendung einer Deputation nach Prag zugeschickt wurde. Fünf Bürger leisteten dem Befehle Folge, ein sechster, David Rampuš, dem schon in Pardubic aufgetragen wurde, sich in Prag einzufinden, hielt sich wohlweislich zurück. Da die Deputation über den Gehorsam der Gemeinde nichts günstiges berichten konnte, wurde sie dem königlichen Befehle gemäß in den weißen Turm eingekerkert und darauf den Braunauern die Überbringung der Kirchenschlüssel nach Prag durch vier namentlich bezeichnete Bürger anbefehlen. Drei von den zitierten, darunter auch Rampuš, kamen dem Befehle insofern nach, als sie sich in Prag einfanden, da aber auch sie die Schlüssel nicht mitbrachten, so wurden sie ebenfalls in den weißen Turm geworfen. Die Gemeinde wurde trotzdem nicht nachgiebiger. Der Bürgermeister und die Ratsherren von Braunau, durch diese Strenge etwas eingeschüchtert, machten zwar Miene, als ob sie dem königlichen Befehle nachkommen und die Kirche sperren wollten, allein auf das erste Gerücht von dieser Absicht rettete sich die Bevölkerung zusammen, griff zu den Waffen und war bereit, ihr Heiligtum selbst gegen die städtische Obrigkeit zu verteidigen. Als Mathias davon in Kenntnis-gesetzt wurde, ordnete er die Absendung einer königlichen Kommission nach Braunau ab, welche seine so oft und. so vergeblich wiederholten Befehle wegen Sperrung der Kirche durchführen sollte.[204]

19. Feb. 1618

Um den Schein der Unparteilichkeit zu wahren, wollte man von Seite der Regierung die Kommission zur Hälfte aus Katholiken, zur Hälfte aus Protestanten zusammensetzen, allein Niemand von den letzteren, auf die die Wahl gefallen war, ließ sich zu der Braunauer Sendung gebrauchen, trotzdem dass Michna die Widerspenstigen mit dem königlichen Missfallen bedrohte. So bekam die Kommission von vornherein einen ausgesprochen katholischen Charakter. Als sie sich in Braunau einfand und die Ablieferung der Kirchenschlüssel verlangte, erklärte sich der Rat wohl zum Gehorsam bereit, wies jedoch auf die Bürgerschaft hin, ohne deren Zustimmung er nichts tun dürfe. Als darauf in einer Sitzung, die deshalb anberaumt wurde, die Kommissare von den Bürgern eine definitive Erklärung verlangten, wagte niemand von denselben das Wort zu ergreifen. Über eine Viertelstunde herrschte eine tödliche Stille im Saale, nur in den Mienen der Bürger machte sich in stummer, aber deshalb nicht minder ergreifender Weise die Sprache der Angst und Erbitterung geltend. Endlich stand ein Bürger auf und ersuchte die Kommissare um eine kurze Vertagung der Verhandlung. Sie gaben der Bitte nach und erhielten einige Stunden später von der Bürgerschaft eine längere Auseinandersetzung der Gründe, um derentwillen es ihr nicht möglich sei, zu gehorchen. Da sich die Kommissare dadurch von ihrem Auftrage nicht für entbunden erachteten, forderten sie jetzt den Rat energisch zur Schließung der Kirche auf. Als dieser gehorchen wollte, stürmten die Braunauer mit Weib und Kindern vor die Kirche und setzten sich da mit Waffen und Steinen zur Wehre. Obwohl sie der Rat vor den Folgen eines solchen Benehmens ernstlich verwarnte, ließen sie sich durch nichts abschrecken und blieben standhaft auf dem Platze.[205]

Die Kommissare gaben sich vorläufig zufrieden und suchten auf andere

---

204   Alles dies nach Akten des Wiener Staatsarchivs und nach dem MS 373 der Bibl. des F.G. Lobkowitz in Prag.

205   Über die Sendung berichtet: Wiener Staatsa. Misc. 491. Aus Prag dd. 24. März 1618. Aus diesem Berichte ist das Datum der Ankunft der Kommissare in Braunau nur sehr unbestimmt zu ersehen. – Sächs. Staatsa. 9168. Zeidler an Kursachsen dd. 11/21 März 1618. Zeidler sagt geradezu, die Abreise der Kommissare nach Braunau sei vor 14 Tagen vor sich gegangen, also den 7. oder 8.

Weise zum Ziele zu gelangen. Sie riefen den Prediger, in dem sie den Urheber des ganzen Widerstandes vermuten mochten, vor sich und stellten ihm die verderblichen Folgen einer derartigen Widersetzlichkeit vor. Obwohl der Prediger, wie es heißt, bis zu Tränen gerührt war, so hatte diese Ansprache doch keine andere Wirkung auf ihn, als dass er versprach, sich in einigen Wochen von Braunau entfernen zu wollen. Damit war aber weder für den Augenblick etwas gewonnen, noch die Kirche gesperrt, und die Kommissare forderten deshalb den Rat zum letzten Male zu deren Übergabe auf. Als dieser sich mit der Unmöglichkeit des März 1618 Gehorsams entschuldigte, reisten sie unverrichteter Dinge ab. Da eine Exekution gegen die Braunauer während der nächsten Wochen nicht vorgenommen wurde, so befanden sich die Braunauer bei dem Ausbruche des Böhmischen Aufstandes (23. Mai 1618) tatsächlich im Besitze ihrer Kirche.

Schneller als der Braunauer Streit, der sich in der erzählten Weise durch Monate hinzog, gelangte die Klostergraber Angelegenheit zu einem definitiven Abschluss. Nachdem der Erzbischof schon im Jahre 1614 die von den Klostergrabern erbaute protestantische Kirche hatte versiegeln lassen, leistete er seit dieser Zeit den Versuchen der Bürger, dieselbe wieder in ihren Besitz zu bekommen, beharrlichen Widerstand. Er wagte darauf die Verletzung des Majestätsbriefes in einer Weise, die das Verfahren auf den königlichen Gütern überbot. Jedermann wurde aufgefordert, die katholische Kirche zu besuchen, wer dies unterließ oder wer vollends in der Nachbarschaft einen protestantischen Prediger anhörte und das Abendmahl von demselben empfing, wurde mit arbiträren Strafen belegt. Protestanten wurde der Abschluss einer Ehe so lange verwehrt, als sie sich nicht als Katholiken bekannten, die Ungehorsamen wurden von dem erzbischöflichen Beamten Dr. Penzon auf das härteste bedroht. Schritt für Schritt gaben die Klostergraber nach, weniger weil sie ihre Überzeugung aufgegeben hatten, als weil ihre Angst vor dem Erzbischof gestiegen war. Zuletzt stellten sie sogar einen Revers aus, in dem sie sich für aller Zukunft zum Gehorsam gegen die katholische Kirche verpflichteten. So ward gewissermaßen der Majestätsbrief gehöhnt und die Bestimmung desselben, dass für *alle Zukunft* jedem Bewohner Böhmens das religiöse Bekenntnis freigestellt sein solle, lächerlich gemacht. Schließlich krönte der Erzbischof alle seine bisherigen Bemühungen damit, dass er die für den protestantischen Gottesdienst erbaute Kirche in Klostergrab niederreißen ließ. In drei Tagen (11 –13. Dezember 1617) war das Werk der Zerstörung vollendet und so sein Befehl ohne Säumen und ohne allen Widerstand durchgeführt.[206] Aber spurlos ging

---

206   Die Aktenstücke bezüglich der Klostergraber Streitigkeiten in der andern Apologie.

diese Sache deshalb nicht vorüber. Das Dröhnen der in Klostergrab stürzenden Kirchenmauern hallte in ganz Europa wieder; denn kein Ereignis in dem böhmischen Drama ist derart zur Kenntnis der zivilisierten Welt gelangt, wie dieses und keines außer dem Fenstersturze hat eine größere Sensation wachgerufen. In der Zerstörung des Gebäudes lag so viel Bedrohung, Verletzung und Verhöhnung der Protestanten, dass sich dies durch keine gesetzlichen Scheingründe verhüllen ließ. Und in der Tat übte in Böhmen selbst kein Kerker, keine Konfiskation und keine Vertreibung von Grund und Boden eine derartige Wirkung aus, wie diese Exekution gegen die toten, aber allerdings nicht bedeutungslosen Mauern. Der protestantischen Bevölkerung blieb nach dieser Tatsache kein Zweifel mehr, dass das J. 1609 nicht die erwarteten Früchte getragen habe und das Schwert zur Lösung der religiösen Frage berufen sei.

II

Der Augenblick war jetzt gekommen, von welchem an jede weitere Nachgiebigkeit für die Protestanten verhängnisvoll werden konnte. Waren sie zu einem Aufstande gegen das Haus Habsburg geneigt, so mussten sie vor allem erwägen, ob die Verschiebung desselben bis zu dem Tode des Mathias nicht eine unverhältnismäßig lange Frist in sich schließe und sie nicht mittlerweile das Schicksal der steirischen Protestanten teilen würden. Diese Frage wollte Graf Thurn, dem es in der gewitterschwangern Luft immer unheimlicher wurde, seinen Glaubensgenossen vorlegen, er selbst war sich seines Zieles klar bewusst. Seine nächste Absicht ging vorläufig dahin, seine Freunde zu einer auffallenden Demonstration zu vermögen, durch welche dem Kaiser vielleicht ein Halt auf dem betretenen Wege geboten werden könnte. Die Mehrzahl der Defensoren, darunter Budowec, Ruppa usw. teilten seine Meinung und waren entschlossen einen entscheidenden Schritt zu wagen. Eine Minderzahl war jedoch mit dem Betreten außergewöhnlicher Wege nicht einverstanden, da sie sich vor einem Kampfe mit dem Kaiser scheute. Die Einwürfe derselben fanden bei Thurn umso weniger Beachtung, als im ganzen Lande laute Klagen über die Defensoren ertönten und denselben eine fahrlässige Führung ihres Amtes vorgeworfen wurde.

Nach den Landtagsartikeln von 1609 sollten die Defensoren im Allgemeinen die Rechte der Protestanten wahren und die Aufsicht über das Zensistorium und die Universität führen. Die protestantischen Stände hatten damals noch verlangt, sich in außerordentlichen Fällen versammeln zu dürfen; dies wurde ihnen zwar nicht gestattet, doch bewilligte Rudolf schließlich, dass die

Defensoren in wichtigen Fällen sämtliche protestantische oberste Beamten und Räte und je sechs Deputierte aus jedem Kreise des Landes zu einer Beratung einberufen dürften. Machten die Defensoren von dieser Befugnis Gebrauch, so kam eine Versammlung von ungefähr 100 Personen zu Stande, die man bei der Stellung ihrer Mitglieder mit Fug und Recht als eine Art protestantischen Landtags ansehen konnte. Die Beschlüsse desselben mussten besonders dann ein bedeutendes Gewicht erlangen, wenn das ganze Land auf unzweideutige Art zu erkennen gab, dass es dieselben billige. Die Majorität der Defensoren beschloss nun, eine solche Versammlung einzuberufen. An alle Kreise Böhmens wurden Schreiben abgesandt, in denen sie zur Wahl von sechs Deputierten, zwei aus jedem Stande, aufgefordert wurden. Diese Deputierten sowie die obersten Beamten und Räte, die in besonderen Schreiben eingeladen wurden, sollten sich am 5. März 1618 in Prag einfinden, weil es sich um die Wahrung der wichtigsten Glaubensinteressen handle.

Zur festgesetzten Zeit erschienen in der Tat die Vertreter sämtlicher Kreise in Prag, bereit, über jene Gegenstände zu verhandeln, die ihnen von den Defensoren vorgelegt würden. Am 6. März versammelten sie sich mit den protestantischen Beamten und Räten, von denen jedoch nur wenige erschienen waren, im großen Saale des Karolinums. Vor der Eröffnung der Beratung verhandelte Thurn in einem Nebengemache mit den Defensoren, von denen auch nicht alle, wohl aber die Mehrzahl sich eingefunden hatte, über die der Versammlung zu machenden Vorschläge. Unzweifelhaft waren schon früher unter den Defensoren lange Beratungen darüber gepflogen worden und diese letzte mochte vielleicht nur Formfragen betreffen, doch zog sie sich über zwei Stunden hin, denn die entscheidende Wichtigkeit des Augenblickes blieb Niemanden verborgen und veranlasste längeres Zögern und Erwägen. Um die auf die Eröffnung der Verhandlung harrende Versammlung nicht ungeduldig werden zu lassen, unterhielt sie Graf Schlick mit einem historischen Vortrage über die Zeiten Karls IV und seiner beiden Söhne und Nachfolger. Dass dieser Vortrag, der allgemeinen Anklang fand, an Beziehungen auf die Gegenwart nicht Mangel litt, lässt sich denken.[207]

Um 10 Uhr erschienen endlich die Defensoren im Saale, den Grafen Thurn an ihrer Spitze. Er dankte den Anwesenden für ihr bereitwilliges Kommen und las darauf eine längere Schrift vor, welche die Bedrückungen der Protestanten in Klostergrab und Braunau und auf den königlichen Gütern erörterte und die Vergeblichkeit der bisher von den Defensoren gemachten Versuche um Abhilfe nachwies. Die Audienz in Brandeis, die zerstörte Kirche in Klostergrab,

---

207   Skala II, 89 und folg.

die Braunauer Bürger, die noch immer in Prag im Gefängnisse schmachteten, bildeten die hervorragenden Kraftstellen des Vertrages.[208] Nach Beendigung desselben stellten die Defensoren die Frage, auf welche Weise den bisherigen Leiden ein Ende zu machen sei. Von der Versammlung wurde ihnen entgegnet, dass man ihnen als wahren Vätern und Freunden die Initiative überlasse und sie deshalb bitte einen Vorschlag zu tun. Allein die Defensoren lehnten dies ab und beharrten darauf, dass die Versammlung selbst ihre Meinung abgeben solle. Darüber entspann sich eine lebhafte Debatte, die mehrere Stunden währte und in der mehrfach auf die Unvollständigkeit der Versammlung hingewiesen wurde. Am meisten Aufsehen erregte es, dass Prag, obwohl eingeladen, gar nicht vertreten war; die städtischen Deputierten machten darauf aufmerksam, dass sie nicht gern ohne Prag, ihr Haupt, eine Meinung abgeben möchten. Schlick tadelte die Bezeichnung Prags als eines Hauptes, es gebe nur ein Haupt und das sei Christus. Schließlich wurde auf seinen Antrag beschlossen, den Vortrag Thurns in Erwägung zu ziehen und den Defensoren am folgenden Tage eine Antwort zu geben. Darauf wurden die Namen jener Eingeladenen, die nicht erschienen waren, verzeichnet und eine Deputation gewählt, welche die betreffenden Personen um die Ursache ihres Nichterscheinens befragen sollte.

Wie am ersten Tage, so bestand auch am folgenden Tage die Versammlung vorzugsweise aus den Vertretern der einzelnen Kreise. Den Gegenstand ihrer Beratung bildete die den Defensoren zu erteilende Antwort, doch brachte eine längere Debatte kein anderes Resultat zuwege, als dass beschlossen wurde, die Defensoren, die diesmal von der Sitzung ferngeblieben waren, um Angabe der Mittel zur Abstellung der gerügten Beschwerden zu ersuchen. Den letzteren war diese Botschaft nicht angenehm, sie hatten den Protestantentag (wie man die erwähnte Versammlung nennen kann) berufen, damit dieser selbst eine Entscheidung treffe, sie wären gern im Hintergrunde geblieben und hätten sich nur zu willigen Dolmetschern eines ihnen erteilten Auftrages machen mögen. Sie wollten demnach Anfangs nichts von einem Hervortreten wissen und entschlossen sich erst, nachdem sie über eine Stunde die Verhältnisse erwogen hatten, auf den Wunsch der Versammlung einzugehen. Ruppa brachte von den Defensoren die Botschaft, dass sie am folgenden Tage einen entsprechenden Vorschlag einbringen würden. – Darauf berichteten die Deputierten, die tags zuvor zu jenen Personen abgesandt worden waren, die sich vom Protestantentag fern gehalten hatten, über den Erfolg ihrer Sendung. Der Oberstlandkämmerer, Herr Talmberg, hatte erklärt, dass er sich in keinerlei gegen den Kaiser gerichtete Beratun-

---

208 Skala II, 90. – Böhm. Landesarchiv. Frueweins Verhör über seine Teilnahme am Aufstand 1621.

gen einlassen wolle, die Herrn von Gersdorf, Karl Mracky von Duba und Bohuslaw von Michalowic entschuldigten ihr Wegbleiben mit ihrer amtlichen Stellung, die ihnen die Beteiligung an derartigen Versammlungen verbiete, obwohl es nicht ihre Absicht sei, sich von ihren Glaubensgenossen in irgend einer Weise zu trennen. Was die Prager anbetrifft, so lauteten ihre Erklärungen verschieden; der Bürgermeister der Altstadt, Wenzel Lew, der auf Seite der Regierung stand, erwiderte, weder er, noch die Mitglieder des Rates fanden einen Grund, um dessentwillen sie an der Versammlung teilnehmen sollten. Die Bürgermeister der Neustadt und der Kleinseite sagten in ihrer Entschuldigung, dass sie sich nach dem Beispiel der Altstadt richten müssten und deuteten damit an, dass sie einem unliebsamen Zwange nachgegeben hätten. In der Tat folgten sie nur den gemessenen Weisungen, die sie von den Königsrichtern empfangen hatten.

Die Defensoren, denen die Initiative aufgedrängt worden war, rieten der Versammlung zu einer Eingabe an die Statthalter, und für den Fall, dass dieselbe fruchtlos sein sollte, zu einem gleichen Schritte bei dem Kaiser. Sie verfassten darauf den Entwurf einer Eingabe an die Statthalterei, die ihrem Inhalte nach dem oben erwähnten Vortrage Thurns ungefähr gleichkam. Sie berührte alle Beschwerden der Protestanten und schloss mit der Bitte, die Statthalter möchten **8. März 1618** wenigstens die Freilassung der Braunauer verfügen. Als der Entwurf in der vollen Versammlung vorgelesen ward, fand er allgemeine Billigung. Zur Übergabe der Schrift wurde eine Deputation gewählt, an deren Spitze der Graf Andreas Schlick gestellt wurde, der erst nach langem Sträuben, diesen, wie er betonte, **9. März** gefährlichen Auftrag übernahm. Als sich die Deputation am folgenden Morgen im Schlosse einfand, traf sie die Statthalter, gegen die Bestimmung der königlichen Amtsinstruktion, nicht in der Kanzlei, sie hatten sich schon früh entfernt, **10. März** um der Sitzung des Landrechts beizuwohnen. Dasselbe taten sie auch am folgenden Tage; da sie aber bald zur Einsicht kamen, dass sie auf diese Weise die Geduld der Protestanten nicht ermüden würden, beschlossen sie, die gewünschte Audienz am folgenden Montage zu erteilen. In derselben überreichte Schlick als Wortführer die Bittschrift mit einer passenden Ansprache, in der er die Statthalter um eine freundschaftliche Berücksichtigung der protestantischen Wünsche ersuchte. Die Antwort der letzteren war ablehnend; sie könnten sich auf die lange Auseinandersetzung über die Verletzungen des Majestätsbriefes und des Vergleiches und auf eine Auslegung dieser Gesetze in diesem Augenblick nicht einlassen und was die Braunauer betreffe, so sei es ihnen nicht möglich, da etwas zu tun, denn diese befänden sich nicht in ihrer, sondern in des Königs Haft. Auf die Haltung der Statthalter mag die Anwesenheit des Kanzlers, der wieder nach Prag gekommen war, von nicht geringem Einflusse gewesen sein.

Die Protestanten waren auf keine andere Antwort gefasst und hatten deshalb in den Tagen, die der Audienz vorausgegangen waren, ihr weiteres Verhalten für diesen Fall geregelt. Sie beschlossen nämlich, sich nicht bloß an den Kaiser selbst zu wenden, sondern gleichzeitig ein Gesuch an die Stände der böhmischen Nebenländer abzuschicken und dieselben um ihre Fürbitte bei dem gemeinschaftlichen Könige zu ersuchen. Gelang es ihnen, die Teilnahme der Nachbarn wachzurufen, so traten sie aus ihrer Abgeschlossenheit heraus und der Kaiser hatte es mit der ganzen Krone zu tun. Das Schreiben nach Mähren war selbstverständlich in böhmischer, das nach Schlesien und den beiden Lausitzen in deutscher Sprache verfasst. Bezüglich des Schreibens an den Kaiser entstand die Frage, ob man es bloß böhmisch, oder deutsch und böhmisch verfassen solle, wobei beide Schriftstücke als Originale zu gelten hätten? Graf Thurn und die Mehrzahl der Defensoren neigten sich der letztern Ansicht zu, „denn der Kaiser sei ein Deutscher." Graf Schlick und Radslaw Kinsky rieten jedoch, an der bisherigen Gepflogenheit festzuhalten und dem böhmischen Originale eine deutsche Übersetzung als einfache Beilage anzuhängen; ihre Meinung fand allgemeine Billigung. Nun wurde der Weg beraten, auf dem das Schriftstück an den Kaiser gelangen sollte, ob man es den Statthaltern anvertrauen oder eine eigene Deputation zu dessen Überreichung absenden solle? Wirksamer und schicklicher wäre jedenfalls der letztere Weg gewesen, er wurde jedoch nicht eingeschlagen und zwar, wie aus mancherlei Anzeichen zweifellos hervorgeht, hauptsächlich durch Thurns Einwirkung. Dieser fürchtete, dass man ihn an die Spitze der etwaigen Deputation stellen würde, welchen Auftrag er nicht übernehmen mochte, da ihn eine Reise nach Wien mit gerechten Besorgnissen für seine persönliche Sicherheit erfüllte.

Alle diese Beschlüsse waren nur provisorisch gefasst worden, erlangten jedoch definitive Geltung, als die abschlägige Antwort der Statthalter kund gemacht wurde; nun wurden sämtliche Schreiben eilig an ihre Adresse befördert. Hiemit war der Zweck, um dessentwillen die Defensoren den Protestantentag berufen hatten, vorläufig erreicht und es wurde die Auflösung desselben beschlossen. Erst wenn eine Antwort vom Kaiser und. den benachbarten ständischen Korporationen eingelaufen sein würde, sollte er wieder zusammentreten, und da man annahm, dass dies längstens in zwei Monaten der Fall sein könnte, wurde auf den Antrag der Defensoren eine erneuerte Zusammenkunft auf den 21. Mai anberaumt.[209]

Die Haltung der Regierung während des Protestantentages verriet nicht

---

209 Alle diese Angaben meist nach Skala II.

die leiseste Unentschlossenheit. Abgesehen davon, dass sie durch ihre strengen Weisungen Prag von jeder Demonstration fernhielt, ging gerade in den Tagen, als die Statthalter um die Audienz bedrängt wurden, die königliche Kommission nach Braunau ab, um die dortigen Protestanten zum Gehorsam zu zwingen. – Unter den Häuptern der Katholiken riefen diese Vorgänge nach den erhaltenen Quellen keine Zerwürfnisse hervor, obwohl sie darüber keinen Zweifel hegen konnten, dass ein weiteres Fortschreiten auf dem betretenen Wege zu einem gewaltsamen Zusammenstoße führen müsse. Nur einer von ihnen, der Obersthofmeister Herr Adam von Waldstein, der in seiner Jugend utraquistisch gewesen und erst später katholisch geworden war und der schon während des Generallandtages durch seine Hinneigung zu den politischen Bestrebungen der Opposition sich bemerkbar gemacht hatte, äußerte sich tadelnd über die schroffe Behandlung der Protestanten. Veranlassung dazu boten ihm nicht sowohl die allgemeinen Maßregeln als ein spezieller Fall. Der neue Burggraf von Karlstein, Herr von Martinitz, hatte nämlich ein Mandat erlassen, in dem er den Bauern auf den burggräflichen Gütern befahl, in den herannahenden Ostern das Abendmahl in katholischer Weise zu empfangen, widrigenfalls sie zum Verkaufe ihrer Güter genötigt werden würden.[210] Waldstein äußerte gegen diese direkte Verletzung des Majestätsbriefes seine entschiedene Missbilligung und beteuerte feierlich, dass er auf seinen Gütern dem Glauben seiner Untertanen nie nahe treten werde. Dies ist die einzige bekannte Meinungsverschiedenheit im katholischen Lager.

Nachdem der Protestantentag sich aufgelöst hatte, wartete man in Böhmen mit gespannter Aufmerksamkeit auf die nächsten Schritte der Regierung. Man durfte nicht zweifeln, dass Mathias alle Umstände sorgfältig erwägen und sich über die Tragweite seiner Entschlüsse nicht täuschen werde. Auf jeden Fall war nur er allein für die zu ergreifenden Maßregeln verantwortlich, ob sie nun sein eigenster Entschluss waren oder ob er fremden Ratschlägen folgte. Um ihn über die Vorgänge in Böhmen umständlich zu unterrichten, reiste der Kanzler am 10. März von Prag nach Wien zurück.[211] Unzweifelhaft beriet man sich am Hofe auf das ernsteste über das gegen die Böhmen einzuschlagende Verfahren. Welche Meinungen vorgebracht wurden, ob und wie verschieden sie von einander lauteten, ist nicht näher bekannt; wir wissen nur so viel, dass die Antwort des Kaisers nach einem Gutachten des Kardinals formuliert wurde, der damit einen entscheidenderen Einfluss auf die folgende böhmische Entwick-

---

210 Über dieses Mandat wird von zwei Seiten berichtet: Sächs. Staatsarchiv Zeidler an Kursachsen dd. 11/21 März 1618 und im Wiener Staatsarchiv Misc. 491. Bericht vom 24. März.

211 Wiener Staatsarchiv. Unterschiedliche Akten.

lung ausübte, als er sich wohl je hätte träumen lassen. Die den Böhmen erteilte königliche Antwort wurde schon am 21. März 1618 von Wien abgeschickt und war an die Statthalter gerichtet Mathias erklärte in ihr, dass er eine Wiederholung des Protestantentages nicht dulden werde, seine Langmut sei erschöpft und er wolle dem drohenden Feuer dadurch begegnen, dass er die Urheber dieser Vorgänge vor Gericht stellen lassen werde. Den Statthaltern trug er auf, die Defensoren vorzuladen und ihnen den Befehl zur Rückgängigmachung der für den Monat Mai anberaumten Versammlung zu erteilen, so wie jedem der Geladenen die Teilnahme an derselben zu verbieten. – Die Zuschrift führte, wie man zu sagen pflegt, eine energische Sprache, sie hielt die Rechtmäßigkeit der Behandlung der Klostergraber und Braunauer aufrecht, behauptete ausdrücklich, dass nicht nur der Majestätsbrief, sondern auch der ständische Vergleich nicht verletzt worden seien, verbot jede weitere Zusammenkunft der Protestanten und bedrohte sie mit schweren Prozessen. Sie verursachte große Erbitterung in Böhmen und rief tausendfache Verwünschungen auf das Haupt ihrer Urheber hervor. Man behauptete, sie sei von den Statthaltern verfasst und dem Kaiser nur zur Unterschrift zugesandt worden. Diese Vermutung war es, die einige Wochen später den Herrn von Martinitz und Slawata das Leben kosten sollte, da man sie für die eigentlichen Verfasser des Schreibens hielt und neben ihnen nur noch den Kanzler der Urheberschaft beschuldigte; alle diese Mutmaßungen waren aber irrig. Der wahre Urheber des kaiserlichen Schreibens war der Kardinal Khlesl, der es diesmal für angezeigt hielt, eine energische Sprache zu führen und, wie er sich brieflich gegen einige Vertrauenspersonen in Böhmen ausdrückte, es für zweckmäßig erachtete, dass der Kaiser nicht schleichend „wie ein Fuchs," sondern gewaltsam „wie ein Löwe" auftrete.[212]

Als das kaiserliche Schreiben in Prag anlangte, wurden die in der Hauptstadt anwesenden Defensoren eingeladen, sich bei den Statthaltern auf der Kanzlei einzufinden, um den Inhalt desselben kennen zu lernen.[213] Die Mehrzahl erwartete keinen günstigen Bescheid und so äußerten die Drohungen desselben auf sie keinen tiefen Eindruck; wenn ja einer oder der andere des Streites bereits überdrüssig war, so schwieg er doch still. Nur bei dem Prager Advokaten Fruewein

28. März 1618

---

212 Die Angabe über den eigentlichen Urheber entnahmen wir auf Treu und Glauben den Memoiren Slawatas (Teil VIII), die derselbe in seinem späteren Alter verfasste. Er bemerkte in ihnen über diesen Gegenstand, dass er selbst seiner Zeit über die Härte des Tones im kaiserlichen Schreiben erstaunt gewesen sei. – Hurter Band VII S. 252 findet den Ton des kaiserlichen Schreibens durchaus nicht hart, sondern sanft und druckt es zum Beweise in der Beilage S. 592 ab. Er hätte allerdings Recht damit, wäre ihm nicht das Missgeschick begegnet, dass er ein anderes Schreiben für das Drohschreiben hielt. Das Drohschreiben findet sich in „der andern Apologie" Nr. 99 vor.

213 Skala II, 103.

überwältigte die Bangigkeit vor den kommenden Ereignissen jede Zurückhaltung und er versuchte unter der Maske der Vermittlung einen Rückzug. Er hat in seinem eigenen und im Namen der königlichen Städte, deren Zustimmung er eingeholt haben mag, die anwesenden Statthalter und Defensoren, sie möchten doch vereint dahin wirken, um die Dinge nicht aufs Äußerste kommen zu lassen.[214] Seine Bitte fand keine Unterstützung. Die Defensoren entfernten sich darauf aus der Kanzlei mit dem Versprechen einer baldigen Antwort und gaben dieselbe in der Tat schon drei Tage später schriftlich ab. Sie bemerkten in dem Aktenstücke, dass sie sich bisher streng innerhalb der Schranken des Gesetzes gehalten hätten und dass ihnen vermöge der sanktionierten Artikel des J. 1609 die Abhaltung der beschlossenen Versammlung gestattet sei. Auch sei es ihnen bei dem besten Willen nicht möglich, dem Befehle des Kaisers nachzukommen, da die auf den 21. Mai anberaumte Zusammenkunft zu Folge eines Beschlusses des im März abgehaltenen Protestantentages stattfinde und es nicht in der Macht der Defensoren stehe, diesen Beschluss rückgängig zu machen.[215]

Mit den Drohungen und Befehlen des kaiserlichen Schreibens und mit der Vorladung der Defensoren waren die Maßregeln der Regierung gegen die Protestanten nicht abgeschlossen. Ihre Absicht ging auf die völlige Trennung der königlichen Städte vom Adel, damit, wenn der Protestantentag zu Stande kommen sollte, wenigstens Niemand aus dem Bürgerstande sich an demselben beteilige. Deshalb bekamen die Beamten, welche in den Städten die königlichen Rechte vertraten, nämlich der Landesunterkämmerer und der Hofrichter die gemessensten Instruktionen, die Bürger von jeder Teilnahme an den protestantischen Zusammenkünften abzuhalten. Ja noch mehr, in Prag sollten die Königsrichter, in den Landstädten der Landeskämmerer und der Hofrichter Loyalitätsadressen ins Leben rufen, in denen sich die Bürger von den Defensoren lossagen und den Kaiser für ihren alleinigen Defensor erklären sollten. Brachte es die Regierung mit diesem letzteren Versuche zu einem nennenswerten Erfolge, so war allerdings der Sache der Protestanten eine schwere Wunde beigebracht.

---

214 Böhm. Statthaltereiarchiv. Frueweins Verhör im J. 1621.

215 In der kais. Korrespondenz wird auf den Protestantentag als eine durch das Gesetz verbotene Versammlung mehrfach hingewiesen. Dieser Hinweis bezieht sich auf jenen Artikel der Landesordnung Ferdinands I, durch den alle ständischen Zusammenkünfte ohne Erlaubnis des Königs bei Strafe verboten werden. Allein dieser Artikel verlor seine umfassende Bedeutung durch die Gesetze von 1609, durch die eben ein Protestantentag von der erwähnten Zusammensetzung erlaubt wurde. Dass derartige Zusammenkünfte große Gefahren in sich bargen, lässt sich nicht verkennen, aber gesetzlich erlaubt waren sie. In dem Kampfe gegen den Majestätsbrief und Vergleich ignorierte Mathias auch diese Bestimmung des J. 1609 und stellte sich einfach auf den gesetzlichen Standpunkt vor 1609. Wir bemerken dies ausdrücklich, damit man nicht mit manchen Schriftstellern meine, die Protestanten hätten sich auf ungesetzlichem Boden bewegt. Sie standen auf dem legalen Boden, den das J. 1609 geschaffen hatte.

Den ersten derartigen Versuch zur Gewinnung der Städte machte man mit der Altstadt Prags. Der Sekretär Michna, der jetzt eine größere Tätigkeit als je entfaltete, entwarf eine Adresse an den Kaiser, gewann für sie die wichtigsten Mitglieder des Altstädter Rates, für dessen passende Zusammensetzung schon seit langem gesorgt worden und ließ diesen Entwurf dem Plenum des Rates zur Annahme vorlegen. Der Versuch gelang; der Altstädter Rat schickte die Adresse, ohne weitere Befragung der Gemeinde, nur mit Vorwissen einiger gleichgesinnter Bürger, an den Kaiser ab. Der Inhalt derselben war unter den bestehenden Verhältnissen von doppelter Bedeutung. Sie überfloss nicht nur von Versicherungen treuer Ergebenheit, sondern erklärte auch, dass die Stadt in dem Kaiser den alleinigen Beschützer ihres Glaubens, ihren einzigen Defensor erblicke. Energischer und deutlicher konnte sich die bedeutendste der Prager Gemeinden von der durch die Defensoren repräsentierten protestantischen Gemeinsamkeit nicht lossagen.

Sowohl die Neustadt wie die Kleinseite folgten dem Beispiel der Altstadt. Auf der Neustadt setzte es der Königsrichter durch, dass der Rat eine fast gleichlautende Adresse annahm, und dieselbe, ohne Befragung der Gemeinde, ebenfalls nur mit Zustimmung einiger gleichgesinnter Bürger an den Kaiser abschickte. Der Königsrichter auf der Kleinseite übertraf noch seine Kollegen, denn er gewann nicht bloß den Rat für die Annahme einer Adresse, in der gleichfalls erklärt wurde, dass man keinen anderen Defensor als den Kaiser haben wolle, sondern suchte auch die Gemeinde selbst zu einer gleichen Kundgebung ihrer Loyalität zu bewegen. Als er zu diesem Ende die Bürgerschaft auf das Rathaus berief, bemerkten einige Bürger, nachdem sie in den Adressentwurf Einsicht genommen, dass des Majestätsbriefes in demselben gar nicht Erwähnung geschehe und tadelten dies; andere baten um einige Bedenkzeit zur vorläufigen Beratung, aber der Richter schnitt die Debatte kurz ab, indem er jeden Tadel und jede Vertagung von sich wies, hie und da einige Drohungen anbrachte und kurz und bündig eine unmittelbare Beitrittserklärung verlangte. Einer derartigen Überredungsgabe zu widerstehen, verstand die Versammlung nicht, alles schwieg und der Richter konnte als Resultat derselben verkünden, dass die Adresse des Rates einstimmig von der Bürgerschaft angenommen worden [11. April] sei.[216] Nun blieb bezüglich Prags nur eines zu tun übrig. Da sich einige Bürger dieser Stadt unter den Defensoren befanden, so erging von Seite der Regierung die Aufforderung an sie, auf ihr Amt zu verzichten. Einige kamen derselben ungesäumt nach, andere erklärten, es sei ihnen nicht möglich, jetzt zu resignie-

---

216 Wir berichten über die Verhandlungen in Prag: 1. nach der andern Apologie, 2. nach Skala und 3. nach Zeidlers Berichte an den Kurfürsten von Sachsen dd. 4/14 April 1618 im sächs. Staatsarchiv.

ren, da sie ihr Amt vom Landtag erhalten hätten, bei dem künftigen Zusammentritt desselben würden sie jedoch die verlangte Verzichtleistung abgeben. Die Statthalter nahmen diese Verzichtleistung als eine unbedingte an und ließen im Lande verbreiten, dass Prag sich gänzlich von der Defension losgesagt habe.[217]

Minder günstig waren die Erfolge, welche der Hofrichter in den übrigen königlichen Städten zuwege brachte. In der Mehrzahl der Städte waren die Ratskollegien zu keiner Preisgebung ihrer Glaubensinteressen zu bewegen. Nur in einigen Städten, wo die Katholiken, trotz ihrer Minorität, eine bedeutende Vertretung im Rate erlangt hatten, fand das Beispiel Prags Nachahmung, so in Kolin und Taus. Am weitesten wagte sich in dieser Richtung das an der Elbe gelegene Aussig vor. In einer Adresse, welche die Bürger an den Landeskämmerer richteten, baten sie ihn, der Dolmetsch ihrer treuen, Leben und Gut nichtachtenden Hingebung an den Kaiser sein zu wollen, und dabei die Erklärung abzugeben, dass sie Niemanden als den König, dessen Wille und Wunsch ihnen stets ein unverbrüchliches Gesetz sei, als ihren Defensor ansähen.[218] In Kuttenberg übernahm es der Münzmeister Wřesowec, die Bürger vor jedem Anschlusse an die Defensoren zu warnen. In lebhaften Farben schilderte er die Bestrafung derjenigen, die sich durch die Teilnahme an dem Protestantentage bloßgestellt hätten; hohe Geldstrafen waren das geringste, was nach seiner Meinung ihrer harrte, einige ließ er auch schon im Voraus mit dem Leben büßen. Nicht alle Tage, so höhnte er, gebe es einen Landtag, wie zu Rudolfs Zeiten, als der Majestätsbrief abgetrotzt wurde. Die Defensoren hätten vom Kaiser ein Schreiben erhalten, das ihnen nicht behage, sie hätten eine lange Nase bekommen und gingen nun wie betäubt herum. In diesem Tone ließ er sich noch länger hören.[219]

Auf dem in Prag sowohl vorbereiteten Boden wurde noch weiter gebaut. Berauscht von den erlangten Erfolgen, wollte die Regierung jetzt auch den Versuch wagen, ob sie nicht einen Zwiespalt unter dem protestantischen Klerus der Hauptstadt herbeiführen und einen Teil desselben zur Wiederannahme des seit dem J. 1609 abgeschafften Utraquismus bewegen könnte. Wie schon wiederholt, bemerkt wurde, hatten sich die Utraquisten im J. 1609 insgesamt zur Böhmischen Konfession bekannt, selbstverständlich war dies weder von Seite der Geistlichkeit, noch der Laienwelt mit durchwegs gleichem Eifer geschehen; unter beiden Klassen gab es zahlreiche Personen, die gegen die längere Dauer des Utraquismus nichts eingewendet hätten. Das Geschlecht dieser Gleichgültigen oder gegen die Neuerungen minder günstig Gesinnten

217 In dem obenerwähnten Schreiben Zeidlers.
218 Skala II S. 100.
219 Andere Apologie Nr. 120.

war noch nicht ausgestorben und eine geschickte Einwirkung konnte vielleicht viele von ihnen zur Lossagung von der Böhmischen Konfession und zur neuerlichen Aufpflanzung des alten utraquistischen, durch die Geschichte und das Andenken an Hus in den Augen der Menge noch immer ehrwürdigen Banners veranlassen. Eine passende Handhabe zur Herbeiführung einer solchen Spaltung konnte die seit dem J. 1609 geltende gottesdienstliche Ordnung bieten. Dem Volke war vom Utraquismus her die Anhänglichkeit an die feierlichen Zeremonien der katholischen Kirche geblieben, die größere Einfachheit, die seit 1609 im Gottesdienste beobachtet wurde, verstieß gegen tief eingewurzelte Neigungen und Erinnerungen. Wenn man einige protestantische Geistliche dazu bringen konnte, sich von der neuen gottesdienstlichen Ordnung loszusagen und die utraquistische wieder in Übung zu bringen, so fand dies vielleicht großen Anklang beim Volke und der alte Utraquismus lebte mit Macht wieder auf. Auf alle Fälle konnte ein solcher Versuch eine große Verwirrung und Zersetzung im protestantischen Lager zur Folge haben.

Der Plan zu einer derartigen Zersetzung des Protestantismus scheint von Michna ausgegangen zu sein, wenigstens war er es, der die Durchführung desselben aufs eifrigste förderte. Zu diesem Zwecke lud er eine Anzahl Geistlicher, denen er Mangel an Festigkeit oder Vorliebe für die alten Verhältnisse zutraute, zu vertraulichen Besprechungen in sein Haus ein und wusste allmählich mehrere derselben dahin zu bereden, dass sie den Kaiser in einer Bittschrift um die Reaktivierung des Utraquismus baten.[220] Die Zahl dieser Geistlichen, zum Teil Prager Pfarrer, soll sich auf 12 belaufen haben. Mit der Reaktivierung des alten Utraquismus sollte ein inniger Anschluss desselben an die katholische Kirche Hand in Hand gehen und der Erzbischof auch als kirchliches Haupt desselben anerkannt werden. Bevor noch etwas von dieser Bittschrift und den damit im Zusammenhange stehenden Plänen verlautete, wagte der Pfarrer von St. Nicolaus auf der Altstadt, offenbar einer der Gewonnenen, öffentlich einen entscheidenden Schritt zu tun. Früher war es bei den Utraquisten üblich gewesen, dass sie das Auferstehungsfest am Karsamstag wie die Katholiken mit einer feierlichen Prozession begingen. Die Anhänger der Böhmischen Konfession, die an die Transsubstantion nicht glaubten, schafften die Prozessionen ab. Als nun die Osterzeit des Jahres 1618 herannahte, wurden er und der Pfarrer an der Teinkirche von der Regierung mit Bitten und Schmeicheleien bestürmt, am Karsamstage den feierlichen Umzug mit der geweihten Hostie vorzunehmen. Anfangs schwankte auch der Pfarrer an der Teinkirche, der vielleicht ebenfalls zu den

220 Andere Apologie S. 19 und 20. Ausgabe von Schubert.

Zwölfen gehörte, ob er diesen Bitten und Schmeicheleien nachkommen solle; als der Karsamstag heranrückte, war es jedoch nur der Pfarrer von St. Nikolaus, der die Prozession abhielt. Das Staunen der Protestanten und ihre Wut waren nicht grösser, als die Freude der Katholiken über die Bresche, die sie in die Festung ihrer Gegner geschossen hatten. Der Kanzler richtete ein Schreiben an jene Ratsherren der Altstadt, die an der Prozession teilgenommen hatten, dankte ihnen dafür und versicherte sie der kaiserlichen Hold und Gnade. Der Pfarrer von der Teinkirche, der einen Augenblick unschlüssig gewesen war, suchte sich mit seinen Glaubensgenossen dadurch gut zu stellen, dass er am Ostersonntage eine fulminante Rede gegen die katholischen Prozessionen hielt.[221]

Angesichts eines Ereignisses von so ungeheurer Tragweite, wie das erzählte, beachtete man es nur wenig, dass gleichzeitig auf einzelnen geistlichen und königlichen Gütern neue Übergriffe gegen die Bestimmungen der Religionsgesetze von 1609 gewagt wurden. So wurden einige Friedhöfe, die vor dem Jahre 1609 bestanden und durch den Vergleich für gemeinschaftlich erklärt worden waren, von den Achten von Strahow und Emaus ausschließlich für die Katholiken in Anspruch genommen. So forderte der Erzbischof den Hauptmann der königlichen Herrschaft Pardubic geradezu auf, die böhmischen Brüder, die daselbst seit 150 Jahren angesiedelt waren, zu unterdrücken und zu vertreiben, trotzdem dass die Religionsgesetze von 1609 sie in Schutz nahmen.[222] Großes Aufsehen erregte es jedoch, als von der Regierung der Versuch gemacht wurde, sich der Bethlehemskirche zu bemächtigen, jener Kirche, in der einst Hus seine zündenden Predigten gehalten hatte und die man als die Wiege des Utraquismus und Protestantismus in Böhmen anzusehen und zu verehren gewohnt war.

Durch eine Stiftung, deren Begründung in das 14. Jahrhundert zurückreicht, war die Besetzung der Predigerstelle an der Bethlehemskirche in die Hände der Prager Universität gelegt. Bei jeder Vakanz sollten drei Magister derselben mit Zuziehung des Altstädter Bürgermeisters einen neuen Prediger ernennen. Als diese Stelle im Jahre 1609 erledigt war, wurde sie dem Br. Cyrus, einem Mitgliede der Brüderunität anvertraut. Nun war Cyrus gestorben und es handelte sich zu Ostern (1618) um die Ernennung eines Nachfolgers. Von Seite des Altstädter Rates wurden die betreffenden drei Magister der Universität aufgefordert, sich ohne Säumen auf dem Rathause einzufinden und daselbst die Wahl vorzunehmen. Die Magister weigerten sich, dem Rufe alsbald zu folgen, weil sie sich der neuen Verfassung der Universität gemäß zuvor

13. April 1618 (marginal note)

---

221 Sächs. Staatsarchiv 9168,Zeidler an Kursachsen 21.April/1.Mai 1618 Prag.
222 Andere Apologie Ausgabe von Schubert S. 27 und Nr. 52 und 45.

mit den Defensoren über diesen Gegenstand beraten müssten, nahmen aber selbständig eine provisorische Besetzung der Predigerstelle vor. Darüber klagten der Bürgermeister und der Altstädter Rat beim Kaiser, der den Statthaltern unverweilt den Auftrag gab, den provisorischen Prediger zu entfernen und die Universität aufzufordern, die definitive Wahl dem Stiftsbriefe gemäß ohne weitere Einmischung der Defensoren vorzunehmen. Wenn sie sich weigern sollte, zu gehorchen, so solle die Kirche geschlossen, versiegelt und die Schlüssel in der böhmischen Kanzlei niedergelegt werden. Die Universität, die sich mittlerweile mit. den Defensoren geeinigt haben mochte, zögerte nicht, dem königlichen Befehle nachzukommen und ersuchte den Altstädter Bürgermeister Lošticky, an einem bestimmten Tage die Wahl in Gemeinschaft mit den drei Magistern vorzunehmen. Derselbe folgte der Aufforderung und einigte sich mit den letzteren in Bezug auf drei Kandidaten für den vakanten Posten. Es waren dies der Pfarrer von St. Martin, Jakob; der Pfarrer von der Teinkirche, Georg Dycastus; und ein Mitglied der Brüderunität, Cyrillus. Als es sich nun darum handelte, welchem von diesen dreien schließlich das Amt übertragen werden solle, verlangte der Bürgermeister, man solle die Kandidaten dem Kaiser bekannt geben und dieser solle einen derselben ernennen. Dagegen verwahrten sich die Magister als gegen eine nie geübte Neuerung, entschieden sich aber auch nicht für einen Kandidaten, sondern überließen die Auswahl den Defensoren, welche darauf den Cyrillus zum Prediger an der Bethlehemskirche ernannten. Dem Kaiser blieb nicht die Zeit, diese Wahl zu kassieren und eine andere zu treffen, denn wenige Tage später brach der Aufstand aus und machte seiner Autorität ein Ende.[223] Die Protestanten sahen in dem Gebahren des Bürgermeisters nichts als einen Versuch, ihnen ein seit mehr als 200 Jahren geübtes Patronatsrecht zu entreißen und die Bethlehemskirche in eine katholische zu verwandeln. Ihre Vermutung hätte sich vielleicht als begründet erwiesen, wenn sich der Aufstand noch einige Zeit verzögert hätte. 11. Mai 1618

Es ist erzählt werden, dass sich die Defensoren auf das ihnen mitgeteilte kaiserliche Schreiben geweigert hatten, den Protestantentag rückgängig zu machen. Ihre Erklärung wurde nach Wien berichtet und daselbst die Wiederholung des Verbotes beschlossen; die Statthalter bekamen die erneuerte Weisung, die Defensoren vorzuladen und ihnen aufzutragen, die anberaumte Versammlung abzubestellen, da dies in Betracht des fernen Termins recht gut möglich sei. Der Ton dieses kaiserlichen Schreibens war gegen das vom 21. März merklich herabgestimmt. Es verbot zwar den Protestantentag 17. April 1618

---

223   Die Akten über den Streit wegen der Bethlehemskirche in der andern Apologie Nr. 133.

noch immer, tat dies aber mit Vermeidung aller Drohungen und machte auch dadurch einen milden Eindruck, dass es die Ankunft des Kaisers in Prag in Aussicht stellte. Ihrem Auftrage gemäß luden die Statthalter die in Prag anwesenden Defensoren auf das Schloss, welchem Rufe Graf Thurn, Budowec, Ruppa, der kürzlich abgesetzte Altstädter Ratsschreiber Kochan, Fruewein und zwei andere nicht näher benannte Personen folgten. Nachdem sie der Vorlesung des kaiserlichen Schreibens zugehört hatten, ergriff Ruppa das Wort und erwiderte, dass es den Defensoren jetzt noch weniger möglich sei, als früher, dem eben mitgeteilten Befehle Folge zu leisten, denn abgesehen davon, dass die bevorstehende Versammlung eine gesetzliche sei und deshalb nicht verboten werden könne, so seien sie nicht befugt, einen gültigen Beschluss zu fassen. Ihre Instruktion erfordere zu einem solchen die Teilnahme von mindestens zehn Mitgliedern, nun seien nur acht Defensoren in Prag anwesend und diese mithin nichts als Privatpersonen. Im Einverständnisse mit seinen Begleitern erbot er sich, den Inhalt des kaiserlichen Schreibens den abwesenden Kollegen zur Kenntnis zu bringen und mit denselben reiflich zu erwägen, was zu tun sei. – Darauf nahm Fruewein das Wort, klagte über den Druck, den die Regierung auf die Prager ausübe, indem sie einen freien Ausdruck ihrer Gesinnung verhindere und diejenigen Bürger, die zu Defensoren gewählt worden, sogar nötigen wolle, ihr Amt niederzulegen, und bat die Statthalter um eine beruhigende Erklärung. Bevor diese noch antworten konnten, hatte Ruppa abermals das Wort ergriffen, indem er sein Erstaunen über dergleichen widerrechtliche Vorgänge ausdrückte. Die Statthalter ließen sich jedoch auf keine Beschwichtigung der erhobenen Klagen ein, sondern schlossen die Audienz, indem sie das kaiserliche Schreiben den Defensoren zur weiteren Erwägung übergaben. Ihr Schweigen bewies deutlich, dass die Regierung entschlossen war, in Betreff der Städte auf dem betretenen Wege weiterzugehen.[224]

Obgleich die Defensoren bei ihrer Weigerung das. formale Recht auf ihrer Seite hatten, so ist doch nicht zu bezweifeln, dass die protestantischen Stände auf eine Weisung der Defensoren hin von ihrer Versammlung weggeblieben wären und diese dadurch faktisch rückgängig gemacht worden wäre. Allein die Defensoren selbst wollten sich um keinen Preis des Schutzes berauben, den der Protestantentag ihrer gefährlichen Position bringen musste; überdies war der Entschluss zu einem offenen Aufstande in den Gemütern der Tonangeber, wie Thurn und Ruppa, gewiss schon jetzt zur Reife gediehen. Sie wurden in ihrer Entschlossenheit durch Zuschriften vom Lande bestärkt, in denen man ihnen

224   Bericht der Statthalter an den Kaiser dd. 2. Mai 1618. Böhm. Statthaltereiarchiv.

eine pünktliche und zahlreiche Beteiligung an der bevorstehenden Versammlung zusagte. Bei einer Kindstaufe im Hause des Herrn von Fels versammelten sich ungewöhnlich viele Gäste vom Herrn- und Ritterstande, man sah dies für eine schon jetzt zur Schau getragene Entfaltung der protestantischen Macht an. Manchen Katholiken mag dabei wohl die Ahnung beschlichen haben, dass das bisherige Wortgeplänkel bald ernstlicheren Ereignissen Platz machen dürfte, Niemandem scheint jedoch die Möglichkeit vorgeschwebt zu haben, dass die katholische Regierung dabei zusammenstürzen könnte. Adam von Waldstein, der sich erst vor wenigen Tagen missbilligend über den Burggrafen Martinitz geäußert hatte, tadelte diesmal die Protestanten zwar wohlwollend, aber entschieden, und meinte, es dürfte bei diesem Spiele leicht um ihre Köpfe gehen. Thurn, der in einer derartigen Bemerkung den heimlichen Entschluss der Regierung witterte, suchte die Sicherheit für sich und seine nächsten Anhänger nicht im Rückzuge, sondern im entschlossenen Vorwärtsgehen.[225]

III

So rückte denn der entscheidende Moment heran. Schon einige Tage vor dem bestimmten Termine waren die Urheber der Bewegung in Prag angekommen, um den Plan der nächsten Operationen festzustellen. Sie versammelten sich am 18. Mai im Saale des Karolinums und beschlossen zunächst die Abfassung einer Ansprache an das Volk, in der sie den gegenwärtigen Streit erläuterten und die Gesetzlichkeit ihrer Schritte behaupteten. Die Ansprache wurde tags darauf allen Prager Pfarrern mit der Weisung zugeschickt, sie am folgenden Sonntage von der Kanzel vorzulesen und das Volk zum Gebete für das gedeihliche Wirken der Stände aufzufordern. Der Befehl wurde pünktlich erfüllt und verursachte unter der Bevölkerung Prags eine ungeheure Aufregung; man hatte wohl den Defensoren, aber nicht den Pfarrern eine solche Entschlossenheit zugetraut.

Auf die erste vertrauliche Sitzung, die nur die Wortführer vereinte, folgte am Montag den 21. Mai 1618 die Eröffnung des so viel besprochenen zweiten Protestantentages. Schon vor der anberaumten Stunde konnte man merken, dass, aller kaiserlichen Verbote ungeachtet, die Versammlung nicht weniger besucht sein würde, als die vom März. Zwar hatten von den Städten nur Kuttenberg, Kaufim, Chrudim, Beraun, Jungbunzlau und Schlan Deputierte geschickt; aber selbst dieses kleine Häufchen war nach den vorausgegangenen

---

225 Sächs. Staatsarchiv. Zeidler an Kursachsen dd. 21. April/ 1. Mai 1618.

Drohungen der Regierung und nach der stummen Haltung Prags noch immer beachtenswert. Dagegen war der Adel zahlreicher als früher vertreten. – Noch hatten sich nicht Alle, die nach Prag gekommen waren, im Karolinum zusammengefunden, als bereits zwei Beamte der Statthalterei mit einer Botschaft daselbst erschienen. Der Kaiser hatte in einem abermaligen Schreiben an die Statthalter den Befehl zur Nichtabhaltung des Protestantentages wiederholt.[226] Der Ton dieses Schreibens war, wie der des vorletzten, mild und enthielt die Versicherung, dass an eine Verkürzung der ständischen Freiheit nicht gedacht werde. Am 16. Mai war dasselbe von Wien abgegangen und wahrscheinlich am 20. in Prag angekommen. Die zwei Beamten baten die im Karolinum anwesenden Personen, sie möchten sich auf das Schloss verfügen, wo ihnen eine Mitteilung gemacht werden solle. Man entgegnete ihnen, dass man kommen werde, sobald die Versammlung vollzählig sein würde.[227]

Als letzteres der Fall war, verfügten sich sämtliche Mitglieder des Protestantentages in den großen Saal des Karolinums. Der Pfarrer von St. Nicolaus auf der Kleinseite eröffnete die Sitzung in feierlicher Weise durch ein Gebet, dem sich die Anwesenden durch Absingung des 91. Psalmes anschlossen, worauf der Pfarrer Rosacius in einer längeren Rede die Bedeutung des Augenblickes erörterte. Nachdem das geistliche Exordium zu Ende war, begannen die Verhandlungen im kleinen Karolinsaale damit, dass Herr Wilhelm von Lobkowitz über das Ausbleiben zweier Defensoren von der gegenwärtigen Versammlung, Frueweins und Kochans, berichtete. Beide hatten ihr Wegbleiben damit entschuldigt, dass sie hiezu unter strengen Strafandrohungen von Seite des Alt- und Neustädter Bürgermeisters genötigt worden wären. Sie seien erbötig ihrem Defensorenamt zu genügen, wenn die Versammlung ihnen Schutz gegen jede Verfolgung angedeihen lassen wolle. Es versteht sich, dass die Versammlung einstimmig diesen Schutz verhieß und außer Fruewein und Kochan auch den Defensor Magrle von Sobišek, der aus denselben Gründen wie die beiden ersten weggeblieben war, ohne sich jedoch zu entschuldigen, von dem Beschlusse in Kenntnis setzte. Darauf wurde beschlossen, der Einladung der Statthalter Folge zu leisten und sich auf das Schloss zu verfügen. Graf Schlick, dem die Aufgabe zugefallen war, sich mit den städtischen Abgeordneten ins Einvernehmen zu setzen und sie zu leiten, forderte dieselben in vertraulicher Weise auf, sich bei diesem Gange dem Adel anzuschließen.

Kaum 100 Mann mögen es gewesen sein, die sich jetzt auf das Schloss begeben, aber lawinenartig wuchs dieser Haufe an, denn er musste fast die ganze

---

226 Das Schreiben im böhm. Statthaltereiarchiv.
227 Berichte der Statthaltereibeamten an die Statthalterschaft dd. 21. Mai.

Stadt durchziehen, um sein Ziel zu erreichen. Im Schlosse angelangt, verfügte sich Wilhelm von Lobkowitz als Sprecher zu den Statthaltern und kündigte die Ankunft der Stände an. Man ließ sie in das Amtslokale eintreten, da jedoch nicht allein demselben Platz hatten, musste ein Teil vor den offenen Türen stehen bleiben. Der Oberstburggraf ergriff für die Regierung das Wort und benachrichtigte die Stände von dem Vorhandensein eines kaiserlichen Schreibens, das er darauf vorzulesen befahl. Die Fassung desselben war, wie erwähnt, eine milde ,und verlangte nur die Auflösung der Versammlung bis auf weitere Entschließungen des Kaisers. Die Stände hörten die Vorlesung ohne alle Zeichen des Beifalls oder Missfallens an, baten am Schlusse nur um eine Abschrift, die ihnen zu Teil wurde, und versprachen eine baldige Antwort. Sie entfernten sich darauf und beschlossen in einer auf dem Schlosshofe improvisierten Beratung eine neue Zusammenkunft am folgenden Tage, um sich über die den Statthaltern zugesagte Antwort zu einigen.[228]

Die für den 22. Mai anberaumte Sitzung begann um 8 Uhr morgens. Fruewein und Kochan erschienen in derselben und dankten den Ständen für den zugesicherten Schutz. Magrle fand sich auch jetzt nicht ein, sondern ließ den Ständen antworten, er habe kein Zutrauen in die Wirksamkeit ihrer Versicherungen, da sie ihn auch in dem waldsteinischen Streite nicht geschützt hätten. Diese Antwort erregte Missfallen und man wehrte sich gegen die Zumutungen Magrles. Seine Verwickelung in den waldsteinischen Streit sei eine politische und nicht religiöse Angelegenheit gewesen und der Schaden, den er dabei genommen, habe ihn mit Recht getroffen.[229] Thurn ergriff hierauf das Wort und ersuchte die Stände, sie möchten dem, was Fruewein vertragen werde, ein aufmerksames Gehör schenken. Letzterer hat nochmals, die Versammlung möge ihm umso mehr ihren Schutz verheißen, als er im Begriffe stehe, sich zu ihrem Wortführer zu machen. Was er verlangte, wurde ihm förmlich und feierlich versprochen; jeder der Anwesenden hob zum Schwur zwei Finger empor. Fruewein las darauf eine Schrift vor, die einen historischen Abriss über die damaligen religiösen Zerwürfnisse enthielt und deren erste Veranlassung auf die Vorgänge in Klostergrab und Braunau zurückführte. Die Fruchtlosigkeit früherer Bitten habe die Stände vor einigen Wochen zu einer Zusammenkunft und einer Bittschrift an den Kaiser genötigt, doch habe dieser Schritt nicht den gewünschten Erfolg gehabt, denn statt der gehofften Berücksichtigung ihrer Klagen sei von Wien ein Drohschreiben nach dem andern gekommen, in denen insbesondere

---

228 Skala II, 118.

229 Von diesem waldsteinischen Streite, der keinerlei politische Bedeutung hatte, gibt der Verfasser im zweiten Bande seines Werkes: Rudolf II nähere Details.

jede Zusammenkunft verboten werde. Das letzte kaiserliche Schreiben sei eben zur Kenntnis der Stände gelangt und an ihnen sei es nun, zu beschließen, was zu tun und namentlich, welche Antwort den Statthaltern zu geben sei.

Nach kurzer Beratung erklärte die Versammlung, dass sie die Meinung der Defensoren zu vernehmen wünsche. Letztere fügten sich dem Verlangen und versprachen die Ausarbeitung der Antwort, welche den Statthaltern am folgenden Morgen überreicht werden solle. Als die Debatte im Gange war, versetzte der Graf Thurn die Versammlung durch eine sorgenvolle Äußerung in nicht geringen Schrecken. Er erwähnte eines Gerüchtes, nach dem die Statthalter einen bösen Anschlag gegen die Freiheit und Sicherheit der Stände im Sinne hätten, und riet zu Vorsichtsmaßregeln. Seine Zuhörer gerieten durch die Warnung in große Aufregung und beschlossen die unverweilte Absendung einer Deputation an die Statthalter, welche von ihnen zur Beseitigung jedes Misstrauens die Erlaubnis verlangte, dass die Stände sich bewaffnet in der Burg einfinden dürften. Es war nämlich gesetzliches Herkommen, dass die Stände auf der Burg nicht anders als in gewöhnlicher Kleidung mit dem üblichen Degen, nie aber in voller Rüstung erscheinen durften. Hatte die Regierung wirklich einen Anschlag gegen sie im Sinne, dann waren sie allerdings in Gefahr, von der, wenn auch nicht zahlreichen, doch wohl bewaffneten Burgwache überwältigt zu werden und dies umso leichter, wenn die Burgtore rechtzeitig abgeschlossen und jede allfällige Hilfe von Seite der Stadt abgeschnitten wurde. An die Spitze der Deputation wurde der Graf Schlick gestellt, der sich eifrig seiner Mission unterzog. Als die Statthalter von den Besorgnissen der Stände unterrichtet wurden, beeilten sie sich, dieselben zu zerstreuen, und gaben die gewünschte Erlaubnis. Den Oberstburggrafen verließ bei dieser Gelegenheit nicht sein gewohnter Humor und. den eigentlichen Urheber der ständischen Forderung richtig erratend, rief er aus: „Wie, man vermuthet, dass wir unser liebes Schwägerlein (den Grafen Thurn) festhalten wollen? Bewahre uns der Himmel davor!"

Es war indessen nicht Furcht, welche den Grafen Thurn zu einer solchen Fürsorge trieb, sondern ein wohlüberlegter Anschlag zur Zertrümmerung der kaiserlichen Herrschaft. Endlich war der Augenblick gekommen, in dem das Werk jahrelanger Erwägung zur Reife gediehen war. Die Erbitterung der böhmischen Protestanten gegen die habsburgische Regierung hatte den äußersten Grad erreicht und machte sie jeder Tat fähig, durch welche die bestehenden Verhältnisse gestürzt werden konnten. Thurn war deshalb entschlossen das Signal zum Ausbruche des Aufstandes zu geben und an dessen Spitze zu treten. Zu seiner eigenen Sicherheit wollte er gleich im Beginne den Bruch zu einem unheilbaren gestalten, damit den protestantischen Ständen eine Rückkehr zu der alten Ordnung ebenso wenig möglich sei, wie ihm selbst. Das passendste Mittel zu einem derartigen unheilbaren Bruche war die Ermordung der Statthalter und der Plan dazu entstand im Kopfe Thurns.

Die erste Andeutung über seine dahinzielende Absicht tat er während der eben erzählten Zusammenkunft im Karolinum, als die den Statthaltern zu erteilende Antwort zur Verhandlung kam. Im Vertrauen äußerte er sich gegen einige ihm nahestehende Personen: die Bemühungen der Stände würden keinen Erfolg haben, wenn man nicht geradezu eine „Demonstration" vornehmen würde. Seine Mienen und Bewegungen ließen keinen Zweifel darüber aufkommen, was er unter der Demonstration verstehe; denn einige seiner Zuhörer rieten ihm von jeder Gewalttat ab, da dieselbe einen schweren Krieg zur Folge haben könnte.[230] Einige Stunden später empfing er in seiner Wohnung den Besuch Frueweins und zu diesem sagte er geradezu, bleibe nichts anderes übrig, als einige Personen zum Fenster hinauszuwerfen. Fruewein scheint kein Freund dieses radikalen Auskunftsmittels gewesen zu sein; wenigstens behauptete er später, er habe dem Grafen diese Maßregel widerraten und sei fortan allen auf die Ermordung der Statthalter abzielenden Schritten fremd geblieben.[231]

Die schließliche Entscheidung bezüglich der verhängnisvollen Tat wurde noch im Laufe des 22. Mai getroffen und zwar in einer Konferenz, die in dem auf der Kleinseite gelegenen Palais des reichen Albrecht Smiřický abgehalten wurde. In diesem, gegenwärtig unter dem Namen des montagschen Hauses in Prag wohlbekannten Gebäude fand in einem abseits gelegenen Turmgemache die letzte Besprechung statt, deren Teilnehmer aus einem Berichte des Budowec näher bekannt sind. In dem Verhöre, das drei Jahre später mit ihm vorgenommen wurde, gestand er, den Beschluss zum Fenstersturze mit dem Grafen Thurn und mit Albrecht Smiřický in dem erwähnten Gemache gefasst zu haben.[232] Sollten in der Tat nicht mehr als diese drei Personen die letzte Entscheidung getroffen haben? Man darf dies wohl bezweifeln, wenigstens liegt die Vermutung nahe, dass Budowec bei seinem Verhöre nur jene Personen genannt hat, welche die kaiserliche Rache nicht ereilen konnte; denn Thurn war damals flüchtig und Smiřický tot. Andere Mitteilungen machen es zweifellos, dass Ulrich Kinsky gleichfalls um das Geheimnis wusste und ebenso liefern die Vorgänge am folgenden Tage den Beweis, dass auch Wenzel von Ruppa, Colonna von Fels, Paul und Litwin von Řičan und ein Bruder des Ulrich Kinsky ins Vertrauen gezogen worden sind. Von Ruppa und Fels möchten wir behaupten,

230 Frueweins Verhör. Original im böhm. Statthalterarchiv.
231 Frueweins Verhör. Ebend.
232 Eigenhändige Aufzeichnung des Kanzlers Lobkowitz im Archiv von Raudnitz.

dass sie mit Thurn die ersten und einzigen Urheber der folgenden Gewalttat gewesen sind, und dass alle übrigen, selbst Budowec nicht ausgenommen, erst später gewonnen wurden. Ob nun alle hier genannten und in die Verschwörung eingeweihten Personen an der Konferenz im Turmgemache sich beteiligt haben oder ob Thurn mit den bei derselben nicht Anwesenden eine eigene Beratung gepflogen habe, bleibt sich gleich; auf jeden Fall wurde die Ermordung der Statthalter schon am 22. Mai definitiv beschlossen. Bei der Erwägung über die Todesart riet Ulrich Kinsky zur Niederstechung der Statthalter im Lokale der königlichen Kanzlei und Thurn schloss sich seiner Meinung an.[233] Doch erlangte dieselbe nicht die allgemeine Zustimmung und man entschied sich für den Fenstersturz. Vielleicht wirkte auf diese Wahl die Erinnerung ein, dass der Fenstersturz in Böhmen eine gewisse historische Berechtigung genieß; denn schon zu wiederholten Malen hatte sich die Erbitterung der Menge gegen missliebige Personen in dieser Weise Luft gemacht. Man begreift nun, weshalb Thurn mit den Ständen auf dem Schlosse bewaffnet erscheinen wollte.

Unzweifelhaft ging Thurn in der Wahl der Vertrauensmänner äußerst vorsichtig vor. Dennoch konnte er nicht verhüten, dass die Stadt mit dunklen Gerüchten von einem außerordentlichen Ereignisse, das bevorstehe, angefüllt war, die sogar in der Form einer nicht näher zu definierenden Warnung bis zu den Ohren der Statthalter gelangten. Doch legten ihr gerade jene Personen, die dieselbe am meisten hätten beherzigen sollen, nicht die verdiente Wichtigkeit bei. Nur Michna, der verhasste Schreiber, beurteilte seine Gegner richtig. Das vollgerüttelte Mass des Hasses, das er sich verdient, wohl kennend, begab er sich noch am Dienstag (22. Mai) auf die Flucht nach Wien und verursachte durch diese Vorsicht seinen Gegnern, zwar nicht den letzten, aber jedenfalls den bittersten Ärger.

So brach endlich der 23. Mai an 1618, der Schicksalstag von Böhmen, der „Anfang und die Ursache alles folgenden Wehs", wie die böhmischen Exulanten fruchtlos in der Fremde klagten.[234] Die ersten Szenen der von diesem Tage an alles überflutenden Bewegung spielten auf der Alt- und Neustadt. In Folge der Aufforderung, welche die Stände an die Prager Gemeinden gerichtet hatten, um sie zum Anschlusse einzuladen, war sowohl der Altstädter als Neustädter Stadtrat in früher Morgenstunde zu einer Sitzung zusammengetreten. Da die weitaus größere Mehrzahl der Bürger die katholischen Neigungen der Stadtbehörden verwünschte und sie als eine ihnen selbst angetane Beschimpfung

---

233 So erzählte später Schlick in einem Schreiben an Liechtenstein dd. 21. März 1621. Orig. im Neuhauser Archiv.

234 Skala II, 124.

betrachtete, so hatte dies eine große Gärung zur Folge, welche ihren Einfluss bis in die Ratssäle geltend machte. Auf der Neustadt brachen die protestantischen Stadträte mit einem einzigen Anlaufe die Fesseln, welche die Furcht vor der Regierung bisher um sie geschlungen; trotz aller Einsprache des Königsrichters erklärten sie sich für den Anschluss an die Stände und ließen dem Beschlusse die Tat auf dem Fuße folgen, indem sie eine Deputation an den Protestantentag abordneten, welche den Ständen auf das Schloss folgen sollte. So reichte ein Augenblick hin, in dem das gereizte religiöse Gefühl zur Herrschaft gelangte, diesen Teil der Stadt in seiner wahren Überzeugung hervortreten und alle dagegen angewendeten Künste als eitle Anstrengungen erscheinen zu lassen.[235]

Nicht so glatt und rasch liefen die Dinge auf der Altstadt ab. Hier hatten sich unter dem Vorsitze des Bürgermeisters die Mitglieder des Stadtrates und die Vertreter der Zünfte zusammengefunden. Der Königsrichter Schrepl, der gleichfalls erschienen war, wollte die Sitzung eben eröffnen, als mehrere unberufene Personen in den Saal eindrangen, deren Absicht offenbar darauf hinausging, auf die Verhandlung einen Druck auszuüben. Es waren dies einige tonangebende Mitglieder unter der protestantischen Bürgerschaft, der jüngere Fruewein, Kutnauer, Weleslawin, Oršinovský, durchwegs Personen, die der Brüderunität, also der entschiedenen protestantischen Richtung, angehörten. Der Bürgermeister setzte den Gegenstand der folgenden Beratung dahin fest, dass den Ständen eine Antwort auf ihre Einladung zum Protestantentage zu erteilen sei. Als er die übliche Umfrage zuerst an den Primas Kirchmayer richtete, schnitten die Eindringlinge dem Gefragten die Antwort mit lautem Geschrei ab und verlangten, dass sich Jedermann aus dem Ratssaale entferne, der ein Katholik sei, denn es handle sich hier um Angelegenheiten der Protestanten. Schrepl erhob sich mit einem Protest gegen die tumultuarische und ungesetzliche Forderung, erklärte aber schließlich, dass er den Saal mit seinen Glaubensgenossen räumen wolle, wenn dies der Wille der übrigen Ratsherren sei. Der Bürgermeister, anstatt eine darauf bezügliche, nach der neuen Städteordnung überhaupt unzulässige Umfrage zu tun, erwiderte, dass von einer Entfernung des Königsrichters eben so wenig die Rede sein dürfe, als von der der übrigen Katholiken, die Beratung solle eine gemeinschaftliche sein und es sei der Wunsch der Protestanten, dass auch die Katholiken an derselben teilnehmen möchten. Diese Sprache und die gleichgültige Haltung des protestantischen Teiles der Versammlung zeigte den Eingedrungenen, dass sie ihr Ziel nicht erreichen könnten; sie entfernten sich, nachdem sie vorher alle Protes-

---

235 Skala II, 126.

tanten aufgefordert hatten, den Saal mit ihnen zu verlassen, weil ihnen daselbst kein Recht werden könne. Auch dieser Aufruf verhallte wirkungslos. Der gesamte Rat setzte die Verhandlung fort und beschloss, mit Ausnahme eines einzigen, schüchtern widersprechenden Mitgliedes, die Einladung der Stände abzulehnen.[236] Kutnauer aber und seine Genossen, nicht länger das Resultat der Sitzung abwartend, eilten auf das Schloss, wo sich bereits die Mitglieder des Protestantentages eingefunden hatten, und behaupteten da dreist, der Königsrichter schließe die Ratsherrn ein und zwinge ihnen seine Vorschläge auf.

Während sich auf der Alt- und Neustadt die erzählten Szenen abspielten, versammelten sich die Mitglieder des Protestantentages im Karolinum und setzten sich von da aus nach dem Schlosse in Bewegung, um den Statthaltern die beschlossene Antwort zu überreichem Thurn selbst war schon seit früher Morgenstunde in Tätigkeit, um die letzten Vorbereitungen für das Gelingen des Aufstandes zu treffen. – Nicht ohne einige Verwunderung wird man unter denjenigen Personen, die um die beabsichtigte Ermordung der Statthalter wussten, die Namen des Grafen Schlick und Wilhelms von Lobkowitz vermisst haben. In der Tat waren diese beiden Männer nicht in das Geheimnis gezogen worden; der Grund lag nicht so sehr in einem Zweifel an ihrer revolutionären Gesinnung, als an der Entschlossenheit ihres Charakters, wenigstens hatte Schlick durch sein Verhalten während der Erhebung Ferdinands auf den böhmischen Thron dazu Veranlassung gegeben. Nun zögerte aber Thurn nicht länger, den letzteren von seinen wahren Absichten in Kenntnis zu setzen, damit ihm dieser nicht etwa im entscheidenden Augenblicke unerwartete Hindernisse bereite und suchte ihn deshalb in seiner Wohnung in der siebenten Morgenstunde auf.

Über den Verlauf dieser Zusammenkunft berichtete Schlick drei Jahre später in einem zu seiner Rechtfertigung abgefassten Schreiben: Thurn habe ihm gleich im Beginne die furchtbare Mitteilung über das den Statthaltern bevorstehende Los gemacht, worüber er im höchsten Grade erschrocken sei und den Grafen „um Gottes willen gebeten habe, eine solche hochverfängliche, weitaussehende und unerhörte That nicht vorzunehmen." Thurn aber habe ihn „schnauzend und drohend" angefahren und gesagt: „Es müsste bei Gott (das Beschlossene) ausgeführt werden, und wenn sich Jemand dawidersetzen würde, so solle ihm gleiches geschehen." So arg sei der Streit zwischen den beiden Grafen geworden, dass sie sich nahezu „gerauft" hätten. Schließlich habe Thurn den zagenden Schlick durch das Versprechen beschwichtigt, es solle den Ständen auf dem Schlosse die Entscheidung überlassen werden, ob die

---

236 Bericht des Königsrichters über die Sitzung im böhmischen Statthaltereiarchiv.

Statthalter zu ermorden seien oder nicht. In der Hoffnung, dass die Stände den Mord nicht billigen würden, sei er endlich auf das Schloss gegangen. „Aber der falsche ehrlose Mann", so setzte Schlick seinen Bericht fort, „hat mich und den grossen Haufen und die meisten der Anwesenden schändlich betrogen und hinters Licht geführt." Denn im Schlosse angelangt, sei von keiner Beratung die Rede gewesen, sondern Thurn sei rasch in die Kanzlei gegangen und da habe sich die Tat ereignet, bei der er selbst nur eine Zuschauerrolle gespielt.[237]

So ganz unscheinbar und unschuldig war jedoch die Rolle nicht, die sich Schlick in diesem Schreiben zuteilt. Unzweifelhaft wahr mag nur die Behauptung sein, dass er erst am 23. Mai in das Geheimnis des Fenstersturzes eingeweiht wurde und dass er bei der ersten Mitteilung einigen Schrecken empfand. Aber sicher ist es aus seiner folgenden wohl bekannten Haltung während der entscheidenden Stunde, dass er sich mit dem Plane des Grafen völlig befreundet hatte, denn er tat nicht bloß das seinige zur Aufreizung der Stände gegen die Statthalter, sondern lobte den schlauer Deputierten gegenüber geradezu den beabsichtigten Mord. Nach dem unverwerflichen Zeugnisse des böhmischen Historikers Skala, der später ins Exil wandern musste, rief Schlick, als er auf dem Schlosse angelangt war, die genannten Deputierten bei Seite und bereitete sie auf die kommenden Ereignisse in einer Weise vor, welche den folgenden Mord völlig billigte. Von einem Zwiespalt zwischen ihm und Thurn war also wenigstens in dem entscheidenden Augenblicke keine Rede.[238]

So wie Schlick nur moralisch gezwungen an dem Fenstersturze teilgenommen haben will, so behauptete auch später Wilhelm von Lobkowitz seine Unschuld an demselben. Auch er erzählte drei Jahre später, dass er erst am 23. Mai das Geheimnis des Aufstandes erfahren habe und zwar auf dem Wege der Stände nach dem Schlosse. Bei dem Gange über die Brücke trat Fels zu ihm heran und teilte ihm mit, dass heute einige Statthalter zum Fenster hinausgeworfen würden. Lobkowitz fragte, wo dies beschlossen worden, worauf Fels nur mit dem Kopfe schüttelte und an die Seite des Grafen Thurn ritt, der sich bereits bei dem Zuge eingefunden hatte. Als er auf dem Schlosse anlangte, erblickte er daselbst den Grafen Schlick und stellte an ihn die Frage, was es mit dem beabsichtigten Fenstersturze für ein Bewenden habe. Letzterer erwiderte, er wisse nichts Näheres und habe nur von Thurn und Fels eine kurze Mitteilung erhalten. Wilhelm von Lobkowitz schloss diesen seinen Bericht mit der

---

237 Das Original dieses Briefes Schlicks an Liechtenstein findet sich im Neuhauser Archiv. Dieser Brief ist in Ton und Gehalt äußerst merkwürdig und wir werden auf denselben am Schlusse des Werkes vor den Exekutionen im J. 1621 näher eingehen.

238 Skala II, 124.

Behauptung, er habe auf dies hin gar nicht in den Sitzungssaal der Statthalter eintreten wollen, sei aber wiederholt gerufen worden und so habe er sich endlich in demselben eingefunden.[239]

Sei dem nun, wie ihm wolle, mag die Teilnahme dieser zwei Herren eine mehr oder weniger freiwillige gewesen sein, so viel steht nach den gegebenen Mitteilungen fest, dass auch sie um den beabsichtigten Mord wussten, dass Thurn die veranlassende Ursache und die treibende Kraft bei dem Fenstersturze war und dass diese Tat nicht in einem Augenblicke überwallender Leidenschaft verübt, sondern längere Zeit vorher mit zahlreichen Personen beraten und beschlossen wurde.

Gegen die neunte Morgenstunde kam der Zug der Stände vor dem Schlosse an. Jedermann trug Waffen, die Mehrzahl war noch überdies von einem oder mehreren bewaffneten Dienern begleitet. Der Schlosshauptmann und Kommandant der Burgwache Dionys Černín von Chudenic erhob keinen Anstand gegen die Einlassung der bewaffneten Menge und war hierin von den Statthaltern selbst nach Slawatas eigenem Geständnisse bestärkt worden. Nachdem die Stände Einlass in die Burg gefunden, versammelten sie sich vorläufig in den Landtagslokalitäten und ließen sich hier die von den Defensoren ausgearbeitete und für die Statthalter bestimmte Antwort vorlesen. Dieselbe war ihrem Inhalte nach eigentlich ein Protest gegen die versuchte Verhinderung ihrer Zusammenkunft, so wie gegen die angedrohte Prozessierung und enthielt am Schlusse die direkte Frage an die Statthalter, ob und welchen Anteil sie an der Redaktion des kaiserlichen Drohschreibens vom 21. März gehabt hatten. Die kraftvolle Sprache des Aktenstückes fand den Beifall der Stände, sie wollten eben die improvisierte Sitzung schließen, als der obenerwähnte Kutnauer hereinstürzte und den Altstädter Königsrichter beschuldigte, dass er die Stadträte eingeschlossen halte, um ihren Anschluss an die Stände zu verhindern. Sein Bericht, den Niemand widerlegen konnte, vermehrte, wenn möglich, die Gärung und Erbitterung. Alles erhob sich, um die Statthalter in ihrem Sitzungssaale aufzusuchen.

Wer das Prager Schloss kennt, weiß, dass dasselbe hauptsächlich aus zwei Teilen besteht, dem neuern, der seine Umgestaltung und seinen Ausbau dem 17. und 18. Jahrhunderte dankt, und dem ältern, der dem 14. und 15. Jahrhunderte angehört und seine ursprüngliche Form noch beibehalten hat. Dieser alte Teil umfasst jene Räumlichkeiten, die ehedem für die Sitzungen der böhmischen Landtage bestimmt waren, darunter den berühmten Wladislawsaal, dann einige Gemächer, die zum Gebrauche der Landesämter dienten. Unter

---

239 MS 56. der Bibl. des F.G. Lobkowitz in Prag. Geständnis des Wilhelm von Lobkowitz.

den letzteren befand sich auch der Sitzungssaal der Statthalter, ein Zimmer von den Dimensionen einer bequemen Amtsstube, dessen drei Fenster nach Ost, Süd und West gehen. In diesem Saale, der noch heute die höchst einfache Einrichtung des denkwürdigen Maitages von 1618 enthält, versammelten sich am 23. morgens nur vier Statthalter: der Oberstburggraf Adam von Sternberg mit seinem Schwiegersohne, dem Burggrafen von Karlstein, Jaroslaw von Martinitz, der Oberstlandrichter Wilhelm von Slawata und der Grandprior des Malteserordens Diepold von Lobkowitz. Ihnen zur Seite befand sich der bis dahin nie genannte Sekretär M. Philipp Fabricius. Von den nicht anwesenden sechs Statthaltern war Adam von Waldstein durch einen Podagraanfall, der ihn ans Bett fesselte, am Erscheinen verhindert, die fünf anderen Statthalter waren zwei Tage vorher von Prag abgereist und vermutlich noch nicht zurückgekehrt.[240] An ihrer Abwesenheit mögen vielleicht die obenerwähnten Warnungen mehr Ursache gehabt haben, als irgendwelche dringenden Geschäfte.

Die vier Statthalter mochten erst wenige Minuten versammelt gewesen sein, als die Stände herangestürmt kamen. Alle drängten sich in den Sitzungssaal, doch konnte sie das wenig geräumige Gemach nicht fassen und so musste ein bedeutender Teil auf der Stiege Halt machen. An der Spitze der im Saale befindlichen standen Thurn, Schlick, Ruppa, Wilhelm von Lobkowitz, Kapliř, Ulrich Kinsky und Paul von Řičan. Letzterer ergriff zuerst das Wort und fragte die Statthalter, was die Aufregung in der Stadt zu bedeuten und wer die Königsrichter bezüglich ihrer jüngsten Maßnahmen instruiert habe. Der Oberstburggraf, mit den Vorgängen auf der Alt- und Neustadt noch unbekannt, erklärte, von nichts zu wissen, und wollte einen Boten um Einholung genauerer Nachrichten abschicken. Thurn trat dazwischen, die Absendung, sagte er, sei nicht nötig, da Kutnauer über die Zwangsmaßregeln der Richter Bericht erstattet habe. Nachdem so der Streit eingeleitet war, zog Řičan die von den Defensoren ausgearbeitete und von den Ständen eben gebilligte Schrift heraus und las sie den Statthaltern vor. Für die letzteren war jene Stelle, in der die Frage direkt an sie gerichtet wurde, ob das kaiserliche Drohschreiben von ihnen herrühre, jedenfalls die bedeutsamste, ihre bedenkliche Seite wurde nicht wenig durch die am Schlusse angehängte Drohung verstärkt, dass sich die Stände fortan gegen jeden, der ihnen ein Unrecht zufüge, Recht verschaffen würden.[241]

Die Statthalter hörten der Vorlesung schweigend zu und besprachen sich hierauf leise miteinander. Der Oberstburggraf ergriff zuerst das Wort und verlangte vor Erteilung der Antwort, dass ihm die ständische Protestation über-

---

240   Raudnitzer MS VI. E.d. 11.

241   Die ganze folgende Geschichte des Fenstersturzes erzählen wir nach Skala und Slawata.

reicht werde, damit er ihren Inhalt mit seinen Kollegen nochmals erwägen könne. Anfangs wurde dies verweigert und Thurn drang darauf, die Statthalter sollten unverweilt erklären, ob sie an dem kaiserlichen Schreiben mitgewirkt oder nicht. Der wiederholt gestellten Bitte wurde aber genügt und Paul von Řičan legte die Urkunde in die Hände Sternbergs. Nachdem sich letzterer nochmals mit seinen Amtsgenossen leise am Fenster beraten hatte, verweigerte er entschieden eine Antwort auf die Frage der Stände. Es ist, sagte er, eine unerhörte Sache, dass man je an die Räte des Kaisers, die sich durch einen Eid zur Geheimhaltung aller Verhandlungen verpflichtet haben, eine solche Anforderung gestellt hätte. Beliebe es den Ständen, denjenigen zu kennen, der dem Kaiser zu jenem Schreiben geraten, so sei es passender und einfacher, sich mit ihrer Frage geradezu an Seine Majestät zu wenden. Ob eine solche Frage, sagte Thurn, jemals an die Räte des Kaisers gestellt wurde oder nicht, ist eine gleichgültige Sache; wir erklären aber, dass wir nicht eher von hier weichen werden, bevor wir nicht eine entschiedene Antwort, ein Ja oder Nein haben. Ein Beifallssturm und die wie zum Schwur emporgehobenen Hände der im Zimmer Anwesenden bekräftigten die Worte und den Entschluss Thurns. Einige Herren drängten sich zugleich an den Oberstburggrafen und sagten, es könne ihm so wenig wie dem Grandprior schwer fallen, eine verneinende Antwort zu geben, denn man sei von ihrer Unschuld überzeugt.

Um Zeit zu gewinnen, verlangte jetzt Sternberg, dass ihm und seinen Kollegen erlaubt werde, sich mit den abwesenden Statthaltern wegen einer Antwort zu beraten, da er nichts ohne den Beirat des Obersthofmeisters, Herrn von Waldstein, tun könne. Da der letztere krank zu Bette lag, so hätte ein Eingehen auf die Bitte Sternbergs die Statthalter aus ihrer sichtlich bedrohten Lage befreit, und es war nicht zu erwarten, dass sie sich ein zweites Mal in dieselbe begeben würden. Deshalb wollten die Stände nichts von einem solchen Aufschube wissen; Thurn, Fels und Wilhelm von Lobkowitz (ein Vetter des Statthalters Diepold von Lobkowitz) waren die lautesten Opponenten. Der letztere schnitt die Berufung auf den Obersthofmeister schließlich damit ab, dass er erzählte, er habe denselben gestern auf seinem Krankenlager besucht und von ihm die positive Versicherung erlangt, dass er nie zu dem kaiserlichen Schreiben geraten. Wilhelms von Lobkowitz Haltung war also keineswegs so zahm, als er später glauben machen wollte, oder er hatte sich ebenso rasch bekehrt wie Schlick. Mit donnernder Stimme kehrte sich jetzt letzterer gegen Slawata und Martinitz und bezeichnete sie als die Urheber alles Unglücks, das sie auf Eingebung der Jesuiten angerichtet hatten. „Habt ihr nicht den edlen und tapferen Grafen Thurn um sein Amt als Burggraf von Karlstein gebracht und hat nicht

Martinitz gegen alle Gesetze des Landes sich in dies Amt eingedrängt? So viel durftet ihr, nichtswürdiges jesuitisches Gesindel! mit euern Helfershelfern, den Secretären, wagen! So mögt ihr denn wissen, dass wir keine alten Weiber sind – und er begleitete diese Worte mit einer spöttischen Bewegung der Hand nach der Nase – sondern dass ihr es mit Männern gleichen Standes wie ihr zu tun habt. So lange ein älteres Geschlecht noch in diesem Lande regierte, ging es gut, sobald aber ihr, Zöglinge der Jesuiten, zur Herrschaft. gelangtet, ging alles quer, und ihr bemühtet euch aus allen Kräften, uns um unsere Privilegien zu bringen."

Wenzel von Ruppa sagte darauf, es komme hier nicht auf die Beschwerden eines einzelnen, auf die Burggrafschaft Thurns an, es handle sich einzig und allein um die religiöse Freiheit Böhmens. „Es ist allgemein bekannt," fügte er hinzu, „Welche Bedrückungen die Bewohner geistlicher Güter Zu erdulden haben; wenn die Defensoren sich ihre Vertheidigung angelegen sein liessen, wurden sie theils durch Drohungen, theils durch Versprechungen zum Schweigen gebracht. Zwietracht wird unter die Stände gesäet, aber es soll der ganzen Welt offenbar werden, wer im Rechte ist." Nachdem auch Thurn erklärt hatte, es handle sich hier nicht um die Kränkungen, die seiner Person widerfahren seien, und nachdem er erzählt hatte, dass er „armer Graf" nach Wien zur Verantwortung mit augenscheinlicher Gefahr für sein Leben zitiert worden sei, drängte sich der jugendliche Albrecht Smiřicky, der bisher im Hintergrunde gestanden war, an die Statthalter heran und klagte über die Bedrückungen, die der Adel erlitten habe und die solcher Art seien, dass man sich dieselben kaum gegen Leibeigene erlauben dürfe. Es war dies eine Behauptung, für die der junge Brausekopf wohl schwerlich Beweise hätte verbringen können und die umso weniger am Platze war, als sie mit der gegenwärtigen Streitfrage nichts zu tun hatte. Colonna von Fels sprach zuerst das entscheidende Wort aus, das auf aller Zunge schwebte, indem er Martinitz und Slawata als die Urheber des kaiserlichen Schreibens und als die allein Strafwürdigen erklärte, und hinzufügte: „Mit dem Oberstburggrafen und dem Grandprior sind wir wohl zufrieden, sie haben sich nie als Feinde unserer Religion geberdet und es liegt kein Anzeichen vor, dass sie an jenem Schreiben mitgeholfen. Haben sie es dennoch gethan, so thaten sie dies nur, verleitet von jenen zwei Gegnern." Als er die anwesenden Stände befrug, ob sie derselben Meinung seien, stimmten alle bei: Slawata und Martinitz wurden für die allein Schuldigen erklärt. In wirrer Hast ertönten von verschiedenen Seiten her neue Anklagen gegen sie, einzelne Vorfälle wurden erzählt, die als systematische Bedrückung der Protestanten ausgelegt und den beiden Herren zur Last gelegt wurden.

Als darauf eine augenblickliche Erschöpfung der Stimmführer eintrat, benützte Slawata, der bisher einen stummen Zuschauer abgegeben hatte, diesen Moment zu seiner Verteidigung, denn schon begann er sein Schicksal zu ahnen. Dennoch mochte ihm, wenn er die Augen aufschlug und in der Reihe der Gegner seinen leiblichen Bruder und sechs Vettern sah, einige Hoffnung auf eine billige Behandlung aufleuchten, weil er nicht annehmen konnte, dass die heiligsten Gefühle der Blutsverwandtschaft so an ihm verletzt würden. Er begann seine Verteidigung mit der Behauptung, dass sein Ruf unter der Last übler Verleumdung erliege; ehedem habe man ihn angeklagt, dass er den Passauer Einfall mitverschuldet habe, worauf er vor Gericht den Beweis seiner Unschuld geliefert habe. Ebenso wenig habe er auch je den Majestätsbrief verletzt und bitte deshalb die Stände, sich einer übereilten Handlung zu enthalten, sie könnten ja, wenn es ihnen beliebe, einen Prozess wegen Verletzung der Landesgesetze gegen ihn anhängig machen. In meiner Stellung als Kammerpräsident, sagte er, kann man mir nicht ein einziges Mal nachweisen, dass auf irgend einem Gute des Kaisers die Protestanten gewaltsam zur katholischen Kirche gedrängt worden seien. Man sagt, aus Krummau seien Protestanten durch mich zur Auswanderung genötigt worden. Allein ich gebe zu bedenken, dass dies Leute waren, welche wegen ihrer revolutionären Haltung diesen Beschluss veranlasst haben, dass eine Kommission, welche fast durchwegs aus protestantischen Kammerräten bestand, ihn gefasst hat und dass derselbe bis jetzt noch nicht vollständig durchgeführt ist.

Nun erhob auch Martinitz seine Stimme und behauptete gleichfalls, nie den Majestätsbrief verletzt zu haben und seine Schuldlosigkeit vor Gericht dartun zu können. Wenn er vor der Erteilung des Majestätsbriefes seine Untertanen habe katholisch machen wollen, so habe er sich dabei nur zulässiger Mittel bedient, und übrigens gehe es Niemanden etwas an, was er auf seinem Gute tue, auch er kümmere sich um Niemandes Besitzungen. Auch Slawata wollte sein Betragen auf den ihm gehörigen Gütern rechtfertigen; kaum hatte er aber begonnen, als Litwin von Řičan, an dessen Gürtel eine Terzerole hing, hervortrat und ihn beschuldigte, dass er einen Bürger aus Neuhaus zur Auswanderung der Religion wegen genötigt habe. Diesen Vorwurf lehnte Slawata mit der Erklärung ab, dass jener Bürger nur deshalb ausgewandert sei, weil er eine Erbschaft von mehr als 100.000 Gulden gemacht hatte und sich ein Landgut kaufen wollte, wozu ihm Slawata selbst behilflich gewesen sei. Während der Streit durch die versuchte, wenn auch wenig erfolgreiche Widerlegung der einzelnen Vorwürfe für die Angegriffenen einen ruhigeren Verlauf zu nehmen schien, bekam er wieder alle Heftigkeit, als Wilhelm von Lobkowitz mit neuen Anklagen hervortrat, welche nicht leicht eine Widerlegung gestatteten. Er erinnerte daran, dass sich Slawata bei der Krönung Ferdinands II der namentlichen Anführung des Majestätsbriefes unter den zu bestätigenden Privilegien widersetzt habe, woraus natürlich nur zu sehr dessen feindselige Stimmung gegen die Protestanten gefolgert werden konnte. Der Beklagte konnte dies nicht in Abrede stellen, suchte aber seine Handlungsweise zu rechtfertigen. Die Aufregung der Stände war bei diesen neuen Anklagen so hoch gestiegen, dass Thurn, Fels und Wilhelm von Lobkowitz nicht weiter ihre Absichten zu verheimlichen brauchten, sondern den zwei bedrohten Statthaltern geradezu sagten, es handle sich um ihr Leben und mit diesem müssten sie für all ihr Treiben büßen. Beide baten, man möge doch nicht so vorschnell handeln, beriefen sich auf ihren alten Adel, auf den Kaiser, auf die Gesetze des Landes, allein ihre Einwände wurden durch die Vorwürfe Ruppas, des Grafen Schlick, Ulrich Kinskys und. Anderer, die alle gleichzeitig sprachen und nicht länger die Bestrafung verschoben wissen wollten, übertäubt. Fels überschrie endlich alle und fragte, ob es die Meinung der Anwesenden sei, dass die zwei Angeschuldigten als Feinde des Gemeinwohles und Schädiger des Majestätsbriefes anzusehen und darnach zu bestrafen seien. Ein plötzliches Grauen bemächtigte sich aller und kein bejahendes Wort unterbrach die Stille. Man bebte vor dem beabsichtigten Morde zurück.

Um der Entmutigung keinen Raum zu geben, stellten Thurn, Fels und Wilhelm von Lobkowitz fast zu gleicher Zeit die Frage, wer also der Verfasser des kaiserlichen Schreibens sei und welchen Antheil die Statthalter an demselben hätten. Nach wenigen Augenblicken der Beratung, die unter dem Einflusse wilder Blicke, drohender Gebärden und blanker Waffen stattfand, sagte der Oberstburggraf: „Da die anwesenden Herren von ihrem Vorhaben nicht ablassen wollen und uns in einer unerhörten Weise bedrängen, so erklären wir, dass wir nur unter diesem gewaltsamen Einflusse den Eid als Räthe des Kaisers verletzen. Bezüglich der Worte des kaiserlichen Schreibens, durch welche die Stände und die Defensoren sich in ihrer Sicherheit und in ihrem Leben bedroht finden, erklären wir, dass wir weder zu ihnen, noch zu dem ihnen unterlegten Sinn, noch überhaupt zu dem ganzen Schreiben irgendwie gerathen haben. Da es zu geschehen pflegt, dass denselben Worten oft der verschiedenste Sinn unterlegt wird, und nur derjenige, von dem sie ausgehen, den wahren Sinn bestimmen kann, so muss hier der Kaiser um seine eigentliche Meinung befragt werden. Soweit wir selbst hierin urtheilen können, erscheint uns die harte Auslegung der Stände ungerechtfertigt, und es würde sich dieses leicht ergeben, wenn man das Schreiben aufmerksam lesen wollte." Es ist gegenwärtig bekannt, dass der Oberstburggraf die Wahrheit sprach und dass der Urheber des bewussten Schreibens in Wien und nicht in Prag zu suchen war. Die Stände, legten indes der Aussage Sternbergs keinen Glauben bei, doch konnten sie über dieselbe nicht gleichgültig hinausgehen. Es war Thurns Absicht, über die zwei verhassten Statthalter wegen des Schreibens eine Art Schuldig aussprechen zu lassen und dann die Exekution vorzunehmen. Nun konnte er die beiden Gegner doch nicht wegen eines Verbrechens strafen, zu dem sie sich nicht bekannten und das ihnen nicht erwiesen werden konnte. Als ein vorsichtiger Mann hatte er diesen Fall vorhergesehen und für die Verurteilung eine andere Begründung vorbereitet. Diese andere Begründung boten die Amnestieverhandlungen von 1609. Als neun Jahre früher die Stände Rudolf II den Majestätsbrief dadurch abtrotzten, dass sie sich gegen ihn bewaffneten, verlangten sie, nachdem der Kaiser ihren Wünschen nachgegeben hatte, von demselben die Erteilung einer Amnestie für alle Akte ihres revolutionären Auftretens. Rudolf fertigte das gewünschte Patent aus und alle katholischen Landesbeamten unterzeichneten es; nur Slawata und Martinitz verweigerten beharrlich ihre Unterschrift. Da protestierte damals Wenzel Budowec im Namen aller Protestanten gegen dies Benehmen und erklärte: „wenn in der Zukunft jemals der Majestätsbrief verletzt würde, so müssten sich die Stände dem Verdachte hingeben, dass die zwei Herren Ursache dieser Verletzung seien, und nichts würde sie hindern, ihr Recht gegen jeden Verletzer auf Leben und Tod zu vertheidigen."

Als nun der Streit mit des Oberstburggrafen verneinender Antwort ein Ende hätte nehmen sollen, zog Paul von Řičan eine zweite Schrift hervor und las den Text der Protestation, welche Budowec im Jahre 1609 im Landtage niedergelegt hatte. Die eben mitgeteilte Stelle erfuhr aber eine eigentümliche Änderung, solcher Art nämlich, dass sie Slawata und Martinitz strafwürdig hinstellte, mochten diese den Majestätsbrief verletzt haben oder nicht. Sie lautete nämlich nach der jetzt angebrachten Korrektur: „Wenn es in der Zukunft je dazu kommen sollte, dass der Majestätsbrief verletzt würde, so würde man *sich an jene Personen, welche jetzt die Unterzeichnung der Amnestie verweigert haben, als an die Feinde der Ordnung und Einigkeit halten.*" Diese Änderung hatte die Bedeutung, dass Slawata und. Martinitz für jede Verletzung des Majestätsbriefes, mochte sie von ihnen oder von jemandem andern ausgehen, verantwortlich gemacht und folglich als Feinde der öffentlichen Ordnung dem Tode geweiht wurden.

Gegen die auffallende Änderung des Textes fanden die beiden angegriffenen Herren wenig Zeit zu antworten. Slawata bemerkte dieselbe wohl, aber er getraute sich nicht mehr, dagegen zu protestieren. Am Schlusse las Řičan noch folgenden Zusatz: „Da die Stände thatsächlich überzeugt sind, dass die zwei Herren als Verletzer des Majestätsbriefes anzusehen sind, so erklären sie dieselben für ihre und des Gemeinwohles Feinde." Der Vorleser war zu Ende, als er dieses Todesurteil sprach, und. fragte seine Freunde, ob das ihre Meinung sei. Ein einstimmiger Schrei bejahte es, und war nur untermischt von den bedauernden Worten einzelner, dass man nicht auch den „Langen", d.i. den Kanzler, welcher in Wien weilte, zur Hand habe.

So waren Slawata und Martinitz für Feinde des Vaterlandes und als außer dem Gesetze stehend erklärt; die Exekution des Urteils konnte nicht lange auf sich warten lassen. Ulrich Kinsky trat zu dem über diese Entwicklung entsetzten Grandprior und lispelte ihm ins Ohr, er möge sich nicht fürchten, ihm und dem Oberstburggrafen werde nichts geschehen, aber die zwei andern müssten zum Fenster hinaus. Auch Thurn, Fels und Wilhelm von Lobkowitz versicherten die zwei Statthalter, es werde ihnen, da man sie für Freunde halte, kein Leid widerfahren; wir haben es, hieß es, hier nur mit den beiden anderen, den Feinden unserer Religion, zu tun. Ruppa fügte hinzu: „Es ist Zeit, dass wir ein Ende mit ihnen machen; wir werden unser Betragen später schriftlich vor der Welt rechtfertigen."

Vergeblich bat der Oberstburggraf mit Tränen in den Augen, man möchte doch nichts tun, was schwere Folgen nach sich ziehen könnte. Die meisten Personen, die er anblickte, waren mit ihm verwandt; er beschwor sie bei den Banden des Blutes um ihren Beistand. Fels fasste den Oberstburggrafen am Arme und befahl ihm, sich zu entfernen, wenn er nicht das gleiche Schicksal mit den Verurteilten teilen wolle und Wilhelm von Lobkowitz ergriff seinen Vetter, den Grandprior, der sich an Sternbergs Mantel angeklammert hatte. Martinitz, der wohl einsah, dass alles verloren sei, wenn sich der Oberstburggraf entfernen würde, bat denselben auf das beweglichste, sich nicht von ihm zu trennen; die Statthalter müssten gemeinsam ihr Loos teilen, ob es auf Tod oder Leben laute. Gewiss würde Herr von Sternberg dieser Bitte nachgegeben haben, war ja doch der arg bedrohte sein Schwiegersohn, aber es wurde weder ihm noch dem Grandprior eine Wahl gelassen; sie wurden aus der Kanzlei gedrängt und gestoßen, und mussten die Kollegen ihrem Schicksale überlassen.

Nachdem Sternberg und. Diepold von Lobkowitz entfernt waren, riefen einige Herren, welche noch immer um die Absicht der Anführer nicht wussten oder von Mitleid bewegt waren, man möge die Angeklagten schnell in den schwarzen Turm schaffen; aber dieser Ruf wurde durch den übertönt, man solle sie zum Fenster herauswerfen. Jetzt drängte sich auch Ulrich Kinsky vor und beschuldigte die beiden Statthalter, dass sie seinen flüchtigen Bruder Wenzel auf Tod und Leben verfolgt und einen Preis von 10,000 Schock auf seinen Kopf gesetzt hätten. Es war dies ein unsinniger Vorwurf, denn Wenzel Kinsky war zumeist durch den Beschluss der protestantischen Stände im J. 1615 als ein Verbrecher gebrandmarkt und daraufhin verurteilt worden, wogegen die

Statthalter damals bei dem Kaiser die Fürbitte einlegten, dass die verdiente Strafe den Angeklagten nicht mit ihrer vollen Strenge treffe.

Während Slawata die Tatsachen richtig stellte und sich so gegen Ulrich Kinsky noch zu verteidigen suchte, trat Wilhelm von Lobkowitz hinter Martinitz, ergriff seine beiden Hände und hielt sie auf dem Rücken fest, so dass der Angegriffene sich nicht bewegen konnte. Lobkowitz behauptete zwar später, mit dem Oberstburggrafen sich entfernt zu haben und nicht mehr zurückgekehrt zu sein, allein unverdächtige Zeugen berichten von dieser seiner weiteren Tätigkeit, Gleichzeitig hatte Thurn den Slawata an der Hand gepackt, und beide Statthalter wurden nun näher ans Fenster, und zwar jeder an ein anderes gezogen. Mit den Füssen sich gegen den Boden stemmend und. um Gnade flehend, versuchten sie den äußersten Widerstand; Martinitz bat zugleich, man möge ihm, bevor man ihn töte, einen Beichtvater holen. „Befehl deine Seele Gott," lautete die kurze Antwort der Einen, und: „Sollen wir deine jesuitischen Schelme dir herbringen?" die höhnische der Anderen. Außer Lobkowitz hatten ihn Ulrich Kinsky, Smiřicky, Litwin von Řičan und Paul Kaplíř gefasst; während sie ihn vom Boden hoben, bat er inständigst den Erlöser und seine heiligste Mutter um ihre Hilfe. Angetan in seinem Mantel, umgürtet mit seinem Degen und nur mit bloßem Haupte wurde er kopfüber in den achtundzwanzig Ellen tiefen Graben gestürzt; man konnte hören, wie er im Falle noch die Namen: Jesus, Maria ausrief. Kinsky rief ihm spottend nach: „Wir wollen doch sehen, ob ihm seine Maria hilft," und sich zum Fenster hinausbeugend sah er an den Bewegungen des Martinitz, dass er vom Falle kaum beschädigt sein konnte, und rief in höchster Verwunderung aus: „Bei Gott, seine Maria hat ihm geholfen!"

Schon stand auch Thurn mit Slawata am Fenster; er kehrte sich jetzt an die Herren, welche soeben Martinitz hinausgeworfen hatten, und sagte zu ihnen in deutscher Sprache: „Edle Herren, hier habt ihr den andern." Umsonst bat auch Slawata um einen Beichtvater; am Fenster stehend, bezeichnete er sich mit dem Kreuze und rief aus: „Gott sei mir armen Sünder gnädig." Fortwährend um sein Leben kämpfend, klammerte er sich an den Fensterrahmen an und zerriss, während er sich wehrte, die goldene Kette an seinem Halse. Ein Schlag, welcher mit dem Knopfe eines Degens nach seiner Hand geführt wurde, nötigte ihn, dieselbe stark verwundet zurückzuziehen, und so flog auch er hinunter. An dem vorspringenden steinernen Gesimse eines unteren Fensters stieß er im Falle mit dem Köpfe an und schlug sich eine tiefe Wunde, fiel darauf stark auf die linke Hüfte und rollte von dem Rande des Grabens, dessen Entfernung von den Fenstern der Kanzlei achtundzwanzig Ellen maß, noch zwei Ellen tiefer.

Während diese doppelte Exekution vorbereitet wurde, befand sich der Sekretär M. Philipp Fabricius im Hintergrunde der Kanzlei und wagte schüchtern einige der neben ihm stehenden Herren vor dem gefährlichen Treiben zu warnen. Als er sah, welches Schicksal seine Vorgesetzten traf, drängte er sich an den Grafen Schlick und flehte ihn um seinen Schutz an. Allein gerade dies Betragen erregte die Aufmerksamkeit und. entzündete den Hass, den die Stände gegen den Sekretär Michna hegten und den sie nun an dem bisher nie beachteten Fabricius kühlen wollten. Einige sprangen mit Dolchen auf ihn zu und wollten ihn niederstoßen, aber die Ermahnung anderer, man möge doch den Ort nicht mit Blut beflecken, war die Veranlassung, dass Fabricius ergriffen und ohne weitere Umstände zum Fenster hinausgeworfen wurde. Es war in der Zeit zwischen der neunten und zehnten Morgenstunde, als die Exekution beendet war.

Allein der Tod, der den drei Personen zugedacht war, traf sie merkwürdiger Weise nicht. Martinitz und. Fabricius fielen nieder, ohne sich zu beschädigen, und Slawata war nicht so sehr durch den Fall, als durch das Anstoßen an dem Fenstergesimse beschädigt worden. Während er vom Rande des Grabens in die Tiefe desselben rollte, verwickelte sich sein Kopf in den Mantel, das aus der Kopfwunde herausströmende Blut floss ihm in den Mund und benahm ihm die Fähigkeit, leicht atmen zu können, so dass er wie ein Erstickender zu röcheln anfing. Martinitz, der am Rande des Grabens in sitzender Stellung verweilte und sich nicht zu fliehen getraute, um nicht die Leidenschaft der zu den Fenstern herausblickenden Gegner von neuem aufzuregen, konnte es trotz der augenscheinlichsten Gefahr nicht über sich bringen, seinen Schicksalsgenossen ohne Hilfe zu lassen. Er wälzte sich deshalb vom Rande des Grabens nach dem unteren Theile zu, und während der frühere Fall ihm keinen Schaden getan hatte, reichte diese Bewegung hin, dass er sich an seinem Rapiere nicht unbedeutend verletzte. Bei Slawata angelangt, nahm er demselben den Mantel vom Köpfe, wischte ihm mit einem Sacktuche das Blut aus den Augen und. dem Gesichte, zog ein Balsamfläschchen, welches er mit sich zu tragen pflegte, aus der Tasche, hielt es dem ohnmächtigen Freunde unter die Nase und brachte ihn dadurch wieder zur Besinnung. Da die Gefahr keineswegs vorüber war, so ermahnte er ihn, sich im Gebete zu stärken, und beide erwarteten unter frommen Ausrufungen die kommenden Dinge.

Das Gefühl des Sekretärs, als er glücklich in der Nähe der beiden Herren zu liegen kam, war nicht so sehr das des Dankes gegen Gott, als des Ärgers und Erstaunens über die gleichmäßige Behandlung, die er, ein unansehnlicher Beamte, mit den zwei hochgeborenen Statthaltern erfahren hatte. Seine ersten Worte gaben diesem doppelten Gefühle Ausdruck, denn gegen Martinitz gekehrt fragte er: „Was habe ich ihnen denn gethan, dass sie mich herausgeworfen haben?" Martinitz erwiderte: „Herr Philipp, es ist jetzt nicht Zeit, solches zu fragen und die Antwort der Stände darauf zu erwarten. Da ihr der frischeste von uns seid, wollen wir lieber aufstehen, dem Herrn Slawata helfen und ihn in das (naheliegende) Haus der Frau Kanzlerin tragen." Kaum hatte er dies gesagt, als mehrere Schüsse fielen. Mit grenzenloser Verwunderung hatten die Gegner der Statthalter von den Fenstern aus dem Schauspiele zugesehen, das sich vor ihnen im Graben entwickelte. Bei den meisten wich jetzt die frühere Aufregung einer besonneneren Haltung; allein die Anführer riefen ihren Dienern, welche mit in die Burg gekommen waren und in einiger Entfernung von dem Graben, in welchem die Herrn lagen, herumliefen, zu, sie möchten denselben vollends den Garaus machen und sie erschießen. Sowohl aus den Fenstern der Kanzlei, wie von den Wällen fielen zahlreiche Schüsse, allein dieselbe mächtige Hand, welche bisher das Leben der Unglücklichen erhalten hatte, schützte es auch ferner. Slawata und Fabricius wurden von keinem der Schüsse getroffen. Den Martinitz traf eine Kugel an der linken Kopfseite und zerriss sein Halstuch, eine zweite Kugel durchbohrte die Kleidung oberhalb des linken Armes, eine dritte Kugel streifte und verwundete ihn ganz unbedeutend am Arme. Martinitz, durch alles dies zur höchsten Verwunderung und zum tiefsten Dankgefühl veranlasst, rief ein über das andere Mal aus: „Guter Gott, so willst du mich unverwundbar und unsterblich machen!"

Die Diener der Statthalter, mit den Räumlichkeiten der Burg wohl bekannt, liefen unmittelbar nach dem Sturze ihrer Herrn auf Umwegen in den Graben und langten glücklich daselbst an; einige wurden zwar durch die unablässigen Schüsse wieder zurückgetrieben, bei anderen steigerte sich aber der Mut und die Treue mit der Gefahr und sie liefen bis zu ihren Herrn. Zu diesen gesellten sich noch einige ebenso kühne als hochherzige Freunde, während ‚die Gegner den Zugang zum Graben nicht finden und folglich nicht, wie sie wollten, mit blanker Waffe einhauen konnten. Bevor noch die Diener in dem Graben erschienen waren, hatte sich Fabricius, der wohl einsah, dass ein längeres Verweilen schlimme Folgen nach sich ziehen könnte, rasch erhoben, und seinen Mantel, den er im Falle angehabt, zurücklassend entfernte er sich auf ihm wohlbekannten Wegen aus dem Graben und dem Bereiche des Schlosses.

Als Martinitz den Slawata von Dienern und Freunden umgeben sah, dachte er daran, sich in Sicherheit zu bringen. Gestützt auf den Arm eines Dieners eilte er aus dem Graben nach dem Hause des obersten Kanzlers, wo er zunächst auf Schutz hoffen konnte. Auf dem Wege begegnete ihm der Domherr Ctibor Kotwa, der, benachrichtigt von der Gefahr der zwei eifrigen Katholiken, herbeigeeilt war, um, wenn möglich, ihnen den letzten Trost zu spenden. Das Haus des Kanzlers hatte gegen den Graben zu keinen Eingang; der Übelstand wurde dadurch beseitigt, dass von den Bewohnern desselben eine Leiter herausgestellt wurde, auf der Martinitz mit seinen Begleitern hinaufstieg. Trotzdem, dass ein Gegner noch dreimal das Gewehr auf ihn anlegte, gelangte er glücklich in das Innere der Behausung. Hier erwartete ihn bereits sein Beichtvater, der Jesuit Santinus, und Martinitz benützte den ersten Augenblick, seit dem er der unmittelbaren Todesgefahr entronnen war, zur Beichte. Darauf legte er sich zu Bette, nicht als ob ihn seine Schwäche dazu genötigt hätte, aber da er jeden Augenblick des Besuches seiner Feinde gewärtig sein musste, wollte er durch ein jämmerliches Aussehen, das seinen baldigen Tod in Aussicht stellte, ihren Rachedurst zum Stillschweigen bringen.

Nicht so leicht ging die Rettung Slawatas vor sich. Er lag auf dem Boden und konnte sich nicht erheben; es konnte ihm also auch nicht zugemutet werden, sich auf dieselbe Weise wie sein Freund in Sicherheit zu bringen und die Leiter zu besteigen. Seine Diener und Freunde hoben ihn von der Erde auf und trugen ihn durch das hintere Schlossthor in das Haus des Kanzlers, Niemand stellte sich ihnen entgegen. Im Hause angelangt, legte man ihn auf eine Matratze: der herbeigeeilte Arzt Thomason wandte gleich das ehedem so beliebte Heilmittel, den Aderlass, an, reichte ihm dann einen stärkenden Trank und verband seine Kopfwunde. Darauf beichtete Slawata dem Domherrn Kotwa. Kaum hatten die beiden Herren sich etwas getröstet, so hörten sie den Lärm einer großen Truppe, die sich unter Waffengeklirr und Pferdegetrappel dem Hause näherte. Es war dies Thurn an der Spitze seiner Anhänger. Bei dem Hause angelangt, verfügte er sich mit seiner Begleitung unmittelbar zur Gemahlin des Kanzlers, Polixena von Lobkowitz, und verlangte zu wissen, wo die Statthalter untergebracht seien. Die edle Frau wehrte sich entschlossen und würdevoll gegen eine weitere Belästigung ihrer Schützlinge und wollte den Grafen nicht einmal deren Anblick gestatten. Sei es, dass ihre Werte einen mächtigen Eindruck hervorriefen, sei es, dass sie den Zustand der Statthalter mit den traurigsten Farben schilderte, um so den Sterbenden ein Mitgefühl zu sichern, das den Lebenden versagt worden war, jedenfalls bewirkte sie, dass Thurn sich mit seinem Gefolge zurückzog und die Statthalter in dem Zimmer, wo sie untergebracht waren, nicht belästigte. Slawata und Martinitz durften jetzt aufatmen, sie waren gerettet.

Während dieser Vorgänge setzte Fabricius ungehindert seine Flucht fort. Glücklicherweise begegnete er in der Nähe des Schlosses einem Freunde, der ihm Hut und Mantel lieh; so vollständig bekleidet lief er der Moldau zu, ließ sich da in einem Kahne übersetzen und eilte dann in sein auf der Altstadt gelegenes Haus. Schon nach einigen Minuten verließ er dasselbe wieder und trachtete die Tore der Stadt zu gewinnen. Auf seinem Gange durch die Straßen stieß er auf kein Hindernis, da man auf der Altstadt von den Ereignissen auf dem Schlosse noch nicht unterrichtet war. Vor der Stadt angelangt, fühlte er sich zu schwach zu einer weiteren Fortsetzung der Reise und musste in einem der Gärten, die sich damals vor dem Spitteltore befanden, etwas ausruhen. In diesem Zustande traf ihn der ehemalige Bürgermeister und jetzige Altstädter Ratsherr Loštický, der, ohne erst fragen zu müssen, das Schicksal des Fabricius kannte, denn er selbst floh vor einem ähnlichen.

Loštický war einer von den Eifrigsten, die diesen Morgen auf dem Altstädter Rathause gegen jeden Anschluss der Bürger an die Stände gestimmt hatten. Noch saßen die Ratsherren beisammen, als bereits ein lärmender Haufen vom Schlosse die Nachricht von den dortigen Ereignissen auf die Altstadt brachte und schon ließen sich zahlreiche Stimmen vernehmen, dass die Ratsherren dasselbe Schicksal verdienten, wie die Statthalter. Die Bedrohten durften nicht zögern, wenn sie nicht Gefahr laufen wollten, dass das niedere Volk auf eigene Faust das Beispiel der höheren Stände nachahme. In der Tat flohen die rechtzeitig gewarnten Ratsherren nach allen Richtungen der Windrose und unter diesen auch Loštický Zur größeren Sicherheit verließ er Prag, um sich in seinem bei Wolschan – eine halbe Stunde von der Stadt – gelegenen Maierhofe zu verbergen. Auf dem Wege traf er nun mit Fabricius zusammen, nahm ihn barmherzig in seine Behausung mit: und pflegte ihn durch mehrere Tage.[242] Nachdem der Sekretär weniger seine Kräfte als seinen Mut wieder gestärkt hatte und sich den Anstrengungen einer weiteren Flucht gewachsen glaubte, machte er sich heimlich auf den Weg nach Wien, wo er am 16. Juni 1618 glücklich anlangte[243] und dem Kaiser umständlich als Augenzeuge über das Schicksal seiner Räte berichten konnte. Er wurde später in den Adelstand erhoben und bekam das verdiente Prädikat von „Hohenfall."

Von den beiden im Hause des Kanzlers unterbrachten Statthaltern suchte zuerst Martinitz, da seine Kräfte dies erlaubten, seine völlige Sicherheit in der Flucht. Als der Abend herangekommen war, ließ er sich den Bart scheren, schwärzte sein Gesicht mit Pulver, kleidete sich wie ein Mann aus dem Volke und eilte dann zu seiner Frau, um von ihr Abschied zu nehmen. Nachdem er sie getröstet und durch einige Luftsprünge von seinem körperlichen Wohlsein überzeugt hatte, hielt er sich nicht länger auf und eilte, ohne eines seiner acht Kinder zu begrüßen, in Begleitung des Arztes Thomason und eines Dieners

---

242   Loštickýs Bericht im böhm. Statthalterei-Archiv.
243   Skala II, 135.

aus der Stadt auf den weißen Berg, wo eine Kalesche seiner harrte, mit der er in der Nacht nach seinem Gute Tachlowic fuhr. Hier nahm er frische Pferde und schlug dann den Weg über Plass und Tachau gegen die Oberpfalz ein, um von da aus nach Bayern zu gelangen. Er beschleunigte seine Reise durch Böhmen, so viel er konnte, und kehrte bloß in Klöstern ein, weil er sich auf die Verschwiegenheit der Äbte verlassen und so unerkannt weiter kommen konnte. Seine Vorsicht war sehr am Platze, denn als die Stände am andern Tage seine Flucht erfuhren, ließen sie ihm nachsetzen, es gelang ihnen jedoch nicht mehr, seiner habhaft zu werden, da sie wahrscheinlich ihre größte Aufmerksamkeit der Straße nach Wien zuwandten. Selbst in der Oberpfalz legte Martinitz sein Inkognito nicht ab, sondern gab sich für einen Diener Thomasons aus, erst in Regensburg fühlte er sich sicher und berichtete im dortigen Jesuitenkollegium den erstaunten Zuhörern von den Vorgängen in Prag. Er reiste darauf nach München, wohin ihm bereits das Gerücht von seinen Schicksalen vorausgeeilt war. Der Herzog Maximilian ließ ihn auf das freundlichste begrüßen und wies ihm in dem Hause Tillys, des später so berühmt gewordenen Generals, eine Wohnung an. Die herzoglichen Leibärzte und Chirurgen boten ihm allesamt ihre Dienste an, deren er glücklicherweise nicht bedurfte. Bald kam ihm seine Gemahlin mit ihren Kindern nachgereist, worauf er sich häuslich in München einrichtete, da er von Mathias mit diplomatischen Verhandlungen bei dem Herzoge betraut wurde.

Gern hätte auch Slawata das Beispiel seiner beiden Genossen nachgeahmt, allein sein körperlicher Zustand fesselte ihn aus Lager und so musste er sein Schicksal der Zukunft anheimstellen. Seine Frau eilte zu der Gräfin Thurn und bat sie flehentlich, sie möchte sich bei ihrem Gemahl verwenden, dass dem Verwundeten kein Leid mehr zugefügt werde. Die Gräfin Thurn empfing die angsterfüllte Dame umso freundlicher, als sie sich selbst trüber Ahnungen nicht erwehren konnte. Indem sie der Frau von Slawata ihren Schutz zusagte, bemerkte sie schweren Gemütes, dass wohl dereinst die Zeit kommen dürfte, in der sie bei ihr selbst als Bittstellerin werde erscheinen müssen. Als die Stände am andern Tage zusammentrafen, wurde beraten, was mit Slawata geschehen solle. Keine Stimme erhob sich, welche ihm ein weiteres Leid zugefügt wissen wollte; einige Herren machten bloß die höhnische Bemerkung, man müsse ihm das Leben nach dem Grundsatze schenken, dass man einen Dieb, mit dem der Strick am Galgen reiße, auch nicht zum zweiten Male hänge. Doch wurde er in seiner Freiheit beschränkt; als er nach einigen Wochen gesund geworden, erlaubte man ihm nämlich nicht, sich aus dem Bereiche der Burg zu entfernen. Später wurde auch diese Beschränkung aufgehoben und. ihm der Aufenthalt in

Teplitz gestattet. Er benützte die ihm gebotene Gelegenheit, um nach Sachsen zu entfliehen.

Die gleichzeitige Rettung dreier Personen, welche von einer Höhe von 28 Ellen herabgestürzt wurden, konnte nicht verfehlen, einen außerordentlichen Eindruck auf die Zeitgenossen zu machen und gewiss hat das Wunderbare daran die Freunde Thurns zur schließlichen Schonung der Geretteten vermocht.Gleich nach dem merkwürdigen Ereignisse erklärten die Katholiken dasselbe als ein Wunder und schrieben es dem besonderen Schutze Gottes zu, der sich seiner bedrängten Kirche in einem feierlichen Momente angenommen habe, während die Protestanten nach einer natürlichen Erklärung des Ereignisses suchten. Der Historiker Skala, der in dieser Zeit sich in Prag aufhielt und wenige Jahre später im Exile die Geschichte des Aufstandes schrieb, erklärt, die Schwere des Falles sei dadurch gemildert worden, dass die Statthalter auf einen Kehrichthaufen gefallen seien. Seit Jahren sei man nämlich gewohnt gewesen, die Papier- und Federabfälle bei der Reinigung der königlichen Kanzlei unmittelbar zum Fenster hinauszuwerfen. Seinem Zeugnisse steht das des Slawata entgegen, welcher mit Bezug auf dieses Gerücht, das ihm zu Ohren gekommen, ausdrücklich erwähnt, der Boden sei mit nichts bedeckt gewesen, was die Schwere des Falles hätte mildern können. Als später ein Gesandter der türkischen Pforte nach Prag wegen Abschließung eines Bündnisses gegen Ferdinand II kam, zeigte ihm Budowec die Stelle unter den Fenstern der Kanzlei und erklärte die Rettung der Statthalter als die Folge angewandter Zauberkünste, ohne des Kehrichthaufens weiter zu erwähnen. Der Strauch, den andere Erzähler unter den Fenstern gepflanzt wissen wollen, von dem aber die böhmischen Quellen keine Nachricht geben, gehört in das Reich der Dichtung.

Sechstes Kapitel

Die Entwicklung des Aufstandes. Khlesls Sturz. Freunde und Feinde des Kaisers.

I. Errichtung einer provisorischen Regierung durch die Wahl von 30 Direktoren. Ruppa, Präsident der Direktorialregierung. Thurn Generalleutnant. Die Beschlüsse des Landtags zur Organisierung der Verteidigungsmittel. Die Apologie. Befreiungen und Racheakte. Thurn rückt ins Feld. Finanzielle Schwierigkeiten. Einberufung des Landtags auf den 25. Juni 1618.

II. Die Nachricht vom Fenstersturz in Wien und Preßburg. Khuen in Prag, seine Beratungen mit den Statthaltern. Gutachten über den böhmischen Aufstand. Rüstungen des Kaisers. Kaiserliche Patente. Ihre Behandlung von Seite der Direktoren. Schriftenwechsel des Kaisers mit den Ständen. Wachsendes Zerwürfnis mit; Khlesl. Gefangennehmung des Kardinals (20. Juli 1618.) Des Kaisers schließliche Billigung dieser Gewalttat. Die späteren Schicksale Khlesls.

III. Verhältnis des Heidelberger Kabinetts zum Böhmischen Aufstande. Graf Solms in Prag. Entwicklung einer engen Allianz zwischen Böhmen und Kurpfalz. Graf Hohenlohe tritt als Generalleutnant in böhmische Dienste. Des Kaisers Versuche in Deutschland Hilfe zu erhalten. Hilfeanerbietungen von Seite des Königs von Polen und des Erzherzoge Albrecht. Frankreichs Stellung zum Böhmischen Aufstande.

IV. Das Verhältnis der übrigen Länder der österreichischen Monarchie zum böhmischen Streite. Jessenius in Ungarn. Österreich. Mähren. Merkwürdige Haltung Karls von Zerotin. Schlesien. Der Markgraf von Jägerndorf. Die Lausitze.

I

Das Ereignis des 23. Mai versetzte Prag in eine unerhörte Aufregung. Unmittelbar nach dem Fenstersturze waren die Räume der Burg Zeugen eines wirren Schreiens und Rennens, dessen Veranlassung in dem plötzlich verbreiteten Gerüchte lag, dass die Burg geschlossen worden sei und Soldaten zum Angriffe gegen die Stände heranrückten. Die Einen erbrachen eilig Türen und Fenster und suchten in schleuniger Flucht ihre Rettung, während die Besonneneren zu den Toren eilten, um sie zu besetzen. Das Gerücht erwies sich indessen als grandios und die Stände traten darauf den Rückweg auf die Altstadt an. Der Zug bestand aus ungefähr 400 Reitern, d.i. dem Adel und seinem Gefolge; die städtischen Deputierten gingen zu Fuß neben den Reitern einher, um bei dem übergroßen Andrange des Volkes ein Unglück zu verhüten. Mittlerweile war die Nachricht von den jüngsten Ereignissen in alle Teile der Stadt gedrungen.

Das niedere Volk, aus seiner Ruhe aufgescheucht, sammelte sich auf den Straßen und zeigte gewaltige Lust, über die Katholiken, ihre Gebäude und Klöster herzufallen und. was im J. 1611 beim Passauer Einfall nur halb geleistet worden, zu vollenden. Dass dabei auch die Juden ihren Teil erhalten sollten, verstand sich beinahe von selbst. Thurn, derartige Exzesse fürchtend, suchte sie im Keime zu ersticken; er eilte von Straße zu Straße, von Platz zu Platz, und mahnte das Volk zur Ruhe. „Wir führen," wiederholte er stets von neuem, „nichts gegen die Katholiken im Schilde, wir haben nur jene gestraft, die den Majestätsbrief zerreissen wollten. Deshalb geht alle, die ihr Handwerker seid, an eure Gewerbe, und die ihr Taglöhner seid, an eure Tagarbeit." Seine Mahnungen verfehlten ihre Wirkung nicht, und weder Juden noch Katholiken konnten sich über eine Gewalttat beklagen.[244]

Nachdem die Stände für die Beruhigung der Stadt genug getan zu haben glaubten, ritten sie wieder auf das Schloss zurück, riefen den Schlosshauptmann Černín von Chudenic vor sich und verlangten, er solle sich ihnen anschließen. Er folgte der Aufforderung und leistete mit der ihm unterstehenden Burgwache einen neuen Eid „dem Könige und den Ständen," für welche beide er fortan die alte Königsburg bewachen wollte. Der Oberstburggraf Adam von Sternberg und der Grandprior Diepold von Lobkowitz, die, seit sie aus der Kanzlei herausgeführt worden waren, in einem Zimmer des Schlosses sich aufhielten, wurden jetzt aufgesucht, freundlich begrüßt und von den gesamten Ständen in feierlicher Weise in ihre Wohnungen geleitet. Dieser auffallende Akt von Höflichkeit und Untertänigkeit gegen eine Regierung, die eben durch eine Gewalttat gestürzt worden, hatte einen wohlerwogenen Grund. Thurn und jene, die mit ihm die Urheber des Aufstandes waren, wollten ihre wahren Absichten, der Herrschaft des Hauses Habsburg formell ein Ende zu machen, noch nicht entschleiern, teils weil sie nicht sicher waren, ob ihnen das Land alsbald bis zum Äußersten folgen werde, teils weil sie auf die gute Meinung ihrer unschlüssigen Nachbarn Rücksicht nehmen mussten. Auch hatten sie sich nie über den Kaiser, sondern nur über die Bedränger ihrer kirchlichen Freiheiten beklagt, stets hatten sie den ersteren von den letzteren getrennt, und selbst am Tage des

---

244   Skala II 137.

Fenstersturzes keine andere Sprache geführt. Sie fürchteten, dass die unmittelbare Absetzung des Kaisers ihren religiösen Streit in einen politischen umwandeln würde, wodurch die Stärke ihrer Sache Abbruch erleiden konnte. Nach reiflicher Erwägung hielten sie es also für passender, die Autorität ihres Königs dem Scheine nach anzuerkennen, tatsächlich aber sich der Regierungsgewalt zu bemächtigen. Die Achtung, die den Statthaltern erwiesen wurde, bildete so den ersten Anfang eines Systems von Täuschung, das so lange aufrechterhalten werden sollte, als es sich nützlich erwies. Nachdem den zwei Statthaltern das Ehrengeleit gegeben worden, beschlossen die Stände, dass sich Niemand aus der Stadt entfernen solle, bevor nicht die wichtigsten Maßregeln für die nächste Zukunft vereinbart seien. So endete der Tag, der über das Schicksal Böhmens auf Jahrhunderte entschied.

Die nächste Zusammenkunft der Stände fand am folgenden Morgen statt und zwar in den auf dem Schlosse befindlichen Landtagslokalitäten. Diesmal 24. Mai 1618 erschienen auch die Deputierten der sämtlichen Prager Städte und meldeten sich gleich beim Beginne der Verhandlungen zum Worte. Sie entschuldigten ihre bisherige Absonderung mit dem Drucke, der von den Königsrichtern auf sie ausgeübt worden, und versprachen, fortan treu bei den Ständen auszuharren. Man schritt hierauf zur Beratung über die Organisation der provisorischen Regierung. Es wurde beschlossen, dieselbe einem ständischen Ausschusse von dreißig Mitgliedern, je zehn aus jedem Stande, zu übertragen, und die wechselseitige solidarische Haftung für diese entscheidende Maßregel durch Unterschrift und Siegel zu bekräftigen. Unmittelbar darauf fand die Wahl des Ausschusses statt, dessen Mitglieder fortan unter dem bekannten Titel der Direktoren die Regierung des Landes übernahmen.[245]

Was die Persönlichkeiten der Gewählten betrifft, so waren sie im Allgemeinen nicht besonders vertrauenerweckend. Die einflussreichsten gehörten dem

---

245 *Die Direktoren aus dem Herrnstande waren folgende:* Bohuchwal Berka von Duba, Wilhelm der Ältere von Lobkowitz, Paul von Řičan, Peter Schwamberg, Wenzel Wilhelm von Ruppa, Graf Joachim Andreas Schlick, Wenzel Budowec, Graf Johann Albin Schlick, Wilhelm Kinsky (an dessen Stelle später sein Bruder Racek trat) und Albrecht Johann Smiřický.
  Die Direktoren aus dem Ritterstande waren folgende: Kaspar Kapliř von Sulewic, Prokop Dwořecký von Olbramovic, Ulrich Gersdorf, Friedrich von Bile, Christoph Vitzthum, Heinrich Ota von Los, Albrecht Pfefferkorn von Ottenbach, Ilumprecht d. ä. Černin von Chudenic, Wenzel Pětipeský von Chýš, Peter Milner von Milhausen.
  Die Direktoren aus den Städten waren: von der Altstadt: Martin Fruewein, Theodor Sixt von Ottersdorf, Daniel Skreta, Johann Oršinowský; *von der Neustadt:* Valentin Kochan, Tobias Steffek, Wenzel Pisecký; *von der Kleinseite:* Christoph Kober; *aus Kuttenberg:* Johann Schultys; *aus Saaz:* Maximilian Hošťálek. Als Sekretär mit dem Rechte, an der Beratung der Direktoren teilnehmen zu können, trat Benjamin Fruewein ein.

Herrenstande an, bei mehreren von ihnen gab nicht sowohl die Begabung, als der Reichtum oder der Name den Ausschlag, wenigstens galt dies von dem reichen Wilhelm von Lobkowitz, dem kaum zwanzigjährigen Albrecht Smiřicky und dem wenig verlässlichen und unselbständigen Grafen Andreas Schlick. Budowec konnte selbstverständlich bei einem Aufstande, der in der Religion wurzelte, keine untergeordnete Rolle spielen und wurde deshalb auch in das Direktorium gewählt, eine bedeutende Kapazität hatte man aber an ihm nicht gewonnen. Seine Stärke bestand in einer ungeheuchelten Frömmigkeit und einem feurigen Eifer für seine religiöse Überzeugung. Praktische Fähigkeiten besaß er nicht viele, auch war er schon zu alt, um eine größere Tätigkeit zu entwickeln. Unter den Direktoren aus dem Ritterstande besaß ein einziger eine größere Bedeutung und tüchtige Geschäftskenntnis, dies war Peter Milner von Milhausen. Die städtischen Deputierten nahmen nur eine bescheidene Stellung ein, am meisten von ihnen machte sich der Advokat Fruewein bemerkbar, doch auch dieser in keiner hervorragenden Weise.

Man sollte denken, dass die Direktoren alsbald die Notwendigkeit gefühlt haben, wegen der formalen Erledigung der Geschäfte einen Präsidenten zu wählen oder einen gewissen Turnus im Vorsitze einzuführen. Erst nach einigen Wochen[246] trugen sie einer derartigen Notwendigkeit Rechnung und betrauten einen der Direktoren aus dem Herrenstande, Wenzel Wilhelm von Ruppa, mit dem Präsidium.[247] Die Wahl traf in der Tat den bedeutendsten Mann, den die Direktorialregierung aufzuweisen hatte; seit mehreren Jahren hatte er sich in den vordersten Reihen der Opposition bemerkbar gemacht und war im Lande allgemein bekannt geworden. Für die Verhandlungen mit dem Auslande, die offenbar in der nächsten Zeit in den Vordergrund treten mussten, war er eine geeignete Persönlichkeit, denn er sprach und schrieb mit großer Gewandtheit mehrere Sprachen; auch für die innere Verwaltung war er eine tüchtige Kraft, da er sich praktisch in derselben geschult hatte. Seine Kenntnisse und die Art und Weise seines Auftretens bewirkten, dass die pfälzischen Agenten schon vor dem Ausbruche des Aufstandes ihre Aufmerksamkeit auf ihn richteten. Auf die Entwicklung und das Schicksal des Aufstandes hatte er nach Thurn den größten Einfluss, gleichwohl trat seine Tätigkeit äußerlich so wenig aus dem gemeinsamen Rahmen heraus, dass neuere Geschichtswerke

22. Juni 1618

---

246   Skala II, 196.

247   Da der genannte Direktor in den böhmischen Quellen Václav Vilém z Roupova heißt, so würde sein Namen im deutschen richtiger Wenzel Wilhelm von Roupov lauten. Aber da er sich selbst konsequent in deutschen und französischen Briefen Ruppa unterschrieb und so auch von andern genannt wurde, so nennen wir ihn ebenfalls Ruppa statt des richtigeren böhmischen Roupov.

seiner nur als eines Mitgliedes der Direktorialregierung, keineswegs aber als ihres Präsidenten erwähnen.

Für das Gelingen des Aufstandes war es jedenfalls eine missliche Sache, dass die Regierung des Landes einem Kollegium von 30 Personen übertragen wurde, weil dies von vornherein jede Energie und Einheit in der Action lähmte. Zugleich tritt aus dem langen Bestande der Direktorialregierung eine andere, für Böhmen nicht minder betrübende Tatsache hervor, nämlich der Mangel an hervorragenden Kräften. Im 15. Jahrhunderte hatte es nie an Männern gefehlt, welche sich das ganze Land oder eine Partei dienstbar zu machen und diesele einem beliebigen Ziele zuzulenken wussten. Diesmal gebrach es an solchen Persönlichkeiten: die Staatsmänner, die Parlamentsredner, die Feldherren und die Geistlichen, alle waren von einer betrübenden Mittelmäßigkeit.

Was Thurn betrifft, so befand er sich nicht in der Reihe der Direktoren, da er für eine hervorragende Stellung bei der Organisierung des Heerwesens ausersehen war. Wenn irgendjemand berufen schien, an die Spitze des Landes zu treten und die Zügel der Regierung mit kräftiger Hand zu erfassen, so war das bei ihm der Fall. Er hatte seit Jahren zu dem Aufstande getrieben und durch seine Entfernung vom Burggrafenamte einen allgemein bekannten und schwer wiegenden Verlust erlitten, er hatte sich schließlich um die Gnade oder Ungnade des Kaisers nicht bekümmert und seinen Bruch mit der Dynastie durch den Fenstersturz auf eine nimmer gut zu machende Weise besiegelt. Sein Name war in Böhmen in aller Munde, er genoss das größte Ansehen und schien also ausersehen, in die Fußstampfen eines Georg von Poděbrad zu treten, wohl nicht, um die Krone auf sein Haupt zu setzen, aber doch, um als Gubernator bis zu einer neuen Königswahl die Geschicke des Landes zu lenken. Eine solche Stellung ging jedoch über seine Kräfte und er selbst hat sich nie nach ihr gesehen. In dem Augenblicke, wo die provisorische Regierung geschaffen wurde, bemühte er sich keineswegs, an ihre Spitze zu treten, sondern beschränkte sich auf das Kommando der Armee. Unzweifelhaft war dieses eine außerordentlich wichtige Aufgabe, wenn die Revolution durch einen Krieg ihre Geltung erlangen sollte, aber ihre glückliche Lösung hing von einer zweiten nicht minder wichtigen ab, die darin bestand, ausreichende Mittel zur Verteidigung herbeizuschaffen. Diese letztere Aufgabe übernahm das vielköpfige Ungeheuer der Direktorialregierung und löste sie schlecht. Ein einziger Mann hätte die Lösung beider versuchen sollen und sie wäre ihm gelungen, wenn er es verstanden hätte, der gesamten Tätigkeit des Landes dieselbe Richtung zu geben, alle Kräfte nutzbringend zu machen und der allgemeinen Begeisterung dieselbe Glut einzuflößen. Bedeutende Heerführer haben es zu allen Zeiten verstanden, diese doppelte Aufgabe zu lösen. Thurn war nicht der Mann dazu. Konnte er, der die böhmische Sprache nur radebrechte, den Landtag durch die Gewalt des Wortes beherrschen, konnte er den großen Haufen, dem er unbeholfen gegenüberstand, mit sich fortreißen? Um ein Volk in entscheidenden Krisen meistern zu können, muss man Fleisch von seinem Fleische sein, man muss in seinem Wesen die verwandten Saiten anzuschlagen und seiner Liebe und Bewunderung stets neue Nahrung zu geben wissen. Ein Fremder vermag nichts von allem dem. Thurn war nichts anderes und wollte auch nichts anderes sein, als das, womit er seine Laufbahn begonnen, ein um Sold dienender Truppenführer, der sein Glück versuchte. Dass er nicht der Mann war, um die vorhandenen Mittel zum Kampfe zu organisieren und das Land zur äußersten Anstrengung zu zwingen, war für das Gedeihen seines Werkes noch verhängnisvoller, als der Mangel an Feldherrngaben, der sich später bei ihm kundgab.

Die nächsten Verhandlungen des Protestantentages, der sich nun als förmlicher Landtag konstituierte, betrafen die Organisation der Verteidigungsanstalten. Die Stände versicherten zwar in verschiedenen Varianten, dass dieselben nicht gegen den Kaiser, „dessen treue und gehorsame Unterthanen sie stets seien," gemeint sein sollten, sondern nur gegen jene, die sie im Genusse ihrer Freiheiten stören wollten; in der Tat berechneten sie jedoch vorsichtig, über welche Kräfte der Kaiser gegen sie verfügen könne, um ihm nicht schwächer entgegenzutreten. Den Anfang ihrer Verteidigungsmaßregeln bildete die Ernennung des obersten Armeekommandos. Durch die Wahl der Stände wurden der Graf Heinrich Mathias Thurn zu dem Posten eines Generalleutnants, Colonna von Fels zu dem eines Feldmarschalls, Johann von Bubna zu dem eines Generalwachtmeisters und Paul Kapliř von Sulewic zu dem eines Generalquartiermeisters berufen. Absichtlich wurden die zwei erstgenannten Personen dem Herrnstande, die zwei letzteren dem Ritterstande entnommen und damit eine Gleichberechtigung gewahrt, die bei einer so wichtigen Angelegenheit wenig am Platze war. Sämtliche Generale bekamen als solche Sitz und Stimme im Direktorium, wenn sie den Sitzungen desselben beiwohnen konnten. Da Böhmen in dieser Zeit gar keine Soldaten auf den Beinen hatte, keine festen Plätze besaß, aller Zeughäuser und Kriegsvorräte ermangelte, so war die Aufgabe, womit man die genannten Generale betraute, jedenfalls eine umfassende und erheischte eine bedeutende Tätigkeit.

Was die eigentliche Zusammenstellung des Heeres betrifft, so konnte man hiebei einen doppelten Weg einschlagen, man hatte die Wahl zwischen dem Aufgebot der im Lande vorhandenen Kräfte und zwischen Werbungen, die nicht bloß die heimische, kriegslustige Jugend, sondern auch fremde, wohl geschulte Söldner heranlocken konnten. Um den größtmöglichen Widerstand leisten zu können, wollten die Stände ihre Verteidigung weder auf das Aufgebot, noch auf die Werbungen allein stützen, sondern beschlossen die Anwendung beider Systeme. Demgemäß wurde in Bezug auf das Aufgebot festgesetzt, dass jeder Gutsbesitzer den zehnten Untertan und jede Stadt den achten Mann ausrüsten und außerdem Städte wie Gutsbesitzer von je 5000 Taler Vermögen in Grundbesitz oder 12500 Taler in Kapitalien einen Reiter in Bereitschaft halten sollten. Hiebei sollte für den Grundbesitz die niedrige Schätzung von 1557 als Grundlage angenommen werden. Wurde der Landtagsbeschluss genau durchgeführt, so konnte das Aufgebot eine Armee von ungefähr 16800 Mann zu Fuß und 2400 Reitern liefern.[248] Die betreffende Mannschaft sollte nicht alsbald in Regimenter eingeteilt, sondern vom Adel und den Städten in Bereitschaft gehalten, d.h. ausgewählt und mit den nötigen Waffen und Pferden versehen werden, um für den Notfall zur weiter Verfügung bereit zu stehen. Bezüglich der Werbungen setzten die Stände nichts näheres fest, sondern erteilten nur im allgemeinen den Direktoren die Vollmacht, dieselben in der Ausdehnung anzustellen, wie sie sich als notwendig erweisen würden.

Für die Herbeischaffung der nötigen Geldmittel sorgte der Landtag dadurch, dass er den Befehl gab, fortan die sämtlichen im Jahre 1615 bewilligten Steuern für Rechnung der Stände zu erheben. Damals hatte sich der Landtag, wie bereits mitgeteilt wurde, zu außerordentlich hohen Zahlungen für fünf nach einander folgende Jahre verstanden, um mit ihrem Ertrage die auf dem Lande haftenden Schulden zu tilgen. Die jährlichen Steuerleistungen erreichten in Folge dieser Bewilligung ungefähr den Betrag von 800,000 Talern. Von dieser Summe war in dem laufenden Jahre (1618) etwas über ein Drittel für Rechnung des Kaisers bereits erhoben worden; wenn der Rest ordentlich einging und wenn, wie dies

---

248 Aus dem Beschlusse des Landtags, der einige Wochen später (auf den 25. Juni 1618) berufen wurde, ist ersichtlich, dass den Städten die Stellung des achten Mannes aufgetragen wurde. Dies bemerken wir, weil die betreffende Quote aus dem Beschlusse der nach dem Fenstersturze tagenden Stände nicht deutlich ersichtlich ist. Was die Aushebung des zehnten Untertans und des achten Mannes aus den Städten betrifft, so ist sie folgendermaßen zu verstehen. Die Aushebung des zehnten Untertans bedeutete die Aushebung eines Mannes von je zehn Bauernansässigkeiten. Dies ergab also für ganz Böhmen (bei 150930 Bauernansässigkeiten) 15093 Mann. Der achte Mann der Städte wurde nach der Häuserzahl berechnet; da man in allen königlichen Städten zusammen etwas über 14000 Häuser zählte, gab dies 1750 Mann. Der Kapitalienbesitz in Böhmen belief sich nach den Steuerlisten von 1615 auf 4,780.000 Taler, dies gab also gegen 382 Reiter. Der Grund- und Kapitalienbesitz der Stände und freien Besitzer hatte im Jahre 1557 einen Wert von 11,555.826 Talern. Davon dürften etwa 10 Millionen auf den Grundbesitz zu rechnen sein, so dass die Zahl der von demselben zu stellenden Reiter ungefähr 2000 .betrug. – Die Gründe, welche den Verfasser zu diesen Zählungen berechtigen, sind in seiner „Geschichte der böhmischen Finanzen von 1526 –1618" enthalten.

auch in der Tat geschah, die Rückzahlung der Schulden suspendiert wurde, so verfügten die Direktoren über Geldmittel, die für jene Zeit nicht unbeträchtlich waren. Bedenklich war hiebei nur der Umstand, dass die bedeutenderen Steuereinzahlungen, auf die sie rechnen konnten, erst im Juli fällig waren.[249]

Die schon einmal angedeutete Scheu der Stände, gleich im Anfange das letzte Wort zu sagen und die Endziele des Aufstandes kund zu tun, zeigte sich auch bei den beschlossenen Finanzmaßregeln. Der Landtag zögerte selbstverständlich nicht, die Steuern, die für die Kasse des Königs bewilligt worden waren, für sich in Beschlag zu nehmen; sie waren ja in erster Linie für die Bedürfnisse des Landes bewilligt worden und den Ständen lag jetzt die Sorge für dieselben ob. Dagegen legten sie nicht auf das eigentliche königliche Einkommen Beschlag, um vor der Welt den handgreiflichen Beweis zu liefern, dass sie sich nicht gegen ihren Herrscher erhoben hätten. So machte sich die merkwürdige Anomalie geltend, dass zu einer Zeit, in der das böhmische und das kaiserliche Heer einander auf dem Schlachtfelde bekämpften, Mathias die Einkünfte von den königlichen Gütern bezog und die Verwaltung der letzteren von jenen Beamten geleitet wurde, deren Anstellung er für gut fand. Die Summe, die der Kaiser auf diese Weise aus Böhmen bezog, ist nicht weiter bekannt; allein, wie viel oder wie wenig sie auch betragen haben mag, so war sie für ihn ebenso wichtig als für die Stände schwer zu vermissen. Doch trugen die letzteren vorläufig lieber den Verlust, als dass sie dem Kaiser diesen letzten Beweis ihrer Ehrerbietung entzogen hätten.[250]

Eine weitere Sorge der Stände bestand darin, den Aufstand bei Freund und Feind in das entsprechende Licht zu setzen. Zu diesem Ende wurde eine kurze Rechtfertigung der Prager Exekution versucht und durch den Druck veröffentlicht. Diese Rechtfertigung, die unter dem Namen „der ersten Apologie" der böhmischen Stände bekannt ist, wurde von dem Bereits genannten Mitgliede der Direktorialregierung Milner verfasst und schon am zweiten Tage nach dem Ausbruche des Aufstandes publiziert, eine Raschheit, welche die Vermutung nahelegt, dass Milner an der Schrift schon vor dem Fenstersturze gearbeitet habe. Sie schildert die Bedrückungen, welche die Protestanten seit einigen Jahren erduldet hatten und schiebt die Schuld auf jene Katholiken, die im Einver-

---

249 Über dies und die folgenden finanziellen Maßregeln näheres in den Beschlüssen der Stände, die ihrer Zeit durch den Druck publiziert werden. Ein Exemplar in der Bibl. des F.G. von Lobkowitz.

250 Einige Wochen nach dem Aufstande klagte zwar der Kaiser, dass die Böhmen sich seiner Güter bemächtigt hätten, doch ist dies nicht buchstäblich zu nehmen, da er bis an sein Lebensende auf die Verwaltung der königlichen Güter Einfluss nahm. Ganz klar sehen wir übrigens in den Gegenstand nicht und können also nicht mit Sicherheit über das wirkliche Einkommen des Kaisers berichten.

ständnisse mit den Jesuiten standen. Die Apologie, begleitet von einem Recht-
fertigungsschreiben, wurde am 26. Mai an den Kaiser abgeschickt. Es hieß
in dem letzteren: die beigelegte Schilderung des erlittenen Unrechtes werde
den Kaiser mit den Ursachen, welche die Stände zu ihrem Auftreten gegen
die Statthalter gezwungen hätten, bekannt machen, sie hätten nicht anders
handeln können und würden sich auch künftig gegen jeden, der ihre Freiheiten verletzen würde, gleich entschlossen verhalten. Um weiteren Angriffen
zu begegnen, hätten sie auch nach dem Vorgange von 1609 eine Bewaffnung
zum eigenen Schutze beschlossen und mit der Leitung derselben eine Anzahl
Direktoren betraut. Alles dies sei nur zur Verteidigung gegen die Feinde und
nicht gegen den Kaiser gerichtet, dessen treue und gehorsame Untertanen sie
fortwährend seien.[251]

Das Schreiben an Mathias bildete die Grundlage für die böhmischen
Zuschriften an die benachbarten Fürsten und ständischen Körperschaften;
an alle Mitteilungen schloss sich die Bitte, man solle den Böhmen zu ihrem
verkürzten Rechte beim Kaiser verhelfen. Ohne Unterlass bezeichneten sie es
als ihren innigsten Wunsch, in die alten Rechtsverhältnisse zurückzukehren,
wenn ihren Bedrängern für immer das Handwerk gelegt würde, denn sie seien
des Kaisers getreue und gehorsame Untertanen. Im Übrigen trugen die Stände
den Direktoren auf, mit den benachbarten Fürsten und Ländern in freundschaftliche Verbindungen zu treten und sich deren Hilfe für den, Kriegsfall zu
sichern. Am 28. Mai löste sich der Landtag auf und überließ den Direktoren im
Verein mit den Generalen die Sorge für das allgemeine Wohl.

Die Beschlüsse des Protestantentages, der kühn dem Kriege entgegensah,
sind ein Beweis, dass die durch den Fenstersturz begonnene Revolution, wenn
auch nicht von allen beabsichtigt, doch von sämtlichen Häuptern der protestantischen Bewegung nachträglich gebilligt wurde. Aber nicht bloß auf diese
allein übte das Ereignis des 23. Mai einen nachhaltigen und bewältigenden Eindruck aus, die böhmischen Protestanten insgesamt akzeptierten dasselbe als
den Ausgangspunkt ihrer weitern politischen Haltung. Von allen königlichen
Städten mit Ausnahme des katholischen Pilsen und Budweis liefen Ende Mai
oder Anfang Juni zustimmende Erklärungen bei dem Landtage oder den Direktoren ein und so zerflossen die Hoffnungen, die auf königlicher Seite bezüglich eines Zwiespaltes zwischen Adel und Bürgertum gehegt worden waren, in
nichts. Die allgemeine Übereinstimmung unter den Protestanten war jedoch
nicht die einzige Tatsache, welche die letzteren als ein günstiges Vorzeichen

---

251 Skala II 158.

für das Gedeihen ihres Werkes ansehen durften. Auch jene unentschiedenen Personen, die in dem mehrjährigen heißen Kampfe zwischen der katholischen Regierung und der protestantischen Bevölkerung eine vermittelnde oder vielmehr nichtssagende Stellung einzunehmen gesucht hatten, gaben die Sache der ersteren verloren und suchten sich bei den Ständen zu rehabilitieren. Es waren dies namentlich Mitglieder einiger älterer utraquistischer Adelsgeschlechter, denen der neue Protestantismus nicht zusagte, wie Stephan von Sternberg, der reiche Rudolf Trčka u.a.[252] Noch bedeutsamer aber war, dass auch die Katholiken mit wenigen Ausnahmen, zu denen die oben genannten zwei Städte gehörten, eine freundliche Sprache gegen die Protestanten führten und sie ob ihres Beginnens nicht tadelten. Der Landtag hatte vor seiner Auflösung die Hoffnung ausgesprochen, dass die Katholiken die Lasten der Landesverteidigung nicht gezwungen, sondern aus Patriotismus würden mittragen helfen und hatte bei dieser Annahme mindestens insofern Recht, als die Masse derselben ohne Widerstreben ihre Beiträge leistete. Es war nur die Frage, ob diese Stimmung auch die Flitterwochen der Revolution überdauern werde.

Der Umschwung, den der Aufstand in der Lage des Landes hervorgebracht hatte, äußerte seine nächste Wirkung auf die religiösen Verhältnisse und auf das Schicksal jener Personen, die eng mit demselben verflochten waren. Zunächst verfügten die Direktoren die Befreiung der Braunauer, die sich ungehindert in ihre Heimat entfernen und nunmehr ungestört ihrer Kirche erfreuen konnten, während der Abt seine Sicherheit in eiliger Flucht suchte. An die Befreiung der Braunauer schloss sich eine andere an, die zwar weniger Aufsehen erregte, aber nicht ohne Bedeutung war, nämlich die des Theobald Hook von Zweibrücken. Dieser Mann war vor einigen Jahren der Sekretär und vertraute Ratgeber des letzten Herrn von Rosenberg und als solcher tief in die Umtriebe eingeweiht, mittelst deren der Fürst Christian von Anhalt im Jahre 1608 –1611 den Habsburgern ihr Erbe entreißen wollte. Dem kaiserlichen Hofe mag es nicht unbekannt gewesen sein, dass Heck nicht bloß (ein Mitwisser, sondern auch ein tätiger Beförderer dieser Bestrebungen gewesen, doch ließ sich nichts gegen ihn tun, da er nur im Dienste seines Herrn gehandelt hatte.[253]

Da stellte sich mit einemmale heraus, dass Heck, der von dem letzten Rosenberg mit der Aufzeichung seines Testamentes betraut worden war, dasselbe gefälscht, einige Blätter nämlich daraus entfernt und. durch andere ihm günstige ersetzt habe. Die weitere Untersuchung brachte, wie das bei solchen Fällen zu geschehen pflegt, noch ein anderes Vergehen zu Tage, das damals

---

252   Näheres hierüber im ersten Bande meines Werkes über Rudolf II.
253   Skala II, 144.

ganz besonders schwer wog. Im Jahre 1606 hatte es Heck durch die Verwendung Rosenbergs bei dem Landtage dahin gebracht, dass er um seines Adels willen als Ritter von Zweibrücken in den böhmischen Ritterstand aufgenommen wurde; jetzt stellte sich heraus, dass Hock durch ein gefälschtes Diplom seinen Adel nachgewiesen habe und nur bürgerlichen Herkommens sei. Dies alles zusammengenommen hatte zur Folge, dass der doppelte Fälscher zum Tode verurteilt wurde, die Exekution sollte in derselben Woche stattfinden, in der der Aufstand ausbrach. Dieser außerordentliche Zwischenfall rettete den Verurteilten; denn wiewohl seine Verbrechen derartige waren, dass sie in den Augen der neuen Gewalthaber nicht minder strafwürdig erschienen, als in denen seiner früheren Richter, so wurde das Urteil doch nicht vollzogen, weil Heck für einen Vertrauten Anhalts galt. Thurn und seine Freunde, die sich der Mithilfe des Fürsten versichern wollten, hinderten nicht bloss die Ausführung des Urtheils, sondern gaben dem Verurteilten sogar die Freiheit.[254]

An diese Befreiungen schlossen sich einige Racheakte. Dr. Penzon, nach dem eifrig gefahndet ward, wurde endlich in dem Kapuzinerkloster am Hradschin, wohin er sich geflüchtet, ausfindig gemacht und darauf eingekerkert. In den Klostergraber Angelegenheiten hatte er sich als Vertreter des Erzbischofs und Bedränger der Protestanten bemerkbar gemacht, doch würde dies nicht so sehr den Hass der Stände heraufbeschworen haben, als seine Beteiligung an dem Prozesse Hocks. Er hatte bei demselben als eine Art Untersuchungsrichter fungiert und. hiebei hauptsächlich nach den Verbindungen zwischen dem böhmischen Adel und dem Fürsten von Anhalt geforscht, worüber allerdings Hock die besten Auskünfte erteilen konnte.[255] Dies war zur Kenntnis der Bedrohten gekommen und sie nahmen jetzt an ihm persönliche Rache. Wer weiß übrigens, ob nicht der Prozess Hocks und die Angst, die Thurn vor dessen Aussagen hatte, die Katastrophe des Fcnstersturzes beschleunigt hat.

Der Einkerkerung Ponzons folgte einige Tage später die Ausweisung der Jesuiten, Am 2. Juni 1618 erschien eine ständische Deputation im Jesuitenkollegium und kündigte den Bewohnern desselben an, dass sie sich nach den Pfingstfeiertagen aus Prag und Böhmen entfernen müssten. Alle Bitten, diesen Termin zu verlängern, halfen nichts und so entschlossen sich die Väter, **3. Juni** dem Befehle mit möglichster Würde zu folgen. Am Pfingstsonntag nahmen sie durch einen ihrer ausgezeichneten Prediger feierlich von der Kanzel herab Abschied von ihrer Gemeinde. Die Kirche war gedrängt voll und als die eifrigen Katholiken hörten, dass sie sich von ihren Ratgebern trennen müssten,

---

254 Die Beweisakten in der böhmischen Landtafel.
255 Die Beweise hiefür in gleichzeitigen böhmischen Akten.

übertäubte das Jammern und Wehklagen derselben die Stimme des Predigers.

8. Juni Nicht heimlich und vereinzelt, sondern feierlich und bei hellem Tage traten darauf die Jesuiten ihren Abzug aus Prag an. Voraus fuhren die gebrechlicheren und älteren, die übrigen zogen hinter einem schwarzen Kreuze in feierlicher Prozession durch die Straßen der Stadt zum Tore hinaus, genau jene Wege wählend, auf denen einst ihre Vorgänger unter Ferdinand I im Jahre 1555 ihren Einzug in Prag gehalten hatten. Für die Katholiken hatte dieser Auszug fast die Bedeutung der Entfernung der ersten Christen aus Jerusalem, als diese Stadt der Zerstörung durch die Römer entgegeneilte. Wieder folgten ihnen die teilnahmsvollen und. klagenden Blicke ihrer Freunde, während die Masse der protestantischen Bevölkerung ihre Schadenfreude bei Seite setzend nicht ohne Bewegung den Zug sich entfernen sah.

Einige kranke Jesuiten, die zurückbleiben mussten, folgten mehrere Tage später; selbstverständlich teilten auch die außerhalb Prags weilenden Mitglieder dieses Ordens in Kommotau, Krummau, Neuhaus und Budweis das Schicksal des Prager Collegiums.

Im Ganzen begann für jene Personen, welche die religiöse Politik des Hofes in hervorragender Weise unterstützt hatten, keine erfreuliche Zeit. Wie der Abt von Braunau, so suchten auch der Erzbischof von Prag und der Abt von Strahow ihr Heil in der Flucht. Für die beiden letzteren war sie nicht so leicht zu bewerkstelligen, da die Stände sie bewachen ließen, doch gelang es ihnen, deren Aufmerksamkeit durch List zu täuschen; so zog z. B. der Abt von Strahow Bauernkleider an und entrann in dieser Verkleidung glücklich der Verfolgung. Michna, der sich rechtzeitig aus Prag entfernt hatte, brauchte jetzt die Gefahren einer Flucht nicht zu bestehen; deshalb entging er der ständischen Rache doch nicht vollständig, denn sein Vermögen, das meist in Kapitalien bestand, die in Prag angelegt waren, wurde mit Beschlag belegt und damit die erste Konfiskation, die im böhmischen Aufstande verhängt wurde, vollzogen. – Dagegen wurde den Klostergraber Protestanten eine entsprechende Genugtuung zu Teil. Sie wurden für ihre zerstörte Kirche dadurch entschädigt, dass sie zur Mitbenützung der katholischen von den Direktoren auf so lange bevollmächtigt wurden, bis ihnen vom Erzbischof oder von den Katholiken eine neue aufgebaut würde.[256]

Die größte Aufmerksamkeit der Direktorialregierung sowie der ihnen zur Seite stehenden Generale wurde während aller dieser Vorgänge auf die Organisation der Streitkräfte verwendet. Man erinnert sich, dass der Landtag sowohl

---

256 Böhmisches Statthaltereiarchiv. Dekret der Direktorialregierung dd. 13. Juni 1618.

zu einem Aufgebot der heimischen Kräfte, wie zu Werbungen den Direktoren die Vollmacht erteilte. Obwohl die letzteren bei verschiedenen Anlässen von der Aufbietung des gesamten Landes als einem sichern Mittel, bedeutende Truppenmassen auf wohlfeile Weise ins Feld zu stellen, sprachen, taten sie in Wirklichkeit keinen Schritt zur Organisation einer derartigen Armee, sondern suchten von vornherein durch bloße Werbungen die nötigen Streitkräfte zusammenzubringen. Seit Ende Mai wurde die Werbetrommel im Lande gerührt und trieb eine Masse beschäftigungslosen Volkes und. ehemaliger Soldaten nach Prag. Ehe noch der halbe Junimonat verstrichen war, waren 3000 Mann zu Fuß und 1100 Reiter aus denselben geworben, ausgerüstet und gemustert. Schon am 16. Juni marschierte Thurn an ihrer Spitze aus Prag der österreichischen Grenze zu. Die Werbungen wurden indessen in der Hauptstadt weiter betrieben und sollten sich auf weitere 3000 Mann zu Fuß und 900 Reiter erstrecken. Man wollte also im Ganzen über eine Armee von 8000 Mann verfügen.

Thurn bewegte sich in eiligen Märschen gegen Budweis und Krummau, in welche beiden Städte mittlerweile eine kaiserliche Besatzung Eingang gefunden hatte. Es war von nicht zu unterschätzender Wichtigkeit, dass das ganze Land den Geboten der Direktoren folge und kein Punkt desselben den feindlichen Kriegsoperationen zur Basis diene, und deshalb handelte Thurn im wohlverstandenen Interesse des Aufstandes, wenn er sich ohne Säumen der beiden genannten Städte zu bemächtigen suchte. Pilsen, das sich auch auf die Seite des Kaisers geschlagen hatte, musste vorläufig unberücksichtigt gelassen werden. Die Art und Weise, wie der böhmische Truppenführer sein Ziel zu erreichen suchte, war bezeichnend und konnte über die Unheilbarkeit des Zwiespaltes zwischen dem Kaiser und den Leitern des Aufstandes keinem Zweifel mehr Raum lassen. Thurn eröffnete seine Operationen damit, dass er den Städten Budweis und Krummau drohte, „das Kind im Mutterleibe nicht verschonen zu wollen", falls er sich genötigt sehen würde, Waffengewalt gegen sie anzuwenden. Um diese Zeit versicherten die Direktoren den Kaiser noch immer ihrer Treue und Ergebenheit; letzterer hatte noch keinen einzigen Gewaltakt gegen die Böhmen begangen, die Hand zu Unterhandlungen geboten und schon bedrohte man seine Anhänger mit Gräueln aller Art. – Krummau ließ sich durch die Sprache Thurns einschüchtern und nötigte die kaiserlichen Truppen zum Abzuge. Budweis beharrte dagegen in der Opposition.

Diese Stadt war der erste Stein des Anstoßes für die böhmische Revolution Thurn fühlte sich mit seinen Streitkräften zu schwach, um eine regelrechte Belagerung unternehmen zu können und musste außerdem fürchten, dass der Kaiser alle seine Kräfte anstrengen werde, um den Platz zu entsetzen. Erweiterte Rüstungen waren für das Gelingen des Aufstandes ein Gebot dringender Notwendigkeit und deshalb beeilte man die Vervollständigung der Werbungen auf die angedeuteten 8000 Mann. Nun machte sich aber die Finanzfrage schon peinlicher geltend, als dies Ende Mai der Fall war. Der Landtag hatte sich damals mit den gewöhnlichen Steuerleistungen, die im Durchschnitte über 60,000 Taler monatlich betragen konnten, behelfen zu können geglaubt, allein diese Summe kam weder ordentlich ein, noch entsprach sie auch nur entfernt dem wirklichen Bedürfnisse. Die Stände waren wohl auf größere Auslagen gefasst und hatten den Direktoren die Vollmacht zur Kontrahierung eines Anlehens gegeben. Der Versuch, der in dieser Beziehung gemacht wurde, lief jedoch unglücklich ab.

8. Juni 1618 Anfang Juni hatten nämlich die meisten Städte Abgeordnete nach Prag abgeschickt, um den Direktoren ihren Beitritt zur gemeinschaftlichen Sache zu erklären. Man lud sie zu einer Beratung ein, in der sie Wilhelm von Lobkowitz, der Obersteuereinnehmer der neuen Regierung, in einer geschickten Weise zu haranguieren suchte und darauf mit der Mitteilung überraschte, dass sich die Stände genötigt sähen, in Anbetracht der gesteigerten Bedürfnisse des Landes, bei ihnen ein Anlehen zu kontrahieren. Es verstehe sich von selbst, dass dasselbe wohl versichert und die Interessen gehörig ausbezahlt werden würden, man ersuche demnach die Städte, die gewöhnlichen Ausflüchte wegen Unmöglichkeit fallen zu lassen und mit einer gehörigen Summe dem allgemeinen Bedürfnisse unter die Arme zu greifen. Allein die Angesprochenen führten nicht umsonst in ihrer mittelalterlichen Titulatur den Titel „fürsichtiger und weiser Leute". Sie sahen nicht ein, weshalb die Städte anstatt der gesamten Stände ihr Geld für eine gefährliche Sache verwenden sollten und erklärten, ohne Befragung der Gemeinden nichts tun zu können. Ihr wisst, sagte der Vertreter von Königgrätz, Dentulin, was für ein Wildes Thier eine Gemeinde ist. Als sie darauf treulich ihren verschiedenen Mandanten berichteten, zeigte sich das erwartete Resultat, die Städte verstanden sich zu keinem Darlehen.[257]

Die abweisende Haltung der königlichen Städte nötigte die Direktoren zu dem einzigen Auswege, der ihnen übrig blieb, zur Wiederberufung des Landtages für den 25. Juni, damit dieser die nötigen Mittel schaffe. Viel Freude verursachte im protestantischen Lager die größere Vollzähligkeit desselben und namentlich der Umstand, dass sich auch mehrere katholische Edelleute bei demselben einfanden, um dem allgemeinen Bündnisse ihre Siegel beizudrücken. Noch hielt der erste Zauber des Aufstandes an; vielen Katholiken schien es recht und billig, den Protestanten die Hand zum Schutze zu bieten,

---

257   Koliner Stadtarchiv. Bericht der Koliner Deputierten dd. 9. Juni 1618. – Skala II, 178.

da man über deren bisherige Verkürzung nicht im Zweifel sein konnte. Hinter den katholischen Mitgliedern des Adels blieben auch die Bürger nicht zurück. Auf der Neustadt Prags spielte sich vor der Landtagseröffnung in voller Ratsversammlung eine Szene ab, welche vergessen machen konnte, dass Böhmen bereits über 200 Jahre unter dem religiösen Zwiespalte litt. Der Ratsherr, Johann Sferyn, erklärte feierlich, er sei ehedem ein Utraquist gewesen, seit jedoch mit dem Utraquismus im Jahre 1609 jene Veränderung vorgegangen, dass seine Priester nicht mehr die bischöfliche Weihe hätten, sei er Katholik geworden. „Aber komme es denn auf den Unterschied in der Communion unter einer oder beiden Gestalten an und liege nicht vielmehr alles an der wechselseitigen Liebe?" Die Nutzanwendung war, dass er sein Schicksal nicht von dem der Andersgläubigen trennen wolle. Das Beispiel des Greises eiferte andere katholische Ratsmitglieder zu ähnlichen Kundgebungen an und so schien der innere Friede den äußern Sieg zu verbürgen. – Von nicht zu unterschätzender Bedeutung war es, dass auch die Statthalter Sternberg und Waldstein dem Landtage die Erklärung zukommen ließen, dass sie sich den ständischen Wünschen und Interessen mit vollem Herzen anschlössen, soweit durch dieselben nicht eine Verkürzung der königlichen Rechte angestrebt werde. Die Äußerung Waldsteins klang besonders warm und herzlich.[258] Am 25. Juni eröffnete Wenzel von Ruppa als Präsident des Direktoriums den Landtag in der Weise, wie sie im Jahre 1609 üblich geworden war, nämlich mit der Aufforderung zum Gebete, welches von allen kniend verrichtet wurde, worauf ein Schreiber der Direktorialregierung ein Lied nach dem 80. Psalm anstimmte, das stürmischen Anklang fand. Als es zu Ende gesungen war, intonierte ein zweiter Schreiber das deutsche Lied: „Allein Gott in der Höhe sei Ehr", welches nicht bloß von den wenigen Deutschen im Landtage, sondern auch von den Böhmen, die deutsch verstanden, mitgesungen wurde. Diesen frommen Übungen folgte der Geschäftsbericht. Er enthielt zumeist eine Schilderung der Gefahren, von denen Böhmen rings umher bedroht sei und die zu den größten Anstrengungen nötigten. Mit Rücksicht darauf stellten die Direktoren die Forderung, dass es ihnen gestattet werde, noch 6000 Mann zu Fuß und 2000 Reiter zu werben, im ganzen gedachten sie also die Armee auf 12000 Fußknechte und 4000 Reiter zu erhöhen. Von der Benützung des allgemeinen Aufgebots wollten sie ganz ablassen, verlangten aber dessen Ablösung in Geld. Der Landtag erklärte sich mit den weiteren Werbungen einverstanden und bewilligte auch den Direktoren die unter dem Titel einer Ablösungssumme gewünschten Geldmittel und

---

258   Skala II, 201. – Bibl. des F.G. Lobkowitz MS. 373.

zwar in der Höhe von ungefähren 385.000 Talern.[259] Dabei verstand es sich von selbst, dass die im Jahre 1615 votierten Steuern weiter bezahlt werden sollten. Mit Rücksicht auf die bisherige Gepflogenheit beschloss der Landtag, die Gebiete von Glaz, Eger und. Elbogen zu den Steuerleistungen heranzuziehen und die betreffenden ständischen Körperschaften um die Übernahme einer verhältnismäßigen Quote zu ersuchen.

Die außerordentlichen Verhältnisse bewegen die Stände bei dieser Gelegenheit zur Festsetzung eines Zahlungsmoratoriums und zur Einstellung aller Exekutionen bis auf weiteres. Dieser Beschluss, der besonders den höheren Ständen genehm war und sie ihrem Vermuten nach von den ärgsten Folgen allzu großer Auslagen schützen sollte, schlug dem Handel und Wandel in Böhmen augenblicklich eine unheilbare Wunde und man kann sich leicht denken, in wie progressiver Weise sich fortan die Verhältnisse verschlechterten, wenn Gesetzen, die kaum während einiger Wochen erträglich sind, eine unbestimmt lange Dauer gegeben wurde.[260]

Der zweite und wichtigste Gegenstand, mit dem sich der Landtag befasste, betraf die Antwort, die man dem Kaiser auf seine schriftlichen Mahnungen, von denen mehrere im Laufe des Monats Juni eingelaufen waren, geben solle. Die Stände mussten eine Entscheidung treffen, ob sie zu allfälligen Verhandlungen wegen eines Ausgleichs die Hand bieten oder konsequent auf der betretenen Bahn vorwärts gehen wollten. Damit trat das Verhältnis zum Kaiser in den Vordergrund.

II

Zur Zeit des Fenstersturzes befand sich Mathias in Wien und Ferdinand bei dem Reichstage in Preßburg. Am 27. Mai leistete Ferdinand einer Einladung des Erzbischofs von Gran Folge und aß bei ihm zu Mittag. Bei der Mahlzeit ging es munter her, zahlreiche Toaste wurden ausgebracht, während auf der Straße prächtig gekleidete Heiduken Freudensalven abfeuerten. In diesem Momente allgemeiner Freude würde ein Totenkopf unter die Versammlung

---

259 Die Summe von 385.000 Talern kam auf die Weise zusammen, dass den höhern Ständen, die nach Maßgabe ihres Vermögens zur Stellung von Reitern verpflichtet waren, diese Verpflichtung für je 48 Taler abgelöst wurde. Die Stellung des zehnten und achten Mannes musste von den Untertanen selbst und zwar von je einem angesessenen Untertan mit 1/2 Taler reluiert werden. Den Juden wurde eine Kopf- und Haussteuer auferlegt, deren Ertrag ungefähr 20.000 Taler gewesen sein mag. Alle diese Steuersätze gaben die Summe von etwa 385.000 Talern.

260 Münchner Reichsarchiv. Böhm. Landtagsbericht vom 23. Juni 1618. Auch Skala II, 219.

geworfen, kaum mehr Entsetzen verursacht haben, als die Nachricht von dem Fenstersturze, die eben anlangte. Die lärmende Fröhlichkeit machte einer bedenklichen Stille Platz und die Tafel wurde frühzeitig aufgehoben.[261]

Da Ferdinand gleichzeitig mit den Prager Nachrichten von Mathias um ein Gutachten in der böhmischen Frage ersucht wurde, so trat er am folgenden Tage mit Khlesl, Molart, Ulm und wohl auch Eggenberg zu einer Beratung 28. Mai zusammen. Nach mehrstündiger Verhandlung wurde der Beschluss gefasst, dass man vor allem genauere Informationen über den Aufstand einholen müsse. Die Konferenz schlug deshalb dem Kaiser drei Personen vor, von denen eine nach Prag abgesendet werden sollte, um an Ort und Stelle Nachrichten zu schöpfen. Habe man den nötigen Bericht, so solle eine eigene Regierungskommission zur Herstellung der Ordnung nach Böhmen abgeschickt werden, an deren Spitze ein Erzherzog oder sonst ein Fürst, etwa der Kardinal von Dietrichstein, gestellt, und dem zur Seite Karl von Žerotín gegeben werden könnte. Von diesen Ratschlägen war vorläufig nur der einzige praktisch, der die Absendung eines Vertrauensmannes nach Prag empfahl.

Während sich der Kaiser anschickte, dem gegebenen Rate zu folgen und den Freiherrn von Khuen für die Sendung nach Prag aussah, bekam er weitere Nachrichten, die ihn über den Umfang und die Gefahr des Aufstandes keineswegs im Dunkeln ließen. Sie kamen von den drei Statthaltern Adam von Sternberg, Adam von Waldstein und Diepold von Lobkowitz, die in ihrer Freiheit nicht beschränkt wurden und an dem Interesse des Hofes unverrückt festhielten. Sie täuschten sich nicht im mindesten über den Umfang der neuen Bewegung, beinahe täglich schrieben sie dem Kaiser über die wichtigsten Vorgänge seit dem 23. Mai und verhehlten ihm nicht, dass nach ihrer Überzeugung der Aufstand sich wie ein Hochwasser über das ganze Land verbreite. Sie waren von der Allgewalt desselben so überzeugt, dass sie seine Bewältigung gar nicht für möglich hielten und dem Kaiser von vornherein zu einem friedlichen Ausgleiche rieten. Ihr Ratschlag enthielt die naive Bemerkung, dass sich der Ausgleich nicht anders werde erreichen lassen, als wenn der Kaiser nach Böhmen kommen und die Behandlung der Protestanten- und Kirchengüterfrage „nach dem Gesetze" schlichten werde.[262] Diese Worte sagen mehr als ganze Bände, und sind das beredteste Eingeständnis, dass, nach der Überzeugung der

---

261 Arbeissle an E. Maximilian dd. 28. Mai 1618. Archiv des k.k. Minist. des Innern.. – Korrespondenz Žerotíns. Žerotín an Stietten dd. 10. Juni 1618. Skala II, 174, der über diese Szene berichtet, verlegt sie fälschlich nach Wien.

262 Wiener Staatsarchiv. Zuschriften der Statthalter an den Kaiser dd. 2. und 6. Juni 1618.

Katholiken selbst, in den jahrelangen religiösen Streitigkeiten nicht nach dem Gesetze vorgegangen wurde.

Adam von Waldstein, der seit jeher für eine billige Behandlung der Protestanten aufgetreten war, sah die Dinge in Böhmen noch schwärzer an als seine Kollegen; in zahlreichen besonderen Schreiben, die er zum Teil an den Kanzler Lobkowitz richtete, riet er unbedingt zu einem eiligen Ausgleiche und. sprach auf das dringendste den Wunsch aus, dass der Kaiser sich von friedfertigen und nicht von leidenschaftlichen Ratgebern leiten lasse. Als das beste Mittel zur Anbahnung des Friedens sah er die Absendung des Erzherzogs Maximilian nach Böhmen an, dieser sollte sich den Kurfürsten von Sachsen zur Seite nehmen und beide könnten rasch das Ausgleichswerk beendigen.[263] Bei diesem gutgemeinten Ratschlage muss man sich nur über die mangelhafte Personenkenntnis des Herrn von Waldstein wundern, der in dem Erzherzoge Maximilian den Mann zu sehen glaubte, der zu einem vorläufig nur im protestantischen Sinne möglichen Ausgleiche ohne weiteres die Hand bieten würde.

Als Khuen von dem Kaiser für die Reise nach Prag ausersehen wurde, frug er bei Thurn brieflich an, ob ihm der Weg nach Böhmen freistehe.[264] Auf die beruhigende Antwort des Grafen trat er denselben an und trat am 6. Juni 1618 in Prag ein. In der sicheren Überzeugung, dass die Direktoren sich beeilen würden, mit ihm als einem Spezialkommissar des Kaisers in Verbindung zu treten, teilte er ihnen seine Ankunft mit und ersuchte sie um die Absendung einer Deputation, mit der er sich besprechen könnte. Die Direktoren lehnten jedoch seine Aufforderung ab und. ließen ihm sagen, falls er sich mit ihnen besprechen wolle oder ihnen eine Botschaft mitzuteilen habe, so könne er sie selbst aufsuchen.[265] Diese trotzige Antwort, die Mitteilungen der Statthalter und die aus allem sich ihm aufdrängende Überzeugung, dass die Böhmen entschlossen seien, es auf einen Kampf auf Leben und Tod ankommen zu lassen, machten Khuen umso besorgter für den Kaiser, je besser er wusste, über wie geringe Mittel derselbe für den Kriegsfall gebieten könne. Schon von Prag aus riet er ihm deshalb im Einverständnisse mit den Statthaltern dringend zu einem Ausgleiche, den er in den Hauptzügen zu skizzieren suchte. Darnach sollte Mathias erstens in einem

8. Juni 1618 Patente feierlich die Haltung des Majestätsbriefes und die Beobachtung des Vergleiches (natürlich im Sinne der Protestanten) versprechen, *dabei aber nicht behaupten, dass er beide Gesetze stets beobachtet habe,* weil dies den Widerspruch zu sehr erwecken würde, zweitens seine Ankunft in Böhmen verheißen, und

---

263   MS. 373 der Bibl. des F.G. Lobkowitz. , Waldstein an den Kanzler dd. 2. Juni 1618.
264   Wiener Staatsarchiv. Thurn an Khuen dd. 2. Juni 1618.
265   Skala II, 180.

drittens sich zur Einstellung aller Rüstungen verpflichten, falls auch die Böhmen solches täten. Die Statthalter, die dem Kaiser gleichlautende Vorschläge machten, beten inständigst, derselbe möge, wenn er diesen friedlichen Weg betreten wolle, nicht mit der Publikation des Manifestes zögern.[266] Herr von Waldstein, der in seinem Friedenseifer stets die andern überholte, beklagte sich in einem Briefe an den Kanzler bitter über die Saumseligkeit des Wiener Hofes, der es seit so vielen Tagen zu keinem versöhnlichen Entschlusse gebracht habe, und. ließ hiebei durchblicken, dass er den Kanzler nicht von aller Schuld frei spreche.[267]

Der Kaiser kam jetzt zur Einsicht, dass die Gefahren, die er seit Jahren von Seite der Protestanten befürchtet hatte, nunmehr wirklich über ihn hereingebrochen seien und dass seine Restaurationspolitik, statt sie zu beschwören, dieselben nur vergrößert habe. Da er die religiöse Restauration weniger aus Herrschsucht und reifer Überlegung, als aus Furcht und gedankenloser Lässigkeit betrieben hatte, da ferner seine zunehmende Kränklichkeit ihn den Frieden um jeden Preis herbeiwünschen ließ, so neigte er sich mit vollem Herzen der Annahme der ihm von Prag zukommenden Ratschläge zu, ja er hatte dieselben schon antizipiert. Die Nachrichten aus Böhmen hatten ihn so erschreckt, dass er sogar zu einem Vergleiche mit – Thurn (!) erbötig war und an Ferdinand das Ansuchen stellte, mit dem Grafen eine vertrauliche Unterhandlung anzuknüpfen. Ferdinand wies jedoch diesen Vorschlag zurück und drängte zu einem entschlossenen Widerstande. So machte sich die eiserne Hand, die fortan auf dem Schicksale Böhmens lasten sollte, schon jetzt in ihrer wuchtigen Schwere geltend.[268]

Die Meinung Ferdinands, der eine gewaltsame Niederwerfung des Aufstandes empfahl, war der Gesinnungsausdruck und. das Glaubensbekenntnis der einen von den zwei Parteien, in die sich der Hof bezüglich der böhmischen Verhältnisse zu teilen begann. Die eine Partei, an deren Spitze der Kaiser stand, wünschte den Frieden und nahm den Krieg nur ungern in Aussicht, wiewohl sie sich auf denselben gefasst machte, während die andere den böhmischen Aufstand mit Freuden begrüßte, weil sie nach seiner Bewältigung nur noch rücksichtsloser auftreten wollte. Die Stimmung und die Absichten dieser kriegslustigen Partei können nicht besser beleuchtet werden, als durch eine Denkschrift, die sich im Wiener Staatsarchiv erhalten hat und. die das Verhal-

---

266 Wiener Staatsarchiv. Khuen an den Kaiser dd. 8. Juni Prag mit einem Postscript vom 9. Juni. – Böhm. Landesarchiv. Die Statthalter an den Kaiser dd. 10. Juni.

267 MS. 378. Bibl. des F.G. Lobkowitz. Waldstein an den Kanzler dd. 9. Juni 1618.

268 Wiener Staatsarchiv. Mathias an Ferdinand dd. 4. Juni 1618. – Ebendaselbst Ferdinand an Mathias dd. 7. Juni 1618.

ten der Regierung gegenüber dem Aufstande zu normieren sucht. Sie wurde gleich in den ersten Tagen nach dem Fenstersturze verfasst und kann als der wahre und konsequent festgehaltene Standpunkt der Anhänger Ferdinands gelten, als dessen energischeste Vertreter der Kanzler Lobkowitz, Oñate und Michna anzusehen sind. Die Denkschrift gipfelt in dem Satze, dass man den Aufstand als eine Wohltat ansehen müsse, denn dadurch sei man der Notwendigkeit enthoben, die frühern Palliativmittel gegen den böhmischen Krebsschaden, den beständigen Ungehorsam der Stände, anzuwenden. Verlieren könne der Kaiser in keinem Falle etwas, denn sollte der Krieg auch gegen ihn ausfallen, so habe er nur mit Ehren verloren, was des Besitzes längst nicht mehr wert gewesen sei. Gewinne er aber, so könne er der „Sklaverei", in der er bis jetzt gestanden, für immer ein Ende machen und sich für die Kosten an den Gütern der Rebellen schadlos halten. Ein kurzer Überblick über die böhmische Geschichte, der diese Behauptungen und Ratschläge illustrierte, zeigt allerdings, dass der Ratgeber in jeder Äußerung des ständischen Lebens eine Beleidigung der Majestät sah, vor der alles verstummen sollte.

Die von Ferdinand empfohlene gewaltsame Bekämpfung der Böhmen und die Aufbringung der hiezu nötigen Mittel bildeten übrigens schon seit Anfang Juni, also zur Zeit, als Khuen nach Prag abgeschickt wurde, den Gegenstand eingehender Beratungen in Wien. Man berechnete am kaiserlichen Hofe, dass, wenn man die eigenen Kräfte auf das Äußerste anstrengen würde, eine Armee von 11600 zu Fuß und 2600 Reitern aufgebracht werden könnte. Von dieser Zahl waren einige tausend Mann, die wegen des kurz zuvor mit Venedig geführten Krieges noch in Friaul standen, schlagfertig, der Rest musste erst geworben werden, und in der Tat wurden die Werbepatente hiefür in der ersten Juniwoche erteilt. Außerdem hoffte man über 6000 ungarische leichte Truppen verfügen zu können, woran sich später die Kontingente der Bundesgenossen, die man in Deutschland zu gewinnen hoffte, schließen sollten. An den Erzbischof von Salzburg wurde ohne Säumen ein Gesandter abgeschickt, der ihn um die Ausrüstung und Unterhaltung von 1000 Mann ersuchen sollte.[269]

Dies waren die ersten Maßnahmen, die man unter dem unmittelbaren Eindrucke der Schreckensnachrichten aus Böhmen ergriffen hatte. Noch hatte man» sich Spaniens nicht versichert, an dem doch das meiste gelegen war. Zu den betreffenden Verhandlungen mit Oñate wurden nun Trautson und Zdeněk von Lobkowitz abgeordnet. Sie hatten den Gesandten nicht nur um die Hilfe seines Herrn, sondern auch um seinen Rat in den böhmischen Angelegenhei-

---

269   Wien. Staatsar Boh. IV. Verzeichnis der Punkte, so von Ihr May. in Bohemicis angeordnet worden dd. 9. Juni.

ten zu ersuchen. Der Rat eines loyalen Spaniers konnte in einem so flagranten Falle von Rebellion nicht zweifelhaft sein, er empfahl einerseits die möglichste Behutsamkeit, aber andererseits auch die Ergreifung der energischsten Mittel. Wenn der Kaiser, meinte er, eine friedliche Verhandlung nicht mit entschiedenem Vorteile zu Ende bringen könne, so müsse er zu den Waffen greifen, denn die Sachlage dulde keine weitere Schwächung seiner Autorität. Da nun gewiss nicht zu erwarten war, dass sich die Böhmen auf friedliche Weise in eine schlechtere Position würden drängen lassen, als die sie vor dem Aufstande innehatten, so war Oñates Meinung gleichbedeutend mit Krieg. Er unterschätzte die Schwierigkeit desselben nicht, sondern gab von vornherein zu, sein Herr müsse den Kaiser mindestens mit einer Armee von 10 bis 12000 Mann unterstützen und versprach hiefür seine Verwendung bei Philipp III. In dem vertrauten Briefe nach Hause hat er seinen König nicht nur um die Ausrüstung der angedeuteten Streitkräfte, sondern um eine Unterstützung des Kaisers „mit allem Gelde", das ihm zu Gebote stände.[270] Oñate fasste den Kampf mit den Böhmen als das auf, was er war, als einen Kampf auf Leben und Tod.

Mittlerweile beriet sich Ferdinand mit Eggenberg, Khlesl, Molart und Trautmansdorf in Preßburg in einer zweiten Konferenz über die böhmischen Angelegenheiten. Alle waren darin eines Sinnes, dass die Rüstungen energisch betrieben werden müssten und erwogen dann die Bedingungen, unter denen ein friedlicher Ausgleich mit den Böhmen eingegangen werden dürfte. Bezeichnend für die Gesinnung der Versammlung war es, dass sie dem Kaiser um keinen Preis die gänzliche und vollkommene Einhaltung des Majestätsbriefes und des Vergleichs empfehlen wollte, weil sie die bisherige Behandlung der Kirchengüterfrage nicht aufgeben mochte.[271] Der Kaiser, von dem Resultate der Beratung in Kenntnis gesetzt, eignete sich deren Beschlüsse an und erließ, ohne Khuens Rückkehr und. seine oben erwähnten schriftlichen Ratschläge abzuwarten, und ohne auch derjenigen Stimmung, die ihn zur Anknüpfung von Verhandlungen mit Thurn getrieben hatte, weiter nachzuhängen, ein Manifest an die Böhmen. Er verhieß in demselben die Beobachtung aller böhmischen Privilegien (also auch des Majestätsbriefes und Vergleichs), aber er bot dieselbe in der Weise an, wie sie bisher gehandhabt worden war. Eine solche Beobachtung entsprach nicht dem, ihm übrigens noch unbekannten, Ratschlage Khuens und konnte in Böhmen nur einen erbitternden Eindruck machen. Dem Schlusse des Manifestes waren Strafandrohungen beigefügt, falls

9. Juni
1618

11. Juni
1618

---

270   Archiv von Simancas. Parecer del Conde de Oñate sobre lo, que se le propuso de parte del Emperador tocante a. los movimientos de Bohemia.

271   Wiener Staatsarchiv. Vorschläge über die böhm. Angelegenheiten dd. 9. Juni.

sich die Böhmen nicht zur Ruhe begeben würden.[272] Noch war das Patent in Prag nicht angelangt, als Khuen diese Stadt bereits verlassen hatte. Fast zur selben Zeit, in der der kaiserliche Kommissäre sich auf den Rückweg nach Wien begab, entschlossen sich die Direktoren zu einer Maßregel, die keineswegs von einer Abnahme ihrer feindseligen Gesinnung gegen den Kaiser zeugte und sonach keine besonders freundliche Aufnahme des Patentes hoffen ließ, auch wenn der Inhalt desselben mehr verheißen hätte. Die Direktoren beschlossen nämlich, die freie Bewegung der Statthalter auf das engste zu beschränken. Am 14. Juni schickten sie dem Oberstburggrafen und dem Grandprior den Befehl zu, für die Zukunft weder ihr Haus noch die Stadt ohne Erlaubnis zu verlassen. Der auf diese Weise über die beiden Herren verhängte Hausarrest wurde jedoch tags darauf dahin gemildert, dass ihnen der Besuch der Domkirche und des Schlossgartens gestattet wurde. Gegen Adam von Waldstein, der sich stets den Protestanten freundlich gezeigt, beobachteten auch die Direktoren eine größere Rücksicht; ihm wurde die freie Bewegung in der ganzen Stadt eingeräumt. Allen drei Statthaltern wurde aber gleichmäßig jede weitere Tätigkeit im Dienste des Kaisers untersagt und so dem Scheine ein Ende gemacht, der bezüglich der obersten Landesbeamten Anfangs gewahrt worden, als ob weder ihre Freiheit noch ihre amtliche Stellung eine Schmälerung erfahren solle.[273]

Als nun das kaiserliche Patent vom 11. Juni und, wie es scheint, auch einige 21. Juni andere Schriftstücke späteren Datums in Prag anlangten, wurden sie von dem betreffenden Kurier dem Obersthofmeister Adam von Waldstein zugestellt. Waldstein lud einige Direktoren zu sich ein, teilte ihnen den Inhalt des Briefpakets mit und verlangte, dass seiner Veröffentlichung und Verbreitung kein Hindernis entgegengestellt werde. Ruppa, Fels und Wilhelm von Lobkowitz, die sich bei ihm eingefunden hatten, wollten selbstverständlich die Publikation des Patents nicht zugeben und verlangten dessen einfache Auslieferung zu Händen der Direktoren. Der Obersthofmeister wehrte sich gegen diese Missachtung der kaiserlichen Meinungsäußerung, musste aber schließlich nachgeben.[274] Als Khuen nach seiner Ankunft in Wien über das Wachsen des Aufstandes und über die feindselige Haltung der Direktoren eingehend Bericht 18. Juni erstattet hatte, richtete Mathias eine neue Zuschrift an die Böhmen. In der Hauptsache stimmte sie mit der vom 11. Juni überein und nahm folglich auf die Ratschläge, die Khuen von Prag aus gegeben, auch jetzt keine Rücksicht, denn der Kaiser verpflichtete sich zwar feierlich zur ungeschmälerten Einhal-

---

272   Bibl. des F.G. von Lobkowitz. Kais. Patent im MS. 373.
273   Das Aktenstück im MS. 373 der Bibl. des F.G. Lobkowitz.
274   Ebend. Waldsteins Bericht dd. 21. und 22. Juni.

tung des Majestätsbriefes, behauptete aber zugleich, dass derselbe nie von ihm verletzt worden sei. Den Schluss des Manifestes bildete abermals das Verbot weiterer Rüstungen. Dass dies Patent eine Änderung in der Sachlage herbeiführen könnte, durfte vernünftiger Weise nicht erwartet werden. Als dasselbe in Prag anlangte, wurde es von den Direktoren ebenfalls mit Beschlag belegt und die Publikation verhindert.

Nun trat der böhmische Landtag am 25. Juni zusammen, und diesem mussten die Direktoren über die Zuschriften des Kaisers Bericht erstatten. Wie wenig günstig für den letzteren die Stimmung der Stände war, zeigte sich schon aus der Billigung der über die Statthalter verhängten Internierungmaßregel, welche die Direktoren zur Kenntnis brachten. Bezüglich des Patentes vom 11. Juni teilten sie dem Landtage mit, dass dasselbe bei der Landtafel hinterlegt worden, ein gleiches sei auch bezüglich eines später eingelangten geschehen. Um die Wirkung abzuschwächen, welche diese ungenierte Behandlung der kaiserlichen Zuschriften vielleicht auf einige Personen haben konnte, wurde die Behauptung aufgestellt, dass das zweite Patent nur eine gefälschte Unterschrift des Kaisers an sich trage und dasselbe ein Fabrikat des Kanzlers Lobkowitz und seines Sekretärs Michna sei, eine Unwahrheit, die der Landtag zum Scheine gläubig hinnahm. Mitten in diesen Verhandlungen traf eine neue Zuschrift des Kaisers vom 28. Juni aus Wien ein. Sie war von nicht zu unterschätzender Bedeutung, zum ersten Male führte der Kaiser eine nachgiebige Sprache; er erkannte an, dass die Böhmen Grund zu Beschwerden hätten, und forderte die Stände in väterlicher Weise zur Angabe derselben auf, indem er ihre Untersuchung im Sinne der Landtagsbeschlüsse von 1609, also in einer Weise anbot, die den Protestanten günstig war. Von diesem Patente konnte füglich nicht behauptet werden, dass es gefälscht sei, eine Wirkung äußerte es deshalb doch nicht, denn es kam um die ganze Zeit, die seit dem Fenstersturze verflossen war, zu spät. Doch hüllten sich die Stände nicht länger in das bisher beobachtete Schweigen, in einer Zuschrift an den Kaiser suchten sie ihre bisherigen Rüstungen als eine durch die Notwendigkeit ihnen abgedrungene Maßregel zu rechtfertigen, deuteten aber mit keinem Worte den Wunsch nach einem Ausgleiche an.[275]   27. Juni 1618

Diese vom Landtage selbst ausgehende Erklärung gab dem Kaiser keinen Trost, und bewies ihm, dass weder Drohungen noch milde Worte in Böhmen etwas fruchteten, alle Hoffnungen auf einen baldigen Frieden musste er aber vollends aufgeben, wenn er ein ihm gleichzeitig zugeschicktes Schreiben der

---

275   MS. 375. Bibl. des F.G. Lobkowitz.

Direktoren überlas. Er hatte sich gegen die letzteren über die Proklamation
Thurns an die Budweiser beschwert; die Direktoren, statt den Wortlaut derselben zu entschuldigen, nahmen die Verantwortung auf sich und. erklärten,[276]
dass Thurn nur auf ihren Befehl so gehandelt habe, da sie ihm den Auftrag
gegeben hätten, alles fremde Kriegsvolk aus dem Lande zu vertreiben. Habe
ihr General hiebei eine etwas derbere Sprache geführt, so müsse man sie den
Verhältnissen zu Gute halten. Am Schlusse sprachen sie sogar die Drohung aus,
dass sie sich an ihre Nachbarn um Hilfe wenden würden, falls ihre Sicherheit
durch den Einfall fremder Kriegsschaaren bedroht werden sollte; die Direktoren zeigten sich somit in ihren Äußerungen an den Kaiser nicht bloß ebenso
unnachgiebig, wie die Stände, sondern auch noch bitterer. Ihrer wahren Stimmung gaben sie wenige Tage später einen neuen Ausdruck, indem sie die bisherige Rücksicht gegen den Oberstburggrafen völlig bei Seite setzten und ihn
in strengen Gewahrsam nahmen. Zwölf Soldaten wurden in seine Wohnung
gestellt, um jedweden Fluchtversuch zu hindern und sein ganzes Tun zu überwachen.[277] Die dem Kaiser feindselige Bedeutung dieser Maßregel wurde noch
dadurch erhöht, dass auch Polixena von Lobkowitz, die Frau des Kanzlers, mit
ihrem Sohne, dem später durch seinen geheimnisvollen Sturz so berühmt
gewordenen Minister Leopolds I, in Prag gewaltsam zurückgehalten wurde
und nicht nach Wien zu ihrem Gemahl abreisen durfte. Der Vermittlung des
Kurfürsten von Sachsen, um die Ferdinand selbst ersuchte, gelang es später,
wenigstens dieser letzten Internierungsmaßregel bald ein Ende zu machen.[278]

Mittlerweile langten die Zuschriften der böhmischen Stände und der Direktoren in Wien an. Als der Kaiser von ihrem Inhalte in Kenntnis gesetzt wurde,
fühlte er sich umso gereizter, je weniger er diese Antwort auf seine letzte Erklärung verdient zu haben glaubte. Mit Heftigkeit wies er die höhnische Heuchelei
der Direktoren, mit der sie von seinem Kriegsvolke als einem fremden sprachen,
zurück, und erwiderte auf ihre Drohung, dass sie bei fortgesetzten Angriffen des
Kaisers sich genötigt sehen würden, bei allen christlichen Fürsten um Hilfe nachzusuchen, dass sie dies ohnedies, hoffentlich aber vergeblich, getan hätten.[279]

Überhaupt behielt das Schreiben einen derben Ton bei, indem es die Heuchelei
der Phrase bei Seite setzte und die Dinge mehr bei ihrem Namen nannte. Die
Direktoren waren ihrerseits um die Antwort nicht verlegen, und suchten in einer

30. Juni
1618

9. Juli

19. Juli
1618

---

276 Skala II, 227. Das Datum (30. Juni) geht aus der Antwort des Kaisers im MS. 373 der Bibl. des F.G.
Lobkowitz hervor.

277 Wiener Staatsarchiv. Unterschiedliche Akten. Nachricht aus Prag dd. 12. Juli 1618.

278 Sächs. Staatsarchiv. Ferdinand an Kursachsen dd. 9. Juli 1618.

279 MS. 373 der Bibl. des F.G. Lobkowitz.

staatsrechtlichen Abhandlung nachzuweisen, dass der Kaiser kein Recht habe, ohne Zustimmung des Landtages Truppen im Lande zu werben oder daselbst einzuquartieren. Dies war wohl richtig, nur verschwiegen sie die Kleinigkeit, dass auch die Stände ohne Erlaubnis des Königs zu keinen Rüstungen berechtigt waren, und dass ihr eigener revolutionärer Vorgang den gesetzlichen Mangel in den kaiserlichen Rüstungen ersetzte oder wenigstens genügend rechtfertigte. Indem sie ihre alten und, wie hier hinreichend auseinandergesetzt wurde, wohlbegründeten Klagen über die Haltung des Kaisers in den religiösen Angelegenheiten wiederholten und dadurch zu bitteren Vorwürfen gegen die ganze Umgebung des Kaisers sich hinreißen ließen, gaben sie am Schlusse zum ersten Male die Erklärung ab, dass sie einen ihnen von Mathias angebotenen Ausgleich annehmen würden, wenn die Kurfürsten des Reiches (selbstverständlich die protestantischen) ihn feststellen und garantieren würden.[280]

Während dieser zwischen Wien und Prag gewechselten Zuschriften, welche ‚die Sache des Friedens nicht im mindesten förderten, sollten nach dem Wunsche Ferdinands und seiner Anhänger die Rüstungen, die Anfang Juni beschlossen worden waren, eifrig betrieben werden. Letzteres geschah jedoch nicht und war bei der Friedenssehnsucht des Kaisers umso erklärlicher, da Ferdinand noch immer in Preßburg zurückgehalten wurde und seine Abwesenheit nicht aneifernd wirken konnte.

Als jedoch die Böhmen schon Mitte Juni mit ihren Werbungen so weit vorgeschritten waren, dass Thurn an der Spitze von 4000 Mann gegen Budweis aufbrechen konnte, wurde die Lässigkeit des Kaisers seinen Anhängern im höchsten Grade bedenklich. Noch am 21. Juni war fast gar nichts geschehen, was für die beschlossenen Rüstungen nötig schien, kein Mann war zum Kriegsschauplatze abgeordnet und es war mit Gewissheit zu erwarten, dass die Böhmen die österreichische Grenze ohne Hindernis überschreiten würden. Die Manifeste des Kaisers an die Böhmen hatten also wenigstens die aufrichtige Seite, dass sie nicht zur Hülle für gewaltsame Hintergedanken dienten, sondern der wenn auch ungeschickte Ausdruck einer wirklichen Friedensliebe waren. Umso unruhiger sah Ferdinand dieser Lässigkeit zu, die ein baldiges, aber für seinen Ehrgeiz trauriges Ende aller Kämpfe zur Folge haben konnte. Bevor er noch seinen Besorgnissen Worte geliehen hatte, wandte sich Oñate, ob nun selbständig oder im Einverständnisse mit ihm, an den Kaiser mit einem Promemoria, in dem er sein Staunen über die unbegreifliche Säumnis in den Rüstungen in ungeschminkter Weise aussprach, und zum Schlusse hinzufügte,

---

280   Skala II S. 302–310.

dass er sich dasselbe nur aus einem geheimen Abkommen mit den Häuptern der böhmischen Rebellion, die wahrscheinlich wieder zum Gehorsam zurückkehren würden, erklären könne. Wenn dieses Abkommen auch ein Geheimnis bleiben solle, so müsse doch mindestens der König von Spanien davon in Kenntnis gesetzt werden, da er im Begriffe stehe, sich für den Kaiser in die größten Auslagen zu stürzen.[281]

Es zeigte sich nicht, dass die geschickt stilisierte Denkschrift des Gesandten den Kaiser zu einer größeren Energie in den Rüstungen angespornt hätte, im Gegenteile korrespondierte dieser in den folgenden Tagen eifriger als sonst mit Böhmen. Oñate konnte sich in seinem Eifer für die Bewältigung derjenigen, die ihm als Rebellen und Ketzer doppelt verhasst waren, nicht länger bändigen und reiste nach Preßburg, um bei Ferdinand Klage über Mathias zu führen. Der König empfand alles doppelt, was Oñate ihm sagen mochte, aber er konnte sich nicht helfen, da er durch den ungarischen Reichstag noch immer in Preßburg zurückgehalten wurde. Er teilte dem Gesandten nur so viel zum Troste mit, dass er sich unmittelbar nach seiner Krönung der böhmischen Angelegenheiten energisch annehmen werde; das erste aber, was er betreiben würde, sei die Entfernung Khlesls, mit dem er nichts mehr zu tun haben wolle.[282]

Der ungarische Reichstag wurde Anfang Juli geschlossen und Ferdinand gewann endlich freie Hand. Seine Anwesenheit in Wien beschleunigte wohl in etwas die Rüstungen, doch keineswegs in dem Grade, wie er dies gewünscht hätte. Das Misstrauen, mit dem sich der von Khlesl gelenkte Mathias und die Erzherzoge wechselseitig beobachteten, machte sich täglich geltend und ließ keine einheitliche Action aufkommen. Da beschlossen Maximilian und Ferdinand, den Plan, den sie schon seit mehreren Jahren im Sinne gehabt, durchzuführen und sich der Person des Kardinals zu bemächtigen, um ihn für immer unschädlich zu machen.

Bevor sie ihre Absicht ins Werk setzten, berieten sie sich nochmals, ob sie nicht vielleicht einen letzten Versuch bei dem Kaiser machen und die Entlassung Khlesls von ihm erbitten sollten. Da sie jedoch nicht im Zweifel sein konnten, dass diese Bitte vergeblich sein und ihrem Gegner nur zur Warnung dienen würde, entschlossen sie sich auf eigene Gefahr hin vorzugehen. Oñate, von ihrem Vorhaben in Kenntnis gesetzt, munterte sie auf, lehnte aber seine persönliche Teilnahme an einer Gewalttat gegen den Kardinal ab, weil er sich dem Kaiser gegenüber nicht kompromittieren wollte. So beschlossen Maximilian und Ferdinand allein zu handeln, sich der Person ihres Gegners zu

---

281   Simancas 2503/130 Memorial que dió le Conde de Oñate a S. M. Ces en 21. de Junio 1618.
282   Simancas 2503 Oñate an Philipp. dd. 26. Juni.

bemächtigen, ihn gefangen nach Tirol abzuschicken und daselbst in einer Burg einzuschließen.

Es handelte sich nun darum, den Kardinal an einen Ort zu locken, wo man sich seiner heimlich versichern konnte. Maximilian leitete dies damit ein, dass er demselben einen Besuch machte und bei dieser Gelegenheit den Wunsch nach einem Gegenbesuche ausdrückte. Khlesl wollte an Artigkeit nicht zurückstehen und ließ am folgenden Tage bei dem Erzherzoge anfragen, wann er sich am gelegensten bei ihm einfinden könnte. Die Antwort lautete, da es gerade Freitag sei und an diesem Tage weniger Geschäfte ihrer Erledigung harrten, so sei der Erzherzog um zwei Uhr nachmittags am bequemsten zu sprechen. 29. Juli Khlesl machte sich rechtzeitig auf den Weg, traf auf demselben mit dem Nuntius zusammen und lud ihn ein, in seinen Wagen einzusteigen. Zwischen beiden entspann sich ein ernstes Gespräch, so dass sie noch über eine Viertelstunde bei einander sitzen blieben, nachdem sie in der Burg angelangt waren. Der Nuntius empfahl sich endlich und Khlesl ging in niedergeschlagener Stimmung, wie man zu bemerken glaubte, in die Wohnung des Erzherzogs, bei dem sich Ferdinand und Oñate befanden. Auf der Stiege kam ihm ein Kammerherr entgegen und brachte im Namen Maximilians die Entschuldigung vor, dass er wegen Unwohlseins dem Gaste nicht entgegengehen könne. Khlesl ging darauf weiter in das Vorzimmer, wo sich die Herrn von Stadion und Breuner und die Grafen Dampierre, Colalto und Montecuculi befanden. Stadion verschloss alsbald den Ausgang der Tür, während die andern den Kardinal mit dem Bemerken am Weitergehen hinderten: König Ferdinand habe befohlen, dass er an diesem Orte warten solle. Als Khlesl erstaunt frug, was dies zu bedeuten habe, erklärte Breuner ihn für einen Gefangenen des gesamten Hauses Österreich, befahl ihm seine Kardinalskleidung abzulegen und mit einer gewöhnlichen Priesterkleidung zu vertauschen.

Khlesl, vor dessen erstaunten Augen sich nun plötzlich der Abgrund öffnete, in den man ihn stürzen wollte, weigerte sich dies zu tun, berief sich auf die Privilegien seines Standes, wurde aber von Dampierre unterbrochen, der ihn roh anfuhr, einen ehrvergessenen losen Buben schalt, und mit einem schlimmeren Schicksale bedrohte, wenn er nicht gehorchen würde. Noch ließ der Kardinal sich nicht einschüchtern und verlangte zum Kaiser geführt zu werden; erst als ihm auch dies rundweg abgeschlagen wurde, sah er sein Verderben besiegelt, so wie das Vergebliche des weiteren Widerstandes und ergab sich in sein Schicksal. Nachdem er den roten Mantel und das Käppchen gegen Mantel und Hut von schwarzer Farbe vertauscht hatte, wurde er durch einen verdeckten Gang aus der Burg auf die Bastei gebracht, über die der Erzherzog vier Tage zuvor einen besonderen Fahrweg zum Schottentore hatte herrichten lassen. Hier wurde er in einen sechsspännigen Wagen gesetzt und darauf in Begleitung einer Reiterabteilung unter Dampierres Kommando in aller Eile weitergeführt. Nachdem er zwei Meilen gefahren war, traf er auf einen zweiten Wagen mit sechs frischen Pferden, der seiner harrte, und in den er übersteigen musste.

Die Fahrt ging mit stets gleicher Eile vor sich und nahm ihre Richtung gegen Wiener-Neustadt. Als der Kardinal bei dieser Stadt, seiner bischöflichen Residenz, anlangte, fing er an einige Hoffnung zu schöpfen und glaubte, dass seine Reise ein Ende nehmen und er daselbst in Haft gehalten werden dürfte. Als er aber ohne Aufenthalt weiter geführt wurde und sich so in seiner letzten Hoffnung getäuscht sah, entstürzten Tränen seinen Augen und. er sprach hinfort mit seiner Begleitung kein Wort mehr. Die Reitereskorte unter Dampierre begleitete ihn bloß bis Schottwien. Hier ließ man ihn aus dem Wagen steigen, hob ihn in eine Sänfte und setzte die Reise durch das Gebirge fort. Der Weg ging über Steiermark und Kärnthen nach Tirol; außer den Trägern und Dienern und einem Kaplan begleiteten ihn jetzt nur noch die Herrn von Brenner und Wolkenstein. Erst im Schlosse Ambras bei Innsbruck, wo er am achten Tage nach seiner Entführung von Wien ankam, wurde Halt gemacht und seine erzwungene Reise verwandelte sich in eine enge Haft.[283]

Die Gefangennehmung des Cardinals war glücklich bewerkstelligt, und noch mehrere Stunden nach der Abfahrt desselben ahnte kein Uneingeweihter, was mit ihm vorgegangen war. Die Diener, die ihn nach der Burg begleitet hatten, wurden in einer Stube mit Wein bewirtet und glaubten ihren Herrn mit wichtigen Verhandlungen beschäftigt. An die Erzherzoge trat nun der schwierigste Teil ihrer Aufgabe heran, sie mussten den Kaiser von ihrem Gewaltstreiche in Kenntnis setzen und die Billigung desselben erwirken. Etwa eine Stunde nach der Verhaftung des Kardinals begaben sie sich in die kaiserlichen Gemächer und ließen sich bei Mathias, der krank zu Bette lag, anmelden. Dieser, geschäftliche Verhandlungen oder Klagen vermutend, ließ ihnen zurücksagen, sie möchten sich nur in Begleitung Khlesls bei ihm einfinden; anfangs suchten die Erzherzoge den Kaiser von diesem Wunsche unter einem Vorwande abzubringen, und baten neuerdings für sich um eine Audienz, da dies jedoch zu kei-

283 Die Erzählung über Khlesls Gefangennehmnng und die folgenden Szenen am kaiserlichen Hofe schöpfen wir 1. aus drei Berichten im sächs. Staatsarchiv 9168 fol. 48, 100 und 107, von denen die zwei ersten Schriftstücke Briefe Zeidlers dd. 11/21 und 18/28 Juli sind, – 2. aus Oñates Brief an Philipp III dd. 1. Aug. Simancas 2503, – 3. aus Hammer-Purgstalls Urkunden Khlesl Bd. IV, – 4. aus Žerotins Brief an Hartwich von Stietten dd. 26. Juli. Žerotin befand sich zur Zeit der Gefangennehmung in Wien und spielte seit dieser Zeit, wie bald berichtet werden wird, eine merkwürdige Rolle in den böhm. Wirren.

nem Ziele führte, ließen sie die weitere Verstellung fallen, traten entschlossen in das kaiserliche Gemach ein und berichteten über das Geschehens. Mathias erschrak auf das heftigste, sprach anfangs kein Wort und biss in seiner Ohnmacht in das Betttuch. Später ermannte er sich etwas, nannte das Verfahren Maximilians, der die Hauptschuld auf sich nahm, ein rohes und verlangte die augenblickliche Zurückführung des Kardinals. Seine Entschlossenheit war jedoch nicht von langer Dauer, bald ließ er sich so weit beschwichtigen, dass er die Entschuldigungs- und Rechtfertigungsgründe der beiden Erzherzoge anhörte. Obwohl ihn dieselben nicht im mindesten überzeugten und sein ganzer Stolz durch die rücksichtslose Behandlung des Kardinals auf das tiefste empört war, so hatte doch sein an ein Gängelband gewöhnter Geist keine Kraft zu einem energischen Entschlusse. Die Erzherzoge verließen ihn unversöhnt, aber die gegen Khlesl verfügte Maßregel wurde nicht zurückgenommen.

Die Parteien am Hofe gerieten in eine gewaltige Gärung. Khlesls treue Anhänger, Khuen und der Obersthofmeister der Kaiserin, Trautmannsdorf, wollten die Sache ihres Meisters nicht gleich verloren geben, sondern nahmen sich seiner auf das eifrigste an und ,suchten den Kaiser und seine Gemahlin zu einem entschlossenen Schritte zu bewegen, allein beiden mangelte es an Energie. Mathias fürchtete für seine eigene Person und ließ sein Schlafgemach sorgfältig verriegeln; eilig verstärkte er auch die Burgwache und sprach sogar davon, sich in den Schutz der Böhmen oder Oberösterreicher begeben zu wollen, während die Kaiserin durch Tränen ihrem Schmerze Luft machte. Am anderen Tage fanden sich Ferdinand und Maximilian auch bei ihr ein, 21. Juli um sie zu besänftigen, allein der Anblick der beiden Schuldigen reizte ihren Unwillen nur noch mehr. Gegen Ferdinand gewendet, fragte sie ihn, ob das wohl der Dank für die zwei Kronen sei, die ihr Gemahl ihm gegeben; sie sehe wohl, der Kaiser lebe ihm zu lange. Kniefällig flehten beide Erzherzoge um ihre Verzeihung, allein ihr ohnmächtiger Zorn fühlte sich dadurch nur noch mehr gereizt, so dass sie ihrer Zunge in scharfen Angriffen freien Lauf ließ. Ferdinand, obwohl in seinem Benehmen stets nachgiebiger, erklärte auf ihre beharrliche Forderung um Rückberufung des Kardinals, dass er lieber beide Kronen niederlegen, als darein willigen werde.

Mittlerweile bemühten sich die Anhänger Ferdinands, die sich in diesen Tagen rasch mehrten und in ihm ihren künftigen Herrn sahen, das kaiserliche Ehepaar zu besänftigen. Auf Ansuchen der Erzherzoge begaben sich der Kardinal Dietrichstein und der Fürst von Liechtenstein zu dem Kaiser, verteidigten die gegen Khlesl ergriffene Maßregel und behaupteten deren Notwendigkeit. Die hervorragendsten Mitglieder des Hofes, mit Ausnahme von Khuen und Trautmannsdorf, führten eine ähnliche Sprache, und selbst Karl von Žerotin, der in Wien weilte, billigte die Entfernung des Kardinals, wenngleich er die Art und Weise nicht ganz guthieß. Um die allmählich ins Schwanken gekommene Überzeugung des Kaisers vollends nach dem gewünschten Ziele zu lenken, wurde auch Oñate ins Treffen geführt. Als er zur Audienz vorgelassen wurde, erging er sich in den schärfsten Beschuldigungen gegen Khlesls politische und persönliche Haltung und übergab dem Kaiser ein Memorial zur weiteren Bekräftigung seiner Behauptungen. Mathias hörte aufmerksam zu, schien von dem Gewichte des Vox-gebrachten überzeugt zu sein, und stellte zuletzt die Frage, ob der König von Spanien in voraus von dem Anschlage unterrichtet werden sei, was Oñate verneinte. – Der Gesandte beschränkte seine Tätigkeit nicht auf dies allein; da er wohl wusste, wie sehr Mathias von seiner Umgebung abhing, besuchte er alle seine Räthe, eiferte die für Ferdinand gewonnenen an, energisch bei dem Kaiser für ihn einzustehen und schüchterte die Gegner durch Drohungen ein.

Da die Feinde Khlesls nicht müde wurden, dessen Winkelzüge ins grellste Licht zu stellen, den abwesenden wegen seiner Habsucht und Herrschsucht anzuklagen und des Kaisers Empfindlichkeit geschickt gegen ihn zu reizen, begann dieser allmählich einer anderen Anschauung Raum zu geben. „Sollte unser vertrautester und geheimster Rath", so ließ er sich zuletzt vernehmen, „dergleichen wirklich wider uns gethan haben, dann habt ihr dem losen Lecker sein Recht widerfahren lassen." Er zeigte sich auch zur Aussöhnung mit den Erzherzogen geneigt, falls ihm eine Abbitte geleistet würde, was diese gern zu tun erbötig waren. Die Formel der Abbitte wurde entworfen und fand allseitige Zustimmung. Dem Versöhnungsprogramme gemäß fanden sich am 29. Juli 1618 Maximilian und Ferdinand bei Mathias ein. Der König ergriff das Wort, versicherte, dass er und sein Vetter nie etwas anderes, als des Kaisers Bestes gesucht hätten, und wollte darauf, ebenfalls dem Programme gemäß, mit Maximilian kniend seine Verzeihung erbitten. Mathias hinderte sie daran, umarmte beide, zeigte sich völlig zufriedengestellt und befahl die aufgezeichnete Entschuldigungsformel zu verbrennen. Die einzige Rücksicht, die der Kaiser für seinen früheren Minister hatte, beschränkte sich darauf, dass er sich dessen Leben garantieren ließ und die weitere Behandlung dem Papste anheimstellte. Damit hatte der Zwist in der kaiserlichen Familie ein Ende, selbst die Kaiserin wurde friedlicher gestimmt und nahm ihre früheren Anschuldigungen zurück. – Es war ein Zug kindischer Schwäche, dass der Kaiser, nachdem er den Urhebern der ihm angetanen Beleidigung verziehen hatte, an einem untergeordneten Gehilfen derselben Rache nahm. Auf seinen Wunsch sollte Breuner, weil er bei Khlesls Verhaftung eine so hervorragende Rolle gespielt, weder die Grenzen des Erzherzogtums, noch Wien betreten, und ebenso wenig sollte Dampierre, wegen seiner Teilnahme bei der Eskortierung, in der Zukunft mit seinen Reitern durch die Burg ziehen dürfen. Die Erzherzoge mussten sich diese ungefährliche Bestrafung ihrer Werkzeuge gefallen lassen.

Von dem Augenblicke seiner Gefangennehmung an gehörte Kardinal Khlesl zu den politisch Toten, wiewohl er sich anfangs mit diesem Gedanken nicht befreunden mochte. Er wusste, wie unentbehrlich er dem Kaiser gewesen und durfte daher hoffen, dass sich dieser bei der ihm gewordenen schmählichen Beleidigung aufraffen und den Günstling befreien würde. Die Schnelligkeit, mit der er auf der Landstraße dahinfuhr und die die Entfernung von Wien immer mehr vergrößerte, mag ihn deshalb am meisten geschmerzt haben, weil der Eilbote, der vielleicht schon beordert war, ihn zurückzurufen, ihn nicht so bald erreichen konnte. Als er in Ambras angelangt war und da Halt machte, schwand mit jeder Stunde vergeblichen Harrens diese Hoffnung mehr und mehr. In seinem lebhaften und tatkräftigen Geiste erwog er die Mittel, die ihm in seiner Lage helfen konnten und. er entschloss sich zuletzt zu einem Schreiben. Nicht an den Kaiser richtete er dasselbe, denn wer bürgte ihm für die Beförderung desselben und konnte er etwas von einem Herrn hoffen, der ihn so ohne Widerstand geopfert hatte? Er schrieb an Ferdinand und hat diesen um die verlorene Freiheit, damit er sich fortan nur geistlichen Beschäftigungen hingehen könne. So demütig und gottergeben dies Schreiben war, so fehlte es doch nicht an einigen bittern Sarkasmen in demselben, der einzigen Waffe, die dem Gefangenen geblieben war. Seine Absicht, so ließ er sich vernehmen, sei es längst gewesen, den weltlichen Beschäftigungen zu entsagen und nur der Kirche zu dienen, der Papst allein habe ihn daran gehindert. Nun aber, seit er für die Durchführung dieses frommen Wunsches in Ferdinand und Maximilian solche Beschützer (!) gefunden, treibe es ihn doppelt an, sein Leben demgemäß einzurichten. Er wolle den Bischofshof in Wien erbauen, das Himmelpfortkloster ausstatten, ein Armenhaus gründen usw. Er beschwor darauf den König bei den Verdiensten, die er sich um ihn und sein Haus erworben habe, ihn an dieser Tätigkeit nicht zu hindern; in die Welt wolle er nimmer zurückkehren, da er deren „Gottlosigkeit und Falschheit" erkannt und gefunden habe, was sie für „ein Pech" sei.

Das Schreiben brachte dem Kardinal keine Hilfe, denn diejenigen, die sich seiner eben entledigt hatten, spürten nicht die mindeste Lust, ihn wieder an ihre Seite zu rufen. Mehr Hoffnungen durfte der Gefangene auf die Intervention des päpstlichen Stuhles setzen, da derselbe eine so gewaltsame Behandlung eines der ersten kirchlichen Würdenträger nicht leicht gutheißen kennte. In der That 6. Aug. sprach Paul V sein Bedauern über diesen Vorgang aus, als er die Nachricht davon 1618 erhielt und ordnete eine Kommission von Kardinalen zur Untersuchung des Gegenstandes an. Ein Teil derselben missbilligte die Behandlung Khlesls und wollte gegen die Urheber des Gewaltaktes mit kirchlichen Zensuren vorgehen, sie wurden aber durch die Autorität des Kardinals Bellarmin zurückgehalten, der den Satz verfocht, dass es gestattet sei, einen Kardinal gefangen zu nehmen, wenn er den Staat einer großen Gefahr aussetze.[284] Der Papst, der von Khlesls politischem Gebaren selbst keine gute Meinung hatte, benahm sich mit großer Rücksicht gegen Ferdinand, auf dem zuletzt allein die Verantwortung für das Geschehene lastete, da Maximilian noch im Laufe des Jahres 1618 starb. Paul verlangte von dem Könige nur eine formelle Genugtuung, die darin bestehen sollte, dass er für sich und seine Gehilfen bei der Gefangennahme um die Lossprechung vom Kirchenbanne ansuche, außerdem aber die Gründe angebe, die ihn bei dem Gewaltakt geleitet hatten. Letzterem wollte der König bereitwillig nachkommen, dagegen lehnte er es entschieden ab, um die Absolution in einem Falle nachzusuchen, bei dem er vollkommen im Rechte zu sein glaubte; später gab er jedoch auch in diesem Punkte nach. Wie wenig übrigens Paul V einen ernstlich gemeinten Einwand gegen die Entfernung des Kardinals von den Geschäften erheben wollte, falls nur sein Leben nicht weiter gefährdet wurde, zeigte sich am besten im Laufe der Verhandlungen; denn von dem Papste selbst lief später eine Warnung bei Ferdinand ein, er möchte ja seinen Gefangenen in sicherem Gewahrsam halten, da von Seite der Venezianer der Versuch gemacht werde, denselben entweder zu befreien oder gar zu vergiften;[285] das letztere wohl nur deshalb, um dann Ferdinand das Verbrechen in die Schuhe zu schieben.

Khlesl wurde im Schlosse Ambras, wohin er zuerst abgeführt werden war, nur ganz kurze Zeit verwahrt; schon am 30. Juli 1618 wurde er nach der Burg von Innsbruck gebracht und hier bis zum Herbste 1619 in Haft gehalten. Mittlerweile begann der Nuntius Verospi die Untersuchung der gegen ihn von Seite Ferdinands erhobenen Anklagen wegen Hochverrats und Schädigung der kirchlichen Interessen. Als Verospi mit dem Kardinal ein gerichtliches Verhör vornehmen wollte, lehnte dieser dasselbe, so wie jedwede Verteidigung ab und unterwarf sich der Gnade des römischen Stuhles. Die päpstliche Intervention brachte in sein Schicksal vorläufig die Änderung, dass er nach dem Kloster St. Georgenberg bei Schwaz abgeführt und daselbst nicht mehr als Gefangener des Hauses Österreich, sondern des Papstes verwahrt wurde. Eine Milderung seiner Haft hatte dies aber keineswegs zur Folge; er blieb auf sein Zimmer beschränkt und musste sich selbst jeder Korrespondenz enthalten. Es schien auch, dass er

284 Kerschbaumer, Kardinal Khlesl S. 301.
285 Simancas. Oñate an Philipp II dd. 30 Sept. 1618.

sein Leben in diesen Räumen beschließen würde, denn der Papst traf darauf die Entscheidung, dass er in lebenslänglicher Haft gehalten werden solle.

Was die Anklagen betrifft, die gegen Khlesl erhoben wurden, so lauteten sie zu verschiedenen Zeiten verschieden.

Unmittelbar nach seiner Verhaftung beschuldigten ihn die Erzherzoge in einer Schrift, für deren Verbreitung sie sorgten, dass er das kaiserliche Ansehen verkleinert, die Festsetzung der Erbfolge gehindert, Staatsgeheimnisse verraten habe und Bestechungen zugänglich gewesen sei.[286] Als nun im Auftrage der päpstlichen Kurie Verospi mit der Untersuchung des Streitfalles beauftragt wurde und zu wissen begehrte, wessen man den Kardinal beschuldige, wurde ihm von Seite des kaiserlichen Geheimrates eine Anklageschrift zugestellt, welche von den früheren Anklagen abwich. Khlesl wurde beschuldigt, dass er seiner Zeit den Streit zwischen Mathias und Rudolf geschürt, dadurch aber die Macht der Protestanten in der Monarchie erhöht und so zur Erteilung des Majestätsbriefes die veranlassende Ursache gewesen sei. In ähnlich indirekter Weise wurde ihm die Entstehung des Böhmischen Aufstandes und die Begünstigung der Türken in Ungarn zur Last gelegt. Direkt wurde er beschuldigt, dass er die Bestimmung der Nachfolge verhindert, für Geldgeschenke die Protestanten zum Nachtheile der Katholiken begünstigt und sich der Simonie schuldig gemacht habe. So wurde der Kardinal teils des Hochvderrates, teils der schnöden Verletzung des kirchlichen Interesses angeklagt.

Was von allen diesen Beschuldigungen zu halten sei, ergibt sich hinreichend aus der bisherigen Erzählung. Dem Kardinal den Majestätsbrief, den böhmischen Aufstand oder die Begünstigung der Protestanten zur Last zu legen, war reine Heuchelei. Wenn man der Sache auf den Grund gehen wollte, so könnte man ihn allerdings anklagen, dass er durch seine Politik den Aufstand in Böhmen veranlasst habe: allein nicht wegen seiner religiösen Restauration beschuldigte man ihn in Wien, sondern deshalb, dass er nach der Abreise des Kaisers aus Prag im Jahre 1617 nicht Ferdinand oder Maximilian zum Statthalter in Böhmen ernannt und so die Revolution im Keime erstickt habe. Volle Wahrheit liegt nur in der Beschuldigung, dass er die Nachfolge nicht gefördert, sondern gehindert habe, und. hierin allerdings hat er sich eines Treubruches an den Interessen des Hauses, dem er zu dienen vorgab, schuldig gemacht. Es war nicht Rücksicht auf den Vorteil der einzelnen Länder oder der Gesamtmonar-

---

286 Die betreffende Anklageschrift wurde bald nach dem Sturze des Kardinals durch den Druck verbreitet. Sie rührt nicht von Oñate her, wie Hammer vermutete, sondern ging von den Erzherzogen und ihren Räten aus.

chie, welche ihm diese Haltung empfahl, sondern sein eigener Ehrgeiz, der ihn antrieb, um jeden Preis die gewonnene Macht festzuhalten.

Was die Anklagen wegen Annahme von Geldgeschenken von Seite der Protestanten und ihre Begünstigung, so wie die Beschuldigung wegen Simonie betrifft, so ergibt sich aus ihrer näheren Untersuchung nur so viel, dass Khlesl von einer unersättlichen und schmutzigen Geldgier beherrscht wurde. Die reichen Einkünfte seiner zwei Bistümer und der Dompropstei von Wien genügten ihm schon frühzeitig nicht, er hat den Kaiser angelegentlich um Anweisung eines Gehaltes als Geheimrat und behauptete dabei, dass er seine Ersparnisse anzugreifen genötigt sei, während das Gegenteil der Fall war. Er benützte fortan seine Stellung in der zudringlichsten Weise, um seine Kasse zu füllen und wusste hiefür nach einander alle Stände der verschiedenen seinem Herrn untertanen Länder in Kontribution zu setzen. So zahlten ihm Böhmen, Mähren, Schlesien, Österreich usw. unter verschiedenen Titeln ansehnliche Summen; zugleich gab er unverhohlen allen Gesandten fremder Mächte zu erkennen, dass ihre Verhandlungen nur dann einen guten Verlauf nehmen würden, wenn sie dieselben mit Geschenken fördern wollten. Der schlimmste Ruf verbreitete sich in Folge dessen über seine Habsucht und gefährdete in gleicher Weise sein eigenes Ansehen und das seines Herrn, des Kaisers. Selbst Spanien wusste er auszubeuten; er bezog von dort aus eine Jahrespension von 3000 Scudi, um deren Vermehrung er ohne Unterlass anhielt, bis sich das spanische Kabinett zu einer Erhöhung derselben auf 10000 Scudi entschloss.[287] So wuchs sein Vermögen immer mehr an und doch klagte er, dass er den Aufwand, der mit seiner Stellung verbunden sei, nicht länger bestreiten könne und sich, falls er sich nicht in Schulden stürzen oder „zum Bettler" werden wolle, von seinem Posten zurückziehen müsse. Der Hinweis auf den ihm drohenden Bettelstab war es, mit dem er hauptsächlich seine Zudringlichkeit in Spanien zu rechtfertigen suchte. Nach seiner Verhaftung wurde sein Vermögen konfisziert und kam dem Kaiser trefflich bei seinen Rüstungen gegen Böhmen zu statten. Wie hoch dasselbe sich belaufen hat, ist nicht sichergestellt, einige sprachen von 400.000 Dukaten, während der venezianische Gesandte in einem Berichte nach Hause dasselbe auf 200.000 Scudi schätzte. Auf alle Fälle betrug es mehr als 300.000 Gulden, weil ihm solche später als Schadenersatz zuerkannt wurden.

Indem Khlesl sich auf eine Verteidigung der ihm zur Last gelegten Verbrechen nicht einließ, sondern sich ganz und gar der Gnade des Papstes anheimstellte, hoffte er gewiss auf ein milderes Urteil, als das, welches ihn zur lebens-

---

287 Simancas. 2327 Oñates Brief dd. 7. und 14. März 1618. Beschluss des spanischen Staatsrates dd. 24. April.

länglichen Haft verdammte. Dennoch beugte dieser Schlag seine Lebenskraft nicht, er wartete günstigere Zeiten ab und diese blieben nicht aus. Durch treue Freunde wusste er die Kardinäle, sowie den Nachfolger Pauls V, Gregor XV, für sein Schicksal zu interessieren, so dass der letztere an Ferdinand II die Bitte richtete, ihm den Gefangenen zur unmittelbaren Überwachung in Rom auszuliefern. Der Kaiser kam nach einigen Zögerungen der Bitte nach und ließ den Kardinal nach Rom abziehen, wo derselbe am 27. November 1622 eintraf und vorläufig in der Engelsburg untergebracht wurde. Von hier aus schrieb Khlesl an Ferdinand, beglückwünschte ihn wegen seiner erfochtenen Siege und bat ihn demütig und mit Berufung auf sein hohes Alter von 71 Jahren um die Gewährung völliger Freiheit. Da sich auch der Papst dieser Bitte anschloss und Ferdinand füglich nichts mehr von dem Kardinal zu fürchten hatte, so gestattete er seine Freigebung unter der Bedingung, dass er in Rom bleibe, nie nach Österreich zurückkehre und auf sein bei der Gefangennehmung konfisziertes Vermögen Verzicht leiste. Khlesl willigte gern in diese Forderungen ein und genoss dafür fortan ungeschmälert die Einkünfte seiner Bistümer Wien und Wiener-Neustadt.

So vergingen einige Jahre, die Khlesl dazu benützte, um durch mancherlei Verbindungen sein verlorenes Ansehen wiederzugewinnen und durch einzelne Dienstleistungen sich Ferdinands fernerer Huld zu empfehlen; denn an dieser lag ihm vor allem, da die Rückkehr in die Heimat sein steter Wunsch war. Zuletzt erreichte er auch dieses Ziel; der Kaiser gewährte ihm im Jahre 1627 die Erlaubnis zur Rückkehr. So kam Khlesl nach einer Abwesenheit von neun und einem halben Jahre in seiner Heimat wieder an, um sich fortan nur mit den Funktionen seines geistlichen Amtes zu befassen. Doch ließ er den Geldpunkt nicht ganz aus den Augen. Schon von Rom aus hatte er sich in der letzten Zeit, trotz der ausgestellten Verzichtleistung, um eine Restitution seines ihm im Jahre 1618 entrissenen Vermögens bemüht. Er betrieb nun diese Angelegenheit energischer, als zuvor und brachte es in der Tat zuwege, dass ihm von Ferdinand Schuldverschreibungen im Betrage von 300.000 Gulden ausgestellt und mit 18.000 Gulden verinteressiert wurden, was allerdings nicht den ganzen Wert des ihm entrissenen Vermögens repräsentiert. Im Vereine mit seinen bischöflichen Einkünften, deren Erhöhung er ebenfalls durchsetzte, genoss er am Ende seines Lebens das namhafte Jahreseinkommen von 48.000 Gulden.[288] Er starb am 18. September 1630 im Alter von 77 Jahren, nachdem er bis zum letzten Augenblicke als Bischof eine ebenso eifrige Tätigkeit entwickelt hatte, wie früher als Staatsmann. Von seinem Vermögen, das bei seinem Tode bereits auf eine

---

288 Näheres bei Kerschbaumer, Hurter und Hammer.

halbe Million Gulden angewachsen war, vermachte er etwa 46.000 Gulden seinen Verwandten, den Rest bestimmte er ausschließlich für kirchliche Zwecke.

Kardinal Khlesl hat unter den österreichischen Staatsmännern seiner großen Macht und seines merkwürdigen Schicksals wegen seit jeher eine ausgezeichnete Stellung eingenommen. Zeitgenossen und spätere Geschichtsschreiber rühmten mit Recht sein Talent, seinen außerordentlichen Fleiß und. seine große Geschmeidigkeit in allen Verhältnissen, so dass man schließlich zu der Frage berechtigt ist, ob er eine hervorragende Stellung als Staatsmann einnimmt. Selbst wenn man von seinem Geize und der egoistischen Grundlage seines Zwistes mit den Erzherzogen als von Charakterschwächen absieht und nur seine staatsmännische Tätigkeit in Betracht zieht, so lautet die Antwort dennoch nicht günstig. Muss man denjenigen für einen wahren Staatsmann ansehen, der nicht nur die innere Ordnung aufrechtzuerhalten, gefahrdrohende Gegensätze auszugleichen und. dem Gemeinwesen nach außen hin eine geachtete Stellung zu verschaffen, sondern auch in entscheidenden Krisen, in denen die alten Regierungsmaximen nicht mehr ausreichen, die richtige Politik einzuschlagen weiß, so ist der Kardinal kein Staatsmann, denn er hat nichts von allem dem geleistet.

Bei der Lage der Dinge, wie sie sich im Beginne des 17. Jahrhunderts in Österreich entwickelt hatte, führten nur zwei Wege zu einem sicheren Ziele. Der eine bestand in einer rückhaltlosen und ehrlichen Anerkennung der kirchlichen Verhältnisse, so wie in dem Aufgeben jedes weiteren Versuches, die Protestanten niederzuwerfen und. den Katholiken die Oberherrschaft zu erhalten. Durch eine solche Politik wäre die ergiebigste Quelle der inneren Zwistigkeiten verstopft und damit auch die Möglichkeit gegeben werden, die großen Schwierigkeiten, die sich einer organischen Gliederung Österreichs zu allen Zeiten entgegenstellten, zu bewältigen. Je früher aber die letzteren bewältigt wurden, desto leichter konnten gefährliche Experimente vermieden und die Verfassungskämpfe ihrer akuten Schärfe entkleidet werden.

Diese günstige Perspektive lag allerdings nur im Bereiche der Möglichkeit, ohne dass ihre Wahrscheinlichkeit verbürgt werden kann, denn in den Zeiten vor dem 30jährigen Kriege standen die Anhänger der verschiedenen Konfessionen zu einander fast durchwegs in einem feindlichen Gegensatze, dem sie eine permanente Dauer zu geben suchten, während solche Männer, die für eine in kirchlicher und staatlicher Beziehung neugestaltende und für Österreich am allermeisten nötige Politik Verständnis hatten, überaus dünn gesäet waren. Karl von Žerotín kann als ihr Repräsentant gelten, denn bei aller Anhänglichkeit an die Brüderunität, der er angehörte, verleugnete er nie die billige Rücksicht gegen Andersgläubige, beschränkte lieber die eigenen und wohlbegründeten Forderungen, als dass er das fremde Recht verletzt hätte; er wusste auch das staatliche Moment von dem religiösen zu trennen und hatte bei der treuesten Anhänglichkeit für die eigene Heimat ein Verständnis für das Interesse des Gesamtstaates. Indessen wenn ein radikaler Bruch mit den bisherigen Regierungsmaximen vom Throne selbst ausgegangen wäre, würden sich die Anhänger der neuen Politik rasch vermehrt haben. Eine solche Politik hätte den Katholiken die Oberherrschaft entwunden, aber immerhin ihren Bestand sichern können, weil kein weiterer Grund zu ihrer Anfeindung vorlag; auch wäre ihr Andenken nicht mit dem Vorwurfe der späteren Gewalttaten belastet. Brauchen wir zu sagen, dass Kardinal Khlesl diese Politik nicht zur Geltung brachte?

Die andere, der Politik Žerotíns entgegengesetzte Bahn war die, welche Ferdinand II einschlug. Der durch den Zwiespalt der Meinungen hervorgebrachten Zersetzung des Staatswesens suchte dieser ein Ende zu machen, indem er die Ursachen dieser Zersetzung mit eiserner Hand beseitigte. Der Unterschied zwischen den beiden Wegen liegt auf der Hand. Misslang die Politik Žerotíns, so nahm der österreichische Staat ein Ende; die Türkengefahr nahm wieder riesige Dimensionen an und bedrohte die Donauländer mit dem Schicksale der Balkanhalbinsel. Diese und mancherlei andere traurige Eventualitäten lagen im Bereiche der Möglichkeit. Bei der Politik Ferdinands war dagegen Gelingen und Misslingen gleich furchtbar; ihr Misslingen hatte nicht bloß dieselben Folgen, wie das Misslingen der Politik Žerotíns, sondern beschwor noch außerdem einen Vernichtungskampf über die Katholiken, während ihr Erfolg mit einem unsäglichen Blende für ganze Länder verbunden war und im gesamten Österreich jede innere Entwicklung für lange Zeit unmöglich machte. Denn nur ein dauernder Absolutismus konnte dasjenige am Leben erhalten, was der rücksichtsloseste Absolutismus geschaffen hatte. – Khlesl stand mit seiner Überzeugung auf Seite Ferdinands; er strebte mit ihm dasselbe Ziel an, aber da er weder den Mut noch die Konsequenz besaß, um dem damit verbundenen Kampfe kühn entgegenzugehen, gefährdeten seine kleinlichen Auskunftsmittel mehr die Sache, die er vertrat, als dass sie dieselbe gefördert hätten. Er beschleunigte nur den Ausbruch des Entscheidungskampfes und schuf damit die unerträglichsten Zustände, denn als solche muss man allemal jene ansehen, die dem letzten Kampfe vorangehen.

III

Von Seite des Kaisers und der Böhmen wurde die zwischen ihnen entstandene Streitfrage von Anfang an als eine Angelegenheit aufgefasst, deren Bedeutung weit über die Grenzen der böhmischen Krone hinausreiche. Das Resultat des Kampfes musste nicht nur die religiösen Verhältnisse Mitteleuropas in eine neue Ordnung bringen, sondern auch auf die weitere Entwickelung der ständischen Freiheiten oder die Macht der Habsburger entscheidend einwirken, und eines oder das andere zum Falle bringen. So war es von vornherein wahrscheinlich, dass der ursprünglich religiöse Kampf eine ungeheure politische Bedeutung erlangen würde. Bei einer so naheliegenden Möglichkeit war das Interesse aller deutschen Fürsten, Hollands, Italiens, Frankreichs, kurz des zivilisierten Europa, auf das nachhaltigste berührt; am meisten war dies jedoch der Fall bei jenen Ländern, die unter dem Zepter der deutschen Habsburger vereint waren. Weder im In- noch im Auslande konnte man also dem Kampfe in Böhmen gleichgültig zusehen, man musste im Gegenteil von dem Wunsche erfüllt sein, ratend und helfend mitzuwirken. Auf diese Stimmung gründeten sowohl der Kaiser wie die Böhmen die Hoffnung zur Gewinnung in- und ausländischer Bundesgenossen.

In Bezug auf das Ausland war die Hoffnung der Böhmen von Anfang her auf das Heidelberger Kabinett gerichtet und hierin wurden sie nicht getäuscht. Wie Spanien durch seinen Gesandten in Wien gleich im Beginne des Aufstandes unaufgefordert seine Hilfe anbot, so war man auch am pfälzischen Hofe bereit, das zu tun. Der Prager Fenstersturz berührte die Heidelberger Kreise auf das freudigste; der Mangel an Entschlossenheit, den Camerarius den böhmischen Ständen ein Jahr zuvor vorgeworfen hatte, war in das glänzendste Gegenteil umgeschlagen. Ohne erst eine Botschaft von den böhmischen Ständen abzuwarten, gleich auf die erste Nachricht von den Vorgängen in Prag, schickte der Kurfürst Friedrich V einen untergeordneten, aber vertrauten Agenten, Konrad Pawel,[289] dahin ab, um über die Tragweite und den Umfang der böhmischen Erhebung einen genauen Bericht zu erhalten. Was der Gesandte nach Hause schrieb, lautete im höchsten Grade ermunternd und ließ nicht bezweifeln, dass es sich um einen furchtbaren Kampf gegen die habsburgische Herrschaft handle. Gegen Mitte Juni kam von Seite der Direktoren ein Gesandter in Heidelberg an, welcher auf das inständigste um die Anknüpfung freundlicher Beziehungen mit den Böhmen bat. Da der betreffende, ein gewisser Herr von Schlammersdorf, nur eine untergeordnete Stellung einnahm, wusste man auf kurfürstlicher Seite nicht, wie weit er als ein Vertrauensmann anzusehen sei, und entschloss sich deshalb zur Absendung einer hochgestellten Persönlichkeit nach Prag, von der man annehmen konnte, dass ihr die Stände mit

---

289   Der Name deutet auf böhmische Abstammung, indessen ergibt sich nichts dergleichen aus den Akten und Pawel dürfte pfälzischen Ursprunges gewesen sein, jedenfalls befand er sich mit seinem Bruder seit vielen Jahren in pfälzischen Diensten.

Vertrauen entgegenkommen würden, und die ebenfalls an Ort und Stelle die Sachlage studieren konnte.

Christian von Anhalt würde für diese Mission am besten gepasst haben, aber bei seiner schon seit zehn Jahren prononcierten Haltung war füglich nicht an ihn zu denken, wenn man nicht den Kaiser von vornherein alarmieren wollte. Die Wahl traf deshalb den Grafen Albrecht von Solms, der als Obersthofmeister des Kurfürsten im Dienste desselben eine hervorragende Stellung einnahm. Da die Anwesenheit auch dieser Persönlichkeit in Prag nicht leicht verheimlicht werden konnte, und einiges Aufsehen am kaiserlichen Hofe verursachen musste, beeilte sich der Kurfürst in einem Schreiben an Mathias diese Absendung selbst zuzugestehen, hiebei aber hinzuzufügen, sie sei geschehen, um die Böhmen zum Gehorsam und Respekt gegen den Kaiser zu mahnen. Man wird sehen, wie Solms dieser angeblichen Mission nachkam.

Am 8. Juli abends langte der Graf in Prag an. Schon am nächsten Morgen empfing er einen Besuch von dem Grafen Hohenlohe, der sich in dieser Stadt zufolge einer Einladung der Direktoren eingefunden hatte. Die letzteren bemühten sich nämlich seit dem Beginne der Rüstungen, für das Kommando der Truppen neben dem Grafen Thurn noch einen zweiten Generalleutnant zu gewinnen, und richteten ihr Augenmerk auf Hohenlohe, der zur Zeit des türkischen Krieges in Ungarn nicht unrühmlich gekämpft hatte. Sie machten ihm deshalb den Antrag, in ihre Dienste zu treten, und er war auch bereit, dem Rufe zu folgen, doch machte ihm die Rücksicht auf die ausgezeichnete Stellung, die er im kaiserlichen Dienste eingenommen hatte, noch einige Skrupeln. Der Kurfürst von der Pfalz und der Fürst von Anhalt, die mit den Verhandlungen zwischen den Böhmen und Hohenlohe bekannt waren, hatten dem Grafen Solms den Auftrag gegeben, seine Bedenklichkeiten zu beschwichtigen.

Diesem Auftrage kam nun der Gesandte zuerst nach, indem er sich bei seinem Besucher über den Stand der Verhandlungen wegen Übernahme des Kommandos erkundigte. Hohenlohe erzählte, die Direktoren hätten ihm neben Thurn die Stelle eines Generalleutnants angeboten unter der Bedingung, dass beide einander gleichgestellt seien und einer nach dem anderen von zwei zu zwei Monaten das höchste Kommando führen solle. Er fand diesen Wechsel in der Leitung sehr bedenklich und meinte, das beste wäre, wenn ihnen beiden ein Dritter als Obergeneral vorgesetzt würde. Dies war jedoch nicht seine aufrichtige Meinung, er wollte selbst das oberste Kommando haben und nur weil Thurn wegen seiner hervorragenden politischen Stellung nicht auf die zweite Stelle verwiesen werden konnte, getraute er sich nicht, mit seinem Wunsche hervorzutreten, sondern wollte, dass ein Anderer der Dolmetscher desselben sein möchte. Sorgenvoll bemerkte auch Hohenlohe, dass ihn der Mangel an ausreichenden Kriegsvorbereitungen, namentlich in Betreff der Artillerie, stutzig mache, und er deshalb Anstand nehme, sein Loos an das der Böhmen zu knüpfen. Solms suchte alle seine Bedenken zu beschwichtigen und verwies ihn auf weitere Verhandlungen. Hierauf ließ er die Direktoren von seiner Ankunft in Prag in Kenntnis setzen und sie um eine Unterredung ersuchen.

Auf die Anzeige Solms erschien in seiner Wohnung eine Deputation der Direktoren, bestehend aus dem Präsidenten derselben, Wilhelm von Ruppa, in Begleitung der Herrn von Berka, Budowec, Dworecký, Michalowic und zweier nicht näher bekannten Mitglieder. Sie zeigten sich aufs höchste erfreut, dass der Kurfürst von der Pfalz den Grafen an sie abgeschickt habe, weil ihnen ein solcher Gesandter die Bürgschaft eines freundschaftlichen Bündnisses sei. Nach dieser offiziellen Begrüßung entfernten sich die Direktoren, bald aber kehrten Ruppa und Budowec allein zurück und nun erfolgte zwischen ihnen und dem Grafen ein vertraulicher Ideenaustausch über die Ursachen des letzten Aufstandes und die Notwendigkeit von Rüstungen. Beide Herrn baten Solms auf das inständigste, er möge dem Grafen Hohenlohe alle ferneren Bedenken wegen Übernahme des Kommandos neben Thurn ausreden. Solms versprach dies, meinte aber, es wäre wohl das Beste, wenn zur Vermeidung der unvermeidlichen Übelstände beiden ein Obergeneral vorgesetzt würde. Budowec und Ruppa gaben dies zu, bemerkten aber, dass dies nach der Verfassung nicht möglich sei; das höchste Kommando hätten nur der König oder der Oberstburggraf zu führen. Solms lachte über diese Bedenken und meinte, wenn man den gewiss nicht in der Verfassung vorgesehenen Fenstersturz gewagt habe und noch mehreres andere, so könne man wohl auch noch einen General en chef ernennen.

10. Juli
1618
Am folgenden Tage wurde Solms von sämtlichen Direktoren in feierlicher Audienz empfangen. In seiner Ansprache betonte der Gesandte, dass seinem Herrn, dem Kurfürsten, nichts mehr am Herzen liege, als das Wohl der Böhmen. Graf Albin Schlick, der im Namen der Direktoren das Wort führte, erörterte die Gründe, welche die Böhmen bei ihren bisherigen Unternehmungen geleitet hätten, und dankte für die guten Absichten des Kurfürsten. Solms benützte nun die freie Zeit, die ihm nach Beendigung der offiziellen Begrüßung vergönnt war, und suchte sich über die Stimmung in Prag genau zu unterrichten und zu erfahren, wie weit die Kriegslust um sich gegriffen habe. Die Nachrichten, die ihm Albin Schlick in einer Privatunterredung gab, waren nicht die erfreulichsten. Letzterer berichtete, dass selbst ein Teil von jenen Direktoren, die den Aufstand herbeigeführt hätten, einer Aussöhnung mit dem Kaiser nicht abgeneigt sei, wofern nur einigermaßen billige Bedingungen

geboten würden. Man habe zum Kriege im Allgemeinen keine besondere Lust und das sei auch die Ursache, weshalb man zögere, direkt von der Union Hilfe zu begehren. Als Schlammersdorf an Kurpfalz abgeschickt wurde, habe man ihm nur heimlich und ohne dass alle Direktoren darum gewusst hätten, aufgetragen Hilfe bei der Union und Aufnahme in dieselbe anzusuchen und in dem Berichte, den er nach seiner Rückkehr erstattete, habe er deshalb diesen Teil seiner Verhandlungen auslassen müssen. Da Solms einen Tag vorher ersucht hatte, ihm jene Direktoren zu bezeichnen, mit denen er sich ohne Rückhalt besprechen könnte, erwiderte ihm Schlick, dass sich von den Direktoren kaum jemand darauf einlassen würde, weil sie solidarisch für alles hafteten.

Man sieht, eine Partei unter den Direktoren und. nach den Andeutungen Schlicks fast die Mehrzahl hatte Bedenken, sich kopfüber in die Revolution zu stürzen und alle Brücken eines Ausgleiches abzubrechen. Dagegen war ein anderer Teil derselben und unter diesen namentlich Ruppa, Budowec und Smiřický, nur für den Krieg und sonach für den vollen und unheilbaren Bruch. Die Weigerung des Gesandten sich mit allen Direktoren über wichtigere Angelegenheiten zu besprechen, hatte zur Folge, dass sich eine Deputation derselben bei ihm einfand, die sich bereit erklärte, allfällige Mitteilungen entgegenzunehmen. Es waren dies vornehmlich die Herren Ruppa, Smiřický, Michalowic und Dworecký.

Solms hatte bisher die Direktoren nur im Allgemeinen der Sympathien des Kurfürsten versichert, das Versprechen einer bestimmten Hilfe aber nicht abgegeben. Jetzt ließ er alle Zurückhaltung fallen und erklärte im Namen seines Herrn, dass derselbe der Sache der Böhmen jeglichen Beistand angedeihen lassen wolle. Schon habe er in der Voraussetzung, dass die Stände sich durch energische Rüstungen in einen gehörigen Verteidigungszustand setzen würden, mit einigen Fürsten der Union über ihre allfällige Unterstützung verhandelt. Der gefasste Beschluss laute dahin, dem Kaiser keine Werbungen und Truppendurchzüge durch ihr Gebiet zu gestatten und zu verhindern, dass irgendjemand demselben Hilfe leiste. Sollte also Spanien von Belgien aus oder ein und der andere deutsche Fürst, namentlich der Herzog von Bayern, Mathias unterstützen wollen, so werde die Union alle ihre Kräfte dagegen aufbieten, um den Böhmen in ihrem Kampfe freie Hand zu lassen. Sein Herr erbiete sich zugleich, die Sache der Böhmen bei Savoyen und Venedig zu vertreten, um ihnen von da aus eine etwaige Geldhilfe zu vermitteln. Damit wolle sich der Kurfürst selbst keineswegs von einer direkten Unterstützung der Böhmen ausschließen, sondern mache diese nur von weiteren Verhandlungen abhängig. Er wünsche vor allem zu wissen, was das eigentliche Ziel der böhmischen

Bewegung sei, ob sie zur *Verteidigung* oder zum *Angriff* gegen den Kaiser gerichtet sei.

Eine raschere und umfassendere Unterstützung, als sie der Pfalzgraf hier anbot, konnten die Böhmen füglich nicht erwarten. Ruppa, der, nachdem Solms seine Rede beendigt hatte, für seine Kollegen das Wort angriff, ergoss sich in den feurigsten Dankesversicherungen für die pfälzischen Anerbietungen und versprach, dass das Geheimnis treu in der Brust der Direktoren bewahrt bleiben würde. Er versicherte, dass die Stände sich gegen den Kaiser mit den Waffen zu wehren gedächten und hiebei auf ein Bündnis mit der Union das größte Gewicht legten, weitere Erklärungen könne er jedoch ohne die Zustimmung des Landtags nicht abgeben. Indem er hierauf einen Blick auf die Stimmung in Schlesien, Mähren und Oberösterreich warf, sprach er auf Grund einzelner Daten die Überzeugung aus, dass die Böhmen von dort aus nur eine freundliche Neutralität, wo nicht positive Unterstützung zu erwarten hätten. Die Deputation teilte darauf den Inhalt der gehabten Unterredung

14. Juli
1618 den übrigen Direktoren mit, die ohne Ausnahme freudig durch die pfälzischen Anträge berührt wurden, selbst bei den friedfertigeren wuchs die Beherztheit, wenn sie ihre Hilfsmittel mit denen des Kaisers verglichen. Von dem Wunsche beseelt, das angebotene pfälzische Bündnis so früh als möglich zu verwerten, stellten die Direktoren bereits die Bitte an Solms, die Union möge zur Einschüchterung Bayerns eine starke Besatzung in die Oberpfalz legen und die Stände sobald als möglich mit einem Darlehen in Geld unterstützen. Diese Bitten, so wie die sonstigen Äußerungen der Direktoren, ließen es nicht zweifelhaft, dass sie zum Kampfe gegen den Kaiser entschlossen seien; aber weder eine der Deputationen, noch die Gesamtheit des Direktoriums sprach sich darüber aus, wem sie nach etwaiger Besiegung des Kaisers die Krone des Landes aufs Haupt zu setzen wünschten. Und doch war es des Pfalzgrafen und seines Gesandten feurigster Wunsch, dass die Böhmen auch in dieser Beziehung ihr Herz öffnen möchten.

Die Mission des Grafen Solms war hiemit zu Ende, doch blieb er auf die Bitten der Direktoren noch einige Tage, um ihre Verhandlungen mit Hohenlohe zu unterstützen. Um diesem zur Übernahme des betreffenden Kommandos Mut zu machen, versprachen ihm die Direktoren die möglichste Beschleunigung der Werbungen, die anfangs rasch vor sich gegangen waren, seit einiger Zeit aber nur wenig vorwärts schritten. Die nötigen Geldmittel wollten sie durch ein Anlehen herbeischaffen und bemerkten auf seinen Einwurf, dass es an Artillerie und Munition fehle, es sei eben Hohenlohes Sache, durch seinen Rat und seine Tätigkeit diesen Mangel zu beseitigen und die zerstreuten Verteidigungsmittel zu sammeln. So ließ sich der Graf endlich von den Direktoren gewinnen und trat als Generalleutnant in böhmische Dienste. Seine nächste Aufgabe wurde ihm dahin zugemessen, dass er als eine Art Kriegsminister in Prag seinen Sitz nehmen und die Werbungen, sowie die Beschaffung des Kriegsmaterials leiten solle. Wenn dann die, sämtlichen Kräfte kriegsbereit sein und mit Hohenlohe ins Feld rücken würden, werde von Seite der Direktoren in Betreff des obersten Kommandos die nötige Verfügung getroffen werden; für jetzt wurde diese Entscheidung noch vertagt, so dass dem Grafen Hohenlohe die Hoffnung auf die erste Stelle nicht ganz benommen wurde. Solms hatte bei den Verhandlungen die besten Dienste geleistet und alle Anstände zu beseitigen gesucht. Am 20. Juli begab er sich auf den Rückweg, nachdem nur er von den Direktoren den freundlichsten Abschied genommen hatte.[290]

Während Solms noch in Prag weilte, kam Colonna von Fels von einer Reise nach Dresden zurück, wohin er zur Anknüpfung freundschaftlicher Beziehungen abgeschickt worden war. Die Antwort, die er zurück brachte, klang nicht gerade feindlich. Der Kurfürst riet zwar den Böhmen, sie sollten einen friedlichen Ausgleich mit dem Kaiser suchen, aber er billigte ihren Entschluss, den Majestätsbrief zu verteidigen. Noch freundlicher ließ sich der kurfürstliche Geheimrat Herr von Schönberg aus, er bat förmlich um Entschuldigung, dass Sachsen den Böhmen keine Hilfe leiste und erklärte dies damit, dass der Kurfürst vor allem einen friedlichen Ausgleich herbeiwünsche, der das Gewissen der Böhmen beruhigen könnte. Würden die letzteren gewusst haben, wie sehr Johann Georg bei aller Rücksicht auf ihr Glaubensbekenntnis einer Schmälerung der kaiserlichen Herrschaft abhold war, so würde der Bericht ihres Gesandten sie weniger befriedigt haben. So aber waren sie umso zufriedener, da -der Graf Thurn um dieselbe Zeit von dem Kurfürsten sogar ein Pferd zum Geschenke erhielt. Thurn hatte um dies Pferd gebeten, um vor der Welt den Schein vertraulicher Verhältnisse mit Sachsen zu erwecken und Johann Georg, gewiss nicht in Zweifel über die allfällige Auslegung des erbetenen Geschenkes, willfahrte der Bitte.

Während die Böhmen sich der Hilfe der Union zu versichern und sonach das Ausland in ihren Streit zu verwickeln suchten, begnügte sich auch der Kaiser nicht mit der Unterstützung, auf die er von Seite Spaniens rechnen konnte, sondern bemühte sich um die Anknüpfung neuer Allianzen. Fast unmittelbar nach dem Ausbruche des Aufstandes wandte er sich an alle Fürsten des deutschen Reiches und mehrere Reichsstädte und verlangte von ihnen ent-

---

290 Der Schlussbericht über Solms Mission in Prag im Bernburger Archiv.

weder eine direkte Unterstützung oder wenigstens das Versprechen, seinen rebellischen Untertanen keine Werbungen gestatten zu wollen. Das Resultat seiner Bemühungen war nicht besonders glänzend, kein einziger der katholischen Bischöfe und Fürsten verstand sich auf seine dringenden Bitten zu einer Geldhilfe. Alle Schreiben, die von ihnen in Wien einliefen, lauteten wie nach einem Muster dahin, dass sie dem Kaiser vorläufig nichts geben könnten. Doch wollten sie sich einem Beitrage nicht entziehen, wenn hiezu eine eigene Versammlung berufen und von dieser ein solcher beschlossen werden würde; auch gestatteten mehrere derselben, wo nicht alle, dass der Kaiser in ihrem Gebiete Soldaten werben dürfe.[291] Der Erzbischof von Salzburg, als unmittelbarer Nachbar zweimal nach einander um Hilfe ersucht, antwortete beide Mal ablehnend. Maximilian von Bayern, den Mathias nur um ein Darlehen von 100.000 Gulden angegangen hatte, lehnte dasselbe ab und wir wissen nicht,

3. Juli 1618 ob er sich schließlich weicher stimmen ließ, als ihn Ferdinand selbst darum ersuchte und versprach, es „Zeit seines Lebens um ihn verdienen zu wollen."[292] Die Reichsstadt Augsburg und der wetterauische Reichsadel waren die einzigen, die einen lindernden Tropfen in die Glut der kaiserlichen Not herabträufeln ließen. Die Stadt verehrte dem Kaiser 400 Zentner Pulver und Munition für 1500 Mann, wahrscheinlich für die Dauer eines Feldzuges. Die wetterauischen Grafen bewilligten dem Kaiser eine Kontribution, deren Ertrag auf 96.000 Gulden berechnet wurde. Nürnberg schlug ein kaiserliches Gesuch um Hilfe ab und suchte strenge Neutralität einzuhalten, indem es seinen Offizieren nicht gestattete, in böhmische Dienste zu treten.[293]

Von den protestantischen Kurfürsten erwartete der Kaiser selbstverständlich keine Hilfe; er hatte sie nur allesamt ersucht, den Böhmen in ihrem Gebiete keine Werbungen zu gestatten. Der Kurfürst von Brandenburg versprach dieser Bitte nachzukommen, hütete sich aber in seinem Schreiben ein missbilligendes Wort über die böhmische Bewegung auszusprechen denn er sei nicht genug unterrichtet, um ein Urteil über den Aufstand abgeben zu können.[294] Von Sachsen langten am kaiserlichen Hofe nur freundliche Versicherungen an, der Kurfürst war gern erbötig, sich zur Dämpfung der böhmischen Unruhen als Vermittler gebrauchen zu lassen und. schlug hiezu auch den Kur-

---

291 Die einschlägige Korrespondenz in verschiedenen Archiven.

292 Münchner Staatsarchiv. Ferd. an Max. dd. 3. Juli 1618.

293 Sächs. Staatsarchiv 9168 Buch, fol. 412. Nachrichten aus Wien dd. 1/11 Juli 1618 – Wiener Staatsarchiv Boh. IV. Nürnberg an Mathias, dd. 29. Juni/9. Juli.

294 Wiener Staatsarchiv. Boh. IV. Kur-Brandenburg an den Kaiser dd.29. Juni/9. Juli ebendaselbst Kursachsen an den Kaiser dd. 2/12 Juli 168.

fürsten von der Pfalz vor. In seinem Wunsche nach einem baldigen Ausgleiche ließ sich Mathias diesen wiewohl gefährlichen Vorschlag gefallen und bat den Pfalzgrafen um seine Teilnahme an der Vermittlung. Die Schreiben, die von Heidelberg am kaiserlichen Hofe einliefen, deuteten die Rolle hinreichend an, die Friedrich bei derselben spielen würde. In dem ersten schimpfte er über die kaiserlichen Räte als die Ursache alles Unglücks, zeigte sich aber zur Vermittlung erbötig,[295] kaum 14 Tage später ließ er sich noch deutlicher aus, indem er die Hoffnung aussprach, dass die Ruhe durch die Nachgiebigkeit des Kaisers wieder hergestellt werden würde. Er fand daran nichts Bedenkliches, dass die Böhmen Rüstungen anstellten und die kaiserlichen Truppen aus dem Lande vertrieben, oder, wie er sich euphemistisch ausdrückte, dass sie sich „assekurierten"; damit könne Mathias nur zufrieden sein, denn die Ruhe werde umso früher zurückkehren, je weniger Macht hitzigen Ratgebern gelassen würde. Diese Sprache war dem Kaiser gegenüber offener Spott.

Viel günstigere Aussichten eröffneten sich dem Kaiser von Seite Polens und Belgiens. Der König von Polen, Sigmund III, der nach einander zwei Schwestern Ferdinands II geheiratet hatte, stand zu dem Kaiserhause in nahen Beziehungen; die Bitte um Hilfe, die bald nach dem Ausbruche des Aufstandes an ihn gelangte, fand demnach eine freundliche Aufnahme und Mathias konnte mit Sicherheit auf den baldigen Zuzug einiger tausend polnischer Reiter rechnen, wenn er ihre Besoldung bestreiten und, was noch wichtiger war, ihnen den Weg durch Schlesien nach Böhmen bahnen konnte. – Was den Erzherzog Albrecht in Brüssel betraf, so langte schon Mitte Juli die Zusage einer reellen Hilfe von ihm an; er versprach, den Kaiser mit 500 Reitern unterstützen und deren Unterhaltung für einen Feldzug auf sich nehmen zu wollen.[296] Minder tröstliche Nachrichten kamen aus Italien. An den Papst richtete nicht bloß Mathias sondern auch Ferdinand seine Bitten; Paul V hatte viel Mitleid mit ihnen, er war auch mit Versprechungen nicht karg, aber ob und wann dieselben bei ihm zu einer Tat reifen würden, war eine nicht leicht zu beantwortende Frage. Indessen waren seine Dienste nicht zu unterschätzen, wenn er sein ganzes Ansehen geltend machte, um Frankreich im Zaume zu halten.

Frankreich, das war der wunde Fleck und der Gegenstand der ängstlichsten Sorge für den Kaiser. Saß ein Fürst wie Heinrich IV auf dem französischen Throne, so durfte man sich in Wien den ärgsten Befürchtungen hingehen. Zum unberechenbaren Glücke für die Habsburger war zur Zeit weder Ludwig XIII noch irgend einer seiner bedeutenden Ratgeber von einer feindseligen Stim-

---

295 Wiener Staatsarchiv. Boh. IV. Kurpfalz an Math. dd. 25. Juni a. St.
296 Wiener Staatsarchiv Boh. IV. Albrecht an Mathias, dd. 15. Juli 1618.

mung gegen die deutsche Linie dieses Hauses beseelt, und keiner erfasste auch die günstige Bedeutung des Momentes für eine nachhaltige Begründung der französischen Präponderanz. Zudem hatte der Böhmische Aufstand in Frankreich einen ungünstigen Eindruck gemacht. Aus zahlreichen Kundgebungen im Laufe der folgenden drei Jahre tönt immer und immer wieder das Missfallen an dem Fenstersturze heraus. Hätte man in Böhmen einfach revoltiert, so hätte man nur getan, was tausendmal geschehen war und man würde in Frankreich keinen so großen Anstoß daran genommen haben; aber die Behandlung der Statthalter sah Ludwig XIII wie eine gemeinsame Beleidigung aller Fürsten an und seine Minister hatten kein Interesse, ihm zu widersprechen. An seinen Schwiegervater Philipp III schrieb er, wenn man den „böhmischen Frevel ungestraft liesse, so würde dies solche Consequenzen nach sich ziehen, dass ihm und anderen Potentaten täglich ein gleiches geschehen könnte."[297] Diese Versicherungen waren aufrichtig gemeint, denn an die französischen Diplomaten in Deutschland, namentlich an St. Catherine, erging die Weisung, ernstlich für den Frieden und Ausgleich zu wirken, und was vor allem viel galt, auch der Pfalzgraf wurde von dem französischen Kabinett ermahnt, die Unruhen in Böhmen nicht zu unterstützen, sondern sein Ansehen zur Stillung derselben zu verwenden.[298]

In dieser Stimmung befand sich der französische Hof, als der Kaiser die Bitte an denselben richtete, keine Werbungen zu Gunsten der Böhmen gestatten zu wollen. Die Gewährung dieses Gesuchs war umso zuversichtlicher zu erwarten, als auch der Papst mittlerweile sein ganzes Ansehen und seinen Einfluss durch den Nuntius in Paris geltend gemacht hatte. Des Mathias diplomatischer Agent in Frankreich, Malcot, gab seinem Herrn die positivsten Versicherungen, dass Ludwig XIII nicht gesonnen sei, die Böhmen zu unterstützen, sondern sogar zu ihrer Bekämpfung in seinem Reiche Werbungen gestatten wolle.[299] Wenige Tage später benachrichtigte der Staatsrat Puisieux den französischen Gesandten in Heidelberg, der König wolle sich in der Beilegung der böhmischen Unruhen neben Sachsen als Vermittler gebrauchen lassen und wünsche, dass der Kurfürst von der Pfalz diesem Werke seine Unterstützung nicht versagen möge. Zusehends neigte man sich also in Frankreich dahin, in dem Böhmischen Aufstande nur den Angriff gegen die katholische Religion und gegen das gemeinsame Recht der Könige zu sehen. Schon wallte in einigen katholischen Mitgliedern des hohen französischen Adels die Lust auf, für den Glauben zu streiten und Mathias bekam neben den immer trostreicheren Nachrichten über die

20. Aug. 1618

---

297 Wiener Staatsarch. Spanien/1618 Khevenhiller an Math. dd. 15. Juli 1618.
298 Bibl. Imp. in Paris MS. 9291/11 4121. Puisieux an St. Catherine dd. 15. und 26. Juli Paris.
299 Wiener Staatsarchiv Frankreich/1618 Malcot an Mathias dd. 20. Aug. 1618.

Richtung der französischen Politik auch von dem Herzog von Nevers das Anerbieten, sich in dem beginnenden Kriege verwenden lassen zu wollen.[300] Welch ein Unterschied zwischen den Zeiten Heinrichs IV und den gegenwärtigen!

Die auswärtigen Verhältnisse standen also unmittelbar nach dem Aufstande besser für den Kaiser als für die Böhmen: von Spanien und dem Erzherzoge Albrecht hatte er sichere Hilfe zu erwarten und von dem gefährlichen Frankreich eine günstige Neutralität. Dies wog reichlich die Hilfe auf, welche die Aufständischen heimlich von dem Pfalzgrafen und. vielleicht auch von den Generalstaaten oder von Savoyen bekommen konnten. Dabei winkte dem Kaiser noch die Hoffnung, dass wenn die genannten Mächte offen mit ihrer Hilfeleistung gegen ihn auftraten und namentlich die Union sich auf dem Kampfplatze zeigte, auch die deutschen Katholiken aus ihrer Zurückhaltung heraustreten würden. Die Waagschale, die sich so zu Gunsten des Kaisers neigte, konnte nur dann eine andere Richtung bekommen, wenn die Länder, die unter seinem Zepter vereint waren, sich an dem Streite zu Gunsten Böhmens beteiligten. Dahin zielten nun auf das eifrigste die Bestrebungen der Direktoren ab und in der Tat lag in dem Erfolge dieser Bestrebungen die nächste Entscheidung.

IV

Die hier schon mehrmals angedeutete Zusammenhanglosigkeit der österreichischen Monarchie zeigte sich durch die Vorgänge nach dem Ausbruche des Aufstandes in der bemerkenswertesten Weise. Das Auftreten der Böhmen ließ füglich keinen Zweifel über ihr letztes Ziel, die Absetzung der Habsburger, aufkommen, gleichwohl sah man in den übrigen Teilen dieser Monarchie den Böhmischen Aufstand wie einen Gegenstand an, der nur die streitenden Theile berührte, und den sie unter einander auszumachen hatten. Diese ruhige und zusehende Haltung war jedoch kein Beweis von Teilnahmslosigkeit, denn die Sache der Böhmen begegnete überall den wärmsten Sympathien. Für die letzteren war es nun das dringendste Gebot, diese Sympathien zu einer tatkräftigen Hilfe heranreifen zu lassen. Kurz nach ihrer Erhebung sandten sie deshalb vertraute Agenten nach den verschiedenen Ländern der Monarchie, um die ständischen Wortführer zu einem Anschlusse zu bewegen. Dem Kaiser blieben diese Werbungen nicht unbekannt und er bot alle seine Macht und seinen Einfluss auf, um ihre Wirkung zu paralysieren und die übrigen Teile

---

300   Paris. kais. Bibl. MS. 9291/11 Puisieux an St.Catherine dd. 6. Sept. 1618 Paris. Ebendaselbst Mathias an den Herzog von Nevers dd. 16. Aug. 1618 Wien.

seines Reiches desto enger an sich zu knüpfen. So ging dem Kampfe auf dem Schlachtfelde ein Kampf auf dem Gebiete der Diplomatie zwischen dem Kaiser und den Böhmen voraus.

Die ersten Anstrengungen der Böhmen, die übrigen Länder mit ihrem Schicksale zu verketten, erstreckten sich auf Ungarn. Bald nach dem Ausbruche des Aufstandes schickten die Direktoren den damaligen Rektor der Prager Universität, Dr. Jessenius, einen berühmten Arzt und medizinischen Schriftsteller seiner Zeit, nach Preßburg, damit er mit den ungarischen Ständen in Unterhandlungen trete und sie zu einem Anschlusse an ihre Sache bewege. Jessenius langte am 26. Juni in Preßburg an, fast unmittelbar vor Beendigung des Reichstages, auf dem Ferdinand die ungarische Krone erlangt hatte. Er teilte den Inhalt seiner Botschaft einem hochgestellten nicht näher bekannten Mitgliede des ungarischen Adels mit, der ihn zwar freundlich empfing, aber einigermaßen stutzig wurde und ihm nicht viel Hoffnung auf das Gelingen seiner Mission machte. Mittlerweile verbreitete sich die Nachricht von der Ankunft des Gesandten in Preßburg und zahlreiche Mitglieder des Reichstages fanden sich zu seinem Besuche in dem Gasthause ein, in dem er abgestiegen war und erfreuten ihn durch ihre teilnehmenden Worte.[301]

Am folgenden Tage wurde Jessenius zu einem Besuche bei dem Palatin Forgach eingeladen, der ihn über den Zweck seiner Reise genau ausfragte und namentlich wissen wollte, ob er gekommen sei, um einen Ausgleich über die böhmischen Streitigkeiten anzubahnen. Seine Haltung war nicht besonders aufmunternd für den Gesandten, der sich bemühte, die Sache der Böhmen auf das Eifrigste zu vertreten, und schließlich den Palatin hat, ihm bei dem Reichstage Gehör zu verschaffen. Forgach entschuldigte sich, dass er dies nicht ohne Erlaubnis des Kaisers tun dürfe, versprach ihm aber binnen einigen Tagen eine definitive Antwort. Während Jessenius auf dieselbe wartete, erweiterten sich seine privaten Beziehungen zu den Mitgliedern des Reichstages. Die protestantischen Mitglieder desselben besuchten ihn in großer Anzahl und sprachen ihr inniges Bedauern aus, dass er nicht schon früher gekommen sei; sie gaben zu, dass ihre Interessen mit denen der Böhmen solidarisch verbunden seien und tadelten ihre Landsleute, die sich vom Kaiser bei seinen Rüstungen gegen die Böhmen anwerben ließen.

Die böhmischen Direktoren hatten gehofft, dass die Ankunft ihres Gesandten in Preßburg auf den Reichstag den nachhaltigsten Eindruck ausüben und die Krönung Ferdinands zum Könige von Ungarn, trotz der bereits vollzogenen

---

301 Der ganze Bericht über Jessenius nach Skala II.

Wahl, vereiteln werde. Diese Hoffnung erfüllte sich nicht, denn die Krönung ging am 1. Juli 1618 ohne Anstand vor sich. Jessenius, der an einem günstigen Resultate seiner Mission zu verzweifeln begann, weil der Reichstag unmittelbar darauf geschlossen wurde, suchte auf gute Weise fortzukommen und hielt bei Ferdinand um eine Audienz an, angeblich um ihm seine Glückwünsche darzubringen. Die Audienz wurde ihm nicht bewilligt, dafür wurde er vor den Oberstkämmerer des Königs berufen und von diesem über die Vorgänge in Prag befragt. In dem Zwiegespräche erhob der Oberstkämmerer mancherlei Vorwürfe gegen die Stände, die Jessenius zu widerlegen suchte, ohne dass dabei seine Art sehr verbindlich gewesen wäre. So trennte man sich in wechselseitiger Unzufriedenheit. Der Gesandte nahm von dieser Unterredung den Eindruck nach Hause, dass es besser wäre, an eine schleunige Abreise zu denken und wurde darin durch den Rat einiger Freunde bestärkt, die ihn geradezu zu einer raschen und heimlichen Flucht aufforderten, da Forgach nicht in den Fußstapfen Thurzos wandle. Er glaubte sich indessen nicht so gefährdet und wollte auch nicht einen derartigen, eines Gesandten unwürdigen Rückzug antreten. Doch beschloss er nicht länger zu säumen und suchte deshalb bei dem Palatin um eine Abschiedsaudienz nach, bei der er ihn um freies Geleite bat. Statt aller Antwort zeigte ihm Forgach ein Dekret vor, in dem er für einen Gefangenen des Kaisers erklärt wurde. Während Jessenius die verhängnisvolle Schrift anstarrte und zu entziffern suchte, entfernte sich der Palatin aus dem Zimmer und an seiner Stelle trat der Kommandant des königlichen Schlosses von Preßburg ein und nahm ihn in Haft. Jessenius musste seinen Degen, mit dem er umgürtet war, ablegen, worauf er selbst und seine im Wirthshause aufbewahrten Effekten auf das sorgfältigste untersucht wurden. Ein gleiches Schicksal traf seinen Bruder, der ihm nachgereist war, und vier junge Leute, die an der Prager Universität studierten und den berühmten Arzt auf seiner Reise nach Preßburg begleitet hatten. Zwei Tage später wurde ihnen mitgeteilt, dass man sie nach Wien überführen werde, worüber sich Jessenius, der sich in Ungarn doch einigen Schutz von Seite der Magnaten versprach, nicht wenig entsetzte. Am 6. Juli traf er mit seinen Genossen in Wien ein und. wurde in demselben Turme untergebracht, in dem einst König Wenzel IV gefangen gehalten wurde.[302]

Die Hoffnungen, die man in Böhmen an die Sendung des Jessenius geknüpft hatte, erfüllten sich also nicht. Der ungarische Reichstag entschied sich weder in seiner Gesamtheit noch zum Teile zu einer wirksamen Betätigung seiner Sympathien. Doch ließ er die böhmische Botschaft nicht ganz unbeantwortet,

3. Juli
1618

---

302   Der ganze Bericht über Jessenius nach Skala II.

unmittelbar vor seinem Schlusse richtete er ein Schreiben an die Stände in Prag, in dem er sie seiner besten Wünsche versicherte, aber zugleich ermahnte, die Hand zum Frieden zu bieten.[303] Ebenso ablehnend verhielten sich die Ungarn aber auch gegen den Kaiser, der sie entweder noch während des Reichstages, oder später um Hilfe gegen die Böhmen ersuchte. Eine Deputation des ungarischen Adels, die sich in Wien am 27. Juli einfand, schlug diese Bitte ab und wollte von einer Beteiligung an dem böhmischen Streite nichts wissen.[304] Einzelne protestantisch gesinnte Magnaten sprachen sich sogar dahin aus, dass sie dem Kaiser keine Werbungen gegen die Böhmen gestatten würden, doch hielten sie nicht Wort, denn unter den ersten Truppen, von denen die Aufständischen bekämpft wurden, befanden sich Husaren, deren Unterhalt allerdings vom Kaiser und nicht von den Ungarn bestritten wurde. Für letzteren war dies trotzdem ein nicht zu unterschätzender Vorteil, da es oft nicht minder schwierig war, die nötige Truppenzahl zu finden, als sie zu besolden. Faktisch nahm also Ungarn gegen die Böhmen eine feindliche Stellung ein, aber es war fraglich, wie lange diese Verletzung der Neutralität dauern würde, da sie unverkennbar gegen die Sympathien des Landes verstieß.

Viel kam auf das Erzherzogtum Österreich an, denn bei seiner Lage an der Grenze von Böhmen war es, trotz seiner geringen Ausdehnung, von doppelter Wichtigkeit. Dieses alte und unbestrittene Besitztum der Habsburger, Jahrhunderte lang ein vielfach treuer Helfer in der Not, war seit dem Jahre 1608 wie umgewandelt. Die religiöse Frage und die Wirksamkeit eines eifrigen Kalviners, wie des Freiherrn von Tschernembl hatten daselbst so viel Bitterkeit angehäuft, dass die Stände von Ober- und Niederösterreich ihrer Mehrzahl nach nur Misstrauen und Abneigung gegen den Herrscher empfanden. Die Oberösterreicher, die gegen Ende Juni in Linz zu einem Landtage versammelt waren, rieten dem Kaiser auf das dringendste zum Frieden mit Böhmen. War dieser Rat, der bei der Lage der Dinge nur schwere Nachteile für den letzteren zur Folge haben musste, an und für sich bedenklich, so waren es noch mehr ihre Argumente, in denen sie darauf hinwiesen, wie schlecht es dem Kaiser anstände, wenn er Christen statt der Türken bekämpfen wolle.[305] Dass sie bei dieser Gesinnung nichts davon wissen wollten, dem Kaiser zu helfen, ist begreiflich, aber sie begnügten sich damit nicht, sondern wollten dem Kaiser geradezu die Möglichkeit des Kampfes abschneiden. Denn als Ferdinand bei ihnen um die Erlaubnis nachsuchte, dass sie ihm für das in Friaul stationierte

---

303 Sächs. Staatsarchiv 9168. Bericht aus Wien.
304 Skala II, 325.
305 Zuschrift der oberösterr. Stände an den Kaiser dd. 30 Juni 1618.

Kriegsvolk den Durchzug an die böhmische Grenze gestatten möchten, schlugen sie dies nicht nur ab, sondern besetzten eilig einige Pässe mit frisch geworbenem Volke und sperrten sogar, wenn die Nachricht richtig ist, die Donau bei Linz durch eine Kette.[306] Dieses Übermaß von Feindseligkeit wich einige Tage später andern Einflüssen, denn die Stände ließen sich schließlich doch zu einer kleinen Geld- und Munitionsleistung herbei; Werbungen aber und Einquartierungen verweigerten sie beharrlich. Auch den Durchzug, auf dem der Kaiser unbedingt bestand, weil er sonst die Böhmen gar nicht angreifen konnte, gestatteten sie endlich, doch nur unter der Bedingung eines rottenweisen Vormarsches der einzelnen Regimenter. Wie Diebe und Schleichhändler sollten also die Truppen ihres Fürsten das Land durchziehen.

Was die niederösterreichischen Stände betrifft, so durfte sich der Kaiser von ihnen einer nur noch feindseligeren Haltung versehen, da er gerade mit ihnen in einen schweren Streit verwickelt war. Am 22. Mai, also gerade einen Tag vor dem Fenstersturze, hatten ihm die protestantischen Mitglieder des niederösterreichischen Adels eine Beschwerdeschrift überreicht, in der sie über die Behandlung der landesfürstlichen Städte bezüglich der religiösen Angelegenheiten Klage führten. Mathias, der in Österreich nicht nachgiebiger sein wollte, als in Böhmen, erteilte den Bittstellern keine Antwort. Ob er trotzdem einen Landtag nach Wien berief und die niederösterreichischen Stände um eine Unterstützung gegen Böhmen hat, ist uns nicht weiter bekannt, jedenfalls können die Beschlüsse desselben keine freundlichen gewesen sein, da ihm die Stände die Ausfolgung von Waffen und Munition aus ihrem Zeughause in Wien verweigerten und um einen Überfalle zu verhüten, dasselbe bei Tag und Nacht bewachen ließen[307] Wien allein war etwas nachgiebiger, die Stadt schenkte dem Kaiser 14.000 Gulden als Beitrag zu den Kriegskosten, und verstand sich noch nebenbei zu einem Darlehen von 30.000 Gulden. Damit erschöpften sich die Leistungen der Wiener, eine spätere Bitte des Kaisers um ein zweites Darlehen ließen sie unberücksichtigt.[308]

Wenn Ungarn und Österreich dem Kaiser so wenig trostreiche Aussichten boten, um wie viel mehr musste er besorgen, dass die Nebenländer der böhmischen Krone sich dem Aufstande geradezu anschließen würden. Indessen zeigte sich bald, dass die Erwartungen und Befürchtungen, die man in dieser Beziehung in Prag und Wien hegte, durch die Ereignisse nicht ganz gerechtfertigt wurden.

---

306 Skala II 199.
307 Skala II 326.
308 Sächs. Staatsarchiv.

Was Mähren betrifft, so erwartete man in Böhmen mit Zuversicht, dass die Stände dieses Nachbarlandes der Sache des Aufstandes ihre wärmsten Sympathien und bald auch ihre Mithilfe entgegenbringen würden. Wenn Karl von Žerotín, der hochgeachtete Führer der protestantischen Stände daselbst, seine Stimme für diesen Anschluss erhoben hätte, fürwahr die kaiserliche Herrschaft würde in Mähren im Handumdrehen ein Ende genommen haben. Allein dieser merkwürdige Mann gab im Widerspruche zu seinen sonstigen Wünschen, aber im teilweisen Einklange mit seiner Vergangenheit nicht dieses Signal und betrat ganz eigene Wege.

Es ist bekannt, dass Žerotín unter Kaiser Rudolf II jahrelange Bedrückungen von Seite der Regierung wegen seiner protestantischen Gesinnung und seiner oppositionellen Haltung erdulden musste. Er hatte mannhaft alle Unbilden ertragen, für seine Partei durch seine Standhaftigkeit und seine hohe Bildung eine mächtige Stütze abgegeben und ihr endlich durch seinen Anschluss an Mathias im J. 1608 und den Sturz der rudolfinischen Regierung zum Siege verhelfen. Von Mathias zum Lohne für die geleisteten Dienste zum Landeshauptmann von Mähren ernannt, verwaltete er dies Amt in der Weise, dass er den ständischen Freiheiten ihre volle und unverkümmerte Entwickelung gönnte, wodurch er das Misstrauen des Kaisers, wie wir gesehen haben, im höchsten Grade wachrief. Doch war es insofern unberechtigt, als Žerotín dem Kaiserhause treu anhing, den Plänen des Fürsten von Anhalt auf den Untergang desselben keinen Vorschub leistete und sich so von einigen seiner Gesinnungsgenossen vollständig trennte. Im J. 1615, nach dem Ablaufe des Prager Generallandtages, schied er aus seinem Amte, ohne dass sich die Ursache sicherstellen lässt; vielleicht war es Ermüdung, vielleicht auch Überdruss an dem Gange der kaiserlichen Politik. Bezeichnend war es, dass durch das Zutun der kaiserlichen Partei Ladislaus Popel von Lobkowitz, der Bruder des böhmischen Kanzlers, an seine Stelle trat.

Von seiner amtlichen Stellung befreit, zog sich Žerotín keineswegs in die Ruhe des Privatlebens zurück, sondern nahm an den öffentlichen Vorgängen nach wie vor den lebendigsten Anteil und unterhielt mit seinen politischen Freunden, die durchwegs unter den Protestanten zu suchen waren, einen lebhaften Briefwechsel. Seinem Urteil wurde das größte Gewicht beigelegt und alle jene, die sich nach einer Veränderung sehnten, waren begierig, seine Ansichten zu vernehmen. Der Markgraf von Jägerndorf, dessen der Kaiser in jenem Briefe an den Erzherzog Ferdinand im J. 1613[309] ebenfalls nicht beson-

---

309   Seite 78.

ders freundlich erwähnte und der in der Tat schlimmes gegen die Habsburger im Schilde führte, trachtete begierig nach seiner Freundschaft. Im Beginne des J. 1618 traf er mit Žerotín zusammen und besprach sich mit ihm über die öffentlichen Verhältnisse; der Markgraf schied von dieser Unterredung nicht wenig zufriedengestellt und glaubte mit Sicherheit auf seine Dienste rechnen zu können.[310] Wenige Tage vor dem Fenstersturze hatte sich Žerotín auch in Prag aufgehalten, daselbst seine religiösen und politischen Freunde aufgesucht und den Verhältnissen in Böhmen überhaupt seine größte Aufmerksamkeit zugewendet. So hatte er keinen Augenblick seine politische Tätigkeit eingestellt und war berufen, bei jeder Krise, die herankam, eine entscheidende Rolle zu spielen, wenn er dies wollte. Was ihm überaus förderlich war, war die hohe Achtung, die man überall vor seinem Charakter und seinen Kenntnissen hatte.

In der Tat überall, denn auch auf Seite der Katholiken und der Regierung wurde ihm schließlich diese in vollem Masse zu Teil. Als der Aufstand in Böhmen ausbrach, dachte man in Wien und Preßburg zu gleicher Zeit daran, sich seiner bei einer allfälligen Vermittlung zu bedienen und bewies damit ein großes Vertrauen in seine Ehrlichkeit. Schon in den ersten Tagen des Juni forderte ihn der Kaiser auf, nach Wien zu kommen, um an den Beratungen bezüglich des Aufstandes Teil zu nehmen. Žerotín zögerte nicht, dem Rufe zu folgen und reiste am 14. Juni von Trebitsch nach Wien. Mit dieser Reise schloss er die erste vielbewunderte Hälfte seines Lebens ab, die zweite bisher noch wenig oder gar nicht bekannte nahm damit ihren Anfang.

Trotz des Vertrauens, das man im Allgemeinen zu Žerotíns Ehrlichkeit in Wien hatte, verhehlte man sich daselbst doch nicht, dass die Ereignisse diesem Manne selbst gegen seine persönlichen Neigungen seinen Platz anwiesen. Der Kampf in Böhmen hatte in dem Gegensatze zwischen Katholiken und Protestanten seine Wurzeln, wer auf die eine oder die andere Seite gehörte, musste sich dieser anschließen, unbekümmert um die Folgen eines Sieges oder einer Niederlage, die vielleicht über das eigentliche Streitobjekt weit hinausgingen. Auch von Žerotín meinte man, dass er nicht werde umhin können, sich an seine Glaubensgenossen anzuschließen, ja dies vielleicht schon getan habe und mit den Böhmen unter einer Decke spiele. Seine Berufung nach Wien entsprang ebenso sehr dem Misstrauen als dem Vertrauen, man erwartete, dass er dem Rufe, falls er sich schuldig fühle, gar nicht folgen werde, und dann wusste man doch wenigstens, woran man mit ihm war. Die Misstrauischen, und das war diesmal Khlesl, rieten sogar, man solle sich Žerotíns, wenn er nach Wien

---

310 Korr. Žerotín an Stietten dd. 18. Apr. 1619.

kommen würde, bemächtigen, denn seine schließlich Verbindung mit den Protestanten sei doch gewiss, habe man ihn aber festgenommen, so befände sich Mähren ohne Haupt und werde nicht revoltieren.[311]

17. Juni 1618   In Wien angelangt, wurde Žerotín bei dem Kaiser nicht vorgelassen, dagegen besuchten ihn die hervorragenden Staatsmänner und unter diesen der böhmische Kanzler und der Sekretär Michna, berichteten ihm über die Vorgänge in Böhmen und ersuchten ihn um seinen Rat. Žerotín empfahl die Anwendung friedlicher Mittel zur Stillung des Aufstandes und als ein solches insbesondere die baldige Abreise des Erzherzogs Maximilian nach Böhmen in der Stellung eines Vermittlers. Sein Benehmen, seine Ratschläge und sein sichtbares Interesse für das Beste des Kaiserhauses verscheuchten alles Misstrauen gegen ihn;

19. Juni   der Kaiser empfing ihn endlich selbst, lobte seinem Ratschläge und gab auch seinerseits dem Wunsche nach Frieden einen unverhüllten Ausdruck. Angenommen wurde jedoch Žerotíns Meinung nicht, denn statt den Böhmen die Anzeige zu machen, dass Maximilian als Vermittler an sie abgeschickt werden würde, war ihnen schon tags zuvor jenes Patent zugesandt worden, welches ihre Rüstungen verbot und von den Direktoren mit Beschlag belegt wurde. Es war übrigens auch nicht die Absicht der Regierung, in Böhmen nach Žerotíns Ratschlägen vorzugehen, ihr eigentlicher Wunsch war, sich seiner in Mähren zu bedienen. Denn nachdem man einiges Zutrauen zu ihm gefasst hatte,

21. Juni   ersuchte ihn der Kaiser in einer zweiten Audienz um seine guten Dienste bei dem nächsten Landtage in Olmütz und um die Unterstützung der königlichen Propositionen. Žerotín sagte zu und reiste darauf nach Hause zurück. Er kam gerade zu rechter Zeit an, um der ständischen Zusammenkunft, die in Olmütz am 26. Juni eröffnet wurde, beizuwohnen.

Es war dies die erste Versammlung der mährischen Stände nach dem Ausbruche des Aufstandes. Von Seite der Böhmen fand sich bei derselben eine Gesandtschaft ein, an deren Spitze Heinrich Slawata stand, welche die Mährer zum Anschlusse an die gemeinsame Sache aufforderte. Konnte es wohl anders sein, als dass diese Aufforderung einen mächtigen Widerhall fand? Diejenigen, welche den Böhmen wohlwollten, beantragten die Wahl einer Gesandtschaft, die nach Prag gehen und an Ort und Stelle die Verhältnisse prüfen sollte; auf diese Weise sollte nach der Meinung der Antragsteller der Anschluss an den Aufstand vorbereitet werden. Die Majorität verwarf aber den Vorschlag und beschloss die Absendung einer Deputation nach Wien, welche dem Kaiser zur Wahl friedlicher Maßregeln bei der Bekämpfung des Böhmischen Aufstandes

---

311   Korr. Žer. Žerotín an Stietten dd. Prerau 28. Juni 1618.

raten sollte. Der Beschluss kam nur dadurch zu Stande, dass sich die Tätigkeit Žerotíns bereits im Interesse der Regierung geltend machte. Gleichzeitig wurde die Werbung von 2000 Reitern und 3000 Mann zu Fuß zur Sicherung des Landes beschlossen.[312]

Die hervorragendsten Mitglieder der Deputation, welche nach Wien abgeordnet wurde, waren der Kardinal Dietrichstein, Fürst Karl von Liechtenstein und Žerotín. Als sie sich auf den Weg begeben, rüsteten sich bereits die kaiserlichen Truppen zu dem Marsche durch Mähren nach Böhmen. Der mährische Adel wurde darüber nicht wenig stutzig, teils fürchtete er die unvermeidlichen Unannehmlichkeiten eines derartigen Durchzuges, teils war er entrüstet, dass das benachbarte Böhmen von der Markgrafschaft aus angegriffen werden solle; überall im Lande erhob sich der Wunsch nach der Berufung eines neuen Landtages, um diese Angelegenheiten in Ordnung zu bringen. Die mährische Deputation machte sich in Wien zum Dolmetscher dieser Klagen und. Wünsche, begnügte sich aber mit der Antwort, dass der Kaiser Mähren mit dem Durchzuge nicht verschonen könne. Die Hauptaufgabe der Deputation bestand nun darin, die Ausgleichsberatungen in Gang zu bringen. Dietrichstein und Liechtenstein waren aber nicht die Männer, die sich darum besonders bemüht hätten, da sie mit ihrer Gesinnung ohnedies auf kaiserlicher Seite standen. Žerotín allein suchte seinem Auftrage mit Ernst nachzukommen und beharrte auf der Meinung, die er bei seiner früheren Anwesenheit in Wien abgegeben. Der Boden für seine Wirksamkeit war aber diesmal noch ungünstiger als früher. Man vertröstete ihn, dass die Zeit zur Verhandlung erst kommen werde, wenn die Truppen des Kaisers in Böhmen angelangt sein würden und Mathias so mit mehr Reputation auftreten könnte. Žerotín ließ sich durch diese Vertröstung umso weniger täuschen, je mehr er sich überzeugte, dass die Meinung des Hofes mit wenigen Ausnahmen dahin ging, man solle die Gelegenheit benützen, den Böhmen einen Denkzettel zu geben, die Güter der Aufständischen zu konfiszieren und sich so für alle Kosten schadlos zu halten. In seiner bisher nur leise sich geltend machenden Hinneigung zur kaiserlichen Sache wurde er aber trotzdem nicht wankend gemacht, denn anderseits war er ebenso gewiss, dass auch die Böhmen von einem Ausgleiche nichts wissen und ihre Sache mit den Waffen durchfechten wollten. Indem er so beiden Teilen eine gleiche Schuld an dem drohenden Ausbruche des Krieges beilegte, wurde er durch die neugewonnene Überzeugung nicht in einen Zustand völliger Unentschlossenheit hineingeworfen, sondern noch stärker und vielleicht ihm selbst unbewusst zur

---

312 Brünner Landesarchiv. Ständische Zusammenkunft in Olmütz.

kaiserlichen Partei hingezogen.[313] Nach Hause brachte er das Versprechen mit, dass der Landtag auf den 13. August nach Brünn berufen werden solle.[314]

Zur Eröffnung des Landtags erschien Ferdinand als Stellvertreter des Kaisers in Brünn. Mathias verlangte in seiner Proposition, Mähren solle sich seinen Truppen öffnen und von den für das Land geworbenen 5000 Mann ihm die Hälfte zum Angriffe gegen Böhmen überlassen. Beide Forderungen waren bei der Haltung von Ungarn und. Österreich ganz exorbitant zu nennen und ihre Annahme fast für eine Chimäre zu halten. Nach mehrtägigen Verhandlungen gewährte der Landtag die erste Forderung und öffnete so das Land für den Durchmarsch der kaiserlichen Truppen zum Angriffe auf Böhmen. Die zweite Forderung wurde nicht gewährt, aber doch nicht für alle Zukunft abgelehnt. Die Stände beschlossen nämlich die Wahl einer Deputation, welche die Herstellung des Friedens in Böhmen vermitteln und zu diesem Ende abermals nach Wien reisen sollte, um die nötige Instruktion in Empfang zu nehmen. Von Wien sollte die Deputation nach Prag reisen, die Böhmen auf glimpfliche Bedingungen hin zum Frieden mahnen und ihnen drohen, dass sich Mähren im Falle ihrer beharrlichen Widersetzlichkeit dem Kaiser anschließen werde. So wurde die Markgrafschaft immer mehr in die Kreise der kaiserlichen Politik hineingezogen. – Welchen Antheil Carl von Žerotín an diesen Beschlüssen hatte, ist nicht näher bekannt, jedenfalls sind sie nur durch seine Zustimmung zu Stande gekommen. In die Deputation, welche nach Wien reisen sollte, wurden der Fürst von Liechtenstein und Žerotín gewählt.

Einen Ersatz für Mähren erhielten die Böhmen gleichsam an *Schlesien*. Noch vor den Ereignissen des 23. Mai hatten die böhmischen Protestanten den Schlesiern ihr Leid geklagt und für ihre Beschwerden eine sehr günstige Aufnahme bei dem Fürstentage – so hießen die Landtage in Schlesien – gefunden, denn derselbe versprach ihnen in seiner Antwort tatsächliche Mithilfe. Bevor das Schreiben noch abgeschickt wurde, traf aus Prag die Nachricht von dem Fenstersturze ein und nun entstanden in Breslau einige Zweifel, ob dasselbe in der beschlossenen Fassung abzusenden sei, oder nicht, denn das Verspre-

---

313 Korr. Žer. Žerotín an Stietten dd. Rossitz 26. Juli 1618.
314 Archiv des k.k. Minist. des Inn. Ferdinand an Mathias dd. 14. Aug. Brünn 1618. – Wiener Staatsarchiv. Unterschied. Akten IV. Aus Brünn dd.24. Aug. – Skala II 325. Letzterer ist in Bezug auf den brünner Landtag nicht gut informiert. Er gibt unrichtig das Datum der Eröffnung auf den 3. Aug. und behauptet auch, die Stände hätten beide Propositionen des Kaisers angenommen und ihm die Hälfte ihrer geworbenen Truppen überlassen. Abgesehen davon. dass dies nicht mit dem stimmt, was wir aus der Angabe des Wiener Staats-Archivs (Untersch. Akten IV. Aus Brünn dd. 24. Aug.) wissen, ist auch nichts davon bekannt, dass bei dem folgenden Feldzuge in Böhmen mährische Truppen verwendet worden wären.

chen einer tatsächlichen Hilfe konnte von den Böhmen buchstäblich genommen und die Schlesier gleich im Beginne in den Streit verwickelt werden. Es scheint, dass diese Erwägungen die Absendung des Schreibens vereitelten, ohne dass jedoch die Stimmung der Schlesier dem Aufstande minder günstig geworden wäre. Zu ihrer Betätigung bot sich ihnen eine neue Gelegenheit dar, als sich zu Anfang Juni Gesandte aus Prag bei ihnen einfanden, welche auf Grund des zwischen Böhmen und Schlesien im Jahre 1609 zum gegenseitigen Schutze ihrer religiösen Freiheiten geschlossenen Bündnisses Hilfe verlangten, im Falle ihr Land vom Kaiser angegriffen würde. Da der Fürstentag nicht mehr versammelt war, so erwiderten die in der Zwischenzeit mit der Vertretung desselben betrauten sogenannten „nächstangesessenen Stände", dass sie für sich keinen Beschluss fassen, wohl aber den Fürstentag allsogleich einberufen würden.[315] Dass diese Antwort nicht ungünstig zu deuten war, bewiesen dieselben nächstangesessenen Stände einige Tage später. Denn da der Kaiser sich in seinen Nöten auch an sie wandte und von ihnen teils die Erlaubnis zu Werbungen, teils zu Durchzügen für Truppen, die er in Polen in seinen Sold genommen, verlangte, schlugen sie ihm beides ab und sicherten die Böhmen dadurch an ihrer nordöstlichen Grenze.

13. Juni 1618

Zu dem Fürstentage, der am 3. Juli zusammentrat, schickte der Kaiser den Reichshofrat Strahlendorf als seinen Kommissar ab. Er sollte in Breslau das Unrecht der Böhmen auseinandersetzen, von ihrer Unterstützung abmahnen und die Stände um Hilfe gegen sie ersuchen. Die Gesinnungen, die am Fürstentage vorwalteten, waren keineswegs für die Gewährung der Bitte, sondern für eine vorläufige Neutralität, die jedoch eine für Böhmen günstige Färbung hatte. Denn außer der Werbung von 2000 Reitern und 4000 Mann zu Fuß, deren Aufgabe zunächst die Bewachung der polnischen Grenze sein sollte, damit von da keine Truppen dem Kaiser zu Hilfe zögen, wurde die Absendung zweier Gesandtschaften nach Wien und nach Prag, beschlossen, die beide eine Verteidigung des Aufstandes bezweckten. Die nach Wien bestimmte Gesandtschaft sollte dem Kaiser Vorwürfe machen, dass er durch seine Politik nicht nur die Böhmen zur Verzweiflung getrieben, sondern auch den schlesischen Majestätsbrief in zahlreichen Fällen verletzt habe, und ihn bitten, einem friedlichen Ausgleiche die Hand zu bieten, sowie die gerechten Beschwerden zu entfernen. An die Spitze dieser Gesandtschaft wurde der junge Herzog von Brieg gestellt. Die nach Prag abgeordnete Gesandtschaft sollte sich an Ort und Stelle über die Verhältnisse aufklären und zum Frieden mahnen, wenn den

---

315 Verhandlungen der schles. Fürsten und Stände von Palm S. 74.

Böhmen passende Bedingungen zur Aussöhnung angeboten würden. Nähmen die Böhmen solche Bedingungen an, so stehe Schlesien auf ihrer Seite, wolle man aber in Prag nur den Krieg, so fühle sich Schlesien an das Bündnis von 1609 nicht gebunden.[316]

Es kam bei dieser Botschaft alles darauf an, ob die Böhmen und die Schlesier in der Beurteilung dessen, was man als eine passende Friedensbedingung ansehen könne oder nicht, einerlei Meinung sein würden. Und in dieser Beziehung war die Übereinstimmung beider Länder von Anfang an nicht zweifelhaft. Wenn sie vorläufig noch nicht einig im Handeln auftreten, so konnte doch vorausgesehen werden, dass sie sich früher oder später die Hand bieten würden. Unter den Tonangebern in Schlesien, welche auf den Bruch mit dem Kaiserhause lossteuerten, war der mehrerwähnte Markgraf Johann Georg von Jägerndorf aus dem Hause Brandenburg unbedingt der erste. Schon im Jahre 1609 arbeitete er an einer Verbindung Schlesiens mit der Union zum Verderben der Habsburger und ließ seitdem dieses Ziel nie aus den Augen. Er war es, der später in dem Streite der Schlesier gegen die böhmische Kanzlei und in ihrem Begehren nach einer selbständigen Stellung die hervorragendste Rolle spielte, weil er darin eine Quelle großer Verlegenheiten für Mathias voraussah und die Lockerung des böhmischen Staatsverbandes den schlesischen Fürsten zum Vorteile gereichte. Handelte er in diesem Streite gegen das böhmische Interesse, so trat er nach dem Fenstersturze wieder entschieden für den Aufstand ein, denn er sah in der Begünstigung desselben nicht nur eine noch viel ergiebigere Quelle für die Schwächung der Habsburger, sondern auch den geeignetsten Weg zur glücklichen Lösung eines Prozesses, in den er eben verwickelt war. In böhmischen Kreisen und im Kabinette des Kurfürsten von der Pfalz wurde seine Genossenschaft von Anfang nicht nur vorausgesetzt, sondern auch durch frühzeitige Verhandlungen sichergestellt. An der schlesischen Gesandtschaft nach Prag beteiligte er sich zwar nicht, da ihr jedoch Hartwig von Stietten, sein Rat und Oberhauptmann von Jägerndorf, angehörte, so war er durch diesen vertrauten Diener auf das beste vertreten. In der Tat war der genannte Edelmann das wichtigste Glied der nach Prag abgeordneten Gesandtschaft.

Von den Lausitzern liegen für diese Zeit keine näheren Nachrichten vor, wahrscheinlich ist nur so viel, dass sie weder den Böhmen noch dem Kaiser eine Unterstützung angedeihen ließen, also in vollkommener Neutralität verharrten.

---

316 Verhandlungen der schles. Fürsten von Palm. Instruktion für die Gesandten nach Wien dd. 14. Juli S. 132, für die Gesandten nach Prag S. 137.

So war der Stand der Dinge in den dem Kaiser unterworfenen Ländern. In Ungarn, Österreich und der Lausitz eine ungewisse Neutralität der ständischen Körperschaften, welche wenig trostreiches an sich hatte, Mähren nach der Anschauung der meisten Zeitgenossen in einem unnatürlichen und deshalb wenig verlässlichen Bündnisse mit dem Kaiser, Schlesien aber im Begriffe, sich den Böhmen anzuschließen. Sonach waren nur jene Länder, die von König Ferdinand und von Erzherzog Maximilian beherrscht wurden, also Steiermark, Kärnthen, Krain, Istrien, Tirol und Vorderösterreich, die einzig sicheren Anhaltspunkte für die kaiserliche Politik. Die Lage des Kaisers war indessen vorläufig dadurch noch günstiger, dass er aus allen seinen Ländern, selbst Böhmen nicht ausgenommen, ungeschmälert die Einkünfte der Krongüter bezog. Dieselben waren zwar größtenteils von den Interessenzahlungen für die kaiserlichen Schulden in Anspruch genommen und hätten also für Rüstungen nicht verwendet werden können; aber auch der Kaiser nahm für sich nach dem Muster des böhmischen Landtags ein Moratorium in Anspruch und verschob die Befriedigung seiner Gläubiger größtenteils auf die Zukunft.

Der Ausbruch des Krieges

I

Die Vorbereitungen des Kaisers zum Kriege gegen die Böhmen hatten Anfang Juni 1618 begonnen, doch nahmen sie längere Zeit keinen besonders raschen Verlauf. Erst nach Ferdinands Rückkehr von Preßburg und nach dem Sturze Khlesls wurde dies anders und die frühere Lässigkeit machte einer größeren Rührigkeit Platz, wobei insbesondere der Umstand maßgebend war, dass der Kaiser die Leitung sämtlicher Angelegenheiten, die sich auf den böhmischen Aufstand bezogen, dem Könige übertrug. Jetzt wurden die Rüstungen so viel als möglich beschleunigt und als der Monat August herankam, beliefen sich die kaiserlichen Streitkräfte auf 3.200 Reiter und 9.600 Fußknechte, durchwegs sogenannte deutsche, d.h. in deutscher Weise einexerzierte Truppen, an die sich noch 1.100 Husaren und 300 Heiduken, die in Ungarn geworben waren, anschlossen. Im Ganzen zählte also die Armee etwa 14.000 Mann. Um das oberste Kommando dürften sich ursprünglich Dampierre und Khuen nicht wenig beworben haben, allein da der eine dem Kaiser, der andere dem Könige weniger angenehm war, so mussten sie sich mit der zweiten Stelle begnügen, während der Graf Buquoy an die erste berufen wurde. Auf diesen General war man schon vor einigen Jahren von kaiserlicher Seite aufmerksam geworden, und gedachte ihn an die Spitze jenes Heeres zu stellen, wegen dessen Aufstellung so lange und so vergeblich verhandelt worden war. Jetzt erinnerte man sich seiner wieder und da er sich in Flandern aufhielt, wurde Erzherzog Albrecht ersucht, ihn zum Übertritte in die kaiserlichen Dienste zu bewegen. Der Erzherzog kam der Bitte bereitwillig nach, bewog Buquoy zur Übernahme des Kommandos und stellte die Bedingungen mit ihm dahin fest, dass sich der Kaiser verpflichtete, seinem neuen General einen monatlichen Sold von 8.000 Gulden rheinisch und außerdem noch 6.000 Taler für die erste Ausrüstung zu zahlen. Da sich Buquoy damit nicht ganz zufrieden zeigte, so legte der Erzherzog aus eigenem 15.000 Gulden rheinisch hinzu.[317] Nun säumte der Graf nicht länger und reiste Ende Juli nach Wien ab, um sich dem Kaiser zur Verfügung zu stellen. Der Erfolg zeigte, dass der Preis seiner Anwerbung im Verhältnisse zu den Diensten stand, die er seinem Herrn leistete.

Bevor Buquoy noch in Wien angelangt war, wurde der Krieg in Böhmen durch Dampierre eröffnet. Er brach mit 6.000 Mann, teils Reitern, teils Fußvolk, in der Nähe des Städtchens Bystric, im Südosten von Böhmen, ein, bemächtigte sich des gleichnamigen dem Wilhelm von Slawata gehörigen Schlosses, rückte darauf weiter gegen Landstein vor und gelangte am 14. August Abends bis vor die Tore von Neuhaus, welche Stadt gleichfalls dem ehemaligen Statthalter gehörte. Er verlangte von der darin liegenden ständischen Besatzung die unmittelbare Übergabe, erhielt aber eine abschlägige Antwort. Da sich seinem Angriffe nicht nur die Besatzung, sondern auch die Bewohner der Vorstadt widersetzten, ließ er diese, wie auch mehrere Dörfer der Umgebung niederbrennen und begann so nach Art jener Zeiten einen förmlichen Verwüstungskrieg. Hierauf zog er sich nach Bystric zurück, um sich hier zu verschanzen und von diesem festen Punkte aus die weiteren Unternehmungen vorzubereiten.[318]

317   Wiener Staatsarchiv. Bohem. IV. Erzh. Albrecht an den Kaiser dd.23. Juli 1618.
318   Skala II, 329.

Während dem war Buquoy in Wien angelangt und traf da die letzten Vorbereitungen zur weiteren Führung des Feldzuges, den er rasch beendigen zu können hoffte. Man stellte ihm nämlich vor, dass das kaiserliche Heer zahlreicher sei als das böhmische, dass ersteres aus tüchtigen und erprobten Soldaten, letzteres aber nur aus zusammengelaufenem heimischen Volke bestehe. Diese Angaben enthielten wenigstens in Bezug auf das kaiserliche Heer eine arge Übertreibung. Denn Buquoy überzeugte sich später zu seinem Schaden, dass zwei Drittel desselben ungeübte Rekruten waren. Aber wie man sich in dieser Beziehung am Hofe der Selbsttäuschung hingab, so auch bezüglich der Widerstandskraft der Gegner. Denn die allfälligen Skrupel des Generals wurden mit der Behauptung widerlegt, es werde, sobald er in Böhmen einrücke, daselbst eine Gegenrevolution ausbrechen: der dem Kaiser ergebene Adel werde sich erheben und das Land schnell zum Gehorsam zurückkehren. Diesen Mitteilungen entsprach der Kriegsplan Buquoys. Er wollte die kaiserlichen Truppen an einem Punkte vereinen, von der Grenze rasch gegen die Hauptstadt vorrücken und sich um die dazwischenliegenden festen Plätze nicht weiter kümmern. Man hoffte in Wien, dass der Feldzug mehr einer militärischen Promenade als einem ernsten Kriege gleichen werde.

Derjenige Teil des kaiserlichen Heeres, der nicht mit Dampierre in Böhmen eingerückt war, stand unter Khuens Kommando an der österreichisch-mährischen Grenze und harrte der Erlaubnis, seinen Weg durch die Markgrafschaft einschlagen zu dürfen. Als der Brünner Landtag dieselbe gegeben hatte, rückte Khuen rasch vor, richtete seinen Marsch nach Iglau zu und drang bei Polna in Böhmen ein. Jetzt beeilte Buquoy seine Abreise von Wien; am 28. August 1618 machte er sich auf den Weg und. traf am 2. September in Polna ein. Er hielt sich daselbst vier Tage auf, weil er noch weitere Truppenzuzüge erwartete und rückte darauf am 6. gegen Deutschbrod vor, wo er abermals drei Tage zubrachte, weil er sich mit Dampierre, der von Neuhaus herangezogen kam, vereinen wollte. Als die Vereinigung stattgefunden hatte, brach er gegen Časlau auf, das nur acht Meilen von Prag entfernt liegt.[319] Gleich in den ersten Tagen des Feldzuges machte er die unliebsame Erfahrung, dass die Verpflegung großen Schwierigkeiten unterliege. Pferde und Menschen litten Mangel an den nötigen Nahrungsmitteln.

Die Böhmen hatten mittlerweile unter Hohenlohes Leitung die Rüstungen eifrig fortgesetzt. Die vom Landtage beschlossene Zahl von 16.000 Mann war zwar noch nicht auf den Beinen, aber jedenfalls geboten sie über eine Armee von 10 –12.000 Mann, so dass sie den Kaiserlichen an Zahl ziemlich gleich

---

319 Innsbrucker Statthalereiarchiv. Buquoys Bericht über seinen Feldzug. – Sächs. Staatsarchiv 9169 IV, 45. Aus Wien an Herrn von Schönberg dd. 29. Aug. 1618.

kamen. Thurn, der sich seit dem Monate Juni vergeblich bemüht hatte, Budweis in seine Gewalt zu bekommen, beeilte sich jetzt, sein Lager daselbst abzubrechen und sich gegen Nordost zu wenden. Da die kaiserlichen Truppen die mährische Grenze noch nicht überschritten hatten, und ihm sonach ein unmittelbarer Angriff nicht drohte, verließ er während des Marsches die Armee auf einige Tage, um nach Prag zu eilen, wo der von neuem berufene Landtag seine Anwesenheit dringend erforderte.

Als die Nachricht von dem Einbruche Dampierres an die Direktoren gelangte, erfasste sie nämlich die Furcht, dass ihre bisherigen Rüstungen nicht ausreichen könnten und sie verfielen wieder auf das mittelalterliche Hilfsmittel eines allgemeinen Aufgebotes. Da sie dies jedoch nicht für sich allein ausschreiben konnten, beriefen sie einen neuen Landtag auf den 27. August und. verbunden damit die Aufforderung, die Stände sollten sich mit einem zahlreichen bewaffneten Gefolge einfinden, um sich mit diesem dann auf den Kriegsschauplatz zu begeben.

Die Stände fanden sich zur bestimmten Zeit ein und der Landtag wurde 28. Aug. darauf am anderen Tage eröffnet; anwesend waren einzig und allein die Protestanten. Da nun zur Verteidigung des Landes alle Mittel aufgeboten werden mussten, und in den Händen des katholischen Adels ein sehr beträchtlicher Teil des Grundbesitzes lag, so war es begreiflich, dass man denselben bei den Steuerausschreibungen nicht auslassen konnte. Um ihm diese nicht zwangsweise auflegen zu müssen, wünschten die Direktoren, dass sich auch die katholischen Stände am Landtage beteiligen und so dem Auslande gegenüber den Beweis liefern möchten, dass der Kampf in Böhmen nicht bloß für die religiöse, sondern auch für die politische Freiheit geführt werde, weil beide gleichmäßig von den Herrschern beeinträchtigt wurden. Als demnach die Landtagsverhandlungen begannen, stellte Paul von Řičan die Frage, ob nicht auch die katholischen Stände zur Teilnahme an der gemeinsamen Beratung und an der Verteidigung ihrer Freiheiten eingeladen werden sollten. Dieser Antrag wurde natürlich angenommen und beschlossen, dass die vornehmsten Katholiken durch eine eigene Deputation zum Anschlusse aufgefordert werden sollten. Der Oberstburggraf erwiderte der Deputation, als sie bei ihm erschien, dass er als ein von den Ständen im Arrest gehaltener Mann auf dem Landtage nicht erscheinen könne, übrigens auch nicht erscheinen werde, falls es ihm der Kaiser nicht befehlen würde. Diepold von Lobkowitz und der Schlosshauptmann Černín, der etwas ängstlich geworden war, schlossen sich der Erklärung des Oberstburggrafen in ihrem zweiten Teile an. Dagegen versprach der Obersthofmeister Adam von Waldstein, der Einladung am andern Tage zu folgen.

Von Seite der Direktoren wurde nun den Ständen über die Kriegsangelegenheiten Bericht erstattet und von ihnen angesichts der drohenden Gefahr eine neue Anspannung ihrer Kräfte verlangt. Die betreffenden Vorschläge nahmen die energischste Verteidigung des Landes in Aussicht und erstreckten sich sowohl auf die Beischaffung neuer Geldmittel, wie auf die Erhöhung der Streitkräfte.[320] In Bezug auf erstere verlangten die Direktoren die Verkürzung der Termine bei Einzahlung der im Jahre 1615 auf die folgenden fünf Jahre bewilligten Steuern und eine abermalige Auszahlung der statt der Aushebung des zehnten Mannes bewilligten Summe. Doch wollten sie deshalb auf das allgemeine Aufgebot nicht verzichten, sondern verlangten zur Ergänzung des geworbenen Heeres die Aushebung und Ausrüstung des fünften Mannes auf allen Gütern und des vierten Mannes in allen Städten; außerdem sollte sich der Adel mit seiner Dienerschaft beritten machen und mit derselben die Reiterei vermehren. Diese Anordnungen, wenn sie in allen Teilen des Landes pünktlich befolgt wurden, hätten die geworbenen Truppen um etwa 33.000 Mann zu Fuß und einige tausend Reiter vermehrt.

Am Schlusse machten die Direktoren den Landtag mit den mittlerweile an den Kaiser abgeschickten und von ihm eingelangten Schriftstücken bekannt. Durch die eben eingelaufene Nachricht von dem Einbruche Khuens in Böhmen wurde die Mehrzahl der Stände doch etwas besorgt und sie beschlossen deshalb eine versöhnliche Zuschrift an den Kaiser. Graf Andreas Schlick verfasste den Entwurf, der darauf angenommen und am folgenden Tage nach Wien abgeschickt wurde. Sowohl Inhalt wie Wortlaut waren ziemlich demütig, sprachen den Wunsch nach einem Ausgleiche aus und ließen auch bezüglich der jüngsten Vergangenheit einige Entschuldigungen einfließen.[321] Diese einlenkende Sprache war jedoch keineswegs die Folge geänderter Entschlüsse, sondern nur die vorübergehende Anstimmung eines andern Tones in der Korrespondenz mit dem Kaiser, die sich füglich noch nicht abbrechen ließ. Die Häupter der Bewegung hatten umso weniger Grund, vor dem einfachen Heranrücken des kaiserlichen Heeres allzu sehr bestürzt zu sein, da sie sich hinreichend gerüstet hatten und eben jetzt die Gewissheit erlangten, dass die Versprechungen des Kurfürsten von der Pfalz zur Tat heranreiften. Einige tausend Mann unter Mansfelds Kommando waren nämlich im Begriffe, ihnen zu Hilfe zu kommen.

---

320 Über die Landtagsverhandlungen berichten 1. Skala. II; 2. der betreffende Landtagsbeschluss, befindlich in der Bibl. des F. Georg Lobkowitz, endlich 3. Wiener Staatsarchiv. Unterschiedliche Akten IV. dd. 2. und 5. Sept. 1618 Prag.

321 Skala II, 354.

Obwohl auch die weitaus größere Mehrzahl der Stände trotz des scheinbar einlenkenden Schreibens an den Kaiser die Entschlossenheit der Direktoren teilte und dem unvermeidlichen Kampfe nicht kleinmütig ausweichen wollte, so machten sich doch in den privaten Äußerungen der Einzelnen vielfache Besorgnisse geltend, seitdem das feindliche Heer die Grenze des Landes überschritten hatte und die Schrecknisse des Krieges unmittelbar im Anzuge waren. Man konnte sich nicht verhehlen, dass eine Niederlage für den Besitz des Adels die schrecklichsten Folgen haben würde. Bei dieser etwas gedrückten öffentlichen Stimmung fassten die Gegner des Aufstandes, die sich bisher zum Schweigen verurteilt sahen, Mut und gaben ihrer Gesinnung einen unverhüllten Ausdruck, indem sie die drohenden Gefahren auf das schwärzeste ausmalten.

Auf diese Verhältnisse begründete der Obersthofmeister Adam von Waldstein, der sich am 29. August im Landtage einfand, den Plan, die Stände wankend zu machen, ihr Vertrauen zu den Direktoren zu untergraben und so jene Gegenrevolution anzubahnen, auf die man dem Grafen Buquoy Hoffnung gemacht hatte. Waldstein hatte sich hierüber mit allen Freunden der kaiserlichen Regierung, namentlich mit Stephan von Sternberg und Rudolf Trčka, die beide als Anhänger des alten Utraquismus der neuen protestantischen Entwicklung gram waren, verständigt. Die Häupter der Bewegung ließen es ihrerseits auch an nichts ermangeln, um die Verhandlungen des Landtages in ihrem Sinne zu lenken und dieser Vorsicht, so wie einer allfälligen Kenntnis von Waldsteins Vorhaben mag es zuzuschreiben sein, dass Thurn sich bei dem Landtage einfand, obwohl er auf dem Kriegsschauplatze schwer zu vermissen war.

Die Verhandlungen über die von den Direktoren dem Landtage vorgelegten Propositionen sollten am 29. August in voller Sitzung von allen drei Ständen vorgenommen werden. Da die Regierungskommissare sich an derartigen Beratungen nicht beteiligten, wenn sie nicht ausdrücklich um ihre Anwesenheit ersucht wurden, fanden sich auch die Direktoren an diesem Tage nicht im Landtagssaale ein, erwarteten aber in einem Seitengemache, dass man sie um ihr Erscheinen ersuchen würde. Noch vor Eröffnung der Sitzung zeigte sich die Physiognomie der Versammlung ungewöhnlich erregt, die Mehrzahl der Anwesenden war sichtlich auf bedeutsame Vorgänge gespannt. Auf der Bank, wo die Direktoren sonst zu sitzen pflegten, ließen sich an diesem Tage der Oberstlandkämmerer Sezima von Oustí, Rudolf Trčka und Stephan von Sternberg nieder, ihnen zur Seite setzten sich die Repräsentanten der Adelsgeschlechter nach der sonst beobachteten Rangordnung, so dass die Plätze der Direktoren eingenommen waren. Bald erschien auch Adam von Waldstein mit einem großen Konvolut von Papieren, begleitet von zahlreichen Personen, wie ein Fürst von Höflingen. Er nahm den ersten Platz im Sitzungssaale als selbstverständlich ihm gehörig ein und blätterte in den mitgebrachten Schriften herum, während er im Geiste den Angriff, den er im Sinne hatte, erwog. Auch die Grafen Thurn und Hohenlohe ließen sich im Saale blicken, die Konversation der Stände unter einander belebte sich immer mehr, denn alle hatten eine mehr oder weniger klare Einsicht in die Wichtigkeit des Augenblicks. Da kehrte sich mit einem Male Thurn zu Rudolf Trčka und machte ihm Vorwürfe, dass er nichts von der Verteidigung des Landes wissen wolle und froh wäre, wenn der Kaiser dessen wieder Herr sein würde. So unversehens gefasst wurde Trčka verlegen und leugnete die ihm zugemutete Absicht, aber Thurn ließ seine Verteidigung nicht gelten, sondern berief sich auf unverdächtige Zeugen für seine Anklage. In Wahrheit konnte man gegen Trčka die Beschuldigung erheben, dass er den kaiserlichen Feldherrn bei seinem Verrücken in Böhmen mit Proviant unterstützt habe, wobei es jedoch zweifelhaft war, ob er es aus freien Willen oder gezwungen tat.

Jetzt erhob sich Adam von Waldstein, entschuldigte seine bisherige Abwesenheit und ersuchte, da ihm die gestern gemachten Propositionen nicht bekannt seien, um deren Mitteilung.

Nachdem seiner Bitte stattgegeben wurde, verlangte er, dass man von den Direktoren die gesamte mit dem Kaiser und den Reichsfürsten geführte Korrespondenz abfordere und sie zum Gegenstande einer genauen Erwägung am Landtage mache.

Dieser Vorschlag war den Anhängern des Aufstandes doppelt unbequem, denn er konnte unübersehbar lange Debatten veranlassen, während die von dem kaiserlichen Heere drohende Gefahr nicht Worte, sondern Rüstungen erheischte. Thurn und Hohenlohe protestierten deshalb auf das energischste gegen den Vorschlag: „Soldaten brauchen wir und nicht Schriften," rief der letztere, „um den eingedrungenen Feind zurückzuwerfen." Ihre Ansprache begegnete einem solchen Beifalle, dass die Anhänger Waldsteins stumm blieben und die sofortige Beratung der Direktorialpropositionen beschlossen wurde. Waldstein hatte sonach eine Niederlage erlitten. Doch gab er seine Sache noch nicht verloren, denn als man zur Beratung der Propositionen schreiten wollte und Wenzel Štampach den Antrag stellte, man solle die Direktoren zur Mitberatung herbeirufen, widersetzte er sich dem und diesmal schlossen sich ihm auch seine Gesinnungsgenossen offen an. Während im Landtage darüber gestritten wurde, ob die Direktoren zur Teilnahme an den Beratungen zuzulassen seien oder nicht, erschien von ihrer Seite eine Deputation mit der Anfrage, ob die Stände sie nicht in ihre Mitte berufen wollten. Dies machte der Debatte ein

Ende, die weitaus größere Mehrzahl bejahte es und nur Waldstein mit wenigen Anhängern verneinte es auch jetzt.

Kaum war die Zustimmung der Majorität den Direktoren hinterbracht werden, so eilten sie in den Landtagssaal; die meisten in leidenschaftlicher Aufregung über die Kühnheit ihrer Gegner, die im Landtage selbst einen Angriff gewagt hatten. Sie stellten sich vor dieselben hin, und ihre wilden Blicke und Bewegungen ließen einen schlimmen Auftritt befürchten. Štampach reizte die Direktoren noch mehr, indem er ihnen zurief: „Seht doch, Euer Gnaden, wie man mit Euch aufrichtig umzugehen gedenkt,“ wozu der Graf Thurn hinzufügte: „Höret doch, was diese Herrn (Waldstein und sein Anhang) für Reden führen!“ Der Präsident der Direktorialregierung, Ruppa, schrie dem Obersthofmeister ins Angesicht: „Wer sind diejenigen Männer, die uns den Zutritt in den Landtag wehren wollen?“ Diese und andere mit Leidenschaft gesprochenen und allgemein mit Beifall aufgenommenen Worte zeigten zur Genüge, dass der Landtag nicht mehr der Ort für eine Demonstration zu Gunsten des Kaisers sei. Da die Versammlung auf die heftigen Angriffe des Präsidenten eine Antwort von Seite der Angegriffenen erwartete, wurde es plötzlich stille im Saale und atemlos strengte Jedermann sein Gehör an. Niemand ergriff jedoch das Wort, und so beschwichtigte sich die Aufregung wieder allmählich. Die Direktoren nahmen jetzt ihre gewohnten Plätze ein, die bisherigen Inhaber derselben, Waldstein wahrscheinlich ausgenommen, hatten es vorgezogen, sie zu räumen.

Als nun die Debatte über die Propositionen begann, ergriff der Obersthofmeister nochmals das Wort und protestierte gegen jede Verhandlung, denn nach der Landesordnung dürfe der König allein dem Landtage Propositionen machen, sonst sei Niemand, also auch nicht die Direktoren, dazu berechtigt. Auch solle man aufhören über etwaige Rüstungen zu verhandeln, sich vielmehr der Gnade des Kaisers empfehlen und reuig um seine Verzeihung flehen. Der Oberstkämmerer Sezima, der nach ihm das Wort ergriff, rückte mit keiner so deutlichen Sprache heraus, aber seine Rede kam zu denselben Schlussfolgerungen.

Trčka erklärte, dass er dem Obersthofmeister ganz und gar beistimme und sich in keinem Punkte von ihm trennen könne. Stephan von Sternberg billigte zwar die Rüstungen, wollte aber, dass man dem Kaiser in demütiger Sprache die Bereitwilligkeit zur Unterwerfung anzeige. Mit diesen Rednern schloss die Reihe der kaiserlich Gesinnten, wer sonst sprach, wollte nichts von Unterwerfung wissen. Thurn und Hohenlohe wiederholten die nunmehr in Schwung gekommene Behauptung, dass der Kampf nicht dem Kaiser, sondern den bewaffneten Banden, die in Böhmen eingedrungen seien, gelte; der Kaiser selbst wisse nichts von dem begonnenen Kriege, wie er auch nichts von Khlesls Verhaftung gewusst habe. Auch Budowec erhob seine gewichtige Stimme und meinte, dass, so lange die Katholiken regierten, an einen Frieden nicht zu denken sei*) [322] So erlangte die zur Weiterführung des Aufstandes entschlossene Partei zuletzt einen vollständigen Sieg. Die Direktorialproposition bezüglich der Aushebung des fünften und vierten Mannes wurde ungeschmälert angenommen und außerdem noch beschlossen, dass sich der Adel mit seinen Dienstmannen beritten mache und dem Landesaufgebot anschließe. Die Mannschaft eines jeden Kreises sollte sich in der Kreishauptstadt einfinden, daselbst ihre Bewaffnung vervollständigen und die weitere Bestimmung gewärtigen.

Anders gestaltete sich jedoch die Steuerfrage. Obwohl die Forderungen der Direktoren nur ein Gebot dringender Notwendigkeit waren, fanden sie doch keinen Anklang, und das Benehmen der Stände glich hierbei dem törichter Kinder. Sie hatten nicht den Mut in eine Untersuchung der öffentlichen Bedürfnisse einzugehen, denn mit dieser Untersuchung hätten sie die Notwendigkeit weiterer Zahlungen erkannt. Am 29. August beschlossen sie zwar, die Verhandlungen über die Finanzfrage am folgenden Tage zu eröffnen, als aber dies geschehen sollte, war die Mehrzahl der Stände verreist und der Landtag konnte keine weiteren Beschlüsse fassen.

Die Entschlossenheit, mit der die Direktoren auf dem Landtage jene Partei niederhielten, die einen Ausgleich mit dem Kaiser um jeden Preis herbeisehnte, hatte, wie schon oben bemerkt wurde, auch ihren Grund in glänzenden Aussichten, die sich ihnen in Bezug auf äußere Unterstützung eröffneten. Die Hoffnungen, die sie von Anfang an auf den Kurfürsten von der Pfalz gesetzt hatten, und die durch Solms Mission nicht wenig belebt worden waren, gingen jetzt in Erfüllung. Der Kurfürst von der Pfalz ließ ihnen die Nachricht zukommen, dass er auf seine Kosten einige Tausend Mann unter dem Kommando des Grafen Ernst von Mansfeld den Ständen zu Hilfe schicken wolle. Die betreffenden Truppen lagen bereits in der Nähe der böhmischen Grenzen und es bedurfte von Seite der Direktoren nur einer Annahme dieses Anbotes, um über sie nach Belieben zu verfügen.

Die letzteren griffen selbstverständlich mit leidenschaftlicher Hast nach der dargebotenen Hilfe und nahmen am 30. August den Grafen Mansfeld unter dem Titel eines Generals der Artillerie in ihre Dienste. So gelangte dieser merkwürdige Vorläufer Waldsteins nach Böhmen.

---

322   Skala II, 360 und flg. - Wiener Staatsarch. Unterschiedliche Acten IV. aus Prag den 2.Sept. Ebendaselbst aus Prag den 5.Sept - Sächs. Staatsarchiv 9169 IV. Vol. 267 Grünthal an die sächs. geb. Räthe, dd. Prag den 4/14 Sept. 1618.

Über Ernst von Mansfeld, sein Geburtsjahr, seine Mutter und die Legitimität oder Illegitimität seiner Geburt, sind die Nachrichten gleich von Anfang an verworren. Gründliche historische Untersuchungen der Neuzeit [323] liefern den Nachweis, dass er ein natürlicher Sohn des Fürsten Peter Ernst von Mansfeld und einer gewissen Anna von Benzrath war. Der genannte Fürst, einer der angesehensten belgischen Edelleute, war zweimal verheiratet, aus der ersten Ehe hatte er drei Söhne und eine Tochter, aus der zweiten acht Söhne, alle elf Söhne starben aber noch vor dem Vater ohne Hinterlassung von Erben. Mit Anna von Benzrath hatte Mansfeld drei Kinder, den berühmten Ernst, dann Karl und Anna. Die gewöhnliche Angabe lässt Ernst im J. 1580 geboren werden; gibt es auch hierfür keinen ausreichenden Beweis, so kann der allfällige Irrtum nicht bedeutend sein. Der frühzeitige Tod der meisten legitimen Erben ließ den alten Fürsten von Mansfeld wünschen, eintretenden Falls Titel und Güter seiner illegitimen Nachkommenschaft zu hinterlassen und er wandte sich deshalb gegen Ende des J. 1590 oder Anfang 1591 an Philipp II von Spanien mit der Bitte um die Legitimation der drei obengenannten Kinder Annas von Benzrath. Diese Bitte wurde erfüllt, Philipp II erklärte dieselben für fähig, den Titel und den Besitz ihres Vaters zu erben, doch unter der Bedingung, dass an die königliche Finanzverwaltung eine gewisse Taxe gezahlt werde.

Es tritt nun der eigentümliche Umstand ein, dass diese scheinbar nicht schwer zu erfüllende Bedingung nicht eingehalten und somit die ganze Legitimation nicht rechtsgültig wurde. Denn anders lässt sich nicht erklären, weshalb der Vater in seinem Testamente vom J. 1602 seine Güter Mansfeld, Heldrungen u. s. w. „seinen nächsten Verwandten aus dem altberühmten Hause der Mansfeld," ferner sein bewegliches Hab und Gut der Nachkommenschaft seiner ehelichen Tochter Polixena, seinen natürlichen Kindern, Ernst, Karl und Anna, aber nur eine mäßige Summe für ihren Unterhalt anwies und im Übrigen sie der Gnade des Erzherzogs Albrecht und seiner Gemahlin empfahl.

Macht der Wortlaut des Testamentes, welches von Ernst und seinen Geschwistern nie anders als von natürlichen Kindern spricht, und die darin enthaltenen Verfügungen die Gültigkeit der Legitimation zweifelhaft, so wird dies noch mehr der Fall, wenn man bedenkt, dass sich Ernst von Mansfeld, dessen Eigenschaft wahrlich Bescheidenheit nicht war, nie den fürstlichem Titel seines Vaters beigelegt hat. Nach dem Tode desselben nannte er sich anfangs nur Ernst von Mansfeld, und diese Bezeichnung wurde ihm auch in den offiziellen Akten beigelegt.

---

323   Villermont: Ernest de Mansfeldt.

Seit dem J. 1607 erscheint aber sein Name ab und zu mit dem Grafentitel verbunden, ohne dass man die Ursache kennt; dieser Titel wurde allmählich von Ernst festgehalten und. blieb mit seinem Namen ungetrennt in der Geschichte. Der jüngere Bruder Karl nahm nie den Grafentitel, geschweige denn einen höheren in Anspruch, wiewohl er am Hofe von Brüssel und als Dechant des Gudulakapitels eine geachtete Stellung behauptete. Sein Amt zeigt, dass er sich dem geistlichen Stande widmete; in der Tat hatte er sich mit Eifer dem Studium der Theologie hingegeben und mehrere in diese Wissenschaft einschlagenden Werke verfasst. Seine von der des Bruders so verschiedene Laufbahn endete durch einen friedlichen Tod im J. 1647. Ihre Schwester Anna scheint in früher Jugend gestorben zu sein.

Die erste Bekanntschaft mit den Waffen machte Ernst in Ungarn, wo er im J. 1603 selbst in nähere Beziehungen zu dem Erzherzoge Mathias trat, der ihn mit dem Kommando über eine Leibkompagnie betraute. Aus dieser ehrenvollen Stellung musste Mansfeld wegen einer schmutzigen Spiel- und Duellgeschichte scheiden; man beschuldigt ihn, dass er eine Schuld abgeleugnet habe, weil er wusste, dass dem Gläubiger sein Schuldschein abhandengekommen sei. Als er nach Belgien zurückkam, lebte sein Vater noch und empfahl ihn dem Erzherzoge Albrecht auf das wärmste, der zufolge dieser Bitte dem jungen Manne das Kommando über ein Reiterregiment übertrug, das er früher werben sollte. Zahlreiche Beweise tauchen jetzt in den belgischen Archiven auf, dass sich das mansfeldische Regiment durch Mangel an Disziplin, Räubereien und Gewalttätigkeiten aller Art vor anderen hervortat. Die Art und Weise, wie Mansfeld später den Krieg führte, machte sich also schon jetzt geltend. Der Abschluss eines Waffenstillstandes zwischen Belgien und Holland setzte seiner Laufbahn ein frühes Ziel, doch blieb er nicht lange müßig, sondern trat in die Dienste des Erzherzogs Leopold, als dieser seine Jülicher Werbungen anstellte. Er wurde mit dem Kommando einer Reiterschaar von 200 Mann betraut und fand jetzt noch reichlicher Gelegenheit, sein angeborenes Talent, Truppen durch Brandschatzungen zu erhalten, auszubilden, denn von Zahlungen war bei Leopold wenig die Rede.

So erhielt Mansfeld seine Soldaten, indem er sie bald Jülicher, bald Luxemburger und Trierer Gebiet brandschatzen ließ. Bei diesem Treiben fiel er in die Hände des Grafen von Solms, der im Auftrage des Kurfürsten von Brandenburg und des Pfalzgrafen von Neuburg, der beiden Prätendenten auf die Jülicher Erbschaft, Düren besetzt hielt. Er erwartete nun, dass ihn Leopold aus der Gefangenschaft auslösen werde; da dieser aber bei seinem steten Geldmangel ihn nur mit Versprechungen hinhalten konnte, wurde Mansfeld seiner Lage überdrüssig und beschloss, sich selbst zu helfen, allerdings, wie es scheint, auf ehrlose Weise. Es heißt nämlich, dass er sich dem Grafen von Solms und dessen Dienstgebern gegenüber zu einem Verrat an seinem Herrn verpflichtet habe. In der Tat wurde Mansfeld in Freiheit gesetzt, worauf er neuerdings im Dienste des Erzherzoge 1000 Mann zu Fuß und 500 Reiter warb. Nachdem er lange vergeblich um deren Musterung gebeten, wurde ihm dieselbe bewilligt und ihm ein Teil seiner neu aufgelaufenen Forderungen bezahlt. Kaum hatte er das Geld in Händen, so brachte er seine Truppen in eine solche Lage, dass sie sich der Union ergeben mussten. Mansfeld selbst suchte jeden Kampf zu verhüten und forderte die Soldaten auf, in die Dienste der Union zu treten, indem er mit seinem eigenen Beispiele voranging. Ein guter Teil folgte dem Anführer, der erst vor einigen Tagen dem Erzherzoge den Treueid geschworen hatte.

Wie sehr auch Mansfeld durch den Erzherzog wegen des verweigerten Lösegeldes verletzt werden sein mag, sein gegenwärtiges Auftreten war und blieb nichtsdestoweniger ein gemeiner Treubruch, der selbst in jenen Zeiten nicht häufig wiederkehrte und demgemäß auch verurteilt wurde. Mansfeld fand bei dem Übertritte nicht die gehoffte Rechnung. Der Krieg nahm ein baldiges Ende und er wäre in arge Bedrängnisse geraten, wenn ihm nicht die Union in Erwartung künftiger Dienste ein Wartegeld von 1000 Gulden jährlich, das sie später verdoppelte, bewilligt hätte. Vier Jahre brachte der kriegslustige Mann in erzwungener Ruhe und Untätigkeit an dem Hofe des Markgrafen von Anspach zu, als der Herzog von Savoyen ihm Aussicht auf Beschäftigung eröffnete. Derselbe geriet nämlich wegen des Marquisats von Montferrat, dessen er sich zum Nachteile der rechten Erbin bemächtigen wollte, in Krieg mit Spanien, der anfangs durch den Vertrag von Asti (1615) beschwichtigt wurde, bald aber von neuem ausbrach und erst im J. 1617 (Ende September) durch den Frieden von Madrid ein Ende nahm. Mansfeld trat während dieses Krieges in die Dienste des Herzogs und diente ihm auch als Mittelglied bei den Verhandlungen mit der Union, zu der Karl Emanuel in innige Beziehungen trat.

Selbst nach dem Frieden von Madrid verabschiedete der Herzog noch nicht seine sämtlichen Truppen, weil er den Spaniern nicht traute und weil eine der Friedensbedingungen, die Räumung von Vercelli, von ihnen längere Zeit nicht erfüllt wurde. Da dies, wie es scheint im Juni 1618, endlich geschah, sollten die mansfeldischen Truppen entlassen werden und ihren Rückweg nach Deutschland durch die Schweiz antreten. Schon waren sie im Kanton Bern, als Karl Emanuel die Nachricht vom Ausbruche des böhmischen Aufstandes erhielt.[324]

---

324 Die Meinung, als ob die Mansfeldischen Truppen seit ihrer Werbung (1617) im Anspachischen gestanden wären, ist nicht richtig. Ansdrücklich schreibt Wake an Jakob I: It doth fall out very hap-

Der vorsichtige Fürst bewies diesmal durch einen raschen Entschluss seine außerordentliche Voraussicht und Klugheit. Er erblickte in dem böhmischen Aufstande kein vorübergehendes Ereignis, sondern den gefährlichsten Angriff gegen die Habsburger.

Sein Sinnen und Trachten, das sich durch Jahrzehnte in der Bekämpfung dieses Hauses abgemüht hatte, ersah in den böhmischen Vorgängen die beste Gelegenheit zur Erreichung seines Zieles und er entschloss sich zu einem für seine Finanzen empfindlichen Opfer. Ohne erst gefragt oder gebeten zu werden, teilte er dem Grafen Mansfeld den Entschluss mit, dass er von den 4000 Mann, die derselbe unter seinem Kommando hatte, die Hälfte weiter unterhalten und den Böhmen zu Hilfe schicken wolle unter der Bedingung, dass das Geheimnis dieser Unterstützung nur drei Personen: dem Kurfürsten von der Pfalz, dem Fürsten von Anhalt und dem Markgrafen von Anspach bekannt gegeben werde.")[325] Den Kurfürsten von der Pfalz unterrichtete er von seinem Entschlusse durch den in Turin residierenden englischen Gesandten Sir Isaac Wake, an dem die böhmische Sache einen eifrigen Verteidiger gefunden hatte. Am Hofe von Heidelberg verursachten diese Nachrichten außerordentliche Freude und erweckten die Hoffnung auf weitere Leistungen.

Anhalt verwertete gleichzeitig das Geheimnis im Interesse der pfälzischen Politik, denn er beschloss auch die Böhmen über die wahre Quelle dieser Hilfe im Dunkeln zu lassen und das Verdienst dem Kurfürsten allein zuzuschreiben.[326] Da Karl Emanuel angedeutet hatte, dass Venedig sich auf die böhmische Seite stellen könnte, so traten der Fürst von Anhalt und der Markgraf von Anspach in Schwabach zu einer Konferenz zusammen, um alle Vorteile der angebotenen savoyischen Allianz zu erwägen und sie fester zu knüpfen. Die unerwartete Vorschubleistung ihrer Pläne machte, dass sie sich den überspanntesten Hoffnungen hingaben und gern die Kosten für den Kampf in Böhmen auf italienische Schultern gewälzt hätten; auch wurden sie in diesen Anschauungen durch den Grafen Mansfeld, der die zu hoffenden Vorteile der savoyischen Allianz mit den glänzendsten Farben ausmalte, nicht

---

pely, that these troopes are at this present within three days jorny of the Palatinate, as having marched out of the state of Berne shortly after the restitution of Veroelli, with purpose to retire note theyr howses after the 21 July by this account, at which time theyr month did expire; and they were to receave their last pay. But upon the newes of the tronhles threatened in Germany the Duke of Savoy hath retayned these troopes for a longer time ... Gardiner, Letters and other documents illustrating the relations between England and Germany. "him to James I Turin ;; July 1618.

325 Münchner Staatsarchiv. Mansfeld an Anhalt im Juli und Anfang Aug. 1618.

326 Münchner Staatsarchiv. Anhalt an den Kanzler Grün dd. 24. August/3.Sept. 1618 - Archiv Unito-Prot. Anspach au Anhalt dd. 31. Juli/10.August 1618.

wenig bestärkt. [327] Sie beschlossen deshalb den Grafen von Mansfeld und den Burggrafen Christoph von Dohna nach Turin abzusenden, um von dem Herzoge eine Erhöhung der Hilfe auf 4000 Mann zu Fuß und 500 Reiter zu erwirken und durch seine Vermittlung von Venedig eine jährliche Unterstützung von 300.000 Dukaten oder wenigstens der halben Summe zu erlangen. Die Gesandten sollten dem Herzoge sagen, dass der Prager Aufstand für die Erhebung des Pfalzgrafen auf den böhmischen Thron, für die Befriedigung der protestantischen Ansprüche in Deutschland und zur Demütigung des Hauses Habsburg ausgenützt werden solle. Zum Danke für die geleistete Hilfe wollten sie dem neuen Bundesgenossen die deutsche Krone versprechen, da sich die Mehrzahl der Kurstimmen vermittelst pfälzischer und französischer Hilfe hierfür gewinnen lassen werde.

Der Kurfürst von der Pfalz, dem die den Gesandten zu erteilende Instruktion zur Genehmigung unterbreitet wurde, war im Ganzen mit derselben einverstanden, wollte aber nur Dohna nach Turin abschicken, da Mansfeld sich vor allem rasch auf den Weg nach Böhmen begeben solle.[328]

Dieser Vorschlag wurde gebilligt und Mansfeld nach Böhmen geschickt, während dem Burggrafen Dohna die Mission nach Turin übertragen wurde. Schon am 30. August wurde Mansfeld von den böhmischen Ständen in Dienst genommen, zum Artilleriegeneral ernannt und ihm das Kommando über eine Anzahl im Reiche zu werbender Truppen übertragen. Durch diese ostensible Bedienstung und den damit verbundenen Auftrag zu VVerbungen, die längst vollendet waren, sollte dem Kaiser gegenüber der Schein gewahrt bleiben und sowohl von Savoyen als von der Union der allfällige Verdacht entfernt werden. Mansfeld rückte darauf mit seinen Truppen in Böhmen ein und nahm Anfangs September sein Quartier zwischen Klattau und Pilsen.[329] Dem Wiener Hofe blieb diese Bewegung nicht verborgen und der Kaiser beschwerte sich gegen den Markgrafen von Anspach, dass er den feindlichen Truppen Vorschub geleistet habe. Der Markgraf wies den Vorwurf von sich und erklärte die mansfeldischen Rüstungen auf die allerunschuldigste Weise. Der Graf habe nämlich einige Zahlungen des Herzogs von Savoyen, bei dem er in Diensten gestanden, in Nürnberg einkassiert und seine früheren Truppen in die Nähe dieser Stadt bestellt, um auch ihnen den rückständigen Sold auszuzahlen; als sie nun da versammelt gewesen, sei ihnen von den böhmischen Ständen ein Dienstantrag gemacht worden. Da Mansfeld nicht ungeneigt gewesen, sein Glück wieder zu

---

327   Münchner Staatsarchiv. Dohna an Anhalt dd. Turin 8/18 Oct. 1618.
328   Die Nachweise über diese Angaben in den Beilagen des Arch. U. P.
329   Skala II, 391.

versuchen, habe er den Antrag angenommen und sei nach Böhmen gerückt; der Markgraf aber habe sich gefreut, der lästigen Gäste losgeworden zu sein.[330]

Nachdem Thurn bei seiner Anwesenheit in Prag während des Augustlandtages auch die auf die Verwendung der mansfeldischen Truppen bezüglichen Anordnungen getroffen hatte, verließ er die Hauptstadt und eilte nach Čáslau, dem voraussichtlichen Schauplatze der nächsten Kriegsereignisse, wo sich mittlerweile seine Truppen auf dem Rückmarsche von Budweis konzentriert und mit neuen Zuzügen verstärkt hatten. Das kaiserliche Heer, dessen zwei Hauptabteilungen sich am 9. September in Deutschbrod vereint hatten, rückte über Habern und Goltsch-Jenikau gegen Čáslau vor. Buquoy erwartete, dass ihm der Feind entgegen gehen und eine Schlacht anbieten werde; allein Thurn blieb ruhig in einer festen Position bei Čáslau und beschränkte sich auf die Beobachtung der Kaiserlichen. Es kam nur zu Scharmützeln, die keine besonderen Folgen hatten und höchstens zur Verwüstung des Kriegsschauplatzes beitrugen.

Graf Thurn ließ zu seiner Sicherheit mehrere Dörfer in Asche legen und die Kaiserlichen blieben hinter dem Beispiele nicht zurück, man beschuldigte sie 24 Dörfer binnen wenigen Tagen eingeäschert zu haben.[331] Auch legte man ihnen die mannigfachsten Frevel zur Last, man behauptete, dass sie den Pfarrer von Goltsch-Jenikau lebendig gebraten, Frauen und Mädchen geschändet und zuletzt an die Schwänze ihrer Pferde angebunden und fortgeschleppt hätten. So barbarisch zeigte sich also der Krieg schon im Beginne und wenn auch nicht alle Angaben sich als richtig erweisen dürften, so ging es jedenfalls arg her. Nach Buquoys Andeutung trieben es die ungarischen Truppen am schlimmsten.

Buquoy geriet durch die beharrliche Weigerung Thurns, eine Schlacht anzunehmen, in nicht geringe Verlegenheit, da die Verpflegung seiner Truppen von Tag zu Tag schwerer wurde. Schön vor dem 16. September trat ein solcher Mangel an Lebensmitteln ein, dass manche Soldaten durch mehrere Tage keinen Bissen Brot bekamen. Wollten sie sich die nötige Nahrung durch Requisition verschaffen, so liefen sie große Gefahr, denn das gesamte Landvolk zeigte sich der Sache des Aufstandes auf das innigste ergeben. In starken Haufen umschwärmten sie das Lager von allen Seiten, hieben die Kaiserlichen nieder, wenn sie sich irgendwo vereinzelt blicken ließen und fielen selbst über die Fouragewägen her, wenn sie nicht von einer starken Eskorte begleitet wurden. Auch beobachteten sie von den Kirchtürmen aus unablässig die

---

330   Wiener Staatsarchiv, Bohem. V. Der Markgraf an den Kaiser dd. 8/18 Sept. 1618.

331   Skala II. 330 und 386. – lmisbrucker Statthaltereiarchiv, Buquoys Bericht. –Skala behauptet, dass Thurn nur ein Dorf habe in Brand legen lassen. Buquoy gibt aber ausdrücklich an, es seien mehrere gewesen.

Bewegungen derselben und läuteten zum Sturme, so oft sich eine Abteilung in Marsch setzte.

Unter der steigenden Not wurde die Disziplin der Kaiserlichen lockerer und Buquoy gestand selbst, dass er Ausschreitungen hingehen lassen müsse, die er sonst nicht geduldet hätte. Dem Kaiser berichtete er zu seiner Ernüchterung, dass sich die Gesamtheit der Eingebornen mit Enthusiasmus an der Verteidigung des Landes beteilige und er dadurch in die schwierigste Lage gerate.

Am 17. September kam Graf Hohenlohe aus Prag mit frischen Streitkräften und namentlich mit einem Artilleriepark an und verband sich mit Thurn, der aber auch jetzt nicht aus seiner passiven Rolle heraustrat. Buquoy sah sich in Folge dessen genötigt, seine ausgesaugten Quartiere zu wechseln und sich südlich gegen Ledeĉ zurückzuziehen. Auf Seite der Böhmen bewunderte man seine zahlreichen und wohlangelegten Manöver, seine unerwarteten Märsche und ähnliche Kunststücke und scheute sich, ihm die Möglichkeit zu geben, die Vorteile seiner überlegenen Erfahrung und Geschicklichkeit geltend zu machen.[332] Man wartete noch auf den Anschluss der Schlesier, mit denen deshalb wichtige Verhandlungen im Zuge waren, um dann mit überlegener Macht über ihn herzufallen und ihn zu erdrücken. So schleppte sich der Krieg durch den ganzen September resultatlos hin und beschränkte sich auf die angedeuteten Gegenden. Das wichtigste Interesse nahmen indessen die betreffenden Verhandlungen mit Schlesien, die durch einen gleichzeitigen Vermittlungsversuch der Mährer durchkreuzt wurden, in Anspruch.

II

Man erinnert sich, dass die mährischen Stände auf dem brünner Landtage ihre guten Dienste bei den etwaigen Ausgleichsverhandlungen zwischen dem Kaiser und den Böhmen angeboten hatten. Eine Deputation, zu deren Mitgliedern der Fürst von Liechtenstein und Karl von Žerotin gehörten, reiste nach dem Schlusse des Landtages nach Wien, um daselbst diese Angelegenheit weiter zu betreiben. In den Verhandlungen, die mit ihnen von kaiserlicher Seite gepflogen wurden, einigte man sich über die Vorbedingungen eines allfälligen Ausgleiches.

Darnach sollten 1. die Böhmen den Kaiser um Verzeihung bitten, 2. in Demut einen Ausgleich ansuchen und 3. den König Ferdinand bitten, denselben bei Mathias zu befürworten. Man sieht, dass durch diese Punkte eigentlich

---

332   Skala n. 360. 407.

gar nichts festgesetzt und namentlich der religiöse Zwist in keinem der strittigen Fülle geordnet wurde, alles sollte erst der eigentlichen Verhandlung überlassen werden. Was diese selbst betrifft, so sollte sie in die Hände einiger Fürsten gelegt werden, die deshalb von Mathias seit einigen Wochen um ihre guten Dienste ersucht wurden. Es waren dies die Kurfürsten von Mainz und Sachsen, der Pfalzgraf Friedrich und der Herzog von Bayern, zwei Katholiken also, und zwei Protestanten. Man konnte jedoch sehr bezweifeln, ob die mährische Vermittlung die Anbahnung des Ausgleiches beschleunigen werde. Denn wie aus der ihr mitgeteilten Instruktion ersichtlich ist, war darin über einen vorläufigen Waffenstillstand nichts bestimmt. Dies geschah von Seite des Hofes nicht aus Versehen, sondern mit gutem Grunde, denn der Kaiser setzte als selbstverständlich voraus, dass die Böhmen ihre Truppen entlassen müssten, sobald er ihnen die Hoffnung auf einen Ausgleich eröffnete. Dass er oder Ferdinand den Böhmen eine derartige Nachgiebigkeit zumutete, mag nicht Wunder nehmen, dass aber die Mährer und mit ihnen Karl von Žerotin unter solchen Umständen hoffen konnten, etwas fruchtbringendes in Prag auszurichten, kann allerdings unser Staunen erregen. Als sich die mäln-ische Deputation von Mathias verabschiedete, traf sie den päpstlichen Nuntius im kaiserlichen Vorzimmer. Dieser, dem die Instruktion, welche sie erhalten hatte, nicht unbekannt war, gab ihr die Mahnung auf den Weg, sich nicht bloß mit den allgemeinen Weisungen derselben zu begnügen, sondern gleichzeitig einige Personen in Prag festzunehmen. Lachend erwiderte Liechtenstein, dass die Böhmen nicht des Papstes Untertanen oder Sklaven seien, und Žerotin fügte hinzu: „Warum befiehlt man uns nicht, dass wir ihnen gleich den Kopf abschlagen?"[333] Gleichzeitig mit der Abreise der mährischen Deputation von Wien oder wenige Tage zuvor richteten sowohl der Kaiser wie Ferdinand und Maximilian eigene Schreiben an die böhmischen Stände, die offenbar die Absicht hatten, die bevorstehenden Verhandlungen der Mährer zu fördern. Der Kaiser schrieb, dass er die böhmischen Beschwerden Vermittlern zur Untersuchung übergeben wolle und von den Ständen dafür die Rückkehr zum Gehorsam erwarte. Im Falle weiterer Widersetzlichkeit hätten sich die Stände selbst die traurigen Folgen zuzuschreiben. Auch Ferdinand schrieb an die Stände es war das erste Mal der Fall und bot ihnen seine ergebenen Dienste bei dem Kaiser an, indem er ihnen die Annahme eines Ausgleiches empfahl, aber zugleich die vorläufige Niederlegung der Waffen verlangte. In ähnlicher

---

333 Wiener Staatsarchiv. Boh V. Kursachsen an Mathias dd. 21. Sept.A. St. Torgau. - Sächs Staatsarchiv 9169, IV. Zeidler an Kursachsen dd.15/25 Sept. 1618. Wien.-Ebend. Grünthal an die sitehs. geheimen Rathe dd. 4/14 Sept. Prag.-Ebendaselbst, derselbe an Kursachsen dd. 4/14 Sept. Prag.-ebend. 7169 IV. Zeidler an Kursachsen dd. 2/12 Sept. Wien.

Weise ließ sich auch Erzherzog Maximilian vernehmen. Die Direktoren, denen diese Schreiben am 10. September 1618 kam, teilten ihren Inhalt ohne weitere Bemerkung dem ständischen Ausschuss mit, den ihnen der Landtag wenige Tage zuvor für die Verhandlungen mit der mährischen Deputation an die Seite gestellt hatte.[334] Die mährische Deputation schlug auf ihrer Reise nach Prag ihren Weg mitten durch die beiden feindlichen Heere ein und bekam somit den Kriegsschauplatz unmittelbar zu Gesicht. Es war dies gerade Mitte September, also zur Zeit, als Buquoy bei Goltsch-Jenikau und Thurn bei Čáslau standen.

Žerotin entsetzte sich über das Resultat der vierzehntägigen Kriegführung. Er fand bei seinem Eintritte in Böhmen das Land außerhalb der Städte und eines Teiles der Märkte öde und unbewohnt, voller Brand und Raub, dass wohl ein steinernes Herz darüber hätte aufseufzen und weinen mögen." [335] Als er mit seinen Begleitern im kaiserlichen Lager anlangte, wurde ihnen von Buquoy die größte Aufmerksamkeit zuteil und sie mit Auszeichnung an die feindlichen Vorposten geleitet. Ganz anders wurden sie jedoch auf böhmischer Seite begrüßt. Graf Thurn empfing sie an der Spitze seiner Truppen und rief, als er der Deputierten ansichtig wurde, statt eines freundlichen Grußes ihnen die bitteren Worte zu: „Wir danken euch, meine Herrn und Freunde, dass ihr uns den Feind ins Land gelassen habt, ihr werdet es noch sehr zu gedenken haben." Er wies dabei von einer Anhöhe auf die abgebrannten Dörfer der Umgebung und schlug die Bitte der Mährer, die Weiterreise durch und nicht um das Lager anstellen zu dürfen ab, weil er für ihre Sicherheit nicht einstehen könne. Am 16. September trafen sie in Prag ein.

Der Empfang in der Hauptstadt war noch unfreundlicher als derjenige, der ihnen bei Thurn zu Teil geworden war. Das Volk hatte kein Urteil über die mannigfachen, berechtigten und unberechtigten Triebfedern des Aufstandes, es räsonierte nur, wie es ihm das Herz eingab, und so empfand es Jedermann bitter, dass das Nachbarland Mähren, die eigenen Stammverwandten, feindseliger verfuhren, als die deutschen Österreicher und Schlesier und selbst als der ferne Ungar. Als die Gesandten durch die Straßen der Stadt in ihre Wohnung fuhren, begegnete ihnen kein Zeichen eines freundlichen Empfanges, desto häufiger trafen aber Schimpfworte ihr Ohr, die keinen Zweifel über die öffentliche Stimmung übrig ließen.[336]

Vom böhmischen Landtage waren, wie erzählt wurde, den Direktoren eine Anzahl Vertrauensmänner für die bevorstehenden Verhandlungen mit den

334   Skala II, 376.
335   Corr. Zer. Žerotín an Stietten dd. 27. Okt. 1618.
336   So berichtet nicht nur Skala. sondern auch Žerotín a. a. O.

Mährern zugeordnet werden. Als letztere am folgenden Tage, dem 17. September, auf dem Schlosse erschienen, wurden sie von den Abgeordneten des Landtags und den Direktoren in der Gerichtsstube des Landrechtes feierlich empfangen und auf bereits vorbereitete Sitze zur linken Seite des daselbst befindlichen Thrones geleitet. Karl von Žerotín ergriff zuerst das Wort, das er so oft in meisterhafter Weise zu führen wusste.

Er entschuldigte die mährischen Stände, dass sie erst jetzt in Verbindung mit den böhmischen träten, bedauerte die vorgefallenen Ereignisse, bat die Anwesenden, von den Waffen abzulassen und den Kaiser durch ein demütiges Entgegenkommen zu versöhnen, da er ja noch immer von ihnen als ihr Herr und König anerkannt werde. Die Mährer selbst seien von dem heißen Wunsche nach Herstellung des Friedens beseelt und hätten den Kaiser ersucht, einen Ausgleich durch Vermittlung einiger fürstlichen Personen anbahnen zu wollen. Sie hätten zwar vom Kaiser keine (!) bindende Zusage erhalten, dass er dies tun wolle, aber es sei Hoffnung dazu vorhanden, wenn die Böhmen ein entgegenkommendes Benehmen beobachten und die Mährer ihre Fürbitten fortsetzen würden. Im entgegengesetzten Falle sei nichts als Krieg und Verderben zu erwarten, dessen Verantwortung die Urheber treffen würde. Er schilderte darauf beredt die üblen Folgen des erst kurze Zeit währenden Krieges, die Verwüstung im Lande, die Sistierung aller Gerichtshandlungen, die Unterbrechung von Handel und Wandel. Angesichts dieser und anderer Dinge könne man wohl zweifeln, ob das begonnene Werk von Gott sei.

Žerotíns Ansprache machte auf die Häupter der Bewegung einen üblen Eindruck. Je eindringlicher seine Vorstellungen und Schilderungen waren und je sichtlicher die Wirkung auf einen Teil der Zuhörer, desto grösser wurde der Unwille der Direktoren und ihrer Anhänger. Sie legten ihm zur Last, dass er zwischen die Stände und die Direktoren Zwiespalt säen wolle, und beargwöhnten ihn, dass er das zuwege bringen wolle, was dem Obersthofmeister Waldstein erst vor wenigen Tagen misslungen war. Der alte Glanz seines Namens war bedeckt, das Vertrauen in die Lauterkeit seiner Gesinnung zu schwinden und man begann ihn für einen Parteigänger des Hofes anzusehen. Und in der Tat war seine Rede darnach angetan, dieses Misstrauen zu wecken, denn wie konnte er von den Böhmen die Niederlegung der Waffen verlangen, während der Kaiser gerüstet bleiben durfte und wenn es, wie aus Žerotíns Rede hervorging, noch nicht einmal sichergestellt war, dass sich Mathias überhaupt in Ausgleichsverhandlungen einlassen werde?[337] Am Abende desselben Tages fanden

---

337   Corr. Žerot. Žerotín an Stietten dd. 27. Okt. 1618.

sich Ruppa und Budowec zu einem vertrauten Besuche bei Žerotín ein. Bei dieser Gelegenheit ließ sich letzterer deutlicher und herzlicher aus.

Er bemerkte, dass die Mährer nicht die Vermittlung zwischen dem Kaiser und den Böhmen in die Hand nehmen wollten, diese solle den deutschen Fürsten vorbehalten bleiben, doch müsse man hierzu die Wege ebnen und deshalb verlangte er abermals, dass die Böhmen die Waffen zuvor niederlegen möchten, weil sie zuerst nach ihnen gegriffen. Sie könnten einen Revers verlangen, dass, wenn künftig ihre Religionsfreiheiten verletzt würden, sie den Angriff mit Gewalt zurückweisen dürften.

In diesem Falle erböten sich die Mährer und Schlesier zu Bürgen des Reverses und zur gemeinschaftlichen Hintanhaltung jeder ferneren Verletzung. Die Anerbietungen Žerotíns bedurften nur einer näheren Auseinandersetzung und der Versicherung, dass Niemand für den Aufstand gestraft werden dürfe, um für die Böhmen eine annehmbare Grundlage des Ausgleiches zu sein, falls ihnen gleichzeitig auch ein Waffenstillstand zugestanden und nicht ihre einseitige Entwaffnung verlangt wurde.

Aber im selben Maße, als es fraglich war, ob sich der Wiener Hof zu diesem unerlässlichen Zugeständnis bequemen werde, ebenso wenig wollte sich auch Ruppa und mit ihm die Aktionspartei in Vergleichsverhandlungen einlassen, selbst wenn von ihnen nicht die Entwaffnung verlangt worden wäre. Statt die entgegenkommende Sprache des mährischen Unterhändlers in gleicher Weise zu beantworten, erwiderte der Präsident der Direktorialregierung, dass die alleinige Basis einer künftigen Unterhandlung nicht in einem vorläufigen Waffenstillstande, sondern in dem völligen Zurückziehen der kaiserlichen Truppen aus Böhmen gesucht werden müsse. Es war dies eine Bedingung, die wiederum für den Kaiser unannehmbar war und deshalb jede Hoffnung auf einen Ausgleich abschneiden musste.

Über das eigentliche Friedensmittel Žerotíns, den Revers, machte sich Ruppa nur lustig und ebenso wenig wollte er einen Wert auf die angebotene mährische Hilfe setzen. Bei diesen Auseinandersetzungen übermannte ihn derart die Bitterkeit, dass er in die Worte ausbrach: „Es sei klar wie die Sonne, dass die Mährer nur deshalb nach Prag gekommen seien, um sich später wie Pilatus die Hände in Unschuld waschen zu können. Wären sie aufrichtig gegen die Böhmen, so würden sie dem Kaiser keine Werbungen bei sich gestattet und nicht ihr Land zum Passe für die feindlichen Angriffe hergegeben haben." Dass dieses Zwiegespräch keine bessere Stimmung zwischen den böhmischen Führern und der mährischen Deputation herbeiführte, ist begreiflich.

Die Direktoren hielten nun mit den ihnen beigegebenen ständischen Vertrauensmännern am 18. September eine eingehende Beratung bei der ebenfalls Ruppa das Wort führte. Die tiefe Entfremdung, die das Zwiegespräch mit Žerotín zur Folge hatte, machte sich bereits geltend; denn Ruppa brachte es dahin, dass man auf die den Mährern zu erteilende Antwort bezüglich der etwaigen Bedingungen eines Ausgleiches gar nicht einging, sondern sich hauptsächlich mit der Rechtfertigung des Aufstandes befasste.

Man versagte sich nicht einmal die Freude, die jetzige Loyalität der Mährer zu bespötteln, indem man sie daran erinnerte, dass sie sich im J. 1608 um weit geringerer Ursachen willen gegen Rudolf II erhoben hätten. Zuletzt wurde die Absendung einer Deputation an die Mährer beschlossen, um von ihnen fernere Mitteilungen entgegenzunehmen. Ruppa leitete die Verhandlungen in einer Weise, die keinen Zweifel übrig ließ, dass er nur ihren Abbruch im Sinne habe, denn er schrak selbst vor einer persönlichen Verletzung Žerotíns nicht zurück.

Letzterer war von Ladislav von Schleinitz zur Erhebung von 8000 Schock Groschen, die in Prag für seine Rechnung zur Zahlung bereit lagen, bevollmächtigt werden. Auf Ruppas Antrag wurde die Beschlagnahme der Gelder beschlossen, doch erkannten die Direktoren noch im Laufe des Tages das Verkehrte dieser Maßregel und nahmen sie zurück. Die böhmische Deputation fand sich ihrem Auftrage gemäß bei den mährischen Gesandten ein und ersuchte um allfällige weitere Mitteilungen. Nachdem letztere erklärt hatten, dass sie keine solchen mehr zu machen hätten, entspann sich eine ungezwungene Konversation, in deren Verlauf Žerotín von einem der böhmischen Herrn um seine Privatmeinung über die Mittel zur Herstellung des Friedens befragt wurde. Letzterer sprach sich ungefähr in derselben Weise aus, wie Tags vorher gegen Ruppa.

Seine Antwort befriedigte nicht im geringsten, die Böhmen ließen sich in eine lange Aufzählung der erlittenen Unbilden ein, wiesen auf die Sperrung und Zerstörung der Kirchen hin und fragten, wie man zweifeln könne, ob ihr Beginnen von Gott sei. Wenn es wahr ist, was die einzige Quelle von dieser Gindely: Geschichte des böhmischen Aufstandes von 1618 Unterredung berichtet, so erwiderte Žerotín: er sehe allerdings ein, dass die Sache der Böhmen von Gott sei, er habe die ihnen widerfahrenen Kränkungen nicht gekannt, denn der Kanzler und Michna führten eine ganz andere Sprache, nach der die Stände durchaus im Unrechte seien. Nun da er anders belehrt worden, werde er auch in Wien anders reden.[338] Indessen lässt sich diese Antwort weder mit der folgenden Haltung Žerotíns in Einklang bringen, noch kann man

---

338   Skala II, 392.

vernünftiger Weise glauben, dass die notorischen Vorgänge in Böhmen bei ihm bis dahin nicht die richtige juristische Interpretation gefunden hätten.

Die Reihe war nun an den Böhmen, eine definitive Antwort auf die mährischen Vermittlungsversuche zu geben, sie zögerten jedoch absichtlich durch mehrere Tage, weil sie wichtige Nachrichten aus Schlesien erwarteten, welche für ihre weitere Haltung maßgebend sein mussten.

Es ist erzählt werden, dass der schlesische Fürstentag zu den Böhmen hinneigte und in Folge dessen im Juli die Abordnung einer doppelten Gesandtschaft nach Wien und Prag beschlossen hatte. Die erstere vertrat in Wien aufrichtig und entschlossen die Politik des Ausgleiches, doch erlangte sie kein nennenswertes Resultat. Das Haupt der Gesandtschaft, der Herzog Christian von Brieg, wurde durch seine Ernennung zum Landeshauptmann von Schlesien wenn nicht für den Kaiser gewonnen, so doch von einem feindlichen Auftreten zurückgehalten.

Als demnach die Deputation von Wien am 5. September wegreiste, konnte Mathias hoffen, dass Schlesien seine zurückhaltende Stellung nicht aufgeben werde. Wenig fehlte indes, so wäre diese Hoffnung noch vor der Rückkehr der schlesischen Gesandtschaft in die Heimat zu Wasser geworden, denn die Berichte, die aus Prag über den Beginn des Krieges nach Schlesien gelangten, regten die öffentliche Meinung daselbst immer mehr auf und steigerten täglich den Wunsch nach einem Anschlusse an den Aufstand. Mitten in dieser Gärung trat am 23. August, also zur Zeit, als der 1618 Landeshauptmann noch in Wien weilte, ein neuer Fürstentag in Breslau zusammen, bei dem sich von Seite der böhmischen Stände Ulrich von Gersdorf und Georg Hauenschild als Gesandte einfanden, die in der dringlichsten Weise an die Verpflichtungen des im J. 1609 abgeschlossenen Bündnisses mahnten. Der Fürstentag erwiderte, dass man vorläufig auf den Bericht der in Wien weilenden Deputation warten müsse: sollte der Kaiser den Religionsbeschwerden nicht abhelfen wollen und der Krieg unvermeidlich sein, so werde Schlesien gewiss auf die Seite Böhmens treten. Die Truppen seien an der Grenze aufgestellt und könnten rasch auf den Kriegsschauplatz rücken.

Die böhmischen Deputierten waren mit dieser Antwort noch nicht nach Prag zurückgekehrt, als neue Schreiben von den Direktoren in Breslau anlangten, welche bei der stets wachsenden Kriegsnot abermals um Hilfe ansuchten. Eine am 12. September deshalb berufene Zusammenkunft der nächstangesessenen Stände verhandelte ernstlich die Bitte, wagte aber nicht, sich für ihre Gewährung zu entscheiden, sondern beschloss, einem neuen Fürstentage, der für den 1. Oktober ausgeschrieben wurde, die Entscheidung zu überlassen. Bevor die

Böhmen von diesem, für sie niederschlagenden Beschluss Nachricht erhalten konnten, waren auch die Hoffnungen, die sie auf den Markgrafen von Jägerndorf gesetzt hatten, vereitelt worden. Die Schlesier hatten den letzteren zum Feldobersten über ihre gesamte Macht erwählt und dieser selbst wünschte nichts feuriger als den Anschluss an den Aufstand, da seine allfälligen Zweifel, ob er sich für oder gegen den Kaiser erklären solle, durch ungünstige Nachrichten aus Wien behoben wurden. Er hatte einen Prozess verloren und deshalb vor einigen Wochen durch einen Gesandten in Wien unverblümt seine Dienste antragen lassen, falls ihm die zwei Herrschaften, um die es sich bei diesem Prozesse handelte, dennoch zugesprochen würden. Sein Gesuch wurde in höflicher Weise abgelehnt und er dadurch in seiner Feindschaft gegen das Herrscherhaus bestärkt.

Alter Hass und frischer Ärger erfüllten demnach die Seele des Markgrafen, als von Seite der Generale Thurn, Fels und Hohenlohe die dringende Bitte an ihn gelangte, er möchte sich ihnen kurzweg mit seinen Truppen anschließen. Da er hart an der Grafschaft Glaz stand, so konnte er nach vier bis fünf Tagemärschen auf dem Kriegsschauplatze sein, das kaiserliche Heer in der Flanke fassen und dessen völlige Niederlage im Verein mit Thurn herbeiführen. Der Markgraf, der nichts so eifrig ersehnte als eben diese Niederlage, beschloss auf eigene Verantwortung vorzugehen und meldete dem Landeshauptmanne am 13.September, dass er am folgenden Tage in Glaz einrücken werde, um von dort aus nach Böhmen aufzubrechen.

Der Herzog von Brieg duldete jedoch diese Eigenmächtigkeit nicht und verbot ihm, der Entscheidung des Fürstentages vorzugreifen. Der Markgraf weinte vor Wut,[339] als er den Bescheid erhielt, aber er getraute sich doch nicht weiter zu gehen, sondern zog sich mit seinen Truppen, die er bereits nahe an der böhmischen Grenze postiert hatte, wieder zurück. Seinen Zorn kühlte er etwas an dem Bischof von Breslau, dem Erzherzoge Karl, einem Bruder Ferdinands, indem er den Gütern desselben durch Truppendurchzüge absichtlich den größten Schaden zufügte, ein Vorgehen, das man nicht bloß als eine Verhöhnung des Bischofs, sondern auch des Kaisers ansehen konnte.[340] Den Böhmen half dies jedoch nichts, ihre Hoffnung auf die schlesische Hilfe war vereitelt und vor dem 1. Oktober keine Änderung zu erwarten. Christian von Anhalt machte, als er von diesen Ereignissen Nachricht erhielt, dem schlesischen Landeshauptmanne Vorwürfe, dass er die Unterstützung der Böhmen verhindert habe und bekam von diesem die merkwürdige Antwort, dass er nichts dawider getan hätte, wenn der Markgraf ohne weitere Anfrage in Böh-

339   Skala. II, 393
340   Wiener Staatsarchiv. Bob. V. Erzherzog Karl an Ferdinand dd.

men eingerückt wäre, dass er aber, als Landeshauptmann um seine Erlaubnis gefragt, nicht anders habe handeln können.[341] Die sympathische Haltung, so wie die vertraulichen Zusagen des Markgrafen von Jägerndorf müssen in Prag die festeste Zuversicht auf eine unmittelbare Hilfeleistung erweckt haben, denn man hatte bereits Marschkommissäre zur Führung der befreundeten Truppen an die schlesische Grenze abgeschickt")[342] Als die Nachricht von der vereitelten Hoffnung nach Prag kam, waren die Direktoren ganz entsetzt und befahlen deren Geheimhaltung, um die Bevölkerung der Hauptstadt nicht stutzig zu machen. Auch beschlossen sie zugleich, die Schlesier in derben Worten an ihre Verpflichtung zu mahnen. Da jedoch damit die schlesische Hilfe nicht herbeigezaubert war, so musste den Mährern ein Bescheid erteilt werden, der die Verhandlungen mit dem Kaiser nicht abbrach, wie das vielleicht sonst geschehen wäre. Die Bitterkeit gegen die Mährer machte sich selbst in der nur durch Not hervorgerufenen Antwort so geltend, dass die Anbahnung des Friedens nur noch mehr erschwert wurde.

Denn nachdem die Böhmen zuerst eine Rechtfertigung ihres Aufstandes versucht hatten, versetzten sie dem jetzigen Friedenseifer und der frischen Loyalität der Mährer durch die abermalige Hinweisung auf das Jahr 1608 einen neuen Hieb und klagten sie an, dass ihre Haltung nur dem Hofe zum Nutzen gereiche. Die Hauptsache aber war, dass sie die Entlassung ihrer Truppen ablehnten, so lange ihnen nicht hinlängliche Bürgschaft für die Erhaltung ihrer politischen und religiösen Freiheiten geboten sei. Die Grundbedingung jeder Verhandlung mit dem Kaiser, die von den Mährern selbst in Wien zugestanden und in Prag verfochten wurde, dass die Böhmen zuerst die Waffen niederlegen sollten, wurde demnach abgelehnt. Es unterliegt keinem Zweifel, dass die letzteren nicht anders handeln konnten, und es zeigte entweder von Kurzsichtigkeit oder Perfidie, wenn man das Gegenteil von ihnen verlangte.

Als Žerotín die Antwort zu Gesicht bekam, protestierte er dagegen, dass man den mährischen Aufstand von 1608 dem böhmischen von 1618 gleichstelle und unterzog sich der undankbaren Sophisterei, die Rechtmäßigkeit des ersteren und die Unrechtmäßigkeit des letzteren nachzuweisen. Die Böhmen gaben seinen Einwänden nach und entfernten aus ihrer Antwort den verletzenden Stachel; im Übrigen aber blieben sie bei ihren früheren Beschlüssen. Unter den Direktoren und den ihnen zur Seite gesetzten Vertrauensmännern fanden indessen weitere Beratungen statt, ob nicht dennoch ein Ausgleich mit

---

341 Palm: Verhalten der schlesischen Fürsten und Stände, dann die bereits angeführten Akten der Fürstentag von 1618.
342 Skala II, 393.

dem Kaiser anzubahnen sei. Die Meinungen waren sehr verschieden, alle empfanden noch den lähmenden Eindruck der auf Schlesien gebauten und eben vereitelten Hoffnung und so wagte es keiner, absolut jede Verhandlung von sich zu weisen. Zuletzt wurde Ruppas Vorschlag angenommen, dass man sich nur dann, wenn formell ein Waffenstillstand vom Kaiser gewährt würde, in Verhandlungen einlassen könne; unter allen Umständen wurde also die vorläufige Niederlegung der Waffen abgelehnt. Gegen Ende September reiste die mährische Deputation nach Wien ab, um über den geringen Erfolg ihrer Thätigkeit zu berichten.[343] Mit Ausnahme Karls von Žerotín hatte kein Mitglied derselben eine größere Tätigkeit in Prag entwickelt; der Fürst Karl von Liechtenstein verhielt sich so passiv, dass man fast an seiner Anwesenheit zweifeln könnte, wenn sie nicht sichergestellt wäre.[344]

So wenig es der mährischen Gesandtschaft in Prag gelang, die Sache des Friedens um einen Schritt weiter zu bringen, so wenig glückte es dem sächsischen Gesandten Grünthal in Wien. Da letzterer nicht umhin konnte, auf die Notwendigkeit eines Waffenstillstandes aufmerksam zu machen, so bewirkte er, dass diese Angelegenheit im geheimen Rate unter Ferdinands Vorsitz nochmals erwogen wurde. Schon schien es, als wollte man den Einwürfen der Gegner und Freunde Rechnung tragen, denn man beschloss, nicht mehr die Entwaffnung der Böhmen zu verlangen, sondern nur die Forderung an sie zu stellen, ihre Truppen in die einzelnen Kreise zu verteilen, während der Kaiser die seinigen auf den königlichen Gütern unterbringen wollte. Aber schon einige Tage später wurde dieses Zugeständnis wieder zurückgenommen, denn als dem sächsischen Gesandten eine Antwort auf die Dienstesanerbietungen seines Herrn zu Teil wurde, verlangte Mathias abermals vor dem Beginne der Ausgleichsverhandlungen die Niederlegung der Waffen am 29. September von Seite der Böhmen. Der Kurfürst von Sachsen wurde ersucht, auf dieser Grundlage die Verhandlungen mit den Direktoren anzubahnen.[345] Ging aus dem Verhalten der letzteren gegen die Mährer hervor, dass es ihnen nicht sonderlich um den Frieden zu tun war, so zeigte auch die Forderung des Kaisers das gerade Gegenteil von Friedenssehnsucht.

Der erste Oktober, an dem sich der schlesische Fürstentag versammeln sollte und der den Direktoren ein unerträglich ferner Termin schien, kam eilig genug heran. Da von den Entschließungen Schlesiens unendlich viel abhing,

343 Die Darstellung über die Verhandlungen der Mährer mit den Böhmen entnehmen wir meist Skala und den Korrespondenzen des sächs. Staatsarchivs.
344 Münchner Staatsarchiv 416, 16. Extrakt eines Schreibens aus Prag dd 11. Okt. 1618.
345 Sächs. Staatsarchiv. Zeidler an Kursachsen dd. 15/25 Sept. Wien 1618.

schickte der Kaiser eine eigene Gesandtschaft nach Breslau ab, an deren Spitze sich Gundakar von Liechtenstein befand. Auch die Böhmen ordneten eine Deputation ab und die Wahl ihrer Mitglieder zeugte von der Wichtigkeit, die sie der Sendung beilegten; es waren dies Graf Andreas Schlick, Friedrich von Bíle und Martin Fruewein. Während Mathias durch seine Boten erklären ließ, dass es sich in Böhmen um keine Verletzung der Religionsprivilegien handle, und dass er nicht eher zu friedlichen Mitteln greifen könne, als bis seine Untertanen die Waffen niedergelegt hätten, behaupteten die Böhmen, dass eine Verletzung der Religionsgesetze stattgefunden habe, und verlangten die Hilfe Schlesiens vermöge des Bündnisses von 1609, das zum wechselseitigen Schutze der Glaubensfreiheiten abgeschlossen werden war. Die Botschaft des Kaisers fand eine schlechte Aufnahme, denn die Auffassung der böhmischen Frage als einer politischen und nicht auch religiösen widerstrebte den schlesischen Ständen umso mehr, als auch sie mittlerweile ein langes Sündenregister über die Verletzung ihres Majestätsbriefes zusammengestellt, dem Kaiser zugeschickt und stets nur ausweichende Antworten erhalten hatten. Umso besser war dagegen die Aufnahme, deren sich die böhmische Gesandtschaft zu erfreuen hatte, ihre Bitten und Vorstellungen brachten die Anhänger der kaiserlichen Sache zum Schweigen und rissen den Fürstentag zu einem entscheidenden und für den Kaiser furchtbaren Beschluss hin. Schlesien erklärte sich den Böhmen zur Hilfe bereit und der Markgraf von Jägerndorf bekam den heiß ersehnten Auftrag, an der Spitze seiner Truppen vorzurücken. Er tat dies mit 1000 Reitern und 2000 Mann zu Fuß, während eine gleiche Zahl an die polnische Grenze gelegt wurde, um jenen Reitern, die der König Sigismund von Polen dem Kaiser zur Hilfe schicken wollte, den Weg zu verlegen.[346]

Als die Nachricht von dem Beschlusse des schlesischen Fürstentages nach Wien kam, sah man wohl ein, dass man in der Waffenstillstandsfrage den Bogen etwas zu straff gespannt hatte. Man beeilte sich deshalb, dem böhmischen Appellationspräsidenten Herrn von Talmberg, der nach Dresden abreisen sollte, eine den Umständen entsprechende Instruktion zu geben.

Anfangs sollte zwar der Gesandte nach wie vor verlangen, dass die Böhmen vor den Ausgleichsverhandlungen entwarnen möchten und sogar die Direktorialregierung aufgelöst werde; diese Bedingungen waren jedoch kein Ultimatum mehr, denn Talmberg wurde bevollmächtigt, schließlich nichts anderes als die Dislokation der böhmischen Truppen zu verlangen und auf diese Bedingung hin den Waffenstillstand zuzugeben.[347]

---

346 Skala II, 408.-Palm a. a.. O.
347 Wiener Staatsarchiv. Bob. V. Nebeninstruction für Herrn von Talmberg 1618. dd. 11. Oct.

Am 11. Oktober meinten aber die Freunde des Kaisers, dass es viel zu spät sei, wenn man den Böhmen nur bedingungsweise einen solchen zugestehen und mit ihnen nicht auf dem Fuße der Gleichheit verhandeln wolle. Der Kurfürst von Mainz sprach in seinen Zuschriften an Mathias und Ferdinand dieser Ansicht mit einer Entschiedenheit das Wort, die an Klarheit nichts zu wünschen übrig ließ und gab Ferdinand die Folgen zu bedenken, im Falle der Kaiser vor Beendigung des böhmischen Zwistes sterben würde.[348] In Böhmen riefen dagegen die schlesischen Beschlüsse eine überschwängliche Freude hervor. So lange die schlesische Hilfe nicht sicher war, bangten die Direktoren jeden Tag vor irgendeinem Misserfolge auf dem Kriegsschauplatze. Sie befürchteten, dass in diesem Falle Prag selbst einem Angriffe ausgesetzt sein könnte und bemühten sich deshalb die Befestigungen der Hauptstadt zu vervollständigen.[349]

Schon begann daselbst die unvermeidliche Spionenriecherei ihr Unwesen zu treiben. Nachdem ursprünglich nur einzelne Personen der Spionage verdächtigt und demgemäß auch hingerichtet worden waren, fing man an in Bausch und Bogen die Katholiken mit scheelen Augen anzusehen. Da man ihnen keinen positiven Vorwurf machen konnte, so behauptete man, dass ihr Benehmen deutlich die Freude über das Vorrücken des Feindes verrate, und es wurde zur Dämpfung derselben beschlossen, die städtischen Truppen zu 10 bis 15 Mann bei ihnen einzuquartieren.

Mit diesem Hilfsmittel trieb man allerdings den Katholiken gründlich jede vermutete Freude aus, ob man sie aber damit für die Sache des Aufstandes günstiger stimmte, kann billig bezweifelt werden. Der Anschluss der Schlesier besserte wieder die Verhältnisse, und erhöhte das allgemeine Vertrauen.

III

Während der Markgraf von Jägerndorf sich in Eilmärschen dem Kriegsschauplatze näherte und den Böhmen eine Verstärkung von 3000 Mann zubrachte, die diesen eine entschiedene Überlegenheit über ihre Feinde verschaffte, war die kaiserliche Regierung nicht im Stande, ihrem Feldherrn frische Truppen und Kriegsvorräte zukommen zu lassen, so dringend er deren auch bedurfte. Seitdem sich Buquoy nach Ledeč zurückgezogen hatte, was um die Mitte September der Fall war, wurde seine Position mit jedem Tage schwieriger, es

---

348 Wiener Staatsarchiv. Bob. V. Kurmainz an Mathias dd. 21. Okt. und ebend. Kurmainz an Ferdinand dd. 21. Okt. 1618.
349 Skala II, 860, 407.

gebrach ihm nicht bloß an den nötigen Lebensmitteln, sondern auch an Munition und sonstigem Kriegsbedarf. Nicht minder schwierig gestaltete sich die Lage der kaiserlichen Besatzung in Budweis.

Obwohl dieselbe seit dem Abzuge Thurns gegen Čáslau keinem unmittelbaren Angriffe ausgesetzt war, litt sie doch vielfach unter der feindseligen Stimmung der Umwohner, so dass der Kommandant Aulner dringend um Hilfe hat.[350] Aber sowohl er, wie Buquoy warteten vergeblich auf dieselbe; von Wien langten weder frische Truppenzuzüge noch sonstige Sendungen an und der Monat Oktober kam sonach unter den ungünstigsten Auspizien für die kaiserliche Sache heran. In seiner Verlegenheit schickte Buquoy den Grafen Dampierre selbst nach Wien, damit dieser als unmittelbarer Augenzeuge der Verhältnisse auf dem Kriegsschauplatze seinen Bitten mehr Nachdruck gebe.

In Wien hatte man nicht erst die Ankunft Dampierrs erwartet, um von der Notwendigkeit neuer Anstrengungen überzeugt zu sein, denn schon als Buquoy in dem angehofften Parademarsche gegen Prag plötzlich Halt machte und seinen ersten Bericht über die Schwierigkeiten des weiteren Vorrückens[351] einschickte, hestürmte man durch eigene Gesandte abermals einige deutsche Fürsten um Unterstützung. Jaroslaw von Martinitz, der seit seiner Flucht aus Prag in München wohnte, bekam den Auftrag, den Herzog von Bayern um den Entsatz Pilsens, dessen Belagerung mittlerweile vorn Mansfeld unternommen worden war, zu ersuchen.[352] In der Tat wäre Maximilian wohl stark genug gewesen, Pilsen von der Belagerung zu befreien, allein er hätte sich dadurch in alle Schwierigkeiten des böhmischen Krieges hineingestürzt, die Union gegen sich entfesselt und alles dies ohne genügende Vorbereitung und ohne sich einen Lohn für seine Anstrengung gesichert zu haben. Er erwiderte deshalb dem Herrn von Martinitz, dass er von dem einmal gefassten Beschlusse nicht abgeben und keine Hilfe leisten könne.

Mit diesem erneuerten Ansuchen bei Maximilian stand eine Reihe anderer Gesandtschaften zu gleichem Zwecke in Verbindung. An den Erzbischof von Salzburg, der schon zweimal vergeblich um Hilfe gebeten war, wurde Arnoldinus von Clarstein neuerdings als dritter Bote abgeordnet. Er sollte den Kirchenfürsten um eine Hilfe von 60-100.000 Gulden und einige Hundert Zentner Pulver ersuchen; aber alle Künste der Dialektik, alle Beschwörungen und

350 Innsbrucker Statthaltereiarcbiv. Aulner an Erzh. Leopold dd. 17. Sept. 1618 Budweis.

351 Um den 20. Sept. 1618. Der Bericht iminnsrucker Statthalterciarchiv.

352 Münchner Staatsarchiv 15/25 Ernennung des Martinitz zum Gesandten dd. 25. Sept. 1618. - Wiener Staatsa. Boh. V. Instruction für Martinitz dd. 25. Sept. Ebendaselbst. Mathias an Max von Baiern dd. 27. Sept. 1618. – Antwort des Herzogs Max dem Herrn von Martinitz 9. Okt. 1618. Ebend. Ferdinand an Max dd. 18. Okt. 1618.

Beteuerungen prallten wirkungslos an diesem Prälaten ab. Arnoldinus bat, derselbe möge die 60.000 Gulden auf Abschlag einer Hilfe zahlen, welche dem Kaiser sicherlich von den demnächst zu berufenden Kreistagen votiert werden würde, aber der Erzbischof wollte weder von einer Abschlagszahlung auf eine noch nicht bewilligte Hilfe etwas wissen, noch das Geld auch nur leihen. Der Gesandte wollte sich darauf mit einer Bürgschaft begnügen, auf welche hin sein Herr anderswo ein Anlehen auftreiben könnte, und da ihm auch diese von dem Prälaten verweigert wurde, verlangte er zuletzt nur eine heimliche Bürgschaft zu demselben Zwecke, aber mit gleicher Erfolglosigkeit. Als Arnoldinus sich darauf in bitteren Klagen ergoss und bemerkte, dass nach einem solchen schlechten Beispiele kein deutscher Bischof dem Kaiser etwas werde geben wollen, brach der Starrsinn des Erzbischofs zusammen und in sich selbst übertreffendem Edelmute erlaubte er dem Gesandten, überall die fromme Lüge zu verbreiten, dass er dem Kaiser geholfen habe. So zerflossen die Hoffnungen auf die Hilfe Salzburgs zum dritten Male in nichts.[353] So wenig der Kaiser seinem bedrängten Feldherrn mit deutscher Hilfe unter die Arme greifen konnte, so wenig vermochte er dies mit derjenigen zu tun, die ihm von seinem Vetter Philipp III endlich dargeboten wurde, weil sie in vorhinein verbraucht worden war. Von Spanien lief gerade in den Tagen der steigenden Gefahr die Nachricht ein, dass der König den Kaiser mit einer Summe von 300.000 Dukaten und mit derselben Truppenzahl unterstützen wolle, mit der er Ferdinand im venezianischen Kriege geholfen hatte. An diese an und für sich bedeutende Unterstützung schloss sich das Versprechen, dass, wenn die Not größer sein sollte, Philipp seinem Vetter aus Italien Truppen zu Hilfe schicken werde.[354] Da wie bemerkt, die spanische Hilfe schon in vorhinein verwertet worden war, so blieb dem Kaiser nichts anderes übrig, als Philipp III schon jetzt um weitere Unterstützung zu ersuchen. Mit dieser Bitte wurde ein eigener Gesandter in der Person eines Italieners Cesare Galle am 22. Oktober 1618 nach Madrid abgeschickt, der als Augenzeuge der in Wien herrschenden Not den König zu den größten Opfern bewegen sollte.[355]

Da aus München und Salzburg keine Hilfe kam und die Sendung Gallos eine solche erst nach vielen Wochen in Aussicht stellte, Dampierre aber auf jeden Fall eine unmittelbare, Unterstützung begehrte, so beschloss die kaiserliche Regierung, die Vorräte des städtischen Zeughauses in Wien in Anspruch zu nehmen und machte davon der Bürgerschaft die nötige Anzeige. Schon begann aber auch bei letzterer die protestantische Gesinnung die Oberhand

---

353 Wiener Staatsarchiv. Boh. V. Arnoldius an den Kaiser dd. 2. Nov. 1618.
354 Wiener Staatsarchiv, Khevenhiller an Mathias dd. 14. August 1618.
355 Ebendas. Bob. V. Sendung Caesare Gallos nach Spanien.

zu gewinnen, sie verweigerte entschlossen ihre Zustimmung und setzte den Kaiser in einer Art von Sturmpetition von ihrem Entschlusse in Kenntnis. Als Mathias nämlich des Morgens aus der Augustinerkirche, wo er seine Andacht zu verrichten pflegte, in die Burg zurückkehrte, überreichten ihm die Ratsherrn, umgeben von einer dichtgedrängten Volksmenge, auf der Straße eine Bittschrift, in der sie ihn ersuchten, sie im Besitze ihrer Kriegsvorräte zu lassen. Es heißt, dass sich der Kaiser über diesen Vorgang nicht wenig entsetzte und sich eilig entfernen wollte. Auf die dringenden Vorstellungen der Bittsteller habe er jedoch das Gesuch entgegengenommen, sich vorlesen lassen, und darauf den Wünschen der Gemeinde entsprochen.[356]

Diese und ähnliche Vorgänge, sowie die ungünstigen Nachrichten vom Kriegsschauplatze verfehlten nicht auf die Wiener Staatsmänner einen großen Eindruck zu äußern; die Anhänger des Friedens erhoben kühner ihr Haupt und wagten es sogar, sich in missbilligender Weise über die Leiter der böhmischen Restaurationspolitik zu äußern. Die beste Beleuchtung dieses beginnenden Umschwunges lieferte folgender Vorfall. Ein österreichischer Edelmann bewirtete am 1. November 1618, dem Allerheiligenfeste, in seinem Hause einige der angesehensten Mitglieder der Regierung: die meisten geheimen Räte, den Kanzler Lobkowitz, den Obersthofmeister Adam von Waldstein, der mittlerweile von Prag nach Wien übersiedelt war, und den Sekretär Michna. Während der Tafelfreuden nahm die Unterhaltung eine politische Richtung, die Mehrzahl der geheimen Rate, von bangen Ahnungen beherrscht, sprach sich für eine baldige und friedliche Beilegung des böhmischen Streites aus und wünschte, dass man in dieser Richtung bei dem Kaiser tätig sein möchte. Hie und da fiel auch ein Wort gegen die Friedensstörer, womit man die übereifrigen Katholiken bezeichnete. Michna, der sich getroffen fühlte, geriet in Eifer und meinte, der Kaiser wisse wohl am besten, was er zu tun habe und brauche keinerlei Vorschriften, wie man sie ihm hier geben wolle. Diese Sprache empörte den Obersthofmeister, der seiner Friedenssehnsucht treu geblieben war; zornig kehrte er sich gegen den Redner, schalt ihn einen Schelm, der den böhmischen Jammer verursacht habe und schlug ihn zuletzt ins Angesicht, dass Michna an Mund und Nase blutete. Keiner von den Anwesenden ergriff die Partei des Misshandelten, so dass sich dieser eilig entfernte, um sich vor weiteren Beleidigungen zu retten. Die versammelten Staatsmänner, von denen die Mehrzahl ihren reichlichen Antheil an den böhmischen Wirren hatte, fanden es jetzt in ihrer Verlegenheit bequemer, die gemeinsame Schuld einem Sündenbocke aufzuhalsen.[357]

---

356 Skala II.

357 Sächs. Staatsarchiv. 9169 V. Zeitungen aus Wien dd. 3. Nov. 1618.

Da Dampierre schließlich mit ziemlich leeren Händen nach Böhmen zurückkehrte, so konnte die kaiserliche Armee die frühere Stellung nicht mehr behaupten, sondern musste Ende Oktober den Rückzug antreten. Buquoy bewegte sich mit den Truppen, die unmittelbar unter seinem Kommando standen, gegen Neuhaus und Budweis zu, während Dampierre sich vorläufig noch bei Pilgram hielt, aber den Rückzug nach Mähren vorbereitete. Da ersah Thurn am 3. November die Gelegenheit zu einem glücklichen Angriffe auf das Lager bei Pilgram, brachte den Kaiserlichen eine tüchtige Schlappe bei und zwang sie zu einem eiligen Rückzuge teils nach Iglau, teils nach Neuhaus. Bei dieser Gelegenheit wurde bereits die schlesische Mithilfe verwertet. Die Niederlage Dampierres verursachte in Mähren eine bedeutende Aufregung und steigerte daselbst die Neigung zu einer Verbindung mit Böhmen, je mehr die Kriegsgefahr die Landesgrenze zu überschreiten drohte. Zunächst zeigte sich diese Stimmung darin, dass den kaiserlichen Truppen, die sich gegen Iglau zurückgezogen, der Eintritt in die Stadt verwehrt wurde. Da die Nächte so kalt waren, dass das Campiren im Freien täglich einige Opfer forderte, riss unter den Truppen eine solche Demoralisation ein, dass sie sich in Gruppen von 10-30 Personen auflösten und über Mähren zerstreuten.

Bevor Buquoy noch von diesem Missgeschicke erfuhr versuchte er sich am 5. November der Stadt Neuhaus durch Sturm zu bemächtigen, da dies aber keinen Erfolg hatte, so zog er sich gegen Budweis zurück. Thurn, der seine Aufgabe gegenüber Dampierre erfüllt hatte, lenkte jetzt seine Schritte gegen Buquoy und ereilte ihn auf seinem Rückzuge zwischen Weseli und Lomnic, etwa drei Meilen ostwärts von Budweis. Hier kam es zu einem bedeutenden Gefechte, in dem die Kaiserlichen am 9. November 1618 einen Verlust von 1500–1800 Mann an Toten, Verwundeten und Gefangenen erlitten. Buquoy selbst wurde an der Hand und am Arme verwundet und musste eilig mit seinem Heere hinter den Mauern von Budweis Schutz suchen. Den böhmischen Verlust berechneten die höchsten Angaben kaum auf 100 Mann, die reichlich dadurch ersetzt wurden, dass einige hundert Gefangene alsbald in ständische Dienste traten. Die zersprengten Marodeure von Buquoys Heere fielen größtenteils in die Hände der Landleute, die an ihnen Rache für frühere Misshandlungen nahmen und sie meist einen qualvollen Tod erleiden ließen. Graf Thurn zog darauf gegen Budweis und bot dem Gegner eine Schlacht an, doch wartete er vergeblich auf deren Annahme. In Folge der Truppenanhäufung in Budweis stieg daselbst der Mangel an Lebensmitteln auf eine bedenkliche Höhe, Buquoy dachte bereits an einen weitern Rückzug und bemächtigte sich deshalb Krummaus, um sich den Weg nach Österreich zu sichern. In einem Schreiben an den Kaiser schilderte er am 15. November die ganze Schwierigkeit seiner Lage und empfahl demselben das Betreten friedlicher Wege, weil seine Hilfsmittel unzureichend seien. Die Mahnung dieses Briefes machte sich in Wien umso eindringlicher geltend, als Dampierre, der sich mittlerweile durch neue Zuzüge verstärkt hatte und von Österreich aus gegen Böhmen vorrücken wollte, bei Neuhof geschlagen und nach Krems zurückgeworfen wurde.[358] Derjenige, der vielleicht von der Niederlage der kaiserlichen Waffen und der steigenden Gefahr noch schmerzlicher berührt worden wäre, als Ferdinand selbst, der Erzherzog Maximilian nämlich, erlebte nichtmehr diesen raschen Umschwung des Kriegsglückes. Das Gefangennehmen Khlesls war die letzte Tat, bei der er mit dem gewohnten Eifer aufgetreten war, bald darauf erkrankte er ernstlich und obwohl wiederholt eine Besserung in seinem Befinden eintrat, war dieselbe doch nicht dauernd, so dass die Ärzte am 1. November alle Hoffnung auf sein Leben aufgaben. An diesem Tage fand sich Oñate im Vorzimmer des Kranken ein, um seine Teilnahme auszudrücken. Als der Erzherzog, bei dem Ferdinand gerade zum Besuche erschienen war, von der Anwesenheit des Gesandten hörte, vergaß er die eigenen Leiden, um noch einmal der Sorge für das Wohl seines Hauses, das ihm so sehr am Herzen gelegen, Ausdruck zu geben.

Er ließ Oñate ersuchen an sein Bett zu kommen und wollte in italienischer Sprache eine Bitte an ihn richten; da ihm aber doch in den Todesstunden diese Sprache minder geläufig wurde als die Muttersprache, so gab er den Versuch auf und hat Ferdinand, dem Grafen das zu verdolmetschen, was sein letzter Wunsch sei. Dieser letzte Wunsch war ein Gruß an den König von Spanien mit der Bitte, er möge seinen Schutz dem gemeinsamen Hause nicht entziehen. Wenige Stunden darauf, am Morgen des zweiten Novembers, war er verschieden.[359] Die Mahnung, welche der obenerwähnte Brief Buquoys enthielt, machte in Wien einen umso größeren Eindruck als ihm zwei neue Hiobsposten auf dem Fuße folgten. Die erste kam aus Breslau, wohin der Kaiser zu dem Fürstentage, der am 21. November zusammentrat, eine Botschaft abgeordnet hatte, um die Schlesier zur Rückberufung ihres Kontingents aus Böhmen zu vermögen. Der Fürstentag wies nicht nur die Bitte ab, sondern spottete auch der Not des Kaisers, indem er in seiner Antwort das bereits oft vorgebrachte

---

358 Skala II, 441.

359 Simancas 2503/231. Oñate an Philipp III. Oñate gibt ausdrücklich den 2. November als Todestag Maximilians an und erzählt, wie seine Krankheit am 31. Okt. sich verschlimmert habe und am 1. Nov. bereits der Tod im Anzuge gewesen sei. Wir führen dies an, weil Hammer den 13. Nov. als Todestag angibt und Maximilian in Innsbruck sterben lässt, während Oñate ausdrücklich erzählt, dass er in Wien den Erzherzog am Totenbette besucht habe. Hurter gibt den Todestag Maximilians richtig an, lässt aber den Erzherzog Maximilian in Wiener-Neustadt sterben.

Argument abermals wiederholte, dass der Kampf nicht gegen ihn sondern gegen die katholischen Friedensstörer gerichtet sei. Der Kaiser solle sich nicht grämen, wenn die letzteren eine Niederlage erlitten hätten, denn sein wahrer Ruhm bestehe nicht in einem Siege über die Böhmen, sondern in der friedlichen Beilegung der Streitigkeiten, und so lange diese letztere nicht eingetreten sei, könne von einer Rückberufung der schlesischen Hilfe nicht die Rede sein.[360] Man begreift, dass sich der Kaiser nicht nach einer solchen Siegespalme sehnte, wie sie die Schlesier für ihn bereit hielten.

Die andere Hiobspost betraf den Verlust von Pilsen, das am 21. November in die Gewalt des Grafen Mansfeld fiel. Es ist 1619 erzählt worden, unter welchen Umständen Mansfeld nach Böhmen kam und wie er die Bestallung als Artilleriegeneral erhielt. Seine erste ihm zugeteilte Aufgabe bestand darin, dass er mit den Truppen, die er aus Deutschland mitgebracht, Pilsen nehmen sollte. Gleich im Beginne des Aufstandes hatten die Pilsner eine unfreundliche Stellung zu den Ständen eingenommen, doch war diese fern von offener Feindseligkeit.

Als sie aber ihre Beteiligung an dem Junilandtage ablehnten und ihre Stadt in Verteidigungszustand zu setzen begannen, sandten die Direktoren den Herrn Dionys Markwart von Hrádek zu ihnen, um sie wo möglich mit guten oder bösen Worten zum Anschlusse an die Stände und zur Abstellung ihrer Rüstungen zu bewegen. Die Pilsner wiesen die Aufforderung zurück und rechtfertigten ihr Vorgehen mit einem vom Kaiser an sie erlassenen Befehle, der ihnen gleichzeitig in der Person eines gewissen Felix Dornheim einen tüchtigen Stadtkommandanten zuschickte. Die weiteren Vorgänge in der Stadt dehnten nun Tag für Tag die Kluft zwischen derselben und dem übrigen Lande aus. Nicht nur, dass unter Dornheims Leitung die Wider Pilsens gehoben wurde, es gestaltete sich auch zu einem Sammelplatz für die dem Aufstande feindlichen Elemente des Pilsner Kreises. Die Prälaten und katholischen Herrn, die in demselben ansässig waren, steuerten aus ihrem Säckel zu den Kriegsbedürfnissen bei und so konnte eintretenden Falls von Pilsen aus eine nicht unwichtige Diversion gegen die Stände versucht werden.

Die rasche Bezwingung der widerspenstigen Bürger war demnach für die Direktoren ein dringendes Gebot der Vorsicht und deshalb traf Mansfeld unmittelbar nach seinem Eintritte in die ständischen Dienste die nötigen Vorbereitungen zur Belagerung der feindlichen Stadt, brach dieselben aber wieder

---

360 Die kaiserliche Instruktion für den Gesandten in Breslau und die Antwort der Schlesier ist in verschiedenen Werken abgedruckt. - Im Wiener Staatsarchiv Boh. V. Bericht der Gesandten des Erzh. Karl an ihren Herrn über den breslauer Fürstentag dd. 23. Nov. 1618.Erzh. Karl an den Kaiser dd. 2. Dez.1618. Wiener Staatsarchiv. Boh. V..

ab, da er von den Direktoren den Befehl erhielt, nach Budweis zu marschieren. Noch hatte er sich kaum auf zwei Meilen entfernt, als der Befehl widerrufen wurde, worauf er zurückkehrte, Pilsen von drei Seiten einschloss und die Belagerung mit allem Ernste begann. Dornheim versäumte keine Maßregel, um die Bemühungen des Gegners zu vereiteln; er zündete die Vorstädte an und beschränkte sich auf die Verteidigung der in mittelalterlicher Weise durch Wälle und Wassergräben, keineswegs aber durch eine natürliche Lage beschützten Stadt. Die Direktoren hofften, dass der Ernst einer Belagerung ernüchternd auf die Pilsner wirken dürfte, und schickten deshalb nochmals eine Gesandtschaft an sie ab, die ihnen den Frieden anbot, falls sie sich ihrer Besatzung entledigen wollten. Das Anerbieten wurde abgeschlagen, doch dauerte es noch geraume Zeit, bis Mansfeld hinlänglich mit Belagerungsgeschütz versehen war und an ein wirksames Beschießen der Wälle gehen konnte.

Zu den geworbenen Truppen, die er befehligte und deren Zahl sich auf 3800–4000 Mann belief, stieß mittlerweile auch ein Teil des vom Augustlandtage beschlossenen Aufgebotes in einer Anzahl, die der der geworbenen Truppen ziemlich gleich kam. Erhöhte dieser Zuzug auch nicht bedeutend seine Kraft, so machte er doch die Einschließung der Stadt wirksamer und konnte bei den Belagerungsarbeiten verwendet werden. Schon am 20. Oktober hatte Mansfeld eine so weite Bresche geschossen, dass er einen Sturm wagte; doch erreichte er keinen Erfolg, sondern büsste nur an 300 Soldaten ein. Der Kaiser gab sich indessen alle Mühe, die Befreiung der Stadt zu bewirken. Da er über kein Besatzungsheer verfügte, versuchte er es auf diplomatischem Wege, indem er den Kurfürsten von Sachsen hat, die Direktoren von dem Angriffe auf eine ihm treue Stadt abzumahnen. Als die Belagerung trotzdem vorwärts schritt und die Vermittlung des Kurfürsten nichts fruchtete, wollte er, dass die Verhandlungen über den Ausgleich mit den Böhmen in Pilsen vorgenommen werden sollten, um die Stadt dadurch zu einem neutralen Orte zu erklären. Aber alle diese diplomatischen Fallstricke verfingen nicht bei den Direktoren, sondern veranlassten sie nur, dem Grafen Mansfeld den Befehl zu energischer Fortsetzung der Belagerung zu geben. Der General versuchte nun durch nächtliche Überrumpelung die Stadt zu nehmen, er erreichte zwar nicht das gewünschte Ziel, aber er legte dabei die von den Pilsnern noch immer behaupteten Mühlen in Asche und vernichtete damit einen bedeutenden Teil ihrer Getreidevorräte.

In dem Schrecken, den dieser Schlag den Belagerten verursachte versuchten die Direktoren nochmals deren friedliche Unterwerfung, allerdings unter Bedingungen, die von den früheren sehr verschieden waren. Sie verlangten jetzt nicht bloß die Entfernung der kaiserlichen Garnison, sondern auch die

Aufnahme einer ständischen und die Bezahlung von 60.000 Gulden als Sold für das Belagerungsheer. Die Pilsner wiesen die angebotenen Verhandlungen nicht unbedingt ab, aber aus ihren ausweichenden Antworten war ersichtlich, dass es sich ihnen nur um einen Waffenstillstand und um Gewinnung von Zeit handelte. Als sie schließlich die Unterwerfung ablehnten, selbst als ihnen der Nachlass der 60.000 Gulden angeboten wurde, begann der Kampf von neuem. Dornheims Stelle, der mittlerweile im Kampfe gefallen war, vertrat jetzt Thomas Selender, ein Bruder oder Vetter des Braunauer Abtes, der sich nicht minder eifrig der Verteidigung annahm. Die Beschießung der Stadtmauern wurde von den Belagerern mit solcher Energie in Angriff genommen, dass sie allmählich zu einem Schutthaufen zusammensanken, so dass Mansfeld am 21. November den Befehl geben konnte, die Stadt an mehreren Seiten zugleich zu stürmen. Der Angriff gelang diesmal besser; die Angreifer bemächtigten sich einzelner wichtiger Punkte innerhalb der Stadtmauern und trieben die Verteidiger von Haus zu Haus bis gegen den Hauptplatz zu. Die Pilsner Besatzung, welche sich tapfer gewehrt hatte, sah sich schließlich zum Rückzuge nach dem Kloster der Barfüßermönche genötigt und eröffnete von da aus Verhandlungen wegen der Übergabe. Ein vorläufiger Waffenstillstand, der ihnen bewilligt wurde, machte allem Kampfe ein Ende.[361]

Zwei Tage darauf stellte sich die ganze Besatzung, die teils aus geworbenen Soldaten, teils aus Bürgern, teils aus Bauern und Adeligen der Umgebung bestand, vor dem Grafen von Solms auf dem Hauptplatze auf. Die Behandlung, welche die verschiedenen Abteilungen erfuhren, war sehr verschieden. Den geworbenen Soldaten wurde freier Abzug mit ihren Waffen gestattet, ein Großmut, die mit kluger Voraussicht angebracht war, da die wenigsten von dieser Erlaubnis Gebrauch machten und in die Dienste des Grafen Mansfeld traten. Was die Bürger betraf, so mussten diese ihre sämtlichen Waffen und Kriegsvorräte abliefern. Die Bauern, die aus der Umgebung aufgeboten waren, wurden nach Hause entlassen und erhielten statt der Waffen weiße Stäbe auf den Weg. Schlimmer erging es den adeligen Verteidigern Pilsens, die Sieger vergriffen sich zwar nicht an ihrer Person, ließen ihnen aber eine verächtliche Behandlung zu Teil werden. Das herbste Los traf den Pilsner Nachrichter. Er hatte sich an der Verteidigung der Stadt beteiligt und als ein tüchtiger Schütze wirksame Dienste geleistet. Dass ein Nachrichter es gewagt hatte, so ehrliche und unbescholtene Leute wie die mansfeldischen Truppen und vor allem ihr General war anzugreifen, das konnte nach damaligem Brauch nicht geduldet

---

361   Über die Geschichte der Einnahme Pilsens berichten außer Skala II 493 und flg. mehrere andere gleichzeitig durch den Druck veröffentlichten Schriften. Erschöpfend hat Reuss diesen Gegenstand behandelt.

werden und forderte Genugtuung. Der Nachrichter wurde zum Tode verurteilt und auf einem eigens hergerichteten Galgen aufgehängt, da der alte, der den Namen Žižkas Küche führte auf Mansfelds Befehl abgebrochen wurde. Der alte Galgen war nämlich der Sage nach dem berühmten Taboritenführer zum Spotte an der Stelle errichtet werden, von wo aus derselbe vergeblich die Belagerung Pilsens versucht hatte.

Die Besiegten traf nun ein hartes Los. Zunächst wurden die Bürger verhalten, eidlich ihre Anhänglichkeit an die ständische Sache zu geloben; eine Kontribution von 120.000 Gulden, die gleichzeitig über sie verhängt wurde, mag diese Anhänglichkeit in selbstverständlicher Weise gekräftigt haben. 50.000 Gulden erlegten die Bürger gleich, teils im baren, teils in Silber- und Goldgerätschaften, mehr konnten sie aber nicht leisten. Alle Bitten, sie mit weiteren Forderungen zu versehen, blieben unerhört; die einzige Erleichterung, die man ihnen gewähren wollte, bestand darin, dass ihnen gestattet wurde, den Rest in wöchentlichen Raten von 1000 Gulden zu erlegen. Da sie dies nicht zu tun vermochten, boten sie die Stadtgüter an Zahlungsstatt an, doch vergeblich, denn Mansfeld verlangte bares Geld. Da die Stadt nebenbei auch die Besatzung unterhalten musste, sahen die Bürger bei dem gleichzeitig gänzlichen Darniederliegen der Gewerbe nur Elend vor sich. Viele wanderten deshalb bei Zeiten aus, so dass die Stadt im Monate Januar 1619 nur noch 150 Bürger zählte, auf denen noch immer die Bezahlung der größeren Kontributionshälfte lastete. In ihrer Verzweiflung wandten sich die Übriggebliebenen an den Kurfürsten von Sachsen und baten um seine Fürsprache bei Mansfeld und bei den Direktoren. Wir wissen nicht, ob und welche Wirkung ihr Gesuch hatte.[362] Was das Corps betrifft, mit dem Mansfeld die Belagerung von Pilsen unternommen hatte, so wurde es nach der Einnahme dieser Stadt aufgelöst. Ein Teil der geworbenen Truppen blieb daselbst als Besatzung zurück, der Rest wurde nach dem südlichen Böhmen zur Verstärkung der gegen Budweis operierenden Armee geschickt, während jener Teil des allgemeinen Aufgebotes, der bei den Belagerungsarbeiten mitgeholfen hatte, einfach nach Hause entlassen wurde. Es war dies die erste einzige Verwendung, welche die vom Augustlandtag beschlossene Bewaffnung der heimischen Bevölkerung gefunden hatte.

Die schreienden Übelstände, welche mit dieser Maßregel verbunden waren, nötigten die Direktoren so frühzeitig zu ihrer Zurücknahme. Schon im September, also zu einer Zeit, in der das Aufgebot eine greifbare Gestalt bekam, zeigten sich die auf dasselbe gesetzten Hoffnungen als eitel. Allerdings, wenn

---

362 Sachs. Staatsarchiv 9170 VIII. Pilsen an Kursachsen dd. 25. Januar 1619.

Jedermann seiner Pflicht mit demselben Enthusiasmus nachgekommen wäre, wie der reiche Albrecht Smiřický, dann wäre das Resultat ein glänzendes gewesen. Mit bewunderungswürdiger Schnelligkeit hob der junge Mann auf seinen Gütern an 1200 Mann aus, 90 von ihnen rüstete er als Reiter aus, die andern bewaffnete er wie das geworbene Fußvolk, versah sie mit allen Kriegsbedürfnissen, sorgte pünktlich für ihre ordentliche Verpflegung und zog mit ihnen selbst in das Lager, um unter Thurns Kommando am Kampfe teilzunehmen.[363] So wie Smiřický, so kamen unzweifelhaft noch einige andere Edelleute den Beschlüssen des Landtages nach und fanden sich mit ihren Dienstleuten und dem auf sie entfallenden Truppenkontingente am Kriegsschauplatz ein. Die Mehrzahl handelte jedoch anders.

Die Direktoren klagten in einem Patente, dass der Adel des Landes statt sich am Sammelplatze mit seinem Gefolge einzustellen, nur Stellvertreter abschicke, armselige Knechte, die keinen Begriff von der Handhabung der Waffen hätten; selten komme ein oder der andere Rekrut zu Pferde an, während doch die Reiterei so notwendig sei. Hatte schon die persönliche Teilnahmslosigkeit des Adels ihre bedenkliche Seite, so bekamen die Direktoren bald noch mehr Grund zu Klagen. Nach dem Landtagsbeschlusse sollte das Landesaufgebot gehörig bewaffnet am Sammelplatze erscheinen; bei den ersten Zuzügen war dies der Fall, bei den späteren nahm es immer mehr ab und so fanden zuletzt in den Kreisstädten nur Ansammlungen von Menschen statt, von denen sich die Mehrzahl als unbrauchbar erwies, weil sie nicht im mindesten für den Krieg ausgerüstet war. Allein auch bei diesem Mangel blieb es nicht. Für den Unterhalt des allgemeinen Aufgebotes waren von der Regierung keine Anstalten getroffen worden, da nach dem Landtagsbeschlusse jeder einzelne Herrschaftsbesitzer und jede Stadt selbst für ihre Mannschaft sorgen sollte. Angenommen jeder Herr hätte seine Pflicht getan, welche heillose Unordnung musste trotzdem eintreten, wenn eine Truppenabteilung mit Proviant, eine andere aber mit Geld versehen war und nicht wusste, wie sich die nötigen Nahrungsmittel zu verschaffen. Aber dieser Fall einer vielleicht noch zu bewältigenden Verwirrung trat gar nicht ein; schon im Monate Oktober erhoben die Direktoren bittere Klage darüber, dass viele Edelleute ihr Kontingent nicht nur ohne Waffen und Munition, sondern auch ohne Geld oder andere Hilfsmittel auf den Musterplatz abgeschickt hätten. Die Folge war, dass die allen Entbehrungen ausgesetzte Mannschaft wieder ausriss, sich in den dem Sammelplatze nahe gelegenen Orten plündernd verbreitete und von militärischem Gehorsam

---

363   Skala II.

nicht viel wissen wollte. Die Direktoren drohten die Güter der säumigen Zahler mit Exekution zu belegen, eine jedenfalls unerwartete Verwendung der Mannschaft, die ursprünglich gegen den Feind bestimmt war.[364] So zeigte sich bald, dass die böhmischen Stände in dem Versuche, die Verteidigung des Landes mit Hilfe des allgemeinen Aufgebotes zu fördern, einen unverzeihlichen Irrtum begangen hatten. In den kleineren Fehden des Mittelalters konnte ein Edelmann seine Vasallen aufbieten, sich mit mehreren Standesgenossen vereinen und rasch einen Streit ausfechten, ohne dass für die Verpflegung und Besoldung der Kämpfenden besonders große oder einheitliche Vorbereitungen nötig waren. Die Konzentration größerer Truppenmassen forderte aber auch im Mittelalter umfassende Maßregeln, die von einem Mittelpunkte ausgehen mussten und nicht den kleineren Truppenabteilungen überlassen werden durften. Noch weit mehr war dies im 17. Jahrhunderte der Fall, seit die Entwicklung der Feuerwaffen auch einen eigenen Artilleriepark, Munitionsvorräte usw. in Anspruch nahm. Konnte ein vernünftiger Mensch glauben, dass die Bewaffnung, Verpflegung und Besoldung von etwa 30.000 Mann auf diese Summe sollte sich das Aufgebot belaufen der Zahlungsfähigkeit und Pünktlichkeit von 1400 Gutsherren und 49 königlichen Städten überlassen werden und dieser ganze Versuch anders als kläglich enden könne? Die ungeregelte Aufbietung der heimischen Kräfte hatte nur einen Sinn, wenn man einen Guerillakrieg führen wollte, allein das war vorläufig nicht die Absicht der Regierung.

Was sonach zu erwarten war, trat ein. Nachdem sich im Laufe des Monates September an den Sammelplätzen statt der erwarteten 30.000 Mann vielleicht nur 15-18.000 eingestellt hatten und bei diesen binnen kurzer Zeit jegliche Unordnung und Not ausgebrochen war, so dass sie sich zu einer Landplage entwickelten, fing man an zu begreifen, dass die rasche Entlassung des Aufgebotes das klügste sei, was man tun könne. Durch die schlesische Hilfe trat ohnedies eine entscheidende Vermehrung des böhmischen Heeres ein und so wurde im Laufe des Oktobers die Auflösung des Aufgebots verfügt. Nur jener Teil, der sich bei Pilsen angesammelt hatte, wurde länger beisammen gehalten und bei der Belagerung dieser Stadt verwendet. Mit Ausnahme der Dienste, welche diese Abteilung leistete, bestand das Gesamtresultat des verunglückten Aufgebotes darin, dass viele Tausende kräftiger Arbeiter durch mehrere Wochen ihrer nützlichen Tätigkeit entzogen wurden und sich teilweise an ein zügelloses Leben gewöhnten.

Es ist wohl nicht zu bezweifeln, dass die meisten Direktoren einen Teil der

---

364 Nähere Daten hierüber bei Skala und in den Akten des sächsischen Staatsarchivs.

Schwierigkeiten, die mit dem Landesaufgebote im Zusammenhange standen, voraussahen und lieber zu einer Vermehrung der geworbenen Truppen geraten hätten. Diesem stemmten sich jedoch die immer schwierigeren finanziellen Verhältnisse entgegen. Mit Ende August war man nicht mehr im Stande, den Truppen, die im Felde standen, den Sold rechtzeitig auszuzahlen; weder die über Michna verhängte Konfiskation noch die Steuern, selbst wenn sie regelmäßiger eingelaufen wären, reichten für die gesteigerten Bedürfnisse aus. Da man trotzdem eine Vermehrung der bewaffneten Mannschaft für nötig hielt, weil man der schlesischen Hilfe noch nicht gewiss war, so hütete man sich, die Schwierigkeiten ins unendliche zu steigern und die Bezahlung des Landesaufgebotes auf die öffentlichen Gassen zu übernehmen. Es war das aber eine kurzsichtige Politik, die da glauben konnte, ein günstigeres Resultat zu erzielen, wenn man die Sorge für die Organisierung des Verteidigungswesens dem guten Willen und der Pünktlichkeit von Tausenden überließ, anstatt die Regierung damit zu belasten.

Der Kredit, der allein die großen, augenblicklich nötigen Summen herbeigeschafft hätte, war damals noch gar nicht ausgebildet und selbst für jene Zeiten stand Böhmen hinter andern Ländern zurück, da der Handel hier nur eine untergeordnete Rolle spielte. Die Direktoren hatten von dem Landtage, der am 28. August zusammengetreten war, die Bewilligung neuer Steuern 1618 zur Befriedigung der geworbenen Truppen verlangt, wir wissen jedoch, dass die Stände diesen Gegenstand nicht einmal in Erwägung nahmen, sondern sich eilig aus Prag entfernten. Die Direktoren gerieten in die größte Verlegenheit und verfielen in derselben auf ein ebenso sonderbares als armseliges Auskunftsmittel. Da sie die Städte erfolglos um ein Anlehen ersucht hatten, machten sie den Versuch, ob es ihnen nicht gelingen würde, bei der Bauernschaft ein besseres Resultat zu erzielen. Eine größere Anzahl von Bauern, die im Rufe besonders günstiger Vermögensverhältnisse standen, wurden um ein Darlehen angesucht, aber vergeblich, denn die meisten schützten Armut vor und so zeigte sich diese Maßregel nicht nur erfolglos, sondern diente auch dazu, den Kredit der Stände auf das Äußerste bloßzustellen. Die steigende Geldnot bewirkte, dass die Direktoren zuletzt ihre Linderung durch Mittel versuchten, die einen türkischen Beigeschmack bekamen. Das erste Opfer dieser neuen Finanzpolitik war Adam Hřan von Harasov. Da man wusste, dass er auf seinen Schlössern einige Kapitalien erliegen habe, wurden dieselben gleichzeitig überfallen und das in ihnen aufbewahrte Geld mit Beschlag belegt.

Die reichste Beute machte man auf dem Schlosse Rothenhaus, woselbst 118000 Schock Meißner Groschen gefunden wurden, für welche dem Eigentümer eine Schuldurkunde ausgestellt wurde. Ein ähnlicher Streich wurde einem andern Edelmanne gespielt und ihm mehrere Tausend Dukaten auf gleiche Weise weggenommen. Von dem erbeuteten Gelde wurden 80000 Taler in das Lager zur Bezahlung des rückständigen Soldes abgeschickt.[365] Der momentane Erfolg dieser Maßregel zog selbstverständlich den überwiegenden Nachteil nach sich, dass jetzt Jedermann seine Ersparnisse ängstlich hütete und verleugnete.

IV

Nach dem Falle von Pilsen stand es in der Macht Thurns, Böhmen völlig von der Gegenwart der feindlichen Truppen zu befreien, wenn er sich mit allen seinen Streitkräften auf Buquoy warf. Statt jedoch dies zu tun und die bisherigen Erfolge zu vervollständigen, beschloss er, Hohenlohe mit einem Theile des Heeres bei Budweis zurückzulassen, ihm die Beobachtung Buquoys zu übertragen und mit dem andern Teile nach Österreich vorzudringen. Am 25. November überschritt Graf Heinrich Schlick an der Spitze von 4000 Mann die österreichische Grenze, bemächtigte sich Zwettels und war so glücklich, einen Teil der von Dampierre in Böhmen gemachten Beute wiederzugewinnen. Des letzteren Truppen wurden überall zurückgeworfen, die Böhmen rückten unaufhaltsam bis Weitra vor und sandten von da zahlreiche Abteilungen aus, welche die Gegend nach Proviant durchstreiften. Obwohl diese Abteilungen nur bis auf einige Meilen von Wien vordrangen, so fing man schon an in dieser Stadt einen Handstreich von Seite der Böhmen zu befürchten und geriet in großen Schrecken. Die Bewohner der Umgegend und der Vorstädte flüchteten mit ihrer Habe in die innere Stadt, zwei Tore derselben wurden verschlossen gehalten und die Donaubrücke sorgfältig bewacht.[366] Dampierre konnte nur wenig Schutz gewähren, denn seine Streitkräfte, die ein verlässlicher Bericht auf 2500 Mann angibt, reichten gegen die fast doppelte Stärke des Feindes nicht aus und so musste sich der auf den erworbenen Kriegsruhm nicht wenig stolze General zu seinem Grame auf die Defensive beschränken. Als Mathias die Nachricht von dem feindlichen Einbruche in Österreich vernahm, sagte er ohne besondere Gemütsbewegung zu Ferdinand: „Ich höre, meine Böhmen spazieren mir gar ins Land herein." Wenig erbaut von dem Tone, mit dem der Kaiser diese Worte aussprach, erwiderte der König: „Sie kommen nur zu nahe herbei."[367]

365   Skala II.
366   Innsb. Statth.-Archiv. Arbeissles Schreiben dd. Wien 10. Dez. 1618.
367   Sächs. Staatsa. 9170, VII. Zeidler an Kursachsen dd. 9/19 Dez. 1618.

Als Thurn den Einfall in Österreich wagte, leitete ihn dabei nicht bloß der Wunsch, dem Kaiser den größten Schaden zuzufügen, sondern auch die Hoffnung, die österreichischen Stände zum Anschluss an Böhmen zu bewegen, eine Annahme zu der ihn die Lage der Dinge im Erzherzogtum vollkommen berechtigte. Die feindliche Stimmung der österreichischen Protestanten gegen Mathias, die sich gleich im Beginne des Aufstandes geltend gemacht hatte, war seitdem nicht gewichen, sondern nur gewachsen und hatte namentlich bei den Niederösterreichern eine bedenkliche Höhe erreicht. Da auf die im Monate Mai[368] überreichte Beschwerdeschrift durch vier Monate keine Antwort erfolgt war, beschlossen gegen Ende September 85 Mitglieder des Herrn- und Ritterstandes, dieselbe zu erzwingen, begaben sich deshalb nach Ebersdorf, wo sich Mathias gerade aufhielt und bestürmten ihn so lange um eine Audienz, bis sie ihnen bewilligt wurde. Freiherr Christoph Andreas von Thonradel, der am 28. September 1618 hierbei das Wort führte, ermüdete den Kaiser durch seine lange Auseinandersetzungen so, dass ihn dieser bat, sich kurz zu fassen, da er krank sei und das Mittagmal seiner harre.[369] Die Bittsteller entfernten sich und überreichten darauf ein Gesuch, das ihre Beschwerden erörterte. „Abermals vergingen vierzehn Tage, ohne dass eine Antwort auf das Gesuch erfolgt wäre. Die Bittsteller suchten neuerdings um eine Audienz an, da ihnen dieselbe aber wiederholt abgeschlagen wurde, drehten sie, vor der Burg so lange knien zu wollen, bis ihr Begehren erfüllt würde. Auf dies hin erteilte der Kaiser die verlangte Audienz, wobei Thonradel am 12. Oktober 1618 wieder das Wort führte. Er klagte zuerst, dass die Konfession vom Jahre 1609 vielfach verletzt worden sei und wollte sich darauf in eine detaillierte Begründung seiner Behauptung einlassen, als er abermals unterbrochen und im Auftrage des Kaisers von Herrn Paul Jakob von Stahremberg aufgefordert wurde inne zu halten, weil er (Mathias) nicht wohl sei und nicht weiter zuhören könne.

Mathias war von der Szene so aufgeregt und über die Heftigkeit Thonradels so erbittert, dass er sich noch am folgenden Tage gegen Žerotín, der sich gerade in Wien befand darüber beschwerte. Wiederum verstrichen mehrere Wochen, bis endlich eine Erledigung der vorgebrachten Beschwerden erfolgte, die jedoch die Bittsteller nicht im Mindesten befriedigte.[370] Da nötigte Ende November, also gerade in den Tagen des drohenden böhmischen Einfalles, die steigende Not an Geld und Mannschaft den Kaiser zur Berufung des Landtages nach Wien.

---

368   Seite 365.
369   Hurter, Ferdinand II, VII. 428.
370   Corr. 2er. Žerotin an Stietten dd. 9. Nov. 1618. - Londorp I, 563.

Was vorauszusehen war erfolgte, die protestantischen Stände fanden sich zwar in Wien ein, weigerten sich aber, den Landtagssaal zu betreten, ehe ihren Beschwerden abgeholfen sein würde. Der Streit dauerte über 14 Tage und da die Protestanten nicht zur Nachgiebigkeit zu bewegen waren, sah sich der Kaiser, der ebenfalls nicht nachgehen wollte zur Auflösung des Landtages genötigt.[371]

So war die Stimmung der Gemüter in Niederösterreich als Thurn den Kriegsschauplatz dahin verlegte und fast noch schlimmer für den Kaiser standen die Verhältnisse in Oberösterreich. Gotthard von Stahremberg, der sich bei dem Prager Generallandtage so eifrig der Konföderation angenommen und dadurch den Zorn des Hofes auf sich geladen hatte, fand sich im böhmischen Lager ein, als Thurn die österreichische Grenze kaum überschritten hatte. Man deutete das Resultat der vertraulichen Verhandlungen zwischen Thurn und Stahremberg dahin, dass es eigentlich der letztere war, der über die Dislokation der böhmischen Truppen im Lande entschied.[372] Die Direktoren richteten gleichzeitig ein Schreiben an die oberösterreichischen Stände, in dem sie um ihre Allianz ansuchten und damit um die Vollendung jenes Werkes, das im Jahre 1615 bei dem Generallandtage vereitelt werden war. Einer von den Grafen Schlick ging, wie es scheint, nach Linz, um durch seine persönliche Fürsprache der Bitte mehr Nachdruck zu geben. Es bedurfte nicht allzu großer Anstrengung, um die bei den Ständen nur zu sehr vorhandene Neigung zu einer entsprechenden Äußerung zu bringen. Denn trotzdem ihnen vom Kaiser jeder direkte schriftliche Verkehr mit den Böhmen verboten worden war, beachteten sie das Verbot so wenig, als wenn es gar nicht gegeben werden wäre. Unter dem Vorwande, dass sie die Kriegsgefahr von ihrem Lande abwenden müssten, beschlossen sie, die gleich nach dem Ausbrüche des böhmischen Aufstandes geworbenen Truppen um weitere Tausend Mann zu vermehren und legten einen Verhau bei Freiwald an, durch den nicht sowohl den Böhmen das Eindringen nach Österreich erschwert, sondern Buquoy auf seiner Rückzugslinie bedroht wurde. Dass dies letztere allein die Absicht der Oberösterreicher war, zeigte auch noch die Anlage einer Schanze an der Donau bei Engelhartszell, durch welche allfällige Truppenzüge aus Bayern, die für den Kaiser bestimmt sein konnten, am Weitermarsche gehindert werden sollten.

Als sich nun ungefähr in der Mitte Dezember der Ausschuss der oberösterreichischen Stände wieder in Linz versammelte, schickte Mathias einen eigenen Gesandten an denselben, um die Stände zur Rücknahme aller dieser

---

371 Sächs. Staatsarchiv. 9170, VII. Zeitung aus Wien dd. 30. Nov. -Ebend. Zeitung aus Wien dd. 5., 12. und 19. Dez. 1618.

372 Sächs. Staatsarchiv 9170, VII an Schönberg dd. 1/11. Dez.1618 Prag.

gegen ihn gerichteten Maßregeln zu bewegen. Allein der Ausschuss wollte weder von der Entfernung des betreffenden Verhaus, noch von der Abtragung der Schanze etwas wissen und lehnte auch jede Unterstützung des Kaisers mit Geld und Truppen ab.[373]

Eine Deputation, die eigens nach Wien deshalb abgeschickt wurde setzte den Hof in Kenntnis von den gefassten Beschlüssen. Gleichzeitig wurde von den Oberösterreichern eine zweite Deputation nach Horn abgesendet, wo dieselbe mit einem Teile der niederösterreichischen Stände, so wie mit einer ungarischen Deputation, an deren Spitze sich der Palatin Forgach selbst befand, zusammentraf. Über das Detail der zu Horn gepflogenen Beratungen sind wir nicht hinreichend unterrichtet, wir wissen nur so viel, dass man über ein Bündnis zur Verteidigung der protestantischen Interessen unterhandelte, was, wenn es zu Stande kam, gleichbedeutend mit dem Anschluss an Böhmen war. So traten auch bereits die Ungarn aus ihrer Passivität heraus.[374] Ein entscheidender Entschluss ist jedoch in Horn nicht gefasst worden und die Stimmung der Gemüter in Österreich, die fast stündlich einen offenen Anschluss an den Aufstand erwarten ließ, reifte noch zu keiner Tat. Die Ursache lag wohl daran, weil man den letzten Anstoß von Mähren erwartete. Dahin war gegen Ende November Tschernembl, nach Gotthard von Starhemberg der bewährteste Führer der Oberösterreicher gereist, um sich mit Žerotín zu besprechen, der Landtag selbst sollte am 15. Dezember in Brünn zusammentreten, um wegen der böhmischen Angelegenheit einen Beschluss zu fassen. Vielfache Anzeichen deuteten darauf hin, dass sich in der bisherigen Haltung der Markgrafschaft ein Umschwung vorbereite. In Erwartung desselben begnügten sich die Österreicher noch mit der bloßen Zuschauerrolle und dies umso mehr, als Thurn selbst das Erzherzogtum verließ, um sich in Brünn bei der Eröffnung des Landtages einzufinden und durch seine Gegenwart die Entscheidung herbeizuführen.

In der Tat war ein bedeutender Umschwung in Mähren im Anzuge. Schon als die mit Žerotín im Monate September nach Prag abgeschickten Gesandten nach Hause zurückkehrten und über ihre Sendung vor einer zahlreichen ständischen Zusammenkunft in Brünn Bericht erstatteten wehte daselbst ein für den Hof ungünstiger Wind, denn die Versammlung beschloss, den Kaiser zu ersuchen, alle ihm von den Böhmen zugefügten Beleidigungen zu vergessen und was die Hauptsache war, ihn um die Verschonung des Landes mit weiteren Truppendurchzügen zu bitten.[375] Da die Versammlung am 5. November

---

373   Sächs. Staatsarchiv 9170, VII. Zeidler an Kursachsen dd. 9/19. Dec. 1618.
374   Sächs. Staatsa. 9170, VII. Zeitung aus Wien.
375   Brünner Landesarchiv. Landtagsverhandlungen.

keine weiteren Beschlüsse wie sie wohl gerne gewollt hätte fassen durfte, weil diese in die alleinige Kompetenz des Landtages gehörten baten die Mitglieder um eine baldige Berufung desselben. Die Bitte wurde erfüllt und der Landtag auf den 15. Dezember einberufen. Am Hofe war man auf das Äußerste besorgt, dass derselbe einen üblen Verlauf nehmen und Mähren, das Beispiel der Schlesier befolgend sich endlich auch den Böhmen anschließen werde.

Der allgemeinen Überzeugung gemäß hing auch diesmal die Haltung des mährischen Landtages von Žerotín ab. Hatte man ihn schon früher von Seite des kaiserlichen Hofes mit ausgezeichneter Rücksicht behandelt, so war dies jetzt noch mehr der Fall; man wurde nicht müde, ihn um Rat zu fragen: was dem Landtage für Propositionen zu machen, wie die Verhandlungen zu leiten seien und ob Ferdinand sich in Brünn als Stellvertreter des Kaisers einfinden solle oder nicht. Andererseits wurde Žerotín auch von der gegnerischen Seite nicht vernachlässigt, es wurden im Gegenteile alle Hebel in Bewegung gesetzt, um ihn von seiner, wie man allgemein annahm, unnatürlichen Verbindung zu trennen. Tschernembl eröffnete den Reigen, indem er sich Ende November bei Žerotín in Trebitsch zum Besuche einfand, und man kann sich denken, wie sehr er sich angestrengt haben mag, um seinen Wirth für die böhmische Sache zu gewinnen. Die Ratschläge Tschernembls fanden gleichzeitig eine Unterstützung durch den Markgrafen von Jägerndorf und durch den Grafen Thurn[376], die beide Žerotín brieflich ersuchten, er möchte doch endlich durch seinen Einfluss die Verbindung zwischen Böhmen und Mähren herbeiführen. Hartwig von Stietten, des Markgrafen vertrauter Rat, erinnerte auf Befehl seines Herrn noch überdies den vielumworbenen Mann an eine Äußerung, die er vor einigen Monaten in Wien getan hatte und die dahin lautete, dass, wenn sich Schlesien den Böhmen anschließen würde, dies auch auf die Mährer bestimmend einwirken würde. Der Anschluss sei erfolgt und sonach möge Mähren nicht länger zögern dem gegebenen Beispiele zu folgen. Allein Žerotín blieb allen diesen mündlichen und schriftlichen Mahnungen von Seite der Freunde des Aufstandes unzugänglich, der Entschluss, für den Frieden zu arbeiten und dem Hause Habsburg keinen Nachteil zuzufügen, wurde in ihm nicht wankend gemacht und es scheint, dass die Tiefe und Lauterkeit seiner Überzeugung selbst auf Tschernembl einen momentanen Eindruck ausgeübt habe, wenigstens behauptete Žerotín, dass sein Gast in Trebitsch seiner Haltung die alte Achtung nicht versagt habe.[377] Dem Markgrafen von Jägerndorf erörterte er in einem umständlichen Schreiben die mannigfachen Gründe für

---

376 Corr. Žer. Žerotín an Stietten dd. Rossitz den 8. Dez. 1618.
377 Corr. Žer. Žerotín an Tiefenbach dd. 26. Nov. 1618, Trebitsch.

sein Verhalten, die allesamt darauf hinausgingen, dass ein Anschluss Mährens an Böhmen den Frieden nur verzögern würde. Von großem Interesse ist dabei eine Bemerkung, die Žerotín bezüglich der Katholiken machte. Er meinte, man solle nicht glauben, dass sich „der Kaiser und die Katholiken durch den Anschluss Mährens an Böhmen schrecken und zu einem solchen Ausgleiche, wie man ihn begehren möchte, zwingen lassen würden," im Gegenteile würden sie dadurch „in eine solche Desperation oder besser davon zu reden, in eine so grimmige Entschlossenheit gerathen, dass nicht allein dieses Land, sondern alle umliegenden Länder, ja das ganze Reich zu ihrem letzten Ende und völligen Untergange gebracht werden müssten."[378]

An Hartwig von Stietten aber schrieb er, dass er sich der ihm in den Mund gelegten Äußerung nicht erinnere; wenn er sie ja gethan habe, so könne sie nur den Sinn gehabt haben, dass, wenn Schlesien sich den Böhmen anschlösse, dies auf Mähren insofern bestimmend einwirken würde, als es dann mit doppeltem Eifer für den Frieden wirken müsste.[379]

Dieser beharrliche Friedenseifer Žerotíns hatte zur Folge, dass jene, die sich vergeblich um seinen Anschluss bewerben, die Lauterkeit seiner Gesinnungen anzuzweifeln begannen. Herr von Tiefenbach berichtete ihm, dass im protestantischen Lager sonderbare Gerüchte über ihn herumgingen. In der Tat rümpfte man über ihn die Nase, dass der Hof ihn stets früher in Kenntnis von den Propositionen setze, die am Landtage verhandelt werden sollten und ihn um seine Meinung befrage, und dass so übel berüchtigte Personen, wie Michna, zu ihm reisten und mit ihm Beratungen pflegen, man spottete seiner Kurzsichtigkeit, dass er sich wie ein Vogel fangen lasse und ähnliches mehr. Žerotín empfand diese Nadelstiche und Seitenhiebe bitter und wie hätte es auch anders sein können, da er die Achtung jener, die ihm bisher auf seiner Laufbahn am nächsten gestanden waren, schwinden sah und die ehrenrührigsten Beschuldigungen gegen ihn erhoben wurden. Doch machte ihn auch dies nicht wankend. In seiner Antwort an Herrn von Tiefenbach bemerkte er: „Es ist eine wunderseltsame Sache, dass man mit mir so übel zufrieden ist, da ich doch bisher nichts anderes getan, als zum Frieden geraten, denselben mit allem Fleiße und Ernste gesucht und befördert und weder in Werken noch in Worten etwas verbrochen habe. So habe ich mich auch gegen die Böhmen nie erklärt, nie als Gegner erzeigt, nie gesetzt, ihnen in ihrer Sache nie unrecht gegeben, die Art, wie sie dieselbe verfehlten, zwar nicht gebilligt, aber sie auch deswegen nie angefeindet."[380]

---

378 Corr. Žer. Žerotín an Stietten dd. 4. Jan. 1619, Trebitsch.
379 Corr. Žer. Žerotín an den Markgrafen von Jägerndorf dd. 29. Nov.1618, Trebitsch.
380 Corr. Žer. Žerotín an Herrn Friedrich von Tieffenbach dd. Trebitsch, den 26. Nov. 1618.

Weder kränkende Anschuldigungen noch freundschaftliche Bitten bewegen also Herrn von Žerotín von dem betretenen Wege abzuweichen. Seine Aufmerksamkeit war in den folgenden Tagen auf den bevorstehenden Brünner Landtag gerichtet, damit sieh derselbe nicht von der Bewegung hinreißen lasse. In Wien war man, wie oben angedeutet wurde, sehr besorgt und hielt es deshalb für das Beste, wenn Ferdinand neuerdings als Stellvertreter des Kaisers in Brünn erscheine. Žerotín, um seinen Rat befragt, schrieb an den König, dass nichts Besonderes zu befürchten sei, und dass es ein allerdings zu billigendes Übermaß von Klugheit sei, wenn er sich bei dem Landtage einfinden würde.[381] Der Kardinal Dietrichstein war gleicher Meinung und so begab sich Ferdinand, der es an einer selbst überflüssigen Vorsicht nicht mangeln lassen wollte, auf den Weg. Allein er war noch nicht weit gekommen, als ihn ein Warnungsschreiben des Kardinals trat, das ihn von der Fortsetzung der Reise abmahnte. Žerotín hatte mittlerweile von der Sachlage eine andere Anschauung gewonnen und begann zu fürchten, dass die Böhmen einen Handstreich gegen Ferdinand auf seiner Hin- oder Rückreise von Brünn versuchen könnten, sei es durch einen heimlichen Überfall, sei es durch einen plötzlichen Einfall in Mähren.

Er verständigte den Kardinal von seinen Befürchtungen und dieser wieder den König, welcher sich darauf zur Rückkehr nach Wien entschloss.[382]

In der Tat war mehr als ein Grund vorhanden, um dessentwillen Ferdinand nicht umhin konnte Brünn zu meiden, denn abgesehen von der Gefahr eines Handstreiches gegen seine Sicherheit stand auch noch zu bedenken, ob er an einem und demselben Orte mit Thurn zusammenkommen könne. Von böhmischer Seite hatte man sich entschlossen, eine Deputation nach Brünn abzuordnen, um die Stände auf das ernsteste um den Anschluss zu ersuchen. Die Personen, die für diese Sendung auserwählt wurden waren Paul von Říčan, Ulrich von Gersdorf und Smil von Michalowic. Ihnen auf dem Fuße folgte aber auch Graf Thurn, der sich in Begleitung einer Reitereskorte plötzlich aus Österreich nach Mähren begab, um durch sein persönliches Erscheinen die Stände mit sich fortzureißen. Die Aufregung, welche das Erscheinen des Grafen in Brünn verursachte, war außerordentlich und löste die Zungen des protestantischen Theiles der Stände in einer Weise, dass die Katholiken vor Schrecken wie gelähmt waren und schon einer Wiederholung des Prager Fenstersturzes entgegen zu gehen glaubten.

---

381   Wiener Staatsarchiv. Boh. V. Žerotín an Ferdinand dd. Rossitz, den 29. Nov. 1618. – Ebendaselbst. Kardinal Dietrichstein an Ferdinand dd. 6. Dez. 1618.

382   Corr. Žer. Žerotín an Dietrichstein dd. 6. Dez. 1618. Rossitz.-Sächs. Staatsa. 9170, VII. Zeitung aus Wien dd. 19. Dez. 1618. -Skala II, 559.

Fabricius, der sich seit einigen Wochen in Brünn häuslich niedergelassen hatte, wollte nicht zum zweiten Male Gefahr laufen und floh aus der Stadt. Michna, der gut wusste, dass man seinen Kollegen im Sekretariat nur deshalb aus dem Fenster geworfen hatte, weil er selbst nicht zur Hand war, folgte seinem Beispiele und stellte zur größeren Sicherheit seine Flucht in geistlicher Kleidung an.[383]

Als königliche Kommissare fanden sich bei der Eröffnung des Brünner Landtages die Herren Heinrich von Kolowrat und Friedrich von Talmberg ein, von hervorragenden Katholiken und Häuptern der kaiserlichen Partei waren der Fürst von Liechtenstein, der Kanzler Lobkowitz und der Kardinal Dietrichstein zugegen, selbstverständlich fehlte auch Žerotín nicht. Die Verhandlungen nahmen gleich im Beginne eine stürmische Wendung, da die Protestanten von nichts anderem hören wollten, als von einem raschen Anschlusse an die Böhmen, deshalb die Gemeinschaft mit den Katholiken abbrachen und eigene Beratungen hielten. Žerotín wurde anfangs in die Versammlung seiner Glaubensgenossen nicht einmal zugelassen, zwei Tage lang währte seine Ausschließung. Als man ihn endlich doch in den Kreis jener berief, die ihn früher als ihr Orakel betrachtet hatten, blieb er sich unbeugsam treu und bot seine ganze Beredsamkeit auf, um den Anschluss an Böhmen zu verhindern. Abermals entschied sein Wort, die Protestanten ließen sich von seinen Argumenten so weit besänftigen, dass sie sich wieder ihren katholischen Standesgenossen anschlossen und damit begnügten, dem Kaiser energisch einen friedlichen Ausgleich mit Böhmen anzuraten. So erlitt trotz Thurns Anwesenheit, der übrigens nur ganz kurze Zeit in Brünn weilte, die böhmische Sache zuletzt eine Niederlage.[384]

Die Katholiken befreite die glimpfliche Beendigung des Landtags von einer Zentnerlast; selbst Žerotín, der anfangs keine Gefahr für seine Politik befürchtet hatte, bis er sich zuletzt gar sehr vom Gegenteile überzeugte, freute sich des schwer erkämpften Sieges und beglückwünschte Ferdinand über den Ausgang der Verhandlungen. Der Kaiser und sein Nachfolger dankten in eigenen Schreiben dem Manne auf das angelegentlichste, von dem sie ehedem solche Dienste nicht im Traume erwartet hatten und bezeugten ihre Dankbarkeit in einem Geschenke. Welcher Art dasselbe gewesen ist nicht weiter bekannt, es dürfte indessen kaum etwas anderes, als ein kostbares Kunstwerk gewesen sein, dessen Hauptwert nicht so sehr in Gold oder Juwelen, sondern in der besonders gnädigen Weise bestand, mit der es Žerotín von seinem Monarchen zugeschickt wurde. Auf letzteren machte diese Aufmerksamkeit und der überaus freundliche

---

383   Sächs. Staatsa. 9170, VII. Zeidler an Kursachsen dd. 16/18. Dez. 1618 Wien. Corr. Zer. Zerotin an Stietten dd. 4. Jan. 1619, Trebiseh.

384   Corr. Žer. Žerotín an Stietten dd. 4. Jan. 1619, Trebitsch.

Ton der Begleitschreiben einen für uns überraschenden Eindruck, denn seine Antwort an Mathias und Ferdinand überschritt in ihren Versicherungen das Maß gewöhnlicher Ergebenheit und ergoss sich in den feurigsten Dienstesanerbietungen für die Zukunft. An Ferdinand insbesondere schrieb er: „Die mir erwiesene hohe Gnade überhöhet nicht allein meine Verdienste, wofern einige vorhanden, sondern auch alle Hoffnung, die ich mir jemals hätte machen können, etwas dergleichen bei Euer Majestät zu erlangen. Denn was meine Augen darin ersehen, ist mir Gnad und über Gnade und eine Gnade über die andere, also dass ich weder Worte noch Gestalt finde, Euer Majestät genugsam zu danken … Gott, der in E. M. königliches Herz eingegeben, dass sie ihr diesen meinen Dienst, wie schlecht er auch gewesen, gefallen haben lassen, wolle dasselbe hierfür also leiten und regieren, dass nicht weniger die künftigen (Dienste), die ich noch verhofffte mit seiner Hilfe und Gnade E. M. zu tun von ihr in Gnaden aufgenommen werden mögen.[385]

Die Entscheidung in Brünn war für das Gelingen des böhmischen Aufstandes der größte Schlag, weil sie offenbar für die Haltung der Österreicher maßgebend war. Hätten sich die mährischen und oberösterreichischen Truppen mit Thurn verbunden, so wäre der Kaiser in seiner Residenz eingeschlossen und verloren gewesen, denn er hätte der feindlichen Armee, die in ihrer Vereinigung etwa 10000 Mann gezählt hätte, kaum mehr als die 2000 Mann Dampierres entgegenstellen können, da Buquoy durch Hohenlohes Truppen in Schach gehalten wurde.

Alle Hilfe, die ihm von Deutschland, Italien, Spanien, Flandern und sonstwo zu Teil werden konnte und seinem Nachfolger wirklich zu Teil wurde, kam dann zu spät. Die fortdauernde Neutralität Österreichs und Mährens bewirkte dagegen, dass Thurn im Erzherzogtum an keine große Unternehmung, namentlich nicht an eine Überschreitung der Donau oder einen Angriff gegen Wien denken konnte und sich auf die Besetzung von Zwettel beschränken musste. Auch trat die schlechte Jahreszeit allen Kriegsoperationen hemmend entgegen, so dass Mathias auf alle Fälle keine Gefahr zu befürchten hatte, solange die Mährer und Österreicher in ihrer Unentschlossenheit verharrten. Die größte Sorge verursachten dem Hofe jetzt die Truppen Buquoys, da deren vollständige Vernichtung im Bereiche der Möglichkeit lag. Die allgemeine Aufmerksamkeit richtete sich wieder auf den Kriegsschauplatz im südlichen Böhmen.

Als Thurn Ende November mit einem Teile seines Heeres nach Österreich abrückte, hatte es Buquoy nicht mehr wie früher mit einem überlegenen Feinde zu tun, doch besserte sich seine Lage deshalb nicht. Der Mangel an Proviant,

---

385 Wiener Staatsa. Žerotín an Ferdinand dd. 22. Dez. 1618.- Corr. Žer. Žerotín an Meggau dd. 10. und 13. Jan. 1619.- Žerotín an, Mathias dd. 10. Jan. - Žerotín an Eggenberg dd. 10. Jan.- Žerotín, an Ferdinand dd 10. Jan. 1619 Olmütz.

an dem er schon seit dem Beginne des Feldzuges gelitten hatte, machte sich bei ihm jetzt umso fühlbarer, da er auf einen engeren Raum beschränkt war und ihm die Zuzüge aus Österreich abgeschnitten wurden. Buquoy wollte sich deshalb gegen die Donau zurückziehen, weil er seine Lage für zu gefährdet ansah und begann mit Hohenlohe, der ihm gegenüber stand, Verhandlungen, in denen er für einen freien Rückzug die Räumung des Landes und die Übergabe von Budweis anbot. Da ein Übereinkommen nicht erzielt wurde, weil Hohenlohe den Feind ganz vernichten zu können hoffte, wollte sich Buquoy durch eine Kriegslist retten, wurde aber bei dem Versuche geschlagen, erlitt einen weiteren Verlust von 1000 Mann und wurde noch enger als früher in Budweis eingeschlossen. Hohenlohe wollte den Erfolg durch einen Angriff auf Krummau vervollständigen, aber er erlitt dabei selbst eine Schlappe. Buquoy benützte diesen kleinen Sieg nicht weiter, sondern gab den Versuch auf, sich nach Österreich zurückzuziehen, doch hielt er sich nicht ruhig, sondern ermüdet den Feind durch tägliche Ausfälle, indem er sich zugleich durch Streifzüge in mehr oder weniger weite Entfernungen die nötigen Lebensmittel verschaffte.

So war das Jahr 1019 herangekommen und damit die Gefahr einer vollständigen Niederlage für Buquoy in größere Ferne gerückt, denn über das böhmische Heer brachen jetzt so verheerende Krankheiten ein, dass seine numerische und moralische Überlegenheit beträchtlich zusammenschrumpfte.

Schon im Dezember 1618 litt es nicht wenig in Folge der schlechten Witterung und der Anstrengungen des Feldzugs, noch weit schlimmer gestalteten sich aber die Verhältnisse im Januar, obwohl das Heer nicht auf einem engen Raume konzentriert war, sondern der leichteren Verpflegung wegen über eine weite Strecke zerstreut wurde. Der größte Teil lag zwischen Zwettel und Budweis, während einzelne Abteilungen in Neuhaus, Soběslau, Tabor und Böhmischbrod untergebracht waren. Das Hauptquartier selbst war in Rudolfstadt.[386] Man berechnete den Verlust, den die Böhmen hauptsächlich durch Krankheiten bis Mitte Januar 1619 erlitten batten, auf 5000 Mann, während der Verlust der Schlesier auf 500 Mann angegeben wurde. Was die Krankheit betrifft, unter der die überlegene Kraft der Böhmen dahingerafft wurde, so war sie nach der Beschreibung der Quellen ein überaus rasch verlaufendes Nervenfieber; die davon Betroffenen bekamen heftige Kopfschmerzen, Ohrensausen, die Glieder schwollen ihnen an, Zunge und Gaumen waren entzündet und trocken. Auch die folgenden Wchen brachten keine Erleichterung, die Sterblichkeit dauerte bis zum Frühjahre mit gleicher Heftigkeit fort, so dass der böh-

---

386 Wiener Staatsarchiv. Untersch. Akten V. Aus dem böhmischen Winterlager.

mische Verlust gegen Ende Februar schon auf 8000 Mann veranschlagt wurde, zwei Drittel der Armee waren also zu Grunde gegangen. Graf Thurn war in Verzweiflung über diesen unsäglichen Jammer, für den er keine Hilfe wusste.

Von den schlesischen Hilfstruppen trugen gegen Ende März nur noch 500 Mann die Waffen, der Rest war gestorben oder lang krank darnieder. Manche Kompagnien waren auf den zwanzigsten Teil ihres früheren Bestandes reduziert. Soldaten und Offiziere verließen aus Furcht vor dem pestartig um sich greifenden Übel ihre Lagerplätze und eilten nach Prag, um dafür wirkliche oder vorgeschützte Krankheiten Heilung zu suchen, so dass es in den Straßen der Hauptstadt bald kriegerischer aussah als in der Nähe des Feindes.[387] Durch strenge Strafbestimmungen von Seite der Direktoren musste ihnen wieder die Rückkehr zu ihren Fahnen anbefohlen werden. Kann es Wunder nehmen, wenn die böhmischen Truppen unter solchen Verhältnissen ihre Kriegslust einbüßten und meinten, ihre Generäle verständen nicht das Handwerk, da sie nach so glücklichen Erfolgen und nachdem sie dem Grafen Buquoy solche Schläge beigebracht hatten, seiner nicht Herr werden könnten. Was das kaiserliche Heer betrifft, so waltete über demselben Anfangs ein günstigeres Schicksal, noch im Januar wurde die Stärke Buquoys auf 5000 Mann angegeben, eine Ziffer welche beweist, dass er mit den Seinigen durch Krankheiten nur unbedeutend heimgesucht worden war. Im Februar verschlechterten sich jedoch die Verhältnisse auch für ihn und die Sterblichkeit erreichte in Budweis, wo sich das Gros seiner Armee befand, eine erschreckende Höhe, die unter den Soldaten, noch mehr aber unter den Bürgern aufräumte. Dennoch scheint es, als ob die Verluste Buquoys im Verhältnisse zu den böhmischen minder schwer gewesen seien, worauf vielleicht die besseren Quartiere, wie sie in Budweis und Krummau zu finden waren, einigen Einfluss ausgeübt haben. Jedenfalls büßte er keinen Augenblick den moralischen Mut ein, denn er quälte die Böhmen mit unablässigen Angriffen. Zu gleicher Zeit war er darauf bedacht, frische Kräfte an sich heranzuziehen und suchte, da er auf solche von Oberösterreich her nicht hoffen konnte, sich einen Weg durch den Böhmerwald nach Passau zu eröffnen. Er bemächtigte sich zu diesem Ende der alten Handelsstraße, des goldenen Steigs, räumte die furchtbaren Hindernisse, welche die Natur jedem Verkehre im Winter daselbst entgegensetzt, glücklich weg und eröffnete dadurch, 2000 Fußknechten, die der Kaiser mittlerweile in Vorderösterreich geworben hatte, den Weg nach Krummau.[388] Damit ersetzte

---

387   Die Akten im sächs. Staatsa. Grünthal an Kursachsen dd. 16/26. Febr. Prag 1619 und viele andere
      Briefe. Ferner Münchner Reichsarchiv 40, 2 Conrad Pawel an seinen Bruder dd. 9. Febr. 1619.-Münch-
      ner Staatsarchiv 416, 16 Extrakt aus einem Schreiben aus Linz. – Skala III, 24.
388   Skala III, 25.

er hinreichend alle Verluste, die er durch Krankheit erlitten haben mochte und behauptete sich in der Stärke, die er im Januar innegehabt. Die Böhmen, die mittlerweile durch neue Werbungen ebenfalls ihre Lücken zu füllen versuchten, wehrten nur mühsam seine Angriffe ab und konnten nicht einmal hindern, dass Dampierre über die österreichische Grenze hervorbrach und seine Streifzüge bis tief in das Land ausdehnte.

Die Leiden, welche über das beiderseitige Kriegsheer im Winter hereinbrachen sind jedoch kaum ein Schatten von jenen, unter denen die südlichen Gegenden des Landes seufzten. Thurn und Hohenlohe deckten ihren Bedarf an Proviant zu einem guten Teile durch Requisitionen, da aber von den Gutsbesitzern am Kriegsschauplatze kaum ein Drittel des Geforderten abgeliefert werden konnte, so wurde der Rest des Bedarfes regelmäßig durch Plünderungen aufgebracht. Die Bauern verloren entweder ihr gesamtes Hab und Gut und gingen im Elend zu Grunde oder sie flüchteten mit dem Reste ihres Besitzes in die entfernteren Teile des Böhmerwaldes, und ließen ihre Hütten leer stehen, die dann von den Soldaten niedergerissen und als Brennmaterial verwendet wurden. Und was der Freund nicht verdarb, das richtete der Feind zu Grunde. Denn während die böhmischen Truppen nur ihre Bedürfnisse zu decken suchten, brachte Buquoy die Verödung des Kriegsschauplatzes in ein förmliches System. Die Orte, welche von den kaiserlichen Soldaten ausgeplündert worden waren, wurden von ihnen absichtlich niedergebrannt und die bäurische Bevölkerung schutz- und hilflos in die Welt hinausgetrieben. Man berechnet, dass im Prachiner Kreise allein über 200 Dörfer bis zum März 1619 auf diese Weise vernichtet worden sind.[389] Der furchtbare Jammer, der so das südliche Böhmen traf und es in eine Wüste zu verwandeln drohte, rief in Prag die größte Bestürzung hervor und verursachte sogar die Direktoren zur Absendung einer Klagschrift an den Kaiser. Man mag in Wien keine geringe Genugtuung empfunden haben, als das Schreiben der Direktoren ankam, doch fand es scheinbar Beachtung, denn Buquoy erhielt den Befehl, mit mehr Mäßigung aufzutreten; selbstverständlich blieb aber alles beim Alten."[390] Der eigentliche Krieg hatte jedoch seit dem Beginne des J. 1619 aufgehört und Verhandlungen aller Art nahmen die ersten Monate dieses Jahres in Anspruch, bevor der zweite Waffengang sie wieder zum Abschluss brachte.

---

389 Skala III, 52.
390 Sächs. Staatsa. 9170, VIII. Zeidler an Kursachsen dd. 13/23. Januar Wien 1619. Ebend. Lebzeiter an Schönberg dd. 11/21. Jan. 1619 Prag. Außerdem, Skala ⊠ und zahlreiche Akten verschiedener Archive.

ACHTES KAPITEL.

Die letzten Ausgleichsversuche. Des Kaisers Tod.

I.   Christoph von Dohna in Turin (Okt. 1618). Der Herzog von Savoyen wünscht den Abschluss einer umfassenden Allianz. Versammlung der pfälzischen Staatsnummer in Krailsheim. Dem Pfalzgrafen wird die böhmische Krone angeboten. Mansfeld und Neu in Turin. Plan zur Zertrümmerung der österreichischen Monarchie. Christoph von Dohna in England. Jakob I im Schlepptau der spanischen Politik.
II. Waldstein in Prag und Dresden. Widerstand Maximilians von Bayern gegen jeden Antheil an der Interposition. Seine endliche Zusage. Bedingungen derselben. Verhandlungen Kursachsens mit Böhmen wegen des Waffenstillstandes. Stimmung in Prag. Verschiebung des Waffenstillstandes bis zum Beginn der Ausgleichsverhandlungen zu Eger am 14. April.
III. Landtag in Prag (18. März 1619). Erneuerte Anordnung des Aufgebots. Steuerbewilligungen. Das Konfiskations- und Ämterdekret. Verhalten des Landtags gegenüber der Interposition. Mathias und die Niederösterreicher. Des Kaisers Tod (20. März 1619).

I

Man erinnert sich, in welcher Weise der Herzog von Savoyen den Böhmen seine Hilfe durch pfälzische Vermittlung zu Teil werden ließ. Das kurfürstliche Kabinett hatte die dargebotene Hand mit Freuden ergriffen, den Marsch Mansfelds nach Böhmen vermittelt und darauf die Absendung eines eigenen Gesandten nach Turin beschlossen,[391] der die Allianz mit dem Herzog von Savoyen noch enger knüpfen und auf Venedig erweitern sollte.

Mit dieser Mission wurde der Burggraf Christoph von Dohna betraut, der mit seinem Bruder Achatz schon seit mehreren Jahren dem pfälzischen Hofe in diplomatischen Angelegenheiten gute Dienste geleistet hatte. Christoph von Dohna kam Anfangs Oktober in Turin an und sollte seinem Auftrage gemäß den Herzog Karl Emanuel um eine Vermehrung der mansfeldischen

---

391   Bernburger Archiv. Reg. VI. B. IV. Vol. XXV. Anhalts Schreiben dd. 25. Aug., 26. Aug., 1. Sept. und 11. Okt. A. St.

Truppen ersuchen, sowie mit seiner Unterstützung Verhandlungen mit Venedig einleiten, auf dass letzteres sich zu einer Geldhilfe von etwa 300.000 Dukaten verstehe. Insoweit es auf die persönliche Stimmung des Herzogs ankam, war Dohna mit der ihm zu Teil gewordenen Aufnahme sehr zufrieden. In wiederholten Audienzen, die Karl Emanuel dem Gesandten zu Teil werden ließ, gab er seinem Hass gegen die Habsburger einen unverhüllten Ausdruck und betonte mehr als einmal, dass er nur in der Aussicht auf die Vernichtung der habsburgischen Macht in Böhmen und Deutschland sich zu einem Opfer entschließen könne, aber um dieses Zieles willen nicht geizen wolle und sollte er „sein Hemd vom Leibe zusetzen.“[392] Dabei zeigte er sich für die Pläne des Pfalzgrafen sehr günstig gestimmt und sprach den Wunsch aus, dass ihm die Krone von Böhmen zufallen möge; da er jedoch die Schwierigkeiten des Kampfes nicht unterschätzte, wollte er ihn nicht auf seine eigenen Schultern und die einiger wenig vermögenden Verbündeten wälzen, sondern einen wahren Kreuzzug gegen den gemeinsamen Gegner organisieren. Zu diesem Behufe verlangte er die Beteiligung Englands, Frankreichs, Hollands und Venedigs, berechnete die allfällige Beitragsleistung eines jeden dieser Staaten auf 25 bis 30.000 Dukaten monatlich und erbot sich selbst zu dem halben Betrage. Wie ernst er es mit diesem Vorschlag meinte, zeigte sein Verlangen, dass Sir Isaac Wake, der sich an den Verhandlungen zwischen dem Herzoge und Dohna mit aufrichtiger Hingebung für die pfälzische Suche beteiligte, nach Hause reise und bei Jakob I den Anschluss an das gemeinsame Bündnis vermittle. Von den Entschließungen dieses Königs machte er dann seine fernere Hilfeleistung, sowie die weitere Bezahlung der mansfeldischen Truppen abhängig.

Als Dohnas Bericht über die Anschauungen und Forderungen des Herzogs in Heidelberg anlangte, ärgerte man sich daselbst und glaubte, dass der letztere alles auf die lange Bank schieben wolle, da er seine dauernde Teilnahme an der Bekämpfung der Habsburger von dem Zustandekommen einer großen Liga abhängig mache. Die folgenden Ereignisse bewiesen jedoch nur zu sehr, dass des Herzogs Vorsicht begründet war und eine Macht, wie die habsburgische, sich nicht wie ein Kartenhaus umblasen ließ. Zudem hatte das Heidelberger Kabinett stets den Mund voll genommen, wenn es sich darum handelte, jemanden gegen den Kaiser aufzureizen, und auf halb Europa als einen sicheren Bundesgenossen gewiesen. Der Herzog von Savoyen war also im Rechte, wenn er diese in der Perspektive gezeigten Bundesgenossen näher besehen und wissen wollte, ob sie zur Tat ebenso bereit seien, wie zu Versprechungen

---

392   Münchner Staatsarchiv 548/9 Dohna an Kurpfalz dd. 8/18 Okt., an Anhalt dd. 8/18 Okt. Turin. - Relation Dohnas dd. 2/12. Nov. Ebend. 425/4 Wake an Kurpfalz dd. 21/31 Okt. Turin.

oder ob das Heidelberger Kabinett ihm nicht bloß ein Schattenspiel vormache. Die Folge von des Herzogs Vorsicht war auch, dass er sich bei dem beginnenden Kampfe nicht über seine Kräfte anstrengen wollte. Er lehnte deshalb die Bitte Dohnas ab, dass er die Unterhaltung von doppelt so vielen Truppen, als Mansfeld jetzt kommandierte übernehmen möge; kämpfte er doch schon jetzt mit Schwierigkeiten in der Erfüllung der eingegangenen Verpflichtungen. Das mansfeldische Guthaben betrug am 23. Oktober 80.000 Dukaten, mit Mühe konnte Karl Emanuel dem Gesandten Wechsel für 20.000 Dukaten ausstellen und musste ihn wegen des Restes auf die Zukunft vertrösten. Bezüglich des Abschlusses einer Allianz mit Venedig wies er den Burggrafen zur direkten Verhandlung an den Gesandten der Republik in Turin, Renieri Zeno. Letzterer schnitt jedoch gleich im Beginne alle Hoffnungen ab und so erwiesen sich die Erwartungen bezüglich Venedigs vorläufig als eine Chimäre.

Was die Hoffnung auf die deutsche Krone betrifft, mit der Dohna den Herzog ködern sollte, so ließ sich dieser schlaue und auf reelle Vorteile nur zu sehr bedachte Staatsmann nicht durch den wenig leckeren Bissen fangen. Doch wollte er sich jedenfalls in Deutschland einen greifbaren Vorteil zuwenden und dieser bestand in der Erwerbung einer geistlichen Kur für seinen Sohn, den Kardinal von Savoyen, wobei sich wohl auch Mittel und Wege zu einer allfälligen Säkularisierung derselben gefunden hätten. Im ganzen ließ sich aber Karl Emanuel nicht zu sehr in Planmacherei ein, so lange die Mittel zum Kampfe nicht besser geordnet waren; nur das eine wiederholte er stets, dass sich die deutschen Fürsten die jetzige glänzende Gelegenheit zur Niederwerfung des mächtigen Erzhauses nicht entschlüpfen lassen sollten. Alle diese Nachrichten stimmten den Heidelberger Hof etwas herab, man hatte sich daselbst allzu großen Hoffnungen auf des Herzogs Eifer, noch mehr aber auf das venezianische Geld hingegeben und mit Hilfe desselben hatte die geschäftige Phantasie schon ein gewaltiges Heer aufgestellt. Man sah ein, dass man die Last des Kampfes nicht auf andere Schultern wälzen könne, wie man dies gern gewollt hätte.[393] Andererseits drängte die Zeit zu raschen Entschlüssen; wurden die Böhmen nicht rechtzeitig und ausgiebig unterstützt, so konnten alle auf den Aufstand gesetzten Hoffnungen zu Wasser werden.

Zur Feststellung der einzuhaltenden Politik wurde deshalb eine Beratung zwischen den Häuptern des pfälzischen Kabinetts anberaumt, die nicht in Heidelberg, sondern in Krailsheim stattfinden sollte. Es fanden sich daselbst, neben dem Fürsten von Anhalt und dem Markgrafen von Anspach, auch der Graf von

---

393 Münchner Staatsarchiv 425/4 Solms an Anhalt dd 3/13. Nov. 1618.

Solms und Camerarius ein. Der erste Gegenstand der am 25. November 1618 stattgefundenen Beratung war das künftige Verhältnis zu Böhmen, bezüglich dessen in Folge wichtiger Nachrichten aus Prag ein entscheidender Beschluss gefasst werden musste. Im Monate Oktober oder Anfangs November war Achatius von Dohna nach dieser Stadt geschickt werden, um im pfälzischen Interesse die Stände zum Widerstande aufzumuntern. Bei dieser Gelegenheit erklärte ihm Ruppa, dass Klarheit in die Situation kommen müsse, er und seine Freunde seien entschlossen, mit dem Kaiser für immer zu brechen und dem Kurfürsten von der Pfalz die Krone anzutragen. Achaz wurde deshalb ersucht, sich auf den Heimweg zu begeben und den Kurfürsten zu einer Entscheidung aufzufordern. Der Gesandte lenkte seine Schritte nach Krailsheim und teilte den dort Versammelten seinen Auftrag mit. Wie sehr auch die Wünsche aller Anwesenden für ein rasches Ergreifen des Anbotes sein möchten, so konnten sie nichts weiter tun, als dem abwesenden Kurfürsten die letzte Entscheidung zu überlassen.

Bei der darauffolgenden Beratung über das Verhältnis zu Savoyen wurde die Absendung einer neuen Gesandtschaft nach Turin beschlossen. Da Christoph von Dohna in den nächsten Tagen nach England reisen sollte, so musste jemand anderer mit dieser Mission betraut werden; am passendsten erschien hierfür der Graf von Mansfeld, der nach der Einnahme von Pilsen für einige Zeit verfügbar wurde. Man beriet sich nun über die Instruktion, die ihm mitgegeben werden sollte und entschied sich dahin, ihm so ziemlich dieselben Aufträge zu geben, wie jene, welche Christoph von Dohna zu vertreten hatte. Mansfeld sollte also den Herzog von Savoyen zu höheren Leistungen vermögen, von Venedig Geld verlangen und wenn nötig, selbst dahin reisen. Über den künftigen Lohn Savoyens wurde nichts anderes stipuliert, als dass man dem Herzoge Hoffnung auf das kaiserliche Vikariat in Italien machen wollte; indes wären die pfälzischen Politiker in keine geringe Verlegenheit geraten, wenn sie die damit verbundenen reellen Vorteile hätten präzisieren sollen.

Als der junge Kurfürst von den Krailsheimer Beschlüssen verständigt und zu einer entscheidenden Erklärung gegen Böhmen gedrängt wurde, sah er zum ersten Male das Gefährliche des bisherigen diplomatischen Spieles ein. Die Möglichkeit all' der traurigen Folgen, die später für ihn eintraten, mag seinem Geiste lebhaft vorgeschwebt haben, auch beschäftigte jetzt sein Gewissen die Frage, ob er als ein Fürst von Gottes Gnaden einem Unternehmen die Hand reichen dürfe, bei dem verbriefte Fürstenrechte angegriffen wurden. Mit seinen Räten konnte er die Sachlage nicht so recht nach Herzenslust und Bedürfnis durchsprechen, es waren dies alle viel ältere Männer, gegen die der unerfahrene und gutmütige Jüngling kaum eine eigene Meinung aufzustellen wagte und deren Aussprüche er, da sie sich im Dienste seines Vaters bewährt hatten, gläubig hinnahm. So äußerte sich denn alle seine Angst und Besorgnis nicht in größerer Vorsicht oder verdoppelter Tätigkeit, sondern in unfruchtbaren Seelenkämpfen, von denen seine Umgebung Zeuge war. Sein Großhofmeister Albrecht von Solms berichtete von „furchtbaren Zweifeln," von denen der junge Kurfürst gequält wurde und aus denen, wie der Graf hoffte, ihm Gott durch die Weisung des rechten Weges helfen werde.[394] Nach mancherlei Zögern ging endlich der Pfalz-graf auf das böhmische Anerbieten ein, doch nicht ohne durch das Aufwerfen einiger Fragen die definitive Entscheidung um einige Wochen aufzuschieben. Achaz von Dohna wurde nach Prag geschickt und sollte mit Ruppa und den übrigen in das Geheimnis Eingeweihten die Verhandlungen zum Abschlusse bringen. Vor allem solle er an Ruppa die Frage richten, ob die Stände zum Auf-stande berechtigt seien und das Recht zur Absetzung der regierenden Dynastie und zur Wahl eines neuen Königs besässen. Für den Fall einer befriedigenden Lösung dieser, für die Naivität des Kurfürsten zeugenden Gewissensfrage, sollte Dohna die Schwierigkeiten und Gefahren erörtern, in die sich Friedrich mit der Annahme der Krone verwickeln würde und zu verstehen geben, dass eine ein-fache Übertragung derselben auf seine Person ohne gleichzeitige Festsetzung eines gewissen Erbrechtes für seine Nachkommen nicht im Verhältnisse zu den unvermeidlichen Auslagen stehen würde. Im Übrigen versprach der Pfalzgraf den Böhmen seine diplomatische Vermittlung bei allen Höfen und bot ihnen, neben der weiteren Unterhaltung der mansfeldischen Truppen, die noch immer als sein Verdienst galt, ein Darlehen von 100000 Gulden an.[395]

Mansfeld, der entsprechend den krailsheimer Beschlüssen die Verhand-lungen mit dem Herzoge von Savoyen weiterführen sollte, trat in Begleitung des Sekretärs Neu Anfangs 1619 die Reise nach Italien an. Beide trafen am 28. Januar in Turin ein und traten ohne Zeitverlust mit dem Herzoge in Ver-handlung. Die Geneigtheit des letzteren, sich in die böhmischen Angelegen-heiten einzumischen hatte sich nicht vermindert, seine Ziele hatten aber eine so merkwürdige Umgestaltung erfahren, dass sie das Interesse des Pfalzgrafen in erster Linie berührten. Der Herzog von Savoyen hatte nämlich beschlossen, sich selbst um die Krone von Böhmen zu bewerben und mit ihr die kaiserli-che zu verbinden. Da er ganz wohl einsah, dass auch der Pfalzgraf nach einem Lohne verlange, so verwies er ihn auf den Gewinn des Elsasses und der vor-derösterreichischen Lande, die allerdings für die Arrondierung der Pfalz gut gelegen waren, außerdem wollte er ihm aber noch zum Besitze von Österreich

---

394   Münchner Staatsarchiv 425/4 Solms an Anhalt dd. 24 Nov. a. St.
395   Münchner Staatsarchiv 548/9 Geheimes Memorial für Achntius von Dohna.

und selbst der Krone von Ungarn verhelfen. Karl Emanuel hatte also einen vollständigen Teilungsplan über den Besitz der deutschen Habsburger ausgearbeitet. Für den Fall, dass das Heidelberger Kabinett auf denselben eingehen würde, war er zu den äußersten Anstrengungen erbötig; er wollte nicht nur zur Bekämpfung des Erzhauses 6-7000 Mann unter dem Kommando des Grafen Mansfeld unterhalten, sondern auch Subsidien im Betrage von 1.5 Millionen Dukaten, sei es von Venedig, sei es aus der eigenen Gasse garantieren. Die Venezianer sollten, im Falle sie sich dem Bündnisse anschlössen, mit Istrien und Friaul belohnt werden. Der Herzog gab ferner zu verstehen, dass wenn das Heidelberger Kabinett einen Schlag gegen den geistlichen Besitz in Deutschland führen wolle, dies sobald als möglich geschehen möge, damit er dies dem Papste gegenüber nicht zu verantworten hätte. In richtiger Würdigung, dass Anhalt die Seele der Heidelberger Politik sei, beschenkte er den Sohn desselben aus freiem Antriebe mit der beträchtlichen Jahrespension von 10.000 Gulden, was einer Bestechung des Vaters ziemlich ähnlich sah.[396] Er sprach zugleich den Wunsch nach einer persönlichen Zusammenkunft mit dem letzteren aus und schlug hierfür einen Ort in der Nähe von Genf vor.

Um Venedig für den weitaussehenden Plan zu gewinnen, wünschte der Herzog, dass sich von Seite des Pfalzgrafen ein Gesandter dahin begebe. Neu zögerte umso weniger diese Reise zu unternehmen, als dieselbe ohnedies im Plane des pfälzischen Kabinetts lag und Mansfeld selbst, wenn dies nötig sein sollte, hierzu bevollmächtigt war. Vor dem wirklichen Antritte der Reise schien es zweckmäßig, sich mit dem Gesandten der Signoria in Turin zu besprechen. Man setzte ihn von dem projektierten Teilungsplane in Kenntnis und zeigte ihm, dass auch Venedig nicht leer ausgehen würde, wenn es sich zu einer entsprechenden Hilfeleistung verstehen wollte. Zeno war durch diese Mitteilung sichtlich aufgeregt und machte jetzt größere Hoffnungen auf eine Unterstützung, ersuchte aber den venezianischen Gewinn in dem Allianzgesuche etwas mehr arrondieren zu wollen und fügte deshalb auf der geduldigen Karte noch Görz, Gradiska, einige ungarische Seeplätze und endlich jenen Teil von Tirol, der sich zwischen die Besitzungen der Republik einschob und der allenfalls auf Trient und Botzen gedeutet werden könnte, zu dem für die Republik bestimmten Beuteanteile hinzu. Neu fand gegen die Billigkeit dieser Ansprüche nichts einzuwenden und begab sich darauf auf den Weg nach Venedig; der Empfang war jedoch nicht der erwartete, denn der Doge vermied die Abgabe eines bestimmten Verspre-

---

396 Die Beweisstücke dieser Unterhandlung sind im Archiv U. P. Ferner Münchner Reichsarchiv 40/2. Neu an Anhalt dd. Feb. 1619.-Bernburger Archiv Reg. VI. B. IV. Vol. XXIII. Karl Emanuels Pensionsversprechen.

chens.[397] Da der Herzog von Savoyen seine Mithilfe zu dem völligen Sturze der deutschen Habsburger von dem Anschlusse Venedigs nicht abhängig machte, sondern an seinem Plane mit äußerster Kraftanstrengung festhalten wollte, falls nur das Heidelberger Kabinett sich demselben anschließen würde, so war es jetzt an letzterem eine Entscheidung zu treffen. Der Markgraf von Anspach bekam von seinem Sekretär die erste Nachricht von den Absichten Karl Emanuels und war auf das höchste darüber erstaunt. Die Kühnheit der savoyischen Konzeptionen, sowie die Großartigkeit des beabsichtigten Umsturzes bezauberten ihn und er verlangte, dass man den angedeuteten Teilungsplan in ernste Erwägung ziehe; auch Camerarius, von dem eine Meinungsäußerung vorliegt, verwarf die savoyischen Vorschläge nicht und wünschte seinem Herrn den Mut zu großen Entschlüssen, also offenbar zur Annahme des Teilungsplanes. Die Wichtigkeit des Gegenstandes erheischte die eingehendste Beratung und zu diesem Zwecke eine abermalige Zusammenkunft aller Häupter des pfälzischen Kabinetts. Diese Zusammenkunft war auch deshalb notwendig, weil das böhmische Triumvirat, mit welchem Namen man jetzt Thurn, Hohenlohe und Ruppa zu bezeichnen pflegte, eine Gelegenheit herbeiwünschte, um endgültige Vereinbarungen mit dem Kurfürsten von der Pfalz zu treffen.[398] Es unterlag keinem Zweifel, dass die genannten Herren hierbei auf eine definitive Entscheidung bezüglich der Annahme oder Ablehnung der böhmischen Krone dringen würden; man musste also auch in dieser Beziehung einen bestimmten Entschluss fassen, und dies umso mehr, da ja in dem Herzoge von Savoyen ein neuer Prätendent für die betreffende Krone aufgetreten war. Zur Beratung über alle diese Gegenstände wurde eine Zusammenkunft in Krailsheim festgesetzt, an der sich auch der Kurfürst von der Pfalz beteiligen sollte. Neben ihm wollten sich noch Christian von Anhalt, der Markgraf von Anspach, Solms und Camerarius einfinden.

Die Zusammenkunft fand in der Tat in den letzten Tagen des Jahres 1619 des März statt und die genannten Fürsten und Staatsmänner entschieden sich definitiv über die gegen Savoyen und Böhmen einzuhaltende Politik, deren Grundzüge dadurch bestimmt wurden, dass der savoyische Teilungsplan Annahme fand. Da sich eben auch in Ungarn eine antihabsburgische Bewegung zu entwickeln begann, so erschien die Möglichkeit seiner Durchführung nicht als eine eitle Chimäre, zudem war die Krone von Ungarn für den Pfalzgrafen nicht minder wertvoll, als die von Böhmen, und der Tausch der einen gegen die andere umso weniger schmerzlich und schwierig, als er noch keine von beiden besaß.

---

397 Die Akten im Archiv U. P. und im Münchner Staatsarchiv.
398 Bernburger Archiv P. N. 38. Hohenlohe an Anhalt dd. 26. März 1619. Auch das Archiv U. P.

Übrigens raunten sich seine Ratgeber ins Ohr, dass die Verzichtleistung auf Böhmen nur eine vorübergehende sein dürfte, denn nach des Herzogs Tode könnte der Pfalzgraf wieder die Wahl auf seine Person lenken und so den Lohn für seine unbestreitbaren Verdienste um diese Krone erlangen. Nachdem man alles dies erwogen und selbst eine künftige Übervorteilung des jetzigen Verbündeten in Rechnung gezogen hatte, wurde beschlossen, den Fürsten von Anhalt nach Turin abzuschicken und dem Herzoge die Bereitwilligkeit zur Annahme seiner Vorschläge auszudrücken, falls er genügende Sicherheit für die Einhaltung der gemachten Versprechungen bieten würde. Der Pfalzgraf erbot sich für diesen Fall die günstige Meinung, die für ihn selbst in Böhmen herrsche, auf den Herzog hinzulenken und zeigte sich damit mehr auf die Erhebung des letztem, als auf die eigene bedacht.

Durch diese Beschlüsse wurde das künftige Verhältnis zu Böhmen normiert und es trat damit die Notwendigkeit ein, die Direktoren von dem savoyischen Teilungsplane, wenigstens was die Krone ihres Landes betraf, in Kenntnis zu setzen. Der Fürst von Anhalt schrieb deshalb noch am selben Tage, an dem die Grundzüge der gegen den Herzog von Savoyen einzuhaltenden Politik bestimmt wurden, an Hohenlohe, dass er in die gewünschte Konferenz einwillige, und verlangte nur bei der außerordentlichen Wichtigkeit des Gegenstandes, um den es sich handelte, dass sich neben Hohenlohe auch Thurn und Ruppa mit Gewissheit einfinden möchten. Als Ort der Zusammenkunft bestimmte er die an der Grenze Böhmens liegende Stadt Taus und als Zeitpunkt den 10. April. Die Konferenz kam aber nicht zu Stande, denn der Tod des Kaisers, der mittlerweile eingetreten war, hinderte die Leiter des böhmischen Aufstandes an der Abreise nach Taus und nötigte sie, ihre alleinige Aufmerksamkeit auf die Gewinnung von Mähren zu richten. Die weiteren Verhandlungen und Beschlüsse erfolgten unter der Einwirkung der neuen Situation, die der Tod des Kaisers geschaffen hatte.

Man sieht, dass der Herzog von Savoyen bei dem Empfange der zweiten pfälzischen Gesandtschaft nicht mehr den früheren Abschluss jener großen Liga zur Bedingung machte, um sich noch ferner in die böhmischen Händel einzumengen. Die Herrschaft der deutschen Habsburger schien ihm so ganz und gar auf morscher Grundlage zu ruhen, dass er, selbst ohne die sichergestellte Hilfe einer oder zweier Großmächte, mit Bundesgenossen untergeordneten Ranges den Kampf wagen wollte. Hätte er indessen gewusst, wie wenig die Hoffnungen, die von Seite des Pfalzgrafen stets auf England gebaut worden waren und die er jedenfalls auch teilte, sich realisieren sollten, so wäre er gewiss bedenklicher geworden. Die Nachrichten, die von England in Heidelberg seit

Monaten anlangten, waren voll bitterer Enttäuschungen für die Erwartungen, denen man sich daselbst hingegeben.

Als Karl Emanuel seine Mithilfe von dem Abschluss einer Allianz mit England, den Generalstaaten usw. abhängig machte, beschloss der Pfalzgraf den Burggrafen Christoph von Dohna unmittelbar nach seiner Rückkunft aus Italien nach England zu schicken, um diese Allianz anzubahnen.[399] Es war dies übrigens nicht das erste Mal, dass der gelehrte König Jakob I bezüglich der böhmischen Angelegenheit zu einer Meinungsäußerung vermocht werden sollte. Schon im Monate September benachrichtigte ihn sein Schwiegersohn in einem von Friedensliebe überströmenden Schreiben von dem Aufstande in Böhmen und von seinen aufrichtigen Bemühungen, diesen Brand zu löschen. Hierzu erbat sich Friedrich die weisen Ratschläge seines teuren Schwiegervaters und wollte seine Dankbarkeit in ihrer genauesten Befolgung beweisen. Während Jakob darauf keine besondere Antwort gegeben zu haben scheint und durch dieses Schweigen den Schwiegersohn wenig aufmunterte, erwiderte er in auffallend verbindlicher Weise eine spanische Zuschrift bezüglich des böhmischen Aufstandes; er gelebte dem Könige von Spanien, dass er seinen Schwiegersohn von der Unterstützung der Böhmen abmahnen werde, falls sich dieselben als hartnäckige Rebellen erweisen sollten und wünschte nur, der Kaiser möge billige Friedensbedingungen stellen.[400] Diese ihrem Wortlaute und Inhalte nach besonders freundliche Äußerung Jakobs gegen Philipp wird, abgesehen von den legitimistischen Tendenzen des erstem noch dadurch erklärlich, dass in dieser Zeit die Verhandlungen wegen einer Vermählung des Prinzen von Wales mit der Infantin Maria in lebhaftem Gange waren.

Als sich darauf die Union wegen der böhmischen Angelegenheiten zu Rothenburg versammelte, benachrichtigte Friedrich seinen Schwiegervater abermals hiervon und erbat sich wiederum seine weisen Ratschläge. Gleichzeitig richteten auch die böhmischen Stände an Jakob ein Schreiben, dessen besonders gewählte und salbungsvolle Sprache dem Geschmacke und der Eitelkeit des Königs angepasst war, denn es überfloss von Lobeserhebungen bezüglich seiner Weisheit, Größe, Begabung usw. und hat am Schlusse so ganz nebenbei um ein Darlehen. Obwohl der Pfalzgraf das böhmische Gesuch empfahl, verfingen weder diese Empfehlung, noch jene Schmeicheleien bei Jakob, der sich in seiner Hinneigung zu Spanien immer mehr bestärkte; denn auch Philipp III nährte seine Eitelkeit mit süßen Brocken und gab Sogar unter der

---

399 Münchner Staatsarchiv 548. Christoph von Dohna dd. 5/15. Dez. 1618.

400 Gardiner. Friedrich an Jakob dd. 10/20 Sept. Buckingham an den Comic de Gondomar dd. 30. Sept. 1618. A. St.

Hand zu verstehen, dass er der passendste Mann sein dürfte, um den Streit in Böhmen als Vermittler zu schlichten. Obwohl diese Bemerkung nur indirekt gemacht werden war, so griff sie Jakob doch mit Eifer auf und erklärte seine entschiedene Bereitwilligkeit zur Vermittlung; auch rühmte er sich zum Beweise seiner Unparteilichkeit, dass er den Böhmen auf ihre Schreiben gar nicht geantwortet habe (!) und sprach sein Entzücken über die Aufrichtigkeit aus, mit der der spanische Hof in der böhmischen Sache gegen ihn aufgetreten sei.[401] Da er von vornherein sich verpflichtete bei den Verhandlungen auf die Rückkehr der Böhmen unter die Herrschaft des Hauses Habsburg zu dringen sofern ihren als gerecht befundenen Beschwerden entsprochen würde, so fand seine angetragene Vermittlung in Spanien Anklang und es wurde ihm der Wunsch ausgesprochen, dass er deshalb eine Gesandtschaft nach Deutschland abordnen möge.[402] Noch bevor Jakob wissen konnte, welche Aufnahme seine von ihm selbst mehr in Anspruch genommene, als ihm übertragene Vermittlerrolle finden werde, verwies er im stolzen Gefühle seiner eingebildeten Größe dem Kurfürsten von der Pfalz, dass er am 12. Dezember 1618 das Gesuch der Böhmen um ein Darlehen unterstützt habe. „Ihr wisst, mein teurer Sohn,“ schrieb er ihm, „dass wir der einzige König in Europa sind, der von Freund und Feind um seine Vermittlung ersucht wird; es würde unserer erhabenen Rolle deshalb schlecht anstehen, wenn wir eine Partei unterstützen wollten. Euren Rathschlag, dass wir die Böhmen insgeheim unterstützen könnten, müssen wir vollends verwerfen, denn es ist nicht unsere Art, etwas zu thun, wozu wir uns vor der ganzen Welt nicht bekennen wollten.“[403]

Bevor dieses wenig aufmunternde Schreiben in des Kurfürsten Hände gelangte, war Christoph von Dohna nach England abgereist. Die äußere Veranlassung für seine Absendung bot die Erneuerung des zwischen Jakob I und der Union bestehenden Bündnisses. Im J. 1612 war zwischen diesen beiden Kontrahenten eine Allianz auf 6 Jahre geschlossen worden, durch welche sie sich im Kriegsfalle zu wechselseitiger Hilfeleistung verpflichteten. Da nun diese Frist abgelaufen war, so sollte Dohna im Namen seines Herrn um die Erneuerung des Bündnisses auf weitere sechs oder wenigstens auf vier Jahre ansuchen.[404] Die Verhandlungen über diesen Gegenstand boten keine Schwierigkeit; Jakob war bereit, auf die Wünsche seines Schwiegersohnes einzugehen und so kam der neue Vertrag mit der Union auf weitere vier Jahre bald zu Stande. Dabei

401 Gardiner: Buckingham an Cottington dd. (?) Nov. 1618.
402 Ebendaselbst: Consulta über das Schreiben Buckinghams an Cottington dd. 14. Jan. 1619.
403 Münchner Staatsarchiv 348/9 Jakob an Friedrich dd. 2/12. Dez. 1618.
404 Wiener Staatsarchiv. Extrakt aus Dohnas Instruktion zu seiner Reise nach England dd. 2/12. Dez. 1618.

kamen aber auch die eigentlichen Absichten des Pfalzgrafen zur Sprache. In der Schilderung über die Sachlage in Böhmen ließ Dohna einfließen, dass sein Herr Hoffnung habe, auf den böhmischen Thron zu gelangen, denn die Stimmung sei daselbst für ihn sehr günstig. Jakob erwiderte auf diese Insinuationen, dass er gegen die Erhebung seines Schwiegersohnes nach dem Tode des Kaisers nichts einzuwenden hätte, sofern die Wahl eine berechtigte (legitima) sein würde, d.h. sofern die Böhmen ein Wahlrecht hätten. Doch warnte er den Kurfürsten durch seinen Gesandten vor aller Übereilung und kleidete diesen seinen Rat in eine klassische Form, indem er aus der Aeneide einige einschlägige Verse zitierte.[405]

Friedrich beherzigte jedoch die weisen Ratschläge des Schwiegervaters keineswegs, sondern drängte denselben durch ein neues Schreiben zu günstigeren Entschlüssen. Es schilderte die Notwendigkeit energischer Rüstungen, damit die Böhmen bei am 1. Februar 1619 allfälligen Verhandlungen nicht zu sehr im Nachteile seien und wies mit mehr erkünsteltem, als wirklichem Bangen auf die damals noch sehr wenig merkbare Verbindung der geistlichen Kurfürsten zu Gunsten des Kaisers.[406] Auf Jakob machte dieses Begehren keinen nennenswerten Eindruck; das einzige, worin er eine gewisse Parteilichkeit für seinen Schwiegersohn an den Tag legte, bestand darin, dass er den Generalstaaten die Unterstützung desselben empfahl, damit Friedrich, im Falle der kaiserliche Thron vakant würde, die Rechte eines Reichsvikars mit mehr Ehren versehen könnte, als dies seine beschränkten Mittel gestatten würden.[407] Aus seiner eigenen Tasche gab er jedoch keinen Heller her und war dabei ehrlich genug, auch nicht einen Augenblick falsche Hoffnungen zu erregen, obgleich die immer häufiger einlaufenden Schreiben des Schwiegersohnes ihm zeigten, dass sich dieser tiefer und tiefer mit den böhmischen Ständen einlasse. Jakobs Haltung fand zuletzt ihren Lohn in einer von Spanien in der schmeichelhaftesten Weise an ihn gestellten direkten Aufforderung, die Vermittlung in Böhmen ernstlich in die Hand zu nehmen.

Philipp III versprach dem englischen Botschafter in der Person des Grafen Oñate einen Kollegen zu geben, die beide dann ernst und rasch das Geschäft in die Hand nehmen sollten. Jakob beeilte sich einer Bitte nachzukommen, deren Erfüllung ihm selbst am meisten am Herzen lag und ernannte gegen Ende im Februar 1619 den Lord Doncaster zu seinem Gesandten am Kaiserhofe und

---

405 Raumer: Hof- und Gesandtschaftsleben Christophs von Dohna. Die Verse sind: „O praestans animi juvenis, quantum ipse feroci Virtute exsuperat, tanto me impensius aequum est Prospicere atque omnes volventem expendere casus." Die Vergleichung dieser Verse mit dem Originale zeigt übrigens, dass Jakob nicht ganz richtig zitierte.

406 Gardiner: Friedrich an Jakob dd. 22. Januar 1619. A. St..

407 Ebendaselbst: Naunton an Sir Dudley Carleton dd. 21/31 1619.

bei den böhmischen Ständen.[408] Letzterer begab sich erst auf die Reise, als der Kaiser bereits tot war. Eine solche, nicht im Mindesten aufmunternde Haltung nahm also Jakob ein, als die pfälzischen Staatsmänner zu Ende März jene entscheidenden Beschlüsse fassten.

II

Gleichzeitig mit den eben erzählten Verhandlungen in Italien und England fanden die letzten Versuche zur Herbeiführung eines Ausgleiches zwischen dem Kaiser und den Böhmen statt. Es wurde erzählt, dass sich der Kaiser ursprünglich nur dann in Ausgleichsverhandlungen mit den Böhmen einlassen wollte, wenn sich dieselben zur Niederlegung der Waffen entschließen würden. Der Anschluss der Schlesier an den Aufstand stimmte seine Forderungen etwas herab und bewirkte, dass er von den Böhmen nicht mehr die völlige Niederlegung der Waffen, sondern die bloße Dislokation ihrer Truppen verlangte. Herr von Talmberg, der wegen Anbahnung von Verhandlungen an den Kurfürsten von Sachsen abgeordnet wurde, bekam die Weisung, seine Forderungen in dieser Weise zu formulieren.

Während die Instruktion Talmbergs der Hoffnung Raum ließ, dass sich der Kurfürst von Sachsen nun mit aller Entschiedenheit des Ausgleiches annehmen und die Böhmen zu den bezüglichen Verhandlungen drängen werde, gestalteten sich andererseits die Aussichten für das Gedeihen derselben dadurch ungünstiger, dass einer von den Fürsten, die nach dem Wunsche des Kaisers an den Beratungen teilnehmen sollten, je länger desto entschiedener seine Abneigung dagegen an den Tag legte.

Es war dies der Herzog Maximilian von Bayern. Ferdinand bemühte sich auf das angelegentlichste, seine religiösen Skrupel, denn das war es, was den Herzog ängstlich machte zu beschwichtigen; er versicherte ihn, dass der Kaiser gewiss in keine Vermittlung eingewilligt haben würde, wenn die äußerste Not ihn nicht dazu zwänge und wenn er an jenen Orten Unterstützung gefunden hätte, wo er berechtigt war, sie zu erwarten.[409] Trotzdem also, dass Ferdinand die Vermittlung als die Folge zwingender Verhältnisse und keineswegs leichtsinniger Gleichgültigkeit gegen die katholischen Glaubensinteressen hinstellte, ließ sich Maximilian doch nicht für dieselbe gewinnen. Damit er keinem Zweifel

---

408   Gardiner: Juan de Ciriça an Cottington dd. 1. Feb. 1619. – Jacob an die böhm. Stände dd. 20/30 März 1618.

409   Münchner Staatsarchiv. Ferdinand an Max dd. 30. Sept. 1618.

über seine Gesinnung Raum lasse, schickte er zur selben Zeit in der Talmberg nach Dresden reiste seinen Kanzler Brugglacher nach Wien, um die Teilnahme an den Ausgleichsverhandlungen (oder der Interposition, wie man dies stets nannte) definitiv abzulehnen und die Gründe hierfür auseinanderzusetzen.

Was diese Gründe anbelangt, so bewegten sie sich auf dem exklusivsten kirchlichen Standpunkte, standen aber im vollsten Einklange zu der ganzen Denk- und Regierungsweise des Herzogs. Er ging bei denselben von der Voraussetzung aus, dass, wenn man einen friedlichen Ausgleich mit den Böhmen abschließen wolle, dies eine Erweiterung ihrer bisherigen religiösen Freiheiten, wenigstens in den strittigen Punkten zur Folge haben müsste. Maximilian wollte jedoch weder zu einer Sicherstellung der protestantischen Freiheiten, noch weniger aber zu ihrer Erweiterung etwas beitragen. Er wiederholte, so oft man es hören wollte, dass ihm sein Gewissen verbiete, an einer Verhandlung über die Bekräftigung oder gar Erweiterung des böhmischen Majestätsbriefes teilzunehmen, er würde damit seine Seele „nur besudeln und beschmutzen und an einer fremden Sünde teilnehmen." Er wolle sich, sagte er, in keinen Disput darüber einlassen, ob man den Majestätsbrief habe geben, oder ob man, nachdem er einmal gegeben, ihn auch hätte einhalten sollen, er halte sich aber fern von diesem Gegenstande, weil derselbe nur die Gewissen der Katholiken beschwere. Wenn dann gar bei den Verhandlungen von den Böhmen eine Erweiterung des Majestätsbriefes in Bezug auf die Kirchengüter verlangt würde, so würde der Herzog, falls er einen derartigen Angriff auf das Kirchengut nicht billigen möchte, als der eigentliche Störenfried, als die Ursache weitem Kampfes verschrien werden, welchen Vorwurf er nicht leichtfertig auf sich laden wolle. Im entgegengesetzten Falle müsste er in Böhmen eine andere Politik befolgen, als in Deutschland und dagegen verwahrte er sich auf das entschiedenste. Seit Jahren habe er sich den Forderungen der protestantischen Reichsstände hartnäckig entgegengestellt, sei nicht auf ihre Compositionsbedingungen eingegangen und nun solle er in Böhmen seine bisherigen Grundsätze verleugnen?

Vergeblich bemühte sich Brugglacher in Wien, den hier auseinandergesetzten Gründen seines Herrn die beabsichtigte Geltung zu verschaffen und demselben die Dispens von der Teilnahme an der Interposition zu erwirken. Die Gründe Maximilians hatten gerade das entgegengesetzte Resultat; denn je schroffer sich in ihnen der katholische Standpunkt geltend machte, desto feuriger wurde seine Mithilfe von Ferdinand, Eggenberg, Lobkowitz, Oñate, dem Nuntius und überhaupt von allen jenen ersehnt, in denen sich der Gedanke des Widerstandes gegen die Böhmen verkörpert hatte und die die entscheidende Rolle am Hofe spielten. Gerade ein solcher Mann wie Maximilian war bei der

Vermittlung nötig, wenn dieselbe überhaupt einen einigermaßen annehmbaren Erfolg haben sollte. Man machte Brugglacher bemerklich, dass der guten Sache damit wenig geholfen sei, wenn man in Untätigkeit verharre, und dass die Gefahr, sein Gewissen bei diesen Verhandlungen zu besudeln, lange nicht so groß sei, als die Sünde, die man durch ferneres Gehenlassen wirklich auf sich lade. Der päpstliche Nuntius schloss eine lange Audienz, die er dem bayerischen Gesandten erteilte, mit den Worten: wenn sich der Herzog durch eine Bitte zur Nachgiebigkeit umstimmen lassen könne, so stelle er im eigenen und des Papstes Namen diese Bitte an ihn. Oñate tröstete den Gesandten mit der Versicherung, dass weder der Kaiser, noch Ferdinand im entferntesten geneigt seien, eine Erweiterung des Majestätsbriefes zuzugeben; habe die Erteilung desselben keine Konsequenzen im Reiche gehabt, so werde auch die jetzige Verhandlung keine haben. Die Erklärung Oñates, die als die unverfälschte Anschauung der leitenden Kreise angesehen werden muss, ist jedenfalls bemerkenswert und zeigt, dass die Vermittlung, wenn sie je zu Stande gekommen wäre, wohl noch an anderen Klippen als an der VVaffenstillstandsfrage gescheitert wäre. Aber alle die Widerlegungen, welche Brugglacher im Austausch für seine Gründe nach Hause berichtete, stimmten den Herzog nicht um und ebensowenig tat es der herzliche und klagende Ton eines Schreibens vom 5. November 1618, in dem Ferdinand seinen Schwager anderen Sinnes zu machen trachtete. Auch Erzherzog Leopold und Graf Eitel von Hohenzollern, die beide im Laufe des Monates November nach München kamen und den Herzog mit alten und neuen Gründen um die Teilnahme an der Interposition baten, scheiterten an der Festigkeit seines Entschlusses. Er zeigte sich sogar eher geneigt, dem Kaiser mit Geld und Truppen zu helfen, wie er auch in der Tat jetzt einige Hoffnung dazu machte; aber von einer Beteiligung an den Ausgleichsverhandlungen wollte er nichts wissen,[410] und betonte immer und immer von neuem, sein Gewissen verbiete es ihm, sich mit dieser Ketzergeschichte zu befassen.[411] Da der Kurfürst von Mainz wiederholt und zuletzt auch gegen Erzherzog Leopold erklärt hatte, dass er nur an der Seite Maximilians an der Interposition teilnehmen werde, so war des letzteren Nichtbeteiligung fast gleichbedeutend mit dem Nichtzustandekommen derselben.

Die Unwahrscheinlichkeit, dass Bayern an der Vermittlung teilnehmen würde, wurde durch neue Beschlüsse des kaiserlichen Kabinetts nur noch ver-

---

410 Simancas 2504. Lo negociado por Bruneau en los meses de Noviembre y Diciembre 1618.

411 Die Akten dieser Verhandlungen mit Maximilian: Münchner Staatsarchiv, Burgglachers Berichte. – Ebend. 50/25 Ferdinand an Max dd. Wien 5. Nov – Wien St. A. Bob. V. Extrakt eines Schreibens des Grafen Eitel von Zollern dd. 23. Nov. 1618 ´– Simancas 2504/17. Leopolds Bericht dd. 9. Nov. 1618.

stärkt. Ferdinand und Oñate konnten von dem festesten Willen beseelt sein, dem böhmischen Aufstande in nichts nachzugeben, gegenüber den Konsequenzen der Tatsachen hielt auch der festeste Wille nicht Stand. Der erste Waffengang endete mit der Vertreibung Buquoys aus dem östlichen Böhmen nach dem Süden und brachte das kaiserliche Heer an den Rand des Abgrundes. Je mehr die Wahrscheinlichkeit des Sieges schwand, desto mehr bekam die Friedenspartei in Wien die Oberhand und desto mehr suchte man die Vermittlung zu beschleunigen. Der Einfall Thurns in Österreich machte die Gemüter vollends mürbe. Da mittlerweile auch die Sendung Talmbergs erfolglos geblieben war, weil die Böhmen von einer Dislokation ihrer Truppen nichts wissen wollten, so beriet man in einer Sitzung des geheimen Rates, die in Ferdinands Gegenwart stattfand, und an der Karl von Liechtenstein, der Kanzler Lobkowitz, Adam von Waldstein, Harrach, der Reichsvizekanzler Ulm usw. teilnehmen, ob man diese Bedingung nicht fallen lassen solle.[412] Da sich die Notwendigkeit einer Nachgiebigkeit Jedermann selbst wider Willen aufdrängte und von den Böhmen die vorläufige Niederlegung der Waffen vernünftiger Weise nicht erwartet werden konnte, so biss man endlich geduldig in den sauren Apfel. Adam von Waldstein erschien bei seinem bekannten Friedenseifer als die passendste Person, um auf dieser veränderten Grundlage die Verhandlungen einzuleiten und namentlich den Kurfürsten von Sachsen zum Abschlusse des Waffenstillstandes mit den Böhmen zu bevollmächtigen.[413]

Waldstein nahm seinen Weg über Prag, hielt sich daselbst zwei Tage auf und machte dabei den Versuch, ob er mit den Direktoren nicht kurzweg zu einer Verständigung gelangen könnte. Auf sein Ansuchen besuchte ihn ein Ausschuss aus ihrer Mitte und diesem bot er im Namen des Kaisers einen Waffenstillstand in der Dauer von zwei Monaten an, wofür er verlangte, dass die Böhmen den König Ferdinand um seine Vermittlung bei dem Kaiser ersuchen und den Dr. Penzon samt dem Melniker Hauptmanne Jakob von Tepenec freigeben möchten.

Die letzte Forderung wurde nicht beanstandet, da er den Böhmen dafür die Freilassung des Dr. Jessenius anbieten durfte. Größeren Schwierigkeiten unterlag der Abschluss des Waffenstillstandes selbst, denn die Direktoren erklärten, dass sie ohne Zustimmung der Generale nichts tun könnten, auch war ihnen ein zweimonatlicher Waffenstillstand zu lang, höchstens wollten sie sich zu einem Monate verstehen und dies nur unter der Bedingung, dass die Feindseligkeiten alsbald beginnen sollten, wenn binnen dieser Frist der Ausgleich nicht zu Stande käme. Da der Kaiser vorzugsweise den Kurfürsten von Sachsen als Vermittler im

---

412 Wiener Staatsarchiv Bob. V. Geheime Ratssitzung apud regiam Majestatem behufs der dem H. Adam von Waldstein zu erteilenden Instruktion.
413 Münchner Staatsarchiv 50/25 Instruktion für Adam von Waldstein dd.

Auge hatte, so erklärten sie wiederholt, dass sie den Kurfürsten von der Pfalz nicht bei Seite geschoben wissen wollten und in der Tat war ihnen umso mehr an ihm gelegen, je sicherer sie waren, mit seiner Hilfe die Verhandlungen zu jeder beliebigen Zeit abbrechen zu können.[414] Das Resultat der Verhandlungen Waldsteins in Prag blieb auf den hier auseinandergesetzten Meinungsaustausch beschränkt.

Der Obersthofmeister reiste jetzt weiter nach Dresden, um den Kurfürsten im Namen des Kaisers für den Abschluss des Waffenstillstandes zu bevollmächtigen und für die kommende Vermittlung günstig zu stimmen. Es war jedoch nicht abzusehen, wie dem Kurfürsten das gelingen sollte, was dem Herrn von Waldstein nicht gelungen war, da er den Böhmen keine besseren Bedingungen zu bieten hatte. Auch ließen ihn die Prager Berichte seines Agenten Lebzelter darüber nicht im Zweifel, dass die Zeit für eine Friedensverhandlung eigentlich vorbei sei und die Böhmen ohne Hehl nur nach völliger Unabhängigkeit begehrten. Nach der Meinung Lebzelters handelte es sich nicht mehr darum, ob Böhmen unter den Gehorsam der Habsburger zurückkehren werde oder nicht, sondern ob überhaupt die deutschen Habsburger etwas von ihrem Besitztum retten würden.[415] Trotz dieser für einen Anhänger der Vermittlung sehr betrübenden Sachlage entschlug sich Johann Georg nicht des ihm vom Kaiser gewordenen Auftrages und schickte den Herrn Jakob von Grünthal als Gesandten nach Prag ab, auf dass dieser mit den Direktoren ernstlich die Waffenstillstandsfrage erörtere.

Grünthal begann die Verhandlungen in Prag am 25. Dezember 1618 damit, dass er den Direktoren mitteilte, der Kaiser sei bereit, einen Waffenstillstand auf zwei und selbst auf einen Monat einzugehen und mittlerweile keine Truppen aus Spanien oder Italien gegen Böhmen in Bewegung zu setzen. Die Ausgleichsverhandlungen sollten den 20. Januar 1619 in Eger beginnen und zu denselben neben Sachsen auch Pfalz, Bayern und Mainz zugezogen werden, und alsbald ihren Anfang nehmen, wenn sich auch nur die zwei erstgenannten Kurfürsten in der bezeichneten Stadt einfinden würden. Dabei wollte es der Kaiser den Böhmen freistellen, auch die Schlesier an dem Tage von Eger teilnehmen zu lassen und für die Ordnung der militärischen Angelegenheiten sich des Beirates des Grafen Hohenlohe zu bedienen und verlangte nur dafür, dass es ihm nicht verwehrt werde, sich in Eger durch geborene Böhmen vertreten zu lassen.[416]

Diese Bedingungen hätten vielleicht im Beginne des Aufstandes einen Eindruck gemacht, jetzt hatten sie nicht die gehoffte Wirkung. Diejenigen Männer, welche mit reiflicher Erwägung und in der Überzeugung, dass der Hof auf nichts

---

414 Wiener Staatsarchiv Bob. V. Waldstein an den Kaiser dd. 11. Dez. 1618 – Skala II 552.
415 Sächsische Staatsarchiv 9170 VII. Lebzelter an Schönberg dd. Prag 1/11. Dez. 1618.
416 Skala II 554.

anderes, als ihre Unterdrückung im Kriege wie im Frieden sinne, erst vor einigen Wochen dem Kurfürsten von der Pfalz die Krone angetragen baten, ließen sich durch die Anerbietungen des Kaisers von dem betretenen Wege nicht ablenken. Die Schwierigkeit für sie bestand jetzt nur darin, auf geschickte Weise die dargebotene Hand des Kaisers abzulehnen, ohne dass ihnen deshalb ein Vorwurf gemacht oder sie als die eigentlichen Kriegsurheber angesehen werden konnten. Die pfälzischen Ratschläge wiesen ihnen den besten Weg dazu. Das Heidelberger Kabinett, beständig von der Besorgnis erfüllt, dass ein Ausgleich zu Stande kommen könnte, unterließ es nicht, die Böhmen vor demselben zu warnen und sie aufzufordern, den Waffenstillstand nur unter besonders günstigen Bedingungen einzugehen. Dieselben waren teils derart, dass der Kaiser sie platterdings nicht bewilligen konnte, teils sollte durch sie schon vor dem Abschlusse des Waffenstillstandes entschieden werden, was erst auf dem Egerer Tage zur Verhandlung kommen konnte.

Und wenn trotz allem dem der Waffenstillstand abgeschlossen worden wäre und die Vermittler sich in Eger eingefunden hätten, so hatten die pfälzischen Ratgeber auch für diesen Fall ein bewährtes Mittel den Ausgleich zu hindern. Sie empfahlen den Böhmen, den Friedensschluss mit dem Kaiser davon abhängig zu machen, dass das Nachfolgerecht Ferdinands nicht weiter als gültig angesehen werde. So lauteten namentlich die Ratschläge des Camerarius und seine Meinung fand so viel Anklang, dass Achaz von Dohna, als er nach Prag abgeschickt wurde, um die Erklärung des Pfalzgrafen über die ihm angebotene böhmische Krone zu überbringen, zugleich den Auftrag bekam, bei Ruppa im Sinne der eben auseinandergesetzten Ratschläge zu wirken. Christian von Anhalt selbst hätte es am liebsten gesehen, wenn man einen geraden Weg gegangen und überhaupt die Verhandlungen mit dem Kaiser abgebrochen hätte; doch fand seine Meinung diesmal in Heidelberg nicht die sonstige Beachtung. Um die Reise Dohnas nach Böhmen vor dem Kaiser einigermaßen zu rechtfertigen, schrieb der Kurfürst an den letzteren, er habe den Burggrafen deshalb nach Prag geschickt, um sich von dort aus über das bevorstehende Ausgleichswerk zu unterrichten, da er sich ja dabei auf den Wunsch des Kaisers gebrauchen lassen solle. So lautete die diplomatische Beschönigung für die Reise Dohnas, der in Wahrheit das Ausgleichswerk mit allen Kräften hindern und den Direktoren erklären sollte, unter welchen Bedingungen sein Herr die böhmische Krone annehmen wolle, wenn sie den bisherigen Besitzern entrissen würde.[417]

---

417 Münchner Staatsarchiv. Camerarius an den Kanzler von Grün dd. 11. Dez. –Ebendaselbst Anhalt an den Kanzler von Grün dd. 15/25. Dez. –Ebendaselbst Anhalt an? dd. 18/28 Dez. –Wiener Staatsarchiv Boh. V. Kurpfalz an Mathias dd. 14/24. Dec. 1618.

Die pfälzischen Ratschläge stimmten zu sehr mit den Anschauungen des böhmischen Triumvirats überein, als dass sie nicht genau befolgt worden wären. Es zeigte sich dies zunächst darin, dass Grünthals Verhandlungen zu keinem Abschlusse gediehen und der für den Beginn der Interposition bestimmte 20. Januar sich näherte, ohne dass einer von den Beteiligten die Reise nach Eger auch nur in Aussicht genommen hätte. Dagegen bereitete eine Flugschrift die öffentliche Meinung auf die Fortsetzung des Krieges vor, denn auch sie empfahl, auf den Waffenstillstand und den Beginn der Egerer Verhandlungen nur unter Bedingungen einzugehen, deren einfache Anführung zeigt, dass sie den Ausgleich unmöglich machten. Sie verlangte die Cassirung aller Thronrechte des Hauses Habsburg, die Konfiskation aller den Gegnern des Aufstandes gehörigen Güter, die Bestrafung der im Anschlusse an den Aufstand Säumigen und überhaupt der Verdächtigen, die Beschlagnahme eines Teiles des königlichen und geistlichen Besitzes, die Besetzung der wichtigsten Ämter im Lande mit Personen protestantischen Glaubensbekenntnisses, die Ablassung vom gregorianischen Kalender und ähnliches mehr. Da der an der Spitze stehende Artikel jede Verhandlung in Eger von vornherein überflüssig machte, so meinte der Verfasser der Flugschrift, dass wenn gerade dieser oder ein anderer Artikel nicht durchzusetzen sei, wenigstens die Mehrzahl der übrigen behauptet werden müsse. Diese Schrift wurde von den Zeitgenossen keineswegs für das Werk einer extremen Anschauung, sondern für das Produkt der Direktoren selbst, die sich in ihren Beratungen über die einzelnen Artikel geeint hätten, gehalten.[418] Jedenfalls stand Ruppa ihrer Abfassung nicht fern und ihr Inhalt zeigte dem pfälzischen Kabinette zur Genüge, dass es eine leichtgläubige Friedfertigkeit bei den Böhmen nicht zu fürchten habe.

Auf seiner Rückreise von Dresden nach Wien hielt sich Adam von Waldstein nochmals in Prag auf. Am 11. Januar 1619 benützte er seinen Aufenthalt in dieser Stadt zur abermaligen Anknüpfung vertraulicher Verhandlungen über den vor wenigen Tagen von Grünthal vorgeschlagenen Waffenstillstand. Was er zu hören bekam, zeigte ihm, dass die Gemüter noch weniger zum Frieden geneigt waren als früher, denn die Direktoren verlangten jetzt, dass der Waffenstillstand erst beginne, wenn die Verhandlungen in Eger tatsächlich ihren Anfang genommen hatten. Da Mainz und Bayern keine Lust zur Reise hatten, der Pfalzgraf dieselbe gewiss aufschob, wenn er den Ausgleich hindern konnte, so war gar nicht abzusehen, wann die Waffen überhaupt ruhen sollten. Auch forderten die Direktoren eine definitive Vertagung der Egerer Vermittlung, weil der auf

---

418 Skala III, 6.

den 20. Januar angesetzte Termin zu kurz sei, worin sie allerdings Recht hatten. Doch wünschten sie die Vertagung hauptsächlich deshalb, weil sie durch neue Erfolge auf dem Schlachtfelde jede Verhandlung unnötig zu machen hofften. Wer noch einige Zweifel über ihre wahre Absicht hegen konnte, wurde durch ihr Schlussbedenken gründlich belehrt. Sie äußerten nämlich die Sorge, ob sie überhaupt dem kaiserlichen Versprechen eines Waffenstillstandes trauen könnten, und ob Buquoy auf des Mathias Befehl die Waffen ruhen lassen werde.[419]

Gleichzeitig mit der Absendung Waldsteins nach Dresden ging von Wien ein neuer Mahnruf an Maximilian von Bayern ab, sich trotz aller Gegengründe an der Interposition zu beteiligen. Martinitz, der Überbringer dieser Bitte, erreichte ebenso wenig seinen Zweck, wie alle früheren Gesandten, obwohl sich auch der Kurfürst von Sachsen den kaiserlichen Vorstellungen und Bitten anschloss.[420] Alles dies vermochte jedoch nicht den Wiener Hof zu bewegen, in seinen Bitten innezuhalten; jede Weigerung des Herzogs war nur ein Anlass zur Absendung eines neuen Boten. Am Neujahrstage 1619 wurde der Reichshofrat Hegenmüller nach München abgeordnet, um die Skrupel des Herzogs abermals zu bekämpfen und ihn an die kaiserliche Politik zu ketten.[421]

Zur Unterstützung dieses neuen Gesandten schrieb Ferdinand einige Tage später, am 7. Januar 1619, selbst an seinen Schwager und deutete in dem Briefe an, dass die Welt an Maximilians Nachgiebigkeit und nicht an seiner Hartnäckigkeit erkennen werde, wie sehr ihm das Wohl der katholischen Kirche am Herzen liege. Auch bemerkte er, dass er nur in der Teilnahme Maximilians an der Interposition den wahren Beweis sehen würde, ob und wie sehr ihm an der Wohlfahrt des habsburgischen Hauses gelegen sei. Ohne die Beihilfe des Herzogs sei es dem sicheren Untergange geweiht, nur solle der letztere überzeugt sein, dass dem Ruine desselben bald sein eigener folgen werde. Nie überreich an Versprechungen hielt Ferdinand auch diesmal mit denselben zurück, aber er versicherte doch „bei Gott", dass sich Gelegenheit bieten würde, Maximilian für seine Dienste mit Dankbarkeit zu lohnen.

Jetzt brach endlich der Widerstand des Herzogs. Am 17. Januar gab er dem kaiserlichen Gesandten Hegenmüller die Versicherung, dass er nochmals erwägen wolle, ob er an der Interposition teilnehmen solle oder nicht. Dieselbe noch ungewisse Zusage wiederholte er tags darauf in einem Schreiben an

---

419 Wiener Staatsarchiv. Boh. VI Adam von Waldstein an Mathias dd. 11. Januar 1619 Prag. – Sächs. Staatsarchiv 9170, VIII. Lebzelter an Kursachsen dd. Prag. 26. Jan. A. St.

420 Münchner Staatsarchiv 50/25 Kais. Instruktion für Martinitz dd. 3. Dez.1618.Ebend. 50/27 Kursachsen an Bayern dd. 14. Dez. 1618 Ebend. 50/25.

421 Wiener Staatsarchiv. Boh. VI. Instruktion für Hegenmüller dd.1. Jan. 1619.

Ferdinand. Im Eingange desselben deutete er wiederum die Gründe seiner bisherigen Weigerung an und bemerkte namentlich, dass er von der Interposition nicht die Beilegung des Streites, sondern nur das Gegenteil erwarte. Da doch Ferdinand auf seine Teilnahme ein solches Gewicht lege und von ihr sogar die Wohlfahrt des habsburgischen Hauses abhängig mache, so wolle er die Sache Max an Mathias noch einmal reichlich überlegen.[422] Schon in den nächsten Tagen sprach er seinen Entschluss aus, an der Interposition teilzunehmen, jedoch nicht ohne dies von gewissen Bedingungen abhängig zu machen. Die erste und wichtigste war die, dass ihm bei den Verhandlungen nichts zugemutet werde, was der katholischen Kirche zum Abbruche gereichen könnte. Da der Herzog nicht etwa eine den Katholiken zugefügte Kränkung, sondern schon die erweiterte Berechtigung der Protestanten als einen solchen Abbruch ansah, so hatte er völlig Recht, wenn er seit jeher von seiner Teilnahme an der Interposition keinen friedlichen Ausgang erwartete. Es war deshalb eine ganz richtige Vorsorge, wenn er zur zweiten Bedingung machte, dass man ihn für das allfällige Scheitern der Verhandlungen nicht verantwortlich mache. Seine dritte Bedingung war nur eine weitere logische Konsequenz der ersten, denn da er nicht den Frieden, sondern nur einen erweiterten Krieg und seine eigene Verwicklung in denselben als das Resultat der Verhandlungen ansah, so verlangte er zur Sicherung des Sieges, dass das Haus Habsburg seine Rüstungen nicht einstelle, sondern mit unausgesetztem Eifer betreibe. Seine letzte Bedingung war nebensächlicher Art, er wollte nämlich der Interposition nicht gleich in ihrem Beginne beiwohnen, sondern für den Anfang nur seine Räte absenden.

Wenn etwas die Freundschaft Ferdinands für den Herzog erhöhen konnte, so waren es diese Bedingungen, die ihn fortan von allen Sorgen bezüglich der Interposition befreiten. Der König konnte sich jetzt zehnfach beglückwünschen, dass er Maximilian endlich gewonnen hatte, denn in ihm hatte er den Vermittler gefunden, wie er ihn haben wollte. Mit der Nachricht von seinem Entschlusse schickte Maximilian den Herrn von Freising Ende Januar nach Wien ab. Seine Bedingungen begegneten selbstverständlich auch von Seite des Kaisers keinem Widerstande und so war Maximilian definitiv für die Vermittlung gewonnen. Ferdinand ließ im Februar 1619 bei dieser Gelegenheit seinem Schwager sagen, er sei mit der ersten Bedingung völlig einverstanden, denn er selbst wolle „eher sterben und verderben", als den Böhmen etwas über den Majestätsbrief hinaus bewilligen.[423]

---

422 Wiener Staatsarchiv. Boh. VI. Maximilians Erklärung an Hegenmüller dd. 17. Jan. 1619. –Münchner Staatsarchiv. Max an Ferdinand dd. 18. Jan. 1618.

423 Wiener Staatsarchiv. Boh. VI, 6 Kursachsen an Mathias dd. 12./22. Feb. 1619.

Hegenmüller hatte den Auftrag erhalten, von München nach Heidelberg und Aschaffenburg zu reisen, um die dort residierenden Kurfürsten zur Teilnahme an der Interposition auf den 20. Januar nach Eger einzuladen. Der Pfalzgraf, welcher sich sonst immer zu derselben bereit erklärt hatte, machte jetzt mancherlei Schwierigkeiten geltend, deren Grund und Inhalt bei seinen sonstigen Beziehungen leicht vermutet werden kann.

Dem Kurfürsten von Mainz war der 20. Januar ein zu naher Termin, Eger lag ihm zu fern und so ging der genannte Tag vorüber, ohne dass die Friedensverhandlungen ihren Anfang genommen hätten.[424] Die endliche Zusage Bayerns änderte die Sachlage insofern, dass der Kurfürst von Sachsen mit größerer Sicherheit als früher einen neuen Tag ansetzen konnte; er bestimmte für den Beginn der Verhandlungen den 14. April 1619 und suchte auf diese Weise allen Einwendungen wegen Kürze der Zeit zu begegnen.[425]

Durch alle diese Verhandlungen waren jedoch nur die Schwierigkeiten, die von den Vermittlern erhoben wurden, beseitigt, nicht aber die von den Böhmen herrührenden; denn noch immer waren die Bedingungen nicht festgesetzt, unter denen die letzteren an den Verhandlungen teilzunehmen bereit waren. Um endlich auch nach dieser Seite zu einem Resultate zu gelangen, hatte der Kurfürst von Sachsen abermals den Herrn Jakob von Grünthal nach Prag abgeschickt, und nochmals den Abschluss eines Waffenstillstandes betrieben. Bei einem Besuche, den der Gesandte von Ruppa, Budowec und Berka empfing, sprachen sich alle drei Direktoren für den Waffenstillstand aus und stellten Bedingungen, deren Erfüllung keinerlei Schwierigkeiten mehr unterlag. Allein diese Erklärungen wurden in keiner bindenden Form abgegeben und eine definitive Antwort von der Erledigung immer neu auftauchender Vorfragen abhängig gemacht.[426] Trotz allem dem ermüdete der Kurfürst nicht in seinen redlichen Bemühungen und sann unverdrossen auf Mittel und Wege, den Frieden zu fördern. Mehrere Wochen erwartete er geduldig von den Direktoren eine Antwort auf die Mitteilungen Grünthals und auf eine spätere (24. Jan.) von ihm direkt ihnen zugegangene Aufforderung bezüglich des Waffenstillstandes. Nach langem Harren erhielt er dieselbe am 21. Februar 1619 in einer so verschwommenen und verklausulierten Weise, dass er sich nicht um einen Schritt weiter gefördert sah. Denn nachdem ihm die Direktoren auseinandergesetzt hatten,

424 Wolf: Geschichte Maximilians I Bd. IV. 162. –Münchner Sth. 2/13. Preisings Bericht über seine Sendung nach Wien.

425 Wiener Staatsarchiv Boh. VII. die Antwort dd. 31. Jan. 1619.

426 Müller a. a. O. S. 98. Sächs. Staatsarchiv. 9170 VIII. Extrakt aus des Herrn Oberaufsehers Schreiben dd. 8/18. Feb. Ebendaselbst die Direktoren an Kursachsen d. 12. Feb. 1619.

weshalb sie mit ihrer Erklärung so lange gezögert hatten und dass sie nun dem Kurfürsten ihr Herz bezüglich des Waffenstillstandes öffnen wollten, sprachen sie die Besorgnis aus, ob man wohl den Grafen Buquoy und Dampierre trauen könne, dass sie einen Waffenstillstand wirklich halten würden und verlangten zuletzt von dem Kurfürsten, dass er die Garantie hierfür leiste. Der Kurfürst erwiderte ohne Zögern, dass die Besorgnisse der Böhmen zu weit gingen. Auch hätten sie ja für den Fall, dass der Waffenstillstand verletzt würde, die Waffen in der Hand und könnten sich leicht verteidigen, die Hauptsache sei der endliche Abschluss desselben. Da er jedoch von der Wirkungslosigkeit seiner Argumente sich allmählich überzeugte, schlug er zuletzt vor, dass man diese Frage vertagen und erst in Eger wieder aufnehmen solle. Dort, wo beide Parteien ihre Vertreter haben würden, solle man zuerst den Waffenstillstand verhandeln und abschließen.[427] Das war also Resultat der mehr als sechsmonatlichen Bemühungen des Kurfürsten, dass er nicht einmal einen Waffenstillstand herbeiführen konnte; gewiss das schlimmste Auspicium für die Egerer Verhandlungen.

III

Der böhmische Landtag war bisher nicht in die Lage gekommen über die Interposition und Waffenstillstandsfrage eine Meinung abzugeben, da er seit dem Monate August 1618 nicht mehr zusammengetreten war. Die großen Verluste, welche das böhmische Heer mittlerweile durch Krankheiten erlitten hatte, und deren Ersetzung der Gegenstand der dringendsten Sorge war, nötigten die Direktoren jetzt zur Berufung eines Landtages auf den 18. März, dem nicht nur die Frage wegen der Bewaffnung, sondern auch wegen der Verhandlungen mit dem Kaiser vorgelegt werden musste.[428]

Gleich beim Beginne der Landtagssitzungen liefen Briefe von Thurn und Fels ein, in denen über das unmenschliche Wüten des Feindes geklagt, der Sieg aber in Aussicht gestellt wurde, wenn die Stände in ihrem Eifer nicht erkalten und neue Rüstungen anstellen würden. Ruppa stellte im Namen der Direktoren den Antrag zur Erweiterung der Rüstungen, wobei die erwähnten Briefe

---

427 Die Akten bei Skala III. und im Wiener Staatsarchiv Boh. VI. Kursachsen an die böhm. Direktoren dd. 14[24. Feb. 1619. Die böhmischen Direktoren an Kursachsen dd. 12. März 1619. – Nach-Instruktion für Strahlendorf nach Dresden 11. März 1619. Mathias an die böhm. Stände dd. 11. März. –Münchner Reichsarchiv, Conrad Pawel an seinen Bruder dd. 19. Feb. 1619, Prag.

428 Die Berichte über die folgenden Landtagsverhandlungen an verschiedenen Orten. Wichtig insbesondere Conrad Pawels Bericht an Karl Pawel. Münchner Reichsarchiv 40/2. Wiener Staatsarchiv.

und sonstigen Nachrichten vom Kriegsschauplatze zur Stütze dienten. Graf Hohenlohe, der eigens nach Prag gekommen war, um den Landtag zu größeren Anstrengungen zu vermögen, wies in deutscher Rede das Bedürfnis einer erhöhten Truppenzahl nach. Von den Ständen sprachen nur Badslaw Kinsky und Graf Albin Schlick, indem sie sich den Auseinandersetzungen Hohenlohes anschlossen und sie je nach ihrem Standpunkte unterstützten. Da sonach kein Zwiespalt über die Notwendigkeit neuer Rüstungen bestand, wurde über das Maß derselben und die dazu nötigen Mittel verhandelt. Die Forderung der Direktoren in dieser Beziehung war eine dreifache; sie verlangten 1. die abermalige Ausrüstung eines allgemeinen Aufgebots, 2. die Ausschreibung neuer Steuern zur Bezahlung der geworbenen und noch zu werbenden Truppen und 3. eine Naturallieferung in Getreide zur Erleichterung der Truppenverpflegung.

Trotzdem, dass die Aushebung des fünften und vierten Mannes im Wege des allgemeinen Aufgebotes erst vor wenigen Monaten so überaus schlechte Resultate geliefert hatte, betrat die Direktorialregierung mit unbegreiflicher Kurzsichtigkeit wieder diesen Weg. Doch gedachte man diesmal insofern klüger vorzugehen, als man dem Aufgebote keine solche Ausdehnung gehen wollte, wie früher; auf dem Lande sollte bloß der zwanzigste, in den Städten der sechzehnte Mann ausgehoben werden, was ungefähr der vierte Teil jener Leistung war, die bei dem früheren verunglückten Aufgebote angeordnet wurde. Daneben wurde auch jetzt bestimmt, dass der grundbesitzende Adel mit seinen Dienstleuten sich beritten mache und Reiterdienste leiste. Kapitalisten, Handelsleute, Freibauern, Geistliche und die Städte (für ihren Besitz an Gütern) sollten, da sie von der persönlichen Leistung, die dem Adel mit seinen Dienstleuten auferlegt wurde, frei waren, eine Geldentschädigung zahlen, die zur Erhöhung des Truppenstandes verwendet werden sollte. Tat Jedermann seine Pflicht, so konnten etwa 12.000 Mann, wovon ein Viertel beritten, dem Feinde entgegengestellt werden. Nicht zufrieden mit dieser ohnedies nur auf dem Papier vorhandenen Truppenzahl, machten die Direktoren noch den Vorschlag, dass die ganze waffenfähige Bevölkerung in Bereitschaft gehalten werde, um nach Bedarf verwendet zu werden.[429]

Bei den Beratungen über diesen Gegenstand beschwerten sich die Städte, dass man sie unverhältnismäßig belaste und ihre Auseinandersetzungen bewiesen dies unwiderleglich. Trotzdem verlangten die höheren Stände von ihnen noch eine besondere Leistung, nämlich die Ausrüstung von 400 Reitern; die Städte lehnten jedoch diese Zumutung entschieden ab und beharrten auch

---

429 Skala II. und Sächs. Staatsarchiv. Lebzelter an Schönberg, 7160 X. dd. 9/19 und 14/24 März 1619. Prag.

dabei, als von ihnen nur die halbe Leistung verlangt wurde. Dass sich eine andere als die städtische Opposition in der Frage wegen der weiteren Rüstungen nicht geltend machte, dafür wurde übrigens von Seite der Direktoren rechtzeitig vorgesorgt. Da sie fürchteten, dass Trčka und Stephan von Sternberg, die schon auf dem Augustlandtage 1618 im Vereine mit Waldstein eine Gegenrevolution versucht hatten, sich auch diesmal nicht ruhig verhalten würden, und da in der Tat Stephan von Sternberg sich bemühte eine Verschleppung der Verhandlungen herbeizuführen, so suchte ihn Hohehlohe persönlich auf und schüchterte ihn dermaßen ein, dass ihm die Lust zur weiteren Opposition verging. Gleich wirksam erwies sich die Beredsamkeit des Generals auch bei Trčka. Um bei den Ständen selbst keine Lauheit und Besorgnis aufkommen zu lassen, ritt Ruppa am Morgen des 19. März vor der entscheidenden Abstimmung zu einer erklecklichen Anzahl derselben und teilte ihnen im Vertrauen mit, dass eben die günstigsten Berichte aus Österreich eingelaufen und die Erhebung der dortigen Stände so gut wie gewiss sei. Unter dem Einflusse dieser Nachricht schwand bei den Ständen jegliches Misstrauen, die allgemeine Aushebung wurde in der verlangten Größe bewilligt, und als Termin für die Ansammlung der Mannschaft in den einzelnen Kreisstädten der 8. April festgesetzt.[430]

Im Landtage erhoben bei dieser Gelegenheit einige greise Edelleute ihre Stimme und mahnten ihre Standesgenossen, dem böhmischen Namen Ehre zu machen und samt und sonders zu den Waffen zu greifen.[431] Momentan bemächtigte sich des reichern Adels eine erhöhte patriotische Stimmung und viele versprechen, ein drei und -vierfach größeres Kontingent zu stellen, als sie gesetzlich treffen würde. Mit der enthusiastischen Stimmung des Augenblickes schwand jedoch bei den meisten auch der Wille, die gegebenen Versprechungen einzulösen. Wenig fehlte übrigens und die Debatte hätte eine zweite Auflage des Fensterturzes veranlasst. Man hatte auf dem Landtage zu viel von Verrätern gesprochen und diese nach der Sitte des Bürgerkrieges als die Ursache des noch nicht vollständigen Triumphes bezeichnet. Junge Leute vom Adel, die sich zahlreich und müßig in Prag herumtrieben, statt auf den Kampfplatz zu eilen, wollten auf eine äußerst wohlfeile Weise ihren Patriotismus kundgeben und über eine Anzahl missliebiger oder verdächtiger Personen herfallen, um sie in der nun historisch berechtigten Weise aus dem Fenster zu stürzen. Es bedurfte einiger Mühe, diese Kampflust zur Ruhe zu bringen.

Bei den Verhandlungen über das allgemeine Aufgebot bestimmten die

---

430 Bernburger Archiv Reg. VI. B. IV. Vol. XII. Brief an Anhalt dd. 10/20. März 1619. – Sächs. Staatsarchiv, Lebzelter an Schönberg dd. 9/19 März Prag.

431 Wiener Staatsarchiv. Unterschiedl. Akten V aus Prag. 20. März.

Stände, dass diese Leistung Jedermann treffen solle, und forderten deshalb zu größerer Sicherheit die katholischen Standesgenossen zu einer ausdrücklichen Zustimmung auf.

An die noch immer in Prag anwesenden ehemaligen Statthalter Sternberg, Slawata und den Grandprior Diepold von Lobkowitz, sowie an den Schlosshauptmann Černin wurde von den Ständen eine eigene Deputation abgeschickt, die sie um ihre Zustimmung zu den verschiedenen Maßregeln der Landesverteidigung ersuchen sollte. Die Antwort der genannten zeigte, wie sehr ihr Vertrauen auf den Erfolg der kaiserlichen Waffen gesunken war. Der Oberstburggraf wollte sich zur Verteidigung der Freiheiten des Landes anheischig machen und allen darauf bezüglichen Maßregeln seine Zustimmung geben, nur bezüglich des allgemeinen Aufgebotes verweigerte er dieselbe. Slawata machte keinerlei Einschränkungen und erklärte, mit seinen Standesgenossen umso mehr an allen Maßregeln zur Verteidigung des Landes Teil nehmen zu wollen, da er sehe, dass der Feind weder Katholiken noch Protestanten schone. Diepold von Lobkowitz und Černin stimmten einfach den Erklärungen Slawatas bei und billigten demnach gleich diesem die Maßregel des allgemeinen Aufgebotes.

Die zweite Proposition der Direktoren betraf die Bewilligung neuer Geldmittel. Sie verlangten neben der Erhebung der schon im Jahre 1615 festgesetzten Steuern noch einige besondere Zahlungen, deren Erträgnisse sich auf die Summe von etwa 100.000 Talern belaufen konnten. Belastet wurden durch diese Zuschläge nur die höheren Stände und freien Besitzer, während der Bauernstand geschont werden sollte. Der Landtag nahm die Proposition an.

An diese Geldforderung knüpften die Direktoren die Bitte um eine Naturalleistung. Zur Erleichterung der Truppenverpflegung beabsichtigten sie die Anlegung von Getreidemagazinen und stellten deshalb an die Stände das Ansuchen wegen Lieferung eines bestimmten Getreidequantums. Da die Gründe, die sie zu dieser Bitte berechtigten nur zu augenfällig waren, so gingen die Stände auf die Verhandlung ein und betrauten einen Ausschuss mit der Ausarbeitung eines passenden Entwurfes.

Die Beratungen desselben nahmen bald eine stürmische Richtung, denn die höheren Stände zeigten nicht übel Lust, auch hier in den Städten die größte Last aufzuhalsen. Der Adel wollte von jeder Bauernansässigkeit auf seinen Gittern ein Viertel Strich Korn und einen halben Strich Haber oder Gerste geben; für die Meierhöfe aber, die er in eigener Bewirtschaftung hatte, machte er kein Anbot. Von den Städten verlangte er dagegen eine gleiche Leistung bezüglich der Bauernansässigkeiten auf ihren Gütern und außerdem von jeder Stadt eigens 200 Strich Korn und 200 Strich Haber, und schließlich von allen Städten zusammen eine Gabe von 500 Strich Gerste. Die Bürger erschraken über diese Zumutung und einer ihrer Vertreter, Jezbera, wies in der Landtagssitzung mit mehreren und teilweise schlagenden Gründen die Unbilligkeit derselben nach. Dessen ungeachtet suchte Paul von Řičan die Städte zu der ihnen zugemuteten Leistung zu bewegen; allein er erlangte keinen anderen Erfolg, als dass es zwischen den Ständen zu einer stürmischen Szene kam, bis die Städte dem Streite damit ein Ende machten, dass sie versprechen, den Gegenstand nochmals abgesondert beraten zu wollen. In dieser abgesonderten Beratung erklärten sich die Prager zu einer besonderen Leistung bereit, und zwar zur Erlegung von 500 Strich Haber und 250 Strich Korn, und mahnten auch die übrigen Städte zu einem gleichen Opfer für das Vaterland. Die Appellation an den Patriotismus verfehlte nicht ihre Wirkung und trotz mancherlei Nöten erklärten sich schließlich alle Städte, die nicht durch den Krieg gelitten hatten, zu einer Leistung von 20 Strich Korn und 50 Strich Haber bereit. Als in der darauffolgenden Landtagssitzung hierüber Bericht erstattet wurde, lehnten die höheren Stände dies Anerbieten ab, weil es eher einem Almosen, als einer Steuerleistung ähnlich sah, und begnügten sich mit dem alleinigen Beitrage von Prag.

Das unausreichende aller dieser Geld- und Naturallieferungen unterlag jedoch weder für die Direktoren, noch für die Stände einem Zweifel und deshalb suchte der Landtag durch zwei, wie man wohl allgemein meinte, energische Beschlüsse das Fehlende zu ersetzen. Der eine belegte alle jene Gutsbesitzer, welche bei dem vorigen Aufgebote nicht die bestimmte Anzahl an Reiterei und Fußvolk gestellt hatten, mit einer Strafe von 120 Taler für jeden fehlenden Reiter und 60 Taler für jeden fehlenden Fußknecht. Die Summe dieser Strafgelder, wenn sie richtig eingezahlt worden wären, würde eine erkleckliche Höhe, mindestens 2–300.000 Taler betragen haben; allein man kann bezweifeln, ob überhaupt der hundertste Teil einging.

Eine weit ergiebigere Quelle des Einkommens versprach der zweite Beschluss, der die Güterkonfiskation über eine Anzahl notorischer Gegner des Aufstandes verhängte. Es waren dies unter andern der Kanzler Lobkowitz, Jaroslaw von Martinitz, Zdeněk ven Kolowrat, der Oberstmünzmeister Wenzel Wřsowec, Albrecht von Leskowec, der Oberstlandschreiber Johann Klenowý von Janowic und 27 andere namentlich angeführte Personen.

Von den sechs oben genannten unterliegt es keinem Zweifel, dass sie mehr oder weniger bedeutende Güter besaßen, deren Verkauf unter normalen Verhältnissen einige hunderttausend Gulden eingetragen hätte; bei der gegenwärtigen Sachlage war zu bezweifeln, ob sich ein Käufer finden würde. Unter den übrigen Proskribierten befanden sich die entflohenen Äbte von Strahov und Braunau und der Erzbischof von Prag, die wohl schwerlich ein nennenswertes Vermögen im Lande zurückgelassen hatten, ferner Michna, dessen Kapitalien schon längst von den Direktoren verbraucht worden waren. Den Schluss der Proskriptionsliste bildeten 23 Namen, deren Träger teils Hauptleute königlicher Güter, teils städtische Ratsschreiber und sonst unbedeutende Personen waren. Slawatas Vermögen wurde nicht konfisziert, da er seit dem Fenstersturze jeder Tätigkeit entsagt hatte und sich durch sein ruhiges und abgeschiedenes Leben in Prag diese gnädige Berücksichtigung gewissermaßen verdient hatte. Auch der Oberstburggraf Adam von Sternberg wurde durch diese Maßregel nicht berührt.

Der Beschluss wegen der Güterkonfiskation wurde im weiteren Verlaufe der Verhandlungen dahin vervollständigt, dass der Landtag 33 namentlich angeführte Katholiken und Protestanten, die sich durch ihre Dienstleistungen als Anhänger der früheren Regierung hervorgetan hatten, fortan für unfähig zur Bekleidung eines Amtes erklärte. In dieser Liste fanden sich die Namen der bei der Konfiskation gnädig übergangenen Statthalter Sternberg und Slawata, dann der des Appellationspräsidenten Herrn von Talmberg und des Landesunterkämmerers Burghard Točnik vor. Nach einer kurzen Reihe glänzender Namen und höherer Würdenträger füllten den Rest der Liste meist kaum erwähnenswerte Persönlichkeiten aus, einige Ratsherrn, Ratsschreiber, Bürger, Registratoren bei der Landtafel, Sekretäre usw.

Ein weiterer und wohl der wichtigste Gegenstand der Verhandlung betraf die Interposition. Da letztere am 14. April ihren Anfang nehmen sollte, gleichviel ob es zum Abschlusse eines Waffenstillstandes kam oder nicht, so musste der Landtag die Stellung, die er ihr gegenüber einnehmen wollte, bestimmen. Von Seite der Stände glaubte ein Teil noch immer aufrichtig an dieselbe und hoffte auf den Frieden, ohne zu merken, dass die Landtagsbeschlüsse durch ihre Zustimmung eine Richtung genommen hatten, die den Frieden unmöglich machte. Denn als einen solchen Beschluss muss man vor allem jenen, der die Güterkonfiskation über die Anhänger des Kaisers verhängte, ansehen, da er eine Tatsache schuf, die jede Aussöhnung platterdings unmöglich machte.

Als die Direktoren die Stände aufforderten, die Grundlage, auf der die Vermittlung angenommen werden sollte, zu bestimmen, leitete Ernfried von Berbisdorf, Thurns Vertrauter, die Verhandlung in einer verbitternden Weise ein. Die Stände hatten dem Oberstburggrafen auf seine ausweichende Antwort wegen des allgemeinen Aufgebots den Bescheid zukommen lassen, dass er von dieser Verpflichtung nicht befreit werden könne. Sternberg entgegnete darauf, dass für ihn, als den Stellvertreter des Königs, umso weniger ein gegen Mathias feindlicher Akt zieme, als er von letzterem auch zum Vertreter bei den Egerer Verhandlungen ernannt worden sei. Berbisdorf wollte diese Entschuldigung nicht gelten lassen und hat die Stände, zu erwägen, ob man eine Person, die durch Landtagsbeschluss für unfähig zur Bekleidung eines Amtes erklärt werden sei, an der Interposition Teil nehmen lassen dürfe. Ruppa griff diesen vielleicht vorher verabredeten Einwurf auf und empfahl den Ständen die Annahme des Berbisdorfischen Vorschlages in der Weise, dass dem Oberstburggrafen jede Abreise aus Prag verboten werden solle. Der Vorschlag wurde angenommen und der Oberstburggraf von dem ständischen Beschlusse in Kenntnis gesetzt, seine Einwendungen werden nicht weiter gehört und ihm nur bedeutet, dass er dem Landtage zu gehorchen habe. So schafften sich die Stände einen Vermittler vom Halse.

Der Landtag schritt hierauf zur Wahl der nach Eger abzuschickenden Gesandten. Im Ganzen werden neunzehn Personen gewählt, von denen zwölf den Direktoren und sieben dem Landtage angehörten, durchwegs Männer, die an der bisherigen Bewegung einen hervorragenden Anteil genommen hatten. Für wichtige Zwischenfälle wurden ihnen noch die übrigen Direktoren und neun besonders gewählte Landtagsmitglieder zugeordnet. Hierauf werden die Bedingungen festgesetzt, deren Annahme von Seite des Kaisers für unerlässlich bezeichnet wurde. Den ersten Platz nahm die Streitfrage über die Kirchengüter ein, die im Sinne der ständischen Ansprüche gelöst werden sollte.

Der zweite Punkt betraf die Verbannung der Jesuiten, die für ewige Zeiten zu gelten hatte. Der dritte Punkt bezog sich auf die vier Artikel, deren Gewährung die Böhmen bei dem Generallandtage von 1615 vergeblich betrieben hatten und unter denen, wie man sich erinnern wird, das Bündnis sämtlicher österreichischen Länder zur gemeinschaftlichen Verteidigung ihrer Freiheiten obenan stand. Diese vier Artikel sollten nun im Sinne der Stände ihre Erledigung finden. Eine weitere Bedingung war die, dass die von dem Landtage verhängte Güterkonfiskation bezüglich der obenerwähnten Personen als rechtsgültig anerkannt werde, und die letzte Bedingung, dass die vom Landtage zur Bekleidung eines Amtes für unfähig erklärten Personen für alle Zukunft keine öffentliche Stellung einnehmen sollten.

Diese besonders angeführten Bedingungen umfassten jedoch nicht alle Gegenstände, welche man in Eger zur Verhandlung bringen wollte. Den Direktoren wurde ausdrücklich aufgetragen, im Einverständnisse mit dem ihnen beigegebenen Landtagsausschusse für die nach Eger abzusendenden Kommissare eine Instruktion zu entwerfen, welche sich nicht allein auf die eben beschlossenen Ausgleichsbedingungen beschränken, sondern auch andere Artikel, deren Gewährung für das Beste des Landes notwendig sein dürfte, enthalten sollte. Aus den Verhandlungen ergibt sich, dass diese Artikel die besonderen Interessen der einzelnen Stände betrafen. Da es indessen nie zur Vermittlung kam, so kam es auch nie zur Formulierung derselben. Nur die Städte, welche die Interposition ernstlich nahmen, beeilten sich, ein Verzeichnis ihrer Forderungen zu entwerfen, deren Gewährung sie in Eger betreiben wollten. Die Mehrzahl derselben bezog sich auf die Beseitigung der in ihre Autonomie gemachten Eingriffe oder auf die Abschaffung von Missbräuchen und Steuerbefreiungen, die in mittelalterlichen Privilegien ihren Grund hatten und sich mit geordneten bürgerlichen Verhältnissen schlecht vertrugen. Andere dagegen zeigen von einer gewissen Engherzigkeit, die in den Ereignissen der letzten Jahre einigermaßen ihre Erklärung findet.

Schließlich kam noch ein eigentümlicher Gegenstand zur Verhandlung, nämlich das künftige Schicksal Pilsens. Der Widerstand dieser Stadt hatte bei den Führern des Aufstandes eine überaus große Erbitterung erzeugt und diese teilte sich dem Adel des Landes mit. Obwohl die Stadt ihre Gegnerschaft nunmehr teuer zu büßen hatte und unter unerschwinglichen Zahlungen dem Elende entgegen ging, genügte dies doch dem Hasse der Sieger nicht. Die meisten waren toll genug, den völligen Untergang Pilsens zu verlangen und in der Tat wurde auf dem Landtage der Antrag gestellt, dass die Stadt für ihre Rebellion dem Erdboden gleich gemacht und die Einwohner derselben aus dem Lande verwiesen werden sollten. Der Adel schloss sich diesem Antrage an, nur die Städte widersprachen. Den gewerbsfleißigen Bürgern schien es ein Unsinn, dass man einen Ort, der wegen seines reichlichen Wasserzuflusses zur Anlage einer Stadt wie geschaffen war, zu einem Acker oder Weideland umgestalten wollte und noch mehr dauerte sie die Zerstörung dessen, was Bürgerfleiß in Jahrhunderten geschaffen hatte. Sie waren damit einverstanden, dass man die Katholiken aus der Stadt vertreibe, verlangten aber, dass man den Ort Protestanten zur Ansiedelung überlasse und so in seiner Bedeutung und Blüte erhalte. Ihre Opposition kühlte den allzu großen Hass des Adels etwas ab und die Rücksicht auf Budweis verursachte zuletzt die Vertagung der ganzen Verhandlung. Denn da Budweis sich gerade so wie Pilsen benommen hatte, verdiente es dieselbe Strafe; eine solche Misshandlung Pilsens wie die angedrohte musste aber die Budweiser zu einem verzweifelten Widerstande zwingen, der die Stände selbst mit dem größten Schaden bedrohte. Im Landtage wurde der Witz gemacht, man solle das Fell des Budweiser Bären nicht verkaufen, so lange man ihn nicht habe, und diese Erwägung bewirkte, dass man schließlich auch bezüglich der Zerstörung von Pilsen etwas nüchterner dachte. Am 23. März wurde der Landtag geschlossen.

Während der böhmische Landtag noch tagte, erreichte die irdische Laufbahn des Kaisers ihr Ende. In den letzten Wochen seines Lebens musste er im vollgerüttelten Masse alle die Beängstigung durchmachen, die der Ausbruch des Aufstandes im Gefolge hatte. Denn abgesehen von seinen vergeblichen Bemühungen um den Abschluss des Waffenstillstandes und von seiner Sorge um das unsichere Schicksal Buquoys bestürmten ihn die niederösterreichischen Protestanten neuerdings mit ihren Forderungen. Obwohl er im Dezember 1618 den Landtag in Wien aufgelöst hatte, um sich von ihnen Ruhe zu verschaffen, so half ihm dies doch nichts; die ständischen Wortführer verließen die Residenz keinen Augenblick und ermüdeten nicht, ihm ihre Unzufriedenheit ins Gedächtnis zurückzurufen. Als während dieser Zeit jene 2000 Mann, die das Fuggerische Regiment bildeten und sich schließlich durch den Böhmerwald den Weg zu Buquoy bahnten, ihren Marsch durch Oberösterreich anstellen wollten, taten die Niederösterreicher das ihrige, um ihnen den Weg durch das Erzherzogtum zu verlegen. Die Oberösterreicher zeigten sich zuletzt erbötig, den Truppen die Passage zu gestatten, falls sie unmittelbar nach Niederösterreich abrücken würden, und verlangten deshalb eine Zusage dieser Aufnahme. Die Niederösterreicher nahmen von dieser Mitteilung Anlass, dem Kaiser eine Friedenshymne vorzusingen und in allen Tonarten den Satz zu variieren, „dass die Güte der Schärfe, der Friede dem Kriege vorzuziehen sei" und die Böhmen durch weitere Rüstungen um immer mehr gereizt würden. Die Schlussfolgerung dieser für den Kaiser so wenig erbaulichen Argumentation war natürlich die, dass dem Fuggerischen Regimente die Passage nach Niederösterreich nicht gestattet werden könne. Es half wenig, dass die katholischen Stände sich dem Kaiser zu Willen erklärten; ihre Minderzahl benahm ihrer Erklärung alle Bedeutung.[432]

Dieses Auftreten der Niederösterreicher musste den Kaiser stets von neuem mit der Sorge erfüllen, dass dieselben sich dem Aufstande anschließen würden, ohne auf die Mährer zu warten, wenn er ihnen gar keine Hoffnung auf Befriedigung ihrer religiösen Wünsche machen würde. Die Anknüpfung neuer Verhandlungen mit ihnen war somit ein Gebot der Klugheit, gleichgültig, ob er oder Ferdinand aufrichtig dabei zu Werke gehen wollten oder nicht. Zum mindesten gewannen sie Zeit, um die Allianz, die sich eben mit dem Herzoge Maximilian von Bayern und den deutschen Bischöfen anzubahnen begann, zu verwerten.

---

432 Sächs. Staatsa. 9170, VIII. Zeidler an Kursachsen dd. 13/23. Feb. 1618.

Gegen Ende Februar wurde deshalb vom Kaiser eine Kommission zusammengestellt, welche mit den protestantischen Ständen neue Verhandlungen anknüpfen und ihr Verhältnis zu den katholischen Standesgenossen für die Zukunft regeln sollte. Zu Mitgliedern dieser Commission wurden Maximilian von Trautmansdorf, Otto von Nostitz und Johann Čejka von Olbramowic ernannt. Das wichtigste Mitglied derselben war aber Karl von Žerotín, der eigens vom Kaiser ersucht wurde, an der Vermittlung teilzunehmen und diesem Rufe auch nachkam.[433]

Die Verhandlungen begannen damit, dass die Kommissare die Anfrage an die Protestanten stellten, worin ihre Beschwerden beständen. Die letzteren erwiderten, dass diese längst zu Papier gebracht worden seien, und sie deren Abstellung wieder holt bei ihren katholischen Standesgenossen angesucht hätten; sie begehrten nun, dass ihnen endlich eine kategorische Antwort erteilt werde. Geht man auf die Beschwerden näher ein, so ergibt sich aus denselben, dass die Protestanten vor allem die religiöse Freiheit auf die gesamten Einwohner des Landes ausgedehnt wissen und nicht zugeben wollten, dass die landesfürstlichen Städte und die Untertanen katholischer Herren in Bezug auf ihren Glauben einem Drucke ausgesetzt sein sollten.

An diese mit den böhmischen Streitigkeiten innig verwandte Forderung schlossen sich noch zahlreiche andere an, von denen die wichtigsten dahin lauteten, dass auf die Protestanten bei Besetzung von Landes- und städtischen Ämtern, sowie von Gerichtsstellen gleiche Rücksicht wie auf die Katholiken genommen und dass sie gleichfalls zur Erlangung akademischer Grade an der Universität zugelassen werden möchten. Die Katholiken, um eine Erklärung ersucht, erwiderten, dass es ihnen nicht möglich sei, dem Wunsche ihrer Standesgenossen nachzukommen, da die Gewährung eines größeren Teiles der protestantischen Forderungen nicht von ihnen, sondern vom Kaiser abhänge.

Die Antwort der Katholiken, die mehr einer Ausflucht als einem ernsten Eingehen in den strittigen Gegenstand ähnlich sah, war die Folge des Misstrauens, das sie selbst gegen die Protestanten empfanden. Sie waren überzeugt, dass die letzteren eine paritätische Stellung nur zu ihrer Unterdrückung ausbeuten würden und brachten für diese Behauptung zahlreiche Beweise vor. Der bedeutendste war eine Beschwerdeschrift, die sie im J. 1618 verfasst und den protestantischen Klagen entgegengestellt hatten und deren Inhalt allerdings bis zur Evidenz den Beweis liefert, dass die Katholiken in ihrem Bestreben

---

433 Sächs. Staatsarchiv 9170, IX. Zeidler an Kursachsen dd. Wien 17/27. Feb. 1619. – Corr. Zer. Žerotín an den Kardinal Dietrichstein dd. 25. Feb. 1619 Wien –Ebend. Žerotín an Maximilian von Trautmansdorf dd. 25. Febr. 1619.

nach der Oberherrschaft zugleich ihre Haut wehrten. Sie wiesen darin nach, dass auch die protestantischen Stände von allen Ämtern, deren Besetzung von ihnen abhänge, die Katholiken fern zu halten suchten, und dass die Lage der letzteren unter protestantischen Gutsherren eine wahre Marterlage sei. Überall versuche man Prädikanten an die Stelle katholischer Pfarrer einzusetzen und wo dies nicht gelinge, quäle man die letzteren auf alle erdenkliche Weise. Man schmälere ihnen die Einkünfte oder entziehe sie ihnen ganz, man bemächtige sich der Kirche und verschließe sie, so dass mancher Pfarrer genötigt sei, den Gottesdienst unter freiem Himmel abzuhalten; man beraube katholische Kirchen des inneren Schmuckes, bestehle die Opferkästen und ähnliches mehr. Mancher Geistliche sei seines Lebens nicht sicher, ein Ordensbruder sei erst im J. 1617 nach verrichtetem Gottesdienste auf dem Heimwege ermordet und die Bestrafung der Mörder durch die sträfliche Gleichgültigkeit des Gutsherrn vereitelt werden. Katholische Untertanen würden von ihren protestantischen Herren auf alle Weise zum Abfalle gezwungen, man verbiete ihnen die Beichte und Kommunion, hindere ihre Trauungen und Taufen, nötige sie zu Zahlungen an Prädikanten usw.[434]

– Man sieht hieraus, dass, wenn sich die Protestanten über einen gesetzlichen Druck beklagen konnten, die faktische Lage der Katholiken dort, wo sie dem Einflusse ihrer Gegner preisgegeben war, um nichts besser war.

Als den Protestanten die ablehnende Antwort der Katholiken von Seite der vermittelnden Kommission mitgeteilt wurde, begnügten sie sich selbstverständlich nicht mit ihr, sondern verlangten nur noch heftiger, dass man ihre gesamten Beschwerden von vornherein als begründet anerkenne, bevor überhaupt die Beratung über ihre Abbestellung ihren Anfang nehme. Eine solche theoretische Anerkennung war den Katholiken wiederum nicht abzuringen und so bewegten sich die Verhandlungen in Widersprüchen, aus denen kein Ausgang zu hoffen war. Žerotín erkannte wohl das fehlerhafte in der ganzen Verhandlung und suchte sie dadurch in das rechte Geleise zu bringen, dass er die protestantischen Beschwerden ihrem Inhalte nach in drei Kategorien teilte. In die erste verwies er jene, deren Abstellung in den Händen des Kaisers lag, wie die bezüglich der Zulassung zu den akademischen Graden oder die betreffs der paritätischen Besetzung der Landesämter und Gerichtsstellen. In die zweite Kategorie reihte er die Beschwerden privater Natur ein, Streitigkeiten z. B. zwischen einzelnen Gutsherrn, deren Entscheidung er den gewöhnlichen Gerichten überweisen wollte. In die dritte Kategorie endlich versetzte er

---

434 Hurter a. a. 0. VII, 434.

jene Beschwerden, deren Abstellung in der Hand der katholischen Stände lag. Žerotíns Ansichten wurden von den übrigen Kommissionsmitgliedern gutgeheißen, alle verlangten auch, dass zur Beschleunigung der Verhandlungen Ausschüsse der katholischen und protestantischen Stände zusammentreten und in Gegenwart der Kommissare die streitigen Punkte mündlich erörtern möchten.

Die Protestanten gingen jedoch auf keine dieser an und für sich ganz billigen Forderungen ein und wollten insbesondere von einer Sonderung ihrer Beschwerden nach Kategorien nichts wissen. Sie behaupteten und trafen damit allerdings das Rechte, dass sie durch eine Teilung ihrer Beschwerden mit den wichtigsten derselben an den Hof gewiesen würden, mit diesem wollten sie aber auf keinen Fall etwas zu tun haben. Überdrüssig der abweislichen Bescheide, die sie wiederholt vom Kaiser erhalten hatten, verlangten sie jetzt von den Katholiken, was diese eigentlich nicht bewilligen konnten. Da aber die letzteren es hauptsächlich waren, welche Mathias zu seinen abweislichen Bescheiden aufgemuntert und aufgefordert hatten, so war es doch nicht so ganz verkehrt, wenn sich die Protestanten vorzugsweise an die geistigen Urheber der kaiserlichen Beschlüsse hielten. Žerotín protestierte zwar dagegen, dass durch eine Teilung der protestantischen Beschwerden ihre Verschleppung beabsichtigt werde oder dass man sie neuerdings an den Hof ziehen wolle, allein seine Worte fanden keinen Glauben und machten keinen Eindruck, denn er hatte den letzten Rest seines früheren Ansehens eingebüßt. Ebensowenig brachte er es zuwege, dass man in eine Erörterung der einzelnen Punkte einging, damit sich die Differenzen klar herausstellen möchten und so ein Verständnis leichter angebahnt werden könnte. Die Protestanten wiesen stets auf die Gesamtheit ihrer Beschwerden und verlangten deren ungetrennte und vollständige Beseitigung.[435]

Aus dem Detail der Verhandlungen geht hervor, dass die Protestanten durch ihr Betragen dieselben nicht erleichterten, sondern durch eine schroffe Haltung nur noch mehr erschwerten. Indessen wenn sie auch zuvorkommender aufgetreten wären, ein befriedigendes Resultat wäre doch nicht erzielt werden, da die Katholiken entschlossen waren, die allgemeine Glaubensfreiheit, welche die Protestanten zur Grundlage ihrer Forderungen machten, nicht zuzugeben und namentlich ihren eigenen Untertanen die freie Wahl zwischen dem katholischen und protestantischen Bekenntnisse nicht zu gestatten. Es blieb sich also gleich, ob die Unterhandlungen aus einem formellen Grunde abgebrochen wurden, oder ob sich bei der Erörterung der einzelnen Beschwerden

---

435   Corr. Žer. Žerotín an den Kardinal Dietrichstein dd. 6. März 1619, Wien.

ein unheilbarer Zwiespalt zwischen den Parteien ergeben hätte. Die schroffe Haltung der Protestanten und die Unnachgiebigkeit der Katholiken zeigten gleichmäßig, dass beide der Verhandlungen überdrüssig waren und den Knoten durch das Schwert lösen wollten.[436]

Da auf diese Weise die Verhandlungen nicht vorwärts kamen, so ersuchten die Kommissionsmitglieder den Kaiser, sie von ihrem Amte entheben zu wollen. Am 19. März übergaben sie dies Gesuch und erwarteten die gewünschte Antwort.[437] Von Mathias wurde sie ihnen jedoch nicht mehr zu Teil, denn dieser verschied plötzlich am folgenden Morgen.

In den letzten Monaten seines Lebens war der Kaiser meistenteils an das Krankenlager gefesselt und dabei mehr als je vom Podagra geplagt und so schwach, dass man ihm öfters wie einem Kinde die Nahrung reichen musste. Zu den körperlichen Leiden gesellten sich auch Gemütsleiden, die seinen Zustand nicht wenig verschlimmerten. Den moralischen Schlag, der ihn durch Khlesls Verhaftung traf, überwand er nie mehr, wenn er sich gleich in denselben fügte, bald gesellte sich noch ein zweiter nicht minder schmerzlicher Verlust hinzu, nämlich der Tod seiner Gemahlin. In Folge ihrer Esslust, die sie nicht bezähmen konnte, war sie unförmlich dick geworden und hatte sich Leiden zugezogen, die am 14. Dezember 1618 ihrem Leben ein frühes Ende setzten. Die gleichzeitigen Niederlagen auf dem Kriegsschauplatze, die Hinneigung aller seiner Untertanen zum Anschlusse an Böhmen mehrten Tag für Tag die Sorgen des Kaisers in unerträglicher Weise und so mögen die Qualen seiner letzten Lebenswochen nicht geringer gewesen sein, als jene, die er einst seinem Bruder Rudolf bereitet hatte.

Obwohl des Mathias baldiges Lebensende seit Monaten erwartet wurde, so überraschte doch der Eintritt dieses Ereignisses, da sein Befinden in den letzten Tagen vor seinem Tode so befriedigend war, dass er selbst das Bett verlassen konnte. Noch am 17. März hielt er seine gewöhnliche Tafel ab und ließ sich dann von einem Zimmer in das andere tragen, um sich an den Kunstschätzen Rudolfs II zu erfreuen. Er besichtigte hierbei einige Kroninsignien, die sein Bruder hatte anfertigen lassen und befahl darauf, dieselben mit einem Schwerte zu vervollständigen, dessen Scheide er mit den kostbarsten Juwelen zieren wollte. Montag den 18. klagte er über große Traurigkeit, wie er dies seit Khlesls Ent-

436   Corr. Žer. Žerotín an den Kardinal Dietrichstein dd. 12. März 1619. –Ebend. Žerotín an Hartwig von Stietten dd. 29. März 1619, Namiest. –Wiener Staatsa. Unterschied. Akten V. Extract eines Schreiben dd. 28. Feb. 1619.

437   Sächs. Staatsarchiv 9170 X. Verhandlungen der österr. Stände im Wiener Landhause 1–7. März A. St – Ebend. Bericht vom 5,15. März.

fernung fast täglich zu tun pflegte; am Dienstag war er wieder wohl auf, und trank mit Lust, war wohlgemuter als seit langer Zeit und erteilte dem Gesandten des Herzogs von Lothringen eine Audienz. Vor dem Schlafe ließ er sich noch einige Kapitel aus der Bibel vorlesen. Als Mittwoch um 6 Uhr morgens Dr. Mingonius in das Schlafzimmer trat, war der Kaiser wach und fühlte sich so wohl, dass er aufstehen und sich ankleiden wollte. Bald darauf brachte ihm der Kammerdiener die Morgensuppe, die er mit einem eigens konstruierten Röhrchen zu sich zu nehmen pflegte. Als er dasselbe zum Munde führte, klagte er, dass etwas daran fehle und als der Kammerdiener dies verneinte, erwiderte der Kaiser plötzlich: „Was geschieht mir, ich sehe meine rechte Hand nicht." Dies waren seine letzten Worte, unmittelbar darauf „stieß ihn der Frais an", wie es in dem Krankenberichte heißt. In konvulsivischen Zuckungen krümmte er sich durch längere Zeit und warf sich auch auf dem Bette mit einer Kraft herum, die die Anwesenden in Staunen versetzte. Mingonius und Dr. Freiwald, die schnell herbeigekommen waren, „rieben, brannten und schmierten ihn am Haupte und Halse", um ihm zu einem Erbrechen zu verhelfen, von dem man einige Erleichterung hoffte, aber alles vergeblich. Bei diesem Todeskampfe, der ziemlich lange währte, büßte Mathias das Bewusstsein nicht ganz ein, sondern deutete ab und zu durch Bewegungen mit der rechten Hand das Verständnis des Gehörten an.

Im Krankenzimmer fanden sich unterdessen König Ferdinand, der Nuntius, die Mehrzahl der geheimen Rate und Kämmerer, sowie Žerotín ein. Auch der Beichtvater des Kaisers, ein Franziskanermönch, erschien und suchte durch frommen Zuspruch den Sterbenden aufzurichten, während der Nuntius die Messe las. Nachdem Mathias im Zustande der Bewusstlosigkeit noch die letzte Ölung erhalten hatte, verschied er vor 9 Uhr morgens am 20. März 1619.[438] König Ferdinand verließ jetzt das Sterbezimmer, in seine Hände war fortan die alleinige Entscheidung des böhmischen Streites gelegt.

---

438 Über des Mathias Tod berichten: Münchner Reichsarchiv 40,2. Bericht an den Kurfürsten von der Pfalz. – Simancas. Oñate an Philipp III dd. 22. März 1619. – Corr. Žerotín an Stietten dd. 29. März 1619, Namiest. – Berichte im sächs. Staatsarchiv.

WEITERE TITEL AUS DER VERLAGSGRUPPE

Gindely, Anton
**Der Dreißigjährige Krieg. Geschichte
des Böhmischen Aufstandes von 1618.
Band 2**
Politische Ereignisse um den Tod Kaisers Matthias 1619

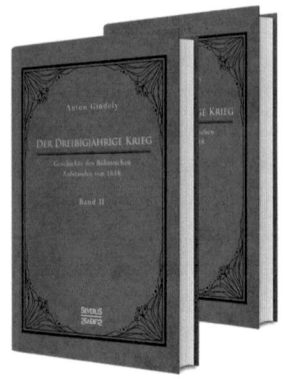

SEVERUS Verlag Hamburg 2018
360 Seiten, 21,0 x14,8 cm

46,90 € (HC)
ISBN: 978-3-96345-004-4

36,90 € (PB) ET: Juni 2018
ISBN: 978-3-96345-011-2

Religiöse, wirtschaftliche und politische Krise in Mitteleuropa – aus ihr resultiert der Böhmische Aufstand von 1618, welcher wiederum als eine der Hauptursachen den Ausbruch des Dreißigjährigen Krieges bedingte.

In seinem zweiten Band zur Geschichte des um die Hegemonie kämpfenden Religionskrieges konzentriert der böhmische Historiker Anton Gindely sich auf die Ereignisse um den Tode des Kaisers Matthias 1619 und dem darauf folgendem Jahr.

Anton Gindely (1829–1892) präsentiert in seinem dreiteiligen Werk einen detaillierten Überblick über die Geschehnisse des Dreißigjährigen Krieges, für welches er als Erster methodisch die Archive annähernd aller am Krieg beteiligten Parteien durchforschte.

Gindely, Anton
Der Dreißigjährige Krieg. Geschichte des Böhmischen Aufstandes von 1618. Band 3
Vom Ulmer Vertrag 1620 bis zu der Unterwerfung von Mähren, Schlesien und den Lausitzen

SEVERUS Verlag Hamburg 2018
ca.340 Seiten, 21,0 x 14,8 cm

39,90 € (HC)
ISBN: 978-3-96345-005-1

34,90 € (PB)
ISBN: 978-3-96345-012-9

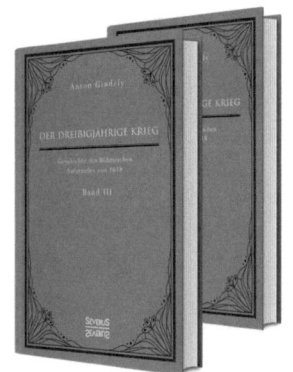

Religiöse, wirtschaftliche und politische Krise in Mitteleuropa – aus ihr resultiert der Böhmische Aufstand von 1618, welcher wiederum als eine der Hauptursachen den Ausbruch des Dreißigjährigen Krieges bedingte.

In seinem dritten Band zur Geschichte des um die Hegemonie kämpfenden Religionskrieges konzentriert der böhmische Historiker Anton Gindely sich auf die Ereignisse vom Ulmer Vertrag 1620 bis zu der Unterwerfung von Mähren, Schlesien und den Lausitzen.

Anton Gindely (1829–1892) präsentiert in seinem dreiteiligen Werk einen detaillierten Überblick über die Geschehnisse des Dreißigjährigen Krieges, für welches er als Erster methodisch die Archive annähernd aller am Krieg beteiligten Parteien durchforschte

Olbrich, Jörg
Der Winterkönig.
Geschichten des Dreißigjährigen
Krieges. Band 1. Historischer Roman

acabus Verlag Hamburg 2017
476 Seiten, 21,0 x 13,0 cm

16,00 € (PB)
ISBN: 978-3-86282-528-8

Wie durch ein Wunder überlebt der Sekretär Philipp Fabricius zusammen mit zwei Statthaltern den gewaltsamen Fenstersturz aus der Prager Burg. Philipp macht sich schwer verletzt auf den Weg nach Wien, um den Kaiser über die protestantischen Aufstände zu informieren. Mit Hilfe der schönen Magdalena erreicht seine Botschaft die Residenzstadt, doch die Lage zwischen Katholiken und Protestanten spitzt sich weiter zu und Philipp gerät ins Visier der gegnerischen Parteien. Der Krieg lässt sich nicht mehr aufhalten … Währenddessen tritt in Pilsen der Schmied Hermann den kaiserlichen Truppen bei. Als Söldner in Tillys Armee begeht und erleidet er die Schrecken des Krieges. Die Chronik eines jungen Schreibers in Wien dokumentiert die Gräuel.

Verwüstung, Hungersnöte, Armut und Pest kosteten zwischen 1618 und 1648 rund sechs Millionen Menschen das Leben. Der Auftakt der sechsteiligen Romanreihe „Geschichten des Dreißigjährigen Krieges" überzeugt mit historischen Fakten und einer spannungsgeladenen Entwicklung.

Olbrich, Jörg
Der tolle Halberstädter.
Geschichten des Dreißigjährigen
Krieges. Band 2. Historischer Roman

acabus Verlag Hamburg 2018
ca. 580 Seiten, 21,0 x 13,0 cm

18,00 € (PB)
ISBN: 978-3-86282-619-3

Nach der Schlacht am Weißen Berg 1620 spitzt sich die Lage zwischen Katholiken und Protestanten weiter zu und der Krieg verlagert sich in die Pfalz. Bischof Christian von Halberstadt trifft in Den Haag auf seine Cousine Elisabeth Stuart, die sich dort mit ihrem Gemahl, dem Winterkönig Friedrich V., im Exil befindet. Er verliebt sich in seine Königin und schwört ihr, die Pfalz für sie zurückzuerobern.

In Böhmen werden die Güter der unterlegenen Protestanten neu verteilt. Albrecht von Wallenstein gehört zu den großen Gewinnern und stellt sich schon bald mit einem eigenen Heer in die Dienste des Kaisers.

Ein junger Zimmermannsgeselle begibt sich auf Wanderschaft und gerät mitten in die Wirren des Kriegsgeschehens. In weiten Teilen des Reiches kämpfen die Menschen um das nackte Überleben.

Verwüstung, Hungersnöte, Armut und Pest kosteten zwischen 1618 und 1648 rund sechs Millionen Menschen das Leben. Der zweite Band der sechsteiligen Romanreihe „Geschichten des Dreißigjährigen Krieges" überzeugt mit historischen Fakten und einer spannungsgeladenen Entwicklung.

Bock, Martin
Die kaiserlich-französischen Beziehun-
gen 1641-1648
Ein Beitrag zur Diplomatiegeschichte
des Westfälischen Friedenskongresses

disserta Verlag Hamburg 2016
92 Seiten, 15,5 x 22,0 cm

4,99 € (PB)
ISBN: 978-3-95935-126-3

Der Westfälische Frieden im Jahr 1648 bildet eine wesentliche Zäsur in der Geschichte des europäischen Mächtesystems der Neuzeit. Insbesondere für den deutschen Raum wurden die Weichen bis zum Ende des Reiches gestellt. Die langwierigen und komplexen Verhandlungen zwischen den Kriegs- und Interessenparteien stellten eine bis dahin ungekannte diplomatische Leistung dar, die sich freilich immer auch an den Ausgängen der Kriegshandlungen orientierte.

Die vorliegende Studie beschäftigt sich mit dem Verhältnis der Gesandten des Kaisers Ferdinand III. und des französischen Königs Ludwig XIII. und seines Nachfolgers Ludwig XIV. In der Form ihres Handelns ließen diese sich in erster Linie von Präzedenz- und Repräsentationsfragen leiten, wie sie die kulturalistische Perspektive in die Geschichtswissenschaft eingebracht hat. Im Ergebnis entschieden jedoch stets handfeste politische und geostrategische Überlegungen über die Verhandlungsergebnisse.

disserta
Verlag